吉林人民出版社

简体字本二十六史

总目

# 出版说明

　　本书自从初始工作，以编委会及全体标点者和出版社的集体劳动，历经五年繁剧艰辛，终底于成，是从《史记》到《清史稿》二十六种纪传体历史典籍的横排简体字版汇刊本。

　　纪传体正史位居文史典籍冠冕，前人多有汇刊本。宋有监本《史汉三史》、《南北朝七史》和著名的眉山《七史》。元有九路同刻《十七史》。明有南监本《十七史》、南监三朝递修本《二十一史》、北监本《二十一史》、汲古阁本《十七史》。清有内府《二十一史》、《二十二史》。自乾隆诏定《二十四史》后，有武英殿本及据此衍生的新老同文书局印本、五洲同文书局印本、竹简斋印本、图书集成局排印本、史学斋石印本和成都书局取前四史的《四史》刻本。相继而起的又有同光五省官书局宗承汲古阁合刊本《二十四史》，其中《辽史》附《拾遗》二十四卷、《纪年表》一卷、《西辽纪年表》一卷，《金史》附《国语解》一卷，《元史》附《氏族表》三卷、《艺文志》四卷。清季以来，1919 年至 1928 年，有吴兴嘉业堂影印刘承干辑宋本前四史的《四史》行世。1930 年至 1936 年，张元济搜求宋元明善本，辑成百衲本《二十四史》，由上海商务印书馆影印行世，其中仅《明史》为殿本，但新附《考证攟拾》四十二卷、《补遗》一卷、《附录》一卷；1958 年上海商务印书馆重新缩印行世。1935 年，上海世界书局取殿本前四史影印《四史》行世；二十五史刊行委员会辑《新元史》刻本与殿本

《二十四史》，由上海开明书店影印《二十五史》行世，各书后均附详尽参考书目，除《新元史》、《明史》外每书均附《考证》；1986年上海古籍出版社、上海书店取《清史稿》替代《新元史》，仍名《二十五史》影印行世。1959年至1977年，北京中华书局陆续出版点校本《二十四史》与《清史稿》，有《校记》缀于卷末或书尾，标点校勘者为当时国内方家，故是本为目前行世学术地位最高版本。

上述汇刊版本源流不一。百衲本宗承宋元明精善刻本，与殿本系统分庭抗礼，二者各有所长但均无标点；中华点校本虽无此病但仍沿用繁体字形竖排版式。《清史稿》与《新元史》曾分别缀于《二十四史》，但各自进退，无缘并列，且《新元史》尚无标点本行世。有鉴于此，本书以百衲本《二十四史》为底本，另取天津退耕堂刻本《新元史》、关外二次本《清史稿》一并标点，主要目的是创立横排简体字形版本，以俾符合当今社会大多数读者的阅读习惯，并为日后编纂磁盘版或光盘版奠定基础。

本书《新元史》为首次标点本，标点由北京大学历史系教授、博士生导师余大钧先生完成。

本书二十六种史书的内容、源流与学术地位等等，北京师范大学历史系教授、博士生导师瞿林东先生已有《导论》详细论述。其余各事，另见《凡例》。

当初创议之时，考虑拟作补纂，选取《补志》、《补表》优秀者缀于缺志缺表诸史之后，吸收前人成果详加校勘，并编制各种索引，后因故搁置，且因正字耗费精力繁碎，诸事容日后再举。《明史考证擴拾》因涉及校勘，本书暂不列目。

古人有校书如扫落叶之语，谓纠正前误又遗另错之意，何况本书是以简体字形替代繁体字形，且规模举数千万言之巨，其中眼界不一，手笔未到之处，舛误恐多，尚祈亮鉴。

横排简体字版二十六史编委会

1996年2月

# 横排简体字本《二十六史》编委会

| | | | | | |
|---|---|---|---|---|---|
| 王英 | 王奇 | 王和 | 王虹 | 王真 | 王翀 |
| 王娟 | 王硕 | 王敏 | 王琪 | 王瑞 | 王澈 |
| 王燕 | 王默 | 王力达 | 王力军 | 王小甫 | 王小梅 |
| 王小雁 | 王子仪 | 王天有 | 王天勤 | 王玉秀 | 王冬梅 |
| 王立夫 | 王光伟 | 王庆山 | 王江川 | 王守卿 | 王红雪 |
| 王进公 | 王远平 | 王志梅 | 王克勤 | 王丽娟 | 王秀兰 |
| 王启明 | 王松美 | 王明录 | 王佩瑶 | 王金菊 | 王宝庆 |
| 王宝来 | 王建军 | 王绍蓝 | 王春华 | 王春红 | 王春梅 |
| 王荣华 | 王美秀 | 王莱英 | 王笑天 | 王海丽 | 王海青 |
| 王惠林 | 王毓钟 | 王翠玲 | 元益 | 尤继祖 | 牛爱莲 |
| 毛皓 | 文年和 | 方卫津 | 方兵委 | 尹吉夫 | 尹志岭 |
| 尹菊兰 | 邓析 | 邓齐之 | 邓贵林 | 邓耀武 | 孔庆水 |
| 孔武周 | 石花 | 石萍 | 石晓星 | 石道文 | 石鉴年 |
| 龙中海 | 龙协涛 | 龙淑真 | 占志绪 | 卢杰 | 卢公起 |
| 申坚 | 叶扬 | 叶妙田 | 叶瑞圃 | 田双 | 田宇龙 |
| 田孝勇 | 田佩兰 | 田祝山 | 史立 | 史天笑 | 史宝兰 |
| 丘玲 | 白力 | 白敏 | 白建新 | 玄贞姬 | 宁玉 |
| 冯昊 | 冯涛 | 冯义华 | 冯友祥 | 冯心东 | 冯伟节 |
| 冯志忠 | 冯其利 | 司世华 | 发强 | 刑纪兰 | 邢士峻 |
| 戎富华 | 权正理 | 曲燕玲 | 吕立新 | 吕庆业 | 吕伯涛 |
| 吕容宾 | 朱才 | 朱娜 | 朱萱 | 朱大林 | 朱山贵 |
| 朱云海 | 朱玉萍 | 朱印章 | 朱兰香 | 朱竹及 | 朱华山 |
| 朱庆征 | 朱红毅 | 朱金贵 | 朱相及 | 朱晓敏 | 朱海东 |
| 伍彪 | 伍进前 | 伍祖庸 | 伏红兵 | 仲伟民 | 任重 |
| 任长江 | 任生文 | 任建英 | 任德山 | 华卫 | 向兰 |
| 向函 | 向忠志 | 向祥宾 | 刘虓 | 刘平 | 刘秉 |
| 刘京 | 刘虹 | 刘俊 | 刘胜 | 刘洋 | 刘昼 |
| 刘娜 | 刘晓 | 刘峰 | 刘海 | 刘彬 | 刘野 |
| 刘瑞 | 刘蔷 | 刘力强 | 刘力群 | 刘士雨 | 刘小梅 |

| | | | | | |
|---|---|---|---|---|---|
| 刘子长 | 刘长山 | 刘以皙 | 刘立华 | 刘发茂 | 刘轨思 |
| 刘尧章 | 刘贞锋 | 刘先和 | 刘华祝 | 刘向东 | 刘庄洪 |
| 刘庆长 | 刘江涛 | 刘红伟 | 刘苏里 | 刘丽红 | 刘丽明 |
| 刘丽黎 | 刘迎宪 | 刘应立 | 刘念华 | 刘俊英 | 刘美善 |
| 刘素云 | 刘浦江 | 刘海亮 | 刘敏洁 | 刘隐霞 | 刘朝阳 |
| 刘群英 | 齐　其 | 齐　栋 | 齐　彬 | 齐小媛 | 齐仁之 |
| 齐家莹 | 齐福全 | 关大鹏 | 关小杰 | 关长海 | 关向阳 |
| 关巫山 | 江　帆 | 江　涛 | 江梧桐 | 宇　曦 | 安振业 |
| 许　凯 | 许　凌 | 许士英 | 许广言 | 许庆春 | 许启大 |
| 许逸分 | 那　志 | 那宝山 | 牟　杰 | 纪　引 | 纪　华 |
| 孙　贞 | 孙　延 | 孙　华 | 孙　铎 | 孙　颖 | 孙小东 |
| 孙小伟 | 孙小华 | 孙天赦 | 孙月珍 | 孙凤萍 | 孙红梅 |
| 孙灵晖 | 孙建军 | 孙彦贞 | 孙益兰 | 孙献涛 | 苏　明 |
| 苏小南 | 苏志斌 | 苏明明 | 苏洪儒 | 苏晓东 | 苏渭海 |
| 杜　兵 | 杜　海 | 杜　浚 | 杜大雄 | 杜永江 | 杜香君 |
| 杨　央 | 杨　红 | 杨　兵 | 杨　宏 | 杨　松 | 杨　珊 |
| 杨　烈 | 杨　悦 | 杨　梅 | 杨玉华 | 杨玉萍 | 杨必君 |
| 杨丽伟 | 杨海山 | 杨浣章 | 杨喜玉 | 杨朝晖 | 杨慎初 |
| 李　立 | 李　华 | 李　坚 | 李　兵 | 李　沙 | 李　宏 |
| 李　型 | 李　铉 | 李　萍 | 李与非 | 李小楼 | 李天名 |
| 李凤兰 | 李东虎 | 李弘基 | 李吉文 | 李存新 | 李向军 |
| 李江涛 | 李红梅 | 李时林 | 李青松 | 李国平 | 李金荣 |
| 李星横 | 李素芬 | 李晓林 | 李海富 | 李雪慧 | 李鸿宾 |
| 李淑珍 | 李嘉怡 | 李德清 | 李德隆 | 李燮平 | 吴　刚 |
| 吴　武 | 吴　泽 | 吴　骏 | 吴　斌 | 吴大地 | 吴卫国 |
| 吴飞越 | 吴放梅 | 吴宗国 | 吴修书 | 吴艳红 | 吴桂英 |
| 吴晓海 | 吴海涛 | 吴雷磊 | 何　芳 | 何　洪 | 何　核 |
| 何　艇 | 何　微 | 何文革 | 何朝晖 | 余大钧 | 谷凤兰 |
| 邹明明 | 汪　光 | 汪　华 | 汪　玻 | 汪志立 | 汪新雨 |

| | | | | | |
|---|---|---|---|---|---|
| 汴应杰 | 汴胜利 | 汴新东 | 沙天水 | 沈 燕 | 沈卫忠 |
| 沈昆朋 | 宋 朱 | 宋 英 | 宋 春 | 宋 凇 | 宋 谊 |
| 宋 超 | 宋 森 | 宋公工 | 宋至蔷 | 宋亦工 | 宋建仄 |
| 宋建军 | 宋晓星 | 宋德金 | 张 山 | 张 云 | 张 文 |
| 张 伟 | 张 志 | 张 丽 | 张 岚 | 张 宏 | 张 直 |
| 张 杰 | 张 俊 | 张 倬 | 张 章 | 张 超 | 张 衡 |
| 张广生 | 张小果 | 张小巍 | 张元元 | 张文美 | 张东行 |
| 张田梅 | 张乐乐 | 张宁一 | 张永波 | 张同兴 | 张连成 |
| 张希一 | 张纹霞 | 张林越 | 张迪兰 | 张学芬 | 张注东 |
| 张宝伟 | 张春年 | 张柱元 | 张思伯 | 张彦博 | 张晓娜 |
| 张继香 | 张培兰 | 张淑兰 | 张淑琴 | 张颖辉 | 张缙云 |
| 张静宜 | 张耀民 | 陆学良 | 陆实科 | 阿 勇 | 陈 永 |
| 陈 华 | 陈 勇 | 陈 晓 | 陈 辉 | 陈 瑞 | 陈大中 |
| 陈长光 | 陈化明 | 陈玉萍 | 陈东齐 | 陈冬娥 | 陈苏镇 |
| 陈应征 | 陈宏京 | 陈启安 | 陈建芬 | 陈晓书 | 陈高扬 |
| 陈舒柳 | 陈新爱 | 陈燕宁 | 邵士婵 | 武 岩 | 范丽春 |
| 林 廷 | 林 利 | 林 清 | 林 蔺 | 林玉平 | 林永军 |
| 林永红 | 林永欣 | 林运成 | 林剑雄 | 林珠非 | 林桂兰 |
| 林黛琳 | 杭 航 | 杰 人 | 国卫平 | 国霆灵 | 易 水 |
| 易冬发 | 罗 元 | 罗 月 | 罗 红 | 罗 玲 | 罗 络 |
| 罗 敏 | 罗西崔 | 罗建辉 | 罗翠微 | 和 龚 | 和赓方 |
| 季淑萍 | 岳 斌 | 金 劲 | 金大葛 | 周 正 | 周 阳 |
| 周 志 | 周 兵 | 周 枫 | 周 琼 | 周小燕 | 周双林 |
| 周兰香 | 周光华 | 周伟文 | 周兆望 | 周克康 | 周丽文 |
| 周宏文 | 周咏琴 | 周凯迪 | 周京生 | 周海东 | 周海荣 |
| 周德功 | 郑 征 | 郑 秦 | 郑义宝 | 郑素贞 | 郑晓兰 |
| 郑铁成 | 郎立平 | 孟昭信 | 孟爱华 | 封 风 | 赵撷传 |
| 赵 永 | 赵 珩 | 赵 彬 | 赵士玉 | 赵小红 | 赵子光 |
| 赵子富 | 赵文兵 | 赵书来 | 赵玉玲 | 赵宇轩 | 赵丽娟 |

| | | | | | |
|---|---|---|---|---|---|
| 赵陆平 | 赵杰松 | 赵金玲 | 赵炳文 | 赵娜娜 | 赵海斌 |
| 赵鹏程 | 郝后德 | 郝润才 | 荀士高 | 胡铭 | 胡雁 |
| 胡兰英 | 胡汀洲 | 柳永华 | 胡迅雷 | 胡宝国 | 胡建华 |
| 胡建信 | 胡晓华 | 柳永华 | 哈正民 | 哈正德 | 钟京豪 |
| 钟增一 | 修美娟 | 俞青 | 逢平 | 恽阮 | 闻乐彬 |
| 姜屹 | 姜辉 | 姜大山 | 姜小力 | 姜小华 | 姜光荣 |
| 姜和平 | 姜晓敏 | 洒若儒 | 洒新宇 | 祖鸿勋 | 姚小平 |
| 姚向东 | 姚志强 | 姚烂奎 | 姚爱光 | 姚德理 | 贺元 |
| 贺红 | 贺微 | 贺莉琈 | 贺维垣 | 骆明 | 骆伟杰 |
| 骆红宜 | 骆家祥 | 秦小培 | 秦丽珍 | 秦桂兰 | 袁坚 |
| 袁峰 | 聂笑余 | 晋齐 | 晋建生 | 真漫亚 | 贾梅梅 |
| 夏厦 | 顾高全 | 钱玉 | 钱军 | 钱奇 | 钱迈乐 |
| 钱伯军 | 倪建国 | 徐岚 | 徐凯 | 徐彬 | 徐敏 |
| 徐辉 | 徐强 | 徐颖 | 徐繁 | 徐小燕 | 徐元英 |
| 徐玉德 | 徐西凡 | 徐有威 | 徐亦孺 | 徐顺元 | 徐桂芝 |
| 徐桂芬 | 徐曼丽 | 殷小红 | 翁连溪 | 高军 | 高波 |
| 高柏 | 高方胜 | 高永总 | 高寿仙 | 高顺华 | 高素清 |
| 高崇文 | 高彩霞 | 高雁伟 | 郭林 | 郭莉 | 郭哲 |
| 郭强 | 郭小轩 | 郭庆涛 | 郭志刚 | 郭宏志 | 郭海洋 |
| 唐鸾 | 唐正芳 | 朗华 | 陶卫平 | 黄仁 | 黄炎 |
| 黄庶 | 黄簧 | 黄化东 | 黄水华 | 黄先美 | 黄国固 |
| 黄树琛 | 菅志翔 | 萧仁祖 | 萧平学 | 曹文柱 | 曹益宾 |
| 曹超英 | 龚小兵 | 盛春华 | 常秋霞 | 唯云麓 | 崔志 |
| 崔英 | 崔小梅 | 崔凤枝 | 崔文辉 | 崔希亮 | 崔畅垣 |
| 崔勇新 | 崔德銮 | 章函 | 章瓦东 | 章运国 | 阎培锋 |
| 梁军 | 梁雄 | 梁新 | 梁小龙 | 梁京生 | 梁理源 |
| 彭毅 | 葛平 | 葛余敏 | 葛局龙 | 董冻 | 董毳 |
| 董小英 | 董丽平 | 董秀荣 | 董析零 | 董非非 | 蒋凤霞 |
| 蒋保栋 | 蒋智兰 | 韩基 | 韩力偶 | 韩丽沙 | 韩国林 |

| | | | | | |
|---|---|---|---|---|---|
| 韩晓燕 | 喻 单 | 黑衡见 | 程 力 | 程爱埔 | 傅宝菊 |
| 焦铁铮 | 鲁 淦 | 童泰琴 | 普培吕 | 曾 红 | 曾 路 |
| 曾小霞 | 曾艺侯 | 曾志远 | 曾明达 | 曾腊梅 | 游业惠 |
| 谢 江 | 谢小红 | 谢邦俊 | 谢有成 | 谢淑全 | 谢淮桨 |
| 蒲培珍 | 楚 迪 | 雷任安 | 虞忆文 | 鲍季详 | 廉湘民 |
| 蔡乐苏 | 蔡永生 | 蔡妙珍 | 蔡学玲 | 蔡美芬 | 廖少易 |
| 廖方坤 | 廖建辉 | 谭 红 | 熊 康 | 熊运石 | 翟玉甲 |
| 翟立儒 | 樊 逊 | 樊延明 | 樊艳红 | 黎 遂 | 滕 冈 |
| 滕秀华 | 滕桂梅 | 颜 介 | 颜 芙 | 薛荣成 | 薄小莹 |
| 戴新芳 | 魏 信 | 魏小娜 | 魏国雄 | 魏明明 | 魏淑琴 |
| 魏德龙 | | | | | |

# 目 录

导论 ………………………………………………… 1

凡例 ………………………………………………… 87

史记目录 …………………………………………… 91

汉书目录 …………………………………………… 99

后汉书目录 ………………………………………… 110

三国志目录 ………………………………………… 131

晋书目录 …………………………………………… 141

宋书目录 …………………………………………… 159

南齐书目录 ………………………………………… 169

梁书目录 …………………………………………… 176

陈书目录 …………………………………………… 183

魏书目录 …………………………………………… 188

北齐书目录 ………………………………………… 212

周书目录 …………………………………………… 219

隋书目录 …………………………………………… 225

南史目录 …………………………………………… 240

北史目录 …………………………………………… 258

旧唐书目录 ………………………………………… 282

新唐书目录 ………………………………………… 316

旧五代史目录 ……………………………………… 352

# 导　论

## 瞿林东

　　中国史书,浩若烟海。在多种体裁的史书中,纪传体史书被尊为"正史"。南朝梁人阮孝绪撰有《正史削繁》九十四卷(《隋书·经籍志二·杂史类》),这是关于"正史"名称的较早的提出。但唐初史家认为,它也属于"非史策之正"一类的撰述,故入于"杂史"。唐初史家撰《隋书·经籍志》,分史部书为十三大类,第一类即是"正史",著录自《史记》以下至南北朝诸史,以及关于"正史"的集注、集解、音训、音义、驳议等著作。此后,《旧唐书·经籍志》、《新唐书》、《宋史·艺文志》,以及清修《四库全书总目》和大多数私人撰写的历史文献学著作、目录学著作,均沿用此说。"正史",成为中国封建社会史学的代表性著作,这就是通常所说的《二十四史》。另有《新元史》和《清史稿》,撰成于近代,其体制与《二十四史》中诸史略同,合为二十六史。

　　二十六史中,除有几部史书在内容上有所重叠外,它们在反映中国自传说中的黄帝开始直至清朝灭亡大约五千年历史进程方面,构成了一个前后衔接、连续不断的整体,成为中国史学上的丰碑、世界史学上的奇观。

　　中华民族文明的连续性发展,是二十六史产生的历史条件;二

十六史的写出，又反映了这一伟大文明的连续性发展。这是中华民族的骄傲，也是中国史学的骄傲。

# 从三史到二十六史

二十六史有一个漫长的积累过程。这个过程，大致有以下几个阶段：

三史。《三国志·蜀书·孟光传》记：孟光"博物识古，无书不览，尤锐意三史，长于汉家旧典。"又同书《吴书·吕蒙传》裴注引西晋虞溥《江表传》记孙权谓："至统事以来，省三史、诸家兵书，自以为大有所益。"《隋书·经籍志二·杂史类》著录三国吴人张温撰有《三史略》，可证有三史节本的流传。司马彪《续汉书·郡国志》序说："今但录中兴以来郡县改异，及《春秋》、三史会同征伐地名，以为《郡国志》。"《北史·阚骃传》记："骃博通经传，聪敏过人，三史群言，经目则诵，时人谓之宿读。"这是三国至南北朝时的人所说的三史，指的是《史记》、《汉书》和东汉官修本朝史《东观汉记》。《隋书·经籍志二》正史类以《史记》、《汉书》、《东观汉记》居诸史之首，以及上引孟光所谓"长于汉家旧典"，可证。唐代，范晔《后汉书》影响渐大，从而代替了《东观汉记》的位置。唐代科举中设有史科，分一史和三史。长庆二年（822）谏议大夫殷侑奏："历代史书，皆记当时善恶，系以褒贬，垂裕劝戒。其司马迁《史记》、班固、范晔两《汉书》，音义详明，惩恶劝善，亚于《六经》，堪为世教。"他建议："能通一史者，请同《五经》、三传例处分"，"其三史皆通者，请录奏闻，特加奖擢"（《唐会要》卷七六"三传三史"条，参见《新唐书·选举志上》）。可见唐人所谓三史，是指《史记》、《汉书》和《后汉书》（包括司马彪《续汉书》志）。

十三史和十五史。这两种说法，不如三史之有定名，但唐人的

这种意识显然是存在的。宪宗、文宗之际，刘轲《与马植书》论历代史时，指出：自《史记》《汉书》以来，历数言东汉史者、言"国志"（即三国史）者、言西晋史者、言东晋史者、言宋史者、言齐史者、言梁史者、言陈史者、言十六国史者、言魏史者、言北齐史者、言后周史者、言隋书者（见《全唐文》卷七四二）。以上共十五史，若据唐修《晋书》实际包含两晋、十六国史，则为十三史。《旧唐书·经籍志上》史部正史类后序指出，自《史记》以下，有前汉、后汉、魏、晋、宋、齐、梁、陈、后魏、北齐、后周、隋等朝正史，总为十三史，大致反映了唐人的看法。这十三史是：《史记》《汉书》《后汉书》《三国志》《晋书》《宋书》《南齐书》《梁书》《陈书》《魏书》《北齐书》《周书》《隋书》。此外，唐人也有十五史的意识，这就是加上李延寿的《南史》和《北史》。如《通典·选举典五》在列举"举人条例"时写道："其史书，《史记》为一史，《汉书》为一史，《后汉书》并刘昭所注《志》为一史，《三国志》为一史，《晋书》为一史，李延寿《南史》为一史、《北史》为一史。习《南史》者，兼通《宋》《齐》志，习《北史》者，通《后魏》《隋书》志。"这里说的《隋书》志，即《五代史志》，实则还包括梁、陈、北齐、北周四朝典制。以上合计，是为十五史。

　　十七史。这是宋代以后很流行的一种说法，是在十五史的基础上，增加欧阳修、宋祁所撰《新唐书》和欧阳修所撰《新五代史》，合为十七史。据王鸣盛考订，十七史的广为流传，是在宋仁宗天圣二年（1024）"出禁中所藏"诸史雕板印行以后（见《十七史商榷》卷九九"缀言一·十七史"条）。这可以从曾巩、李焘、刘敞等人分别为《魏书》《周书》《梁书》《陈书》《隋书》所撰写的目录序中，得到确证。"十七史"之称，在宋代很流行。仅《宋史·艺文志》史部史钞类著录，用"十七史"名书者有，周护《十七史赞》，佚名《名贤十七史确论》；子部类事类有，《王先生十七史蒙求》。宋人虽以《新唐书》和《新五代史》取代《旧唐书》和《旧五代史》的位置，但事实上后者仍未废置。朱熹针对科举科目提出："诸史则《左传》《国语》《史记》、《两汉》为一科，《三国》《晋书》《南北史》为一科，新旧《唐书》《五

代史》为一科。"(《宋史·选举志二》)十七史在金朝统治范围内同样受到重视，其科举考试，"以《六经》、十七史、《孝经》、《论语》、《孟子》及荀、杨、老子内出题"，并对十七史版本有明确的规定和要求，即《史记》用裴骃注，《前汉书》用颜师古注，《后汉书》用李贤注，《三国志》用裴松之注，及唐太宗《晋书》、沈约《宋书》、萧子显《齐书》、姚思廉《梁书》、《陈书》、魏收《后魏书》、李百药《北齐书》、令狐德棻《周书》、魏徵《隋书》、新旧《唐书》、新旧《五代史》"(《金史·选举志一》)。从这里可以看出，金朝所谓十七史，包含《旧唐书》和《旧五代史》而无《南史》和《北史》，这是它跟宋人所说的十七史的异同所在。清代考史学者王鸣盛撰《十七史商榷》，意在本于宋元人十七史之说，但其所考、所论，还是不免要涉及到《旧唐书》和《旧五代史》，故事实上实为"十九史商榷"。

　　二十一史和二十二史。二十一史之说始于明代，它在宋人所谓十七史的基础上，又增加元修宋、辽、金三史和明修《元史》。明朝南北国子监先后在嘉靖初和万历中，分别刊刻二十一史，世称"监本二十一史"。于是，"士大夫遂家有其书，历代之事迹，粲然于人间矣。"(《日知录》卷一八"监本二十一史"条)清乾隆四年(1739)，《明史》修成，合为二十二史。考史学家钱大昕撰《二十二史考异》，所考含《旧唐书》而不含《明史》，跟上面说的二十二史不同。另一考史学家赵翼撰《二十二史札记》，所论包含了《旧唐书》和《旧五代史》，全书实际上涉及到二十四史。

　　二十四史。宋人重十七史，后金章宗也明令"削去薛居正《五代史》，止用欧阳修所撰"(《金史·章宗纪四》)。自元代以后，《旧五代史》逐渐不行于世。清修《四库全书》时，馆臣从《永乐大典》中辑录《旧五代史》原文，排比编纂，大致恢复本书原貌。《四库全书》修成，在二十二史的基础上增加《旧唐书》和《旧五代史》，是为"钦定二十四史"，有乾隆四十九年(1784)缮写的文津阁本和武英殿刊本。作为一个整体来看，《二十四史》是中国封建社会历朝"正史"的总结，也是中国古代史学成就的突出代表。

二十五史和二十六史。清末民初柯劭忞在前人对明修《元史》屡有补充、改撰的基础上，于1920年撰成《新元史》，由北洋政府教育部进呈徐世昌。徐世昌于1921年以"大总统"的名义发布命令："应准仿照《新唐书》、《新五代史》前例，一并列入正史。"1922年刊行全书，合《二十四史》为《二十五史》。1935年，上海开明书店编印《二十五史人名索引》和《二十五史补编》，《二十五史》之名流行渐广。民初设清史馆，以赵尔巽为馆长，柯劭忞等百余人参与撰写清史，至1927年大致成书。是为未定之稿，故称《清史稿》，1928年首次刊印。《清史稿》补足了中国封建社会最后一个皇朝的历史，它在撰述思想和表现形式上都是历代"正史"的延续，故史学界颇有仿照《新元史》之例的主张，把它并入《二十五史》，合为二十六史。

二十六史的编撰和积累，约经历了两千年时间，各史产生的时代、著者的史学修养和历史观点，材料的取舍和内容的丰薄、统一体裁基础上结构的差异、史文繁简和文字表述优美与否，对当时和后世的影响及其在史学发展上的地位，以及注释、评论、流传、版本等，都不尽相同。对于这些问题，不免繁琐，统而论之，则易陷于大而无当。兹依各史所反映的客观历史进程的顺序，略作分合，予以概述，有些共性问题，也在适当地方作必要的论述。

# "前四史"和《晋书》

"前四史"是对司马迁《史记》、班固《汉书》、范晔《后汉书》和陈寿《三国志》四部史书的概称。它包含了两层意思：一是它们记述了三国以前的中国历史，反映的历史时代靠前，读史当以此为先。二是它们在《二十四史》中，是写得最为出色的几部史书，堪称"正史"的典范，读史、习史尤当以此为先。按客观历史进程的顺序，《晋书》所记紧接三国之后，故置此一并评论。

# 司马迁和《史记》

　　司马迁(前145或前135—约前90),字子长,左冯翊夏阳(今陕西韩城)人。他生于史官世家,父亲司马谈(?—前110)在汉武帝建元、元鼎年间(前140—前111)任太史令。司马迁幼时"耕牧河山之阳",十岁开始通读古文。后来随父亲到了长安,曾向著名学者孔安国请教关于古文《尚书》的疑问,又随经学大师董仲舒习《春秋》公羊学。二十岁上,他开始广泛地漫游和考察:"南游江、淮,上会稽,探禹穴,窥九疑,浮于沅、湘,北涉汶、泗,讲业齐、鲁之都,观孔子之遗风,乡射邹、峄,厄困鄱、薛、彭城,过梁、楚以归。"(《史记·太史公自序》)继而,他被任为郎中,奉命到过巴、蜀以南,以及邛、笮、昆明等地,执行公务。家学渊源,京城学术,以及广泛的实地考察,丰富了司马迁的思想和阅历。其中,司马谈的《论六家要指》,辨析阴阳、儒、墨、名、法、道德六家学说思想流派的得失,以及董仲舒《春秋》公羊学倡言大一统的思想,对司马迁的影响最大。

　　元封元年(前110),汉武帝东封泰山,司马谈以太史令之职而不得从行,忧愤而死。临终之前,以史事嘱司马迁:"余死,汝必为太史。为太史,无忘吾所欲论著矣。"又说:自孔子作《春秋》以来,"四百有余岁,而诸侯相兼,史记放绝。今汉兴,海内一统。明主贤君、忠臣死义之士,余为太史而弗论载,废天下之史文,余甚惧焉!汝其念哉!"司马迁俯首流涕回答父亲:"小子不敏,请悉论先人所次旧闻。"(《史记·太史公自序》)在中国史学上,这是极悲壮、肃穆的一幕。它揭示了一个普通的道理:一部伟大的历史著作的产生,离不开一定的社会条件,也离不开史家本人的崇高追求。

　　三年后,司马迁出任太史令,得以遍读皇家藏书。汉武帝太初元年(前104),司马迁参与制订的"太初历"完成,便专心致力于撰述《史记》。汉武帝天汉三年(前98),他因李陵事件的牵连而身受

腐刑。悲愤之际，他想到文王、孔子、屈原等人的遭际和著述及
"《诗》三百篇"的产生，认为："此人皆意有所郁结，不得通其道也。
故述往事，思来者。"他深惜自己的撰述"草创未就"，"是以就极刑
而无愠色"（《史记·太史公自序》、《汉书·司马迁传》），忍辱负重，
以极大的毅力写成《史记》一书。这一段历史，在中国史学上是应当
大书特书的。

《史记》凡一百三十篇，五十二万六千五百字。司马迁意在使其
"藏之名山，副在京师，俟后世圣人君子"（《史记·太史公自序》）。
汉宣帝时，其外孙杨恽"祖述其书"，《史记》乃得以面世。其时已有
少量缺篇，为后人褚少孙等所补，虽不无缺憾，然亦无碍全书风貌。
《史记》原来称《太史公书》，间亦有称为《太史公记》、《太史公》、《太
史记》者；至东汉末年荀悦《汉纪》、颖容《春秋释例》乃直称《太史公
书》为《史记》（参见程金造《史记管窥·史记名称解》，陕西人民出
版社，1985 年），由此相沿至今。

《史记》继承了先秦时期的史学成果，创造了纪传体史书的表
现形式，是中国史学上第一部纪传体通史。它"述历黄帝以来至太
初而讫"（《史记·太史公自序》。按：《汉书·司马迁传》后论谓"迁
于天汉"），约三千年史事，年月迢长，规模宏伟。《史记》全书由本
纪、表、书、世家、列传五个部分构成：

本纪，十二篇，含五帝、夏、殷、周、秦、始皇、项羽、高祖、吕后、
文、景、今上，这是全书表述历史进程和重大事件的总纲，意在"原
始察终，见盛观衰"，阐述兴亡盛衰大势。

表，十篇，有世表、年表、月表，自三代迄于太初，略远详近，断
限明确，意在解决"并时异世，年差不明"的问题，对于头绪纷繁的
历史事件明载其发生的年月。

书，八篇，有礼、乐、律、历、天官、河渠、封禅、平准，涉及礼乐制
度、天文、历法、重大祭祀、地理环境、经济政策等自然与社会方面
的内容，意在明其"损益"、"改易"之道，"承敝通变"之迹。

世家，三十篇，记诸侯、封国的历史及其与王朝或皇朝的关系，

也记历史上有特殊地位和重大贡献的人物的历史。

列传，七十篇，是为古往今来能够"扶义俶傥，不令己失时，立功名于天下"的各阶层代表人物立传。

这五种体例，在先秦史书中都有萌芽，经过司马迁的继承和创造，使它们各自成为一种规范的表现形式而结合成一个彼此补充、相互依存的整体，是司马迁的创举。司马迁自称撰写《史记》要"成一家之言"，这是很重要的方面。这个创举，反映了司马迁对历史的深刻的理解和整体的认识，以及表述这种理解和认识的杰出才能。唐代史学批评家刘知几评论《史记》的结构说："纪以包举大端，传以委曲细事，表以谱列年爵，志(书)以总括遗漏，逮于天文、地理、国典、朝章，显隐必该，洪纤靡失。此其所以为长也。"(《史通·二体》)这只是从形式上来看待《史记》的结构。近人梁启超从历史观念上来看待和评价《史记》的结构，他认为：《史记》以前的史书，只是反映了史家对某一局部历史的认识，"《史记》则举其时所及知之人类全体自有文化以来数千年之总活动冶为一炉。自此始认识历史为整个浑一的，为永久相续的。非至秦汉统一后，且文化发展至相当程度，则此观念不能发生。而太史公实应运而生。《史记》实为中国通史之创始者。"(《要籍解题及其读法》)

司马迁撰《史记》，依据大量的先秦历史文献和汉兴以来的官府档案文书。他说他"䌷史记石室金匮之书"，又说汉兴以来"百年之间，天下遗文古事靡不毕集太史公。太史公仍父子相继纂其职"，又说他"厥协《六经》异传，整齐百家杂语"(均见《太史公自序》)。司马迁在《史记》的许多篇的后论中，常于"太史公读某书"、"余读某书"、"余观某书"之中，道出他所参考、所依据的种种文献。所谓"厥协"、"整齐"，是在对大量历史文献全面考察基础上的综合运用。班固说："司马迁据《左氏》、《国语》，采《世本》、《战国策》，述《楚汉春秋》，接其后事，迄于天汉。其言秦汉，详矣。"(《汉书·司马迁传》后论)这不过是一种极概括的说法，其实司马迁所依据的历史文献从《诗》、《书》以下直至当代官方文书，比班固说的要多得多。但班固

说《史记》记事，详于秦汉，这是中肯的。《史记》是一部通史。从今天的认识来看，它是一部关于西汉中期以前中国古代社会的经济、政治、军事、民族、思想、文化、社会风貌和各阶层人物群像的百科全书，而秦汉之际的历史是其最详尽、最精彩的部分。

司马迁写《史记》，不止是记述史事，还包含着对史事的解释，以及对历史进程作理论上的探讨和说明。他概括自己的撰述思想说："网罗天下放失旧闻，考之行事，稽其成败兴坏之理，凡百三十篇，亦欲以究天人之际，通古今之变，成一家之言。"（《汉书·司马迁传》）这几句话，不是随意写下的，它有一个逐步深入的逻辑层次：首先说了据以作史的根据，其次说了对历史的描述和着眼于得失成败方面的考察与解释，进而说到历史哲学上的要求，最后落脚于"成一家之言"。

在汉武帝时代，关于天人关系和古今关系，是当时思想领域中人们关心的问题。经学大师公孙弘认为，当时的诏书律令都能"明天人分际，通古今之义"（《史记·儒林列传》序）。汉武帝举贤良册问中，也有"善言天者必有征于人，善言古者必有验于今"的话。而董仲舒的以贤良对策，更是阐说"天人之征，古今之道"（《史记·董仲舒传》）的大文章，有广泛的影响。但他们所宣扬的是"迹之于古，返之于天"，在历史观上是保守的、唯心的。司马迁的历史哲学则与此相对立。

司马迁讲的"究天人之际"，首先是强调天人相分，认为"天道"与人事不相干，他在《伯夷列传》中批评了"天道无亲，常与善人"的观念，还说："余甚惑焉，倘所谓天道，是邪非耶？"他在《项羽本纪》中批评项羽把自己的败亡归结为"此天之亡我，非战之罪也"，"岂不谬哉！"其次，他在《封禅书》里讥刺汉武帝祈求神仙，屡被方士的愚弄而仍然"冀遇其真"，从而毒害了社会风气。第三，他在《史记》中为大量的人物立传，写出了各种人物在历史活动中所发挥的重要作用，如陈涉、刘敬、陈平等等，他都给予很高的评价。在《史记》以前，《春秋》是重人事的，《左传》和《国语》已写到不少人物的活

动,但把人的活动置于中心位置来看待,是从《史记》开始的。司马迁没有完全摆脱"天命"论的羁绊,这在《史记》中不是主要倾向。

司马迁"通古今之变"的思想具有丰富的内容。首先,他对历史演进的过程及其阶段性划分提出了明确的认识,这从《太史公自序》里自《五帝本纪》至《高祖本纪》的序目中可略见其大概,而从《三代世表》、《十二诸侯年表》、《六国年表》、《秦楚之际月表》这四篇表的序目和正文中可以更清晰地看到司马迁的这一卓识。他把"共和"之前统称为"五帝、三代之记",为第一个历史阶段;"自共和讫孔子",为第二个历史阶段,起周元王(前475)讫秦二世(前207),为第三个历史阶段;起秦二世元年(前209)至汉高祖五年(前202),为最近的历史转变时期。他对于每一历史阶段的时代特点都有明确的概括,至今仍可供人们参考。其次,是贯穿着历史变化与历史进化的观点。司马迁的历史哲学不止是"通古今",还要于"通古今"中考察历史的变化。他继承《易经·系辞》中穷、变、通、久的思想,用以解释历史现象,从而丰富了自己的历史认识。这在《史记》八书中表现得尤其突出:他作《礼书》,是要"略协古今之变";他作《律书》称赞太公望、孙武、吴起对《司马法》"能绍而明之,切近世,极人变";他作《平准书》,阐述经济现象,而落脚于"以观事变"(《太史公自序》)。他称赞秦国的统一,"世异变,成功大",批评不肯承认这一事实的人"与以耳食无异"(《六国年表》序)。他肯定汉初国策有"承敝易变,使人不倦"(《高祖本纪》后论)的积极作用。第三,司马迁提出了"事变多故而亦反是"、"物盛则衰,时极而转,一质一文,终始之变"(《平准书》后论)的历史命题。他在这一认识上的方法是"原始察终,见盛观衰"。他虽未能完全跳出历史循环论的窠臼,但对于盛衰之变已着重从客观事物本身的矛盾斗争来解释:"无异故云,事势之流,相激使然,曷足怪焉。"(《平准书》后论)他甚至认识到:这种变化,"岂非道之所符,而自然之验邪!"(《货殖列传》序)这是接近于把社会变化看作是一个自然历史过程的认识了。因此,他以历史家的冷静态度指出:"物盛而衰,固其变也。"

　　司马迁在历史哲学上的唯物的、辩证的倾向，以及他提出的一些范畴、概念，是中国古代历史理论发展的新阶段。

　　司马迁在历史撰述上的严肃态度和实录精神以及他对历史的深刻见解受到后人的高度评价。班固援引名家之言写道："自刘向、扬雄，博极群书，皆称迁有良史之材。服其善序事理，辨而不华，质而不俚。其文直，其事核，不虚美，不隐恶，故谓之实录。"（《汉书·司马迁传》后论）当代世界著名科学史家、英人李约瑟博士，根据王国维的研究成果而对司马迁进而对中国人的历史意识作了这样的评价："一般认为，司马迁不可能拥有足够的一千多年以前的史料来写历史。可是，当人们从无可争辩的真迹——安阳甲骨文——中清楚地找到商代 30 个帝王中的 23 个帝王的名字时……大家可以想象，许多人该是何等地惊异。由此可见，司马迁一定拥有相当可靠的史料。这一事实再一次说明中国人有深刻的历史意识，也说明商代是完全应该承认的。"（《中国科学技术史》第一卷《导论》，第88 页，科学出版社、上海古籍出版社 1990 年出版）上面这两段评论，大致论定了《史记》的实录精神的历史价值。

　　当然，《史记》的记事也有瑕疵。三国蜀人谯周（201—270）"以司马迁《史记》书周秦以上，或采俗语百家之言，不专据正经，周于是作《古史考》二十五篇，皆据旧典，以纠迁之谬误。"后司马彪（？—306）又据西晋咸宁五年（279）出土之战国佚书《竹书纪年》（当时称《纪年》），"条《古史考》中凡百二十二事为不当"（以上均见《晋书·司马彪传》）。这对于《史记》所记史事的考订和辨析是有价值的，可惜二书久佚，今只有《古史考》辑佚一卷。又近年长沙马王堆汉墓出土帛书《战国纵横家书》二十七章，亦为司马迁所未见书，其中十七章为《战国策》所无，也可订正、补写《史记》所记战国史事。像这样的例子还可以举出一些，但都不足以改变《史记》所记史事的整体面貌，从而越发显示出它的历史价值的珍贵。

　　《史记》在历史表述上的美学成就，二千多年来始终受到人们的高度评价。鲁迅在《汉文学史纲》中说："武帝时文人，赋莫若司马

相如，文莫若司马迁"；《史记》"固不失为史家之绝唱，无韵之《离骚》矣"，而"不拘于史法，不囿于字句，发于情，肆于心而为文"，是其在这方面成功的原因（《鲁迅全集》第9卷，第416、620页）。《史记》写人物、写战争、写历史场面，有许多脍炙人口的篇章。它继承、发展了《左传》、《国语》等书历史表述的传统，为后来的历史撰述在文字表述上树立了楷模。

《史记》为中国史学的发展奠定了深厚的基础，开辟了广阔的前景，在中国史学上享有崇高的地位。东汉班固仿《史记》体裁而断代为史，写出了第一部皇朝史《汉书》，《史记》乃被尊为"正史"之首。

# 班固和《汉书》

自西汉宣帝时《史记》面世后，渐次为学人所重。除元帝、成帝年间有褚少孙补写《史记》缺篇外，两汉之际，续作蜂起，以补《史记》所记武帝太初以后史事，作者有刘向、刘歆、冯商、卫衡、扬雄、史岑、梁审、肆仁、晋冯、段肃、金丹、冯衍、韦融、萧奋、刘恂等（《史通·古今正史》），而以班彪（3—54）最有成绩。他"家有赐书，内足于财"，"才高而好述作，遂专心史籍之间"，"继采前史遗事，傍贯异闻"，撰《太史公书》"后篇"数十篇（参见《汉书·叙传》、《后汉书·班彪传》，下同）。"后篇"无表、书、世家，只有纪、传。两汉之际，政治动荡，班彪曾撰《王命论》，"以为汉德承尧，有灵命之符"，为汉皇朝的存在和继续制造理论根据，他在"后篇"的"略论"中批评《史记》"论学术，则崇黄老而薄《五经》；序货殖，则轻仁义而羞贫穷；道游侠，则贱守节而贵俗功：此其大敝伤道。"这反映了他的撰述思想、历史见解跟司马迁的异趣。建武三十年（54），班彪卒于官，他的未竟之业由其子班固所继承。

班固（32—92），字孟坚，东汉扶风安陵（今陕西咸阳东北）人。

后史称他"博贯载籍,九流百家之言,无不穷究,所学无常师,不为章句,举大义而已。"其实,班固所受家学影响最深。他在父亲死后,回归乡里,继续班彪的撰述,有人告他"私改作国史",被系于京兆狱。其弟班超上书申辩,汉明帝也阅过班固所撰史草,重其才,任命他为兰台令史,参与撰成《世祖本纪》。后来,他又撰王莽末年、东汉初年史事,得列传、载记二十八篇。随后,明帝命其"终成前所著书",他撰写《汉书》的事业由此被皇家正式认可。积二十余年,至章帝建初年间,班固大致完成全书。其中《天文志》及八表由班固之妹班昭及马续续成。

《汉书》包括十二纪、八表、十志、七十传,凡百篇。后人为其书作注,因有的篇帙过大,析为子篇,故今存《汉书》是一百二十卷。《汉书》在编撰上有三个特点:

第一,以西汉皇朝兴衰为断限,突出了皇朝史的地位。班固和他父亲班彪,以五德终始说为依据,反复申言"刘氏承尧之祚","唐据火德,而汉绍之","汉绍尧运,以建帝业"。班固还明确表示不赞成司马迁《史记》的通史写法,认为这是把汉皇朝的历史"编于百王之末,厕于秦、项之列"而大大贬低了。因此,《汉书》的断限,"起元高祖,终于孝平、王莽之诛",包括西汉一代史事;认为王莽的出现只是"遭汉中微"的一个历史插曲,跟秦朝一样"同归殊途"。班固以"书"名汉史,意在仿效《尚书》之义,希望《汉书》对于汉朝来说,也是一种"巍巍乎其有成功,焕焕乎其有文章也"的关系。这是秦汉大一统以来,皇朝意识不断增强在历史撰述上的突出反映。

第二,撰述的重点是汉武帝太初以后的史事。《汉书·叙传》说:"太初以后,阙而不录,故探篡前记,缀辑所闻,以述《汉书》,……十有二世,二百三十年"。从西汉建立至武帝太初,约百年左右,《汉书》续作了太初以后约一百三十年史事,这是班氏父子的贡献,尤其是班固的贡献。班固的贡献还在于,他对《史记》所记太初以前的史事也有所补充、调整。

第三,内容恢弘,结构严谨。班固说,他对高帝、惠帝、高后(吕

后）、文、景、武、昭、宣、元、成、哀、平十二世二百三十年历史，"综其行事，旁贯《五经》，上下洽通，为春秋考纪、表、志、传，凡百篇。"这几句话，概括了《汉书》的内容、结构和思想主旨。在内容上，它写出了西汉皇朝的全部历史，首尾完整。在结构上，它去世家，改书为志，分纪、表、志、传四个部分。所谓"综其行事，旁贯《五经》，上下洽通"，是班固在撰述上的思想和要求，这在纪、表、志、传中均有反映，而以表、志尤为突出。《汉书》断代为史，但其纪、传在反映历史联系上，也注意到承上启下的问题。《高祖纪》后论反复引证前人的话，用以证明"汉承尧运，德祚已盛"，说明承上之所由来。《平帝纪》后论指出"孝平之世，政自莽出"，"至乎变异见于上，民怨于下，莽亦不能文也"，一方面交待了"政自莽出"，一方面说明了王莽无法掩饰的"变异"与"民怨"，下启光武中兴之所由来。至于王莽新朝政权的存在，《汉书》是以《王莽传》来反映的。《王莽传》实际是用了纪的体例，先是西汉纪年，后是新莽纪年，用以记述两汉之际的一段历史。

《汉书》的表、志更能反映它的贯通与博洽。《汉书》八表对《史记》汉代诸表有继承，也有发展。如《外戚恩泽侯表》，是与《外戚传》相配合的，它们揭示了外戚在汉代政治生活中的非常作用。所增《百官公卿表》跟《史记·汉兴以来将相名臣年表》有很大不同，是职官制度与职官年表的结合，其中官制部分开后代正史百官志或职官志的先河。《汉书》还首创《古今人表》，所列人物，按时代先后和九个等级入表，上起伏羲，下至陈胜、吴广，以接汉代人物，"总备古今之略要"，目的在于"显善昭恶，劝戒后人"。《汉书》十志包含律历、礼乐、刑法、食货、郊祀、天文、五行、地理、沟洫、艺文，它们对《史记》八书也有许多新的发展。其中，刑法、五行、地理、艺文诸志为《汉书》所创。《刑法志》意在说明"刑罚不可废于国"；《五行志》以大量篇幅记载天象、吉凶，以证"天人之道"，但也记载了许多有意义的自然现象，有科学史的价值；《地理志》首次记述了大一统国家的疆域规模和地理沿革、山川形势、人口分布，是班固的力作。《艺

文志》是学术史专篇,它继承了刘向、刘歆的成果,记载了汉皇朝对
历史文献的搜集、整理、校勘、研究的情况,以及汉代学者在撰述上
的成就。这些,对后来正史的撰述和发展,有深远的影响。食货、地
理、沟洫、刑法、艺文五志,涉及到封建国家的经济、政治和思想文
化。它们都贯通古今,是专史撰述的滥觞。

　　《汉书》各部分内容的相互关系及其逻辑结构,在更高的层次
上反映了它的"上下洽通"。班固在《汉书·叙传》结末时写道:"凡
《汉书》,叙帝皇,列官司,建侯王,准天地,统阴阳,阐元极,步三光。
分州域,物土疆,穷人理,该万方。纬《六经》,缀道纲,总百氏,赞篇
章。函雅故,通古今,正文字,惟学林。"大致说来,这是以皇帝、百
官、侯王及有关政治设施为中心,以天地、阴阳变化为准绳,以地域
划分、经济生活、人事活动为依托,以《六经》统率百家学术而备典
籍文章,反映出班固对于历史的认识和表述有一个自成体系的观
念。尽管它跟客观历史的逻辑有很大的距离,但这毕竟向着整体的
历史认识前进了一步。

　　强烈的皇朝意识和正宗思想是班固政治观、历史观上的突出
特点。他撰《典引论》、《两都赋》,他参加章帝建初四年(79)的白虎
观"讲议《五经》同异"的会议,并受命撰集《白虎通议》,在经学与神
学结合并使之法典化过程中扮演了重要角色。这跟《汉书》宣扬"天
命"割断秦、汉历史联系,不承认王莽新朝的历史地位,是一致的,
从而同《史记》的"究天人之际,通古今之变"的思想大异其趣。班固
以说教的口吻批评《史记》"是非颇谬于圣人,论大道则先黄老而后
《六经》,序游侠则退处士而进奸雄,述货殖则崇势利而羞贱贫,此
其所蔽也。"(《汉书·司马迁传》后论)这表明《汉书》对历史的价值
判断,在"是非"、"大道"的标准上跟《史记》也不尽相同,而倾向于
保守。

　　由于《汉书》创造了记述一代皇朝史事的历史撰述形式,上下
洽通,详而有体;由于班固在《汉书》中反映出来的自觉的皇朝意识
和鲜明的正宗思想符合封建皇朝统治者的政治需要,《汉书》成为

后来历代正史撰述的楷模。从这个意义上说，中国封建社会史学的骨干即正史的规范的格局，是《汉书》确立的。刘知几从史学上评论《汉书》说："如《汉书》者，究西都之首末，穷刘氏之废兴，包举一代，撰成一书。言皆精练，事甚该密，故学者寻讨，易为其功，自尔迄今，无改斯道。"（《史通·六家》）隋唐之际，"《汉书》学"成为专门之学，形成了人们学习、研究史书前所未有的高潮，以至于出现了有人聚徒教授，著录者数千人的盛况（参见《隋书·儒林·包恺传》）。刘知几又从学术史上评论《汉书》的地位说："始自汉末，迄乎陈氏，为其注解者凡二十五家，至于专门受业，遂与《五经》相亚。"（《史通·古今正史》）

《史记》创立了纪传体史书体裁，这种以多种体例相综合的史书表现形式，对于反映复杂的历史进程来说，是一个伟大的创造，它表明中国史家对于整体的历史之认识已达到了一个新的阶段。《汉书》适应封建皇朝统治的需要，在《史记》的基础上，断代为史，并在表、志方面发展了《史记》的成果，使纪传体史书在内容和形式这两个方面更加丰富起来，从而确立了皇朝史的规模和格局。它们在史学上的双峰突起，大为后人所瞩目。《隋书·经籍志二》正史篇后序在讲到西晋陈寿撰《三国志》以后说："自是世有著述，皆拟班、马，以为正史，作者尤广。一代之史，至数十家。"《史记》、《汉书》对于正史发展之影响力的巨大，是难以估量的；它们对中国史学的发展之广泛而深远的影响，也是难以估量的。

# 关于《后汉书》和《续汉书》志

现在我们所读到的《后汉书》，是包括范晔撰写的《后汉书》纪、传九十卷和司马彪撰写的《续汉书》志三十卷，这两部分合为一百二十卷，记东汉一朝史事。

最早的东汉史，是自班固至蔡邕等许多东汉史家不断撰集的

《东观汉记》一百四十二卷（一说一百四十三卷）。它虽是一部未定稿，因是记述东汉皇朝史事最早的纪传体史书，曾一度与《史记》、《汉书》合称"三史"。从三国到南北朝，中国史学史上出现了撰述皇朝史的高潮，形成了"一代之史，至数十家"的盛况。撰东汉史者，在吴，有谢承《后汉书》一百三十卷；在晋，有薛莹《后汉记》一百卷，司马彪《续汉书》八十三卷，华峤《汉后书》九十七卷，谢沈《后汉书》一百二十卷，张莹《后汉南记》五十五卷，袁山松《后汉书》一百卷；在南朝，有宋刘义庆《后汉书》五十八卷，范晔《后汉书》九十卷，有梁萧子显《后汉书》一百卷。以上十一种，都有纪传体。此外还有两种编年体东汉史，一是晋袁宏《后汉纪》三十卷，一是晋张璠《后汉纪》三十卷。这十三种东汉史大多亡佚，只有辑本传世，而作为完帙流传至今的只有袁宏的《后汉纪》、范晔的《后汉书》和司马彪的《续汉书》志。

范晔（398－445），字蔚宗，南朝宋顺阳（今河南淅川东）人，善文章，精音乐。宋文帝时以才学为用，官至太子詹事。他撰《后汉书》，始于元嘉九年（432）左迁宣城太守之时。至元嘉二十二年（445），被人告发与谋立大将军彭城王刘义康为帝一事有牵连，入狱被杀，时年四十八。其时，上距司马彪之卒约一百四十年、袁宏之卒约七十年。范晔在狱中作《与诸甥侄书》，阐说了他的为人、治学与撰写《后汉书》的一些重要情况（见《宋书·范晔传》，下引本传，不注）。范晔治学，重在"所通解处，皆自得于胸怀"，主张有独立的见解。他撰《后汉书》的全部计划，是要写成纪十卷、志十卷、传八十卷，合为百卷，但他没写出志就被系入狱了。

范晔自己说："本未关史书，政恒觉其不可解耳。既造《后汉》，转得统绪。"这表明他对史学的认识，主要是在于从历史上去寻求关于现实政治中存在问题的答案。他主张"情志所托，故当以意为主，以文传意"。在《后汉书》的撰写中，他是实践了这个主张的。范晔撰《后汉书》时，大约有十种东汉、三国、两晋史家所著的东汉史可供他参考。他自称，《后汉书》虽"博赡"不及《汉书》，但"整理未必

愧也";其"杂传论,皆有精意深旨","至于《循吏》以下及'六夷'诸序论,笔势纵放,实天下之奇作。其中合者,往往不减《过秦》篇。尝共比方班氏所作,非但不愧之耳。"这些话,反映出范晔据众家后汉史而撰《后汉书》,在材料"整理"上以"最有高名"的《汉书》为参照,在史事评论上以贾谊、班固为参照,起点是很高的。

整理有序和评论精深,是《后汉书》的两个特点。《后汉书》在材料整理上博采众家,范晔提到的有《东观汉记》和华峤《汉后书》,他称为"前史"。还有一些是他没有明确提到的。如其《党锢传》,可能采自《续汉书》,其循吏、酷吏、宦者、儒林、文苑、独行、方术、逸民、列女等类传,可能采自谢承《后汉书》之同名类传;其"六夷"传,包括东夷、南蛮、西羌、西域、南匈奴、乌桓鲜卑等,可能是分别参考了谢承、司马彪、华峤三家后汉史中有关的传。《后汉书》对历史人物传记的编次,更多地受到袁宏《后汉纪》"言行趣舍,各以类书"的方法的影响。它于同卷人物,往往不拘时代,而各就其人之生平以类相从:有的以"治行卓著",有的以"深于经学",有的以"著书恬于荣利",有的以"和光取容,人品相似",有的以"立功绝域",有的以"仗节能直谏",有的"明于天文"等等(参见《二十二史札记》卷四《〈后汉〉编次订正》条)。通过范晔的"整理",《后汉书》井然有序地记述了东汉社会各类人物的事迹和风貌,以及时代和人物活动的关系。

《后汉书》的历史评论,是范晔的"自得"之"意",在正史的史论中有突出的价值。范晔对东汉时期的大治乱得失问题提出了自己的认识。他以"得人心"、"结于人心"来分析王莽、东汉之际的政治形势(《后汉书》卷一二);他以"鉴前车之违,存矫枉之志"来赞扬光武帝对"中兴二十八将"的安排)(《后汉书》卷二二)。《皇后纪》序论和《宦者列传》的序和论,都是从政治得失上作了深入的分析。范晔的历史评论显示出他在历史观上的鲜明的朴素唯物思想倾向。他批评佛教"好大不经,奇谲无已","故通人多惑焉"(《后汉书·西域传》后论)。他批评种种方术"斯道隐远,玄奥难原,故圣人不语怪

神,罕言性命";方术怪诞之论"纯盗虚名,无益于用",不过是有些人"希之以成名"的工具罢了(《后汉书·方术列传》序及后论)。他对武帝"颇好方术"、光武"尤信谶言"、桓帝"修华盖之饰",都采取批评的态度。他偶尔也讲"天命",但又是把顺乎天跟信乎人结合在一起,实际上是不承认"天"有独立的意志。他直到临死前还说:"天下决无佛鬼!"范晔的历史评论还显示出了他对于学术史的精辟见解。他批评道术"其敝好巫",批评烦琐经学"劳而少功"。他称赞司马迁父子、班固父子在史学上的成就,但他并不赞成班固对司马迁的批评。他把王充、王符、仲长统三位唯物思想家合传,高度评价了他们的思想成就。这都反映了范晔在历史思想上的卓识。同班固的史论相比,他岂止"不愧"而已,而是远在其上了。

魏晋南北朝时期,注史之风极盛。范晔《后汉书》行世约五六十年,南朝梁人刘昭即为其作注。刘昭惜《后汉书》诸志未成,就移用司马彪《续汉书》的志"注以补之"(刘昭《后汉书注补志序》)。但二书仍系单行,至宋真宗乾兴元年(1022)以后,范书、马志合刻行世,流传至今。根据刘昭"注补"的这一客观过程,我们不得不回过头来追述司马彪撰写《续汉书》的始末及其八志的面貌。

司马彪(?—约306),字绍统,西晋河内温县(今河南温县西)人。他在晋武帝泰始年间(265—274)任秘书郎,后转秘书丞。他认为:"汉氏中兴,讫于建安,忠臣义士亦以昭著,而时无良史,记述烦杂……安、顺以下,亡缺者多。"于是他讨论众书,缀其所闻,起于世祖,终于孝献,编年二百,录世十二,通综上下,旁贯庶事,为纪、志、传凡八十篇,号曰《续汉书》。"(《晋书·司马彪传》)这是一部完整的东汉史著作。司马彪撰《续汉书》时,可参考者有《东观汉记》、谢承《后汉书》、薛莹《后汉记》等,故有"讨论众书"之说。《续汉书》的志有八目:律历、礼仪、祭祀、天文、五行、郡国、百官、舆服。其中百官、舆服二志,是《史记》《汉书》所没有的。舆服志的撰写,东汉末年董巴、蔡邕已有创议;百官志则取资于皇家"官簿",其渊源当与《汉书·百官公卿表》有关。郡国志,谢承《后汉书》已立目,也由《汉

书·地理志》而来。《续汉书》八志被刘昭誉为"王教之要，国典之源，粲然备矣。"（《后汉书注补志序》）。

《续汉书》志在撰述思想上，一是注意阐述典章制度的变化和联系，如《郡国志》"但录中兴以来郡县改易，及《春秋》、'三史'会同征伐地名"；《百官志》重在"粗注职分"，比《汉书·百官公卿表》重在记"置官本末"有所发展。《舆服志》通记"上古以来"车服制度的演变，"以观古今损益之义"。二是强调"君威"、"臣仪"、"上下有序"为核心的"顺礼"等级秩序，这在《礼仪志》、《舆服志》中有突出的反映。三是推崇"务从节约"的政治作风，批评秦始皇、汉武帝的"奢广"和大规模封禅活动（见《百官志》、《祭祀志》）。这些，都是把对历史的考察和现实的需要结合起来了。

刘昭把《续汉书》八志析为三十篇，以补《后汉书》无志的缺憾，从而也使《续汉书》志得以保存下来，这在史学上是有双重的贡献。唐太宗有《咏司马彪〈续汉志〉》诗，其中四句是："前史殚妙词，后昆沈雅思。书言扬盛迹，补阙兴洪志。"（《全唐诗》卷一）这对范晔、司马彪、刘昭都作了肯定的评价。

# 关于《三国志》

三国史家已各有关于本朝史的撰述。在魏，有鱼豢《魏略》；在蜀，有王崇《蜀书》；在吴，有韦昭《吴书》。其后，有晋朝史家所撰三国史，魏史有王沈《魏书》、孙盛《魏氏春秋》、阴澹《魏纪》、孔衍《汉魏春秋》、梁祚《魏国统》；蜀史有王隐《蜀记》、谯周《蜀本纪》、习凿齿《汉晋春秋》；吴史有张勃《吴录》、环济《吴纪》。以上十四种，都是分记三国各国史事。以三国共为一史者，只有陈寿所著《三国志》。

陈寿（233—297），字承祚，西晋巴西安汉（今四川南充北）人，早年师事谯周。《华阳国志·后贤志》说他早年"治《尚书》、《三传》，锐精《史》、《汉》。聪警敏识，属文富艳。"陈寿仕蜀官至散骑黄门侍

郎，入晋任著作郎、治书侍御史。太康元年（280）西晋灭吴后，陈寿开始撰写《三国志》，约经十年，书成，凡六十五卷。其中，《魏书》三十卷，《蜀书》十五卷，《吴书》二十卷。"时人称其善叙事，有良史之才"；司空张华"深善之，谓寿曰：'当以晋书相付耳。'"（《晋书·陈寿传》）陈寿撰《三国志》与司马彪撰《续汉书》大致同时，他们是西晋最有成就的两位史家。

《三国志》记事，起于东汉灵帝光和末年（184）黄巾起事，迄于西晋灭吴（280），其上限与《后汉书》下限颇有交叉，不仅仅限于三国时期。陈寿的史才，首先是他对三国时期的历史有一个认识上的全局考虑和编撰上的恰当处置。三国鼎立局面的形成，三国之间和战的展开，以及蜀灭于魏、魏之为晋所取代和吴灭于晋的政治结局，都是于纷乱复杂中从容不迫地叙述出来。在编撰体例上，陈寿以魏主为帝纪，总揽三国全局史事；以蜀、吴二主传名而纪实，既与全书协调，又显示出鼎立三分的政治格局。这在全书的纪年、称谓上，都是密切配合的，表明陈寿对于三国史事的总揽全局的器识和表述的精心安排。其次，是他善于通过委婉、隐约表述方法以贯彻史家的实录精神。他先后作为蜀臣和蜀之敌国魏的取代者晋的史臣，对于汉与曹氏的关系、蜀魏关系、魏与司马氏的关系，都在曲折中写出它们的真情。陈寿的史才还突出表现在他叙事简洁。《蜀书·先主传》记："曹公从容谓先主曰：'今天下英雄，惟使君与操耳。本初之徒不足数也。'先主方食，失匕箸。""从容"，写出了曹操的心计；"失匕箸"，写出了刘备的意外：他们当时的心态，跃然纸上。陈寿还善于通过写人物的对话指陈形势、论辩是非，如以荀彧同曹操的对话分析了曹操、袁绍、刘表三方的形势，以诸葛亮同刘备的对话估量了形势的发展和刘备应取的对策，以王肃同魏明帝关于《史记》的论辩说明"隐切在孝武，而不在史迁"等，都写得精彩而凝炼。

陈寿在《三国志》中推重"清流雅望"之士、"宝身全家"之行，反映了他思想上的士族意识。《三国志》的"有益风化"（《晋书·陈寿传》），同司马彪强调"顺礼"、后来袁宏倡言"名教"有相通之处。陈

寿还用符瑞图谶、预言童谣来渲染魏、蜀、吴三国君主的称帝,用"天禄永终,历数在晋"(《魏书·三少帝纪》)来说明晋之代魏的合理性,他断言"神明不可虚要,天命不可妄冀,必然之验也"(《蜀书·刘二牧传》)。这些,是陈寿史学中的消极因素,因而也局限了《三国志》的史学价值。《三国志》唯有纪、传而无书、志,这个缺憾只有留待后人弥补了。

关于《三国志》的评价,晋人荀勖、张华称陈寿史才"以班固、史迁不足方也"(《华阳国志·后贤志》)。南宋叶适说:"陈寿笔高处逼司马迁,方之班固;但少文义缘尔,要终胜固也。"(《习学记言序目》卷二八)清人李慈铭评论道:"承祚固称良史,然其意务简洁,故裁制有余,文采不足。当时人物,不减秦汉之际,乃子长《史记》,声色百倍,承祚此书,暗然无华,范蔚宗《后汉书》较为胜矣。"(《越缦堂日记》咸丰己未二月初三日)这些评论在高低分寸上很不一样;但总而论之,他们以《三国志》同《史记》、《汉书》、《后汉书》相比,已表明它们确有可比之处。后人把它们统称为"前四史",是有史学上的根据的。

陈寿死后一百三十二年,南朝宋人裴松之于元嘉六年(429)作成《三国志注》,丰富了《三国志》的内容,在一定的意义上可以看作是《三国志》的续作。

# 关于《晋书》

晋史撰述在东晋南朝时期,是所谓"一代之史,至数十家"者最有代表性的。今可考者,这时期出现的晋史撰述有二十四种,东晋史家和南朝史家所撰各占半数,纪传体和编年体亦各占半数。纪传体晋史有:晋王隐《晋书》、虞预《晋书》、朱凤《晋书》、谢沈《晋书》、何法盛《晋中兴书》、谢灵运《晋书》,南朝齐臧荣绪《晋书》,梁萧子云《晋书》、萧子显《晋史草》、郑忠《晋书》、沈约《晋书》、庾铣《东晋

新书》。编年体晋史有：晋陆机《晋纪》、干宝《晋纪》、曹嘉之《晋纪》、
习凿齿《汉晋阳秋》、邓粲《晋纪》、孙盛《晋阳秋》，南朝宋刘谦之《晋
纪》、王韶之《晋纪》、裴松之《晋纪》、徐广《晋纪》、檀道鸾《续晋阳
秋》、郭季产《续晋纪》。这二十四种晋史存在两个不足：一是其中有
些属于未完成稿，如谢灵运、萧子显、沈约、庾铣等所撰；二是大多
不是两晋全史，或只记西晋，或仅述东晋，或兼记两晋而又不及其
终。其中臧荣绪《晋书》是比较完整的晋史，但也未能包含与东晋并
存的十六国史。

　　现在我们读到的《二十四史》中的《晋书》，是唐初史家重新撰
写的。

　　唐初史家在贞观十年（636）撰成梁、陈、齐、周、隋“五代史”后，
唐太宗于贞观二十年（646）下达了《修晋书诏》，“令修国史所更撰
《晋书》”。诏书称赞了《史》、《汉》以下至“五代史”历代正史，但对唐
以前多种晋史都不满意。诸家晋史，至唐初尚存十八种。《修晋书
诏》批评它们或“烦而寡要”，或“劳而少功”，或“滋味同于画饼”、
“涓滴埋于涧流”；有的“不预于中兴”，有的“莫通于创业”，有的只
是“略记帝王”，有的仅仅“才编载记”（《唐大诏令集》卷八一）。历来
对唐太宗诏令重修《晋书》有种种推测，其实主要原因他在诏书中
已讲得十分清楚了，归结起来就是：“虽存记注，而才非良史，事亏
实录。”

　　重修《晋书》以房玄龄、褚遂良为监修，参与撰述有许敬宗、令
狐德棻、敬播、李淳风、李延寿等二十一人。令狐德棻被“推为首”，
他与敬播在制订《晋书》体例上起了重要作用。新修《晋书》以臧荣
绪《晋书》为蓝本，兼采诸家晋史及晋人文集、笔记、杂说予以补充，
重新撰定。刘知几特别强调它“采正典与杂论数十余部，兼伪史十
六国书”（《史通·古今正史》），反映了它所取文献和内容上的特
点。贞观二十二年（648），新修《晋书》撰成，包括帝纪十卷、志二十
卷、列传七十卷、载记三十卷，叙例、目录各一卷。叙、目已佚，今存
一百三十卷。据宋人称，因唐太宗为宣、武二帝纪及陆机、王羲之二

传写了后论,全书曾经题为"御撰"。

《晋书》记事,起于泰始元年(265),与《三国志》的下限相交叉、衔接,迄于元熙二年(420),含西晋四帝、东晋十一帝,共一百五十六年史事,并追叙晋室先世司马懿、司马师、司马昭在东汉末年和曹魏时期的活动,还包括了大致与东晋同时存在的北方十六国史事。这样,它就写出了两晋时期历史的全貌,弥补了以往诸家晋史的缺撼。又因它"参考诸家,甚为详洽"(《旧唐书·房玄龄传》),在内容上也更加充实了。《晋书》问世后,"自是言晋史者,皆弃其旧本,竞从新撰"(《史通·古今正史》)。这表明了新修《晋书》的成功。《晋书》的成功还突出表现在它对民族关系在历史撰述上的处理。它继承《东观汉记》和以前晋史中"载记"的体例,创造性地以其记述十六国君臣事迹、国之兴废,着眼于"僭伪"而不渲染"华夷",这同唐初史家撰述"五代史"在处理南北关系上是一致的,反映了隋唐统一后"天下一家"的思想。载记中关于石勒的两卷写得很精彩,关于苻坚的两卷也写得极有声色。在《二十四史》中,只有《晋书》采用了载记这种体例。《晋书》的志也有很高的成就。它的十篇志是:天文、地理、律历、礼、乐、职官、舆服、食货、五行、刑罚。其中《天文志》、《律历志》出于天文学家李淳风之手,写得充实、有序。《地理志》的总叙写出历代地理建置的沿革流变,也写出了历代封国、州郡的等级、宽狭,以及户、口增减情况,是一篇内容充实的地理总论。《食货志》序概述了殷、周至于晋世经济政策的得失。《刑罚志》是关于东汉至两晋法律思想的概论。《职官志》写出了秦、晋间职官的设置和变迁,行文简洁、明了。这几篇志,上限都包含了曹魏,在一定意义上弥补了《三国志》无志的缺陷。宋代史家郑樵评论说:"本末兼明,惟《晋志》可以无憾"(引自《文献通考·经籍考》一九)。

唐初距晋已远,史家撰述少有顾忌,多能据事直书,故于"成败得失之际,十亦得七八"(《习学记言序目》卷三〇《晋书二·总论》)。《晋书》确有"好采诡谬碎事以广异闻"(《旧唐书·房玄龄

传》)的缺点；但从今天的观点来看，这些"诡谬碎事"对于人们认识晋代的社会生活，也还是可以参考的。

# "八书"和"二史"

"八书"、"二史"，是南北朝和唐初史家撰写的南北朝时期（包括隋朝统一时期）各有关皇朝史事的十部正史。"八书"包含：《宋书》、《南齐书》、《梁书》、《陈书》，以上是南朝四史；《魏书》、《北齐书》、《周书》、《隋书》，以上是北朝（包括统一后的隋朝）四史。"二史"是：《南史》，通记南朝史事；《北史》，通记北朝与隋朝史事。"八书"、"二史"所记述的历史内容，在时间、空间和重大史事上，有许多交叉、重叠，相互间的联系十分密切。因此，这里采用综合述评的方法，以阐明其间的种种联系。

## 撰述梗概

从大的时间范围来看，"八书"、"二史"撰成于两个时期：《宋书》、《南齐书》、《魏书》成书于南北朝，其余的都成书于唐初。

"八书"、"二史"在结构上有三种情况。第一种情况：《宋书》、《南齐书》、《魏书》都包含纪、志、传三个部分。第二种情况：《梁书》、《陈书》、《北齐书》、《周书》、《隋书》等"五代史"各有纪、传，另有贯串"五代史"的《五代史志》，亦称《隋志》，后附于《隋书》而行，表面上看便成了《隋书》的一部分。第三种情况："二史"唯有纪、传。

从撰述过程来看，"八书"都是奉旨所修；"二史"虽"撰自私门"，但也出于史官之手，并且经过监修国史的推荐、宰相的审定、皇帝的批准，地位与"八书"无异。"八书"、"二史"在不同程度上都继承了前人的成果，包括撰述上和思想上的成果。

　　《宋书》一百卷,梁沈约(441—513)撰。沈约历仕宋、齐、梁三朝,历史上习惯地把他称为梁朝人。但他奉诏撰《宋书》,是在齐武帝永明五年(487)。次年,他撰成帝纪十卷,列传六十卷,记事起于东晋安帝义熙之初,终于宋顺帝升明三年(479)。《宋书》有八篇志三十卷,这一部分的撰成,当在齐明帝称帝(494)以后,甚至晚至梁武帝即位(502)以后。其纪、传部分,继承刘宋史家何承天、山谦之、苏宝生、徐爰所撰国史旧稿;八志中,天文、律历、五行、州郡也是在前人旧稿基础上写成,礼、乐、符瑞、百官出于沈约新撰。八志在文字上的分量几乎占了全书的一半,这是《宋书》的一个特点。

　　《南齐书》五十九卷,梁萧子显(489—537)撰。萧子显撰《南齐书》的过程,《梁书》本传所记极为简括,只说他“又启撰《齐史》,书成,表奏之,诏付秘阁。”《南齐书》包括纪八卷、志八篇十一卷、传四十卷、序录一卷,序录已佚。它记述了萧齐皇朝二十三年间的历史。萧子显撰《南齐书》,继承了齐、梁史家檀超、江淹、熊襄、沈约、吴均关于齐史的体例和旧稿,志的部分得力于江淹《齐史》十志颇多。

　　《梁书》五十六卷、《陈书》三十六卷,分记南朝梁、陈史事,唐姚思廉(557—637)撰。贞观三年(629),唐太宗诏命大臣撰写梁、陈、齐、周、隋“五代史”,贞观十年(636),五史俱成。姚思廉一人独撰二史。《梁书》含纪六卷、传五十卷,《陈书》含纪六卷、传三十卷。姚思廉之父姚察曾是梁、陈二朝史官,在隋朝受命撰梁、陈二史,未成而卒。姚思廉继承了他父亲的一部分旧稿而撰成二史。

　　《魏书》一百三十卷,北齐魏收(510—572)撰。北齐天保二年(551),魏收奉诏撰魏史,至天保五年(554),先后奏上纪十二卷、传九十八卷,以及志十篇二十卷。《魏书》记事,上起北魏拓跋珪登国元年(386),下迄东魏孝静帝武定八年(550),记北魏、东魏两朝史事。其《序纪》,还追溯拓跋族先世二十七代历史。在魏收以前,北魏史家邓渊撰有《代记》,崔浩、高允所撰编年体国史,李彪关于改撰纪传体国史的计划,还有邢峦、崔鸿、王遵业所撰孝文帝至孝明帝的起居注,以及元晖业撰写的《辨宗室录》等。魏收作史,极重门

阀,但"论及诸家枝叶,过为繁碎,与旧史体例不同"(时人杨愔语,
见《北齐书·魏收传》),并出现了记载上的遗漏和"不实"。因此,
《魏书》撰成后,"诸家子孙","众口喧然,号为'秽史'"。后经"研
审"、"更审",两次修改,始成定本。《魏书》蒙"秽史"恶名,即由此渲
染,夸大而来。

《北齐书》五十卷,唐李百药(565—648)撰。李百药的父亲李德
林仕北齐时,曾撰国史二十七卷,隋时增至三十八卷。贞观元年
(627),李百药奉诏撰北齐史,在其父所撰《齐书》的基础上,于贞观
十年(636)撰成《北齐书》纪八卷、传四十二卷。所记北齐史事,上限
追叙高欢在北魏的活动至孝昌元年(525),下限补叙"幼主"结局至
于北周建德七年(578)。后人为区别萧子显、李百药所撰的两部《齐
书》,称前者所撰为《南齐书》,后者所撰为《北齐书》。

《周书》五十卷,唐令狐德棻(583—666)等撰。贞观三年(629),
唐太宗诏修"五代史",令狐德棻与岑文本、崔仁师撰周史,贞观十
年(636)成书。《周书》包括纪八卷、传四十二卷,史论出于岑文本之
手。其记事大致起于北魏孝武帝永熙三年(534)东、西魏分立,迄于
北周静帝大定元年(581)隋之代周,包括了西魏、北周两朝史事。令
狐德棻除主撰《周书》外,还负责"总知类会"梁、陈、齐、隋四史。

《隋书》纪五卷、传五十卷,唐魏徵(580—643)等撰,贞观十年
成书,是"五代史"之一。其记事,起于周隋"禅代"(581),迄于大业
十四年(义宁二年,618)唐之代隋,是首尾完具的隋史。它的史论,
以及梁、陈、北齐三史帝纪总论,都是魏徵撰写的。《隋书》的志,即
《五代史志》十篇三十卷,唐于志宁、李淳风、韦安仁、李延寿等贞观
十七年(643)奉诏撰,成书于高宗显庆元年(656)。《隋书》志的内
容,包括了梁、陈、齐、周、隋五个皇朝的典制而以隋为重点。

《南史》八十卷、《北史》一百卷,唐李延寿撰。李延寿之父李大
师早有"编年以备南北"的著述计划,直到贞观二年(628)临终,"所
撰未毕,以为没齿之恨"。延寿因"家有旧本,思欲追终先志",利用
长期在史馆修史的机会,"推究"、"披寻"南北朝各史,撰成《南史》

纪十卷、传七十卷，《北史》纪十二卷、传八十八卷，经令狐德棻推荐，于高宗显庆四年（659）奏上。高宗为之作序，可惜这篇序文早已失传。

以上这十部正史，合计七百四十六卷，几乎占了《二十四史》总卷数三千二百三十九卷的四分之一。至于"八书"、"二史"这一提法，在清代已颇流行，并非始于今日。《四库全书总目》卷四十六《史部·正史类二》："虽'八书'具列，而'二史'仍并行焉。"张应昌《〈南北史识小录〉补正》序："以'两史'及'八书'较之，间有误处，辄为正之。"（同治十年武林吴氏清来堂校刊本）

# 纵横交叉

这是就"八书"各自的断限和所记史事的范围来说的。断限，是指纵的方面的联系；范围，是指横的方面的联系。阅读"八书"，首先要了解它们之间这种纵横交叉的密切联系，以便于比较准确地把握历史发展的全貌、揭示历史事件相互间的复杂关系。

例如，从纵的方面看，南朝四书的断限，依次衔接，清晰可见；而北朝四书的断限，就比较复杂一些。这是因为：《魏书》以东魏为正统，叙东魏事甚详，于西魏事则多阙如。《北齐书》上承《魏书》，自然不成问题；《周书》上承《魏书》，中间却缺少西魏一朝史事。《周书》撰者为了解决这个问题，便在《周书》帝纪中记述了西魏的政治、军事大事。可见，我们要了解、研究西魏的历史之第一手材料，主要应阅读《周书》。从横的方面看，南朝四书与北朝四书所记史事存在着联系，这是毋庸置疑的。因此，在阅读其中某一部书时，就要注意到与之相关联的其他各书。读《魏书》时，要注意到《宋书》、《南齐书》、《梁书》；读《陈书》时，要注意到《北齐书》、《周书》、《隋书》；等等。

又如，上述这种联系，都是从总体上着眼。而有些联系则隐蔽

在各书所述的有关史事中，这同样是不能忽略的。《北齐书》所记，实际上包括东魏、北齐两朝史事，所以研究东魏历史，仅读《魏书》是不够的，还要读《北齐书》。《周书》所记，不仅包括西魏、北周，同时兼及东魏、北齐和梁、陈四朝史事，所以研究这一时期全国范围的历史发展大势，阅读《周书》是很必要的。《魏书·序纪》，追溯拓跋氏先世事迹至二十七代，略述了拓跋氏的发展源流。梁元帝末年，宗室萧詧建立后梁政权，先后依附北周及隋，传三代三十余年，但《梁书》不载此事，而《周书·萧詧传》则论之颇详。这样的例子，"八书"中还有不少。

　　再如，《魏书》、《宋书》、《南齐书》、《隋书》各志，更是值得注意的。《史记》有八书，《汉书》有十志，《后汉书》八志则撰自西晋司马彪。但是，陈寿著《三国志》，仅列纪、传而无书、志，故《宋书》十志上括魏晋，下迄刘宋。至于《隋书》十志，本名《五代史志》，意在上承《魏书》志与《南齐书》志，故其不独仰包齐、周，而且囊括梁、陈。因此，阅读"八书"时，对《宋书》志和《隋书》志是应格外重视的。刘知几《史通·断限》篇批评上述二志失于断限，而不察撰者深意，是不恰当的。对此，《四库全书总目》已持不同看法，近人余嘉锡先生进而认为这是"史家之良规"，"理固宜然"（《四库提要辨证》卷二《宋书》条）。

　　总之，"八书"之间纵横交叉的情形是错综复杂的。了解这种情形，有利于我们的阅读和研究。

# 长短互见

　　这是就"二史"和"八书"的比较来说的。

　　李延寿的《南史》多取材于宋、齐、梁、陈四书，《北史》多取材于魏、齐、周、隋四书，这是一方面。另一方面，"二史"虽出于"八书"，但在著述思想、材料去取、文字繁简上，又不完全同于"八书"，两相

对照,长短互见,二者均未可轻废,这是阅读和研究"八书"、"二史"时要注意到的又一个问题。

第一,关于著述思想。李延寿撰《南史》、《北史》,是为了继承他父亲李大师"常以宋、齐、梁、陈、魏、齐、周、隋南北分隔,南书谓北为'索虏',北书指南为'岛夷'。又各以其本国周悉,书别国则不能备,亦往往失实。常欲改正,将拟《吴越春秋》,编年以备南北"(《北史·序传》)的遗志,这无疑是隋唐统一政治局面对历史撰述提出的新的要求的反映。因此,"二史"倾向统一的著述思想是"八书"(除《隋书》外)所不能企及的。首先,作者从全国统一、"天下一家"的观点出发,摒弃了《宋书》、《南齐书》有关"索虏"和《魏书》有关"岛夷"的相互诋毁之辞,同时把南北朝诸帝一概列入帝纪。这种不再强调华夷界限的思想,反映了魏晋南北朝时期民族大融合和隋唐时期政治统一的历史进程。其次,"二史"作者把宋、齐、梁、陈和魏、齐、周、隋作为一个大的历史阶段来看待,因而较多地纠正了原有史书在朝代更替之际的一些曲笔、回护之辞,这固然是李延寿撰写前代历史、顾忌较少的缘故,但也跟他通观全局、总揽南北的著述思想有关。

第二,关于材料去取。"二史"不是一般地抄撮"八书",因此,不应把前者看作是后者的"节本"。李延寿撰《南史》、《北史》的方法,一是"抄录",二是"连缀"。"连缀"当是属于改写,在材料上有所增删去取。他为了"鸠聚遗逸,以广异闻",参考了"正史"以外各种"杂史"一千多卷,"皆以编入";同时,对"八书"的"烦冗"之辞,"即削去之"(《北史·序传》)。"二史"所删"八书"部分,一般多是皇帝诏册、大臣奏议、学人诗文之类,使所记史事更加连贯、突出。但"二史"所删也有不妥之处,如《南史·沈文季传》删去了南齐唐寓之起义的有关史料,《范云传》附《范缜传》删去梁时范缜关于神灭的辩难;《北史·李孝伯传》删去北魏李安世关于均田的奏疏,又在其他一些人的传中删去有关东魏、北齐时各族人民起义的若干史料,等等。对这些反映当时阶级关系和意识形态的重要材料,"二史"或全

部删去,或所存无几。

　　"二史"所增"八书"部分,有很多是出于"小说短书"一类的文字,所以羼杂了不少妖异、兆祥、谣谶等荒诞内容,这是一个显著的缺陷。但也应看到,"二史"确实增补了一些很有价值的史料,如:《南史》增置王琳(梁)、张彪(梁)等人的专传(见卷六四),《郭祖琛传》增补了梁武帝残民佞佛的史实,《茹法亮传》保存了唐寓之起义的一些史料,《范缜传》虽删去关于神灭的辩论,却增加了他不屑于"卖论取官"的一段著名对话,等等。《北史》对西魏一朝史事增补尤多,除增置帝纪、后传外,还补了梁览、雷绍、毛遐、乙弗朗、魏长贤等人的专传;李弼、宇文贵等人传后,增写了有关西魏、北周军事制度的详细材料(见卷六〇);《苏威传》补充了江南人民反隋斗争的史实,等等。这都是很宝贵的史料。清人赵翼认为《南史》增《梁书》"有关系处",多涉及"人之善恶,事之成败"(《二十二史札记》卷十)。应当说,"二史"所增"八书"部分,不少是属于这种情况的。

　　第三,关于文字繁简。"八书"共五百六十六卷,"二史"仅一百八十卷,约占原书卷数的三分之一、字数的二分之一。这是"二史"对"八书""除其冗长,捃(摘取)其菁华"的成绩之一。后代学者对此给予很高的评价。欧阳修、宋祁称赞"二史""颇有条理,删落酿辞,过本书远甚"(《新唐书·令狐德棻传》附《李延寿传》)。司马光认为:"二史""叙事简径,比于南北正史,无繁冗、芜秽之辞",是"近世之佳史"(《文献通考·经籍考》一九)。《四库全书总目》也说《南史》"意存简要,殊胜本书",《北史》"叙事详密,首尾曲赡"。可见,文字简径,实是"二史"优点。

　　综上,"二史"较之于"八书",在撰述思想、材料去取、文字繁简上,有其所长。因此,初读南北朝史,可以先从"二史"入手。这既易于阅读又便于掌握历史发展线索。但是,由于"二史"求之过简,对"八书"删削较多,所以在材料上不及"八书"详细、完整。尤其是"二史"仅有纪传而无书志,这是它无法代替"八书"的主要地方。正因为有这两个原因,所以我们要深入了解南北朝史,仅读"二史"是远

远不够的,还必须把"二史"和"八书"参照着阅读,辨其长短,窥其优劣,融会贯通,方有所得。

# 历史特点

梁启超说过这样一句话:"作史如作画,必先设构背景;读史如读画,最要注察背景"(《中国历史研究法》,商务印书馆 1938 年初版,第一五八页)。这话是有一定的道理的。作史也说,读史也好,总要有一个全局的看法;如果只把眼睛盯着历史"画面"上的某一个局部,那就看不清历史的全貌,因而也就很难把握历史发展的特点。

"八书"、"二史"的纪、传、志给我们描绘了一幅什么样的历史"图画"呢?

第一,南北间的战与和。"八书"、"二史"的帝纪,以及《宋书·索虏传》,《南齐书·魏虏传》,《魏书》里的《刘裕传》、《萧道成传》、《萧衍传》等,集中地记载了一百七十年中南北朝间或战、或和的政治形势。

南、北间的战争(当时的统治者或称"北伐",或称"南伐"),断断续续,直到隋朝南下灭陈,才算结束。

宋文帝刘义隆早有"北伐"之志,很想效法西汉名将霍去病封狼居胥的英雄壮举。元嘉二十七年(450),他派王玄谟率军"北伐"。两军主力战于滑台,宋军大败。接着,魏太武帝拓跋焘亲自"南伐",直抵长江北岸。拓跋焘在瓜步山(今江苏六合县东南)建立"行宫",隔江虎视宋都建康(今南京市)。宋文帝登烽火楼北望,认识到自己的这次"北伐"是个失误。于是双方言和。次年,魏军退,"掠广陵居人万余家以北",其"所过州郡,赤地无余"(《南史·宋文帝纪》)。赵宋时,爱国词人辛弃疾在一首词中嘲笑了宋文帝的这次"北伐":"元嘉草草,封狼居胥,赢得仓皇北顾!"

天监四年(505),梁武帝派宗室临川王萧宏"北伐"。萧宏是梁武帝的六弟,故"所领皆器械精新,军容甚盛,北人以为百数十年来所未之有"(《梁书·临川王传》)。但是,这支号称"百万之师"的大军,进至洛口后,即畏惧不前。诸将求战,萧宏不允。吕僧珍进言说:"知难而退,不亦善乎!"萧宏甚以为是。"魏人知其不武,遗以巾帼(古代妇女的头巾的发饰)。北军歌曰:'不畏萧娘与吕姥,但畏合肥有韦武。'"韦武即指韦睿,梁朝名将。萧娘和吕姥,是对萧宏和吕僧珍的侮称。在一个风雨交加的夜里,梁军惊恐,不战自溃,"弃甲投戈,填满水陆,捐弃病者,强壮仅得脱身"(《南史·临川王传》)。梁军洛口之败,成为南北笑料。

上举二例,可以窥见南北间战争的一般情况。清人赵翼《二十二史札记》卷十三《南北史两国交兵不详载》条,以《魏书》为线索,列举南北间一系列战争,颇可参考。

南北间的关系并非都是剑拔弩张,兵戎相见,也还存在着通使与和好的一面。据《魏书》诸《岛夷传》所记,宋、齐、梁三朝派往北魏与东魏的使臣,有姓名可考者达六七十人次,而对方亦"遣使报之"。《宋书·索虏传》也说:"索虏求互市……时遂通之","虏复和亲,信饷岁至,朝廷亦厚相报答"云云。《南齐书·魏虏传》写道,齐武帝萧赜时,"岁使往来,疆场无事";孝文帝时,南使每至,"亲相应接,申以言义。甚重齐人,常谓其臣下曰:'江南多好臣。'"

南北间的这种通使关系,在统治阶级中已成为一件大事。《北史·李崇传》附《李楷传》记:"即南北通好,务以俊义相矜,衔命接客,必尽一时之选,无才地者不得与焉。梁使每人,邺下为之倾动,贵胜子弟盛饰聚观,礼赠优渥,馆门成市……魏使至梁,亦如梁使至魏",一时风尚如此。《南齐书·魏虏传》说:"永明(齐武帝年号)之世,据已成之策,职间往来,关禁宁静。疆场之民,并安堵而息窥觎,百姓附农桑而不失业者,亦由此而已也。"可见,南北通好,又不仅仅是统治集团之间的事情,它与国计民生都有紧密的联系。

第二,民族融合的加深。北魏、东魏、西魏是鲜卑族拓跋部建立

的政权,北周是鲜卑族宇文部建立的政权,北齐是鲜卑化的汉人建立的政权。《魏书》、《周书》和《北齐书》集中地反映了这五个皇朝的兴衰史。主观的历史是客观的历史的反映。如果我们用这个观点来读这几部史书,就会较深刻地认识到:南北朝时期,我国北方和西北广大少数民族地区的历史,在大踏步地前进。

北魏在历史上存在了近一个半世纪,这是鲜卑族和其他一些北方民族的历史发生深刻变化的过程。《南齐书·魏虏传》说:"佛狸(拓跋焘字佛狸)以来,稍僭华典,胡风国俗,杂相揉乱";其"宫室制度",系汉人蒋少游制定;后又以汉官王肃"制品官百司,皆如中国"等等。这样的记载,我们在《魏书》的《高祖纪》、《李冲传》、《食货志》、《刑罚志》、《百氏志》等篇中,都可以看到。其中,冯太后和孝文帝的经济、政治、文化、习俗的改革,则是具有里程碑的意义。

历史的进步,往往要通过对它的发展过程的连续性作比较深入的考察,才能被人们看得更加清楚。如果我们把《魏书》、《北齐书》、《周书》中记述的鲜卑族在政治、经济、文化、习俗上的种种变化,跟《三国志·乌丸鲜卑传》和《后汉书·乌桓鲜卑传》的记载加以比较的话,我们就会看到:在这二三百年中,鲜卑族的历史取得了何等伟大的进步!其实,这又不只是鲜卑族的进步。匈奴人的汉和前赵,羯族人的后赵,氐族人的前秦,羌族人的后秦,都有这样的共同经历。从这个意义上来看,北魏冯太后和孝文帝的改革,可以认为是自东汉末年以来,匈奴、鲜卑、羯、氐、羌等族同汉族不断走向融合的历史趋势的总结。这种民族的大融合,还生动地体现在北魏末年各族人民的大起义中。

第三,江南经济的发展。《宋书》卷五十四后论中有这样一段话:

> 江南之为国盛矣!……地广野丰,民勤本业,一岁或稔,则数郡忘饥。会土(会稽)带海傍湖,良畴亦数十万顷,膏腴上地,亩直一金,鄠(今陕西户县)、杜(今陕西西安市南)之间,不能比也。荆城(荆州)跨南楚之富,扬部(扬州)有全吴之沃,鱼盐

杞梓之利，充仞八方，丝绵布帛之饶，覆衣天下。
这里写的是宋武帝时期的江南景象。《陈书》卷五《宣帝纪》录太建四年(572)诏书，其中也有"良畴美柘，畦畎相望，连宇高甍，阡陌如绣"的话，说的是梁末以前的江南景象。

　　如果把这些记载，跟司马迁笔下"火耕而水耨"、"无积聚而多贫"、"无冻饿之人，亦无千金之家"(《史记·货殖列传》)的江南作个比较，南北朝时期的江南经济已大大发展了。这个变化是怎样神奇般地出现的呢？原因自然是多方面的。这里，我们不妨读一读《宋书·州郡志》：

　　　　"自夷狄乱华，司、冀、雍、凉、青、并、兖、豫、幽、平诸州一时沦没，遗民南渡，并侨置牧司，非旧土也"。下面还有许多诸如"淮南民多南度"、"民南度江者转多"、"淮北流民，相率过淮，亦有过江"、"中原乱，北州流民多南渡"的记载，以及出现了大量的"侨置"州、郡、县。

　　可见，东晋、南朝以来，北方大量人口南下，已成了一个重要的历史现象。有人根据《晋书·地理志》和《宋书·州郡志》研究推算：刘宋时有户籍南迁人口约占西晋北方人口的八分之一，约占刘宋时南方人口的六分之一。其中，扬州所集南迁的人最多，占全部南迁人口总数的半数以上(翦伯赞主编《中国史纲要》第二册，人民出版社1965年第一版，第82页)。这些南迁人口，增加了南方的劳动力，带来了北方先进的生产技术和生产经验，同南方劳动人民相结合，利用南方良好的自然条件，于是创造出新的生产力。这是江南经济得以迅速发展的基本原因。

# 社会风貌

　　"八书"、"二史"非常突出地反映了南北朝时期的社会风貌。这里着重举出两个方面。

第一，推重门阀。这是时代打在《魏书》、《宋书》和《南史》、《北史》上面的深刻的印记。从编撰形式来看，《魏书》和《南史》、《北史》都大量地采用了家传。前者是附传的人数多，凡兄弟、子侄、族人，动辄以三四十或五六十数。后者除了同样采用家传形式外，还打破了朝代的界限。魏晋南北朝时期，门阀地主以重视婚宦来保持自己的特权地位，因而也就必然重视作为婚宦的依据的家谱。《魏书》和《南史》、《北史》为门阀地主作传，或直接取材于家谱，或仿照其形式，都会使门阀地主感到满意的。从编撰思想来看，《魏书·官氏志》和《宋书》对传主人物的刻意选择上，都反映了作者浓厚的门阀观念。《魏书·官氏志》除了叙职官外，后半部分专叙氏族，这在以前的各史中是罕见的。《官氏志》记载了太和十九年(495)孝文帝厘定姓族的诏书，规定皇室以外的八大姓，可与北方汉族崔、卢、李、郑四大姓相侔，最终完成了鲜卑贵族的门阀化。《宋书》列传半数以上都是为门阀地主立传，而作为士族冠冕的王、谢二姓，就有20余人入传。当然，对门阀地主的溢美之辞，各书都不同程度地存在着。

存在决定意识。我们不能要求魏收、沈约、李延寿等人脱离当时的政治、风习来写历史。魏收撰《魏书》时，还曾受到一部分门阀贵族的反对；沈约生活在门阀观念极重的齐、梁之际；在李延寿著书的年代，唐太宗、武则天还都在设法同门阀作斗争；等等。在这样的历史条件下，怎么能要求他们的历史著作不带上时代的印记呢！清人王鸣盛曾激烈地指摘李延寿"如此作史，无理取闹而已"(《十七史商榷》卷五九《以家为限断不以代为限断》条)。我们的认识应当比王鸣盛来得更深刻一些。

第二，崇尚佛教。《魏书·释老志》也是当时的社会风貌的真实记录。《释老志》论说佛、道二教，而以佛教为主。它是北魏佛教的兴衰史。

《释老志》记：北魏统治者大多崇尚佛教。早在天兴元年(398)，道武帝拓跋珪就下诏宣扬佛教"信可依凭"，下令在京城修建佛寺。

沙门法果因得拓跋珪礼重，把拓跋珪比做"当今如来"，"遂常致拜"。法果说："我非拜天子，乃是礼佛耳!"从这里，可以看到统治者和佛教徒的互相利用。明元帝拓跋嗣希望"沙门敷导民俗"，帮助他统治人民。太武帝拓跋焘因发现僧寺秽行，下诏斥"胡神"，毁僧寺。文成帝拓跋濬时又尽行恢复。宣武帝拓跋恪笃信佛理，每年在禁中亲讲经论，广集名僧，标明义旨，由沙门条录，称为《内起居》。孝明帝正光（520—525）以后，"天下多虞，王役尤盛，于是所在编民，相与入道，假慕沙门，实避调役，猥滥之极，自中国之有佛教，未之有也。略而计之，僧尼大众二百万矣，其寺三万有余。"统治者要用佛教"敷导民俗"，而人民则把僧寺当作"避难所"。

其实，僧寺并不是人民的"天堂"。在那里，等级的森严和阶级的对立，与世俗无异。有了大量的土地和劳动力，僧侣地主和世俗地主并无二致，而寺院经济也就成了封建经济的一种特殊形式。

南朝统治者中梁武帝是佞佛的典型代表。《魏书·岛夷萧衍传》说他不仅大建僧寺，还"曾设斋会，自以身施同泰寺为奴，其朝臣三表不许，于是内外百官共敛珍宝而赎之"。臣下奏表上书都称他为"皇帝菩萨"。其发昏、出丑皆类此。

在僧寺香烟弥漫着大江南北的迷雾之中，生活在齐、梁之际的伟大无神论思想家范缜（约450—约510），勇敢地向佛教经论宣战。梁武帝天监六年（507年），范缜写出了不朽的《神灭论》，对佛教谎言作了无情的批判，从而震动了显贵和佛坛。梁武帝为此下诏，令大僧正法云邀集朝贵及名僧六十四人，与范缜辩难。范缜"辩摧众口，日服千人"（《弘明集》卷九），始终没有在理论上退却。《梁书·范缜传》全文记载了《神灭论》。《南史·范云传》附《范缜传》补充了范缜不愿"卖论取官"的千古名言，二者相得益彰，显示了这位朴素唯物论者的坚定信念和高尚情操。

重门阀，崇佛教，是南北朝时期门阀地主腐朽、空虚、没落的表现，反映了一种衰颓的社会风貌! 而广大人民为佛教所欺骗，则是阶级压迫、民族压迫所使然。

# 典章制度

　　"八书"之中,《魏书》、《宋书》、《南齐书》、《隋书》都有志,虽篇目多寡颇有异同,但若参照阅读,尚可了解这一时期的主要的典章制度。

　　《魏书·食货志》是很有意义的作品,它证明了鲜卑贵族在征服了黄河流域广大地区后,又被这一地区的先进生产方式所征服的这个历史事实。其中,所记太和九年(485)北魏均田诏书和太和十年(486)李冲关于实行"三长制"的建议,具有重要的史料价值,前者是曹魏屯田、西晋占田以来,中国土地制度的又一个重要变化,对后世有很大的影响。《隋书·食货志》写出了南朝和北齐、西魏、北周、隋劳动力占有的品、级制度和课役的等级制度,以及各代的货币制度。

　　《魏书·官氏志》载明了北魏职官制度因"交好南夏,颇亦改创"的过程及职官建置情况。《宋书·百官志》写出了汉魏迄宋百官的因革,是正史《百官志》中较好的。《南齐书·百官志》比较简单,只叙南齐本朝职官。《隋书·百官志》共三卷,各以一整卷篇幅分述了梁、陈官制和北齐、北周官制,颇为翔实。

　　《魏书·地形志》以东魏孝静帝武定年间(543—549)的档案为依据,记述了北魏的州郡建置及户口多寡。《宋书·州郡志》是作者的力作,不仅记载了刘宋一代的州、郡建置情况,考察了汉、魏以来的因革变化,而且于侨置州、郡、县记载尤详。《南齐书·州郡志》比较简略。《隋书·地理志》主要记有隋一代的建置情况,但于注文中兼记梁、陈、齐、周的建置因革。

　　《魏书·刑罚志》写出了北魏制定律令的过程。《隋书·刑法志》写出梁、陈、齐、周、隋的律书编定及统治者立法、毁法的恒情,反映了封建专制主义的特点。

　　《隋书·经籍志》是东汉以来我国目录学专书的新成就，它在一定意义上也概括了唐代以前我国学术文化的源流，是历史文献研究发展中的一个重要标志。它在图书分类法上对唐以后直至清代，都有深远的影响。因此，它是每一个学习和研究中国历史的人的必读书。

　　近代史学大家陈寅恪先生认为：“隋唐之制度虽极广博纷复，然究析其因素，不出三源：一曰北魏、北齐，二曰梁、陈，三曰西魏、（北）周”（《隋唐制度渊源略论稿·叙论》）。他的这个看法，对我们了解、研究南北朝的典章制度是有启发的，对于我们阅读“八书”诸志也是有启发的。

# 两《唐书》和两《五代史》

　　两《唐书》，是指五代后晋时期刘昫监修的《唐书》和北宋欧阳修、宋祁所撰的《唐书》，史称前者为《旧唐书》，后者为《新唐书》。它们都是记述盛大的李唐皇朝历史的著作。

　　两《五代史》，是指北宋初年薛居正等所撰的《五代史》，亦称《梁唐晋汉周书》，八十年后，欧阳修独力写出《五代史记》。史称前者为《旧五代史》，后者为《新五代史》。它们都是记述后梁、后唐、后晋、后汉、后周五个短促而相衔接的皇朝历史的著作。

　　这四部史书产生于五代和北宋时期，是继唐初所修《晋书》、《梁书》、《陈书》、《北齐书》、《周书》、《隋书》、《南史》、《北史》八部正史之后，又一批重要的正史撰述。

## 《旧唐书》和《新唐书》

　　《旧唐书》二百卷（连同子卷，合二百一十四卷），含纪二十卷、

志三十卷、传一百五十卷。始撰于后晋天福六年(941),成书于开运二年(945),上距唐朝之亡(907)仅三十八年。始撰由赵莹(885—951)监修,成书时刘昫(888—947)为监修,由其领衔上奏,故题为刘昫撰。先后参与撰述的有张昭远、贾纬、赵熙、郑受益、李为光、吕琦、尹拙等,出力最多的是赵莹,张昭远、贾纬、赵熙。赵莹的《论修唐史奏》,对此书的体例、内容、史料搜求、撰述方法提出了具体建议。贾纬"搜求遗文及耆旧传说",撰为《唐朝补遗录》六十五卷,补武宗以下至唐末事。他们二人在定例、补阙方面,起了重要作用(参见《五代会要》卷一八《前代史》条)。

《旧唐书》在文献上主要依据唐代史家所撰的国史和实录。国史,自唐初姚思廉首撰,中经令狐德棻、吴兢、韦述等续撰,得一百一十三卷。安史之乱中,韦述不顾自己的"经籍资产,焚剽殆尽"而保全了国史。实录,是唐代史馆的重要撰述,自高祖至武宗,历朝都有实录。《旧唐书》于武宗以前史事,多直接采用唐人所撰国史和实录,保存了丰富的原始材料。书中史论也往往采唐人之说,如"史臣韦述曰"、"史臣韩愈曰"、"史臣蒋系曰"等。这不免有未改前讳和称谓不确之陋,但也避免了妄加推测、故作雕饰的弊端。《旧唐书》部帙浩繁,成书仓促,也有撰述不精的地方,传有重出,人有遗漏,经籍著录残阙,唐末帝纪单薄,是几个突出的缺陷。

《旧唐书》记事,追叙隋大业十三年(617)李渊太原起兵,正式起于唐武德元年(隋义宁二年,即618),迄于哀帝天祐五年(908)二月,实则唐已亡于上年(907)四月,首尾二百九十年史事。帝纪遵吴兢等国史体例,立武则天为本纪,不采唐史家沈既济以武则天事入皇后传之说。志十一篇,包括礼仪、音乐、历、天文、五行、地理、职官、舆服、经籍、食货、刑法,在见识和编次上均不及《隋书》志。列传以多人合传为主要形式,中唐以前人物,分合有序,可窥匠心。类传有外戚、宦官、良吏、酷吏、忠义、孝友、儒学、文苑、方伎、隐逸、列女等。关于民族与外域,有突厥、回纥、吐蕃、南蛮、西南蛮、西戎、东夷、北狄诸目,写出了唐代广泛的民族联系和丰富的域外知识。

　　《旧唐书》在历史思想上有值得重视的地方。首先,它对于得失兴亡的认识,不怎么讲到"天命",而强调"治乱,时也;存亡,势也。"(《则天皇后纪》后论)比之于《隋书》,它的"天命"痕迹要淡化得多。其次,它对于唐代历史上一些影响到政治得失的重大问题,提出了有价值的分析。这在《宦官传》、《酷吏传》、《儒学传》、《文苑传》等类传的序中有突出的反映。《宦官传》序揭露宦官集团说:"自贞元之后,威权日炽,兰锜将臣,率皆子蓄,藩方戎帅,必以贿成,万机之与夺任情,九重之废立由己","元和之季,毒被乘舆","昭宗之季,所不忍闻"。第三,它对待民族关系的看法,认为应当从历史上总结出这样的经验:"当修文德以来之,被声教以服之,择信臣以抚之,谨边备以防之"(《北狄传》后论)。又说:"但患己之不德,不患人之不来,何以验之? 贞观、开元之盛,来朝者多也。"(《南蛮·西南蛮传》后论)它还提出"理乱二道,华夷一途"的见解(《突厥传》后论)。一方面强调自身的"德",一方面对"夷"也不一概骂倒。这固然同当时的历史条件有关,也可以看出自隋唐以来民族关系思想的影响。

　　《旧唐书》作为第一部记述唐代历史的著作,虽有不少粗率的地方,但它保存了丰富的原始文献,写出了七世纪初至十世纪初中国历史上一个盛大皇朝统治时期的历史面貌,至今仍有不可代替的史学价值。

　　《旧唐书》撰成百余年以后,北宋史家欧阳修(1007—1072)、宋祁等写出了《新唐书》。据曾公亮《进唐书表》所说,《新唐书》的修撰约始于仁宗庆历四年(1044),至嘉祐五年(1060)成书奏进,历时十七年。参加撰写的还有范镇、王畴、宋敏求、吕夏卿、刘义叟等,"并膺儒学之选"。《进唐书表》阐述了宋人重修《唐书》的缘由,主要强调了两个原因。第一,认为前史"纪次无法,详略失中,文采不明,事实零落",需要"补缉阙亡,黜正伪谬,克备一家之史,以为万世之传"。第二,认为对于"为国长久"的唐朝历史,处于五代时期的"衰世之士,气力卑弱,言浅意陋,不足以起其文",因而难以起到"垂劝戒,示永久"的作用(《进唐书表》,见《新唐书》中华书局点校本书

末）。这两条，前者是针对《旧唐书》本身说的，后者是着重从史学的社会作用来说的，它们反映了北宋中期人们对唐史撰述的新的认识和要求。

《新唐书》二百二十五卷，包括本纪十卷、志五十卷、表十五卷、列传一百五十卷，是《史记》、《汉书》以来体例比较齐备的纪传体史书。其中，列传为宋祁所修，也是着手最早的；范镇作志，吕夏卿制表；欧阳修中途参与著述，刊撰纪、志六十卷，并负责主修全书。《新唐书》虽是官修，但它贯穿着欧阳修师法《春秋》的旨趣。《新唐书》于武则天纪、传两立，欧阳修解释说："自司马迁、班固皆作《高后纪》，吕氏虽非篡汉，而盗执其国政，遂不敢没其实，岂其得圣人之意欤？抑亦偶合于《春秋》之法也。唐之旧史因之，列武后于本纪，盖其所以来远矣。"（《新唐书》卷四后论）为吕后、武后立纪的问题，硬要把马、班、《旧唐书》跟"圣人之意"、"《春秋》之法"扯在一起，这是把他自己的认识强加给古人。欧阳修并不是没有见识的史学家，但师法《春秋》的撰述思想，无疑限制了他的历史见解的更好的发挥。他撰写的本纪部分，过于简略，有类编年事目，原因也在于此。列传，虽为宋祁所撰，但在立目、编次上，也反映出欧阳修的撰述思想。以前的正史，《宋书》曾立《二凶传》，尔后《晋书》有《叛逆传》、《南史》有《贼臣传》；至《新唐书》则有奸臣、叛臣、逆臣三传，又升《忠义传》为类传之首，以黄巢入《逆臣传》，则都反映了欧阳修的"《春秋》之法"。

《新唐书》的志，写得丰满；表，有所创新。它新创《仪卫志》和《兵志》，又仿《旧五代史》立《选举志》。《仪卫志》记皇帝居、行时仪仗护卫的声容文采之盛，以示"尊君而肃臣"。《兵志》写出了唐代兵制的"大势三变"及其与皇权的关系，涉及到府兵、彍骑、方镇之兵以及禁军的设置，填补了典制史撰述上的空白。《选举志》写出了唐代科举取士的详情和盛况。这三志，为后来历代正史撰述所继承。《食货志》和《地理志》都写得丰腴、充实。前者记述了丰富的社会经济生活，后者记载了唐代地理建置的沿革以及军府设置、物产分

布、水利兴废等状况。《天文志》和《历志》以很大篇幅记载了唐代流行的七种历法以及重要的历法理论即《大衍历》历议，是天文学史上的宝贵资料。《艺文志》是继《汉书・艺文志》、《隋书・经籍志》之后的优秀的目录书，它继承了《隋志》分类的传统，订正了《旧唐书・经籍志》的讹误，大量补充了后者著录中的阙遗，改进了著录体例。据清人沈炳震《新旧唐书合钞》统计，其增录文献：经部有十七部、一百三十卷，史部有一百三十七部、二千一百八十八卷，子部有一百五十四部、一千四百五十一卷，集部有十五部、一百二十九卷。合计三百二十三部、三千八百九十八卷。它反映了唐代学术文化之盛，在文献学的发展上有重要的价值。

《史记》、《汉书》以后，正史撰述中史表久废，《新唐书》继续了这一传统，创《宰相表》、《方镇表》、《宗室世系表》、《宰相世系表》，突出地显示出纪传体史书的综合性的优点。其中，《方镇表》谱列唐代藩镇割据的局面，《宰相世系表》从一个方面反映出唐代门阀政治的盛衰，都鲜明地显示了历史时代的特点。二表的序，文少意深，有马、班之风。

《新唐书》的撰成，上距唐朝之亡"盖又百有五十年，然后得发挥幽沫"，其所据唐人文献及有关唐史著述，都远远超过《旧唐书》，兼之行文精炼，体例齐全而严谨，是故"其事则增于前，其文则省于旧"（《进唐书表》）。对此，清人赵翼论之甚详（参见《二十二史札记》卷一六至一八）。如前所述，《旧唐书》较多地保存了唐代原始文献的面貌，《新唐书》则因删节、改写而失其原貌，故不可完全取代前者。可以认为，两《唐书》在记述唐代历史方面，各有千秋，相辅相成。

# 《旧五代史》和《新五代史》

《旧五代史》和《新五代史》都成书于《新唐书》之前。

　　《旧五代史》一百五十卷,北宋初年薛居正(912—981)奉诏监修,卢多逊、扈蒙、李穆、张澹、李昉等同撰。开宝六年(973)四月,宋太祖下达《修五代史诏》,指出:"唐季以来,兴亡相继,非青编之所纪,使后世何以观? 近属乱离,未遑纂集,将使垂楷模于百代,必须正褒贬于一时。宜委近臣,俾尊厥职。"(《宋大诏令集》卷一五〇)至次年闰十月,历时一年半,全书修成奏上。

　　《旧五代史》记事,始于开平元年(907)朱温称帝建立后梁,而在书首以两卷的篇帙追叙唐末农民战争后的政治形势及朱温的活动,迄于后周显德七年(960)赵匡胤在陈桥驿发动兵变,后周灭亡。全书包括:梁书纪、传二十四卷,唐书纪、传五十卷,晋书纪、传二十四卷,汉书纪、传十一卷,周书纪、传二十二卷;世袭列传、僭伪列传,记与"五代"大致同时存在的"十国"史事;还有关于契丹、吐蕃等少数民族的列传,以及志十二卷,记五代典制。

　　《旧五代史》行于两宋,元代以后逐渐不行于世,清修《四库全书》时即无原本可据。上面所列其结构、卷帙,以及现今流传的本子,是四库馆臣邵晋涵等从明《永乐大典》中辑录编次,又以《册府元龟》、《资治通鉴考异》等所引用的《旧五代史》材料作补充而成。

　　在编纂上看,《旧五代史》以五代史事相次,不同于《三国志》的"三国"分述;它也不同于梁、陈、齐、周、隋"五代史"的各自独立成书,而且还有世袭、僭伪列传记述"五代"以外的"十国"史事。它的纪、传部分,在结构上更近于《南史》、《北史》。这是它在编纂上的特点。它在十篇志中,立《选举志》,以明"审官取士之方",这是受到《通典》的启发而在正史的志中属于首创。大致说来,《旧五代史》在反映五代十国这个很特殊的历史时期的历史方面,是做出了成绩的。

　　《旧五代史》多取材于五代实录,撰人又多是五代仕进之士,修撰时间去五代之亡不远,故资料丰富,叙致详赡。纪之详,志之备,是它在内容上的两个特点。其纪,五代共为六十一卷,内中《唐书·明宗纪》长达十卷、《梁书·太祖纪》有七卷、《晋书·高祖纪》和《周

书·世宗纪》都是六卷。这在正史中是不多见的。其志，以食货、刑法、选举、职官、郡县等志比较重要。《食货志》写出了对赋役、田租的整顿，《刑法志》写出了刑法的紊乱和整饬，《选举志》记载了五代"审官取士之方"，《职官志》记载了五代之命官及其"厘革升降"的情况，《郡县志》反映了这个时期地理建置的变迁而以后唐最详。《旧五代史》以五代为正统，故在撰述思想上以"十国"为世家、载记、僭伪看待，这对当时的史家来说，是很自然的。但它多少记述了"十国"史事，反映了作者对这一时期历史尚有一个全局处置的观念。它对少数民族史事的记载特详于契丹，这是当时民族关系和政治形势使然。

薛居正等人反映在《旧五代史》中的历史思想是苍白的和矛盾的。于诸本纪后论，反复称说"天命"和历史比喻的失当，是其苍白的方面。纪、传史论对历史经验的总结和对历史人物的评价，虽不无精当之笔，但大多陷于自相矛盾而难得提出深刻的历史见解。这一方面和撰人多出身于五代仕宦有关，另一方面也是成书过速，未及作更深入的思考所致。

北宋中期，欧阳修以一人之力撰成《五代史记》七十四卷，此即后人所谓《新五代史》。欧阳修以十八年功夫撰写此书，于仁宗皇祐五年（1053）基本完稿，而此后仍有不断修改。死后，其书乃行于世。时上距《旧五代史》成书，已近百年。

欧阳修撰《新五代史》着意于表达自己的撰述思想。他在致友人信中谈到"五代纪传"时说："铨次去取，须有义例，论议褒贬，此岂易当？"（《欧阳文忠公集·居士外集》卷一八《答李淑内翰书》）其书重在"义例"和"褒贬"，这也是时人的评论。陈师锡《五代史记序》批评以往的五代史著作"或文采不足以耀无穷，道学不足以继述作"；认为，"惟庐陵欧阳公慨然以自任，盖潜心累年，而后成书。其事迹实录详于旧记，而褒贬义例，仰师《春秋》，由迁、固而来，未之有也。"这里说的"褒贬义例，仰师《春秋》"，正是欧阳修的撰述主旨。《新五代史》之师法《春秋》，反映在两个方面。一个方面是以五

代为乱世而比于春秋时期,故"父子骨肉之恩几何其不绝矣","夫妇之义几何其不乖而不至于禽兽矣","礼乐刑政几何其不坏矣","中国几何其不夷狄矣"(《新五代史》卷一二后论)。另一个方面是以史法明道义,以正乱世之非,用当时人的话来说是贯彻"道学"的要求。故作者于《新五代史》卷九后论中,不惮其烦地解释"余书'封子重贵为郑王',又书'追封皇伯敬儒为宋王'者,岂无意哉"这名话,并两次引用礼书以证其说。《新五代史》独创《家人传》,意在揭示"亲疏嫡庶乱矣"(卷一三《梁家人传》序)。欧阳修论评价五代时期历史人物说:"孟子谓'春秋无义战',予亦以为五代无全臣。无者,非无一人,盖仅有之耳,余得死节之士三人焉。其仕不及于二代者,各以其国系之,作《梁唐晋汉周臣传》。其余仕非一代,不可以国系之者,作《杂传》。夫入于'杂',诚君子之所羞,而一代之臣未必皆可贵也,览者详其善恶焉。"(卷二一《梁臣传》序)孔子修《春秋》,其属辞,有一定的例,但孔子是否一字褒贬、微言大义,历来有不同的看法。而这里,欧阳修是真正要在历史撰述上寓褒贬于一字之中了。所有这些,在历史思想上和历史撰述上,都没有什么重要的意义。当然,这反映了一个时代的某种思想对于史学的影响。

《新五代史》在撰述形式上,改变了《旧五代史》以各朝君臣纪传相次的体例,而采用李延寿《南史》、《北史》的体例,通叙五代之史,按历朝之本纪(十二卷)、家人传(八卷)、大臣传(十一卷)、类传(七卷)、杂传(十九卷)编次;还有《司天考》(二卷)、《职方考》(一卷),记天文与方镇军名;世家(十卷),及年谱(一卷),记"十国"史事;四夷附录(三卷),记少数民族。《新五代史》晚出,故吸收了一些新见的资料,取材范围较宽;它又成于一人之手,经过多年推敲、锤炼,故体例严谨,史笔凝炼。这两点,是它的长处。但其伤于过简,叙事难得丰赡,从而削弱了史书应有的份量。这是它不如《旧五代史》的地方。

《新五代史》的史论,除了有师法《春秋》、重在褒贬的一面,也还有反映出作者深刻的历史见解的一面。如《唐本纪·明宗》后论

引康澄上疏言时事之语："为国者有不足惧者五,深可畏者六:三辰失行不足惧,天象变见不足惧,小人讹言不足惧,山崩川竭不足惧,水旱虫蝗不足惧也;贤士藏匿深可畏,四民迁业深可畏,上下相徇深为畏,廉耻道消深可畏,毁誉乱真深可畏,直言不闻深可畏也。"欧阳修接着说:"然澄之言,岂止一时之病,凡为国者,可不戒哉!"这表明他不仅对康澄之言而且对历史的深刻理解。《唐本纪·废帝》后论说:"君臣之际,可谓难哉!盖明者虑于未萌而前知,暗者告以将及而不惧,故先事而言,则虽忠而不信,事至而悔,其可及乎?"这是道出了诤谏与纳谏之间的复杂关系,在封建统治者中具有普遍性。他论"十国"的成败得失时指出:"蜀险而富,汉险而贫,贫能自强,富者先亡。"(卷六一《十国世家》序)他论历史上的民族关系说:"自古夷狄之于中国,有道未必服,无道未必不来,盖自因其衰盛。"(卷七二《四夷附录》序)这些看法都具有朴素的辩证因素。在《旧五代史》的苍白的史论衬托下,《新五代史》的一些史论显得光彩夺目。

《新唐书》和《新五代史》问世后,《旧唐书》和《旧五代史》的地位一度受到影响,以致被排斥于官学之外。清代"钦定二十四史",乃使两《唐书》、两《五代史》并行于世。今天看来,两《五代史》同两《唐书》一样,二史各有长短,未可偏废。


# 辽、金、宋三史

辽、金、宋三史是指元朝官修的三部正史,即《辽史》、《金史》、《宋史》。

早在元世祖即位之初,王鹗就有撰修辽、金二史的建议。他认为:"宁可亡人之国,不可亡人之史。若史馆不立,后世亦不知有今日。"(《元朝名臣事略》卷一二《内翰王文康公》)元世祖接受了他的

建议,建立了修史机构。元灭南宋后,又不断有撰修辽、金、宋三史的措施,但皆"未见成绩"(《元史·虞集传》)。这主要是"义例"即三史之间关系难以确定。当时人们的主张主要有两种,一是以宋为正统,仿《晋书》体例,以辽、金为载记;一是效《南史》、《北史》之法,以北宋为宋史,南宋为南宋史,辽、金为北史。所谓"义例",本质上是正统问题(参见《南村辍耕录》卷三《正统辨》、《二十二史札记》卷二三《宋辽金三史》)。直到元后期顺帝至正三年(1343)三月,右丞相脱脱等人再次奏请撰修辽、金、宋三朝史书,顺帝随即下达有关撰修三史的诏书,这项工作才获得了实质性的进展,并陆续撰成三朝正史。而三史凡例的确定,则实为关键所在。这上距修辽、金二史之议,已近八十年了。

修三史诏着重讲了纂修辽、金、宋三朝历史同元朝统治的关系,指出:辽、金、宋三朝"为圣朝所取制度、典章、治乱、兴亡之由,恐因岁久散失,合遴选文臣,分史置局,纂修成书,以见祖宗圣德得天下辽、金、宋之由,垂鉴后世,做一代盛典。"这是明确表明了元皇朝的现实同辽、金、宋三朝历史的联系。诏书还强调了要选拔"文学博雅、才德修洁"的人参与纂修,同时任命右丞相、监修国史脱脱为都总裁,并任命了总裁官和提调官,负责修史事宜和提调购求辽、金、宋三朝实录、野史、传记、碑文、行实等散在四方者。诏书最后要求总裁官、修史官商订修史凡例。这篇诏书,显然是总结了数十年中议修三史的得失,故对修撰宗旨、史职任命、文献搜求、撰述凡例几个重要方面,都有明确的规定和要求。

根据修三史诏的要求,脱脱等人制订了《三史凡例》(修三史诏及《三史凡例》,参见中华书局点校本《辽史》附录)。《三史凡例》共有五条,文不长,照录如下,以见其用例之义:

　　——帝纪:三国(指辽、金、宋三个皇朝——引者)各史书法,准《史记》、《西汉书》、《新唐书》。各国称号等事,准《南·北史》。

　　——志:各史所载,取其重者作志。

　　——表：表与志同。

　　——列传：后妃，宗室，外戚，群臣，杂传。人臣有大功者，
虽父子各传。余以类相从，或数人共一传。三国所书事有与本
朝相关涉者，当禀。金、宋死节之臣，皆合立传，不须避忌。其
余该载不尽，从总裁官与修史官临文详议。

　　——疑事传疑，信事传信，准《春秋》。

　　其中，第一条是回答了几十年中所争论的"正统"问题。第二、
三条是关于志、表的原则。第四条是指出了列传的范围及撰写中可
能遇到的重大问题。最后一条是提出了遵循撰写信史的传统。三
部正史的编写，只用了一百三十五个字的凡例作为遵循的准则，这
篇《三史凡例》称得上是一篇言简意赅的文字了。

# 关于《辽史》

　　《辽史》，始撰于至正三年(1343)四月，次年三月成书，首尾不
足一年。它包含本纪三十卷，志三十二卷，表八卷，列传四十五卷，
国语解一卷，共一百一十六卷。《金史》亦始撰于至正三年四月，次
年十一月成书，历时一年又七个月。它含本纪十九卷，志三十九卷，
表四卷，列传七十三卷，共一百三十五卷。另有目录二卷。它们都
是体例完整的纪传体史书。至正五年(1345)九月，《辽史》、《金史》
分别在浙江、江西开板印制一百部。

　　参与《辽史》撰述的有廉惠山海牙、王沂、徐昺、陈绎曾四人。他
们以辽朝耶律俨所撰《皇朝实录》和金朝陈大任所撰《辽史》为基
础，参考《资治通鉴》、《契丹国志》及前朝正史中的《契丹传》，撰成
此书。其本纪记事，起于唐咸通十三年(872)耶律阿保机出生，迄于
辽天祚帝保大五年(1125)辽亡，共二百五十三年史事。而《辽史·
世表》所记，则上起汉代之时，"冒顿可汗以兵袭东胡，灭之。余众保
鲜卑山，自号鲜卑"，下至唐末耶律阿保机"建旗鼓"，"尽有契丹

国"，恰与本纪记事相衔。《世表》记事极简略，但它追叙了阿保机以前契丹之所由来的千余年历史，还是有意义的。其《太祖纪》后论，进而说"辽之先，出于炎帝"。《世表》序又说："庖牺氏降，炎帝氏、黄帝氏，子孙众多，王畿之封建有限，正政之布濩无穷，故君四方者，多二帝子孙，而自服土中者，本同出也。考之宇文周之书（指唐初令狐德棻等所撰《周书》——引者），辽本炎帝之后，而耶律俨称辽为轩辕后。俨志晚出，盖从《周书》。"这就更把辽的历史溯源至炎帝了。这里不免有传说的成分，但它表明了自唐至辽和元，在民族历史认同上的发展趋势，是有重大而深远的意义的。

《辽史》的本纪，于《太祖纪》中对耶律阿保机评价说："太祖受可汗之禅，遂建国。东征西讨，如折枯拉朽。东自海，西至于流沙，北绝大漠，信威万里，历年二百，岂一日之故哉！"其《圣宗纪》八卷、《道宗纪》六卷，几乎占了本纪的半数。撰者评论了辽圣宗时之辽与北宋战事方面的胜败得失，并认为"其践阼四十九年，理冤滞，举才行，察贪残，抑奢僭，录死事之子孙，振诸部之贫乏，责迎合不忠之罪，却高丽女乐之归。辽之诸帝，在位长久，令名无穷，其唯圣宗乎！"这是高度评价了辽圣宗在处理辽朝政事方面的业绩。对于道宗，撰者认为他即位之初，"求直言，访治道，劝农兴学，救灾恤患，粲然可观"；而统治后期，则信谗、黩武、奢侈，"徒勤小惠，蔑计大本。尚足与论治哉？"这些评价，写得很认真，也写出了辽朝统治者的不同的特点。《辽史》列传，史文简洁，其史论也都因人因事而发，很少虚言浮词。

《辽史》中的志和表，是很有特色的。志有十篇，首先是营卫、兵卫，这是叙社会组织和军事组织；其次是地理、历象，叙地理建置和天文历法；再次是百官、礼、乐、仪卫，最后是食货、刑法。其中《营卫志》是《辽史》独创，它记述了辽朝以军事为主、以军事与畋渔 相结合的社会组织形式，以及部族的分布。这种"营卫之设"，具有"有事则以攻战为务，闲暇则以畋渔 为主"的特点。《兵卫志》和《仪卫志》是仿《新唐书》志而作，但在内容上都反映出鲜明的辽代社会的民

族特点和多民族融合的因素,如舆服、仪仗,即有国舆、汉舆、国服、汉服、国仗、渤海仗、汉仗等。《百官志》则记述了辽朝"官分南、北,以国制治契丹,以汉制待汉人","北面治宫帐、部族、属国之政,南面治汉人州县、租赋、军马之事。因俗而治,得其宜矣"的官制特色。《地理志》记述了辽朝上京、东京、中京、南京、西京等五京道的建置,以及头下军州和边防城的设立。《礼志》和《乐志》一方面写出了契丹"国俗之故",另一方面也反映出"汉仪为多"的情况。《食货志》记述辽朝的社会经济面貌,《刑法志》写出了法制建立的过程。

　　《辽史》的表有八目,即《世表》、《皇子表》、《公主表》、《皇族表》、《外戚表》、《游幸表》、《部族表》、《属国表》,其中也有一些是独创的。辽朝外戚萧氏势力显赫,辽"以是而兴,亦以是而亡"(《外戚表》序),又"公主多见纪、传间",故有《外戚表》和《公主表》,这反映了耶律氏同萧氏之政治与血缘的密切关系。《部族表》和《属国表》反映出了辽代错综复杂的民族关系和当时各个割据政权之间的频繁交往,也有关于日本、高丽使臣赴辽的记载,是诸表中最有分量的。

　　《辽史》的志和表,有的过于简略,但依然大致写出了辽朝典制的特色,它一方面保存了契丹族社会历史发展进程的轨迹,一方面也反映了辽皇朝"号令法度,皆遵汉制"(《属国表》序)的历史事实。

# 关于《金史》

　　《金史》亦始撰于至正三年(1343)四月,次年十一月成书,历时一年又七个月。它含本纪十九卷、志三十九卷、表四卷、列传七十三卷,合一百三十五卷,另有目录二卷,也是体例完整的纪传体史书。至正五年(1345)九月,《金史》在江西开板印制一百部。

　　参与撰修《金史》者,总裁官有帖睦尔达世、贺惟一、张起岩、欧阳玄、李好文、王沂、杨宗瑞,史官有沙剌班、王理、伯颜、费著、赵时

敏、商企翁。脱脱已不任右丞相但仍为都总裁，而当时右丞相阿鲁图、左丞相别儿怯不花为监修（见阿鲁图《进金史表》）。内中，以欧阳玄出力最多。《元史·欧阳玄传》称："诏修辽、金、宋三史，召为总裁官，发凡举例，俾论撰者有所据依；史官中有悻悻露才、论议不公者，玄不以口舌争，俟其呈稿，援笔窜定之，统系自正。至于论、赞、表、奏，皆玄属笔。"欧阳玄还参与修纂《经世大典》的工作，他是元代有成就的史家之一。

《金史》的撰述继承了前人的成果，其中主要是金朝的实录、刘祁的《归潜志》、元好问的"野史"，以及元初王鹗所撰《金史》（按上文所引王鹗修辽、金二史，说"金实录尚在"。又王恽《玉堂嘉话》卷一记：王鹗所撰《金史》，"帝纪、传列、志书，卷帙皆有定体。"）《金史》本纪记事，起于辽道宗咸雍四年（宋神宗熙宁元年，1068），阿骨打出生，迄于金哀宗天兴三年（宋理宗端平元年，1234），首尾一百六十六年史事，包含了金朝兴亡的全过程。其本纪之前，有《世纪》一卷，追溯女真族先世事迹，至元魏时之勿吉诸部。这是仿照了魏收《魏书·序纪》，而不同于《辽史·世表》。《金史》本纪写得详略有致，重点突出。《世宗纪》写金世宗的种种改革措施，论其成功的原因；《章宗纪》写金章宗的小康之治，论其中衰的究竟，都是叙述充实，评论得体。撰者尤其肯定了世宗"文典外郡，明祸乱之故，知吏治之得失"，重视"南北讲好，与民休息"，"孳孳为治，夜以继日，可谓得为君之道"的政治经验，称道章宗"数问群臣汉宣综核名实、唐代考课之法，盖欲跨辽、宋而比迹于汉、唐，亦可谓有志于治者"的政治抱负。这就写出了金朝政治统治的得失和汉、唐历史在金朝统治者心目中的分量，也反映出撰者对于金朝历史的认真思考。

《金史》有十四篇志，即天文、历、五行、地理、河渠、礼、乐、仪卫、舆服、兵、刑、食货、选举、百官。《地理志》写出了"袭辽制，建五京，置十四总管府，是为十九路"的因袭损益情况；《礼志》有十一卷，占志的总数四分之一强，大致反映了"参校唐、宋故典沿革"的面貌；《选举志》着力强调了"进士科目兼采唐、宋之法而增损之"，

"终金之代,科目得人为盛";《百官志》、《食货志》也都写得很丰满。《五行志》反映了撰者对于天人感应说的矛盾认识,故其序写道:"至于五常五事之感应,则不必泥汉儒为例"。其所述内容,保存了不少关于自然现象的记载。总的来看,《金史》志在特点上不如《辽史》志鲜明,而在内容的翔实上则过之。而《辽史》的表在内容上则比《金史》的表显得丰富。《金史·交聘表》写金朝与宋、西夏、高丽的关系,可谓《辽史·属国表》的姊妹篇。

《金史》列传比《辽史》列传也来得丰富。它写的许多人,都是和当时错综复杂的关系分不开的,因而在表述和评价上有更多的困难。在这个问题上,《金史》撰者突出地强调了道德评价的原则。《金史·忠义传》序是最能反映这个思想的,它指出:"公卿大夫居其位,食其禄,国家有难,在朝者死其官,守郡邑者死城郭,治军旅者死行阵,市井草野之臣发愤而死,皆其所也。……圣元诏修辽、金、宋史,史臣议凡例,凡前代之忠于所事者请书之无讳,朝廷从之,乌乎,仁者圣元之为政也。"这个思想,明载于《三史凡例》之中,其《忠义传》所记人物,多属此类。《金史》也为张邦昌、刘豫原是宋臣这样的人立了传。于《张邦昌传》,先交代他"《宋史》有传",然后简述其在金太宗天会五年(宋高宗建炎元年,1127)被金朝立为"大楚皇帝",最后写他被宋高宗"罪以隐事杀之"。于《刘豫传》,先写他在宋的仕进,继而则写他杀宋骁将关胜而降金,写他天会八年(1130)被金立为"大齐皇帝"、献逼宋主之策,以及天会十五年(1137)"大齐皇帝"被废,降为蜀王,最后贬为曹王,直至于死。所有这些,一一照书。但在后论中,撰者则明确地评论说:"君臣之位,如冠屦定分,不可顷刻易也。五季乱极,纲常荡坏。辽之太宗,慢亵神器,倒置冠屦,援立石晋,以臣易君,宇宙以来之一大变也。金人效尤,而张邦昌、刘象之事出焉。邦昌虽非本心,以死辞之,孰曰不可。刘豫乘时徼利,金人欲倚以为功,岂有是理哉。"这是从君臣名分和个人道德上对张、刘二人进行谴责,而且由此也批评了辽、金的最高统治者。处在元代后期社会矛盾日趋尖锐的历史条件下,《金

史》撰者作这样的评论，尽管不免也有政治上的考虑，但他们毕竟大致写出了这类人物的行事的真相，而且给予了明确的评价。

《金史》类传除《忠义传》外，依次还有《文艺传》、《孝友传》、《隐逸传》、《循吏传》、《酷吏传》、《佞幸传》、《列女传》、《宦者传》、《方伎传》、《逆臣传》、《叛臣传》、《外国传》等，而在《忠义传》之前则有《世戚传》，这大致是仿《新唐书》的类传立目。其中，有的反映出了撰者的深刻的历史见解。如《文艺传》序指出：金初本无文字，后得辽人用之，及伐宋，取汴京图书，而宋士多归之，于是乃崇儒学。到了世宗、章宗之时，"儒风丕变，庠序日盛，士由科第位至宰辅者接踵"。撰者进而得到这样的认识："金用武得国，无异于辽，而一代制作能自树立唐、宋之间，有非辽世所及，以文而不以武也。……文治有补于人之家国，岂一日之效哉。"这是从一个极其重要的方面，揭示了金朝政治统治的经验；从更进一步的意义上来考察，这个认识也表明了以"儒风"为核心的文化教育在不同民族间的意识形态上所产生的共识和融合作用。《金史》本纪有很多生动的事实，证明撰者所论的正确。元也是用武得国，无异于辽与金，且金是为元所灭。元修《金史》能够提出这些认识，是很难得的。

《辽史》有《国语解》一卷作为全书终篇，《金史》有《金国语解》附于书末，这是它们的一个共同特点。《辽史·国语解》从史注家的训诂音释来说明它的必要性，并以帝纪、志、表、列传编次；《金国语解》以效法北魏孝文帝的做法来说明它的必要性，并按官称、人事、物象、物类、姓氏编次。它们从语言上反映了《辽史》、《金史》的民族特色。

《辽史》和《金史》分别写出了我国历史上以契丹族贵族为主和以女真族贵族为主建立的辽、金皇朝之历史的全过程，总结了它们的兴亡盛衰之故，以及它们在历史上所占有的地位。《辽史》、《金史》的特点，一是具有鲜明的民族史内容，一是反映了中华民族之多民族融合的历史进程，在历代正史上具有特殊的意义。

# 关于《宋史》

《宋史》于元顺帝至正三年(1343)四月,与辽、金二史同时始修,至正五年(1345)十月二十一日成书奏进。它包括本纪四十七卷,志一百六十二卷,表三十二卷,列传二百五十五卷,共四百九十六卷,在《二十四史》中卷帙最为浩繁。

《宋史》的撰修,仍是阿鲁图、别儿怯不花为总领,脱脱为都总裁,帖睦尔达世、贺惟一、张起岩、欧阳玄、李好文、王沂、杨宗瑞为总裁,参与撰写的史官有斡玉伦徒等23人。卷帙如此浩大的《宋史》,在短短的两年半中修成,主要原因是依据了宋代史馆已有的国史旧稿。《元史·董文炳传》记:元灭南宋时,董文炳率军入临安,对奉元世祖之诏招宋士而至临安的翰林学士李槃说:"国可灭,史不可没。宋十六主,有天下三百余年,其太史所记具在史馆,宜悉以备典礼。"于是,"乃得宋史及诸注记五千余册,归之国史院。"董文炳不仅是元朝平宋的功臣,也是保存宋史文献的功臣(参见《宋史·瀛国公纪》)。元朝史臣,根据旧史文献,"编劀分局,汇粹为书"。他们修撰《宋史》的主旨是:"刬先儒性命之说,资圣代表章之功,先理致而后文辞,崇道德而黜功利,书法以之而矜式,彝伦赖是而匡扶。"宋代是理学兴起的时代,元朝史臣中多有崇奉性命之说的,故于修撰《宋史》,乃着重申明这一原则。他们撰述上的具体做法是:"辞之烦简以事,而文之今古以时,旧史之传述既多,杂记之蒐罗又广。于是参是非而去取,权丰约以损增"(以上均见《进宋史表》)。

《宋史》本纪记事上限起于后唐天成二年(927)宋太祖赵匡胤出生至宋建隆元年(960)称帝,并追溯其先世事迹自唐至于后周;下限止于南宋赵昺祥兴二年(元世祖至元十六年,1279),包含北宋、南宋三百一十九年盛衰兴亡的历史,以及两宋皇朝与西夏、辽、金、元诸皇朝或和或战的历史,以至中外经济、文化交流的历史。这

是一个发展而又充满纷争的时代,它在《宋史》本纪中有不同程度的反映。

《宋史》本纪于两宋之际,颇致意于总结其兴亡之故。《徽宗纪》后论分析徽宗"失国之由",认为他并非如晋惠之愚、孙皓之暴,也并非有曹操、司马氏之篡夺,而是由于"恃其私智小慧,用心一偏,疏斥正士,狎近奸谀",以致蔡京、童贯等先后用事,"骄奢淫佚","佳兵勤远",弄得"困竭民力","稔祸速乱",最后"国破卑辱",他是不能用"气数"来推诿自己失国的责任的。它还指出:"自古人君玩物而丧志,纵欲而败废,鲜不亡者,徽宗甚焉"。钦宗即位,虽不同于徽宗所为,但"其乱势已成,不可救药;君臣相视,又不能同心协谋,以济斯难,惴惴然讲和之不暇。卒至父子沦胥,社稷芜茀。"(钦宗纪》后论)同时,撰者也注意到"熙、丰、绍圣椓丧之余"对于徽、钦败亡的影响。这就从比较长远的历史视野来看待北宋末年的衰败了。《高宗纪》共九卷,几乎占了本纪总数的五分之一,评述了南宋的中兴。其后论把宋高宗同夏之少康、周之宣王、汉之光武、晋之元帝、唐之肃宗并提,认为:"六君者,史皆称为中兴而有异同焉。"撰者没有总结南宋初年中兴的原因,这是后论不足之处,但从夏、周、汉、晋、唐、宋的历史上评价了宋高宗,殊为难得。撰者对于两宋历史之总的认识,一方面说"赵宋虽起于用武,功成治定之后,以仁传家……然仁之敝失于弱";一方面又说"建炎而后,土宇分裂,犹能六主百五十年而后亡,岂非礼义足以维持君子之志,恩惠足以固结黎庶之心欤?"(《瀛国公纪》)把北宋之弱归于"以仁传家",把南宋的存在归于"礼义"和"恩惠",这种完全脱离当时的社会矛盾和物质生产而空言"性命之说"的看法,暴露出撰者历史见解上苍白的一面。

《宋史》本纪记南宋的灭亡,写出了悲壮的一幕:

[至元]十六年正月壬午,张弘范兵至崖山。庚午,李恒兵亦来会。[张]世杰以舟师碇海中,棋结巨舰千余艘,中舻外舳,贯以大索,四周起楼棚如城堞,居[卫王赵]昺其中。大军攻之,

舰坚不动。又以舟载茅，沃以膏脂，乘风纵火焚之。舰皆涂泥，缚长木以拒火舟，火不能爇。二月，……大军至中军，会暮且风雨，昏雾四塞，咫尺不相辨。世杰乃与苏刘义断维，以十余舟夺港而去。陆秀夫走卫王舟，王舟大，且诸舟环结，度不得出走，乃负昺投海中，后宫及诸臣多从死者。七日，浮尸出于海十余万人。杨太后闻昺死，抚膺大恸曰："我忍死艰关至此者，正为赵氏一块肉尔，今无望矣！"遂赴海死，世杰葬之海滨，已而世杰亦自溺死。宋遂亡。

这一段文字，是《宋史》本纪中少见的史笔，可谓有司马光之风。撰者最后评论说："宋之亡征，已非一日。历数有归，真主御世，而宋之遗臣，区区奉二王为海上之谋，可谓不知天命也已。"在元的灭宋问题上，史官们终究还是打出了"历数有归"、"天命"所在的旗帜。他们还写道："我皇元之平宋也，吴越之民，市不易肆。"(《瀛国公纪》后论)这同样也是粉饰之辞。

《宋史》的志共有十五篇，比《金史》多《艺文志》，其他篇目略同。《礼志》有二十八卷之多，详载两宋制订五礼的过程及有关内容和议论。《地理志》记载了宋神宗元丰年间(1078—1085)的地理建置情况和户口多少。《河渠志》详载河决情况及历朝治河方略，兼及江、淮以南诸水"舟楫溉灌之利"。《职官志》清晰地写出了宋朝官制的细密，反映了"宋承唐制，抑又甚焉"继承、发展关系。《食货志》根据"宋旧史志食货之法"但"去其泰甚，而存其可为鉴者"，遵杜佑《通典》"首食货而先田制"的思想，以农田、方田、赋税、布帛、和籴、漕运、屯田、常平义仓、课役、振恤为上篇；以会计、铜铁钱、会子、盐、茶、酒、坑冶、矾、商税、市易、均输、互市舶法为下篇，共二十二目、十四卷，大致反映了宋代的经济面貌和有关制度。《艺文志》八卷，是继《汉书·艺文志》、《隋书·经籍志》、《旧唐书·经籍志》和《新唐书·艺文志》之后，又一部历史文献学史上的重要著作，宁宗以前所著录文献采自宋之旧史，宁宗以后七十余年者，为元史臣所补，分经、史、子、集四类，著录文献九千八百一十九部，合一十一万

九千九百七十二卷；其中虽有重复、漏载，但仍是反映唐宋以来历史文献存佚、增损变化的重要目录书。其中子部儒家类，宋人著作占了五分之四，足见宋代儒学的兴盛。《宋史》撰者在诸志中所反映出来的历史观点，亦有可以注意的地方。如《食货志》序指出宋代租税征榷制度虽"无以大异于前世"，但在政策上却"易动而轻变"，而"儒者论议多于事功"的学风也直接影响到政策的实施。《艺文志》序说："其时君汲汲于道艺，辅治之臣莫不以经术为先务，学士搢绅先生，谈道德性命之学，不绝于口，岂不彬彬乎进于周之文哉！宋之不竞，或以为文胜之弊，遂归咎焉，此以功利为言，未必知道者之论也。"说明撰者是站在维护"道德性命之学"的立场上的。但这跟《瀛国公纪》后论里说的"仁之弊失于弱，即文之弊失于僿也"，似不尽吻合。撰者论元之平宋，是张扬"天命"、"历数"之说的。但在《五行志》序中又说："德足胜妖，则妖不足虑；匪德致瑞，则物之反常者皆足为妖。妖不自作，人实兴之哉！"这显然是在强调人事的重要了。所有这些说明《宋书》撰者们在历史观点上的庞杂和矛盾。

《宋史·宰辅表》五卷，载北宋居相位者七十二人，任执政者二百三十八人；载南宋居相位者六十一人，任执政者二百四十四人。其意在于："岁月昭于上，姓名著于下"，"政治之得失，皆可得而见矣。"《宋史》列传记二千多人，可谓正史中记人之盛举。其类传中新增《道学传》，置于《儒林传》之前，凡四卷，分记周敦颐、程颢、程颐和程氏门人，朱熹、张栻和朱氏门人。其序称："道学盛于宋，宋弗究于用，甚至有厉禁焉。后之时君世主，欲复天德王道之治，必来此取法矣。"并认为这是"宗儒之学所以度越诸子，而上接孟氏者欤。"这反映了撰者崇尚道学的思想倾向，也写出了宋代意识形态领域的特色。

辽、金、宋三史，《辽史》简治，《金史》规范，《宋史》丰满，虽不免各有瑕疵（后人对《宋史》批评尤多），但在历代正史中，它们也还是各具特色的。

# 元、明、清三朝四史

在二十六史中,记述元、明、清三个相衔接的统一皇朝的历史,有四部书,它们是《元史》和《新元史》,《明史》和《清史稿》。从《元史》的撰成到《新元史》、《清史稿》的写出,其间相隔约五个半世纪,历史条件也发生了很大的变化。

## 《元史》和《新元史》

《元史》二百一十卷,含本纪四十七卷、志五十八卷、表八卷、列传九十七卷,记载了从成吉思汗至元顺帝约一百六十年间蒙古、元朝史事,而以记元朝史事为主。它是明代官修前朝史的代表性著作。

明太祖朱元璋于洪武元年(1368)八月攻下元大都(今北京),十二月即诏修元史。洪武三年(1370)十月,全书告成。在中国史学上,一个新皇朝建立之初,在这么短的时间里写出了前一个皇朝的历史,是不多见的。朱元璋曾面谕廷臣:“近克元都,得《十三朝实录》,元虽亡国,事当记载,况史记成败,示劝惩,不可废也。”又对修史官说:“今命尔等修纂,以备一代之史,务直述其事,毋溢美,毋隐恶,庶合公论,以垂鉴戒。”(《明太祖实录》卷三九)“记成败,示劝惩”,这是明修元史的主要宗旨。

《元史》的修撰,以中书左丞相李善长(1314—1390)为监修,以宋濂(1310—1381)、王祎(1322—1373)为总裁,集众人分工撰述。第一阶段,起于洪武二年(1369)二月,止于当年八月,撰成元顺帝以前纪、志、表、传一百五十九卷,目录二卷,缮写装潢成一百二十册,由李善长上表奏呈。上表称,这是一部“粗定之史”。其后,明太

祖"复诏仪曹遣使天下,其涉于史事者,令郡县上之"(《元史》附宋濂《目录后记》),以搜集元顺帝一朝史事。儒士欧阳佑等负责搜集史事事宜。洪武三年二月重开史局续修,至当年七月,增撰纪、志、表、传共五十三卷,大致补齐前修。宋濂、王祎、赵埙等合前后所修,厘定为二百一十卷。《元史》的体例,是在综合考察了历代正史之后所确定的,《纂修元史凡例》说:本纪,准两汉史;志,准《宋史》;表,准《辽史》、《金史》;传,准历代史而参酌之;不作论赞,但据事直书,具文见意,使其善恶自见,准《春秋》及钦奉圣旨事意。宋濂等人在《元史》体例上的通盘考虑,说明他们具有一定的史识。

　　《元史》详于本纪,凡四十七卷,约占全书四分之一。它从铁木真写起,并上溯其十世祖以下的简要历史;下限写到至正二十八年(1368)八月"大明兵入京城,国亡",并补叙后二年至元顺帝死。本纪中,世祖忽必烈事占了十四卷,顺帝妥欢贴睦尔事占了十卷,尤为详尽。

　　其志,凡十三篇、五十八卷,其中《天文志》、《历志》反映了郭守敬《授时历》的成果,记载了李谦的《历议》和郭守敬的《历经》等天文、历法史上的重要资料。《选举志》、《百官志》、《食货志》、《兵志》、《刑法志》,都写得内容丰赡,各具特色。《选举志》记载了科目、学校、铨法、考课的详情;《食货志》包含了经理、农桑、税粮、科差、海运、钞法、岁课、盐法、茶法、酒醋课、商税、市舶、额外课、岁赐、俸秩、常平义仓、惠民药局、市籴、赈恤等十九个方面的内容;《地理志》记载了元代辽阔的疆域和中书省、行中书省设置的情况,反映了中国历史上区域建置上的重大变化。《元史》的志占全书四分之一还多。

　　《元史》的表,继承了《史》、《汉》的传统和《辽史》、《金史》在这方面的灵活运用,立《后妃表》、《宗室世系表》、《诸王表》、《诸公主表》、《三公表》、《宰相年表》。《三公表》出于新创,《宰相年表》有较高的史料价值。《元史》的列传写了各方面人物和外域的情况,于诸类传中首创《释老传》,增立"工艺"与"方伎"同传。

　　《元史》以比较齐全的纪传体皇朝史形式记述了元代的历史，视野宏大，内容丰富，并在一些方面显示出独具的特色，为它书所不可代替。《元史》所据文献，以元朝的《十三朝实录》、《经世大典》、《国朝名臣事略》、《后妃功臣列传》和名臣碑传资料为主，兼及明初尚存的档案、文书。这些文献，有不少后来亡佚了，赖《元史》得以存其精华。《元史》在历史观上的基本倾向是重人事的。它也有宣扬"天命"的地方，说铁木真十世祖的诞生是跟"金色神人"有关，又说顺帝"知顺天命，退避而去"（分见《太祖本纪》、《顺帝本纪》）。不过它对"天命"的渲染并不是很突出的。

　　《元史》的修撰，两次合计只有十一个月，这么短的时间仓促成书，给它带来了不少缺陷、讹误。首先是文献搜求不完备，尤其是蒙古文文献《脱卜赤颜》（即《蒙古秘史》，亦称《元朝秘史》）未能利用，故于蒙古起源不曾涉及。其次是史料处理上的粗率，史事重复记载屡屡出现，甚至有一人两传、两人合一的情况。三是人名、地名的汉译多不统一，由此致误者甚多（参见邱树森《元史评介》。收在仓修良主编《中国史学名著评介》第二卷，山东教育出版社 1990 年出版）。《纂修元史凡例》称"志准《宋史》"，但它却没有撰艺文志，使读者对有元一代的学术文化面貌十分茫然。因其有这些不足之处，后人不断对《元史》进行补证以至于重撰，直至近代而不已，但是从整体上看，《元史》仍然是记述元代历史的最可信赖的著作。

　　《元史》撰成后的整整五百五十年即民国九年（1920），清末民初人柯劭忞（1850—1933）写出了《新元史》一书，由当时的教育部呈送任大总统的徐世昌，"请特颁明令，列入正史，以广流传"。次年十二月，徐世昌发布大总统令，正式确认《新元史》为正史之一。

　　《新元史》的撰写，有长久的史学渊源。因《元史》存在着一些明显的不足，从明代起，就有朱右《元史补遗》、胡粹中《元史续编》等书的问世。有清一代，研究元史的史家，更是纷至沓来，有考订，有补编，也有重作。汪辉祖的《元史本证》，钱大昕的有关考异和补撰的表、志，魏源的《元史新编》，洪钧的《元史译文证补》等，是这方面

的名作。在数百年间许多史家研究、积累的基础上,至本世纪二三十年代产生了两部总结性著作,一部是屠寄(1856—1921)的《蒙兀儿史记》,另一部就是柯劭忞的《新元史》。

关于《新元史》的撰写经过、所据文献、与旧史体例上的异同,作者未有只字说明。从徐世昌《新元史序》中,可略知其大概:作者入翰林院后,得以借读馆中所藏《永乐大典》中有关元史资料,"钞为巨帙";后又得洪钧《元史译文证补》,并请人翻译洪钧未见到的东西方学者有关撰述;又博采四库未收之书,旁及元碑拓本,"得三千余事","参互考订",撰成此书。

《新元史》共二百五十七卷,有民国十一年(1922)徐氏退耕堂初本和民国十九年退耕堂重订本,二本卷数相同。它包括本纪二十六卷、表七卷、志七十卷、列传一百五十四卷。《新元史》之所谓"新",主要是在内容上和结构上有别于《元史》。本纪方面,它根据《蒙古秘史》、《元史译文证补》等书,仿《魏书》体例立《序纪》一卷,记载成吉思汗祖先事迹;对元世祖以前史事也有所补充。它根据《明实录》、《明史》等书,增补了元末事迹,在顺帝之后补写了《昭宗纪》。它删去了《元史》中的后妃、公主、诸王等表,在钱大昕《元史氏族表》的基础上增写《氏族表》,充实了前者所没有的新内容;它新撰的《行省宰相表》,对反映元朝各行省的政治情况是一篇有价值的文献。一般地说,它的诸志,对旧史的志也有所增补。尤其是它的列传,所记人物比旧史的约一千三百人增加了约一千一百人,同时改变了旧史先记蒙古人、色目人,后记汉人、南人的顺序,而以时代先后编次。此外,它吸收前人的成果,对《元史》中存在的一些讹误也有所纠正。这些都可以看作是《新元史》之所以"新"的地方。但《新元史》对《元史》也有很多删节,这种删节在文献取舍上和史文表述上大都不够稳妥。《元史》本纪有四十七卷,《新元史》只有二十六卷。其中《世祖本纪》原有十四卷,《文宗本纪》原有五卷,《顺帝本纪》原有十卷,《新元史》删节后分别为六卷、二卷、四卷。《元史》本纪多据实录写成,保存了原始材料的面貌,新史之删,难免失真。

《新元史》还因袭了《元史》的一些讹误,而对增补部分又未注明其
所据,使阅读和研究极为不便。后柯劭忞之子刊刻其草稿《新元史考
证》五十八卷行世,但残缺疏漏太多,不足以弥补它的缺陷。这是它
的几个明显的缺陷(参见余大钧《新元史评介》,收在仓修良主编
《中国史学名著评介》第三卷,山东教育出版社 1990 年出版)。

《新元史》在撰述思想上不唯不"新",而且很陈旧。它的本纪,
改《元史》的《顺帝纪》为《惠宗纪》,表明作者有意不循明人之谥而
奉行元朝遗臣所上庙号。《新元史》成书于民国九年,其后论起首皆
标明"史臣曰",足见作者自认奉"君"之命著史,摆出一副十足的遗
老气派。《新元史》依然没有艺文志,对钱大昕的《元史艺文志》及其
他人的类似著作,排而不采,也反映了作者思想上的保守。徐世昌
《新元史序》称:"此书赡而不芜,义例尤严,视旧史殆倍蓰过之。"这
显然是溢美之词,不足为定评。

《元史》和《新元史》的产生,前后相隔五个半世纪。如各以其产
生的历史环境和史学条件来评价它们的话,则《元史》的成就当在
《新元史》之上。

# 关于《明史》

清朝统治者在入关后的第二年即顺治二年(1645),设立明史
馆,着手修撰《明史》。这很像是洪武初年修撰《元史》的情况。但是,
《元史》很快修出,而《明史》的修撰却历九十年而成,在官修前朝正
史中是罕见的。

顺治二年设馆,只是议定修撰体例,并无实质上的修撰工作。
这在当时,与其说是具有史学上的意义,毋宁说是政治上的一种需
要。直到三十四年后即康熙十八年(1679),在全国形势相对稳定的
情况下,明史馆开始了修史工作。大学士徐元文任总裁。徐元文是
顾炎武的外甥,他力荐精于明代历史的万斯同(1638－1702)参与

修史。万斯同是黄宗羲的学生，他出于对故朝史事的眷念，应聘入京。他不任职，不署衔，以布衣参史事，所有纂修官史稿均由他校订。在徐元文之后，张玉书、王鸿绪相继任总裁，仍以万斯同主其事。这种情况，在官修前朝正史中也是极特殊的。万斯同在康熙四十一年(1702)去世，此前，他已纂成《明史稿》五百卷。尔后，王鸿绪据此更加增损，纂成《明史稿》三百一十卷，题为自撰，分别于康熙五十三年(1714)、雍正元年(1723)进呈。雍正二年，诏以张廷玉(1672－1755)为总裁，对王鸿绪《明史稿》再加订正，至雍正十三年(1735)定稿，是为《明史》首次定本。这上距顺治二年设明史馆，恰好九十年。乾隆四年(1739)，《明史》刊行，署为张廷玉等撰。乾隆四十二年(1777)，又命英廉等人"将原本逐一考核添修，务令首尾详明，辞义精当，仍以次缮进，候朕亲阅鉴定，重刊颁行，用昭传信"(王先谦《东华录》)，这是《明史》取得最后定本的过程。

《明史》所根据、所参考的文献主要有实录、私家所撰本朝史、官修典志，以及传记、杂史等五大类，其总数约万卷左右(参见李宗邺《中国历史要籍介绍》第 376－379 页，上海古籍出版社 1982 年出版)。这在以前的官修前朝正史中，也是罕见的。张廷玉在《上明史表》中追叙了康熙、雍正两朝对于修撰《明史》的重视，也肯定了"旧臣王鸿绪之《史稿》，经名人三十载之用心"，"首尾略具，事实颇详"。追本溯源，万斯同自然当居首功。万斯同治史，尤重于事实的考核。他的方法是："凡实录之难详者，吾以他书证之。他书之诬且滥者，吾以所得于实录者裁之。虽不敢具谓可信，而枉者或鲜矣。昔人于《宋史》已病其繁芜，而吾所述将倍焉，非不知简之为贵也，吾恐后之人务博而不知所裁，故先为之极，使知吾所取者有可损，而所不取者必非其事与言之真而不可益也。"(方苞《望溪文集·万季野先生墓表》)万斯同敢于说其所书者"有可损"，其所未书者"不可益"，说明他在史料考订上的用功之深。《明史》虽几经增删而成，但它毕竟有一个坚实的基础，因此，"在《二十四史》中，除马、班、范、陈四书外，最为精善"(梁启超《中国近三百年学术史》第八讲《清初

史学之建设》)。

　　《明史》三百三十二卷,内本纪二十四卷、志七十五卷、表十三卷、列传二百二十卷。《明史》记事,首先追叙朱元璋自元至正四年(1344)至至正二十七年(1367)的活动,以洪武元年(1368)为正式开端,下迄崇祯十七年(1644)五月清兵入京师。《明史》的纪,写得详略得体,无繁冗之词,也避免了求简过当、犹如大事编年的弊病。它的志、表、传,都呈现出一些新意,反映了明代历史的若干特点。《历志》详载明末徐光启等采用西历改革历法的过程,以及崇祯皇帝"已深知西法之密",并诏颁新历"通行天下",旋因明亡而未果。《兵志》不仅记述了明代兵制,还记述了火器、车船的建造及其功用。它们各从一个方面反映了明代科学技术发展的情况。《艺文志》著录了明代"二百七十年各家著述",不载"前代陈编",清晰明快,实践了刘知几《史通·书志》篇的编撰思想,这也是历代正史的经籍、艺文志中所独有的。它的序还记述了明成祖的讲话:"士庶家稍有余资,尚欲积书,况朝廷乎!"《食货志》和《河渠志》都占了六卷篇幅,反映了经济生活的纷繁和水利的重要。《明史》的志有十五篇,同《宋史》的志篇数相等,是《二十四史》中最多的。《宰辅年表》记述了洪武十三年(1380)"革中书省左、右丞相,左、右丞,参政等官"之后,内阁辅臣任免的情况。它仿前史宰相表而作,但二者在性质上已有所不同。《七卿年表》是《明史》独创,记历朝吏、户、礼、兵、刑、工六部尚书及左右都御史的任免,它反映了明太祖罢丞相制,"政归六部,部权重也"这一重大变革,是《宰辅年表》的姊妹篇。《明史》列传中类传的名目也比较多,阉党、流贼、土司三类传是前史所未有的。《阉党传》记宦官党羽结党营私,毒害政治,祸国殃民,从一个方面揭露出明朝统治的腐败。《流贼传》记明末农民战争的经过,保存了晚明以来关于社会矛盾的重要史实。占有十卷篇幅的《土司传》,记述了湖广、四川、云南、贵州、广西五个地区少数民族的情况及其同明朝廷的隶属关系。这些记述,都具有重要的历史价值。

　　自《旧五代史》立《外国传》后,《宋史》、《辽史》、《金史》、《元

史》、《明史》因之。这些《外国传》所记，有些并不是"外国"，这要作历史的和全面的看待。

《明史》在内容上有两个很明显的不足。一是它讳言清兵入关前明廷与建州三卫的关系；二是它讳言清兵入关后南明的存在，并删去《明史稿》中原有与南明有关的福王、唐王、桂王《三王传》，其人则分述于始封之时，与诸王无异，在这一点上，它远不如元时所修《宋史》，后者甚至把南宋君臣的抗元斗争写得慷慨、悲壮。

# 关于《清史稿》

清朝是中国封建社会最后一个皇朝，《清史稿》是中国史学史上最后一部旧式的纪传体皇朝史。从这两点来看，把《清史稿》列于《二十五史》之后，作为第二十六史，在史书的内容、形式和撰述思想上，都是适宜的。

清代末帝宣统三年(1911)，爆发了辛亥革命。次年，清帝"退位"，民国建立，中国历史上延续了二千多年的封建皇朝的历史至此结束。这是一个划时代的伟大事件。不论从政治上考虑，还是从史学上着眼，写一部翔实的清史，对十七世纪至二十世纪初年的中国历史进程，作出近代眼光的科学评价，在当时是必要的。然而当时的历史环境并没有给史学提供这样的条件；《清史稿》的产生，几乎成了中国传统史学在近代延续的最后一个环节。

一言以蔽之，《清史稿》是一部已经不存在封建皇朝的历史时代的人们写出来的皇朝史。它的这个特点同《新元史》很相近，但又比《新元史》更突出。

民国三年(1914)，窃据大总统权位的袁世凯为首的北洋军阀政府，设立了清史馆以修清史。赵尔巽(1844—1927)应聘为馆长。参与撰述的有柯劭忞等一百余人，职分有总阅、总纂、纂修、协修诸名目。馆中还有执事、提调、收掌、科长、校勘等辅助人员二百余人。

但实际人数常不及此数。参撰者多清朝"遗臣"，他们政治态度少有变化，其撰述思想和表述方法，也还停留在清朝国史馆的阶段。修史"义例"，在"参酌众见"的基础上，最后"议定用《明史》体裁，略加通变"，从而确定了《清史稿》的性质。修撰工作历十四年即至民国十六年(1927)而大致就绪，时赵尔巽已是八十四岁高龄，"再多慎重，恐不及待"，乃以《清史稿》之名发刊。柯劭忞总纂稿，王树枏总志稿，吴廷燮总表稿，夏孙桐、金兆蕃分总传稿，袁金铠、金梁校阅付刊，随修随刻，事颇仓促。书未刻成而赵卒，柯劭忞兼代馆长主其事，次年竣工，印出一千一百部。赵尔巽写的《清史稿发刊缀言》和金梁写的《清史稿校刻记》二文，反映了此书编撰、刊刻过程中的一些具体情况。

　　《清史稿》凡五百三十六卷，含本纪二十五卷、志一百四十二卷、表五十三卷、列传三百一十六卷。其记事，上起努尔哈赤定国号为金(史称后金)的天命元年(1616)，下迄宣统三年十二月(1912年二月)清末代皇帝溥仪"逊位"，包括后金至清二百九十六年史事，上限与明代历史颇有交叉。《清史稿》本纪后论，集中反映了它在历史观点上的保守、落后，跟时代格格不入。它论清太祖努尔哈赤是"天锡智勇，神武绝伦"，论圣祖康熙皇帝是"仁孝性成，智勇天锡"，论德宗光绪皇帝的政治悲剧是"岂非天哉！"《太宗本纪》后论一方面歌烦皇太极"允文允武，内修政事，外勤讨伐，用兵如神，所向有功"，一方面批评"明政不纲，盗贼凭陵"，"明人不量强弱，自亡其国，无足论者"。这些话，带着浓厚的政治色彩和政治倾向，不足以说明明末的社会矛盾和明清之际历史变动的真相。《宣统皇帝本纪》后论论溥仪"逊位"事，更是荒唐到了颠倒事实的地步，说什么"大变既起，遽谢政权，天下为公，永存优待，遂开千古未有之奇。"在辛亥革命十六年之后，史论撰者在这个问题上竟然还在说什么"是非论定，修史者每难之"，其思想的保守、顽固，可见一斑。从大的方面来看，《清史稿》在历史观点上几无可取之处。

　　《清史稿》在志、表、传篇目的制定上，有些地方反映了新的历

史内容以及社会、制度的变化。它新创《交通志》和《邦交志》，前者记铁路、轮船、电报、邮政等，后者记与世界各国的外交关系，这是前史所没有的。它的《大学士年表》、《军机大臣年表》、《部院大臣表》、《疆臣年表》、《藩部世表》、《交聘年表》，显示出清代政治的特点，对于了解有清一代朝廷和地方大臣的更替、属国事务、外交使节往来的面貌，有重要的价值。它的列传在类传的分目上继承了《明史》的做法，同时增立了《畴人列传》、《藩部列传》、《属国列传》。《畴人列传》是继承阮元所纂《畴人传》及后人几次续编的成果而成，这是以往正史中所没有的新内容。《藩部列传》、《属国列国》与相应的表相配合，使这一部分的内容显得丰赡而有条理。《清史稿》在篇目上的这些变通和增添，说明作为综合性的纪传体史书在记述内容方面具有广泛的容量。

　　《清史稿》对文献的整理、爬梳，是有一定的参考价值的。它所根据的历史文献，有清代历朝实录四千多卷，国史（包括纪、表、传）七百多卷，历朝诏书一千六百多卷，各类典志近五千卷，各种传记、纪事五千余卷等（参见李宗邺《中国历史要籍介绍》第 393—396 页）。仅此而论，已大大超出清代撰修《明史》时所据文献之数。尽管这些历史文献大多尚存于今日，但从对这些文献的考察、爬梳中，整理、撰写出有清一代的历史，仍要费一番工夫。《清史稿》在历史观点上存在许多严重问题，尤其是对明末农民起义、南明地区的抗清斗争、太平天国运动、辛亥革命这些重大事件的态度，都是站在清皇朝的立场上来看待的；它在结构上和表述上，撰者也认为"并非视为成书"，"《史稿》本非定本"，故于史实、于文词，存在的问题要更多一些。尽管如此，它毕竟从浩繁的文献中整理出了清代历史的大致轮廓，为阅读或改撰提供了方便。其中，有些志、表及清末人物传记，亦并非取资于常见的文献，自更有参考价值。

　　《清史稿》于 1928 年刊印，次年发行，引起社会的关注。故宫博物院院长易培基曾上书南京国民政府，列举此书存在"反革命、反民国、藐视先烈、体例不合、简陋错误等共十有九项"问题，建议查

禁。但也有不赞成查禁之举，认为："《清史稿》为大宗之史料，故为治清代掌故者所甚重。即将来有纠正重作之《清史》，于此不满人意之旧稿，仍为史学家所必保存，供百世之讨论。"（孟森《明清史论著集刊续编》第 476 页，中华书局 1986 年出版）1976—1977 年，中华书局出版了《清史稿》标点本，原先作为《时宪志》附录的"八线对数表"凡七卷，因其只是普通数学工具书，不再附录，故全书为五百二十九卷。《清史稿》乃得以在更大的范围流传，所谓"供百世之讨论"，当然也就具备了更好的阅读条件。

# 注释与版本及考订与补作

　　关于二十六史的研究，尤其是关于《二十四史》的研究，因有久远的历史而积累了丰富的著作。其中，又因"前四史"历来负有盛名而成书又都较早，有关它们的研究著作，自东汉以下，无代不有。可以这样说：要了解关于《二十四史》研究的历史及其代表性著作，其困难的程度，恐怕要在阅读《二十四史》本文之上。这里，只就注释、版本、考订、补作等几个方面，举其荦荦大者略作说明。

## 注释与版本

　　《史记》、《汉书》、《后汉书》、《三国志》、《晋书》、《新唐书》、《新五代史》等，都是有注本的，有的注本今已不存。其中，《汉书》注出现最早，注家也最多，历史上的"《汉书》学"，跟注释《汉书》有很大关系。魏晋南北朝时期注史之风的兴盛，产生了不少有影响的史注，对后来历史文献学的发展也起了推动作用。史注的价值，至少有两点是十分重要的，一是有助于读史，二是反映注家的学术旨趣，以至于反映注家所处时代的学术思想和认识水平。有的史注，

甚至成为史书不可分割的部分。

《史记》较早的注是东晋徐广（352—425）所作的《史记音义》十三卷，"具列异同，兼述训解"。其后，南朝宋人裴骃作《史记集解》八十卷，此书"以徐为本"，"采经传百家并先儒之说"以为注（见《史记集解》序）。南朝齐人邹诞生作《史记音义》三卷，"音则微殊，义乃更略。"唐贞观年间，刘伯庄又作《史记音义》二十卷，"比于徐、邹，音则具矣。"唐玄宗时司马贞在诸家旧注的基础上，"探求异闻，采摭典故，解其所未解，申其所未申"，作《史记索隐》三十卷（见《史记索隐》序）。司马贞还为每一篇《史记》正文都写了"述赞"，概括本篇主要内容，没有突出的历史见识，价值要在注文之下。唐玄宗开元二十四年（736），张守节撰成《史记正义》三十卷（一说二十卷），他在序文中说，他对于经书、诸子、地理书、字书"锐心观采"，"评《史》《汉》诠众训释而作《正义》，郡国城邑，委曲申明，古典幽微，窃探其美，索理允惬，次旧书之旨，兼音解注，引致旁通"。据《新唐书·艺文志二》正史类著录，唐人的《史记》注还有：许子儒注《史记》一百三十卷、《史记音》三卷，王元感、徐坚、李镇各注《史记》一百三十卷，刘伯庄《史记地名》二十卷。大致说来，至唐玄宗开元年间，《史记》之注达到了一个高潮。在这些《史记》注中，裴骃的《史记集解》重在采集众说，司马贞的《史记索隐》着力于解说异闻、典故，张守节的《史记正义》尤长于地理，是各具特色而影响较大的三家注。北宋时刊刻《史记》，把三家注散列在正文之下，合为一编，成为最有影响的《史记》注本。1959 年出版的中华书局点校本《史记》，又把散列于正文之下的三家注移到每段之后，使正文和注文眉目更加清晰，便于阅读。

《汉书》的注，先于《史记》注而出。东汉末年，已有服虔《汉书音训》、应劭《汉书集解音义》的产生。魏晋南北朝时，更是注家蜂起，一时成为"显学"。刘知几《史通·古今正史》论《汉书》说："始自汉末，迄乎陈氏，为其注解者凡二十五家，至于专门受业，遂与《五经》相亚。"据司马贞《史记索隐后序》称，东晋蔡谟作《汉书集解》之时，

"已有二十四家之说"。果真如此，则至南朝陈朝时，已不止二十五家了。早于《史通》的《隋书·经籍志》著录的《汉书》注只有十八家，蔡谟集解已不见著录，可见已有不少散佚。唐太宗贞观年间，颜师古（581—645）秉承"《汉书》学"的家学传统，在前人所作二十余种《汉书》注的基础上，撰成《汉书注》一百二十卷。颜师古的《汉书叙例》阐述了注解《汉书》的历史，说明了他注《汉书》的体例和要求，文末附录了注释诸家的名氏、爵里，是一篇关于史注的重要文献。颜师古的《汉书注》十分明确地注意到三个方面的问题。第一，是对旧注的处置：凡认为恰当可用者，"具而存之，以示不隐"；凡意有未伸者，"衍而通之，使皆备悉"；凡"越理乱真"者，则"匡而矫之，以去惑蔽"；凡"泛说"、"芜辞"，"徒为烦冗"者，一概不取；凡旧注阙漏者，则"普更详释，无不洽通"。第二，是对"六艺"之文的态度：不"追驳前贤"，也不"曲从后说"，而"各依本文，敷畅厥指"。第三，对原书纪传表志所记"时有不同"者，或"笔削未休，尚遗秕稗"，或"后人传授，先后错杂"，都"穷波讨源"，予以甄释。颜师古给自己提出的这些目标和要求，足以说明他的严谨和博洽。《汉书》颜注有两个特点，一是在字音、字义的注解上一丝不苟，功夫坚深；二是不脱离原著，"翼赞旧书，一遵轨辙，闭绝岐路"，反对注家"竞为该博，多引杂说，攻击本文"（均见《汉书叙例》）。史载：《汉书注》出，"大显于时"，时人称颜师古为"班孟坚忠臣"（《新唐书》卷一九八《颜师古传》）。《汉书》颜注是当时以注音、注义为重点的这一注史流派的最高成就。颜师古注《汉书》的同时，或稍在其后，唐人为《汉书》作注者，见于《新唐书·艺文志二》正史类著录的，还有刘伯庄、敬播、姚班、李善诸家。宋、明的《汉书》学侧重于校订。到清代，对《汉书》的释义又为学者们所重视。光绪二十六年（1900），王先谦（1842—1917）刊行了他撰的《汉书补注》一百二十卷，在当时可谓颜注之后的集大成者，成为研究《汉书》和《汉书》学以至研究西汉时期历史的必读之书。1962 年中华书局出版点校本《汉书》，因《补注》文字浩繁，仅析出颜注注文，按段落编于正文之后，如同点校本《史记》的三家注

一样。

　　《后汉书》行世后，至梁、陈、隋三朝，注家纷出，也出现了一个注解它的高潮。《隋书·经籍志》和《新唐书·艺文志》著录的注家有刘昭、刘熙、韦阐、臧竞（说者谓当作臧矜）、萧该，以及北魏刘芳。《梁书·文学上·吴均传》记吴均"注范晔《后汉书》九十卷"。唐高宗时，有章怀太子李贤（653—684）集众人注《后汉书》一百卷，有韦机作《后汉书音义》二十七卷（见《新唐书·艺文志二》）。刘昭在梁武帝时"集后汉同异以注范晔书，世称博悉"（《梁书·文学上·刘昭传》），这是《后汉书》较早的注。刘昭深感"范晔《后汉》，良诚跨众氏"，而惋惜于它的"序或未周，志遂全阙"。他根据范晔"遗书自序，应遍作诸志，《前汉》有者悉欲备制，卷中发论，以正得失"的撰述计划，"乃借旧志，注以补之"，"分为三十卷，以合范史"（《后汉书注补志序》）。他说的"旧志"，即司马彪《续汉书》志，上文已有说明。刘昭的《后汉书注》在两个方面是值得注意的，一是他作注的方法是"集后汉同异"以为注文，重在补充史事，所以注文往往长达数百字以至于上千字；二是他通过作注，把范晔《后汉书》纪、传同司马彪《续汉书》志结合起来，并成为后人所接受的事实，既成全了范书，又保存了司马彪的一部分撰述成果，可谓史学上的一段佳话。李贤注《后汉书》，同颜注《汉书》一样，重在训诂。他以太子身份，招集当时学者张大安、刘讷言、格希元等参与注释，参考前人《后汉书》注，以及以《东观汉记》、《续汉书》为主的诸家东汉史和其他经、史、地理、小学之书，以注《后汉书》纪、传，征引广博，训释简明，为世人所重。宋真宗乾兴元年（1022），李贤等所注《后汉书》纪、传与刘昭所注补的《后汉书》（实则《续汉书》）志由各自单行而合刻为一编，由此大致确定了《后汉书》注的面貌。北宋以下，注家甚少。然至清代，则有惠栋（1697—1758）作《后汉书补注》二十四卷于先，再有王先谦《后汉书集解》一百二十卷于后。《补注》是"补"李贤之"注"，多有进境；《集解》是合李、惠二注而复广征古说，以成"集解"，是为《后汉书》注的集大成者。不过有一点是应当注意的：刘昭注史，

重在采集同异即补充史事；李贤注史，重在训诂。二注相合，风格迥异。而惠栋《补注》，风格同于刘昭、异于李贤；王先谦再合之为《集解》，越发显示出注家旨趣上的差别，因而也就难免于庞杂了。1965年中华书局出版点校本《后汉书》，包含了范晔《后汉书》及李贤注、司马彪《续汉书》志及刘昭注，而对王先谦等人在注解和校订上成果也精心采摘，写入校勘记，以示不隐。

《三国志》的注，以南朝宋人裴松之（372—451）的《三国志注》一举而成名家，流传千余年不曾受到动摇。裴松之认为《三国志》"铨叙可观，事多审正"，是"近世之嘉史"，惋惜它"失在于略，时有所脱漏"，于是"采三国异同"为之作注。所注内容是："其寿所不载，事宜存录者，则无不毕取以补其阙。或同说一事，而辞有乖杂，或出事本异，疑不能判，并皆抄内，以备异闻。若乃纰缪显然，有不附理，则随 违矫正，以惩其妄。其时事当否，及寿之小失，颇以愚意，有所论辩。"（裴松之《上三国志注表》）这是裴松之作注的宗旨和方法。从"补其阙"、"备异闻"、"惩其妄"、"有所论辩"来看，裴注的内容很丰富，而着眼点在于对文献的搜求和史事的补充，即"务在周悉，上搜旧闻，旁摭遗逸"。因此，裴注的价值主要在于从文献上补充了《三国志》的记述。第一，裴注征引文献，大多略具首尾，内容比较完整，确可起到丰赡原书的作用，而其所补充的文献有的是很重要的。如《三国志•魏书•武帝纪》建安元年下补充有关曹操兴屯田事，建安九年下补充曹操改革租赋制度事，同书《文纪纪》于汉献帝禅位诏册之下注引《献帝传》七千余字以为"补阙"等等。第二，引书文博。清人赵翼列举裴注引书有一百五十余种（见《二十二史札记》卷六《裴松之〈三国志注〉》条。原文说是五十余种，误，据王树民校证本改），而实际上它的引书多达二百一十种（见王仲荦《魏晋南北朝史》下册，第887页，上海人民出版社1980年出版），总计有三十二万多字，约占原书正文的九分之八（参见王廷洽、崔曙庭文，分载《上海师院学报》1983年第四期、《古籍整理研究学刊》1985年第三期、《华中师范大学学报》1990年第二期），可见其保存文献的丰

富。第三，裴注所引魏晋人的著作，今已十不存一，这使它同《三国志》正文一样，已成为今人认识和研究三国时期历史必不可少的历史文献。过去曾有人以裴注来贬低陈书，也有人说裴注"皆寿书之弃余"（叶适《习学记言序目》卷二八），这两种认识都失于片面。《三国志》和裴注是名作同名注的关系，它们互相依存，相得益彰。如果说《汉书》颜师古注代表了以训释音义为主注史流派的突出成就，那么《三国志》裴注则是开创了以补充史事为主注史流派的先河。在裴松之后，有卢宗道（疑为北齐人）作《魏志音义》一卷（见《隋书·经籍志二》正史类），是关于《三国志·魏书》的注释，此外罕有注家。清人在《三国志注》的基础上，又做了许多补注、补义、证遗的工作，其中有：杭世骏、侯康、沈钦韩各撰的同名书《三国志补注》，赵一清撰的《三国志注补》，康发祥撰的《三国志补义》，周寿昌撰的《三国志注证遗》，林国赞撰的《三国志裴注述》等，它们对阅读和研究《三国志》及其裴注，都各有不同的参考价值。

《晋书》撰成于唐贞观二十二年（648），到了玄宗开元二十年（732），有高希峤作《晋书注》一百三十卷；又有何超作《晋书音义》三卷（《新唐书·艺文志二》正史类）。前者已佚；后者今存，卷上为纪、志部分，卷中为传上，卷下为传下、载记。1974 年中华书局出版点校本《晋书》，将《晋书音义》附于书后，既便于阅读《晋书》时参考，又可窥《音义》原貌。清人吴仕鉴、刘承干所作《晋书斠注》一百三十卷，征引资料丰富，注例清晰，足资参考。欧阳修所撰《新五代史》，以及他与宋祁等所撰《新唐书》，在宋代都有人为之作注。李绘的《补注唐书》二百二十五卷，已佚。徐无党（？—1086）的《新五代史注》（又名《五代史记注》）七十四卷，重在阐明原书义例。清人彭元瑞（1731—1803）在徐注的基础上作《新五代史补注》（又名《五代史记补注》）七十四卷，以《旧五代史》、《五代会要》、《册府元龟》等及宋人文集凡二百余种为依据，以注《新五代史》。因有徐注在先，故称"补注"，注稿大部为其门人刘凤诰所完成，有嘉庆十六年（1811）刊本。《晋书斠注》和《新五代史补注》都是仿《三国志》裴注

体而作,但它们在文献价值上则远不如后者重要。

近年以来,有些研究者尝试着用现代语言和新的认识为"前四史"作"今注",这是一项艰难的、有意义的工作,希望能不断取得成功。当然,作为历史文献来看,诸史旧注是史学遗产的一个部分,从一个方面反映了史学发展的轨迹,从这个意义上说,它们仍然保持着自己的生命力。

二十六史的流传和版本,除《明史》、《新元史》、《清史稿》成书于清代和民国年间,时代未远,比较简单,其他各史都有复杂、纷繁的历史。如上文讲到,今天我们见到的《旧五代史》,是清代四库馆臣从《永乐大典》中辑出,并以《册府元龟》等书所存佚文作补充而"复原"的,便是突出的一例。又如李延寿《南史》、《北史》行世后,流传之广超过"八书",后者乃出现散佚、残缺的情况,其中以《魏书》、《北齐书》最为突出。北宋校刻时,《魏书》全阙二十六卷、史文不全者三卷;《北齐书》只剩下原文十七卷,阙三十三卷。所缺部分,人们反以《北史》等书及唐人史钞、史目补缺、编次,用以"复原"。从这两个例子,可以大致看到二十六史中许多史书在流传过程中其抄本、刻本的复杂情况,而对每一部分的流传及其不同本子的了解、比较和研究,非专门之学不能尽其详,当非夸大之辞。在这方面,中华书局出版的《二十四史》点校本和《清史稿》标点本,在其"出版说明"中都有简明的叙述,具有很高的参考价值。

大致说来,所谓"版本"问题,是北宋雕板印书盛行之后才产生的。宋人尊十七史,但宋刻十七史各种刊本因年代久远已不齐全,且残缺颇多,而幸存的都是极珍贵的善本了。元成宗大德年间(1297—1307)也刊刻了历代正史,各路所用版式并不一致,幸存者也是弥足珍贵的善本了。明代尊二十一史,且南北二京的国子监都有刻本行世,是为"南监本"、"北监本"二十一史,它们流传比较广泛。清皇朝在武英殿设置刻印书籍的机构,乾隆年间"钦定"的《二十四史》即于武英殿刊印,是为"殿本"《二十四史》,代表了官方刻书的质量,成为清代最有影响的版本。清末,金陵、淮南、浙江、江

苏、湖北五个书局刻印的《二十四史》,是清代第二个《二十四史》版本,称作"局本"。本世纪以来,又有两种有影响的《二十四史》版本问世。一是商务印书馆影印的"百衲本",一是中华书局的点校本。《百衲本二十四史》是精选历代善本配补、汇合而成,使读者得以一览诸家善本的风采,有很高的文献学价值。点校本《二十四史》是我国古籍整理工作的一项宏伟工程,它集中了一大批学术造诣很高的史学工作者,从 1959 年起至 1978 年止,历时二十年而成。它有几个突出的优点:第一,在底本的选择上,它借鉴了百衲本的成果而又有广阔的视野,以尽可能做到准确、完善为追求的目标。第二,博采诸本之长为之校勘,务使择善而从,从而纠正了旧本中存在的讹误、脱漏、衍文、倒置等许多错误。第三,除《史记》外各史都附有详细的校勘记,说明了新本的种种根据,也反映了古人和近人在注释、考订方面的许多成果。第四,它的各史的"出版说明"概述了本书撰写过程、流传情况、版本种类和有关的研究著作,以及新本之所由来,使读者得以大致了解本书的历史。第五,它对旧本作了分段、标点,在表现形式上面貌一新,便利了阅读和使用。要之,点校本这些长处,使它成为《二十四史》之目前的最佳版本,为中外广大读者和史学工作者所欢迎。

《新元史》除有天津徐氏退耕堂本,还有开明书店《二十五史》本、中国书店木版印刷本。《清史稿》印出后,一部分运到东北发行,经办人金梁对原稿私自做了改动,是为"关外一次本"。清史馆的人不同意金梁的改动,便对北京的存书也做了一些抽换,是为"关内本"。此后东北曾重印《清史稿》,内容又有所改动,是为"关外二次本"。中华书局出版的《清史稿》标点本,以"关外二次本"为工作本,凡三本的篇目、内容不同的地方,都有附注,录出异文,以资读者参考。因此,这个本子实际上是包含了三种本子的面貌。

# 考订与补作

　　自从三国蜀人谯周（约 201—270）撰《古史考》，依据古代典籍纠正《史记》的错误，历代学者都有关于正史之考订的论著。其中颇多名篇名著，如刘知几《史通·汉书五行志错误》，宋刘敞、刘攽、刘世奉《三刘汉书标注》，和吴缜《新唐书纠谬》、《五代史记纂误》，以及吴仁杰《两汉刊误补遗》等。此类著作，在明清时期愈来愈多，难以枚举。《新元史》行世后，1937 年陈叔陶发表《新元史本证》一文，胪列其自相矛盾者数百处。关于《清史稿》订误的工作，近年亦为清史研究者所重视。1973 年，长沙马王堆三号汉墓出土的帛书之一《战国纵横家书》，其中有十六章不见于《战国策》和《史记》，它丰富了《战国策》的内容，也对订正和补充《史记》所记战国有关史事有一定的价值。1985 年，周一良教授出版了《魏晋南北朝史札记》，分别就《三国志》、《晋书》和“八书”、“二史”等十二部正史提出了许多考订及议论方面的见解，凡三百四十余事。这些事实表明，关于对二十六史的考订，依然是一种有生命力的学术工作。

　　在众多的考订著作中，清代乾嘉时期的王鸣盛（1722－1797）的《十七史商榷》、赵翼（1727－1814）的《二十二史札记》、钱大昕（1728－1804）的《二十二史考异》，是三部考订历代正史的专门著作，有很高的史学成就和广泛的学术影响。这三位作者是“乾嘉学派”历史考证的代表人物，他们考史的宗旨，可以用钱大昕说的一段话来概括：“史非一家之书，实千载之书。袪其疑，乃能坚其信；指其瑕，益以见其美”，“惟有实事求是，护惜古人之苦之，可与海内共白”（《二十二史考异序》）。

　　《十七史商榷》一百卷，撰成于乾隆五十二年（1787）。作者在序中写道：“十七史者，上起《史记》，下讫《五代史》，宋时尝汇而刻之者也。商榷者，商度而扬榷之也。海虞毛晋汲古阁所刻行世已久，

而从未有全校之一周者。予为改讹文、补脱文、去衍文，又取其中典制、事迹，铨解蒙滞，审核謷驳，以成是书，故名曰商榷也。"这是阐明了本书考订的范围和方法。序文还说："作史者之所纪录，读史者之所考核，总期于能得其实焉而已矣，外此又何多求邪！"本书所"商榷"的，除"十七史"外还包括《旧唐书》和《旧五代史》，实为十九史。它在考证上的成就，一是关于史书文字的考订，一是关于历史事实的考订。在历史事实的考订上，以典制和事迹为重点，其中又以典制为王，而尤精于地理和职官的考证。如卷十八至卷二十一，以四卷的篇幅讨论《汉书》所记地理问题，卷七十八至卷八十一，以四卷的篇幅讨论唐代的地理与官制，都有精到的见解。王鸣盛在序中表明他不赞成议论、褒贬这些"虚文"，只求"得其实"。实际上他对史事和史学却也有不少评论，而于史学方面的评论更能反映出他的学术见解。他在不少地方推崇马、班、陈、范四史，对魏收《魏书》被称为"秽史"持不同看法，认为"魏收手笔虽不高，亦未见必出诸史之下"（卷六五），认为《新唐书》帝纪"太简"（卷七○），而吴缜《新唐书纠谬》"其指摘却亦有精当处"（卷六九）。这都是很有见地的。他对《南史》、《北史》有十分激烈的批评，甚至认为李延寿是"信手涂抹"的"妄人"（卷六六、六八），这显然是言过其"实"了。王鸣盛的议论比之于赵翼，要显得逊色。

　　《二十二史札记》三十六卷、补遗一卷，撰成于乾隆六十年（1795）。它所考订的，上起《史记》，下迄《明史》，包括全部《二十四史》。因始撰时《旧唐书》、《旧五代史》尚未正式列为正史，故名"二十二史"。作者在本书小引中阐明他的考证方法是："此编多就正史纪、传、表、志中参互校勘，其有抵牾处，自见辄摘出"。同时，又表明了他对于历史评论的兴趣："至古今风会之递变，政事之屡更，有关于治乱兴衰之故者，亦随所见附著之。"同是考史，但他在学术旨趣上跟王鸣盛之视议论为"虚文"，则有明显的区别。大致说来，此书于每一史，先考史法，次论史事。如起首三卷是关于《史记》和《汉书》：从卷一的《司马迁作史年岁》条起，至卷二的《汉书武帝纪赞不

言武功》条止，主要是考史法；自卷二的《汉帝多自立庙》条起，至卷三结末的《王莽引经义以文其奸》条，主要是论史事。以下关于诸史各卷，皆依此例。赵翼对《二十四史》的考订，重点不在于文字的校勘，而在于史书所记内容的异同与得失，反映也他"贯串全史"的见识。《二十二史札记》关于史事的评论包含了许多重要见解，如其论汉初布衣将相之局，武帝三大将皆由女宠（卷二），汉使立功绝域、武帝刑罚之滥、两汉外戚之祸（卷三），宦官之害民（卷五），六朝清谈之习、南朝多有寒人掌机要（卷八），宋齐多荒主（卷一一），江左世族无功臣（卷一二），魏孝文帝文学（卷一四），贞观中直谏不止魏徵、武后纳谏知人、唐代宦官之祸、中官出使及监军之弊、方镇骄兵、闲架除陌宫市五坊小使之病民（卷一九、二〇）等，都是历史上的重大问题，对后人研究历史多有启发。它关于史学的评论，善于运用比较方法，持论允当。如：类似"《史》、《汉》互有得失"（卷一）这样的评论，全书颇多发挥。又如所论《宋、齐书》带叙法、《齐书》类叙法最善、《南史》仿陈寿《三国志》体例、《南、北史》子孙附传之例（卷九、一〇），《新五代史》书法谨严（卷二一），《宋史》事最详（卷二三），《辽史》立表最善（卷二七），《明史》立传多存大体（卷三一）等，都是比较重要的史学见解。赵翼的评论，"不蹈袭前人，亦不有心立异"（钱大昕《二十二史札记》序），反映了作者治史的特点和学风。《二十二史札记》同《十七史商榷》，常以诸史交叉、比较进行考订，而《二十二史考异》则采取逐史考订的方法，与它们有所区别。

　　《二十二史考异》一百卷，定稿于乾隆四十五年（1780）。它所考诸史包括：《史记》五卷，《汉书》四卷，《后汉书》三卷，《续汉书》二卷，《三国志》三卷，《晋书》五卷，《宋书》二卷，《南齐书》、《梁书》、《陈书》各一卷，《魏书》三卷，《北齐书》、《周书》各一卷，《隋书》二卷，《南史》、《北史》各三卷，《唐书》十六卷，《旧唐书》四卷，《五代史》六卷，《宋史》十六卷，《辽史》一卷，《金史》二卷，《元史》十五卷。其中，不包括《旧五代史》和《明史》。目录和正文，都将《后汉书》和《续汉书》单独成卷，故有二十三史之数，实则仍是二十二史。其中，

作者以对《唐书》(《新唐书》)、《宋史》、《元史》用力最多。作者自序说:"二十二家之书,文字烦多,义例纷纠,舆地则今昔异名,侨置殊所;职官则沿革迭代,冗要逐时,欲其条理贯串,了如指掌,良非易事。以予伫劣,敢云有得?但涉猎既久,启悟遂多"。从这些话里,可见《考异》重在文字、义例和地理、职官沿革等方面。《考异》的撰写形式,首先是开列所考史书的篇名,其次抄出所考之事的史文,最后是写出订正文字。其考订文字,少者仅数字,多者可达一千余字。它的突出成就,在于一一考订了诸史的志、表。全书一百卷,有三分之一是关于志、表的考订。其中,《唐书》、《宋史》各占七卷,《元史》占五卷。关于《魏书》的考订凡三卷,有二卷是考订它的诸志。作者关于各史的天文、律历、地理、职官、艺文等志的考订,用力尤多,价值也最高,是《十七史商榷》、《二十二史札记》所不及的。书中的《元史考异》部分,对后来蒙元史的研究有很大影响。阮元论钱大昕学术有"九难",第四至第八是:"先生于正史、杂史,无不寻讨,订千年未正之讹,此人所难能四也。先生精通天算,三统上下,无不推而明之,此人所难能五也。先生校正地志,于天下古今沿革分合,无不考而明之,此人所难能六也。先生于六书音韵,观其会通,得古人声音、文字之本,此人所难能七也。先生于金石无不编录,于官制史事考核尤精,此人所难能八也。"(《十驾斋养心录》序)这些,都贯穿于《考异》之中。

王鸣盛、赵翼、钱大昕的这三部考史著作,不仅对《二十四史》的考订和评论有重要的学术价值,而且他们作为乾嘉时期考史学派的代表人物,其学术成果比西方的历史考证学派早出约七十至九十年,他们的这一历史地位也是应当受到重视的。

当《二十四史》这一煌煌巨制呈现在学者们面前的时候,人们惊叹之余,也会产生一种缺憾。这是因为,《二十四史》虽然都是纪传体史书,但其中兼具纪、表、志、传的只是一部分,另一部分则只有纪、志、传,有的则只有纪、传,这是一种情况。还有一种情况是,后史表、志的立目往往异于前史,或前史有而后史无,或后史有而

前史无。这两种情况都有碍于《二十四史》所记史事的贯通，尤其有
碍于对历代典制的贯通。南朝史家江淹说："修史之难，无出于志。"
《二十四史》留给后人的这个"缺憾"，证明江淹的说法是有一定道
理的。因此，为《二十四史》补作作缺表、志，就成了清代以来史学家
们的一个重要的学术工作。清人补作热忱之高，撰述成果之丰，实
在是空前的，其影响所及直至近代。本世纪三十年代，"二十五史刊
行委员会"汇集清人及近人之补作，兼及对表、志校正、考订之作，
凡二百四十余种（旧刊本约一百八十种，稿本约六十种），编为《二
十五史补编》，于 1936 年由上海开明书店出版。因意在与《二十五
史》相辅而行，故称"补编"。全书大致按补作、校正、考订之史编次：
《史记》部分八种，《汉书》部分二十八种，《后汉书》部分二十七种，
《三国志》部分二十种，《晋书》部分四十五种，《宋书》部分九种，《晋
书》部分四十五种，《宋书》部分九种，《南齐书》部分四种，《梁书》部
分三种，《隋书》部分三种，《魏书》部分十二种，《北齐书》部分三种，
《周书》部分三种，《隋书》部分七种，《南、北史》部分七种，两《唐书》
部分十四种，两《五代史》部分十六种，《宋史》部分七种，《辽史》部
分九种，《金史》部分六种，《元史》部分五种，宋、辽、金、元四史部分
三种，《明史》部分六种。不论是补作、校正、考订，都有不少很有价
值的撰述，如孙星衍撰《史记天官书补目》、梁玉绳撰《汉书古今人
表考》、钱文子撰《补汉兵志》、钱大昭撰《后汉书补表》、章宗源撰
《隋书经籍志考证》、姚振宗撰《隋书经籍志考证》、汪士铎撰《南北
史补志》、吴廷燮撰《唐方镇年表》、缪荃孙撰《辽艺文志》、钱大昕撰
《元史氏族表》、《补元史艺文志》、吴廷燮撰《明督抚年表》、万斯同
撰《历代史表》等，受到学术界的重视。顾颉刚先生为本书写了序，
他在序文结尾处特别强调了《二十五史》与《补编》对于撰写新的中
国通史的重要。他写道："我们倘有志于是，必将对于《二十五史》与
此《补编》思所以尽量使用之术，且汰之存之，使无一字之虚滥，而
于向日被屏于历史范围以外之材料及地下新发得之材料则以新方
法比次之，新眼光判断之，俾与旧有史书之汰存者融而为一。分途

并进,锲而不舍,数十年后必可为中国史学放一异彩,通史之出现乃有期也。"由此可以看出他对于《补编》之价值的评价。他还提出,这样的工作不当以《二十五史》为限,认为《清史稿》中的《艺文》、《邦交》、《食货》等志,"在在皆可补订"。又说:"以今日去清之近,直接史料保存之多,采铜于山,固不容异世之学者强而任之耳。"这些话,都反映出了他的面向未来之史学的卓识。顾颉刚在六七十年代又主持《二十四史》点校工作。他是一位同《二十四史》、《二十五史》、《二十五史补编》以及关于《清史稿》的补订的设想有密切关系的史学大师,值得史学界永远纪念。近闻史学界同仁有裒辑《续二十五史补编》的筹划,这是令人兴奋的消息,希望这个设想早日实现。

关于二十六史的研究,是一个恢弘的领域。中华书局出版的《二十四史研究资料丛刊》,对于发掘、整理前人的研究成果,是一件很有意义的工作。本世纪以来,尤其是本世纪五十年代以来,人们对二十六史的研究已不限于历史文献学的范围,而是越来越重视从史学发展的历史上去研究它们、评论它们。对于这方面研究成果的搜集、整理,势必也将提到日程上来,这将有助于人们深化对它们的认识,更好地发挥它们在当代史学发展和社会生活中的积极作用。

# 中国历史事实之所荟萃

《二十四史》在中国封建社会中被尊为"正史",地位之高,自不待言。它们是那个时代的产物,也为那个时代所需要。

近代以来,人们对《二十四史》的价值的认识,有一个发展过程。1902年,梁启超发表《新史学》一文,他在讲到"中国之旧史"时认为:"《二十四史》非史也,二十四姓之家谱而已。其言似稍过当,

然按之作史者之精神，其实际固不诬也。"又说："昔人谓《左传》为相斫书，岂惟《左传》，若《二十四史》，真可谓地球上空前绝后之一大相斫书也。"于是，《二十四史》是皇帝"家谱"、是"相斫书"，一时成为很时髦的说法。可是，到了二十年代，梁启超本人已不再坚持这种说法了。这种看法甚至也曾经影响过鲁迅，不过鲁迅很快就放弃了它。他在《华盖集·忽然想到》之四中写道："先前，听到二十四史不过是'相斫书'，是'独夫的家谱'一类的话，便以为诚然。后来自己看起来，明白了：何尝如此。"他认为："历史上都写着中国的灵魂，指示着将来的命运，只因为涂饰太厚，废话太多，所以很不容易察出底细来。"（《鲁迅全集》第三卷，第一七页）可见，鲁迅对《二十四史》有一种辩证的认识。这种认识，着眼于对历史本身的价值和历史发展前途的估量。1935 年，顾颉刚在《二十五史补编》序中指出："《二十五史》为中国历史事实之所荟萃"。这是从史学的最基本的方面肯定了《二十五史》的历史价值。

　　诚然，在客观历史和历史撰述之间，还有史学家的作用，这主要是他们认识历史和表述历史的能力在反映历史面貌、历史进程方面的作用。由于时代的局限，史家（包括史官）的认识能力和历史观点不能不带着时代的特点和印记；由于社会环境（如政治环境、学术环境等）的影响，也会在史家的历史撰述上产生这样那样的反映；由于史家个人的综合素养的不同，即使处于同一时代，他们的历史撰述，也必然存在着种种差别。这是中国史学上的普遍现象，甚至可以认为是反映了史学发展若干规律的现象，《二十四史》及其作者固不能例外，就是产生于近代的《新元史》、《清史稿》和它们的作者也是如此。对此，都可以用历史唯物主义的观点给以恰当的说明。这是一方面。另一方面，中国史学在长期的发展中形成了一些优良传统，这些优良传统又反转过来促进了史学的发展。一般说来，历代正史的撰述也反映了史学发展中的这种辩证关系。中国史学遗产极为丰富，中国史学也有多种多样的表现形态，而从反映历史面貌和历史进程来看，历代正史乃是最基本的历史文献。它们能

够成为"中国历史事实之所荟萃",原因是多方面的。其中有两个原因,或者说有两个方面的优良的史学传统是尤其值得重视的。第一,历代皇朝和众多史家都十分重视总结历史上的治乱盛衰的面貌及其变化,总结人们在历史活动中的得失成败及其缘由,认为这种对于历史的总结总是具有重要的现实意义。因此,尽管人们的出发点或直接动机不尽相同,但在要求写出历史上的治乱盛衰、得失成败的真相,不使其"湮没",却是基本的共识。作为《二十四史》之首的《史记》,被后人称誉是"其文直,其事核,不虚美,不隐恶,故谓之实录。"(《汉书·司马迁传》后论)《史记》的成就以及人们对它的高度评价,对历代正史撰述产生了深远的影响。第二,春秋时期的史官董狐、南史、齐太史秉笔直书、"书法不隐"的精神,成为史家记事、撰述的楷模,历来备受推崇。尽管中国史学上存在着曲笔作史的现象,但曲笔总是受到抵制、唾弃和后人的修正。我们之所以知道曲笔的存在,在很大程度上就是因为它不断受到人们的揭露;而曲笔的不断受到揭露,正反衬出秉笔直书精神的长久的生命力。《二十四史》中是存在着曲笔的,如:过分夸大前朝的"失德"和本朝的"功业",以堂皇的诏书、表文来描述皇朝更迭之际的尖锐的政治斗争,因时讳而隐去若干重大史事或曲解此类史事的真相等。这是毋庸讳言的。但是,从大量的或基本的记述来看,秉笔直书还是占着主导地位,写出某个皇朝的基本事实仍是正史的主要方面。一个典型的实例是欧阳修以《春秋》褒贬之义撰述了《新五代史》和《新唐书》,时人吴缜对它们有激烈的批评,写了《新唐书纠谬》和《五代史记纂误》,所指摘的谬误也确有合理之处;即使如此,后者也不可能从根本上改变前者所记述的唐史和五代史的基本面貌。再一个典型的实例是关于《魏书》的争论。从李百药、刘知几、曾巩到章学诚、赵翼,都认定《魏书》是"秽史";而李延寿则称赞魏收"追踪班、马",王鸣盛认为《魏书》"未见必出诸史之下",指出千载而下,诸家魏史尽亡而魏收之书"岿然独存",说明它是经得起历史检验的(《十七史商榷》卷六五)。总之,对于这两个方面问题的理论分析和

具体考察,有助于我们从理性上来论定历代正史的价值,在指出它们的消极因素的同时,真正看到它们确是"中国历史事实之所荟萃",是反映中国历史面貌的最重要的文献。

历代正史能够成为"中国历史事实之所荟萃",这跟它们采用纪传体表现形式也有很大关系。纪传体是纪、表、志、传体的简称,它本是多种体裁结合的综合体,具有容纳整体的历史表述的特点。纪,记政治、军事大事;表,是对纪的补充且有表现历史进程之阶段性的作用;志,记天文、地理、自然现象、文献积累和各种制度及其所反映的社会面貌;传,记各方面人物的活动、事迹及民族和外域情况。这里说的整体的历史表述,一是指纪、表、志、传所包含的诸多方面,一是指它们在同一部史书中的互相配合。完整的纪传体史书,可以看作是包含有丰富内容和生动表述的"百科全书"。由于中国历史上很早就形成了撰写前朝史的传统,故历代正史前后相衔,浑然成一整体,反映了中华民族连续不断的文明发展进程和上下五千年历史面貌。它们是中国历史文化遗产的宝藏,也是世界历史文化遗产的瑰宝。

《百衲本二十四史》保存了一些"正史"刻本的原貌及其特点和优点,为使其有更广泛的流传,使史学遗产在现代化建设中发挥更大的积极作用,吉林人民出版社据商务印书馆影印本分段、标点,并改成简化字横排版式,又对《新元史》、《清史稿》作相应处置,收入本书,合为二十六史,一并出版,以便于广大读者阅读、使用。

吉林人民出版社于1993年出版的《二十六史大辞典》,得到了社会各界的好评,它是帮助读者阅读、使用本书的极好的工具书。二书相辅而行,方便学人,亦可谓学术界、出版界的一件盛事。

1996年1月
记于北京师范大学史学研究所

〔作者附记：这篇《导论》，原收在《二十六史大辞典》。现根据出版者的建议，略作修改，收入本书卷首，仍名《导论》。博士研究生江湄同学协助我校阅了原稿，谨此说明，以志谢忱。〕

# 凡　例

　　一、本书是《史记》、《汉书》、《后汉书》、《三国志》、《晋书》、《宋书》、《南齐书》、《梁书》、《陈书》、《魏书》、《北齐书》、《周书》、《隋书》、《南史》、《北史》、《旧唐书》、《新唐书》、《旧五代史》、《新五代史》、《宋史》、《辽史》、《金史》、《元史》、《新元史》、《明史》、《清史稿》二十六种纪传体历史文献的横排简体字版汇刊本。

　　二、本书以 1936 年上海涵芬楼影印百衲本《二十四史》、1922年天津退耕堂刻本《新元史》、关外二次本《清史稿》为底本。

　　三、此次汇刊，编纂工作包括标点、正字和整理顺序。校勘工作日后进行。

　　四、底本各书原有《进书表》、《序》、《跋》等均按序编入第一册；为便于检索查阅，除各书均以本书目录置于正文之前外，第一册亦按序收入各书目录。

　　五、因各书目录体例不一，加以重新整理，以大致统一为限。

　　六、百衲本《明史》原附有清人王颂蔚《明史考证攟逸》吴兴嘉业堂刻本，因事关校勘，不在汇刊之列。

　　七、本书用字以简体字形替代底本繁体字形。正字以忠实底本、规范、避免歧义为原则。

　　八、本书使用简体字形根据 1988 年国家语言文字工作委员会、国家新闻出版署联合发布《现代汉语通用字表》，1986 年中国

文字改革委员会修订《简化字总表》；参照商务印书馆《辞源》编入《繁简字对照表》执行。

九、本书整理异体字形根据 1955 年文化部、中国文字改革委员会联合发布《第一批异体字整理表》，参照汉语大字典编辑委员会编《异体字表》执行。

十、本书处理通假字形仅用简体字形替代繁体字形，借字不改本字；参照汉语大字典编辑委员会编《通假字表》执行。

十一、本书处理古今字形办法参照处理通假字形原则办理。

十二、本书处理俗体字形办法参照处理异体字形原则办理。

十三、本书人名、地名、器物名称、制度专有名辞中改为规范简体字形容易引起歧义的异体字形、俗体字形、古体字形，仍从其旧。

十四、《史记》、《汉书》、《后汉书》、《三国志》中注家系有音训解诂注文的字形，仍从其旧。

十五、本书少数专有名辞所用规范繁体字形，虽有对应简体字形，但在《辞海》等书中仍然使用繁体字形并且已经约定俗成公众沿用者，仍从其旧。

十六、本书底本凡避讳缺笔字形，均补足笔画或改为相应简体字形。

十七、本书底本凡笔画小误，字书所无，显系手民误刻或版榘漫漶字形，以及日曰淆舛，己巳混同字形，迳行改正，但不作为校勘。

十八、本书使用标点符号根据 1990 年国家语言文字工作委员会、国家新闻出版署联合发布《标点符号用法》，参照古籍整理排印通例执行。

十九、本书句号、逗号、分号、问号、叹号、冒号、引号用法遵从规定与通例。

二十、本书顿号用法遵从规定，用于容易引起误解的并列名词之间；已经习惯连称并在一般读者中不致引起误解的并列名词之间，不用顿号。

　　二十一、本书书名号用于书名、篇名、歌舞曲名的全称、简称、通称、异称。

　　二十二、本书不使用专名号、破折号、着重号等。

　　二十三、本书凡底本墨围均不加添改，仍从其旧。

　　二十四、本书凡以横排版式替代竖排版式后有碍阅读者，以及各书同一体裁但格式各异者，均作相应整理。

# 史　　记

补史记

本纪

   三皇 ················· 1

史记卷一

本纪第一

   五帝 ················· 5

史记卷二

本纪第二

   夏················· 40

史记卷三

本纪第三

   殷················· 69

史记卷四

本纪第四

   周················· 83

史记卷五

本纪第五

   秦 ················· 127

史记卷六

本纪第六

   秦始皇 ················· 164

史记卷七

本纪第七

   项羽 ················· 213

史记卷八

本纪第八

   高祖 ················· 244

史记卷九

本纪第九

   吕太后 ················· 280

史记卷一〇

本纪第一〇

   孝文 ················· 292

史记卷一一

本纪第一一

   孝景 ················· 309

史记卷一二

本纪第一二

　孝武 …………………… 317
史记卷一三
世表第一
　三代 …………………… 341
史记卷一四
年表第二
　十二诸侯 ……………… 354
史记卷一五
年表第三
　六国 …………………… 479
史记卷一六
月表第四
　秦楚之际 ……………… 544
史记卷一七
年表第五
　汉兴以来诸侯王 ……… 588
史记卷一八
年表第六
　高祖功臣侯 …………… 662
史记卷一九
年表第七
　惠景间侯者 …………… 767
史记卷二〇
年表第八
　建元以来侯者 ………… 810
史记卷二一
年表第九
　建元已来王子侯者 …… 853
史记卷二二

年表第一〇
　汉兴以来将相名臣 …… 892
史记卷二三
书第一
　礼 ……………………… 927
史记卷二四
书第二
　乐 ……………………… 940
史记卷二五
书第三
　律 ……………………… 983
史记卷二六
书第四
　历 ……………………… 994
史记卷二七
书第五
　天官 ………………… 1014
史记卷二八
书第六
　封禅 ………………… 1059
史记卷二九
书第七
　河渠 ………………… 1092
史记卷三〇
书第八
　平准 ………………… 1100
史记卷三一
世家第一
　吴太伯 ……………… 1118

史记卷三二
世家第二
　齐太公……………………… 1140
史记卷三三
世家第三
　鲁周公……………………… 1164
史记卷三四
世家第四
　燕召公……………………… 1186
史记卷三五
世家第五
　管蔡………………………… 1196
史记卷三六
世家第六
　陈杞………………………… 1204
史记卷三七
世家第七
　卫康叔……………………… 1213
史记卷三八
世家第八
　宋微子……………………… 1224
史记卷三九
世家第九
　晋…………………………… 1242
史记卷四〇
世家第一〇
　楚…………………………… 1276
史记卷四一
世家第一一

越王勾践……………………… 1308
史记卷四二
世家第一二
　郑…………………………… 1320
史记卷四三
世家第一三
　赵…………………………… 1334
史记卷四四
世家第一四
　魏…………………………… 1371
史记卷四五
世家第一五
　韩…………………………… 1391
史记卷四六
世家第一六
　田敬仲完…………………… 1401
史记卷四七
世家第一七
　孔子………………………… 1418
史记卷四八
世家第一八
　陈涉………………………… 1447
史记卷四九
世家第一九
　外戚………………………… 1458
史记卷五〇
世家第二〇
　楚元王……………………… 1471
史记卷五一

世家第二一

　荆燕……………………… 1474

史记卷五二

世家第二二

　齐悼惠王………………… 1478

史记卷五三

世家第二三

　萧相国…………………… 1487

史记卷五四

世家第二四

　曹相国…………………… 1492

史记卷五五

世家第二五

　留侯……………………… 1500

史记卷五六

世家第二六

　陈丞相…………………… 1511

史记卷五七

世家第二七

　绛侯周勃………………… 1519

史记卷五八

世家第二八

　梁孝王…………………… 1531

史记卷五九

世家第二九

　五宗……………………… 1540

史记卷六○

世家第三○

　三王……………………… 1549

史记卷六一

列传第一

　伯夷……………………… 1560

史记卷六二

列传第二

　管晏……………………… 1567

史记卷六三

列传第三

　老子韩非………………… 1572

史记卷六四

列传第四

　司马穰苴………………… 1584

史记卷六五

列传第五

　孙子吴起………………… 1587

史记卷六六

列传第六

　伍子胥…………………… 1593

史记卷六七

列传第七

　仲尼弟子………………… 1602

史记卷六八

列传第八

　商君……………………… 1627

史记卷六九

列传第九

　苏秦……………………… 1636

史记卷七○

列传第一○

张仪…………………… 1661

史记卷七一

列传第一一

　樗里子甘茂…………… 1678

史记卷七二

列传第一二

　穰侯………………… 1688

史记卷七三

列传第一三

　白起王翦…………… 1693

史记卷七四

列传第一四

　孟子荀卿…………… 1701

史记卷七五

列传第一五

　孟尝君……………… 1707

史记卷七六

列传第一六

　平原君虞卿………… 1716

史记卷七七

列传第一七

　魏公子……………… 1724

史记卷七八

列传第一八

　春申君……………… 1730

史记卷七九

列传第一九

　范睢蔡泽…………… 1739

史记卷八〇

列传第二〇

　乐毅………………… 1756

史记卷八一

列传第二一

　廉颇蔺相如………… 1763

史记卷八二

列传第二二

　田单………………… 1772

史记卷八三

列传第二三

　鲁仲连邹阳………… 1776

史记卷八四

列传第二四

　屈原贾生…………… 1790

史记卷八五

列传第二五

　吕不韦……………… 1806

史记卷八六

列传第二六

　刺客………………… 1813

史记卷八七

列传第二七

　李斯………………… 1829

史记卷八八

列传第二八

　蒙恬………………… 1846

史记卷八九

列传第二九

　张耳陈余…………… 1850

史记卷九〇

列传第三〇

　魏豹彭越…………… 1861

史记卷九一

列传第三一

　黥布………………… 1866

史记卷九二

列传第三二

　淮阴侯……………… 1874

史记卷九三

列传第三三

　韩信卢绾…………… 1888

史记卷九四

列传第三四

　田儋………………… 1896

史记卷九五

列传第三五

　樊郦滕灌…………… 1901

史记卷九六

列传第三六

　张丞相……………… 1916

史记卷九七

列传第三七

　郦生陆贾…………… 1926

史记卷九八

列传第三八

　傅靳蒯成…………… 1936

史记卷九九

列传第三九

刘敬叔孙通………… 1941

史记卷一〇〇

列传第四〇

　季布栾布…………… 1949

史记卷一〇一

列传第四一

　袁盎晁错…………… 1954

史记卷一〇二

列传第四二

　张释之冯唐………… 1962

史记卷一〇三

列传第四三

　万石张叔…………… 1969

史记卷一〇四

列传第四四

　田叔………………… 1977

史记卷一〇五

列传第四五

　扁鹊仓公…………… 1983

史记卷一〇六

列传第四六

　吴王濞……………… 2008

史记卷一〇七

列传第四七

　魏其武安侯………… 2019

史记卷一〇八

列传第四八

　韩长孺……………… 2031

史记卷一〇九

列传第四九

　李将军……………………… 2037

史记卷一一○

列传第五○

　匈奴………………………… 2045

史记卷一一一

列传第五一

　卫将军骠骑………………… 2072

史记卷一一二

列传第五二

　平津侯主父………………… 2089

史记卷一一三

列传第五三

　南越………………………… 2100

史记卷一一四

列传第五四

　东越………………………… 2108

史记卷一一五

列传第五五

　朝鲜………………………… 2112

史记卷一一六

列传第五六

　西南夷……………………… 2116

史记卷一一七

列传第五七

　司马相如…………………… 2121

史记卷一一八

列传第五八

　淮南衡山…………………… 2171

史记卷一一九

列传第五九

　循吏………………………… 2187

史记卷一二○

列传第六○

　汲郑………………………… 2190

史记卷一二一

列传第六一

　儒林………………………… 2197

史记卷一二二

列传第六二

　酷吏………………………… 2207

史记卷一二三

列传第六三

　大宛………………………… 2223

史记卷一二四

列传第六四

　游侠………………………… 2240

史记卷一二五

列传第六五

　佞幸………………………… 2246

史记卷一二六

列传第六六

　滑稽………………………… 2250

史记卷一二七

列传第六七

　日者………………………… 2262

史记卷一二八

列传第六八

# 汉　书

汉书卷一上
帝纪第一上
　高祖上 …………………… 1
汉书卷一下
帝纪第一下
　高祖下………………… 33
汉书卷二
帝纪第二
　惠帝………………… 56
汉书卷三
帝纪第三
　高后………………… 62
汉书卷四
帝纪第四
　文帝………………… 69
汉书卷五
帝纪第五
　景帝………………… 89
汉书卷六

帝纪第六
　武帝 …………………… 100
汉书卷七
帝纪第七
　昭帝 …………………… 138
汉书卷八
帝纪第八
　宣帝 …………………… 149
汉书卷九
帝纪第九
　元帝 …………………… 176
汉书卷一○
帝纪第一○
　成帝 …………………… 191
汉书卷一一
帝纪第一一
　哀帝 …………………… 209
汉书卷一二
帝纪第一二

平帝 ……………………… 218

汉书卷一三
表第一
　异姓诸侯王 …………… 228

汉书卷一四
表第二
　诸侯王 ………………… 253

汉书卷一五上
表第三上
　王子侯上 ……………… 290

汉书卷一五下
表第三下
　王子侯下 ……………… 343

汉书卷一六
表第四
　高惠高后文功臣 ……… 383

汉书卷一七
表第五
　景武昭宣元成功臣 …… 479

汉书卷一八
表第六
　外戚恩泽侯 …………… 517

汉书卷一九上
表第七上
　百官公卿上 …………… 554

汉书卷一九下
表第七下
　百官公卿下 …………… 572

汉书卷二〇

表第八
　古今人 ………………… 677

汉书卷二一上
志第一上
　律历上 ………………… 768

汉书卷二一下
志第一下
　律历下 ………………… 791

汉书卷二二
志第二
　礼乐 …………………… 812

汉书卷二三
志第三
　刑法 …………………… 845

汉书卷二四上
志第四上
　食货上 ………………… 868

汉书卷二四下
志第四下
　食货下 ………………… 887

汉书卷二五上
志第五上
　郊祀上 ………………… 912

汉书卷二五下
志第五下
　郊祀下 ………………… 945

汉书卷二六
志第六
　天文 …………………… 965

汉书卷二七上

志第七上

　　五行上 ················· 992

汉书卷二七中之上

志第七中之上

　　五行中之上············· 1014

汉书卷二七中之下

志第七中之下

　　五行中之下············· 1048

汉书卷二七下之上

志第七下之上

　　五行下之上············· 1071

汉书卷二七下之下

志第七下之下

　　五行下之下············· 1095

汉书卷二八上

志第八上

　　地理上················· 1123

汉书卷二八下

志第八下

　　地理下················· 1177

汉书卷二九

志第九

　　沟洫················· 1218

汉书卷三〇

志第一〇

　　艺文················· 1234

汉书卷三一

列传第一

陈胜················· 1282

项籍················· 1289

汉书卷三二

列传第二

　　张耳　子敖 ············· 1310

　　陈余················· 1310

汉书卷三三

列传第三

　　魏豹················· 1320

　　田儋················· 1321

　　韩王信················· 1325

汉书卷三四

列传第四

　　韩信················· 1329

　　彭越················· 1340

　　英布················· 1342

　　卢绾················· 1347

　　吴芮················· 1349

汉书卷三五

列传第五

　　荆王贾················· 1351

　　燕王泽················· 1352

　　吴王濞················· 1354

汉书卷三六

列传第六

　　楚元王交············· 1364

　　刘向　子歆 ············· 1369

汉书卷三七

列传第七

季布 ···························· 1400

栾布 ···························· 1403

田叔 ···························· 1404

汉书卷三八

列传第八

　高五王 ······················ 1407

　　齐悼惠王肥 ················ 1407

　　赵隐王如意 ················ 1408

　　赵幽王友 ·················· 1408

　　赵共王恢 ·················· 1409

　　燕灵王建 ·················· 1409

汉书卷三九

列传第九

　萧何 ························ 1418

　曹参 ························ 1423

汉书卷四○

列传第一○

　张良 ························ 1430

　陈平 ························ 1439

　王陵 ························ 1444

　周勃　子亚夫 ·············· 1447

汉书卷四一

列传第一一

　樊哙 ························ 1457

　郦商 ························ 1461

　夏侯婴 ······················ 1463

　灌婴 ························ 1465

　傅宽 ························ 1468

　靳歙 ························ 1469

周缲 ···························· 1470

汉书卷四二

列传第一二

　张苍 ························ 1472

　周昌 ························ 1473

　赵尧 ························ 1473

　任敖 ························ 1475

　申屠嘉 ······················ 1476

汉书卷四三

列传第一三

　郦食其 ······················ 1479

　陆贾 ························ 1482

　朱建 ························ 1486

　娄敬 ························ 1487

　叔孙通 ······················ 1491

汉书卷四四

列传第一四

　淮南厉王长 ················ 1496

　衡山王赐 ·················· 1507

　济北贞王勃 ················ 1510

汉书卷四五

列传第一五

　蒯通 ························ 1511

　伍被 ························ 1516

　江充 ························ 1521

　息夫躬 ······················ 1524

汉书卷四六

列传第一六

　石奋 ························ 1532

卫绾…………………… 1537

直不疑………………… 1538

周仁…………………… 1538

张欧…………………… 1539

汉书卷四七

列传第一七

文三王………………… 1541

梁孝王武……………… 1541

代孝王参……………… 1544

梁怀王揖……………… 1544

汉书卷四八

列传第一八

贾谊…………………… 1550

汉书卷四九

列传第一九

爰盎…………………… 1580

晁错…………………… 1586

汉书卷五○

列传第二○

张释之………………… 1604

冯唐…………………… 1607

汲黯…………………… 1609

郑当时………………… 1614

汉书卷五一

列传第二一

贾山…………………… 1617

邹阳…………………… 1624

枚乘　子皋 ………… 1638

路温舒………………… 1644

汉书卷五二

列传第二二

窦婴…………………… 1648

田蚡…………………… 1649

灌夫…………………… 1652

韩安国………………… 1659

汉书卷五三

列传第二三

景十三王……………… 1669

河间献王德…………… 1670

临江哀王阏…………… 1671

临江闵王荣…………… 1671

鲁恭王余……………… 1672

江都易王非…………… 1672

胶西于王端…………… 1675

赵敬肃王彭祖………… 1675

中山靖王胜…………… 1677

长沙定王发…………… 1680

广川惠王越…………… 1680

胶东康王寄…………… 1684

清河哀王乘…………… 1685

常山宪王舜…………… 1685

汉书卷五四

列传第二四

李广　孙陵 ………… 1687

苏建　子武 ………… 1700

汉书卷五五

列传第二五

卫青…………………… 1707

列传第三六

公孙贺　子敬声 ……… 1961

刘屈氂…………………… 1962

车千秋………………… 1965

王䜣…………………… 1967

杨敞　子恽 ………… 1968

蔡义…………………… 1975

陈万年　子咸 ……… 1975

郑弘…………………… 1977

汉书卷六七

列传第三七

杨王孙………………… 1980

胡建…………………… 1982

朱云…………………… 1983

梅福…………………… 1986

云敞…………………… 1993

汉书卷六八

列传第三八

霍光…………………… 1995

金日䃅　子安上 ……… 2013

汉书卷六九

列传第三九

赵充国………………… 2019

辛庆忌………………… 2035

汉书卷七○　列传第四○

傅介子………………… 2038

常惠…………………… 2039

郑吉…………………… 2041

甘延寿………………… 2041

陈汤…………………… 2042

段会宗………………… 2055

汉书卷七一

列传第四一

隽不疑………………… 2058

疏广　兄子受 ……… 2060

于定国………………… 2062

薛广德………………… 2065

平当…………………… 2066

彭宣…………………… 2069

汉书卷七二

列传第四二

王吉　子骏　孙崇 …… 2073

贡禹…………………… 2080

龚胜…………………… 2087

龚舍…………………… 2087

鲍宣　唐林　薛方 …… 2091

汉书卷七三

列传第四三

韦贤　子玄成 ………… 2099

汉书卷七四

列传第四四

魏相…………………… 2120

丙吉…………………… 2125

汉书卷七五

列传第四五

眭弘…………………… 2132

夏侯始昌……………… 2133

夏侯胜………………… 2133

京房…………………… 2136

翼奉…………………… 2141

李寻…………………… 2149

汉书卷七六

列传第四六

赵广汉………………… 2160

尹翁归………………… 2164

韩延寿………………… 2166

张敞…………………… 2170

王尊…………………… 2177

王章…………………… 2184

汉书卷七七

列传第四七

盖宽饶………………… 2186

诸葛丰………………… 2189

刘辅…………………… 2191

郑崇…………………… 2193

孙宝…………………… 2195

毋将隆………………… 2199

何并…………………… 2200

汉书卷七八

列传第四八

萧望之　子育　子咸

子由 ………………… 2204

汉书卷七九

列传第四九

冯奉世　子野王　子逡

子立　子参 ………… 2219

汉书卷八〇

列传第五〇

淮阳宪王刘钦………… 2230

楚孝王刘嚣…………… 2235

东平思王刘宇………… 2236

中山哀王刘竟………… 2240

定陶共王刘康………… 2240

中山孝王刘兴………… 2240

汉书卷八一

列传第五一

匡衡…………………… 2242

张禹…………………… 2252

孔光…………………… 2256

马宫…………………… 2264

汉书卷八二

列传第五二

王商…………………… 2266

史丹…………………… 2270

傅喜…………………… 2273

汉书卷八三

列传第五三

薛宣…………………… 2276

朱博…………………… 2284

汉书卷八四

列传第五四

翟方进　子宣　子义 … 2293

汉书卷八五

列传第五五

谷永…………………… 2313

杜邺…………………… 2332

汉书卷八六
列传第五六
　　何武…………………… 2338
　　王嘉…………………… 2342
　　师丹…………………… 2352
汉书卷八七上
列传第五七上
　　扬雄上………………… 2358
汉书卷八七下
列传第五七下
　　扬雄下………………… 2388
汉书卷八八
列传第五八
　　儒林…………………… 2408
　　　丁宽………………… 2414
　　　施雠………………… 2414
　　　孟喜………………… 2415
　　　梁丘贺……………… 2416
　　　京房………………… 2416
　　　费直………………… 2417
　　　高相………………… 2417
　　　伏生………………… 2417
　　　欧阳生……………… 2418
　　　林尊………………… 2418
　　　夏侯胜……………… 2418
　　　周堪………………… 2419
　　　张山拊……………… 2419
　　　孔安国……………… 2420
　　　申公………………… 2421

　　　王式………………… 2422
　　　辕固………………… 2424
　　　后苍………………… 2424
　　　韩婴………………… 2425
　　　赵子………………… 2425
　　　毛公………………… 2425
　　　孟卿………………… 2426
　　　胡母生……………… 2426
　　　严彭祖……………… 2426
　　　颜安乐……………… 2427
　　　瑕丘江公…………… 2427
　　　房凤………………… 2429
汉书卷八九
列传第五九
　　循吏…………………… 2431
　　　文翁………………… 2432
　　　王成………………… 2433
　　　黄霸………………… 2434
　　　朱邑………………… 2438
　　　龚遂………………… 2440
　　　召信臣……………… 2442
汉书卷九〇
列传第六〇
　　酷吏…………………… 2444
　　　郅都………………… 2445
　　　宁成　周阳由 ……… 2446
　　　赵禹………………… 2448
　　　义纵………………… 2448
　　　王温舒……………… 2450

西域上·················· 2583

汉书卷九六下
列传第六六下
西域下·················· 2601

汉书卷九七上
列传第六七上
外戚上·················· 2620

汉书卷九七下
列传第六七下
外戚下·················· 2644

汉书卷九八
列传第六八
元后·················· 2670

汉书卷九九上
列传第六九上
王莽上·················· 2685

汉书卷九九中
列传第六九中
王莽中·················· 2722

汉书卷九九下
列传第六九下
王莽下·················· 2753

汉书卷一〇〇上
列传第七〇上
叙传上·················· 2783

汉书卷一〇〇下
列传第七〇下
叙传下·················· 2808

# 后 汉 书

后汉书卷一上

帝纪第一上

　光武帝上 ·············· 1

后汉书卷一下

帝纪第一下

　光武帝下·············· 27

后汉书卷二

帝纪第二

　显宗孝明帝·············· 52

后汉书卷三

帝纪第三

　肃宗孝章帝·············· 72

后汉书卷四　帝纪第四

　孝和帝·············· 93

　孝殇帝 ·············· 111

后汉书卷五

帝纪第五

　孝安帝 ·············· 114

后汉书卷六

帝纪第六

　孝顺帝 ·············· 137

　孝冲帝 ·············· 151

　孝质帝 ·············· 152

后汉书卷七

帝纪第七

　孝桓帝 ·············· 157

后汉书卷八

帝纪第八

　孝灵帝 ·············· 176

后汉书卷九

帝纪第九

　孝献帝 ·············· 194

后汉书卷一〇上

帝纪第一〇上

　光武郭皇后 ·············· 213

　光烈阴皇后 ·············· 215

　明德马皇后 ·············· 216

　贾贵人 ·············· 221

章德窦皇后 …………… 221
和帝阴皇后 …………… 222
和熹邓皇后 …………… 223
后汉书卷一〇下
帝纪第一〇下
安思阎皇后 …………… 233
顺烈梁皇后 …………… 235
虞美人 ………………… 237
陈夫人 ………………… 237
孝崇匽皇后 …………… 238
桓帝懿献梁皇后 ……… 238
桓帝邓皇后 …………… 239
桓思窦皇后 …………… 240
孝仁董皇后 …………… 241
灵帝宋皇后 …………… 241
灵思何皇后 …………… 242
献帝伏皇后 …………… 245
献穆曹皇后　附皇女…… 246
后汉书卷一一
列传第一
刘玄 …………………… 252
刘盆子 ………………… 258
后汉书卷一二
列传第二
王昌 …………………… 266
刘永 …………………… 268
庞萌 …………………… 269
张步 …………………… 270
王闳 …………………… 271

李宠 …………………… 272
彭宠 …………………… 272
卢芳 …………………… 275
后汉书卷一三
列传第三
隗嚣 …………………… 278
公孙述 ………………… 291
后汉书卷一四
列传第四
齐武王缜　子北海靖王兴
　　…………………… 299
赵孝王良 ……………… 305
城阳恭王祉 …………… 306
泗水王歙 ……………… 308
安成孝侯赐 …………… 309
安武孝侯顺 …………… 310
顺阳怀侯嘉 …………… 311
后汉书卷一五
列传第五
李通 …………………… 312
王常 …………………… 315
邓晨 …………………… 318
来歙　曾孙历………… 319
后汉书卷一六
列传第六
邓禹　子训　孙骘……… 326
寇恂　曾孙荣………… 339
后汉书卷一七
列传第七

冯异 ·············· 349
岑彭 ·············· 358
贾复 ·············· 365
后汉书卷一八
列传第八
　吴汉 ············· 369
　盖延 ············· 376
　陈俊 ············· 378
　臧宫 ············· 380
后汉书卷一九
列传第九
　耿弇　弟国　国子秉
　秉弟爽　国弟子恭 ········ 385
后汉书卷二〇
列传第一〇
　铫期 ············· 400
　王霸 ············· 402
　祭遵　从弟肜 ········ 404
后汉书卷二一
列传第一一
　任光　子隗 ········ 411
　李忠 ············· 413
　万修 ············· 415
　邳彤 ············· 415
　刘植 ············· 416
　耿纯 ············· 417
后汉书卷二二
列传第一二
　朱祐 ············· 421

景丹 ·············· 423
王梁 ·············· 424
杜茂 ·············· 425
马成 ·············· 426
刘隆 ·············· 427
傅俊 ·············· 429
坚镡 ·············· 429
马武 ·············· 430
后汉书卷二三
列传第一三
　窦融　弟子固　曾孙宪
　玄孙章 ········· 436
后汉书卷二四
列传第一四
　马援　子廖　子防　兄子严
　族孙棱 ········· 455
后汉书卷二五
列传第一五
　卓茂 ············· 479
　鲁恭　弟丕 ········ 482
　魏霸 ············· 490
　刘宽 ············· 490
后汉书卷二六
列传第一六
　伏湛　子隆 ········ 493
　侯霸 ············· 498
　宋弘　族孙汉 ······ 500
　蔡茂　郭贺 ········ 502
　冯勤 ············· 503

赵憙 …………………… 505

牟融 …………………… 507

韦彪　族子义 ………… 508

后汉书卷二七

列传第一七

　宣秉 ………………… 512

　张湛 ………………… 513

　王丹 ………………… 514

　王良 ………………… 516

　杜林 ………………… 517

　郭丹 ………………… 520

　吴良 ………………… 522

　承宫 ………………… 523

　郑均 ………………… 524

　赵典 ………………… 525

后汉书卷二八上

列传第一八上

　桓谭 ………………… 528

　冯衍 ………………… 532

后汉书卷二八下

列传第一八下

　冯衍　子豹 ………… 545

后汉书卷二九

列传第一九

　申屠刚 ……………… 562

　鲍永　子昱 ………… 566

　郅恽　子寿 ………… 570

后汉书卷三〇上

列传第二〇上

苏竟 …………………… 578

杨厚 …………………… 582

后汉书卷三〇下

列传第二〇下

　郎𫖮 ………………… 585

　襄楷 ………………… 600

后汉书卷三一

列传第二一

　郭伋 ………………… 608

　杜诗 ………………… 610

　孔奋 ………………… 612

　张堪 ………………… 613

　廉范 ………………… 614

　王堂 ………………… 617

　苏章　族孙不韦 …… 617

　羊续 ………………… 619

　贾琮 ………………… 620

　陆康 ………………… 621

后汉书卷三二

列传第二二

　樊宏　子𬍤　族曾孙准 … 624

　阴识　弟兴 ………… 630

后汉书卷三三

列传第二三

　朱浮 ………………… 634

　冯鲂 ………………… 641

　虞延 ………………… 643

　郑弘 ………………… 645

　周章 ………………… 647

后汉书卷三四
列传第二四
　　梁统　子松　子竦　曾孙商
　　玄孙冀 ……………………… 649
后汉书卷三五
列传第二五
　　张纯　子奋 …………… 665
　　曹褒 ………………… 670
　　郑玄 ………………… 674
后汉书卷三六
列传第二六
　　郑兴　子众 …………… 680
　　范升 ………………… 686
　　陈元 ………………… 688
　　贾逵 ………………… 691
　　张霸　子楷　楷子陵
　　陵弟玄 ………………… 696
后汉书卷三七
列传第二七
　　桓荣　子郁　郁子焉
　　焉孙典　郁孙鸾　鸾子晔
　　郁曾孙彬 ……………… 699
　　丁鸿 ………………… 707
后汉书卷三八
列传第二八
　　张宗 ………………… 713
　　法雄 ………………… 714
　　滕抚 ………………… 715
　　冯绲 ………………… 716

　　度尚 ………………… 719
　　杨璇 ………………… 721
后汉书卷三九
列传第二九
　　刘平　王望　王扶 …… 724
　　赵孝 ………………… 726
　　淳于恭 ……………… 728
　　江革 ………………… 728
　　刘般　子恺 …………… 729
　　周磐 ………………… 734
　　赵咨 ………………… 735
后汉书卷四〇上
列传第三〇上
　　班彪　子固 …………… 740
后汉书卷四〇下
列传第三〇下
　　班彪　子固 …………… 762
后汉书卷四一
列传第三一
　　第五伦　曾孙种 ……… 784
　　钟离意 ……………… 791
　　宋均　族子意 ………… 795
　　寒朗 ………………… 798
后汉书卷四二
列传第三二
　　光武十王 ……………… 801
　　　东海恭王强 ………… 801
　　　沛献王辅 …………… 803
　　　楚王英 ……………… 804

济南安王康 ·········· 806

东平献王苍

　子任城孝王尚 ·········· 808

阜陵质王延 ·········· 815

广陵思王荆 ·········· 816

临淮怀公衡 ·········· 818

中山简王焉 ·········· 818

琅邪孝王京 ·········· 819

后汉书卷四三

列传第三三

朱晖　孙穆 ·········· 821

乐恢 ·········· 834

何敞 ·········· 836

后汉书卷四四

列传第三四

邓彪 ·········· 843

张禹 ·········· 844

徐防 ·········· 846

张敏 ·········· 848

胡广 ·········· 849

后汉书卷四五

列传第三五

袁安　子京　子敞　玄孙闳

·········· 856

张酺 ·········· 863

韩棱 ·········· 867

周荣　孙景 ·········· 868

后汉书卷四六

列传第三六

郭躬　弟子镇 ·········· 871

陈宠　子忠 ·········· 874

后汉书卷四七

列传第三七

班超　子勇 ·········· 888

梁慬　何熙 ·········· 901

后汉书卷四八

列传第三八

杨终 ·········· 904

李法 ·········· 907

翟酺 ·········· 907

应奉　子劭 ·········· 910

霍谞 ·········· 916

爰延 ·········· 918

徐璆 ·········· 920

后汉书卷四九

列传第三九

王充 ·········· 922

王符 ·········· 922

仲长统 ·········· 931

后汉书卷五○

列传第四○

孝明八王 ·········· 945

　千乘哀王建 ·········· 945

　陈敬王羡 ·········· 945

　彭城靖王恭 ·········· 947

　乐成靖王党 ·········· 948

　下邳惠王衍 ·········· 950

　梁节王畅 ·········· 950

淮阳顷王昞 ············ 952

济阳悼王长 ············ 952

后汉书卷五一

列传第四一

　李恂 ················ 954

　陈禅 ················ 955

　庞参 ················ 956

　陈龟 ················ 959

　桥玄 ················ 961

后汉书卷五二

列传第四二

　崔骃　子瑗　孙寔 ···· 965

后汉书卷五三

列传第四三

　周燮 ················ 987

　黄宪 ················ 989

　徐稚 ················ 990

　姜肱 ················ 992

　申屠蟠 ·············· 993

后汉书卷五四

列传第四四

　杨震　子秉　孙赐

　曾孙彪　玄孙脩 ········· 997

后汉书卷五五

列传第四五

　章帝八王 ············ 1019

　　千乘贞王伉 ········· 1019

　　平春悼王全 ········· 1020

　　清河孝王庆 ········· 1020

济北惠王寿 ············ 1025

河间孝王开 ············ 1026

城阳怀王淑 ············ 1027

广宗殇王万岁 ·········· 1027

平原怀王胜　和帝子

················· 1027

后汉书卷五六

列传第四六

　张晧　子纲 ··········· 1029

　王龚　子畅 ··········· 1032

　种暠　子岱　子拂

　拂子劭 ··············· 1037

　陈球··················· 1039

后汉书卷五七

列传第四七

　杜根··················· 1044

　栾巴··················· 1045

　刘陶··················· 1046

　李云··················· 1052

　刘瑜··················· 1054

　谢弼··················· 1056

后汉书卷五八

列传第四八

　虞诩··················· 1059

　傅燮··················· 1064

　盖勋··················· 1068

　臧洪··················· 1071

后汉书卷五九

列传第四九

张衡…………………… 1078

后汉书卷六〇上

列传第五〇上

马融…………………… 1110

后汉书卷六〇下

列传第五〇下

蔡邕…………………… 1125

后汉书卷六一

列传第五一

左雄…………………… 1146

周举　子勰………… 1151

黄琼　孙琬………… 1157

后汉书卷六二

列传第五二

荀淑　子爽　孙悦…… 1166

韩韶…………………… 1175

钟皓…………………… 1175

陈寔　子纪………… 1176

后汉书卷六三

列传第五三

李固　子燮………… 1180

杜乔…………………… 1192

后汉书卷六四

列传第五四

吴祐…………………… 1196

延笃…………………… 1198

史弼…………………… 1202

卢植…………………… 1205

赵岐…………………… 1210

后汉书卷六五

列传第五五

皇甫规………………… 1214

张奂…………………… 1219

段颎…………………… 1224

后汉书卷六六

列传第五六

王允…………………… 1231

王允…………………… 1239

后汉书卷六七

列传第五七

刘淑…………………… 1245

李膺…………………… 1250

杜密…………………… 1255

刘祐…………………… 1255

魏朗…………………… 1257

夏馥…………………… 1257

宗慈…………………… 1258

巴肃…………………… 1258

范滂…………………… 1258

尹勋…………………… 1261

蔡衍…………………… 1261

羊陟…………………… 1262

张俭…………………… 1262

岑晊…………………… 1263

陈翔…………………… 1264

孔昱…………………… 1264

苑康…………………… 1264

刘儒…………………… 1265

　贾彪 …………………… 1265　列传第六四上
　何颙 …………………… 1266　　袁绍 …………………… 1351
后汉书卷六八　　　　　　后汉书卷七四下
列传第五八　　　　　　　列传第六四下
　郭太 …………………… 1268　　绍子谭 ………………… 1372
　符融 …………………… 1272　　刘表 …………………… 1379
　许劭 …………………… 1273　后汉书卷七五
后汉书卷六九　　　　　　列传第六五
列传第五九　　　　　　　　刘焉 …………………… 1384
　窦武 …………………… 1276　　袁术 …………………… 1388
　何进 …………………… 1280　　吕布 …………………… 1392
后汉书卷七○　　　　　　后汉书卷七六
列传第六○　　　　　　　列传第六六
　郑太 …………………… 1286　　循吏 …………………… 1398
　孔融 …………………… 1288　　卫飒 …………………… 1398
　荀彧 …………………… 1302　　任延 …………………… 1400
后汉书卷七一　　　　　　　王景 …………………… 1402
列传第六一　　　　　　　　秦彭 …………………… 1404
　皇甫嵩 ………………… 1311　　王涣 …………………… 1405
　朱俊 …………………… 1317　　许荆 …………………… 1407
后汉书卷七二　　　　　　　孟尝 …………………… 1408
列传第六二　　　　　　　　第五访 ………………… 1410
　董卓 …………………… 1322　　刘矩 …………………… 1410
后汉书卷七三　　　　　　　刘宠 …………………… 1411
列传第六三　　　　　　　　仇览 …………………… 1412
　刘虞 …………………… 1340　　童恢 …………………… 1414
　公孙瓒 ………………… 1343　后汉书卷七七
　陶谦 …………………… 1348　列传第六七
后汉书卷七四上　　　　　　酷吏 …………………… 1416

董宣……………… 1417

樊晔……………… 1418

李章……………… 1419

周纡……………… 1420

黄昌……………… 1422

阳球……………… 1423

王吉……………… 1425

后汉书卷七八

列传第六八

　宦者……………… 1427

　　郑众……………… 1430

　　蔡伦……………… 1431

　　孙程……………… 1431

　　曹腾……………… 1435

　　单超……………… 1435

　　侯览……………… 1437

　　曹节……………… 1438

　　吕强……………… 1440

　　张让……………… 1444

后汉书卷七九上

列传第六九上

　儒林上……………… 1448

　　刘昆……………… 1451

　　洼丹……………… 1452

　　任安……………… 1452

　　杨政……………… 1452

　　张兴……………… 1453

　　戴凭……………… 1453

　　孙期……………… 1454

欧阳歙……………… 1455

牟长……………… 1456

宋登……………… 1456

张驯……………… 1456

尹敏……………… 1456

周防……………… 1457

孔僖……………… 1458

杨伦……………… 1460

后汉书卷七九下

列传第六九下

　儒林下……………… 1463

　　高诩……………… 1463

　　包咸……………… 1464

　　魏应……………… 1464

　　伏恭……………… 1465

　　任末……………… 1465

　　景鸾……………… 1465

　　薛汉……………… 1465

　　杜抚……………… 1466

　　召驯……………… 1466

　　赵晔……………… 1467

　　卫宏……………… 1467

　　董钧……………… 1468

　　丁恭……………… 1469

　　周泽……………… 1469

　　钟兴……………… 1470

　　甄宇……………… 1470

　　楼望……………… 1470

　　程曾……………… 1471

张玄……………………… 1471

李育……………………… 1471

何休……………………… 1472

服虔……………………… 1472

颍容……………………… 1473

谢该……………………… 1473

许慎……………………… 1475

蔡玄……………………… 1476

后汉书卷八〇上

列传第七〇上

　文苑上………………… 1478

　　杜笃………………… 1478

　　王隆………………… 1488

　　夏恭………………… 1488

　　傅毅………………… 1488

　　黄香………………… 1490

　　刘毅………………… 1492

　　李尤………………… 1492

　　苏顺………………… 1492

　　刘珍………………… 1492

　　葛龚………………… 1493

　　王逸………………… 1493

　　崔琦………………… 1493

　　边韶………………… 1496

后汉书卷八〇下

列传第七〇下

　文苑下………………… 1497

　　张升………………… 1497

　　赵壹………………… 1498

刘梁……………………… 1502

边让……………………… 1506

郦炎……………………… 1510

侯瑾……………………… 1511

高彪……………………… 1512

张超……………………… 1514

祢衡……………………… 1514

后汉书卷八一

列传第七一

　独行…………………… 1519

　　谯玄………………… 1520

　　李业………………… 1521

　　刘茂………………… 1523

　　温序………………… 1524

　　彭脩………………… 1524

　　索卢放……………… 1525

　　周嘉………………… 1525

　　范式………………… 1526

　　李善………………… 1528

　　王忳………………… 1528

　　张武………………… 1529

　　陆续………………… 1529

　　戴封………………… 1530

　　李充………………… 1531

　　缪肜………………… 1532

　　陈重………………… 1532

　　雷义………………… 1533

　　范丹………………… 1533

　　戴就………………… 1535

赵苞 …………………… 1536

向栩 …………………… 1536

谅辅 …………………… 1537

刘翊 …………………… 1537

王烈 …………………… 1538

后汉书卷八二上

列传第七二上

　方术上 ………………… 1540

　　任文公 ……………… 1540

　　郭宪 ………………… 1544

　　许杨 ………………… 1544

　　高获 ………………… 1545

　　王乔 ………………… 1546

　　谢夷吾 ……………… 1546

　　杨由 ………………… 1548

　　李南 ………………… 1549

　　李郃 ………………… 1549

　　段翳 ………………… 1550

　　廖扶 ………………… 1550

　　折像 ………………… 1551

　　樊英 ………………… 1551

后汉书卷八二下

列传第七二下

　方术下 ………………… 1555

　　唐檀 ………………… 1555

　　公沙穆 ……………… 1556

　　许曼 ………………… 1557

　　赵彦 ………………… 1557

　　樊志张 ……………… 1557

单飏 …………………… 1558

韩说 …………………… 1558

董扶 …………………… 1558

郭玉 …………………… 1559

华佗 …………………… 1559

徐登 …………………… 1563

费长房 ………………… 1564

蓟子训 ………………… 1565

刘根 …………………… 1566

左慈 …………………… 1566

计子勋 ………………… 1567

上成公 ………………… 1567

解奴辜 ………………… 1568

甘始 …………………… 1568

王真 …………………… 1569

王和平 ………………… 1569

后汉书卷八三

列传第七三

　逸民 …………………… 1570

　　野王二老 …………… 1572

　　向长 ………………… 1572

　　逢萌 ………………… 1573

　　周党 ………………… 1574

　　王霸 ………………… 1575

　　严光 ………………… 1575

　　井丹 ………………… 1576

　　梁鸿 ………………… 1577

　　高凤 ………………… 1579

　　台佟 ………………… 1580

韩康·················· 1580

矫慎·················· 1580

戴良·················· 1581

法真·················· 1582

汉阴老父············ 1583

陈留老父············ 1583

庞公·················· 1583

后汉书卷八四

列传第七四

列女·················· 1585

鲍宣妻············· 1585

王霸妻············· 1586

姜诗妻············· 1586

周郁妻············· 1587

曹世叔妻········· 1587

乐羊子妻········· 1592

陈文矩妻········· 1593

孝女曹娥········· 1594

许升妻············· 1594

袁隗妻············· 1594

庞淯母············· 1595

刘长卿妻········· 1595

皇甫规妻········· 1596

阴瑜妻············· 1596

盛道妻············· 1596

孝女叔先雄····· 1597

董杞妻············· 1597

后汉书卷八五

列传第七五

东夷·················· 1600

夫余················· 1602

挹娄················· 1603

高句骊············· 1604

东沃沮············· 1606

涉····················· 1607

三韩················· 1607

倭····················· 1609

后汉书卷八六

列传第七六

南蛮················· 1612

巴郡南郡蛮····· 1619

板楯蛮夷········· 1621

西南夷············· 1622

夜郎················· 1622

滇····················· 1623

哀牢················· 1624

邛都················· 1627

莋都················· 1629

冉駹················· 1631

白马氏············· 1632

后汉书卷八七

列传第七七

西羌················· 1635

羌无弋爰剑····· 1639

滇良················· 1641

东号子麻奴····· 1646

湟中月氏胡····· 1654

后汉书卷八八

王莽三 ·················· 1821

光武十二 ·············· 1822

后汉书卷一〇一

志第一一

　天文中 ·············· 1826

　　明十二 ············ 1826

　　章五 ·············· 1828

　　和三十三 ·········· 1828

　　殇一 ·············· 1832

　　安四十六 ·········· 1832

　　顺二十三 ·········· 1835

　　质三 ·············· 1838

后汉书卷一〇二

志第一二

　天文下 ·············· 1839

　　桓三十八 ·········· 1839

　　灵二十 ············ 1841

　　献九 ·············· 1842

　　陨石 ·············· 1843

后汉书卷一〇三

志第一三

　五行一 ·············· 1845

　　貌不恭 ············ 1845

　　淫雨 ·············· 1848

　　服妖 ·············· 1849

　　鸡祸 ·············· 1851

　　青眚 ·············· 1851

　　屋自坏 ············ 1851

　　讹言 ·············· 1853

旱 ·················· 1853

谣 ·················· 1856

狼食人 ·············· 1859

后汉书卷一〇四

志第一四

　五行二 ·············· 1860

　　灾火 ·············· 1861

　　草妖 ·············· 1865

　　羽虫孽 ············ 1866

　　羊祸 ·············· 1867

后汉书卷一〇五

志第一五

　五行三 ·············· 1868

　　大水 ·············· 1870

　　水变色 ············ 1871

　　大寒 ·············· 1873

　　雹 ················ 1873

　　冬雷 ·············· 1875

　　山鸣 ·············· 1876

　　鱼孽 ·············· 1876

　　蝗 ················ 1876

后汉书卷一〇六

志第一六

　五行四 ·············· 1879

　　地震 ·············· 1879

　　山崩 ·············· 1882

　　地陷 ·············· 1882

　　大风拔树 ·········· 1884

　　螟 ················ 1884

牛疫…………………… 1884

后汉书卷一○七

志第一七

　五行五………………… 1886

　　射妖………………… 1887

　　龙蛇孽……………… 1888

　　马祸………………… 1889

　　人痾………………… 1889

　　人化………………… 1891

　　死复生……………… 1891

　　疫…………………… 1892

　　投霓………………… 1893

后汉书卷一○八

志第一八

　五行六………………… 1895

　　日蚀………………… 1895

　　日抱………………… 1905

　　日赤无光…………… 1905

　　日黄珥……………… 1906

　　日中黑……………… 1906

　　虹贯日……………… 1906

　　月蚀非其月………… 1906

后汉书卷一○九

志第一九

　郡国一………………… 1908

　　河南………………… 1911

　　河内………………… 1915

　　河东………………… 1917

　　弘农………………… 1919

　　京兆………………… 1920

　　冯翊………………… 1922

　　扶风………………… 1923

　　右司隶……………… 1924

后汉书卷一一○

志第二○

　郡国二………………… 1925

　　颍川………………… 1925

　　汝南………………… 1927

　　梁国………………… 1928

　　沛国………………… 1929

　　陈国………………… 1930

　　鲁国………………… 1930

　　右豫州……………… 1932

　　魏郡………………… 1932

　　钜鹿………………… 1933

　　常山………………… 1933

　　中山………………… 1934

　　安平………………… 1934

　　河间………………… 1935

　　清河………………… 1935

　　赵国………………… 1935

　　勃海………………… 1936

　　右冀州……………… 1936

后汉书卷一一一

志第二一

　郡国三………………… 1937

　　陈留………………… 1937

　　东郡………………… 1939

东平……………… 1940　　　长沙……………… 1957

任城……………… 1941　　　右荆州…………… 1957

泰山……………… 1941　　　九江……………… 1957

济北……………… 1942　　　丹阳……………… 1958

山阳……………… 1942　　　庐江……………… 1958

济阴……………… 1943　　　会稽……………… 1959

右兖州…………… 1944　　　吴郡……………… 1960

东海……………… 1944　　　豫章……………… 1961

琅邪……………… 1945　　　右扬州…………… 1962

彭城……………… 1946　　后汉书卷一一三

广陵……………… 1946　　志第二三

下邳……………… 1947　　　郡国五…………… 1963

右徐州…………… 1947　　　汉中……………… 1963

后汉书卷一一二　　　　　　　巴郡……………… 1964

志第二二　　　　　　　　　　广汉……………… 1965

郡国四…………… 1948　　　蜀郡……………… 1965

济南……………… 1948　　　犍为……………… 1966

平原……………… 1948　　　牂牁……………… 1967

乐安……………… 1949　　　越巂……………… 1967

北海……………… 1949　　　益州……………… 1968

东莱……………… 1950　　　永昌……………… 1968

齐国……………… 1951　　　广汉属国………… 1969

右青州…………… 1951　　　蜀郡属国………… 1969

南阳……………… 1951　　　犍为属国………… 1970

南郡……………… 1953　　　右益州…………… 1970

江夏……………… 1955　　　陇西……………… 1970

零陵……………… 1955　　　汉阳……………… 1971

桂阳……………… 1956　　　武都……………… 1972

武陵……………… 1956　　　金城……………… 1972

安定……………… 1972　　辽东属国………… 1980

北地……………… 1973　　右幽州…………… 1980

武威……………… 1973　　南海……………… 1980

张掖……………… 1973　　苍梧……………… 1981

酒泉……………… 1973　　郁林……………… 1981

敦煌……………… 1974　　合浦……………… 1981

张掖属国………… 1974　　交趾……………… 1981

张掖居延属国…… 1974　　九真……………… 1982

右凉州…………… 1974　　日南……………… 1982

上党……………… 1974　　右交州…………… 1982

太原……………… 1975　后汉书卷一一四

上郡……………… 1976　志第二四

西河……………… 1976　　百官一…………… 1984

五原……………… 1976　　太傅……………… 1985

云中……………… 1976　　太尉……………… 1986

定襄……………… 1977　　司徒……………… 1988

雁门……………… 1977　　司空……………… 1989

朔方……………… 1977　　将军……………… 1990

右并州…………… 1978　后汉书卷一一五

涿郡……………… 1978　志第二五

广阳……………… 1978　　百官二…………… 1992

代郡……………… 1978　　太常……………… 1992

上谷……………… 1979　　光禄勋…………… 1994

渔阳……………… 1979　　卫尉……………… 1997

右北平…………… 1979　　太仆……………… 1998

辽西……………… 1979　　廷尉……………… 1999

辽东……………… 1979　　大鸿胪…………… 1999

玄菟……………… 1980　后汉书卷一一六

乐浪……………… 1980　志第二六

百官三…………… 2001　　百官奉…………… 2028

宗正……………… 2001　　后汉书卷一一九

大司农…………… 2001　　志第二九

少府……………… 2003　　舆服上…………… 2030

后汉书卷一一七　　　　　　玉辂……………… 2031

志第二七　　　　　　　　　乘舆……………… 2034

百官四…………… 2010　　金根……………… 2034

执金吾…………… 2010　　安车……………… 2034

太子太傅………… 2011　　立车……………… 2034

大长秋…………… 2011　　耕车……………… 2035

太子少傅………… 2012　　戎车……………… 2035

将作大匠………… 2013　　猎车……………… 2036

城门校尉………… 2013　　璱车……………… 2036

北军中候………… 2014　　青盖车…………… 2036

司隶校尉………… 2015　　绿车……………… 2036

后汉书卷一一八　　　　　　皂盖车…………… 2037

志第二八　　　　　　　　　夫人安车………… 2037

百官五…………… 2017　　大驾……………… 2037

州郡……………… 2017　　法驾……………… 2037

县乡……………… 2022　　小驾……………… 2038

亭里……………… 2023　　轻车……………… 2038

匈奴中郎将……… 2024　　大使车…………… 2038

乌桓校尉………… 2024　　小使车…………… 2039

护羌校尉………… 2024　　载车……………… 2039

王国……………… 2024　　导从车…………… 2039

宋卫国…………… 2026　　车马饰…………… 2040

列侯……………… 2027　　后汉书卷一二〇

关内侯…………… 2027　　志第三〇

四夷国…………… 2028　　舆服下…………… 2041

# 三　国　志

三国志卷一

魏书一

　武帝纪第一 ……………… 1

三国志卷二

魏书二

　文帝纪第二 ……………… 41

三国志卷三

魏书三

　明帝纪第三 ……………… 68

三国志卷四

魏书四

　三少帝纪第四 …………… 88

　　齐王芳 ………………… 88

　　高贵乡公髦 …………… 100

　　陈留王奂 ……………… 112

三国志卷五

魏书五

　后妃传第五 …………… 118

　　武宣卞皇后 ………… 119

　　文昭甄皇后 ………… 121

　　文德郭皇后 ………… 125

　　明悼毛皇后 ………… 127

　　明元郭皇后 ………… 128

三国志卷六

魏书六

　董二袁刘传第六 ……… 129

　　董卓　李傕　郭汜 …… 129

　　袁绍　子谭　子尚 …… 141

　　袁术 ………………… 156

　　刘表 ………………… 158

三国志卷

魏书七

　吕布臧洪传第七 ……… 164

　　吕布　张邈　陈登 …… 164

　　臧洪　陈容 ………… 173

三国志卷八

魏书八

　一公孙陶四张传第八 … 178

公孙瓒 ············ 178

陶谦 ············ 185

张杨 ············ 187

公孙度　子康　康弟恭

康子渊 ············ 188

张燕 ············ 195

张绣 ············ 196

张鲁 ············ 196

三国志卷九

魏书九

诸夏侯曹传第九 ········ 200

夏侯惇　韩浩　史涣

············ 200

夏侯渊 ············ 202

曹仁　弟纯 ········ 205

曹洪 ············ 207

曹休　子肇 ········ 208

曹真　子爽　羲　训

何晏　邓飏　丁谧　毕轨

李胜　桓范 ······· 209

夏侯尚　子玄 ····· 219

三国志卷一〇

魏书一〇

荀彧荀攸贾诩传第一〇

············ 229

荀彧　子恽　孙彧

孙㬉 ············ 229

荀攸 ············ 239

贾诩 ············ 243

三国志卷一一

魏书一一

袁张凉国田王邴管传第一一

············ 249

袁涣 ············ 249

张范　弟承 ········ 252

凉茂 ············ 253

国渊 ············ 253

田畴 ············ 254

王脩 ············ 258

邴原 ············ 262

管宁　王烈　张臸　胡昭

焦先 ············ 265

三国志卷一二

魏书一二

崔毛徐何邢鲍司马传第一二

············ 275

崔琰 ············ 275

毛玠 ············ 280

徐奕 ············ 283

何夔 ············ 283

邢颙 ············ 286

鲍勋 ············ 287

司马芝 ············ 289

三国志卷一三

魏书一三

钟繇华歆王朗传第一三

············ 292

钟繇　子毓 ········· 292

华歆 …………… 299
王朗 子肃 ………… 303
三国志卷一四
魏书一四
程郭董刘蒋刘传第一四
……………………… 317
程昱 孙晓 ………… 317
郭嘉 …………… 321
董昭 …………… 325
刘晔 …………… 330
蒋济 …………… 335
刘放 孙资 ………… 340
三国志卷一五
魏书一五
刘司马梁张温贾传第一五
……………………… 345
刘馥 …………… 345
司马朗 …………… 347
梁习 …………… 349
张既 …………… 351
温恢 …………… 356
贾逵 …………… 357
三国志卷一六
魏书一六
任苏杜郑仓传第一六 … 363
任峻 …………… 363
苏则 …………… 364
杜畿 …………… 366
郑浑 …………… 377

仓慈 …………… 379
三国志卷一七
魏书一七
张乐于张徐传第一七 … 382
张辽 …………… 382
乐进 …………… 384
于禁 …………… 385
张郃 …………… 387
徐晃 …………… 389
三国志卷一八
魏书一八
二李臧文吕许典二庞阎传第
一八 ……………… 393
李典 …………… 393
李通 …………… 394
臧霸 孙观 ………… 396
文聘 …………… 397
吕虔 …………… 398
许褚 …………… 399
典韦 …………… 400
庞惪 …………… 402
庞淯 …………… 403
阎温 …………… 405
三国志卷一九
魏书一九
任城陈萧王传第一九 … 409
任城威王彰 ………… 409
陈思王植 …………… 410
萧怀王熊 …………… 425

三国志卷二〇

魏书二〇

　　武文世王公传第二〇 … 426

　　　丰愍王昂 …………… 427

　　　相殇王铄 …………… 427

　　　邓哀王冲 …………… 427

　　　彭城王据 …………… 428

　　　燕王宇 ……………… 429

　　　沛穆王林 …………… 429

　　　中山恭王衮 ………… 429

　　　济阳怀王玹 ………… 431

　　　陈留恭王峻 ………… 431

　　　范阳闵王矩 ………… 431

　　　赵王幹 ……………… 431

　　　临邑殇公子上 ……… 432

　　　楚王彪 ……………… 432

　　　刚殇公子勤 ………… 433

　　　谷城殇公子乘 ……… 433

　　　郿戴公子整 ………… 433

　　　灵殇公子京 ………… 434

　　　樊安公均 …………… 434

　　　广宗殇公子棘 ……… 434

　　　东平灵王徽 ………… 434

　　　乐陵王茂 …………… 434

　　　赞哀王协 …………… 435

　　　北海悼王蕤 ………… 435

　　　东武阳怀王鉴 ……… 435

　　　东海定王霖 ………… 435

　　　元城哀王礼 ………… 435

　　　邯郸怀王邕 ………… 436

　　　清河悼王贡 ………… 436

　　　广平哀王俨 ………… 436

三国志卷二一

魏书二一

　　王卫二刘傅传第二一 … 440

　　　王粲　徐干　陈琳　阮瑀

　　　应玚　刘桢　应璩　应贞

　　　阮籍　嵇康　桓威　吴质

　　　……………………… 440

　　　卫觊　潘勖　王象 …… 450

　　　刘廙 ………………… 452

　　　刘劭　缪袭　仲长统

　　　苏林　韦诞　夏侯惠

　　　孙该　杜挚 ………… 455

　　　傅嘏 ………………… 459

三国志卷二二

魏书二二

　　桓二陈徐卫卢传第二二

　　　……………………… 465

　　　桓阶 ………………… 465

　　　陈群　子泰 ………… 466

　　　陈矫 ………………… 473

　　　徐宣 ………………… 475

　　　卫臻 ………………… 476

　　　卢毓 ………………… 478

三国志卷二三

魏书二三

　　和常杨杜赵裴传第二三

・・・・・・・・・・・・・・・・・ 481
　常林 ・・・・・・・・・・・・ 483
　杨俊 ・・・・・・・・・・・・ 487
　杜袭 ・・・・・・・・・・・・ 488
　赵俨 ・・・・・・・・・・・・ 490
　裴潜 ・・・・・・・・・・・・ 493
三国志卷二四
魏书二四
　韩崔高孙王传第二四 ・・・ 497
　　韩暨 ・・・・・・・・・・・・ 497
　　崔林 ・・・・・・・・・・・・ 498
　　高柔 ・・・・・・・・・・・・ 501
　　孙礼 ・・・・・・・・・・・・ 507
　　王观 ・・・・・・・・・・・・ 508
三国志卷二五
魏书二五
　辛毗杨阜高堂隆传第二五
・・・・・・・・・・・・・・・・・ 510
　　辛毗 ・・・・・・・・・・・・ 510
　　杨阜 ・・・・・・・・・・・・ 514
　　高堂隆　栈潜 ・・・ 519
三国志卷二六
魏书二六
　满田牵郭传第二六 ・・・・ 528
　　满宠 ・・・・・・・・・・・・ 528
　　田豫 ・・・・・・・・・・・・ 531
　　牵招 ・・・・・・・・・・・・ 534
　　郭淮 ・・・・・・・・・・・・ 536
三国志卷二七

魏书二七
　徐胡二王传第二七 ・・・・ 540
　　徐邈 ・・・・・・・・・・・・ 540
　　胡质　子威 ・・・・ 541
　　王昶 ・・・・・・・・・・・・ 543
　　王基 ・・・・・・・・・・・・ 548
三国志卷二八
魏书二八
　王毌丘诸葛邓钟传第二八
・・・・・・・・・・・・・・・・・ 553
　　王凌　令狐愚 ・・・ 553
　　毌丘俭 ・・・・・・・・・・ 556
　　诸葛诞　唐咨 ・・・ 562
　　邓艾　州泰 ・・・・ 567
　　钟会　王弼 ・・・・ 573
三国志卷二九
魏书二九
　方技传第二九 ・・・・・・・・ 584
　　华佗　吴普　樊阿 ・・・ 584
　　杜夔 ・・・・・・・・・・・・ 589
　　朱建平 ・・・・・・・・・・ 591
　　周宣 ・・・・・・・・・・・・ 592
　　管辂 ・・・・・・・・・・・・ 593
三国志卷三〇
魏书三〇
　乌丸鲜卑东夷传第三〇
・・・・・・・・・・・・・・・・・ 608
　　乌丸 ・・・・・・・・・・・・ 608
　　鲜卑 ・・・・・・・・・・・・ 611

东夷　夫余　高句丽

东沃沮　挹娄　涉　韩倭

…………………… 615

三国志卷三一

蜀书一

　刘二牧传第一 ………… 632

　　刘焉　子璋 ………… 632

三国志卷三二

蜀书二

　先主传第二 …………… 637

　　刘备 ………………… 637

三国志卷三三

蜀书三

　后主传第三 …………… 653

　　刘禅 ………………… 653

三国志卷三四

蜀书四

　二主妃子传第四 ……… 661

　　甘皇后 ……………… 661

　　穆皇后 ……………… 662

　　敬哀皇后 …………… 662

　　张皇后 ……………… 662

　　刘永 ………………… 663

　　刘理 ………………… 663

　　太子璿 ……………… 663

三国志卷三五

蜀书五

　诸葛亮传第五 ………… 665

　　诸葛亮 ……………… 665

三国志卷三六

蜀书六

　关张马黄赵传第六 …… 685

　　关羽 ………………… 685

　　张飞 ………………… 688

　　马超 ………………… 689

　　黄忠 ………………… 691

　　赵云 ………………… 692

三国志卷三七

蜀书七

　庞统法正传第七 ……… 695

　　庞统 ………………… 695

　　法正 ………………… 698

三国志卷三八

蜀书八

　许麋孙简伊秦传第八 … 702

　　许靖 ………………… 702

　　麋竺 ………………… 706

　　孙乾 ………………… 707

　　简雍 ………………… 707

　　伊籍 ………………… 708

　　秦宓 ………………… 708

三国志卷三九

蜀书九

　董刘马陈董吕传第九 … 713

　　董和 ………………… 713

　　刘巴 ………………… 714

　　马良　弟谡 ………… 715

　　陈震 ………………… 717

董允 黄皓 陈祗 …… 718

吕乂 …………………… 719

三国志卷四〇

蜀书一〇

　刘彭廖李刘魏杨传第一〇

　　…………………… 721

　　刘封 …………………… 721

　　彭羕 …………………… 723

　　廖立 …………………… 725

　　李严 …………………… 726

　　刘琰 …………………… 728

　　魏延 …………………… 729

　　杨仪 …………………… 731

三国志卷四一

蜀书一一

　霍王向张杨费传第一一

　　…………………… 732

　　霍峻 …………………… 732

　　王连 …………………… 734

　　向朗 兄子宠 …… 734

　　张裔 …………………… 735

　　杨洪 …………………… 736

　　费诗 …………………… 738

三国志卷四二

蜀书一二

　杜周杜许孟来尹李谯郤传第

一二 …………………… 740

　　杜微 …………………… 740

　　周群 张裕 …… 741

杜琼 …………………… 742

许慈 …………………… 743

孟光 …………………… 743

来敏 …………………… 744

尹默 …………………… 745

李譔 …………………… 745

谯周 …………………… 746

郤正 …………………… 751

三国志卷四三

蜀书一三

　黄李吕马王张传第一三

　　…………………… 757

　　黄权 …………………… 757

　　李恢 …………………… 758

　　吕凯 …………………… 759

　　马忠 …………………… 760

　　王平 …………………… 761

　　张嶷 …………………… 762

三国志卷四四

蜀书一四

　蒋琬费祎姜维传第一四

　　…………………… 766

　　蒋琬 子斌 斌弟显

　　刘敏 …………………… 766

　　费祎 …………………… 768

　　姜维 …………………… 770

三国志卷四五

蜀书一五

　邓张宗杨传第一五 …… 776

邓芝 ……………… 776

张翼 ……………… 777

宗预 廖化 ……… 779

杨戏 ……………… 780

三国志卷四六

吴书一

孙破虏讨逆传第一 …… 791

孙坚 …………… 791

孙策 …………… 797

三国志卷四七

吴书二

吴主传第二 ……… 807

孙权 …………… 807

三国志卷四八

吴书三

三嗣主传第三 …… 833

孙亮 …………… 833

孙休 …………… 836

孙晧 …………… 841

三国志卷四九

吴书四

刘繇太史慈士燮传第四

……………………… 857

刘繇 子基 ……… 857

太史慈 ………… 859

士燮 子徽 弟壹 䵄

壹子匡 ………… 862

三国志卷五○

吴书五

妃嫔传第五 ……… 866

孙破虏吴夫人 弟景

……………………… 866

吴主权谢夫人 …… 867

权徐夫人 父琨 … 867

权步夫人 ……… 868

权王夫人 ……… 869

权王夫人 ……… 869

权潘夫人 ……… 869

孙亮全夫人 ……… 869

孙休朱夫人 ……… 870

孙和何姬 ……… 870

孙晧滕夫人 ……… 871

三国志卷五一

吴书六

宗室传第六 ……… 873

孙静 子瑜 皎 奂

……………………… 873

孙贲 子邻 ……… 876

孙辅 …………… 877

孙翊 …………… 878

孙匡 …………… 878

孙韶 …………… 879

孙桓 …………… 881

三国志卷五二

吴书七

张顾诸葛步传第七 …… 883

和昭 弟子奋 子承

休 ……………… 883

顾雍　子邵　孙谭

　　孙承 ……………… 887

　诸葛瑾　子融 ……… 892

　步骘　子阐 ………… 895

三国志卷五三

吴书八

　张严程阚薛传第八 …… 900

　　张纮　子玄　孙尚 …… 900

　　严畯　裴玄 ………… 903

　　程秉 ………………… 904

　　阚泽　唐固 ………… 904

　　薛综　子珝　子莹 …… 905

三国志卷五四

吴书九

　周瑜鲁肃吕蒙传第九 … 911

　　周瑜 ………………… 911

　　鲁肃 ………………… 917

　　吕蒙 ………………… 921

三国志卷五五

吴书一〇

　程黄韩蒋周陈董甘凌徐潘丁

传第一〇 …………… 928

　　程普 ………………… 928

　　黄盖 ………………… 929

　　韩当 ………………… 930

　　蒋钦 ………………… 930

　　周泰 ………………… 931

　　陈武 ………………… 932

　　董袭 ………………… 933

　甘宁 ………………… 934

　凌统 ………………… 937

　徐盛 ………………… 938

　潘璋 ………………… 939

　丁奉 ………………… 940

三国志卷五六

吴书一一

　朱治朱然吕范朱桓传第一一

　…………………… 942

　　朱治 ………………… 942

　　朱然　子绩 ………… 944

　　吕范　子据 ………… 946

　　朱桓　子异 ………… 948

三国志卷五七

吴书一二

　虞陆张骆陆吾朱传第一二

　…………………… 952

　　虞翻　子汜　忠　耸

　　昺 ………………… 952

　　陆绩 ………………… 960

　　张温 ………………… 961

　　骆统 ………………… 965

　　陆瑁 ………………… 966

　　吾粲 ………………… 968

　　朱据 ………………… 968

三国志卷五八

吴书一三

　陆逊传第一三 ………… 970

　　陆孙　子抗 ………… 970

# 晋　书

晋书卷一

帝纪第一

　高祖宣帝 …………………… 1

晋书卷二

帝纪第二

　世宗景帝　太祖文帝…… 14

晋书卷三

帝纪第三

　世祖武帝…………………… 27

晋书卷四

帝纪第四

　孝惠帝……………………… 48

晋书卷五

帝纪第五

　孝怀帝……………………… 61

　愍帝………………………… 68

晋书卷六

帝纪第六

　中宗元帝………………… 76

肃宗明帝………………… 86

晋书卷七

帝纪第七

　显宗成帝………………… 92

　康帝 …………………… 101

晋书卷八

帝纪第八

　孝宗穆帝 ……………… 104

　哀帝 …………………… 112

　废帝海西公 …………… 115

晋书卷九

帝纪第九

　太宗简文帝 …………… 120

　孝武帝 ………………… 123

晋书卷十

帝纪第十

　安帝 …………………… 135

　恭帝 …………………… 146

晋书卷一一

志第一

　天文上 ……………… 149

　　天体 ……………… 150

　　仪象 ……………… 154

　　天文经星 ………… 157

　　中宫 ……………… 157

　　二十八舍 ………… 164

　　二十八宿外星 …… 164

　　天汉起没 ………… 169

　　十二次度数 ……… 170

　　州郡躔次 ………… 171

晋书卷一二

志第二

　天文中 ……………… 173

　　七曜 ……………… 173

　　杂星气 …………… 177

　　瑞星 ……………… 177

　　妖星 ……………… 177

　　客星 ……………… 180

　　流星 ……………… 180

　　云气 ……………… 181

　　十辉 ……………… 182

　　杂气 ……………… 183

　　大变史传事验 …… 186

　　日蚀 ……………… 186

　　月变 ……………… 192

　　月奄犯五纬 ……… 192

　　五星聚舍 ………… 195

晋书卷一三

志第三

　天文下 ……………… 199

　　月五星犯列舍

　　经星变附见 ……… 199

　　妖星客星 ………… 217

　　星流陨 …………… 223

　　云气 ……………… 225

晋书卷一四

志第四

　地理上 ……………… 226

　　总叙 ……………… 226

　　司州 ……………… 233

　　兖州 ……………… 235

　　豫州 ……………… 236

　　冀州 ……………… 238

　　幽州 ……………… 239

　　平州 ……………… 240

　　并州 ……………… 240

　　雍州 ……………… 241

　　凉州 ……………… 243

　　秦州 ……………… 244

　　梁州 ……………… 245

　　益州 ……………… 246

　　宁州 ……………… 247

晋书卷一五

志第五

　地理下 ……………… 249

　　青州 ……………… 249

　　徐州 ……………… 250

荆州 ······ 252

扬州 ······ 254

交州 ······ 258

广州 ······ 259

晋书卷一六

志第六

律历上 ······ 261

晋书卷一七

志第七

律历中 ······ 275

晋书卷一八

志第八

律历下 ······ 297

晋书卷一九

志第九

礼上 ······ 321

晋书卷二〇

志第一〇

礼中 ······ 342

晋书卷二一

志第一一

礼下 ······ 364

晋书卷二二

志第一二

乐上 ······ 379

晋书卷二三

志第一三

乐下 ······ 391

晋书卷二四

志第一四

职官 ······ 406

晋书卷二五

志第一五

舆服 ······ 422

晋书卷二六

志第一六

食货 ······ 438

晋书卷二七

志第一七

五行上 ······ 451

晋书卷二八

志第一八

五行中 ······ 471

晋书卷二九

志第一九

五行下 ······ 493

晋书卷三〇

志第二〇

刑法 ······ 518

晋书卷三一

列传第一

后妃上 ······ 538

宣穆张皇后 ······ 539

景怀夏侯皇后 ······ 539

景献羊皇后 ······ 540

文明王皇后 ······ 540

武元杨皇后 ······ 541

武悼杨皇后　左贵嫔

胡贵嫔　诸葛夫人 ……… 543
惠贾皇后 ……………… 549
惠羊皇后　谢夫人…… 551
怀王太后 ……………… 552
元夏侯太妃 …………… 552
晋书卷三二
列传第二
后妃下 ………………… 553
元敬虞皇后　荀豫章君
………………… 553
明穆庚皇后 …………… 554
成恭杜皇后　章周太妃
………………… 554
康献褚皇后 …………… 555
穆章何皇后 …………… 557
哀靖王皇后 …………… 558
废帝庚皇后 …………… 558
简文宣郑太后 ………… 558
简文顺王皇后 ………… 559
孝武文李太后 ………… 559
孝武定王皇后 ………… 560
安德陈太后 …………… 561
安僖王皇后 …………… 561
恭思褚皇后 …………… 561
晋书卷三三
列传第三
王祥　弟览 …………… 563
郑冲 …………………… 566
何曾　子劭　遵………… 567

石苞　子崇　欧阳建
孙铄 ………………… 572
晋书卷三四
列传第四
羊祜 …………………… 579
杜预　子锡 …………… 587
晋书卷三五
列传第五
陈骞　子舆 …………… 594
裴秀　子頠　秀从弟楷
楷子宪 ……………… 595
晋书卷三六
列传第六
卫瓘　子恒　孙璪　玠 … 607
张华　子祎　韪　刘卞 … 616
晋书卷三七
列传第七
宗室 …………………… 625
安平献王孚　子邕
邕弟义阳成王望
望弟河涧平王洪　洪子威
洪弟随穆王整
整弟音陵王㼆
望弟太原成王辅　辅弟翼
翼弟下邳献王晃
弟太原烈王环
环弟高阳元王珪
珪弟常山孝王衡
衡弟沛顺王景 ………… 625
彭城穆王权　孙纮

纮子俊 …………… 632

高密文献王泰

子孝王略

略兄新蔡武安王腾

腾子庄王确

略弟南阳王模

模子保 …………… 633

范阳康王绥 子虓 … 636

济南惠王遂 曾孙勋

…………… 638

谯刚王逊 子闵王承

承子烈王无忌

无忌子敬王恬 恬子忠

王尚之 尚之弟恢之

允之 韩延之 恬弟愔

…………… 639

高阳王睦 …………… 645

任城景王陵 弟顺斌

…………… 645

晋书卷三八

列传第八

宣五王 …………… 647

平原王幹 …………… 647

琅邪王伷 …………… 648

清惠亭侯京 …………… 650

扶风武王骏 …………… 650

梁王肜 …………… 652

文六王 …………… 654

齐王攸 …………… 654

城阳王兆 …………… 658

辽东王定国 …………… 658

广汉王广德 …………… 658

乐安王鉴 …………… 658

乐平王延祚 …………… 659

晋书卷三九

列传第九

王沉 子浚 …………… 660

荀顗 …………… 664

荀勖 子藩 藩子邃 闿

藩弟组 组子弈 …………… 666

冯纨 …………… 672

晋书卷四〇

列传第一〇

贾充 孙谧 充弟混

族子模 郭彰 …………… 674

杨骏 弟珧济 …………… 682

晋书卷四一

列传第一一

魏舒 …………… 686

李憙 …………… 688

刘实 弟智 …………… 689

高光 …………… 695

晋书卷四二

列传第一二

王浑 子济 …………… 696

王濬 …………… 700

唐彬 …………… 707

晋书卷四三

列传第一三

山涛　子简　简子遐 …… 710

王戎　从弟衍　衍弟澄

郭舒 …………………… 715

乐广 …………………… 723

晋书卷四四

列传第一四

郑袤　子默　默子珠 …… 726

李胤 …………………… 728

卢钦　子浮　弟珽　珽子志

志子谌 ………………… 730

华表　子廙　廙子恒

廙弟峤 ………………… 733

石鉴 …………………… 736

温羡 …………………… 737

晋书卷四五

列传第一五

刘毅　子暾 …………… 739

和峤 …………………… 747

武陔 …………………… 748

任恺 …………………… 748

崔洪 …………………… 750

郭弈 …………………… 750

侯史光 ………………… 751

何攀 …………………… 751

晋书卷四六

列传第一六

刘颂 …………………… 753

李重 …………………… 764

晋书卷四七

列传第一七

傅玄　子咸　咸从父弟祗

　……………………… 768

晋书卷四八

列传第一八

向雄 …………………… 780

段灼 …………………… 781

阎缵 …………………… 790

晋书卷四九

列传第一九

阮籍　兄子咸　咸子瞻

瞻弟孚　从子修　族弟放

放弟裕 ………………… 796

嵇康 …………………… 802

向秀 …………………… 806

刘伶 …………………… 807

谢鲲 …………………… 808

胡母辅之　子谦之 …… 809

毕卓 …………………… 810

王尼 …………………… 810

羊曼　弟明 …………… 811

光逸 …………………… 812

晋书卷五〇

列传第二〇

曹志 …………………… 814

庾峻　子珉　珉弟敳 …… 815

郭象 …………………… 819

庾纯　子旉 …………… 819

秦秀 …………………… 824

晋书卷五一
列传第二一
　　皇甫谧　子方回………… 827
　　挚虞 …………………… 834
　　束皙 …………………… 839
　　王接 …………………… 844
晋书卷五二
列传第二二
　　郤诜 …………………… 846
　　阮种 …………………… 849
　　华谭　袁甫…………… 852
晋书卷五三
列传第二三
　　愍怀太子遹　子臧　臧尚
　　 ……………………………… 858
晋书卷五四
列传第二四
　　陆机　孙拯 ………… 864
　　弟云　云弟耽　从父兄喜
　　 ……………………………… 873
晋书卷五五
列传第二五
　　夏侯湛　弟淳　淳子承
　　 ……………………………… 879
　　潘岳　从子尼………… 885
　　张载　弟协　协弟亢 … 896
晋书卷五六
列传第二六
　　江统　子虨　惇……… 903

　　孙楚　子众　洵纂　统弟绰
　　 ……………………………… 910
晋书卷五七
列传第二七
　　罗宪　兄子尚………… 916
　　滕修 …………………… 917
　　马隆 …………………… 918
　　胡奋 …………………… 919
　　陶璜 …………………… 920
　　吾彦 …………………… 923
　　张光 …………………… 924
　　赵诱 …………………… 925
晋书卷五八
列传第二八
　　周处　子玘　玘弟礼
　　玘弟札　札兄子莚 …… 927
　　周访　子抚　抚子楚
　　楚子琼　琼子虓　抚弟光
　　光子仲孙…………………… 933
晋书卷五九
列传第二九
　　汝南文成王亮　子粹　矩
　　羕　宗　熙…………… 941
　　楚隐王玮 ……………… 944
　　赵王伦 ………………… 945
　　齐王冏　郑方………… 951
　　长沙厉王乂 …………… 955
　　成都王颖 ……………… 957
　　河间王颙 ……………… 960

东海孝献王越 ············ 962

晋书卷六〇

列传第三〇

　解系 弟结 结弟育 ······ 967

　孙旂 ················ 968

　孟观 ················ 969

　牵秀 ················ 969

　缪播 从弟胤 ············ 970

　皇甫重 ··············· 971

　张辅 ················ 972

　李含 ················ 973

　张方 ················ 975

　阎鼎 ················ 977

　索靖 子綝 ············ 977

　贾疋 ················ 980

晋书卷六一

列传第三一

　周浚 子嵩 谟 从父弟馥

　　 ················ 982

　成公简 ·············· 987

　苟晞 ················ 987

　华轶 ················ 991

　刘乔 孙耽 耽子柳 ······ 992

晋书卷六二

列传第三二

　刘琨 琨子群 琨兄舆

　舆子演 ·············· 996

　祖逖 兄纳 ············ 1005

晋书卷六三

列传第三三

　邵续 ················ 1011

　李矩 ················ 1013

　段匹磾 ··············· 1015

　魏浚 浚族子该 ·········· 1017

　郭默 ················ 1018

晋书卷六四

列传第三四

　武十五王 ············· 1021

　元四王 ··············· 1024

　简文三王 ············· 1028

晋书卷六五

列传第三五

　王导 子悦 恬 洽 协

　劭 荟 洽子珣 珉

　劭子谧 ·············· 1036

晋书卷六六

列传第三六

　刘弘 ················ 1047

　陶侃 兄子臻 臻弟舆

　　 ················ 1050

晋书卷六七

列传第三七

　温峤 ················ 1061

　郗鉴 子愔 愔子超

　愔弟昙 鉴叔父隆 ······· 1069

晋书卷六八

列传第三八

　顾荣 ················ 1078

纪瞻…………………… 1081
贺循 杨方 …………… 1087
薛兼…………………… 1092
晋书卷六九
列传第三九
刘隗 孙波 …………… 1094
刁协 子彝 彝子逵 … 1098
戴若思 弟邈 ………… 1101
周顗 子闵 …………… 1104
晋书卷七〇
列传第四〇
应詹…………………… 1107
甘卓 邓骞 …………… 1110
卞壶 从父兄敦 ……… 1113
刘超…………………… 1119
钟雅…………………… 1120
晋书卷七一
列传第四一
孙惠…………………… 1122
熊远…………………… 1124
王鉴…………………… 1127
陈頵…………………… 1129
高崧…………………… 1131
晋书卷七二
列传第四二
郭璞…………………… 1133
葛洪…………………… 1141
晋书卷七三
列传第四三

庾亮 子彬 羲 龢
弟怿 冰 条 翼……… 1144
晋书卷七四
列传第四四
桓彝 子云 云弟豁
豁子石虔 虔子振
虔弟石秀 石民 石生
石绥 石康 豁弟秘
秘弟冲 冲子嗣
子胤 嗣弟谦 谦弟修
徐宁 ………………… 1159
晋书卷七五
列传第四五
王湛 子承 承子述
述子坦之 祎之
坦之子恺 愉 国宝 忱
愉子绥 承族子峤
袁悦之 祖台之 ……… 1171
荀崧 子蕤 羡 …… 1182
范汪 子宁 汪叔坚 … 1186
刘惔 ………………… 1191
张凭 ………………… 1193
韩伯 ………………… 1193
晋书卷七六
列传第四六
王舒 子允 ………… 1196
王廙 弟彬 彬子彪之
………………………… 1198
王稜 ………………… 1204
虞潭 孙啸父 兄子骏

………………………… 1205
　顾众 …………………… 1206
　张闿 …………………… 1208
晋书卷七七
列传第四七
　陆晔　晔弟玩　玩子纳
　………………………… 1210
　何充 …………………… 1213
　褚翜 …………………… 1215
　蔡谟 …………………… 1217
　诸葛恢 ………………… 1222
　殷浩 …………………… 1223
　顾悦之 ………………… 1227
　蔡裔 …………………… 1227
晋书卷七八
列传第四八
　孔愉　子汪　安国　弟祗
　从子坦　严　从弟群
　群子沉 ………………… 1228
　丁潭　张茂 …………… 1235
　陶回 …………………… 1237
晋书卷七九
列传第四九
　谢尚 …………………… 1239
　谢安　安子琰　琰子混
　安兄弈　弈子玄　安弟万
　万弟石　石兄子朗
　弟子邈 ………………… 1241
晋书卷八○

列传第五○
　王羲之　子玄之　疑之
　徽之　徽之子桢之
　徽之弟操之　献之 …… 1254
　许迈 …………………… 1263
晋书卷八一
列传第五一
　王逊 …………………… 1265
　蔡豹 …………………… 1266
　羊鉴 …………………… 1267
　刘胤 …………………… 1267
　桓宣　族子伊 ………… 1269
　朱伺 …………………… 1272
　毛宝　子穆之　安之
　孙璩　宗人德祖 ……… 1274
　刘遐 …………………… 1278
　邓嶽　子遐 …………… 1279
　朱序 …………………… 1280
晋书卷八二
列传第五二
　陈寿 …………………… 1283
　王长文 ………………… 1284
　虞浦 …………………… 1284
　司马彪 ………………… 1286
　王隐 …………………… 1286
　虞预 …………………… 1287
　孙盛 …………………… 1290
　干宝 …………………… 1291
　邓粲 …………………… 1292

谢沉……………………1293
习凿齿…………………1293
徐广……………………1297
晋书卷八三
列传第五三
顾和……………………1299
袁环　子乔　乔孙崧
环弟猷　从祖准　准孙耽
耽子质　质子淇　豹…1301
江逌　从弟灌　灌子绩
………………………1304
车胤……………………1308
殷颛……………………1309
王雅……………………1309
晋书卷八四
列传第五四
王恭……………………1312
庾楷……………………1315
刘牢之　子敬宣 ………1315
殷仲堪…………………1318
杨佺期…………………1323
晋书卷八五
列传第五五
刘毅　兄迈……………1326
诸葛长民………………1330
何无忌…………………1332
檀凭之…………………1334
魏咏之…………………1334
晋书卷八六

列传第五六
张轨　轨子实　实弟茂
实子骏　骏子重华
华子耀灵　灵伯父祚
灵弟玄靓　靓叔天锡 ……1336
晋书卷八七
列传第五七
凉武昭王李玄盛
子士业…………………1359
晋书卷八八
列传第五八
孝友……………………1370
李密……………………1371
盛彦……………………1372
夏方……………………1373
王裒……………………1373
许孜……………………1374
庾衮……………………1375
孙晷……………………1377
颜含……………………1378
刘殷……………………1379
王延……………………1381
王谈……………………1381
桑虞……………………1382
何琦……………………1382
吴逵……………………1383
晋书卷八九
列传第五九
忠义……………………1385

韦谀…………………… 1425
范弘之…………………… 1426
王欢…………………… 1429
晋书卷九二
列传第六二
　文苑…………………… 1430
　应贞…………………… 1431
　成公绥…………………… 1431
　左思…………………… 1434
　赵至…………………… 1435
　邹湛…………………… 1437
　枣据…………………… 1438
　褚陶…………………… 1438
　王沉…………………… 1438
　张翰…………………… 1440
　庾阐…………………… 1440
　曹毗…………………… 1441
　李充…………………… 1443
　袁宏…………………… 1445
　伏滔…………………… 1449
　罗含…………………… 1452
　顾恺之…………………… 1453
　郭澄之…………………… 1454
晋书卷九三
列传第六三
　外戚…………………… 1456
　羊琇…………………… 1457
　王恂　弟虔　恺 …… 1458
　杨文宗…………………… 1458

羊玄之…………………… 1458
虞豫　子胤 …………… 1458
庾琛…………………… 1459
杜乂…………………… 1459
褚裒…………………… 1459
何准　子澄 …………… 1461
王濛　子修 …………… 1462
王遐…………………… 1463
王蕴…………………… 1463
褚爽…………………… 1464
晋书卷九四
列传第六四
　隐逸…………………… 1465
　孙登…………………… 1466
　董京…………………… 1466
　夏统…………………… 1467
　朱冲…………………… 1468
　范粲　子乔 …………… 1469
　鲁胜…………………… 1470
　董养…………………… 1471
　霍原…………………… 1472
　郭琦…………………… 1472
　伍朝…………………… 1472
　鲁褒…………………… 1473
　汜腾…………………… 1473
　任旭…………………… 1474
　郭文…………………… 1474
　龚壮…………………… 1476
　孟陋…………………… 1476

韩绩·················· 1477

谯秀·················· 1477

翟汤·子庄·········· 1477

郭翻·················· 1478

辛谧·················· 1479

刘驎之··············· 1479

索袭·················· 1480

杨轲·················· 1480

公孙凤··············· 1481

公孙永··············· 1481

张忠·················· 1481

石坦·················· 1482

宋纤·················· 1482

郭荷·················· 1483

郭瑀·················· 1483

祈嘉·················· 1484

瞿硎先生············· 1484

谢敷·················· 1484

戴逵·················· 1485

龚玄之··············· 1486

陶淡·················· 1486

陶潜·················· 1487

晋书卷九五
列传第六五

艺术·················· 1490

陈训·················· 1491

戴洋·················· 1492

韩友·················· 1496

淳于智··············· 1497

步熊·················· 1498

杜不愆··············· 1498

严卿·················· 1499

隗炤·················· 1499

卜珝·················· 1499

鲍靓·················· 1500

吴猛·················· 1500

幸灵·················· 1500

佛图澄··············· 1501

麻襦·················· 1505

单道开··············· 1506

黄泓·················· 1507

索紞·················· 1507

孟钦·················· 1509

王嘉·················· 1509

僧涉·················· 1510

郭黁·················· 1510

鸠摩罗什············· 1511

昙霍·················· 1513

台产·················· 1513

晋书卷九六
列传第六六

列女·················· 1516

姜耽妻辛氏··········· 1516

杜有道妻严氏········· 1517

王浑妻钟氏··········· 1517

郑袤妻曹氏··········· 1518

愍怀太子妃王氏······· 1518

郑休妻石氏··········· 1518

陶侃母湛氏…………… 1519
贾浑妻宗氏…………… 1519
梁纬妻辛氏…………… 1519
许延妻杜氏…………… 1519
虞潭母孙氏…………… 1519
周嶷母李氏…………… 1520
张茂妻陆氏…………… 1520
尹虞二女……………… 1520
荀崧小女灌…………… 1520
王凝之妻谢氏………… 1521
刘臻妻陈氏…………… 1522
皮京妻龙氏…………… 1522
孟昶妻周氏…………… 1522
何无忌母刘氏………… 1522
刘聪妻刘氏…………… 1523
王广女………………… 1523
陕妇人………………… 1524
靳康女………………… 1524
韦逞母宋氏…………… 1524
张天锡二姜　阎氏
薛氏 ………………… 1524
符坚姜张氏…………… 1525
窦滔妻苏氏…………… 1525
符登妻毛氏…………… 1525
慕容垂妻段氏………… 1525
段丰妻慕容氏………… 1526
吕纂妻杨氏…………… 1527
吕绍妻张氏…………… 1527
凉武昭王李玄盛后尹

氏……………………… 1527
晋书卷九七
列传第六七
　四夷………………… 1529
　　东夷　夫余　马韩
　　辰韩　肃慎　倭人
　　裨离等十国 ……… 1529
　　西戎　吐谷浑　焉耆
　　龟兹　大宛　康居
　　大秦………………… 1532
　　南蛮　林邑　扶南 … 1537
　　北狄　匈奴………… 1539
晋书卷九八
列传第六八
　王敦　沈充 ………… 1542
　桓温　孟嘉 ………… 1552
晋书卷九九
列传第六九
　桓玄………………… 1562
　卞范之……………… 1574
　殷仲文……………… 1575
晋书卷一〇〇
列传第七〇
　王弥………………… 1577
　张昌………………… 1579
　陈敏………………… 1580
　王如………………… 1583
　杜曾………………… 1584
　杜弢………………… 1584

王机 …………………… 1587
祖约 …………………… 1588
苏峻 …………………… 1589
孙恩 …………………… 1592
卢循 …………………… 1593
谯纵 …………………… 1595
晋书卷一○一
载记第一
　载记序 ………………… 1598
　刘元海 子和 刘宣 … 1599
晋书卷一○二
载记第二
　刘聪 子粲 陈元达 … 1606
晋书卷一○三
载记第三
　刘曜 ………………… 1623
晋书卷一○四
载记第四
　石勒上 ……………… 1638
晋书卷一○五
载记第五
　石勒下 子弘 张宾 … 1655
晋书卷一○六
载记第六
　石季龙上 …………… 1671
晋书卷一○七
载记第七
　石季龙下 子世 遵
　鉴 冉闵 …………… 1684

晋书卷一○八
载记第八
　慕容廆 裴嶷 高瞻 … 1697
晋书卷一○九
载记第九
　慕容皝 慕容翰
　阳裕 ………………… 1705
晋书卷一一○
载记第一○
　慕容儁 韩恒 李产
　产子绩 ……………… 1715
晋书卷一一一
载记第一一
　慕容暐 慕容恪 阳骛
　皇甫真 ……………… 1725
晋书卷一一二
载记第一二
　苻洪 ………………… 1737
　苻健 ………………… 1738
　苻生 苻雄 王堕 …… 1740
晋书卷一一三
载记第一三
　苻坚上 ……………… 1747
晋书卷一一四
载记第一四
　苻坚下 王猛 苻融
　苻朗 ………………… 1763
晋书卷一一五
载记第一五

苻丕……………………… 1783
　苻登　索泮　徐嵩 …… 1787
晋书卷一一六
载记第一六
　姚弋仲……………………… 1794
　姚襄……………………… 1796
　姚苌……………………… 1797
晋书卷一一七
载记第一七
　姚兴上……………………… 1804
晋书卷一一八
载记第一八
　姚兴下　尹纬………… 1814
晋书卷一一九
载记第一九
　姚泓……………………… 1824
晋书卷一二〇
载记第二〇
　李特……………………… 1833
　李流　李痒 …………… 1838
晋书卷一二一
载记第二一
　李雄……………………… 1841
　李班……………………… 1845
　李期……………………… 1845
　李寿……………………… 1846
　李势……………………… 1848
晋书卷一二二
载记第二二

吕光……………………… 1851
吕纂……………………… 1858
吕隆……………………… 1862
晋书卷一二三
载记第二三
　慕容垂……………………… 1865
晋书卷一二四
载记第二四
　慕容宝……………………… 1875
　慕容盛……………………… 1878
　慕容熙……………………… 1883
　慕容云……………………… 1885
晋书卷一二五
载记第二五
　乞伏国仁………………… 1887
　乞伏乾归………………… 1889
　乞伏炽磐………………… 1893
　冯跋　冯素弗 ………… 1896
晋书卷一二六
载记第二六
　秃发乌孤………………… 1902
　秃发利鹿孤……………… 1904
　秃发傉檀………………… 1906
晋书卷一二七
载记第二七
　慕容德……………………… 1915
晋书卷一二八
载记第二八
　慕容超……………………… 1924

# 宋　书

宋书卷一

本纪第一

　　武帝上 ………………… 1

宋书卷二

本纪第二

　　武帝中 ………………… 17

宋书卷三

本纪第三

　　武帝下 ………………… 32

宋书卷四

本纪第四

　　少帝 …………………… 39

宋书卷五

本纪第五

　　文帝 …………………… 42

宋书卷六

本纪第六

　　孝武帝 ………………… 63

宋书卷七

本纪第七

　　前废帝 ………………… 81

宋书卷八

本纪第八

　　明帝 …………………… 87

宋书卷九

本纪第九

　　后废帝 ………………… 101

宋书卷一〇

本纪第一〇

　　顺帝 …………………… 110

宋书卷一一

志第一

志序　历上 ……………… 115

宋书卷一二

志第二

　　历中 …………………… 127

宋书卷一三

志第三

　历下 ………………… 158

宋书卷一四

志第四

　礼一 ………………… 192

宋书卷一五

志第五

　礼二 ………………… 223

宋书卷一六

志第六

　礼三 ………………… 246

宋书卷一七

志第七

　礼四 ………………… 273

宋书卷一八

志第八

　礼五 ………………… 292

宋书卷一九

志第九

　乐一 ………………… 314

宋书卷二〇

志第一〇

　乐二 ………………… 333

宋书卷二一

志第一一

　乐三 ………………… 355

宋书卷二二

志第一二

　乐四 ………………… 369

宋书卷二三

志第一三

　天文一 ………………… 396

宋书卷二四

志第一四

　天文二 ………………… 411

宋书卷二五

志第一五

　天文三 ………………… 425

宋书卷二六

志第一六

　天文四 ………………… 438

宋书卷二七

志第一七

　符瑞上 ………………… 448

宋书卷二八

志第一八

　符瑞中 ………………… 468

宋书卷二九

志第一九

　符瑞下 ………………… 488

宋书卷三〇

志第二〇

　五行一 ………………… 519

宋书卷三一

志第二一

　五行二 ………………… 530

宋书卷三二

志第二二

　五行三 …………… 551

宋书卷三三

志第二三

　五行四 …………… 562

宋书卷三四

志第二四

　五行五 …………… 578

宋书卷三五

志第二五

　州郡一 …………… 604

　　扬州 …………… 605

　　南徐州 ………… 610

　　徐州 …………… 616

　　南兖州 ………… 620

　　兖州 …………… 624

宋书卷三六

志第二六

　州郡二 …………… 627

　　南豫州 ………… 627

　　豫州 …………… 633

　　江州 …………… 636

　　青州 …………… 640

　　冀州 …………… 643

　　司州 …………… 646

宋书卷三七

志第二七

　州郡三 …………… 649

　　荆州 …………… 649

　　郢州 …………… 653

　　湘州 …………… 656

　　雍州 …………… 661

　　梁州 …………… 666

　　秦州 …………… 672

宋书卷三八

志第二八

　州郡四 …………… 676

　　益州 …………… 676

　　宁州 …………… 683

　　广州 …………… 688

　　交州 …………… 697

　　越州 …………… 699

宋书卷三九

志第二九

　百官上 …………… 700

宋书卷四〇

志第三〇

　百官下 …………… 716

宋书卷四一

列传第一

　后妃 ……………… 731

　　孝穆赵皇后 …… 737

　　孝懿萧皇后 …… 737

　　武敬臧皇后 …… 738

　　武张夫人 ……… 738

　　少帝司马皇后 … 739

　　文元袁皇后　潘淑妃

　　　　　　　…… 739

　　文路淑媛 ……… 741

　宗室 ·················· 842　　列传第一六

　　长沙景王道怜 ······· 842　　　谢瞻 ················· 896

　　临川烈武王道规　　　　　　　　孔琳之 ··············· 897

　　　鲍照 ··············· 848　宋书卷五七

　　营浦侯遵考 ········· 855　列传第一七

宋书卷五二　　　　　　　　　　　蔡廓　子兴宗 ·········· 902

列传第一二　　　　　　　　　宋书卷五八

　庾悦 ················· 858　列传第一八

　王诞 ················· 859　　王惠 ················· 914

　谢景仁　弟述 ········ 860　　谢弘微 ··············· 915

　袁湛　弟豹 ········· 863　　王球 ················· 917

　褚叔度 ··············· 867　宋书卷五九

宋书卷五三　　　　　　　　　列传第一九

列传第一三　　　　　　　　　　殷淳 ················· 919

　张茂度　子永 ········ 870　　张畅 ················· 920

　庾登之　弟炳之 ······ 874　　何偃 ················· 926

　谢方明 ··············· 878　　江智渊 ··············· 927

　江夷 ················· 880　宋书卷六○

宋书卷五四　　　　　　　　　列传第二○

列传第一四　　　　　　　　　　范泰 ················· 929

　孔季恭 ··············· 882　　王准之 ··············· 934

　羊玄保 ··············· 884　　王韶之 ··············· 935

　沈昙庆 ··············· 887　　荀伯子 ··············· 937

宋书卷五五　　　　　　　　　宋书卷六一

列传第一五　　　　　　　　　列传第二一

　臧焘 ················· 889　　武三王 ··············· 939

　徐广 ················· 892　　庐陵孝献王义真 ······ 939

　傅隆 ················· 893　　江夏文献王义恭 ······ 943

宋书卷五六　　　　　　　　　　衡阳文王义季 ········· 952

宋书卷七三
列传第三三
　颜延之……………………… 1088
宋书卷七四
列传第三四
　臧质…………………… 1098
　鲁爽…………………… 1106
　沈攸之………………… 1110
宋书卷七五
列传第三五
　王僧达………………… 1122
　颜竣…………………… 1127
宋书卷七六
列传第三六
　朱脩之………………… 1134
　宗悫…………………… 1135
　王玄谟………………… 1136
宋书卷七七
列传第三七
　柳元景………………… 1140
　颜师伯………………… 1147
　沈庆之………………… 1150
宋书卷七八
列传第三八
　萧思话………………… 1158
　刘延孙………………… 1163
宋书卷七九
列传第三九
　文五王………………… 1165

　竟陵王诞……………… 1165
　庐江王祎……………… 1173
　武昌王浑……………… 1176
　海陵王休茂…………… 1177
　桂阳王休范…………… 1178
宋书卷八○
列传第四○
　孝武一四王…………… 1184
　豫章王子尚…………… 1185
　晋安王子勋…………… 1185
　松滋侯子房…………… 1186
　临海王子顼…………… 1187
　始平孝敬王子鸾……… 1188
　永嘉王子仁…………… 1190
　始安王子真…………… 1190
　邵陵王子元…………… 1191
　齐敬王子羽…………… 1191
　淮南王子孟…………… 1191
　晋陵孝王子云………… 1191
　南海哀王子师………… 1191
　淮阳思王子霄………… 1191
　东平王子嗣…………… 1191
　武陵王赞……………… 1192
宋书卷八一
列传第四一
　刘秀之………………… 1193
　顾琛…………………… 1195
　顾觊之………………… 1197
宋书卷八二

列传第四二

　周朗…………………… 1203

　沈怀文………………… 1211

宋书卷八三

列传第四三

　宗越…………………… 1215

　吴喜…………………… 1218

　黄回…………………… 1223

宋书卷八四

列传第四四

　邓琬…………………… 1227

　袁顗…………………… 1235

　孔觊…………………… 1243

宋书卷八五

列传第四五

　谢庄…………………… 1251

　王景文………………… 1258

宋书卷八六

列传第四六

　殷孝祖………………… 1264

　刘勔…………………… 1265

宋书卷八七

列传第四七

　萧惠开………………… 1270

　殷琰…………………… 1273

宋书卷八八

列传第四八

　薛安都………………… 1280

　沈文秀………………… 1284

　崔道固………………… 1286

宋书卷八九

列传第四九

　袁粲…………………… 1288

宋书卷九〇

列传第五〇

　明四王………………… 1292

　　邵陵殇王友………… 1292

　　随阳王翙…………… 1292

　　新兴王嵩…………… 1293

　　始建王禧…………… 1293

宋书卷九一

列传第五一

　孝义…………………… 1294

　　龚颖………………… 1294

　　刘瑜………………… 1295

　　贾恩………………… 1295

　　郭世道……………… 1295

　　严世期……………… 1298

　　吴逵………………… 1298

　　潘综………………… 1298

　　张进之……………… 1299

　　王彭………………… 1300

　　蒋恭………………… 1300

　　徐耕………………… 1300

　　孙法宗……………… 1301

　　范叔孙……………… 1301

　　卜天与……………… 1301

　　许昭先……………… 1302

余齐民……………… 1303　　朱百季……………… 1326

孙棘………………… 1303　　王素………………… 1327

何子平……………… 1304　　关康之……………… 1327

宋书卷九二　　　　　　　　宋书卷九四

列传第五二　　　　　　　　列传第五四

　良吏………………… 1306　　恩幸………………… 1329

　王镇之……………… 1307　　戴法兴……………… 1330

　杜慧度……………… 1307　　戴明宝……………… 1332

　徐豁………………… 1309　　徐爰………………… 1333

　陵徽………………… 1310　　阮佃夫……………… 1336

　阮长之……………… 1311　　于天宝……………… 1339

　江秉之……………… 1311　　寿寂之……………… 1339

宋书卷九三　　　　　　　　姜产之……………… 1339

列传第五三　　　　　　　　李道儿……………… 1339

　隐逸………………… 1314　　王道隆……………… 1339

　戴颙………………… 1315　　杨运长……………… 1340

　宗炳………………… 1316　宋书卷九五

　周续之……………… 1317　列传第五五

　王弘之……………… 1318　　索虏………………… 1341

　阮万龄……………… 1319　宋书卷九六

　孔淳之……………… 1319　列传第五六

　刘凝之……………… 1320　　鲜卑　吐谷浑……… 1368

　龚祈………………… 1321　宋书卷九七

　翟法赐……………… 1321　列传第五七

　陶潜………………… 1321　　夷蛮………………… 1372

　宗彧之……………… 1324　　南夷………………… 1372

　沈道虔……………… 1324　　扶南国……………… 1374

　郭希林……………… 1325　　西南夷诃罗陀国…… 1374

　雷次宗……………… 1325　　呵罗单国…………… 1375

# 南 齐 书

南齐书卷一

本纪第一

　高帝上 …………………… 1

南齐书卷二

本纪第二

　高帝下 …………………… 17

南齐书卷三

本纪第三

　武帝 ……………………… 24

南齐书卷四

本纪第四

　郁林王…………………… 38

南齐书卷五

本纪第五

　海陵王…………………… 43

南齐书卷六

本纪第六

　明帝……………………… 46

南齐书卷七

本纪第七

　东昏侯…………………… 53

南齐书卷八

本纪第八

　和帝……………………… 61

南齐书卷九

志第一

　礼上……………………… 64

南齐书卷一〇

志第二

　礼下……………………… 88

南齐书卷一一

志第三

　乐………………………… 94

南齐书卷一二

志第四

　天文上 ………………… 113

南齐书卷一三

志第五

天文下 ···················· 125

南齐书卷一四

志第六

　州郡上 ················ 137

　　扬 ···················· 137

　　南徐 ················ 138

　　豫 ···················· 139

　　南豫 ················ 141

　　南兖 ················ 143

　　北兖 ················ 144

　　北徐 ················ 145

　　青 ···················· 145

　　冀 ···················· 146

　　江 ···················· 146

　　广 ···················· 147

　　交 ···················· 149

　　越 ···················· 150

南齐书卷一五

志第七

　州郡下 ················ 152

　　荆 ···················· 152

　　巴 ···················· 153

　　郢 ···················· 154

　　司 ···················· 155

　　雍 ···················· 157

　　湘 ···················· 160

　　梁 ···················· 160

　　秦 ···················· 164

　　益 ···················· 166

宁 ························ 168

南齐书卷一六

志第八

　百官 ···················· 171

南齐书卷一七

志第九

　舆服 ···················· 183

南齐书卷一八

志第一○

　祥瑞 ···················· 191

南齐书卷一九

志第一一

　五行 ···················· 202

南齐书卷二○

列传第一

　皇后 ···················· 214

　　宣孝陈皇后 ········ 214

　　高昭刘皇后 ········ 215

　　武穆裴皇后 ········ 215

　　文安王皇后 ········ 216

　　郁林王何妃 ········ 216

　　海陵王王妃 ········ 217

　　明敬刘皇后 ········ 217

　　东昏褚皇后 ········ 217

　　和帝王皇后 ········ 217

南齐书卷二一

列传第二

　文惠太子 ············ 219

南齐书卷二二

列传第三
　　豫章文献王 …………… 223
南齐书卷二三
列传第四
　　褚渊　渊弟澄　徐嗣…… 234
　　王俭 ………………… 239
南齐书卷二四
列传第五
　　柳世隆 ………………… 244
　　张瑰 ………………… 249
南齐书卷二五
列传第六
　　垣崇祖 ………………… 252
　　张敬兒 ………………… 255
南齐书卷二六
列传第七
　　王敬则 ………………… 263
　　陈显达 ………………… 269
南齐书卷二七
列传第八
　　刘怀珍 ………………… 274
　　李安民 ………………… 277
　　王玄载　弟玄邈……… 280
南齐书卷二八
列传第九
　　崔祖思 ………………… 284
　　刘善明 ………………… 287
　　苏侃 ………………… 290
　　垣荣祖 ………………… 292

南齐书卷二九
列传第一〇
　　吕安国　全景文……… 294
　　周山图 ………………… 296
　　周盘龙 ………………… 298
　　王广之 ………………… 300
南齐书卷三〇
列传第一一
　　薛渊 ………………… 303
　　戴僧静 ………………… 304
　　桓康 ………………… 306
　　焦度 ………………… 307
　　曹虎 ………………… 308
南齐书卷三一
列传第一二
　　江谧 ………………… 311
　　荀伯玉 ………………… 313
南齐书卷三二
列传第一三
　　王琨 ………………… 315
　　张岱 ………………… 316
　　褚炫 ………………… 318
　　何戢 ………………… 319
　　王延之 ………………… 320
　　阮韬 ………………… 321
南齐书卷三三
列传第一四
　　王僧虔 ………………… 322
　　张绪 ………………… 328

南齐书卷三四

列传第一五

　虞玩之 ……………… 330

　刘休 ………………… 333

　沈冲 ………………… 334

　庾杲之 ……………… 335

　王谌 ………………… 336

南齐书卷三五

列传第一六

　高帝十二王 ………… 338

　　临川献王映 ……… 338

　　长沙威王晃 ……… 339

　　武陵昭王晔 ……… 340

　　安成恭王暠 ……… 341

　　鄱阳王锵 ………… 342

　　桂阳王铄 ………… 342

　　始兴简王鉴 ……… 343

　　江夏王锋 ………… 343

　　南平王锐 ………… 344

　　宜都王铿 ………… 344

　　晋熙王銶 ………… 344

　　河东王铉 ………… 344

南齐书卷三六

列传第一七

　谢超宗 ……………… 346

　刘祥 ………………… 349

南齐书卷三七

列传第一八

　到㧑 ………………… 353

　刘悛 ………………… 354

　虞悰 ………………… 357

　胡谐之 ……………… 359

南齐书卷三八

列传第一九

　萧景先 ……………… 361

　萧赤斧　子颖胄 …… 363

南齐书卷三九

列传第二〇

　刘瓛　弟璡 ………… 371

　陆澄 ………………… 373

南齐书卷四〇

列传第二一

　武帝十七王 ………… 379

　　竟陵文宣王子良

　　子昭 ……………… 380

　　庐陵王子卿 ……… 387

　　鱼复侯子响 ……… 388

　　安陆王子敬 ……… 390

　　晋安王子懋 ……… 390

　　随郡王子隆 ……… 392

　　建安王子真 ……… 392

　　西阳王子明 ……… 392

　　南海王子罕 ……… 393

　　巴陵王子伦 ……… 393

　　邵陵王子贞 ……… 393

　　临贺王子岳 ……… 393

　　西阳王子文 ……… 394

　　衡阳王子峻 ……… 394

南康王子琳 ············ 394

湘东王子建 ············ 394

南郡王子夏 ············ 394

南齐书卷四一

列传第二二

张融 ················ 396

周颙 ··············· 402

南齐书卷四二

列传第二三

王晏 ················ 405

萧谌 ················ 407

萧坦之 ·············· 409

江柘 ················ 410

南齐书卷四三

列传第二四

江敩 ················ 413

何昌宇 ·············· 414

谢瀹 ················ 416

王思远 ·············· 418

南齐书卷四四

列传第二五

徐孝嗣 ·············· 420

沈文季 ·············· 422

南齐书卷四五

列传第二六

宗室 ················ 427

衡阳元王道度 ········· 427

始道生贞王道生

遥光 遥欣 遥昌 ····· 427

安陆昭王缅 ······ 431

南齐书卷四六

列传第二七

王秀之 ·············· 433

王慈 ················ 435

蔡约 ················ 436

陆慧晓 顾宪之 ······· 437

萧惠基 ·············· 440

南齐书卷四七

列传第二八

王融 ················ 442

谢朓 ················ 447

南齐书卷四八

列传第二九

袁彖 ················ 450

孔稚珪 ·············· 451

刘绘 ················ 455

南齐书卷四九

列传第三〇

王奂 从弟缋 ········· 458

张冲 ················ 462

南齐书卷五〇

列传第三一

文二王 ·············· 465

巴陵王昭秀 ·········· 465

桂阳王昭粲 ·········· 466

明七王 ·············· 466

巴陵隐王宝义 ········ 466

江夏王宝玄 ·········· 467

# 梁 书

梁书卷一

本纪第一

　武帝上 ······················ 1

梁书卷二

本纪第二

　武帝中 ······················ 21

梁书卷三

本纪第三

　武帝下 ······················ 38

梁书卷四

本纪第四

　简文帝 ····················· 61

梁书卷五

本纪第五

　元帝 ······················· 66

梁书卷六

本纪第六

　敬帝 ······················· 83

梁书卷七

列传第一

　后妃 ······················· 90

　太祖张皇后 ················ 90

　高祖郗皇后 ················ 91

　太宗王皇后 ················ 92

　高祖丁贵嫔 ················ 93

　高祖阮修容 ················ 95

　世祖徐妃 ·················· 95

梁书卷八

列传第二

　昭明太子 ·················· 96

　哀太子 ··················· 100

　愍怀太子 ················· 101

梁书卷九

列传第三

　王茂 ····················· 102

　曹景宗 ··················· 104

　柳庆远 ··················· 106

梁书卷一○

列传第四

　萧颖达 …………… 109

　夏侯详 …………… 111

　蔡道恭 …………… 113

　杨公则 …………… 114

　邓元起 …………… 116

梁书卷一一

列传第五

　张弘策　庚域 ………… 119

　郑绍叔 …………… 121

　吕僧珍 …………… 123

梁书卷一二

列传第六

　柳忱　弟忱 ………… 126

　席阐文 …………… 127

　韦睿　族弟爱……… 128

梁书卷一三

列传第七

　范云 ……………… 134

　沈约 ……………… 136

梁书卷一四

列传第八

　江淹 ……………… 145

　任昉 ……………… 148

梁书卷一五

列传第九

　谢朏　弟子览……… 153

梁书卷一六

列传第一〇

王亮 ……………… 157

张稷 ……………… 159

王莹 ……………… 161

梁书卷一七

列传第一一

　王珍国 …………… 163

　马仙琕 …………… 164

　张齐 ……………… 165

梁书卷一八

列传第一二

　张惠绍 …………… 168

　冯道根 …………… 169

　康绚 ……………… 171

　昌义之 …………… 173

梁书卷一九

列传第一三

　宗史 ……………… 176

　刘坦 ……………… 177

　乐蔼 ……………… 177

梁书卷二〇

列传第一四

　刘季连 …………… 180

　陈伯之 …………… 182

梁书卷二一

列传第一五

　王瞻 ……………… 186

　王志 ……………… 187

　王峻 ……………… 188

　王暕　子训 ……… 189

王泰 ……………… 190

王份　孙锡　金 ……… 190

张充 ……………… 192

柳恽 ……………… 195

蔡撙 ……………… 196

江茜 ……………… 196

梁书卷二二

列传第一六

　太祖五王 …………… 198

　　临川静惠王宏 ……… 198

　　安成康王秀 ……… 200

　　南平元襄王伟 ……… 202

　　鄱阳忠烈王恢 ……… 205

　　始兴忠武王憺 ……… 207

梁书卷二三

列传第一七

　长沙嗣王业 ………… 210

　永阳嗣王伯游 ……… 212

　衡阳嗣王元简 ……… 213

　桂阳嗣王象 ………… 213

梁书卷二四

列传第一八

　萧景　弟昌　昂　昱 …… 214

梁书卷二五

列传第一九

　周舍 ……………… 219

　徐勉 ……………… 220

梁书卷二六

列传第二〇

范岫 ……………… 229

傅昭　弟映 ……… 230

萧琛 ……………… 232

陆杲 ……………… 233

梁书卷二七

列传第二一

　陆倕 ……………… 236

　到洽 ……………… 237

　明山宾 …………… 239

　殷钧 ……………… 240

　陆襄 ……………… 241

梁书卷二八

列传第二二

　裴邃　兄子之高　之平

　　之横 …………… 243

　夏侯亶　弟夔　鱼弘 …… 246

　韦放 ……………… 249

梁书卷二九

列传第二三

　高祖三王 …………… 251

　　南康简王绩 ……… 251

　　庐陵威王续 ……… 253

　　邵陵携王纶 ……… 253

梁书卷三〇

列传第二四

　裴子野 …………… 258

　顾协 ……………… 260

　徐摛 ……………… 261

　鲍泉 ……………… 263

梁书卷三一
列传第二五
　袁昂　子君正…………… 264
梁书卷三二
列传第二六
　陈庆之 ………………… 269
　兰钦 …………………… 273
梁书卷三三
列传第二七
　王僧孺 ………………… 275
　张率 …………………… 279
　刘孝绰 ………………… 282
　王筠 …………………… 285
梁书卷三四
列传第二八
　张缅　弟缵　绾………… 288
梁书卷三五
列传第二九
　萧子恪　弟子范　子显
　子云 …………………… 298
梁书卷三六
列传第三〇
　孔休源 ………………… 305
　江革 …………………… 307
梁书卷三七
列传第三一
　谢举 …………………… 311
　何敬容 ………………… 312
梁书卷三八

列传第三二
　朱异 …………………… 315
　贺琛 …………………… 317
梁书卷三九
列传第三三
　元法僧 ………………… 325
　元树 …………………… 326
　元愿达 ………………… 326
　王神念　杨华 ………… 327
　羊侃　子鹍 …………… 327
　羊鸦仁 ………………… 331
梁书卷四〇
列传第三四
　司马 …………………… 333
　到溉 …………………… 333
　刘显 …………………… 335
　刘之遴　弟之亨………… 336
　许懋 …………………… 338
梁书卷四一
列传第三五
　王规　刘珏　宗懔……… 342
　王承 …………………… 344
　褚翔 …………………… 345
　萧介　从父兄洽 ……… 346
　褚球 …………………… 347
　刘孺　弟览　遵 ……… 348
　刘潜　弟孝胜　孝威
　孝先 …………………… 350
　殷芸 …………………… 351

萧几 ……………………… 351

梁书卷四二

列传第三六

　臧盾 弟厥 ……… 353

　傅歧 ……………………… 354

梁书卷四三

列传第三七

　韦粲 …………………… 357

　江子一 弟子四 子五

　　…………………………… 359

　张嵊 …………………… 360

　沈浚 …………………… 360

　柳敬礼 ……………… 361

梁书卷四四

列传第三八

　太宗十一王 ……… 362

　　浔阳王大心 ……… 362

　　南海王大临 ……… 363

　　南郡王大连 ……… 363

　　安陆王大春 ……… 364

　　浏阳公大雅 ……… 364

　　新兴王大庄 ……… 364

　　西阳王大钧 ……… 364

　　武宁王大威 ……… 365

　　建平王大球 ……… 365

　　义安王大昕 ……… 365

　　绥建王大挚 ……… 365

　世祖二子 …………… 365

　　忠壮世子方等 …… 365

贞惠世子方诸 ……… 366

梁书卷四五

列传第三九

　王僧辩 ……………… 368

梁书卷四六

列传第四〇

　胡僧佑 …………… 378

　徐文盛 …………… 379

　杜崱 兄岸 弟幼安

　兄子龛 …………… 379

　阴子春 …………… 381

梁书卷四七

列传第四一

　孝行 ………………… 383

　　滕昙恭 …………… 383

　　沈崇傃 …………… 384

　　荀匠 ………………… 384

　　庾黔娄 …………… 385

　　吉翂 ………………… 386

　　甄恬 ………………… 386

　　韩怀明 …………… 387

　　刘昙净 …………… 387

　　何炯 ………………… 388

　　庾沙弥 …………… 388

　　江纮 ………………… 388

　　刘霁 ………………… 389

　　褚脩 ………………… 389

　　谢蔺 ………………… 389

梁书卷四八

列传第四二

儒林 ···················· 391

　伏曼容 ·············· 392

　何佟之 ·············· 392

　范缜 ················· 393

　严植之 ·············· 398

　贺玚 ················· 398

　司马筠 ·············· 399

　卞华 ················· 401

　崔灵恩 ·············· 401

　孔佥 ················· 402

　卢广 ················· 402

　沈峻 太史叔明 ······· 402

　孔子祛 ·············· 403

　皇侃 ················· 403

梁书卷四九

列传第四三

文学上 ················ 405

　到沆 ················· 405

　丘迟 ················· 406

　刘苞 ················· 406

　袁峻 ················· 407

　庾於陵 弟肩吾 ······· 407

　刘昭 ················· 409

　何逊 ················· 410

　钟嵘 ················· 410

　周兴嗣 ·············· 413

　吴均 ················· 413

梁书卷五〇

列传第四四

文学下 ················ 415

　刘峻 ················· 415

　刘沼 ················· 419

　谢几卿 ·············· 420

　刘勰 ················· 421

　王籍 ················· 423

　何思澄 ·············· 423

　刘杳 ················· 424

　谢征 ················· 426

　臧严 ················· 426

　伏挺 ················· 427

　庾仲容 ·············· 429

　陆云公 ·············· 430

　任孝恭 ·············· 431

　颜协 ················· 432

梁书卷五一

列传第四五

处士 ·················· 433

　何点 弟胤 ··········· 434

　阮孝绪 ·············· 438

　陶弘景 ·············· 440

　诸葛璩 ·············· 441

　沈颙 ················· 442

　刘惠斐 ·············· 442

　范元琰 ·············· 442

　刘讦 ················· 443

　刘歊 ················· 443

　庾诜 ················· 445

张孝秀 ················· 446

庾承先 ················· 446

梁书卷五二

列传第四六

　止足 ················· 448

　顾宪之 ················· 448

　陶季直 ················· 450

　萧视素 ················· 451

梁书卷五三

列传第四七

　良吏 ················· 453

　庾荜 ················· 454

　沈瑀 ················· 454

　范述曾 ················· 456

　丘仲孚 ················· 456

　孙谦 ················· 457

　伏暅 ················· 459

何远 ················· 460

梁书卷五四

列传第四八

　诸夷 ················· 463

　海南诸国 ················· 463

　东夷 ················· 475

　西北诸戎 ················· 480

梁书卷五五

列传第四九

　豫章王综 ················· 487

　武陵王纪 ················· 488

　临贺王正德 ················· 490

　河东王誉 ················· 491

梁书卷五六

列传第五○

　侯景 ················· 493

# 陈　书

陈书卷一

本纪第一

　高祖上 ……………………… 1

陈书卷二

本纪第二

　高祖下 ……………………… 18

陈书卷三

本纪第三

　世祖 ………………………… 26

陈书卷四

本纪第四

　废帝 ………………………… 37

陈书卷五

本纪第五

　宣帝 ………………………… 42

陈书卷六

本纪第六

　后主 ………………………… 59

陈书卷七

列传第一

　后妃 ……………………… 70

　　高祖宣皇后 …………… 70

　　世祖沈皇后 …………… 71

　　废帝王皇后 …………… 72

　　高宗柳皇后 …………… 72

　　后主沈皇后　张贵妃 … 73

陈书卷八

列传第二

　　杜僧明 ………………… 76

　　周文育　子宝安 ……… 77

　　侯安都 ………………… 81

陈书卷九

列传第三

　　侯瑱 …………………… 86

　　欧阳頠　子纥 ………… 88

　　吴明彻 ………………… 90

　　裴子烈 ………………… 93

陈书卷一○

列传第四

　周铁虎 …………… 95

　程灵洗　子文季 ……… 96

陈书卷一一

列传第五

　黄法氍 …………… 100

　淳于量 …………… 101

　章昭达 …………… 103

陈书卷一二

列传第六

　胡颖 ……………… 106

　徐度　子敬成 …… 107

　杜棱 ……………… 108

　沈恪 ……………… 109

陈书卷一三

列传第七

　徐世谱 …………… 112

　鲁悉达 …………… 113

　周敷 ……………… 113

　荀郎　子法尚 …… 115

　周炅 ……………… 115

陈书卷一四

列传第八

　衡阳献王昌 ……… 118

　南康愍王昙朗　子方泰

　方庆 ……………… 120

陈书卷一五

列传第九

　陈拟 ……………… 124

陈详 ……………… 125

陈慧纪 …………… 125

陈书卷一六

列传第一〇

　赵知礼 …………… 127

　蔡景历 …………… 127

　刘师知 …………… 130

　谢岐 ……………… 133

陈书卷一七

列传第一一

　王冲 ……………… 134

　王通　弟劢 ……… 135

　袁敬　兄子枢 …… 136

陈书卷一八

列传第一二

　沈众 ……………… 139

　袁泌 ……………… 140

　刘仲威 …………… 140

　陆山才 …………… 141

　王质 ……………… 141

　韦载　族弟翔 …… 142

陈书卷一九

列传第一三

　沈炯 ……………… 144

　虞荔　弟寄 ……… 146

　马枢 ……………… 151

陈书卷二〇

列传第一四

　到仲举 …………… 153

韩子高 …………………… 154

华皎 ……………………… 155

陈书卷二一

列传第一五

谢哲 ……………………… 158

萧乾 ……………………… 158

谢嘏 ……………………… 159

张种 ……………………… 159

王固 ……………………… 161

孔奂 ……………………… 161

萧允　弟引 ……………… 164

陈书卷二二

列传第一六

陆子隆 …………………… 167

钱道 ……………………… 168

骆牙 ……………………… 169

陈书卷二三

列传第一七

沈君理 …………………… 170

王玚 ……………………… 171

陆缮 ……………………… 172

陈书卷二四

列传第一八

周弘正　弟弘直

弘直子确 ………………… 174

袁宪 ……………………… 178

陈书卷二五

列传第一九

裴忌 ……………………… 181

孙玚 ……………………… 182

陈书卷二六

列传第二〇

徐陵　子俭　弟孝古 …… 185

陈书卷二七

列传第二一

江总 ……………………… 195

姚察 ……………………… 198

陈书卷二八

列传第二二

世祖九王 ………………… 203

始兴王伯茂 …………… 203

鄱阳王伯山 …………… 204

晋安王伯恭 …………… 206

衡阳王伯信 …………… 206

庐陵王伯仁 …………… 206

江夏王伯义 …………… 207

武陵王伯礼 …………… 207

永阳王伯智 …………… 207

桂阳王伯谋 …………… 207

高宗二十九王 …………… 208

豫章王叔英 …………… 208

长沙王叔坚 …………… 208

建安王叔卿 …………… 210

宜都王叔明 …………… 210

河东王叔献 …………… 210

新蔡王叔齐 …………… 210

晋熙王叔文 …………… 211

淮南王叔彪 …………… 211

陈书卷三三

列传第二七

儒林 …………………… 247

沈文阿 ………………… 247

沈洙 …………………… 249

戚衮 …………………… 251

郑灼　张崖　陆诩

沈德威 ………………… 252

贺德基 ………………… 253

全缓 …………………… 253

张讥 …………………… 253

顾越 …………………… 255

沈不害 ………………… 255

王元规 ………………… 257

陈书卷三四

列传第二八

文学 …………………… 259

杜之伟 ………………… 259

颜晃 …………………… 260

江德藻 ………………… 261

庾持 …………………… 261

许亨 …………………… 262

褚玠 …………………… 263

岑之敬 ………………… 264

陆琰　弟瑜 …………… 265

何之元 ………………… 266

徐伯阳 ………………… 268

张正见 ………………… 269

蔡凝 …………………… 269

阮卓 …………………… 270

陈书卷三五

列传第二九

熊昙朗 ………………… 272

周迪 …………………… 273

留异 …………………… 276

陈宝应 ………………… 278

陈书卷三六

列传第三〇

始兴王叔陵 …………… 282

新安王伯固 …………… 284

# 魏　　书

魏书卷一

帝纪第一

  序纪 ……………………… 1

    成帝　毛 ……………… 1

    节帝　贷 ……………… 2

    庄帝　观 ……………… 2

    明帝　楼 ……………… 2

    安帝　越 ……………… 2

    宣帝　推寅 …………… 2

    景帝　利 ……………… 2

    元帝　俟 ……………… 2

    和帝　肆 ……………… 2

    定帝　机 ……………… 2

    僖帝　盖 ……………… 2

    威帝　侩 ……………… 2

    献帝　邻 ……………… 3

    圣武帝　诘汾 ………… 3

    始祖神元帝　力微 …… 3

    文帝　沙漠汗 ………… 4

    章帝　悉鹿 …………… 4

    平帝　绰 ……………… 5

    思帝　弗 ……………… 5

    昭帝　禄官 …………… 5

    桓帝　猗㐌 …………… 5

    穆帝　猗卢 …………… 6

    太祖平文帝　郁律 …… 7

    惠帝　贺傉 …………… 8

    炀帝　纥那 …………… 8

    烈帝　翳槐 …………… 8

    昭成帝　什翼犍 ……… 9

魏书卷二

帝纪第二

  太祖道武帝　珪 ……… 13

魏书卷三

帝纪第三

  太宗明元帝　嗣 ……… 32

魏书卷四上

帝纪第四上

世祖太武帝 焘 ············· 44
魏书卷四下
帝纪第四下
　世祖太武帝 ················ 61
　恭宗景穆皇帝 晃附 ······ 71
魏书卷五
帝纪第五
　高宗文成帝 濬 ········· 74
魏书卷六
帝纪第六
　显祖献文帝 弘 ············· 84
魏书卷七上
帝纪第七上
　高祖孝文帝 宏 ············· 90
魏书卷七下
帝纪第七下
　高祖孝文帝 宏 ·········· 107
魏书卷八
帝纪第八
　世宗宣武帝 恪 ·········· 127
魏书卷九
帝纪第九
　肃宗孝明帝 诩 ·········· 145
魏书卷一○
帝纪第一○
　敬宗孝庄帝 子攸 ······ 165
魏书卷一一
帝纪第一一
　前废帝广陵王 恭 ······ 175

后废帝安定王 朗 ······ 179
出帝平阳王 脩 ········· 180
魏书卷一二
帝纪第一二
孝静帝 善见 ············· 189
魏书卷一三
列传第一
皇后 ················· 202
　神元皇后窦氏 ········· 204
　文帝皇后封氏
　次妃兰氏 ················ 204
　桓帝皇后祁氏 ········· 204
　平文皇后王氏 ········· 204
　昭成皇后慕容氏 ········· 204
　献明皇后贺氏 ········· 205
　道武皇后慕容氏 ········· 205
　道武宣穆皇后刘氏 ··· 205
　明元昭哀皇后姚氏 ··· 206
　明元密皇后杜氏
　太武惠太后窦氏 ········· 206
　太武皇后赫连氏 ······ 206
　太武敬哀皇后贺氏 ··· 206
　景穆恭皇后郁久闾氏
　文成昭太后常氏 ········· 207
　文成文明皇后冯氏 ··· 207
　文成元皇后李氏 ········· 209
　献文思皇后李氏 ········· 209
　孝文贞皇后林氏 ······ 209
　孝文废皇后冯氏 ······ 210

孝文幽皇后冯氏 ······ 210

孝文昭皇后高氏 ······ 211

宣武顺皇后于氏 ······ 212

宣武皇后高氏 ······ 213

宣武灵皇后胡氏 ······ 213

孝明皇后胡氏 ······ 215

孝静皇后高氏 ······ 215

魏书卷一四

列传第二

神元平文诸帝子孙 ······ 217

上谷公纥罗

子襄城王题 ······ 217

建德公婴文 ······ 218

真定侯陆　曾孙轨 ··· 218

武陵侯因 ······ 218

长乐王寿乐 ······ 218

望都公颓 ······ 218

曲阳侯素延 ······ 218

顺阳公郁 ······ 219

宜都王目辰 ······ 219

穆帝长子六修 ······ 219

吉阳男比干 ······ 220

江夏公吕 ······ 220

高凉王孤

六世孙华山王鸷

衺子子华　子华弟子思

孤六世孙上党王天穆 ··· 220

西河公敦 ······ 224

司徒石 ······ 225

武卫将军谓　子乌真

乌真子兴都

兴都子东阳王丕 ········ 225

淮陵侯大头 ········ 225

河间公齐　孙志 ······ 228

抚风公处真 ······ 228

文安公泥　屈子磨浑

········· 230

魏书卷一五

列传第三

昭成子孙 ········· 230

寔君 ········· 231

秦王翰　子卫王仪

仪子中山王纂　干

干子桢　桢子瑞

仪弟阴平王烈

秦王觚 ········· 232

常山王遵　子素

素子可悉陵

可悉陵弟子昭　昭子玄

绍一可悉陵弟忠

忠子寿兴　忠弟孙巘

忠子晖 ········· 234

陈留王虔　子朱提王锐

崇　虔兄颢　颢子岭 238

　　毗陵王顺 ········ 240

辽西公意烈　子拔干

拔干曾孙洪超

意烈弟子粟　浑

浑子库汗 ········· 240

窟咄 …………………… 241
魏书卷一六
列书第四
道武七王 ……………… 243
清河王绍 ……………… 243
阳平王熙　子临淮王他
他曾孙世遵
世遵弟忻之
世遵弟禹　他孙法寿
法僧 …………………… 244
河南王曜　子颖川王提
提子平原　平原子鉴　和
…………………………… 247
河间王脩　略阳王羯儿
…………………………… 249
长乐王处文 …………… 250
广平王连　南平王浑
浑子霄　霄孙仲冏 …… 250
京兆王黎　江阳王继
继子又　罗　爽
继弟罗侯 ……………… 251
魏书卷一七
列传第五
明元六王 ……………… 257
乐平王丕 ……………… 257
安定王弥 ……………… 258
乐安王范　子良 ……… 258
永昌王健　子仁 ……… 258
建宁王崇 ……………… 259

新兴王俊 ……………… 259
魏书卷一八
列书第六
太武五王 ……………… 260
晋王伏罗 ……………… 260
东平王翰 ……………… 260
临淮王谭　子提
提子昌　昌子或　孝友
昌弟孚 ………………… 261
广阳王建闾　子嘉
嘉子深　深子湛 ……… 267
南安王余 ……………… 271
魏书卷一九上
列传第七上
景穆十二王上 ………… 273
阳平王亲成　子颐　衍
衍子融　衍弟钦
钦子子孝 ……………… 273
京兆王子推　子太兴
太兴孙悰　太兴子仲景
遥　太兴弟遥　恒 …… 274
济阴王小新成　孙弼
弼子晖　业　昭业
郁弟诞　郁弟丽
丽子显和 ……………… 277
汝阴王天赐　孙庆和
天赐子汎　脩义 ……… 279
乐良王万寿　曾孙忠
…………………………… 280

广平王洛侯　济南王匡

……………………………… 280

魏书卷一九中

列传第七中

景穆十二王中 …………… 285

任城王云　子澄

澄子彝　顺　顺子朗

澄弟嵩　嵩子世儁

嵩弟瞻 ……………… 285

魏书卷一九下

列传第七下

景穆十二王下 …………… 305

南安王桢　子中山王英

英子熙　熙弟东平王略

略弟纂　熙兴　义弟

英弟怡　怡子鲁郡王肃

东海王晔 …………… 305

城阳王长寿　子鸾

鸾子徽 ……………… 316

章武王太洛　嗣王彬

彬子融　东安王凝 … 319

乐陵王胡儿　嗣王思誉

……………………… 320

安定王休　子燮　愿平

贵平 ………………… 321

魏书卷二○

列传第八

文成五王 ………………… 324

安乐王长乐　子诠

诠子鉴　斌之 ………… 324

广川王略　子谐 …… 325

齐郡王简　子祐 …… 326

河间王若　嗣王琛 … 326

安丰王猛　子延明 … 327

魏书卷二一上

列传第九上

献文六王上 ……………… 328

咸阳王禧　子翼　树

晔 …………………… 328

赵郡王干　子谧　谌

谭 …………………… 333

广陵王羽　子欣 …… 336

高阳王雍　子端　叡

昌乐王诞 …………… 340

北海王详　子颢　颎

……………………… 345

魏书卷二一下

列传第九下

献文六王下 ……………… 351

彭城王勰　子劭　子直

子正 ………………… 351

魏书卷二二

列传第一○

孝文五王 ………………… 362

废太子恂 ………………… 362

京兆王愉　子宝炬 … 363

清河王怿 ………………… 364

广平王怀 ………………… 366

　　汝南王悦 ·············· 366
魏书卷二三
列传第一一
　　卫操　卫雄　姬澹 ······· 367
　　莫含　孙题　云 ········· 370
　　刘库仁　弟眷　库仁子显
　　族人奴真　奴真兄犍
　　 ······················· 370
魏书卷二四
列传第一二
　　燕凤 ················· 373
　　许谦　子洛阳 ········· 374
　　张衮　孙诞　衮子度
　　度曾孙白泽　白泽子伦 ··· 375
　　崔玄伯　弟徽　崔宽
　　宽父剖　子衡　衡子敞
　　钟肶　崔模　高陵
　　崔道固　道固兄子僧祐
　　僧渊　僧渊子伯凤　祖螭
　　祖虬　僧渊从弟和　和子轨
　　董谧　谧父京 ········· 380
　　邓渊　子颖　颖孙述
　　颖子宗庆　颖弟孙羡
　　子跻 ················· 390
魏书卷二五
列传第一三
　　长孙嵩　子颎　颎子敦
　　 ····················· 393
　　长孙道生　孙观　观子稚

　　稚子子彦 ············· 394
魏书卷二六
列传第一四
　　长孙肥　子翰　陈兰
　　肥弟孙真 ············· 398
　　尉古真　弟诺　诺子眷
　　眷子　多侯　多侯弟子庆宾
　　眷弟地干　古真族玄孙瑾
　　 ····················· 401
魏书卷二七
列传第一五
　　穆崇　孙真　真子泰
　　崇子观　观子寿　寿孙罴
　　罴子建　罴弟亮　亮子绍
　　寿弟多侯　观弟曾孙弼
　　观弟颉　崇宗人醜善
　　醜善孙镶　镶孙子琳　良
　　 ····················· 405
魏书卷二八
列传第一六
　　和跋　子归 ············· 417
　　奚牧 ················· 418
　　莫题 ················· 418
　　庾业延 ··············· 419
　　贺狄干 ··············· 420
　　李栗 ················· 420
　　刘洁 ················· 420
　　古弼 ················· 422
　　张黎 ················· 425

魏书卷二九

列传第一七

　　奚斤　子他赖　孙买奴

　　斤孙芄 ●●●●●●●●●●●●●●● 426

　　叔孙建　子俊璘 ●●●●●●● 429

魏书卷三〇

列传第一八

　　王建　子斤　孙度

　　建曾孙树 ●●●●●●●●●●●●● 433

　　安同　子原颉　同弟子难

　　　　　　　　　　　　　 435

　　楼伏连　兄曾孙毅 ●●●●●●● 438

　　娥清 ●●●●●●●●●●●●●●●● 440

　　刘尼 ●●●●●●●●●●●●●●●● 441

　　奚眷 ●●●●●●●●●●●●●●●● 441

　　车伊洛 ●●●●●●●●●●●●●● 442

　　宿石 ●●●●●●●●●●●●●●●● 442

　　来大千 ●●●●●●●●●●●●●● 443

　　周几 ●●●●●●●●●●●●●●●● 444

　　豆代田 ●●●●●●●●●●●●●● 444

　　周观 ●●●●●●●●●●●●●●●● 445

　　闾大肥 ●●●●●●●●●●●●●● 445

　　尉拨 ●●●●●●●●●●●●●●●● 446

　　陆真　子延 ●●●●●●●●●●● 446

　　吕洛拔　子文祖 ●●●●●●● 448

魏书卷三一

列传第一九

　　于栗磾　子洛拔

　　洛拔子烈　烈子祚　忠

　　景烈　弟子昕　烈弟果

　　　　●●●●●●●●●●●●●●●● 449

魏书卷三二

列传第二〇

　　高湖　子谧　谧子树生

　　谧兄真　拔弟睹儿

　　睹儿子吞　睹儿弟徽

　　徽子归义　湖弟曾孙干

　　　　　　　　　　　　　 459

　　崔逞　子赜　逞兄玄孙隆宗

　　　　　　　　●●●●●●●●●● 463

　　封懿　子玄之

　　玄之弟子磨奴　族子回

　　回子显之　回兄琼

　　懿从兄子恺　恺从孙灵祐

　　回族叔轨　轨子伟伯 ●●●●●● 465

魏书卷三三

列传第二一

　　宋隐　弟辅　叔父洽

　　洽子宣　宣孙琼 ●●●●●●●●● 470

　　王宪　子嶷　嶷子云 ●●●● 471

　　屈遵　孙垣　道赐

　　道赐子拔 ●●●●●●●●●●●●● 472

　　张蒲　子昭　昭子灵符 ●●● 473

　　谷浑　孙洪　洪子颖

　　颖子纂士恢 ●●●●●●●●●●●● 475

　　公孙表　子轨　轨子叡

　　叡子良　轨弟质　质子邃

　　邃子同庆 ●●●●●●●●●●●●● 476

　　张济 ●●●●●●●●●●●●●●●● 479

李先　孙子预　·············· 480

贾彝　子秀　秀子隽

　　彝徒曾孙祯　祯从子景隽

景兴 ·························· 482

薛提 ·························· 484

魏书卷三四

列传第二二

　　王洛儿 ·················· 486

　　车路头 ·················· 487

　　卢鲁元　子统内 ········ 487

　　陈建 ···················· 488

　　万安国　稽拔 ·········· 489

魏书卷三五

列传第二三

　　崔浩 ···················· 491

魏书卷三六

列传第二四

　　李顺　子敷　式　式子宪

　　宪子希宗　骞式弟弈同

　　同子祐　族人秀林

　　秀林子裔　秀林从弟焕

　　族子肃　肃从弟瞭

　　瞭从弟仲俭　族人晔

　　晔族弟孝怡　族人熙

　　熙孙遗元　族孙同轨 ····· 506

魏书卷三七

列传第二五

　　司马休之　子文思 ····· 520

　　司马楚之　孙悦

楚之子跃 ·················· 521

司马景之　兄准之 ······· 525

司马叔璠　子灵寿

灵寿弟子仲明 ············· 525

司马天助 ·················· 526

魏书卷三八

列传第二六

　　刁雍　子肃　肃子整

雍族孙双 ·················· 527

　　王慧龙　子宝兴　宝兴子琼

琼子遵业 ·················· 533

　　韩延之 ·················· 536

　　袁式 ···················· 537

魏书卷三九

列传第二七

　　李宝　子承　承子韶

　　韶子瑾　韶弟彦　虔

　　承弟茂　茂孙遐　茂弟辅

　　辅子伯尚　仲尚　季凯

　　辅弟佐　佐子东　神俦

　　韶从弟仲遵　韶从叔思穆

　　 ·························· 538

魏书卷四○

列传第二八

　　陆俟　子馛　馛子琇　凯

　　凯子昕　恭之　馛弟丽

　　丽子定国　定国子昕之

　　昕之从兄子子彭　定国弟叡

　　叡子希道　希质　丽弟龙成

　　龙成子昶　俟族子隽 ····· 548

魏书卷四一
列传第二九
　　源贺　子怀　怀子子雍
　　子雍子延伯
　　子雍弟子恭 ……………… 560
魏书卷四二
列传第三○
　　薛辩　子谨　谨子拔
　　拔子胤　拔弟孙庆之
　　拔弟子和 ……………… 573
　　寇赞　子臻
　　臻子治 ………………… 576
　　郦范　子道慎　范弟子恽
　　　………………………… 578
　　韩秀　子务 …………… 580
　　尧暄 …………………… 581
魏书卷四三
列传第三一
　　严棱 …………………… 583
　　毛脩之　朱脩之 ……… 583
　　唐和　兄子玄达 ……… 585
　　刘休宾　子文晔 ……… 586
　　房法寿　房坚
　　法寿　从弟伯玉
　　从祖弟崇吉
　　崇吉从弟士达
　　法寿族子景伯景先
　　景远 …………………… 590
魏书卷四四

列传第三二
　　罗结　子斤　斤孙伊利
　　　………………………… 600
　　伊馛　孙盆生 ………… 601
　　乙瓌　子乾归　乾归孙瑗
　　　………………………… 603
　　和其奴 ………………… 603
　　苟颓 …………………… 604
　　薛野睹　子虎子
　　虎子子昙尚 …………… 605
　　宇文福　子延 ………… 608
　　费于　孙穆 …………… 610
　　孟威 …………………… 612
魏书卷四五
列传第三三
　　韦阆　孙隽　从叔道福
　　道福从孙元恢　阆从子崇
　　族弟珍　珍子缵　彧　胐
　　梁颖　颖族曾孙嵩遵苏湛
　　姜俭 …………………… 614
　　杜铨　族孙颙 ………… 620
　　裴骏　子修　修子询
　　修弟宣　骏从弟安祖 …… 621
　　辛绍先　孙祥　少雍
　　绍先子穆　穆子子馥 …… 624
　　柳崇 …………………… 627
魏书卷四六
列传第三四
　　窦瑾　子遵 …………… 630

许彦　子宗之

宗之兄曾孙绚　许赤虎 … 631

李䜣 …………………… 632

魏书卷四七

列传第三五

卢玄　子度世　度世子渊

渊子道将　道虔　道约

渊弟子义僖　渊弟昶

昶子元明　玄从祖兄溥

　…………………… 637

魏书卷四八

列传第三六

高允　孙绰　允弟推

刘模 …………………… 651

魏书卷四九

列传第三七

李灵　子恢　恢孙悦

恢弟子道　道子系

系子宣茂 ……………… 669

崔鉴　子秉　秉子仲哲 … 673

魏书卷五〇

列传第三八

尉元　子羽 …………… 676

慕容白曜　子真安

弟子契 ………………… 681

魏书卷五一

列传第三九

韩茂　子均 …………… 687

皮豹子　子喜 ………… 688

封敕文 ………………… 692

吕罗汉　祖显　父温 …… 694

孔伯恭 ………………… 696

魏书卷五二

列传第四〇

赵逸　兄温　从玄孙超宗

令胜　遐　叔隆 ………… 698

胡方回 ………………… 700

胡叟 …………………… 701

宋繇　曾孙稚 ………… 703

张湛　兄怀义 ………… 703

宋钦 …………………… 704

段承根　父晖 ………… 706

阚骃 …………………… 707

刘昞 …………………… 708

赵柔 …………………… 709

索敞　阴世隆 ………… 709

阴仲达　弟子遵和

遵和兄子道方 ………… 710

魏书卷五三

列传第四一

李孝伯　父曾　兄祥

祥子安世　安世　子场

郁 ……………………… 712

李冲 …………………… 720

魏书卷五四

列传第四二

游雅 …………………… 729

高闾 …………………… 729

魏书卷五五

列传第四三

　　游明根　子肇 ············ 741

　　刘芳　子廞　廞子鸴

　　芳从子思祖　芳从子懋

　　芳族兄僧利　僧利子世明

　　郑演子长猷 ············ 745

魏书卷五六

列传第四四

　　郑羲　子懿　道昭

　　道昭子严祖　羲兄孙幼儒

　　伯猷　辑之　羲弟连山

　　连山孙先护

　　羲从兄孙季亮 ············ 756

　　崔辩　子逸　逸子巨伦

　　逸弟模　楷 ············ 765

魏书卷五七

列传第四五

　　高祐　孙颢　谅 ··········· 770

　　崔挺　子孝芬　孝芬子勉

　　孝芬弟孝昞　孝演　孝直

　　孝政　挺弟振　振子朗

　　挺从父弟元珍

　　从祖弟敬邕　敬邕从弟接

　　挺族子纂　纂从祖弟游

　　 ············ 773

魏书卷五八

列传第四六

　　扬播　子侃　播弟椿

　　椿子昱　昱子孝邕　椿弟津

津子遁　逸 ············ 782

魏书卷五九

列传第四七

　　刘昶　子辉　刘武英 ······ 800

　　萧宝夤　兄子赞 ······ 804

　　萧正表 ············ 813

魏书卷六〇

列传第四八

　　韩麒麟　孙子熙

　　麒麟子显宗 ············ 815

　　程骏　从祖弟子灵虬 ······ 824

魏书卷六一

列传第四九

　　薛安都　孙峦　从弟真度

　　真度子怀吉　怀儁

　　 ············ 829

　　毕众敬　子元宾

　　元宾子祖栝　祖晖

　　众敬弟子闻慰　申纂

　　常珍奇 ············ 833

　　沈文秀　房天乐

　　文秀族子陵 ············ 838

　　张谠 ············ 839

　　田益宗　董峦　陈伯之

　　 ············ 840

　　孟表 ············ 844

魏书卷六二

列传第五〇

　　李彪　子志 ············ 845

　　高道悦 ·············· 857
魏书卷六三
列传第五一
　　王肃　兄子诵　衍　翊
　　　·················· 861
　　宋弁　子维　纪········ 865
魏书卷六四
列传第五二
　　郭祚 ················ 869
　　张彝　子始均 ········ 873
魏书卷六五
列传第五三
　　邢峦　子逊　峦弟晏
　　峦从叔虬············ 879
　　李平　子奖　谐········· 888
魏书卷六六
列传第五四
　　李崇　子世哲　神轨 ····· 897
　　崔亮　从弟光韶　光伯
　　　·················· 904
魏书卷六七
列传第五五
　　崔光　子劢　光弟敬友
　　敬友子鸿　鸿子子元
　　光从弟长文　长文从弟庠
　　　·················· 912
魏书书卷六八
列传第五六
　　甄琛　子侃　侃弟楷

　　琛从弟密　张纂
　　纂从弟宣轨············ 927
　　高聪 ················ 934
魏书卷六九
列传第五七
　　崔休 ················ 937
　　裴延俊　从叔子凤
　　从弟良　良从兄子庆孙
　　延俊从弟仲规
　　仲规从子景融　景颜
　　延俊族兄聿　族人瓛
　　　·················· 939
　　袁翻 ················ 944
魏书卷七〇
列传第五八
　　刘藻　子绍珍 ········ 951
　　傅永 ················ 952
　　傅竖眼　祖父融
　　伯父灵庆　父灵越
　　子敬绍　敬和　从子文骥
　　　·················· 955
　　李神 ················ 959
魏书卷七一
列传第五九
　　裴叔业　孙谭　子芬之
　　蔼之　兄子彦先
　　彦先子约　彦先弟绚
　　叔业兄子植　飏　粲　衍
　　尹挺　柳玄达　玄达子远
　　弟子谐　杨令宝　韦伯昕

魏承祖　皇甫玚　梁祐

阖庆胤　柳僧习 ………… 961

夏侯道迁　子夬 ……… 971

李元护　子会 ………… 974

席法友 …………………… 975

王世弼　子田 ………… 976

江悦之　子文遥

文遥子果　庞树　李忻荣

张元亮　士孙天与

罗道珍　王安世　辛谌

姜永　永弟漾　庾道

皇甫徽 …………………… 977

淳于诞 …………………… 979

李苗 ……………………… 980

魏书卷七二

列传第六○

阳尼　从孙藻　藻子弼

藻从弟固 ………………… 983

贾思伯　弟思同 ……… 990

李叔虎　从子长仁

长仁从子象 …………… 993

路恃庆　弟思令从叔雄

雄从弟法常 …………… 994

房亮 ……………………… 996

曹世表 …………………… 997

潘永基 …………………… 998

朱元旭 …………………… 998

魏书卷七三

列传第六一

奚康生　子难 ………… 1000

杨大眼 …………………… 1003

崔延伯 …………………… 1005

魏书卷七四

列传第六二

尔朱荣 …………………… 1008

魏书卷七五

列传第六三

尔朱兆 …………………… 1019

尔朱彦伯　弟仲远世隆

世隆弼 …………………… 1021

尔朱度律 ………………… 1026

尔朱天光 ………………… 1026

魏书卷七六

列传第六四

卢同 ……………………… 1031

张烈　弟僧皓 ………… 1034

魏书卷七七

列传第六五

宋翻　弟道玙 ………… 1036

辛雄　从兄纂　族祖琛

琛子悠　琛族子珍之

………………………… 1037

羊深 ……………………… 1045

杨机 ……………………… 1047

高崇　子谦之

廉之子子儒　绪

崇子道穆 ………………… 1048

魏书卷七八

列传第六六

　孙绍…………………… 1057

　张普惠………………… 1060

魏书卷七九

列传第六七

　成淹　子霄…………… 1075

　范绍…………………… 1078

　刘桃符………………… 1079

　刘道斌………………… 1079

　董绍…………………… 1080

　冯元兴　曹道　曹升

　曹昂…………………… 1081

　鹿悆 ………………… 1082

　张熠…………………… 1085

魏书卷八〇

列传第六八

　朱瑞…………………… 1087

　叱列延庆……………… 1088

　斛斯椿………………… 1089

　贾显度　弟智………… 1091

　樊子鹄………………… 1092

　贺拔胜　弟岳………… 1094

　侯莫陈悦……………… 1097

　侯渊…………………… 1098

魏书卷八一

列传第六九

　綦俊…………………… 1101

　山伟…………………… 1102

　刘仁之………………… 1103

　宇文忠之……………… 1103

魏书卷八二

列传第七〇

　李琰之………………… 1105

　祖莹…………………… 1106

　常景…………………… 1107

魏书卷八三上

列传第七一上

　外戚上………………… 1114

　　贺讷　弟卢　从弟悦

　悦子泥………………… 1114

　　刘罗辰……………… 1115

　　姚黄眉……………… 1116

　　杜超　弟子元宝…… 1116

　　贺迷………………… 1117

　　闾毗　常英………… 1117

　　冯熙　子诞　诞弟脩

　　诞子穆……………… 1118

　　李峻………………… 1122

　　李惠　从孙侃晞…… 1122

魏书卷八三下

列传第七一下

　外戚下………………… 1124

　　高肇　子植………… 1124

　　于劲………………… 1126

　　胡国珍　兄曾孙虔… 1126

　　李延寔……………… 1129

魏书卷八四

列传第七二

儒林·················· 1130　魏书卷八六

　梁越·················· 1131　列传第七四

　卢丑······ 1131　　孝感·············· 1154

　张伟················ 1132　　赵琰·············· 1154

　梁祚················ 1132　　长孙虑········· 1155

　平恒················ 1133　　乞伏保········· 1155

　陈奇················ 1133　　孙益德········· 1155

　常爽················ 1134　　董洛生········· 1155

　刘献之·········· 1136　　杨引············· 1156

　张吾贵·········· 1137　　阎元明　令狐仕

　刘兰················ 1137　　皇甫奴　董吐浑　兄养

　孙惠蔚·········· 1137　　　　·············· 1156

　徐遵明·········· 1139　　吴悉达　崔承宗······ 1156

　董徵················ 1141　　王续生········· 1157

　刁冲················ 1141　　李显达········· 1157

　卢景裕·········· 1142　　张升············· 1157

　李同轨·········· 1143　　仓跋············· 1157

　李业兴·········· 1144　　王崇············· 1157

魏书卷八五　　　　　郭文恭········· 1157

列传第七三　　　　魏书卷八七

　文苑················ 1148　列传第七五

　袁跃　子聿脩······ 1148　　节义·············· 1159

　裴敬宪·········· 1149　　于什门········· 1159

　卢观················ 1149　　段进············· 1160

　封肃················ 1149　　石文德　赵令安

　邢臧················ 1149　　孟兰强········· 1160

　裴伯茂·········· 1150　　汲固············· 1160

　邢昕················ 1151　　王玄威········· 1160

　温子升·········· 1151　　娄提　蛭拔寅········ 1161

张祐　子庆 …………… 1241
抱嶷　从弟老寿　石荣
………………………… 1242
王遇…………………… 1243
苻承祖………………… 1244
王质…………………… 1244
李坚…………………… 1244
秦松…………………… 1245
白整…………………… 1245
刘腾…………………… 1245
贾粲…………………… 1246
杨范…………………… 1247
成轨…………………… 1247
王温…………………… 1248
孟鸾…………………… 1248
平季…………………… 1248
封津　兄凭 …………… 1249
刘思逸　张景嵩　毛畅
………………………… 1250
魏书卷九五
列传第八三
匈奴刘聪　父渊　子粲
渊族子曜 …………… 1253
羯胡石勒　子大雅
从子虎　虎子世　遵
鉴　冉闵 …………… 1255
铁弗刘虎　子务桓
阏陌头　务桓子悉勿祈
卫辰　卫辰子屈子

屈子子昌定 …………… 1260
徒何慕容廆　子元真
元真子儁　儁子晔　泓
冲　廆弟孙永　元真子垂
垂宝　兰汗　宝子盛
垂子熙　高云　元真子德
德兄子超 …………… 1263
临渭氏苻健　父洪　子生
健弟生坚　坚子丕
丕族子登　登子崇
………………………… 1272
羌姚苌　父弋仲　兄襄
子兴　兴子泓 ………… 1278
略阳氏吕光　子绍　纂
纂从弟　隆 …………… 1280
魏书卷九六
列传第八四
僭晋司马睿　子绍
绍子衍　岳　岳子聃　弈
叡子昱　昱子昌明
昌明子德宗　德文
………………………… 1283
賨李雄　父特　叔父流
兄班　雄子期　特弟子寿
寿子势 ……………… 1296
魏书卷九七
列传第八五
岛夷桓玄…………… 1299
涨夷冯跋　弟文通 …… 1305
岛夷刘裕　子义符　义隆

　　义隆子劭　骏　骏子子业

　　义隆子彧　准 ············ 1307

魏书卷九八

列传第八六

　　岛夷萧道成　子赜

　　赜孙昭业　道成兄子鸾

　　鸾子宝卷　宝融 ········ 1324

　　岛夷萧衍············ 1331

魏书卷九九

列传第八七

　　私署凉州牧张寔　父轨

　　寔弟茂　寔子骏

　　骏子重华　重华子曜灵

　　骏子祚　重华子玄靖

　　骏子天锡 ············ 1343

　　鲜卑乞伏国仁　子炽磐

　　炽磐子暮末 ············ 1346

　　鲜卑秃发乌孤

　　弟利鹿孤　傉檀 ········ 1348

　　私署凉王李暠　子歆

　　恂 ············ 1349

　　卢水胡沮渠蒙逊

　　子牧犍　秉

　　牧犍兄子万年　祖

　　蒙逊子安周　无讳 ········ 1349

魏书卷一○○

列传第八八

　　高句丽············ 1355

　　百济············ 1358

　　勿吉············ 1359

　　失韦············ 1360

　　豆莫娄············ 1361

　　地豆于············ 1361

　　库莫奚············ 1361

　　契丹············ 1362

　　乌洛侯············ 1362

魏书卷一○一

列传第八九

　　氐············ 1364

　　吐谷浑　乙弗勿敌国

　　阿兰国　女王国 ········ 1368

　　宕昌············ 1374

　　高昌············ 1375

　　邓至············ 1376

　　蛮············ 1376

　　獠············ 1378

魏书卷一○二

列传第九○

　　西域············ 1381

　　　鄯善············ 1382

　　　且末············ 1383

　　　于阗············ 1383

　　　蒲山············ 1384

　　　悉居半············ 1384

　　　权于摩············ 1384

　　　渠莎············ 1384

　　　车师············ 1384

　　　且弥············ 1385

纥突隣纥奚　侯吕隣部
薛干部　破多兰部　黜弗
素古延部　越勒倍泥部
••••••••••••••••••••• 1409
魏书卷一〇四
列传第九二
　序传••••••••••••• 1415
魏书卷一〇五之一
志第一
　天象一••••••••••• 1421
魏书卷一〇五之二
志第二
　天象二••••••••••• 1429
魏书卷一〇五之三
志第三
　天象三••••••••••• 1456
魏书卷一〇五之四
志第四
　天象四••••••••••• 1478
魏书卷一〇六上
志第五
　地形上••••••••••• 1496
　　司州••••••••••••••• 1497
　　定州••••••••••••••• 1500
　　冀州••••••••••••••• 1501
　　并州••••••••••••••• 1502
　　瀛州••••••••••••••• 1503
　　殷州••••••••••••••• 1504
　　沧州••••••••••••••• 1505

　　肆州••••••••••••••• 1505
　　幽州••••••••••••••• 1506
　　晋州••••••••••••••• 1507
　　怀州••••••••••••••• 1508
　　建州••••••••••••••• 1508
　　汾州••••••••••••••• 1509
　　东雍州••••••••••• 1509
　　安州••••••••••••••• 1510
　　义州••••••••••••••• 1510
　　南汾州••••••••••• 1511
　　南营州••••••••••• 1511
　　东燕州••••••••••• 1512
　　营州••••••••••••••• 1512
　　平州••••••••••••••• 1513
　　恒州••••••••••••••• 1513
　　朔州••••••••••••••• 1514
　　云州••••••••••••••• 1514
　　蔚州••••••••••••••• 1514
　　显州••••••••••••••• 1515
　　廓州••••••••••••••• 1515
　　武州••••••••••••••• 1515
　　西夏州••••••••••• 1515
　　宁州••••••••••••••• 1515
　　灵州••••••••••••••• 1515
魏书卷一〇六中
志第六
　地形中••••••••••• 1517
　　兖州••••••••••••••• 1517
　　青州••••••••••••••• 1518

梁州……………………… 1545

南梁州…………………… 1545

东梁州…………………… 1545

泾州……………………… 1546

河州……………………… 1546

渭州……………………… 1547

原州……………………… 1547

凉州……………………… 1547

鄯州……………………… 1547

瓜州……………………… 1547

华州……………………… 1548

北华州…………………… 1548

豳州……………………… 1548

夏州……………………… 1549

东夏州…………………… 1549

泰州……………………… 1549

陕州……………………… 1549

洛州……………………… 1550

荆州……………………… 1550

襄州……………………… 1551

南襄州…………………… 1551

南广州…………………… 1552

郢州……………………… 1552

南郢州…………………… 1552

析州……………………… 1553

魏书卷一〇七上

志第八

　律历上………………… 1554

魏书卷一〇七下

志第九

　律历下………………… 1575

魏书卷一〇八之一

志第一〇

　礼一…………………… 1594

魏书卷一〇八之二

志第一一

　礼二…………………… 1608

魏书卷一〇八之三

志第一二

　礼三…………………… 1618

魏书卷一〇八之四

志第一三

　礼四…………………… 1629

魏书卷一〇九

志第一四

　乐……………………… 1647

魏书卷一一〇

志第一五

　食货…………………… 1661

魏书卷一一一

志第一六

　刑罚…………………… 1674

魏书卷一一二上

志第一七

　灵征上………………… 1687

魏书卷一一二下

志第一八

　灵征下………………… 1706

# 北 齐 书

北齐书卷一　　　　　　　　　帝纪第七
帝纪第一　　　　　　　　　　　武成…………………… 46
　神武上 ………………… 1　北齐书卷八
北齐书卷二　　　　　　　　　帝纪第八
帝纪第二　　　　　　　　　　　后主…………………… 50
　神武下 ………………… 8　　幼主…………………… 57
北齐书卷三　　　　　　　　　北齐书卷九
帝纪第三　　　　　　　　　　列传第一
　文襄 …………………… 17　　神武娄后…………… 62
北齐书卷四　　　　　　　　　　文襄元后…………… 63
帝纪第四　　　　　　　　　　　文宣李后…………… 63
　文宣 …………………… 22　　孝昭元后…………… 64
北齐书卷五　　　　　　　　　　武成胡后…………… 64
帝纪第五　　　　　　　　　　　后主斛律后………… 65
　废帝 …………………… 38　　胡后………………… 65
北齐书卷六　　　　　　　　　　穆后………………… 65
帝纪第六　　　　　　　　　北齐书卷一○
　孝昭 …………………… 41　列传第二
北齐书卷七　　　　　　　　　　高祖十一王………… 67

永安简平王浚…………… 67

平阳靖翼王淹…………… 68

彭城景思王㳂…………… 69

上党刚肃王涣…………… 70

襄城景王淯……………… 71

任城王湝………………… 71

高阳康穆王湜…………… 72

博陵文简王济…………… 72

华山王凝………………… 72

冯翊王润………………… 72

汉阳敬怀王洽…………… 73

北齐书卷一一

列传第三

　文襄六王………………… 74

　河南康舒王孝瑜……… 74

　广宁王孝珩…………… 75

　河间王孝琬…………… 76

　兰陵武王孝瓘………… 76

　安德王延宗…………… 77

　渔阳王绍信…………… 79

北齐书卷一二

列传第四

　文宣四王………………… 80

　太原王绍德…………… 81

　范阳王绍义…………… 81

　西河王绍仁…………… 82

　陇西王绍廉…………… 82

　孝昭六王………………… 82

　乐陵王百年…………… 82

汝南王彦理……………… 83

始平王彦德……………… 83

城阳王彦基……………… 83

定阳王彦康……………… 83

汝阳王彦忠……………… 83

　武成十二王……………… 83

　南阳王绰……………… 83

　琅邪王俨……………… 84

　齐安王廓……………… 86

　北平王贞……………… 86

　高平王仁英…………… 86

　淮南王仁光…………… 87

　西河王仁几…………… 87

　乐平王仁邕…………… 87

　颍川王仁俭…………… 87

　安阳王仁雅…………… 87

　丹阳王仁直…………… 87

　东海王仁谦…………… 87

北齐书卷一三

列传第五

　赵郡王琛　子叡………… 88

　清河王岳　子劢………… 91

北齐书卷一四

列传第六

　广平公盛………………… 95

　阳州公永乐　弟长弼…… 95

　襄乐王显国……………… 96

　上洛王思宗　子元海

弟思好 ………………… 96

平秦王归彦 ·············· 98

武兴王普 ··············· 100

长乐太守灵山 嗣子伏护

············· 100

北齐书卷一五

列传第七

窦泰 ················· 101

尉景 子粲 ·········· 102

娄昭 子定远 兄子叡 ··· 103

厍狄干 子士文········· 104

韩轨 ················· 105

潘乐 ················· 106

北齐书卷一六

列传第八

段荣 子韶 孝言 ······ 108

北齐书卷一七

列传第九

斛律金 子光 羡 兄平

················· 115

北齐书卷一八

列传第一○

孙腾 ················· 123

高隆之 ··············· 124

司马子如 ············· 126

北齐书卷一九

列传第一一

贺拔允 ··············· 130

蔡俊 ················· 131

韩贤 ················· 132

尉长命 子兴敬 ········· 132

王怀 ················· 133

刘贵 ················· 133

任延敬 子胄 ·········· 134

莫多娄贷文 子敬显····· 135

高市贵 ··············· 135

厍狄回洛 ············· 136

厍狄盛 ··············· 136

薛孤延 ··············· 137

张保洛 麹珍 段琛

牒舍乐 尉摽 乞伏贵和

乞伏令和 王康德 ····· 137

侯莫陈相 ············· 139

北齐书卷二○

列传第一二

张琼 ················· 140

斛律羌举 子孝卿

刘世清 ··············· 141

尧雄 ················· 142

宋显 ················· 143

王则 ················· 144

慕容绍宗 ············· 145

薛脩义 ··············· 146

叱列平 ··············· 148

步大汗萨 ············· 149

慕容俨 牒舍乐 范舍乐

厍狄伏连 ············· 149

北齐书卷二一

列传第一三

高乾　弟慎　昂　季式
刘孟和　刘叔宗　刘海宝
东方老　李希光　裴英起
　　…………………………　153
　　封隆之　子子绘
　　从子孝琬　孝琰　………　161
北齐书卷二二
列传第一四
　　李元忠　族弟密　族人愍
　　族叔景遗……………………　167
　　卢文伟　孙询祖　族人勇
　　………………………………　171
　　李义深　…………………　174
北齐书卷二三
列传第一五
　　魏兰根　…………………　176
　　崔㥄　子瞻　……………　178
北齐书卷二四
列传第一六
　　孙搴　……………………　183
　　陈元康　…………………　184
　　杜弼　……………………　186
北齐书卷二五
列传第一七
　　张纂　……………………　193
　　张亮　……………………　193
　　张耀　……………………　194
　　赵起　……………………　195
　　徐远　……………………　195

　　王峻　……………………　196
　　王纮　……………………　196
北齐书卷二六
列传第一八
　　薛琡　……………………　199
　　敬显俊　…………………　200
　　平鉴　……………………　200
北齐书卷二七
列传第一九
　　万俟普　子洛　…………　202
　　可朱浑元　………………　203
　　刘丰　……………………　203
　　破六韩常　………………　204
　　金祚　……………………　204
　　韦子粲　…………………　204
北齐书卷二八
列传第二○
　　元坦　……………………　206
　　元斌　……………………　207
　　元孝友　…………………　207
　　元晖业　…………………　208
　　元弼　……………………　209
　　元韶　……………………　209
北齐书卷二九
列传第二一
　　李浑　子湛　弟绘
　　族子公绪　………………　211
　　李玙　……………………　213
　　郑述祖　…………………　214

北齐书卷三〇

列传第二二

　　崔暹　子达拏 …………… 215

　　高德政 ………………… 217

　　崔昂 …………………… 219

北齐书卷三一

列传第二三

　　王昕　弟晞 …………… 222

北齐书卷三二

列传第二四

　　陆法和 ………………… 228

　　王琳 …………………… 231

北齐书卷三三

列传第二五

　　萧明 …………………… 236

　　萧祗 …………………… 237

　　萧退 …………………… 237

　　萧放 …………………… 237

　　徐之才 ………………… 238

北齐书卷三四

列传第二六

　　杨愔　燕子献　可朱浑天和

　　宋钦道　郑颐 ………… 241

北齐书卷三五

列传第二七

　　裴让之　弟诹之　谳之

　　…………………………… 247

　　皇甫和 ………………… 248

　　李构 …………………… 249

张宴之 ………………… 249

陆卬 …………………… 249

王松年 ………………… 250

刘祎 …………………… 251

北齐书卷三六

列传第二八

　　邢邵 …………………… 252

北齐书卷三七

列传第二九

　　魏收 …………………… 256

北齐书卷三八

列传第三〇

　　辛术 …………………… 265

　　元文遥 ………………… 266

　　赵彦深 ………………… 267

北齐书卷三九

列传第三一

　　崔季舒 ………………… 270

　　祖珽 …………………… 271

北齐书卷四〇

列传第三二

　　尉瑾 …………………… 278

　　冯子琮 ………………… 278

　　赫连子悦 ……………… 279

　　唐邕 …………………… 280

　　白建 …………………… 281

北齐书卷四一

列传第三三

　　暴显 …………………… 283

皮景和 ················ 284

鲜于世荣 ··············· 285

綦连猛 ················ 286

元景安 ················ 287

独孤永业 ··············· 289

傅伏 ················· 290

高保宁 ················ 291

北齐书卷四二

列传第三四

阳斐 ················· 293

卢潜 ················· 294

崔劼 ················· 296

卢叔武 ················ 297

阳休之 ················ 298

袁聿修 ················ 300

北齐书卷四三

列传第三五

李稚廉 ················ 303

封述 ················· 304

许惇 ················· 305

羊烈 ················· 306

源彪 ················· 307

北齐书卷四四

列传第三六

儒林 ················· 309

李铉 ················· 311

刁柔 ················· 312

冯伟 ················· 313

张买奴 ················ 314

刘轨思 ················ 314

鲍季详 ················ 314

邢峙 ················· 314

刘昼 ················· 314

马敬德 ················ 315

张景仁 ················ 315

权会 ················· 316

张思伯 ················ 317

张雕 ················· 317

孙灵晖 ················ 319

石曜 ················· 319

北齐书卷四五

列传第三七

文苑 ················· 321

祖鸿勋 ················ 323

李广 ················· 325

樊逊 ················· 325

刘逖 ················· 330

荀士逊 ················ 331

颜之推　袁奭　韦道逊

江旰　睦豫　朱才

荀仲举　萧慤　古道子

 ················· 331

北齐书卷四六

列传第三八

循吏 ················· 340

张华原 ················ 340

宋世良　弟世轨 ········· 341

郎基 ················· 342

　　孟业 ················ 342
　　崔伯谦 ·············· 343
　　苏琼 ················ 343
　　房豹 ················ 345
　　路去病 ·············· 346
北齐书卷四七
列传第三九
　　酷吏 ················ 347
　　　邸珍 ·············· 347
　　　宋游道 ············ 347
　　　卢斐 ·············· 351
　　　毕义云 ············ 351
北齐书卷四八
列传第四〇
　　外戚 ················ 354
　　　赵猛 ·············· 354
　　　娄叡 ·············· 354
　　　尔朱文畅 ·········· 354
　　　郑仲礼 ············ 355
　　　李祖昇 ············ 355
　　　元蛮 ·············· 356
　　　胡长仁 ············ 356
北齐书卷四九
列传第四一

　　方伎 ················ 357
　　　由吾道荣 ·········· 357
　　　王春 ·············· 358
　　　信都芳 ············ 358
　　　宋景业 ············ 358
　　　许遵 ·············· 359
　　　吴遵世 ············ 359
　　　赵辅和 ············ 360
　　　皇甫玉 ············ 360
　　　解法选 ············ 360
　　　魏宁 ·············· 361
　　　綦母怀文 ·········· 361
　　　张子信 ············ 361
　　　马嗣明 ············ 362
北齐书卷五〇
列传第四二
　　恩倖 ················ 363
　　　郭秀 ·············· 363
　　　和士开 ············ 364
　　　穆提婆 ············ 366
　　　高阿那肱 ·········· 366
　　　韩凤 ·············· 367
　　　韩宝业等 ·········· 368

# 周 书

周书卷一

帝纪第一

文帝上 ……………………… 1

周书卷二

帝纪第二

文帝下……………………… 10

周书卷三

帝纪第三

孝闵帝……………………… 20

周书卷

帝纪第四

明帝………………………… 24

周书卷五

帝纪第五

武帝上……………………… 30

周书卷六

帝纪第六

武帝下……………………… 43

周书卷七

帝纪第七

宣帝…………………………… 54

周书卷八

帝纪第八

静帝…………………………… 62

周书卷九

列传第一

皇后…………………………… 66

文帝元皇后………………… 67

文宣叱奴皇后……………… 67

孝闵帝元皇后……………… 67

明帝独孤皇后……………… 67

武帝阿史那皇后…………… 67

武帝李皇后………………… 68

宣帝杨皇后………………… 68

宣帝朱皇后………………… 69

宣帝陈皇后………………… 69

宣帝元皇后………………… 70

宣帝尉迟皇后……………… 70

静帝司马皇后 ………… 70

周书卷一〇

列传第二

　邵惠公颢　子什肥　导　护
　什肥子胄　导子广　亮
　翼　椿　众 ………… 72
　杞简公连 ………… 75
　莒庄公洛生　子菩提 …… 76
　虞国公仲　子兴 …… 76

周书卷一一

列传第三

　晋荡公护　叱罗协　冯迁

　　　　　　　………… 78

周书卷一二

列传第四

　齐炀王宪 ………… 90

周书卷一三

列传第五

　文闵明武宣诸子 ………… 97

周书卷一四

列传第六

　贺拔胜　弟岳　兄允念贤

　　　　　　　………… 103

周书卷一五

列传第七

　寇洛 ………… 112
　李弼　弟檦 ………… 113
　于谨　子寔 ………… 116

周书卷一六

列传第八

　赵贵 ………… 123
　独孤信 ………… 124
　侯莫陈崇 ………… 127

周书卷一七

列传第九

　梁御 ………… 132
　若干惠 ………… 133
　怡峰 ………… 134
　刘亮 ………… 135
　王德 ………… 136

周书卷一八

列传第一〇

　王罴　子庆远　孙述 …… 138
　王思政 ………… 139

周书卷一九

列传第一一

　达奚武　子震 ………… 143
　侯莫陈顺 ………… 146
　豆卢宁 ………… 146
　宇文贵 ………… 148
　杨忠 ………… 150
　王雄 ………… 153

周书卷二〇

列传第一二

　王盟 ………… 155
　贺兰祥 ………… 157
　尉迟纲 ………… 159
　叱列伏龟 ………… 160

阎庆 …………………… 161

周书卷二一

列传第一三

　尉迟迥 …………… 163

　王谦 ……………… 165

　司马消难 ………… 166

周书卷二二

列传第一四

　周惠达　冯景 …… 168

　杨宽　兄穆　俭 … 170

　柳庆　子机 ……… 173

周书卷二三

列传第一五

　苏绰 ……………… 178

周书卷二四

列传第一六

　卢辩 ……………… 188

周书卷二五

列传第一七

　李贤　弟远 ……… 191

周书卷二六

列传第一八

　长孙俭 …………… 199

　长孙绍远　弟澄　兄子兕

　　 ………………… 200

　斛斯征 …………… 202

周书卷二七

列传第一九

　赫连达 …………… 204

韩果 ……………… 205

祭佑 ……………… 206

常善 ……………… 208

辛威 ……………… 209

厍狄昌 …………… 210

田弘 ……………… 210

梁椿 ……………… 211

梁台 ……………… 212

宇文测　弟深 …… 213

周书卷二八

列传第二〇

　史宁 ……………… 216

　陆腾 ……………… 219

　贺若敦 …………… 221

　权景宣 …………… 224

周书卷二九

列传第二一

　王杰 ……………… 228

　王勇 ……………… 229

　宇文虬 …………… 230

　宇文盛　弟丘 …… 230

　耿豪 ……………… 231

　高琳 ……………… 232

　李和 ……………… 233

　伊娄穆 …………… 234

　杨绍 ……………… 235

　王雅 ……………… 235

　达奚实 …………… 236

　刘雄 ……………… 236

侯植 ……………… 238

周书卷三〇

列传第二二

　　窦炽　兄子毅 ……… 240

　　于翼　李穆 ………… 243

周书卷三一

列传第二三

　　韦孝宽 …………… 249

　　韦琼 ……………… 255

　　梁士彦 …………… 256

周书卷三二

列传第二四

　　申徽 ……………… 258

　　陆通　弟逞 ……… 259

　　柳敏 ……………… 261

　　卢柔 ……………… 262

　　唐瑾 ……………… 263

周书卷三三

列传第二五

　　厍狄峙 …………… 265

　　杨荐 ……………… 266

　　赵刚 ……………… 266

　　王庆 ……………… 268

　　赵昶 ……………… 269

　　王悦 ……………… 270

　　赵文表 …………… 272

周书卷三四

列传第二六

　　赵善 ……………… 274

元定 ……………… 275

杨檦 ……………… 276

裴宽 ……………… 278

杨敷 ……………… 281

周书卷三五

列传第二七

　　郑孝穆 …………… 284

　　崔谦　弟说　子弘度 …… 285

　　崔猷 ……………… 288

　　裴侠 ……………… 290

　　薛端 ……………… 291

　　薛善　弟慎 ……… 293

周书卷三六

列传第二八

　　郑伟 ……………… 296

　　杨篡 ……………… 297

　　段永 ……………… 298

　　王士良 …………… 299

　　崔彦穆 …………… 300

　　令狐整 …………… 301

　　司马裔 …………… 303

　　裴果　子孝仁　附刘志

　　　　子明　子陵 ……… 305

周书卷三七

列传第二九

　　寇俊 ……………… 308

　　韩褒 ……………… 310

　　赵肃 ……………… 311

　　张轨 ……………… 312

李彦 …………………… 313

郭彦 …………………… 314

裴文举 高宾 ………… 315

周书卷三八

列传第三〇

苏亮 弟湛 …………… 318

柳虬 …………………… 320

吕思礼 ………………… 321

薛憕 …………………… 321

李昶 …………………… 323

元伟 …………………… 324

周书卷三九

列传第三一

韦瑱 …………………… 327

梁昕 …………………… 328

皇甫璠 ………………… 329

辛庆之 族子昂 ……… 329

王子直 ………………… 331

杜杲 …………………… 332

周书卷四〇

列传第三二

尉迟运 ………………… 334

王轨 …………………… 335

宇文神举 ……………… 337

宇文孝伯 ……………… 338

颜之仪 乐运 ………… 340

周书卷四一

列传第三三

王褒 …………………… 345

庾信 …………………… 347

周书卷四二

列传第三四

萧撝 …………………… 357

萧世怡 ………………… 359

萧圆肃 ………………… 359

萧大圜 ………………… 360

宗懔 …………………… 362

刘璠 …………………… 363

柳霞 …………………… 366

周书卷四三

列传第三五

李延孙 ………………… 369

韦佑 …………………… 370

韩雄 …………………… 371

陈忻 …………………… 372

魏玄 …………………… 373

周书卷四四

列传第三六

泉企 …………………… 375

李迁哲 ………………… 378

杨乾运 ………………… 380

扶猛 …………………… 381

阳雄 …………………… 382

席固 …………………… 383

任果 …………………… 384

周书卷四五

列传第三七

儒林 …………………… 385

卢诞 ……………… 386

卢光 ……………… 386

沈重 ……………… 387

樊深 ……………… 389

熊安生 …………… 389

乐逊 ……………… 390

周书卷四六

列传第三八

孝义 ……………… 395

李棠 ……………… 395

柳桧 ……………… 396

杜叔毗 …………… 397

荆可 ……………… 398

秦族 ……………… 398

皇甫遐 …………… 399

张元 ……………… 399

周书卷四七

列传第三九

艺术 ……………… 401

冀俊 ……………… 401

蒋升 ……………… 402

姚僧垣　子最 …… 402

称景熙 …………… 406

赵文深 …………… 408

褚该 ……………… 409

周书卷四八

列传第四〇

萧詧 ……………… 411

周书卷四九

列传第四一

异域上 …………… 425

高丽 ……………… 426

百济 ……………… 427

蛮 ………………… 428

獠 ………………… 430

宕昌 ……………… 431

邓至 ……………… 432

白兰 ……………… 432

氐 ………………… 432

稽胡 ……………… 433

库莫奚 …………… 435

周书卷五〇

列传第四二

异域下 …………… 436

突厥 ……………… 436

吐谷浑 …………… 439

高昌 ……………… 440

鄯善 ……………… 441

焉耆 ……………… 442

龟兹 ……………… 442

于阗 ……………… 442

㖊哒 ……………… 442

粟特 ……………… 443

安息 ……………… 443

波斯 ……………… 443

# 隋　书

隋书卷一

帝纪第一

　高祖上 ·················· 1

隋书卷二

帝纪第二

　高祖下 ················ 18

隋书卷三

帝纪第三

　炀帝上 ················ 36

隋书卷四

帝纪第四

　炀帝下 ················ 48

隋书卷五

帝纪第五

　恭帝 ················ 60

隋书卷六

志第一

　礼仪一 ················ 63

隋书卷七

志第二

　礼仪二 ················ 76

隋书卷八

志第三

　礼仪三 ················ 93

隋书卷九

志第四

　礼仪四 ··············· 106

隋书卷一〇

志第五

　礼仪五 ··············· 118

隋书卷一一

志第六

　礼仪六 ··············· 133

隋书卷一二

志第七

　礼仪七 ··············· 157

隋书卷一三

志第八

　　音乐上 ·················· 179
隋书卷一四
志第九
　　音乐中 ·················· 196
隋书卷一五
志第一〇
　　音乐下 ·················· 219
隋书卷一六
志第一一
　　律历上 ·················· 242
隋书卷一七
志第一二
　　律历中 ·················· 261
隋书卷一八
志第一三
　　律历下 ·················· 289
隋书卷一九
志第一四
　　天文上 ·················· 316
　　　天体 ·················· 317
　　　浑天仪 ················ 324
　　　浑天象 ················ 327
　　　盖图 ·················· 327
　　　地中 ·················· 329
　　　晷影 ·················· 329
　　　漏刻 ·················· 331
　　　经星中宫 ·············· 334
隋书卷二〇
志第一五

　　天文中 ·················· 343
　　　二十八舍 ·············· 343
　　　天占 ·················· 351
　　　七曜 ·················· 351
　　　瑞星 ·················· 356
　　　星杂变 ················ 356
　　　妖星 ·················· 357
　　　杂妖 ·················· 361
　　　客星 ·················· 363
　　　流星 ·················· 364
　　　云气 ·················· 365
　　　瑞气 ·················· 365
　　　妖气 ·················· 365
隋书卷二一
志第一六
　　天文下 ·················· 366
　　　十煇 ·················· 366
　　　杂气 ·················· 369
　　　五代灾变应 ············ 375
隋书卷二二
志第一七
　　五行上 ·················· 390
　　　貌不恭 ················ 394
　　　常雨水 ················ 395
　　　大雨雪 ················ 396
　　　木冰 ·················· 397
　　　大雨雹 ················ 398
　　　服妖 ·················· 398
　　　鸡祸 ·················· 399

龟孽 ·············· 399

青眚青祥 ·············· 399

金沴木 ·············· 399

言不从 ·············· 400

旱 ·············· 401

诗妖 ·············· 402

毛虫之孽 ·············· 405

犬祸 ·············· 405

白眚白祥 ·············· 406

木沴金 ·············· 407

隋书卷二三

志第一八

　五行下 ·············· 408

常燠 ·············· 408

草妖 ·············· 408

羽虫之孽 ·············· 409

羊祸 ·············· 410

赤眚赤祥 ·············· 410

寒 ·············· 411

鼓妖 ·············· 411

鱼孽 ·············· 412

虫妖 ·············· 412

彘祸 ·············· 413

黑眚黑祥 ·············· 413

火沴水 ·············· 413

常风 ·············· 414

夜妖 ·············· 415

华孽 ·············· 416

牛祸 ·············· 417

心腹之痾 ·············· 417

黄眚黄祥 ·············· 417

裸虫之孽 ·············· 418

木金水火沴土 ·············· 420

云阴 ·············· 421

射妖 ·············· 421

龙蛇之孽 ·············· 422

马祸 ·············· 423

隋书卷二四

志第一九

　食货 ·············· 425

隋书卷二五

志第二〇

　刑法 ·············· 440

隋书卷二六

志第二一

　百官上 ·············· 456

隋书卷二七

志第二二

　百官中 ·············· 477

隋书卷二八

志第二三

　百官下 ·············· 491

隋书卷二九

志第二四

　地理上 ·············· 512

京兆郡 ·············· 514

冯翊郡 ·············· 515

扶风郡 ·············· 515

隋书卷三〇
志第二五

地理中 …………………… 533
　河南郡 …………………… 534
　荥阳郡 …………………… 535
　梁郡 ……………………… 535
　谯郡 ……………………… 536
　济阴郡 …………………… 536
　襄城郡 …………………… 536
　颍川郡 …………………… 537
　汝南郡 …………………… 537
　淮阳郡 …………………… 538
　汝阴郡 …………………… 538
　上洛郡 …………………… 538
　弘农郡 …………………… 539
　淅阳郡 …………………… 539
　南阳郡 …………………… 539
　淯阳郡 …………………… 540
　淮安郡 …………………… 540
　东郡 ……………………… 541
　东平郡 …………………… 541
　济北郡 …………………… 541
　武阳郡 …………………… 541
　渤海郡 …………………… 542
　平原郡 …………………… 542
　信都郡 …………………… 543
　清河郡 …………………… 543
　魏郡 ……………………… 543
　汲郡 ……………………… 544

　河内郡 …………………… 544
　长平郡 …………………… 545
　上党郡 …………………… 545
　河东郡 …………………… 545
　绛郡 ……………………… 546
　文城郡 …………………… 546
　临汾郡 …………………… 546
　龙泉郡 …………………… 547
　西河郡 …………………… 547
　离石郡 …………………… 547
　雁门郡 …………………… 547
　马邑郡 …………………… 548
　定襄郡 …………………… 548
　楼烦郡 …………………… 548
　太原郡 …………………… 549
　襄国郡 …………………… 549
　武安郡 …………………… 549
　赵郡 ……………………… 550
　恒山郡 …………………… 550
　河间郡 …………………… 551
　涿郡 ……………………… 551
　上谷郡 …………………… 551
　渔阳郡 …………………… 552
　北平郡 …………………… 552
　安乐郡 …………………… 552
　辽西郡 …………………… 552
　北海郡 …………………… 553
　齐郡 ……………………… 554
　东莱郡 …………………… 554

高密郡 ·················· 554

隋书卷三一
志第二六
地理下 ·················· 556
彭城郡 ·················· 557
鲁郡 ···················· 557
琅邪郡 ·················· 557
东海郡 ·················· 558
下邳郡 ·················· 558
江都郡 ·················· 559
钟离郡 ·················· 560
淮南郡 ·················· 560
弋阳郡 ·················· 560
蕲春郡 ·················· 560
庐江郡 ·················· 561
同安郡 ·················· 561
历阳郡 ·················· 561
丹阳郡 ·················· 561
宣城郡 ·················· 562
毗陵郡 ·················· 562
吴郡 ···················· 562
会稽郡 ·················· 562
余杭郡 ·················· 563
新安郡 ·················· 563
东阳郡 ·················· 563
永嘉郡 ·················· 563
建安郡 ·················· 563
遂安郡 ·················· 564
鄱阳郡 ·················· 564

临川郡 ·················· 564
庐陵郡 ·················· 564
南康郡 ·················· 564
宜春郡 ·················· 564
豫章郡 ·················· 565
南海郡 ·················· 565
龙川郡 ·················· 565
义安郡 ·················· 565
高凉郡 ·················· 566
信安郡 ·················· 566
永熙郡 ·················· 566
苍梧郡 ·················· 566
始安郡 ·················· 567
永平郡 ·················· 567
郁林郡 ·················· 567
合浦郡 ·················· 568
珠崖郡 ·················· 568
宁越郡 ·················· 568
交趾郡 ·················· 568
九真郡 ·················· 569
日南郡 ·················· 569
比景郡 ·················· 569
海阴郡 ·················· 569
林邑郡 ·················· 569
南郡 ···················· 571
夷陵郡 ·················· 571
竟陵郡 ·················· 571
沔阳郡 ·················· 572
沅陵郡 ·················· 572

武陵郡 …………… 572
清江郡 …………… 572
襄阳郡 …………… 573
春陵郡 …………… 573
汉东郡 …………… 574
安陆郡 …………… 574
永安郡 …………… 575
义阳郡 …………… 575
九江郡 …………… 575
江夏郡 …………… 575
澧阳郡 …………… 576
巴陵郡 …………… 576
长沙郡 …………… 576
衡山郡 …………… 576
桂阳郡 …………… 577
零陵郡 …………… 577
熙平郡 …………… 577
隋书卷三二
志第二七
　经籍一 …………… 579
　　经 …………… 579
隋书卷三三
志第二八
　经籍二 …………… 618
　　史 …………… 618
隋书卷三四
志第二九
　经籍三 …………… 655
　　子 …………… 655

隋书卷三五
志第三○
　经籍四 …………… 706
　　集 …………… 706
　　道经　佛经 ………… 736
隋书卷三六
列传第一
　后妃 …………… 744
　　文献独孤皇后 …… 746
　　宣华夫人陈氏 …… 747
　　容华夫人蔡氏 …… 748
　　炀帝萧皇后 ……… 748
隋书卷三七
列传第二
　李穆　子浑　穆兄子询
　　询弟崇　崇子敏 …… 750
　梁睿 …………… 756
隋书卷三八
列传第三
　刘昉 …………… 760
　郑译 …………… 763
　柳裘 …………… 765
　皇甫绩　韦谟 …… 765
　卢贲 …………… 767
隋书卷三九
列传第四
　于义　子宣道　宣敏 …… 770
　阴寿　子世师　骨仪 …… 772
　窦荣定 …………… 773

元景山 ……………… 774

源雄 ………………… 776

豆卢勋　子毓　勋兄通

　　　 ………………… 777

贺若谊 ……………… 779

隋书卷四○

列传第五

梁士彦　子刚　梁默 …… 781

宇文忻 ……………… 782

王谊 ………………… 784

元谐 ………………… 786

王世积 ……………… 787

虞庆则 ……………… 788

元胄 ………………… 789

隋书卷四一

列传第六

高颎 ………………… 792

苏威　子夔 ………… 795

隋书卷四二

列传第七

李德林　子百药 ……… 801

隋书卷四三

列传第八

河间王弘　子庆 …… 813

杨处纲 ……………… 815

杨子崇 ……………… 815

观德王雄　弟达 …… 816

隋书卷四四

列传第九

滕穆王瓒　嗣王纶 …… 819

道悼王静 …………… 820

卫昭王爽　嗣王集 …… 820

蔡王智积 …………… 821

隋书卷四五

列传第一○

文四子 ……………… 824

　房陵王勇　子俨 …… 824

　秦孝王俊　子浩 …… 831

　庶人秀 …………… 832

　庶人谅 …………… 834

隋书卷四六

列传第一一

赵煚 ………………… 837

赵芬 ………………… 838

杨尚希 ……………… 839

长孙平 ……………… 840

元晖 ………………… 841

韦师 ………………… 842

杨异 ………………… 842

苏孝慈　兄子沙罗 …… 843

李雄 ………………… 844

张煚　刘仁恩　郭均

冯世基　厍狄崟 …… 844

隋书卷四七

列传第一二

韦世康　弟洸　艺　冲

从父弟寿 …………… 847

柳机　子述　机弟旦　肃

从弟雄亮 从子謇之

　族兄昂 昂子调 ············ 851

隋书卷四八

列传第一三

　**杨素** 弟约 从父文思

　文纪 ·················· 857

隋书卷四九

列传第一四

　牛弘 ·················· 868

隋书卷五〇

列传第一五

　宇文庆 ················ 878

　李礼成 ················ 880

　元孝矩 弟褒 ··········· 880

　郭荣 ·················· 882

　庞晃 ·················· 883

　李安 ·················· 884

隋书卷五一

列传第一六

　长孙览 从子炽 炽弟晟

　 ···················· 886

隋书卷五二

列传第一七

　韩擒虎 弟僧寿 洪 ······ 894

　贺若弼 ················ 897

隋书卷五三

列传第一八

　达奚长儒 ·············· 900

　贺娄子干 ·············· 901

　史万岁 ················ 903

　刘方 冯昱 王㬟 李充

　杨武通 陈永贵 房兆 ··· 905

隋书卷五四

列传第一九

　王长述 ················ 908

　李衍 ·················· 909

　伊娄谦 ················ 909

　田仁恭 ················ 910

　元亨 ·················· 910

　杜整 ·················· 911

　李彻 ·················· 912

　崔彭 ·················· 913

隋书卷五五

列传第二〇

　杜彦 ·················· 915

　高劢 ·················· 916

　尔朱敞 ················ 917

　周摇 ·················· 918

　独孤楷 ················ 918

　乞伏慧 ················ 919

　张威 ·················· 920

　和洪 ·················· 920

　侯莫陈颖 ·············· 921

隋书卷五六

列传第二一

　卢恺 ·················· 923

　令狐熙 ················ 924

　薛胄 ·················· 926

宇文弼 …………………… 927

张衡 ……………………… 928

杨汪 ……………………… 930

隋书卷五七

列传第二二

卢思道 从父兄昌衡 …… 931

李孝贞 …………………… 936

薛道衡 从弟孺 ………… 936

隋书卷五八

列传第二三

明克让 …………………… 944

魏澹 ……………………… 945

陆爽 侯白 ……………… 947

杜台卿 …………………… 948

辛德源 …………………… 948

柳䛒 ……………………… 949

许善心 …………………… 950

李文博 …………………… 954

隋书卷五九

列传第二四

炀三子 …………………… 956

元德太子昭 …………… 956

齐王暕 ………………… 961

赵王杲 ………………… 962

隋书卷六〇

列传第二五

崔仲方 …………………… 963

于仲文 兄颙 从父弟玺

…………………… 965

段文振 …………………… 970

隋书卷六一

列传第二六

宇文述 云定兴 ………… 973

郭衍 ……………………… 976

隋书卷六二

列传第二七

王韶 ……………………… 979

元岩 ……………………… 980

刘行本 …………………… 981

梁毗 ……………………… 983

柳彧 ……………………… 984

赵绰 ……………………… 987

裴肃 ……………………… 988

隋书卷六三

列传第二八

樊子盖 …………………… 990

史祥 ……………………… 993

元寿 ……………………… 995

杨义臣 …………………… 996

卫玄 ……………………… 998

刘权 ……………………… 999

隋书卷六四

列传第二九

李圆通 …………………… 1001

陈茂 ……………………… 1002

张定和 …………………… 1002

张奫 ……………………… 1003

麦铁杖 …………………… 1003

沈光 …………………… 1005
来护儿 ………………… 1006
鱼俱罗 ………………… 1007
陈稜 …………………… 1008
王辩　斛斯万善 ……… 1009
隋书卷六五
列传第三〇
周罗睺 ………………… 1011
周法尚 ………………… 1013
李景 …………………… 1015
慕容三藏 ……………… 1017
薛世雄 ………………… 1017
王仁恭 ………………… 1019
权武 …………………… 1020
吐万绪 ………………… 1020
董纯 …………………… 1021
赵才 …………………… 1022
隋书卷六六
列传第三一
李谔 …………………… 1024
鲍宏 …………………… 1026
裴政 …………………… 1027
柳庄 …………………… 1029
源师 …………………… 1030
郎茂 …………………… 1031
高构 …………………… 1032
张虔威 ………………… 1033
荣毗 …………………… 1034
陆知命 ………………… 1035

房彦谦 ………………… 1035
隋书卷六七
列传第三二
虞世基 ………………… 1040
裴蕴 …………………… 1043
裴矩 …………………… 1045
隋书卷六八
列传第三三
宇文恺 ………………… 1051
阎毗 …………………… 1056
何稠　刘龙　黄亘
　亘弟衮 ……………… 1057
隋书卷六九
列传第三四
王劭 …………………… 1060
袁充 …………………… 1066
隋书卷七〇
列传第三五
杨玄感 ………………… 1070
李子雄 ………………… 1073
赵元淑 ………………… 1074
斛斯政 ………………… 1075
刘元进 ………………… 1075
李密 …………………… 1076
裴仁基 ………………… 1082
隋书卷七一
列传第三六
诚节 …………………… 1085
　刘弘 ………………… 1085

皇甫诞　子无逸 …… 1086

陶模…………………… 1087

敬钊…………………… 1087

游元…………………… 1087

冯慈明………………… 1088

张须陁………………… 1089

杨善会………………… 1090

独孤盛………………… 1091

元文都………………… 1091

卢楚…………………… 1092

刘子翊………………… 1093

尧君素………………… 1095

陈孝意………………… 1096

张季珣………………… 1096

松赟…………………… 1097

隋书卷七二

列传第三七

孝义…………………… 1099

陆彦师………………… 1100

田德懋………………… 1100

薛浚…………………… 1101

王颁…………………… 1102

杨庆…………………… 1102

郭儁…………………… 1103

田翼…………………… 1103

纽回…………………… 1103

刘士儁………………… 1103

郎方贵………………… 1103

翟普林………………… 1104

李德饶………………… 1104

华秋…………………… 1104

徐孝肃………………… 1105

隋书卷七三

列传第三八

循吏…………………… 1106

梁彦光………………… 1107

樊叔略………………… 1108

赵轨…………………… 1109

房恭懿………………… 1110

公孙景茂……………… 1110

辛公义………………… 1111

柳俭…………………… 1112

郭绚…………………… 1113

敬肃…………………… 1113

刘旷…………………… 1114

王伽…………………… 1114

魏德深………………… 1115

隋书卷七四

列传第三九

酷吏…………………… 1117

厍狄士文……………… 1118

田式…………………… 1118

燕荣…………………… 1119

赵仲卿………………… 1120

崔弘度　弟弘升 …… 1121

元弘嗣………………… 1123

王文同………………… 1124

隋书卷七五

列传第四○

　儒林……………………… 1125

　　元善……………………… 1127

　　辛彦之…………………… 1127

　　何妥……………………… 1128

　　萧该……………………… 1132

　　包恺……………………… 1132

　　房晖远…………………… 1132

　　马光……………………… 1133

　　刘焯……………………… 1133

　　刘炫……………………… 1134

　　褚辉……………………… 1137

　　顾彪……………………… 1137

　　鲁世达…………………… 1137

　　张仲……………………… 1138

　　王孝籍…………………… 1138

隋书卷七六

列传第四一

　文学……………………… 1140

　　刘臻……………………… 1141

　　王頍……………………… 1142

　　崔儦……………………… 1143

　　诸葛颖…………………… 1143

　　孙万寿…………………… 1144

　　王贞……………………… 1145

　　虞绰　辛大德………… 1146

　　王胄……………………… 1148

　　庾自直…………………… 1149

　　潘徽……………………… 1149

　　杜正玄　弟正藏……… 1152

　　常得志…………………… 1152

　　尹式……………………… 1152

　　刘善经…………………… 1153

　　祖君彦…………………… 1153

　　孔德绍…………………… 1153

　　刘斌……………………… 1153

隋书卷七七

列传第四二

　隐逸……………………… 1154

　　李士谦…………………… 1154

　　崔廓　子赜…………… 1156

　　徐则……………………… 1158

　　张文诩…………………… 1160

隋书卷七八

列传第四三

　艺术……………………… 1162

　　庾季才　子质………… 1163

　　卢太翼…………………… 1166

　　耿询……………………… 1167

　　韦鼎……………………… 1167

　　来和……………………… 1168

　　萧吉……………………… 1169

　　杨伯丑…………………… 1171

　　临孝恭…………………… 1172

　　刘祐……………………… 1172

　　张胄玄…………………… 1173

　　许智藏…………………… 1175

　　万宝常　王令言……… 1175

隋书卷七九　　　　　　　百济·················· 1197
列传第四四　　　　　　　新罗·················· 1198
　外戚·············· 1178　靺鞨·················· 1199
　　高祖外家吕氏········ 1178　流求国················ 1200
　　独孤罗　弟陀 ········ 1179　倭国·················· 1202
　　萧岿　子琮　琮弟瓛　　隋书卷八二
　　·············· 1181　列传第四七
隋书卷八〇　　　　　　　南蛮·················· 1205
列传第四五　　　　　　　林邑·················· 1205
　列女·············· 1184　赤土·················· 1206
　　兰陵公主·········· 1185　真腊·················· 1208
　　南阳公主·········· 1185　婆利·················· 1209
　　襄城王恪妃········ 1186　隋书卷八三
　　华阳王楷妃········ 1186　列传第四八
　　谯国夫人·········· 1186　西域·················· 1211
　　郑善果母·········· 1188　吐谷浑················ 1212
　　孝女王舜·········· 1189　党项·················· 1214
　　韩觊妻············ 1190　高昌·················· 1214
　　陆让母············ 1190　康国·················· 1216
　　刘昶女············ 1191　安国·················· 1216
　　钟士雄母·········· 1191　石国·················· 1216
　　孝妇覃氏·········· 1192　女国·················· 1217
　　元务光母·········· 1192　焉耆·················· 1217
　　裴伦妻············ 1192　龟兹·················· 1217
　　赵元楷妻·········· 1192　疏勒·················· 1218
隋书卷八一　　　　　　　于阗·················· 1218
列传第四六　　　　　　　钹汗·················· 1218
　东夷·············· 1194　吐火罗················ 1219
　　高丽············ 1194　挹怛·················· 1219

米国……………………… 1219　　突厥……………………… 1223

史国……………………… 1219　　西突厥…………………… 1232

曹国……………………… 1219　　铁勒……………………… 1234

何国……………………… 1220　　奚………………………… 1235

乌那曷…………………… 1220　　契丹……………………… 1235

穆国……………………… 1220　隋书卷八四

波斯……………………… 1220　列传第五〇

漕国……………………… 1221　　宇文化及　弟智及 …… 1238

附国……………………… 1221　　司马德戡………………… 1242

隋书卷八四　　　　　　　　　　裴虔通…………………… 1242

列传第四九　　　　　　　　　　王充……………………… 1243

　北狄…………………… 1223　　段达……………………… 1246

# 南　史

南史卷一

宋本纪上第一

　　武帝 ·················· 1

　　少帝·················· 19

南史卷二

宋本纪中第二

　　文帝·················· 22

　　孝武帝················ 33

　　前废帝················ 40

南史卷三

宋本纪下第三

　　明帝·················· 44

　　后废帝················ 49

　　顺帝·················· 52

南史卷四

齐本纪上第四

　　高帝·················· 55

　　武帝·················· 67

南史卷五

齐本纪下第五

　　废帝郁林王············· 75

　　废帝海陵王············· 78

　　明帝·················· 80

　　废帝东昏侯············· 83

　　和帝·················· 91

南史卷六

梁本纪上第六

　　武帝上················ 94

南史卷七

梁本纪中第七

　　武帝下 ··············· 115

南史卷八

梁本纪下第八

　　简文帝 ··············· 131

　　元帝 ················· 134

　　敬帝 ················· 142

南史卷九

陈本纪上第九

武帝 ……………………… 147

文帝 ……………………… 159

废帝 ……………………… 163

南史卷一〇

陈本纪下第一〇

宣帝 ……………………… 167

后主 ……………………… 173

南史卷一一

列传第一

后妃上 …………………… 181

宋孝穆赵皇后 ………… 183

孝懿萧皇后 …………… 183

武敬臧皇后 …………… 183

武张夫人 ……………… 184

文章胡太后 …………… 184

少帝司马皇后 ………… 184

文元袁皇后　　潘淑妃

…………………… 184

孝武昭路太后 ………… 185

明宣沈太后 …………… 186

孝武文穆王皇后

宣贵妃 ………………… 186

前废帝何皇后 ………… 186

明恭王皇后 …………… 187

后废帝陈太妃 ………… 188

后废帝江皇后 ………… 188

顺陈太妃 ……………… 188

顺谢皇后 ……………… 188

齐宣孝陈皇后 ………… 189

高昭刘皇后 …………… 189

武穆裴皇后 …………… 189

文安王皇后 …………… 190

郁林王何妃 …………… 191

海陵王王妃 …………… 191

明敬刘皇后 …………… 191

东昏褚皇后 …………… 192

和王皇后 ……………… 192

南史卷一二

列传第二

后妃下 …………………… 193

梁文献张皇后 ………… 193

武德郗皇后 …………… 194

武丁贵嫔 ……………… 194

武阮修容 ……………… 195

简文王皇后 …………… 195

元帝徐妃 ……………… 196

敬夏太后 ……………… 196

敬王皇后 ……………… 196

陈武宣章皇后 ………… 196

文沈皇后 ……………… 197

废帝王皇后 …………… 198

宣柳皇后 ……………… 198

后主沈皇后　　张贵妃

…………………… 198

南史卷一三

列传第三

宋宗室及诸王上 ……… 202

长沙景王道怜 ……… 202

临川烈武王道规　鲍照
　　　　　　　　………… 205
营浦侯遵考　从子季连
　　　　　　　　………… 207
武帝诸子　…………… 209
南史卷一四
列传第四
宋宗室及诸王下　……… 220
　宋文帝诸子　………… 220
　孝武诸子　…………… 237
　孝明诸子　…………… 240
南史卷一五
列传第五
刘穆之　曾孙祥　从子秀之
　　　　　　　………… 242
徐羡之　从孙湛之
湛之孙孝嗣　孝嗣孙君茜
　　　　　　　………… 248
傅亮　族兄隆………… 254
檀道济　兄韶
韶孙珪　韶弟祇………… 256
南史卷一六
列传第六
王镇恶　…………… 259
朱龄石　弟超石……… 261
毛脩之　孙惠素……… 263
傅弘之　…………… 264
朱脩之　…………… 264
王玄谟　子瞻　从弟玄象

玄载　玄邈　………… 266
南史卷一七
列传第七
刘敬宣　…………… 271
刘怀肃　弟怀敬　怀慎
　　　　　　　………… 273
刘粹　族弟损………… 275
孙处　…………… 276
蒯恩　…………… 277
向靖　子柳………… 277
刘钟　…………… 278
虞丘进　…………… 278
孟怀玉　弟龙符……… 279
胡藩　…………… 279
刘康祖　伯父简之
简之弟谦之　简之子道产
道产子延孙………… 280
南史卷一八
列传第八
赵伦之　子伯符……… 283
萧思话　子惠开　惠明
惠明子视素　惠明弟惠基
惠基子洽　惠基弟惠休
惠休弟子介　介子允
引　惠开从孙琛……… 284
臧焘　玄孙严　严族叔未甄
未甄子盾　厥　焘弟熹
熹子质　…………… 292
南史卷一九

列传第九

　　**谢晦**　兄瞻　弟嚼　从叔澹

　　●●●●●●●●●●●●●●●●●●● 299

　　**谢裕**　子恂　玄孙微

　　裕弟纯　述　述孙朓 ●●●● 303

　　**谢方明**　子惠连●●●●●●●● 308

　　**谢灵运**　孙超宗　曾孙几卿

　　●●●●●●●●●●●●●●●●●●● 309

南史卷二○

列传第一○

　　**谢弘微**　子庄　孙朏

　　曾孙谖　玄孙哲　朏弟颢

　　颢弟瀹　瀹子览　鉴弟举

　　举子暇　举兄子侨 ●●●●●● 315

南史卷二一

列传第一一

　　**王弘**　子锡　锡子僧达

　　曾孙融 ●●●●●●●●●●●●●● 326

　　弘弟子微　微兄远

　　远子僧祐　僧祐子籍 ●●●●● 332

　　弘从孙瞻 ●●●●●●●●●●●●● 333

　　弘玄孙冲　冲子玚　瑜

　　●●●●●●●●●●●●●●●●●●● 334

南史卷二二

列传第一二

　　**王昙首**　子僧绰　孙俭

　　曾孙骞　骞子规　骞弟暕

　　暕子训　僧绰弟僧虔

　　僧虔子慈　慈子泰　慈弟志

志弟子筠　志弟彬　寂

　　●●●●●●●●●●●●●●●●●●● 336

南史卷二三

列传第一三

　　**王诞**　兄子偃　偃子藻

　　藻弟子莹　莹从弟亮 ●●●● 353

　　**王华**　从弟琨●●●●●●●●●● 358

　　**王惠**　从弟球●●●●●●●●●● 361

　　**王彧**　子绚　绚弟缋

　　缋孙克　彧兄子蕴　奂弟份

　　份孙铨　金　通　劢　质

　　固 ●●●●●●●●●●●●●●●●● 362

南史卷二四

列传第一四

　　**王裕之**　孙秀之　延之

　　阮韬　延之子纶之

　　曾孙峻　峻子琮 ●●●●●●●● 371

　　**王镇之**　弟弘之　弘之孙晏

　　晏从弟思远 ●●●●●●●●●●● 374

　　**王韶之** ●●●●●●●●●●●●●● 378

　　**王悦之** ●●●●●●●●●●●●●● 379

　　**王准之**　从弟逡之　珪之

　　族子素 ●●●●●●●●●●●●●● 380

南史卷二五

列传第一五

　　**王懿** ●●●●●●●●●●●●●●●● 383

　　**到彦之**　孙㧑　㧑子沆

　　沆从兄溉　洽　洽子仲举

　　●●●●●●●●●●●●●●●●●●● 385

垣护之　弟子崇祖
崇祖从兄荣祖　荣祖从父阆
阆弟子昙深 …………… 390
张兴世　子欣泰 ………… 395
南史卷二六
列传第一六
袁湛　弟豹　豹子淑
淑兄子颙　颙从弟粲
颙弟子彖　彖从弟昂
马仙琕　昂子君正
君正子枢　宪　君正弟敬
泌 …………………… 398
南史卷二七
列传第一七
孔靖　孙琇之　琇之曾孙奂
………… 415
孔琳之　孙觊 ………… 418
殷景仁　从祖弟淳 …… 423
南史卷二八
列传第一八
褚裕之　弟淡之　玄孙球
裕之兄子湛之　湛之子彦回
彦回子贲　蓁　蓁子向
向子翔　彦回弟澄　从父弟昭
炫　炫子沄　沄子蒙　蒙子玠
………………… 426
南史卷二九
列传第一九
蔡廓　子兴宗　孙约
约弟撙　曾孙凝 ………… 435

南史卷三○
列传第二○
何尚之　子偃　孙戢
偃弟子求　求弟点　点弟胤
胤从弟炯　之弟子昌寓
昌寓子敬容 ………… 445
南史卷三一
列传第二一
张裕　子永　岱　岱兄子绪
绪子完　充　永子瓌
瓌子率　率弟盾　瓌弟稷
稷子嵊　稷从子种 ……… 458
南史卷三二
列传第二二
张邵　子敷　孙冲　兄子畅
畅子融　宝积　徐文伯
嗣伯 ………………… 470
南史卷三三
列传第二三
范泰　子晔 ………… 482
荀伯子　族子万秋 ……… 489
徐广　郗绍　广兄子豁 … 490
郑鲜之 ……………… 491
裴松之　孙昭明　曾孙子野
………………… 493
何承天　曾孙逊 ……… 496
南史卷三四
列传第二四
颜延之　子竣　从子师伯

‥‥‥‥‥‥‥‥‥‥ 500

沈怀文 子冲 从兄昙庆

‥‥‥‥‥‥‥‥‥‥ 507

周朗 族孙颙 颙子舍

舍弟子弘正 弘让 弘直

弘直子确 ‥‥‥‥‥ 510

南史卷三五

列传第二五

刘湛 ‥‥‥‥‥‥ 517

庾悦 族弟登之 仲文

仲文子弘远 仲文族孙仲容

‥‥‥‥‥‥‥‥‥‥ 519

顾琛 ‥‥‥‥‥‥ 524

顾凯之 孙宪之 ‥‥‥ 525

南史卷三六

列传第二六

羊欣 ‥‥‥‥‥‥ 530

羊玄保 子戎 兄子希

‥‥‥‥‥‥‥‥‥‥ 531

沈演之 子勃 兄孙颙

演之从子宪 宪孙浚 ‥‥ 533

江夷 子湛 曾孙敩

玄孙茜 禄 五世孙纾

六世孙总 夷弟子智深

‥‥‥‥‥‥‥‥‥‥ 535

江秉之 孙谧 ‥‥‥ 540

南史卷三七

列传第二七

沈庆之 孙昭略 子文季

弟子文秀 从子攸之

攸之从孙僧昭 ‥‥‥‥ 543

宗悫 从子夬 ‥‥‥‥ 554

南史卷三八

列传第二八

柳元景 元景弟子世隆

世隆子惔 惔弟恽 恽子偃

偃子盼 恽弟憕 憕弟忱

世隆从弟庆远 庆远子津

津子仲礼 敬礼 ‥‥‥‥ 557

南史卷三九

列传第二九

殷孝祖 族子琰 ‥‥‥ 569

刘勔 子悛 孙孺 览 遵

悛弟子苞 悛弟绘

绘子孝绰 绘弟琪 ‥‥‥ 570

南史卷四〇

列传第三〇

鲁爽 ‥‥‥‥‥‥ 579

薛安都 从子深 ‥‥‥ 580

邓琬 刘胡 ‥‥‥‥ 582

宗越 ‥‥‥‥‥‥ 585

吴喜 ‥‥‥‥‥‥ 586

黄回 ‥‥‥‥‥‥ 587

南史卷四一

列传第三一

齐宗室 ‥‥‥‥‥‥ 589

衡阳元王道度 ‥‥‥‥ 589

始安贞王道生 ‥‥‥‥ 590

始安王遥光 ……… 590　　　河东王铉 ……………… 622
曲江公遥欣　子几 … 592　　南史卷四四
安陆昭王缅 ……… 593　　列传第三四
新吴侯景先 ……… 594　　　齐武帝诸子 …………… 624
南丰伯赤斧　子颖胄　　　　文惠太子长懋 ……… 625
　颖达 ……………… 594　　　竟陵文宣王子良
衡阳公谌 ………… 597　　　　子昭胄 …………… 628
临汝侯坦之 ……… 599　　　庐陵王子卿 ……… 631
南史卷四二　　　　　　　　鱼复侯子响 ……… 632
列传第三二　　　　　　　　安陆王子敬 ……… 633
　齐高帝诸子上 ……… 602　　　晋安王子懋 ……… 633
　豫章文献王嶷　子子廉　　　随郡王子隆 ……… 635
　子恪　子操　子范　　　　建安王子真 ……… 635
　子范子乾　子范弟子显　　西阳王子明 ……… 635
　子云 …………… 602　　　南海王子罕 ……… 635
南史卷四三　　　　　　　　巴陵王子伦 ……… 636
列传第三三　　　　　　　　邵陵王子贞 ……… 637
　齐高帝诸子下 ……… 614　　临贺王子岳 ……… 637
　临川献王映 ……… 614　　　西阳王子文 ……… 637
　长沙威王晃 ……… 615　　　衡阳王子峻 ……… 637
　武陵昭王晔 ……… 615　　　南康王子琳 ……… 637
　安成恭王皓 ……… 617　　　湘东王子建 ……… 637
　鄱阳王锵 ……… 617　　　南郡王子夏 ……… 638
　桂阳王铄 ……… 618　　文惠诸子 …………… 638
　始兴简王鉴 ……… 618　　　巴陵王昭秀 ……… 638
　江夏王锋 ……… 620　　　桂阳王昭粲 ……… 638
　南平王锐 ……… 621　　明帝诸子 …………… 638
　宜都王铿 ……… 621　　　巴陵隐王宝义 …… 638
　晋熙王球 ……… 622　　　江夏王宝玄 ……… 639

庐陵王宝源 ………… 639

鄱阳王宝寅 ………… 639

邵陵王宝脩 ………… 639

晋熙王宝嵩 ………… 639

桂阳王宝贞 ………… 640

南史卷四五

列传第三五

　王敬则 ………………… 641

　陈显达 ………………… 645

　张敬儿 ………………… 647

　崔慧景 ………………… 649

南史卷四六

列传第三六

　李安人　子元履 ……… 653

　戴僧静 ………………… 654

　桓康 …………………… 655

　焦度 …………………… 656

　曹武　子世宗 ………… 657

　吕安国 ………………… 658

　周山图 ………………… 658

　周盘龙　子奉叔 ……… 659

　王广之　子珍国 ……… 660

　张齐 …………………… 662

南史卷四七

列传第三七

　荀伯玉 ………………… 664

　崔祖思　祖思叔父景真

　景真子元祖

　祖思宗人文仲 ………… 666

苏侃 …………………… 668

虞悰 …………………… 669

胡谐之　范柏年 ……… 669

虞玩之 ………………… 670

刘休 …………………… 671

江祏　刘暄 …………… 672

南史卷四八

列传第三八

　陆澄 …………………… 675

　陆慧晓　子僎　孙缮

　兄子闲　闲子绛　绛弟厥

　厥弟襄　襄兄子云公

　云公子琼　琼子从典

　琼从弟琰　琰弟瑜　瑜从兄玠

　从弟琛 ………………… 67

　陆杲　子罩 …………… 685

南史卷四九

列传第三九

　庚杲之　叔父羕 ……… 687

　王谌　从叔擒　何宪　孔逷

　　　　　　　………… 689

　孔珪 …………………… 690

　刘怀珍　子灵哲　从父弟峻

　刘沼　从子怀慰　怀慰子霁

　杳　敳　怀珍从孙许

　怀珍族弟善明 ………… 691

南史卷五〇

列传第四〇

　刘瓛　弟琎毅　族子显

····· 702

明僧绍　子山宾 ····· 706

庾易　子黔娄　於陵　肩吾

····· 708

刘虬　子之遴　之亨

虬从弟坦 ····· 710

南史卷五一

列传第四一

　梁宗室上 ····· 715

　　吴平侯景　子劢　劝

　　劢　勃　弟昌　昂　昱

····· 715

　　长沙宣武王懿　子业

　　孙孝俨　业弟藻　猷

　　猷子韶　骏　猷弟朗　明

····· 719

　　永阳昭王敷 ····· 723

　　衡阳宣王畅 ····· 724

　　桂阳简王融　子象

　　象子慥 ····· 724

　　临川靖惠王宏

　　宏子正仁　正义　正德

　　正德子见理　正德弟正则

　　正则弟正立　正立子贲

　　正立弟正表　正信 ····· 724

南史卷五二

列传第四二

　梁宗室下 ····· 731

　　安成康王秀　秀子机

机弟推 ····· 731

南平元襄王伟　伟子恪

恪弟恭　恭子静　恭弟祗

····· 733

鄱阳忠烈王恢　恢子范

范子嗣　范弟谘　谘弟脩

脩弟泰 ····· 736

始兴忠武王憺　憺子亮

亮弟映　映弟晔 ····· 739

南史卷五三

列传第四三

　梁武帝诸子 ····· 743

　　昭明太子统 ····· 743

　　河东王誉 ····· 748

　　豫章王综 ····· 748

　　南康简王绩　子会理

　　乂理 ····· 750

　　庐陵威王续 ····· 752

　　邵陵携王纶　子坚　确

····· 753

　　武陵王纪　子圆照　圆正

····· 756

南史卷五四

列传第四四

　梁简文帝诸子 ····· 761

　　哀太子大器 ····· 762

　　寻阳王大心 ····· 762

　　临川王大款 ····· 763

　　南海王大临 ····· 763

南郡王大连 ・・・・・・・・・ 764

安陆王大春 ・・・・・・・・・ 764

桂阳王大成 ・・・・・・・・・ 764

汝南王大封 ・・・・・・・・・ 764

浏阳公大雅 ・・・・・・・・ 765

新兴王大庄 ・・・・・・・・ 765

西阳王大钧 ・・・・・・・・ 765

武宁王大威 ・・・・・・・・ 765

皇子大训 ・・・・・・・・・ 765

建平王大球 ・・・・・・・・ 765

义安王大昕 ・・・・・・・・ 765

绥建王大挚 ・・・・・・・・ 765

乐良王大圜 ・・・・・・・・ 766

元帝诸子 ・・・・・・・・・・・ 766

忠烈世子方等 ・・・・・・・ 766

忠惠世子方诸 ・・・・・・・ 767

憨怀太子方矩 ・・・・・・・ 767

始安王方略 ・・・・・・・・ 768

南史卷五五

列传第四五

王茂 ・・・・・・・・・・・・・・ 769

曹景宗 ・・・・・・・・・・・・ 770

席阐文 ・・・・・・・・・・・・ 773

夏侯详 子亶 夔 鱼弘
・・・・・・・・・・・・・・・・ 774

吉士瞻 ・・・・・・・・・・・・ 776

蔡道恭 ・・・・・・・・・・・・ 777

杨公则 ・・・・・・・・・・・・ 778

邓元起 罗研 李膺 ・・・・・ 779

张惠绍 子登 ・・・・・・・・・ 781

冯道根 ・・・・・・・・・・・・・ 781

康绚 ・・・・・・・・・・・・・・ 783

昌义之 ・・・・・・・・・・・・・ 784

南史卷五六

列传第四六

张弘策 子缅 缵 绾
・・・・・・・・・・・・・・・・ 786

庾域 子子舆 ・・・・・・・・・・ 791

郑绍叔 ・・・・・・・・・・・・・ 793

吕僧珍 ・・・・・・・・・・・・・ 794

乐蔼 子法才 ・・・・・・・・・ 796

南史卷五七

列传第四七

沈约 子旋 孙众 ・・・・・・・ 798

范云 从兄缜 ・・・・・・・・・ 806

南史卷五八

列传第四八

韦睿 兄纂 阐 睿子放
孙粲 放弟正 正子载 鼎
正弟棱 棱弟黯 ・・・・・・・ 812

裴邃 邃子之礼 兄子之高
之高弟之平 子忌
之高弟之横 ・・・・・・・・ 820

南史卷五九

列传第四九

江淹 ・・・・・・・・・・・・・・ 824

任昉 ・・・・・・・・・・・・・・ 827

王僧孺 ・・・・・・・・・・・・・ 832

南史卷六〇
列传第五〇
　范岫 ……………………… 836
　傅昭　弟映 …………… 837
　孔休源 ………………… 838
　江革　子德藻 ………… 840
　徐勉 …………………… 842
　许懋　子亨 …………… 849
　殷钧　宗人芸 ………… 850
南史卷六一
列传第五一
　陈伯久 ………………… 852
　陈庆之　子昕　暄 …… 855
　兰钦 …………………… 859
南史卷六二
列传第五二
　贺玚　子革　弟子琛 …… 861
　司马褧 ………………… 865
　朱异 …………………… 865
　顾协 …………………… 869
　徐摛　子陵　陵子俭　份
　仪　陵弟孝克 ………… 870
　鲍泉　鲍行勉　行卿弟客卿
　……………………………… 875
南史卷六三
列传第五三
　王神念　子僧辩 ……… 877
　羊侃　子球　显 ……… 882
　羊鸦仁 ………………… 886

南史卷六四
列传第五四
　江子一 ………………… 888
　胡僧祐 ………………… 889
　徐文盛 ………………… 889
　阴子春　子铿 ………… 890
　杜崱　兄岸　弟幼安
　兄子龛 ………………… 891
　王琳 …………………… 893
　张彪 …………………… 897
南史卷六五
列传第五五
　陈宗室诸王 …………… 899
　　永脩侯拟 …………… 901
　　遂兴侯详 …………… 901
　　宜黄侯慧纪 ………… 901
　　衡阳献王昌　子伯信
　　…………………………… 902
　　南康愍王昙朗　子方泰
　　方庆 ………………… 902
　文帝诸子 ……………… 904
　　始兴王伯茂 ………… 904
　　鄱阳王伯山 ………… 905
　　新安王伯固 ………… 906
　　晋安王伯恭 ………… 907
　　庐陵王伯仁 ………… 907
　　江夏王伯义 ………… 907
　　武陵王伯礼 ………… 907
　　永阳王伯智 ………… 907

徐度　子敬成 …………… 934
杜棱 …………………………… 934
周铁武 ……………………… 935
程灵洗　子文季 …………… 936
沈恪 ………………………… 937
陆子隆 ……………………… 938
钱道戢 ……………………… 939
骆文牙 ……………………… 939
孙玚 ………………………… 939
徐世谱 ……………………… 940
周敷 ………………………… 941
荀朗 ………………………… 942
周炅 ………………………… 942
鲁悉达　弟广达 …………… 943
萧摩诃　子世廉 …………… 945
任忠 ………………………… 947
樊毅　弟猛 ………………… 948

南史卷六八
列传第五八
赵知礼 ……………………… 951
蔡景历　子徵 ……………… 951
宗元饶 ……………………… 954
韩子高 ……………………… 954
华皎 ………………………… 955
刘师知 ……………………… 956
谢岐 ………………………… 957
毛喜 ………………………… 957
沈君理 ……………………… 959
陆山才 ……………………… 959

南史卷六九
列传第五九
沈炯 ………………………… 961
虞荔　弟寄 ………………… 962
傅縡　章华 ………………… 967
顾野王　萧济 ……………… 968
姚察 ………………………… 969
南史卷七〇
列传第六〇
循吏 ………………………… 972
吉翰 ………………………… 974
杜骥 ………………………… 974
申怙 ………………………… 975
杜慧庆 ……………………… 976
阮长之 ……………………… 977
甄法崇　孙彬 ……………… 978
傅琰　孙岐 ………………… 978
虞愿 ………………………… 981
王洪范　李珪之 …………… 982
沈瑀 ………………………… 983
范述曾 ……………………… 984
孙谦　从子廉 ……………… 984
何远 ………………………… 986
郭祖深 ……………………… 987
南史卷七一
列传第六一
儒林 ………………………… 991
伏曼容　子暅　暅子挺
　　……………………………… 992

孝义上……………………… 1028

　龚颖 ……………………… 1029

　刘瑜　董阳 …………… 1029

　贾恩 ……………………… 1030

　郭世通　子原平 ……… 1030

　严世期 ………………… 1032

　吴逵 ……………………… 1032

　潘综　陈遗　秦绵 … 1032

　张进之　俞金　张楚

　　………………………… 1033

　丘杰 ……………………… 1033

　师觉授 ………………… 1033

　王彭 ……………………… 1034

　蒋恭 ……………………… 1034

　徐耕 ……………………… 1034

　孙法宗 ………………… 1034

　范叔孙　吴国夫 …… 1035

　卜天与　弟天生 …… 1035

　许昭先 ………………… 1036

　余齐人 ………………… 1036

　孙棘　妻许　徐元妻许

　钱延庆 ………………… 1036

　何子平 ………………… 1037

　崔怀顺 ………………… 1037

　王虚之　顾昌衍

　江柔之　江轲 ……… 1038

　吴庆之 ………………… 1038

　萧睿明　鲜于文宗 … 1038

　萧矫妻羊

　羊缉之女佩任

　吴康之妻赵

　蒋俊之妻黄　吴翼之母丁

　会稽陈氏三女

　永兴概中里王氏女

　诸暨屠氏女

　吴兴乘公济妻姚

　吴郡范法恂妻褚 …… 1039

　公孙僧远 ……………… 1040

　吴欣之 ………………… 1040

　韩系伯 ………………… 1041

　丘冠先 ………………… 1041

　孙淡 ……………………… 1041

　华宝　薛天生　刘怀胤

　　………………………… 1041

　解叔谦　宗元卿

　庾震　朱文济　匡昕

　鲁康祚　谢昌禹 …… 1042

　韩灵敏 ………………… 1042

　刘沨　弟潇　柳叔夜

　　………………………… 1043

　封延伯　陈玄子

　邵荣兴　文献叔　徐生之

　范安祖　李圣伯　范道根

　谭弘宝　何弘　阳黑头

　王续祖　郝道福 …… 1043

　吴达之　蔡昙智

　何伯玙 ………………… 1044

　王文殊 ………………… 1044

　乐颐之　弟预　沈升之

徐伯珍　娄幼瑜 ……　1078
沈麟士…………………　1079
阮孝绪…………………　1080
邓郁……………………　1082
陶弘景　释宝志 ……　1083
诸葛璩…………………　1086
刘慧斐　兄慧镜
慧镜子昙净 …………　1086
范元琰…………………　1087
庾诜……………………　1087
张孝秀…………………　1088
庾承先…………………　1089
马枢……………………　1089

南史卷七七
列传第六七
恩幸…………………　1091
戴法兴　戴明宝 ……　1092
徐爰……………………　1094
阮佃夫…………………　1095
纪僧真…………………　1098
刘系宗…………………　1100
茹法亮…………………　1100
吕文显…………………　1103
茹法珍　梅虫儿 ……　1104
周石珍…………………　1105
陆验　徐麟 …………　1106
司马申…………………　1106
施文庆…………………　1107
沈客卿…………………　1108

孔范……………………　1109
南史卷七八
列传第六八
夷貊上　海南诸国
西南夷 ………………　1112
林邑国 ………………　1112
扶南国 ………………　1115
诃罗陁国 ……………　1119
呵罗单国 ……………　1119
婆皇国 ………………　1119
波达国 ………………　1119
阇婆达国 ……………　1119
槃槃国 ………………　1120
丹丹国 ………………　1120
干陁利国 ……………　1120
狼牙脩国 ……………　1120
婆利国 ………………　1121
中天竺国 ……………　1121
天竺迦毗黎国 ………　1122
师子国 ………………　1123
南史卷七九
列传第六九
夷貊下 ………………　1125
高句丽…………………　1125
百济……………………　1127
新罗……………………　1128
倭………………………　1128
文身……………………　1129
大汉……………………　1129

扶桑…………………… 1129

河南…………………… 1130

宕昌…………………… 1131

邓至…………………… 1131

武兴…………………… 1132

刑雍州蛮……………… 1132

豫州蛮………………… 1133

高昌…………………… 1134

滑……………………… 1135

呵跋檀………………… 1135

白题…………………… 1135

龟兹…………………… 1135

于阗…………………… 1136

渴盘陁………………… 1136

末……………………… 1136

波斯…………………… 1136

蠕蠕…………………… 1136

南史卷八〇

列传第七〇

　贼臣………………… 1138

　侯景………………… 1138

　王伟………………… 1154

　熊昙朗……………… 1155

　周迪………………… 1155

　留异………………… 1156

　陈宝应……………… 1157

# 北　史

北史卷一
魏本纪第一

　序纪 …………………… 1

　　魏先世 ………………… 1

　　神元帝 ………………… 2

　　文帝 …………………… 2

　　章帝 …………………… 3

　　平帝 …………………… 3

　　思帝 …………………… 3

　　昭帝 …………………… 3

　　桓帝 …………………… 3

　　穆帝 …………………… 3

　　平文帝 ………………… 4

　　惠帝 …………………… 4

　　炀帝 …………………… 4

　　烈帝 …………………… 5

　　昭成帝 ………………… 5

　太祖道武帝 …………… 6

　太宗明元帝 ………… 15

北史卷二
魏本纪第二

　世祖太武帝 ………… 21

　　恭宗景穆帝 ……… 32

　　高宗文成帝 ……… 33

　　显祖献文帝 ……… 37

北史卷三
魏本纪第三

　　高祖孝文帝 ……… 41

北史卷四
魏本纪第四

　　世宗宣武帝 ……… 61

　　肃宗孝明帝 ……… 67

北史卷五
魏本纪第五

　　敬宗孝庄帝 ……… 74

　　节闵帝 …………… 77

　　废帝 ……………… 79

　　孝武帝 …………… 79

西魏文帝……………… 82

西魏废帝……………… 85

西魏恭帝……………… 85

东魏孝静帝…………… 86

北史卷六

齐本纪上第六

高祖神武帝…………… 94

世宗文襄帝…………… 108

北史卷七

齐本纪中第七

显祖文宣帝…………… 112

废帝 ………………… 124

孝昭帝 ……………… 126

北史卷八

齐本纪下第八

世祖武成帝…………… 132

后主 ………………… 135

幼主 ………………… 142

北史卷九

周本纪上第九

太祖文帝……………… 147

孝闵帝 ……………… 158

世宗明帝……………… 160

北史卷一〇

周本纪下第一〇

高祖武帝……………… 165

宣帝 ………………… 180

静帝 ………………… 185

北史卷一一

隋本纪上第一一

高祖文帝 …………… 188

北史卷一二

隋本纪下第一二

炀帝 ………………… 209

恭帝 ………………… 229

北史卷一三

列传第一

后妃上 ……………… 232

魏神元皇后窦氏 …… 236

文帝皇后封氏 ……… 236

桓皇后惟氏 ………… 236

平文皇后王氏 ……… 236

昭成皇后慕容氏 …… 236

献明皇后贺氏 ……… 237

道武皇后慕容氏 …… 237

道武宣穆皇后刘氏 … 237

明元昭哀皇后姚氏 … 237

明元密皇后杜氏 …… 238

太武皇后赫连氏 …… 238

太武敬哀皇后贺氏 … 238

景穆恭皇后郁久闾氏

……………………… 238

文成文明皇后冯氏 … 239

文成元皇后李氏 …… 241

献文思皇后李氏 …… 241

孝文贞皇后林氏 …… 241

孝文废皇后冯氏 …… 241

孝文幽皇后冯氏 241

孝文文昭皇后高氏 … 243
宣武顺皇后于氏 …… 243
宣武皇后高氏 ……… 244
宣武灵皇后胡氏 …… 244
孝明皇后胡氏 ……… 246
孝武皇后高氏 ……… 246
文帝文皇后乙弗氏 … 246
文帝悼皇后郁久闾氏
　　　　　　…… 247
废帝皇后宇文氏 …… 247
恭帝皇后若干氏 …… 247
孝静皇后高氏 ……… 247
北史卷一四
列传第二
后妃下 …………… 249
齐武明皇后娄氏 …… 250
蠕蠕公主郁久闾氏 … 251
彭城太妃尔朱氏
　小尔朱氏 ………… 251
上党太妃韩氏 ……… 251
冯翊太妃郑氏 ……… 252
高阳太妃游氏　冯娘
李娘 ……………… 252
文襄敬皇后元氏
琅邪公主 …………… 252
文宣皇后李氏　段昭仪
王嫔　薛嫔 ……… 252
孝昭皇后元氏 ……… 254
武成皇后胡氏 ……… 254

弘德李夫人 ………… 255
后主皇后斛律氏 …… 255
后主皇后胡氏 ……… 255
后主皇后穆氏 ……… 255
冯淑妃 ……………… 256
周文皇后元氏 ……… 257
文宣皇后叱奴氏 …… 257
孝闵皇后元氏 ……… 257
明敬皇后独孤氏 …… 258
武成皇后阿史那氏 … 258
武皇后李氏 ………… 258
宣皇后杨氏 ………… 258
宣皇后朱氏 ………… 259
宣皇后陈氏 ………… 259
宣皇后元氏 ………… 259
宣皇后尉迟氏 ……… 260
静皇后司马氏 ……… 260
隋文献皇后独孤氏 … 260
宣华夫人陈氏 ……… 261
容华夫人蔡氏 ……… 262
炀愍皇后萧氏 ……… 262
北史卷一五
列传第三
魏诸宗室 …………… 265
上谷公纥罗 ………… 265
武陵侯因 …………… 266
望都公颓 …………… 266
曲阳侯素延 ………… 266
六修 ……………… 266

列传第七

　文成五王 …………… 342

　　安乐王长乐 ……… 343

　　广川王略 ………… 343

　　齐郡王简 ………… 344

　　河间王若 ………… 345

　　安丰王猛 ………… 345

　献文六王 …………… 346

　　咸阳王禧 ………… 346

　　赵郡王干 ………… 349

　　广陵王羽 ………… 351

　　高阳王雍 ………… 353

　　彭城王勰 ………… 354

　　北海王详 ………… 359

　孝文六王 …………… 361

　　废太子恂 ………… 361

　　京兆王愉 ………… 362

　　清河王怿 ………… 363

　　广平王怀 ………… 364

　　汝南王悦 ………… 365

　　皇子恌 …………… 365

北史卷二〇

列传第八

　卫操 ………………… 367

　莫含 ………………… 368

　刘库仁 ……………… 369

　尉古真 ……………… 370

　穆崇 ………………… 372

　奚斤 ………………… 377

　叔孙建 ……………… 379

　安同 ………………… 381

　庾业延 ……………… 382

　王建 ………………… 383

　罗结 ………………… 383

　娄伏连 ……………… 384

　闾大肥 ……………… 385

　奚牧 ………………… 385

　和跋 ………………… 385

　莫题 ………………… 386

　贺狄干 ……………… 386

　李栗 ………………… 386

　奚眷 ………………… 386

北史卷二一

列传第九

　燕凤 ………………… 388

　许谦 ………………… 389

　崔宏 ………………… 389

　张衮 ………………… 405

　邓彦海 ……………… 407

北史卷二二

列传第一〇

　长孙嵩 ……………… 409

　长孙道生 …………… 413

　长孙肥 ……………… 425

北史卷二三

列传第一一

　于栗磾 ……………… 427

北史卷二四

列传第一二

崔逞 ……………… 444

王宪 ……………… 452

封懿 ……………… 459

北史卷二五

列传第一三

古弼 ……………… 466

张黎 ……………… 468

刘洁 ……………… 468

丘堆 ……………… 469

娥清 ……………… 469

伊馛 ……………… 470

乙瓌 ……………… 470

周几 ……………… 470

豆代田 …………… 471

车伊洛 …………… 471

王洛儿 …………… 471

车路头 …………… 472

卢鲁元 …………… 472

陈建 ……………… 473

来大干 …………… 473

宿石 ……………… 473

万安国 …………… 474

周观 ……………… 474

尉拨 ……………… 474

陆真 ……………… 474

吕洛拔 …………… 475

薛彪子 …………… 475

尉元 ……………… 477

慕容白曜 ………… 478

和其奴 …………… 480

苟颓 ……………… 480

宇文福 …………… 480

北史卷二六

列传第一四

宋隐 ……………… 482

许彦 ……………… 488

刁雍 ……………… 489

辛绍先 …………… 493

韦阆 ……………… 494

杜铨 ……………… 497

北史卷二七

列传第一五

屈遵 ……………… 500

张蒲 ……………… 501

谷浑 ……………… 501

公孙表 …………… 502

张济 ……………… 503

李先 ……………… 504

贾彝 ……………… 506

窦瑾 ……………… 507

李诉 ……………… 507

韩延之 …………… 509

袁式 ……………… 509

毛脩之 …………… 510

唐和 ……………… 511

寇赞 ……………… 512

郦范 ……………… 514

韩秀 ·············· 516

尧暄 ·············· 517

柳崇 ·············· 518

北史卷二八

列传第一六

陆俟 ·············· 520

源贺 ·············· 530

刘尼 ·············· 537

薛提 ·············· 538

北史卷二九

列传第一七

司马休之 ·········· 539

司马楚之 ·········· 540

刘昶 ·············· 542

萧宝夤 ············ 544

萧正表 ············ 550

萧祇 ·············· 550

萧退 ·············· 551

萧泰 ·············· 551

萧㧑 ·············· 551

萧圆肃 ············ 552

萧大圜 ············ 553

北史卷三〇

列传第一八

卢玄 ·············· 556

卢柔 ·············· 566

卢观 ·············· 568

卢同 ·············· 571

卢诞 ·············· 579

北史卷三一

列传第一九

高允 ·············· 581

高祐 ·············· 593

卢曹 ·············· 599

北史卷三二

列传第二〇

崔鉴 ·············· 604

崔辩 ·············· 606

崔挺 ·············· 611

北史卷三三

列传第二一

李灵 ·············· 626

李顺 ·············· 633

李孝伯 ············ 638

李裔 ·············· 649

李义深 ············ 651

北史卷三四

列传第二二

游雅 ·············· 654

高闾 ·············· 656

赵逸 ·············· 660

胡叟 ·············· 661

胡方回 ············ 662

张湛 ·············· 663

段承根 ············ 663

阚骃 ·············· 664

刘延明 ············ 664

赵柔 ·············· 665

索敞 …………………… 666
宋繇 …………………… 666
江式 …………………… 670
北史卷三五
列传第二三
　王慧龙 ………………… 675
　郑羲 …………………… 685
北史卷三六
列传第二四
　薛辩 …………………… 696
　薛寘 …………………… 709
　薛憕 …………………… 709
北史卷三七
列传第二五
　韩茂 …………………… 711
　皮豹子 ………………… 712
　封敕文 ………………… 714
　吕罗汉 ………………… 714
　孔伯恭 ………………… 715
　田益宗 ………………… 716
　孟表 …………………… 717
　奚康生 ………………… 717
　杨大眼 ………………… 719
　崔延伯 ………………… 721
　李叔仁 ………………… 723
北史卷三八
列传第二六
　裴骏 …………………… 724
　裴延俊 ………………… 726

裴佗 …………………… 730
裴果 …………………… 738
裴宽 …………………… 739
裴侠 …………………… 741
裴文举 ………………… 743
裴仁基 ………………… 744
北史卷三九
列传第二七
　薛安都 ………………… 746
　刘休宾 ………………… 747
　房法寿 ………………… 748
　毕众敬 ………………… 754
　羊祉 …………………… 758
北史卷四〇
列传第二八
　韩麒麟 ………………… 763
　程骏 …………………… 769
　李彪 …………………… 770
　高道悦 ………………… 780
　甄琛 …………………… 781
　高聪 …………………… 787
北史卷四一
列传第二九
　杨播 …………………… 789
　杨敷 …………………… 805
北史卷四二
列传第三〇
　王肃 …………………… 819
　刘芒 …………………… 822

常爽 …………………… 829

北史卷四三

列传第三一

　郭祚 …………………… 837

　张彝 …………………… 840

　邢峦 …………………… 844

　李崇 …………………… 853

北史卷四四

列传第三二

　崔光 …………………… 863

　崔亮 …………………… 872

北史卷四五

列传第三三

　裴叔业 ………………… 881

　夏侯道迁 ……………… 886

　李元护 ………………… 889

　席法友 ………………… 889

　王世弼 ………………… 890

　江悦之 ………………… 890

　淳于诞 ………………… 891

　沈文秀 ………………… 891

　张谠 …………………… 892

　李苗 …………………… 893

　刘藻 …………………… 894

　傅永 …………………… 895

　傅竖眼 ………………… 897

　张烈 …………………… 899

　李叔彪 ………………… 900

　路恃庆 ………………… 901

房亮 …………………… 901

曹世表 ………………… 901

潘永基 ………………… 901

朱元旭 ………………… 901

北史卷四六

列传第三四

　孙绍 …………………… 903

　张普惠 ………………… 905

　成淹 …………………… 910

　范绍 …………………… 912

　刘桃符 ………………… 913

　鹿悆 …………………… 913

　张耀 …………………… 914

　刘道斌 ………………… 915

　董绍 …………………… 915

　冯元兴 ………………… 916

北史卷四七

列传第三五

　袁翻 …………………… 917

　阳尼 …………………… 923

　贾思伯 ………………… 929

　祖莹 …………………… 932

北史卷四八

列传第三六

　尔朱荣 ………………… 940

北史卷四九

列传第三七

　朱瑞 …………………… 957

　叱列延庆 ……………… 958

斛斯椿 …………………… 958　　　上洛王思宗 ………… 997
贾显度 …………………… 961　　　平秦王归彦 ………… 999
樊子鹄 …………………… 962　　　长乐太守灵山……… 1001
侯深 ……………………… 963　　　神武诸子…………… 1001
驾拔允 …………………… 964　北史卷五二
侯莫陈悦 ………………… 970　列传第四〇
念贤 ……………………… 971　　　齐宗室诸王下 …… 1008
梁览 ……………………… 971　　　　文襄诸子………… 1008
雷绍 ……………………… 972　　　　文宣诸子………… 1013
毛遐 ……………………… 972　　　　孝昭诸子………… 1015
乙弗朗 …………………… 974　　　　武成诸子………… 1016
北史卷五〇　　　　　　　　　　　　后主诸子………… 1019
列传第三八　　　　　　　北史卷五三
辛雄 ……………………… 976　列传第四一
杨机 ……………………… 981　　　万俟普…………… 1021
高道穆 …………………… 982　　　可朱浑元………… 1022
綦俊 ……………………… 986　　　刘丰……………… 1023
山伟 ……………………… 987　　　破六韩常………… 1023
宇文忠之 ………………… 988　　　金祚……………… 1023
费穆 ……………………… 988　　　刘贵……………… 1024
孟威 ……………………… 989　　　蔡俊……………… 1024
北史卷五一　　　　　　　　　　　韩贤……………… 1024
列传第三九　　　　　　　　　　　尉长命…………… 1025
齐宗室诸王上 …… 991　　　王怀……………… 1025
赵郡王琛 ………… 991　　　任祥……………… 1025
清河王岳 ………… 993　　　莫多娄贷文……… 1026
广平公盛 ………… 996　　　厍狄回洛………… 1026
阳州公永乐 ……… 996　　　厍狄盛…………… 1026
襄乐王显国 ……… 996　　　张保洛…………… 1027

侯莫陈相·············· 1028
薛孤延·············· 1028
斛律羌举·············· 1028
张琼·············· 1029
宋显·············· 1029
王则·············· 1030
慕容绍宗·············· 1030
叱列平·············· 1031
步大汗萨·············· 1032
薛脩义·············· 1032
慕容俨·············· 1033
藩乐·············· 1034
彭乐·············· 1035
暴显·············· 1036
皮景和·············· 1036
綦连猛·············· 1037
元景安·············· 1038
独孤永业·············· 1039
鲜于世荣·············· 1040
傅伏·············· 1040

北史卷五四
列传第四二
孙腾·············· 1043
高隆之·············· 1044
司马子如·············· 1045
窦泰·············· 1048
尉景·············· 1049
娄昭·············· 1050
库狄干·············· 1051

韩轨·············· 1053
段荣·············· 1053
斛律金·············· 1057

北史卷五五
列传第四三
孙搴·············· 1064
陈元康·············· 1065
杜弼·············· 1067
房谟·············· 1070
张纂·············· 1072
张亮·············· 1073
张曜·············· 1073
王峻·············· 1074
王纮·············· 1074
敬显俊·············· 1075
平鉴·············· 1076
唐邕·············· 1076
白建·············· 1078
元文遥·············· 1078
赵彦深·············· 1080
赫连子悦·············· 1082
冯子琮·············· 1082
郎基·············· 1084

北史卷五六
列传第四四
魏收·············· 1088
魏长贤·············· 1099
魏季景·············· 1101
魏兰根·············· 1103

北史卷五七
列传第四五
　　周宗室·················· 1106
　　　邵惠公颢·············· 1106
　　　杞简公连·············· 1113
　　　莒庄公洛生············ 1114
　　　虞国公仲·············· 1114
　　　广川公测·············· 1115
　　　东平公神举············ 1118
北史卷五八
列传第四六
　　周室诸王·············· 1121
　　　文帝十王·············· 1121
　　　孝闵帝一王············ 1127
　　　明帝二王·············· 1127
　　　武帝六王·············· 1128
　　　宣帝二王·············· 1128
北史卷五九
列传第四七
　　寇洛·················· 1130
　　赵贵·················· 1130
　　李贤·················· 1131
　　梁御·················· 1140
北史卷六〇
列传第四八
　　李弼·················· 1144
　　宇文贵················ 1149
　　侯莫陈崇·············· 1156
　　王雄·················· 1158

北史卷六一
列传第四九
　　王盟·················· 1162
　　独孤信················ 1165
　　窦炽·················· 1169
　　贺兰祥················ 1173
　　叱列伏龟·············· 1174
　　阎庆·················· 1174
　　史宁·················· 1176
　　权景宣················ 1179
北史卷六二
列传第五〇
　　王罴·················· 1183
　　王思政················ 1185
　　尉迟迥················ 1188
　　王轨·················· 1193
北史卷六三
列传第五一
　　周惠达················ 1198
　　冯景·················· 1199
　　苏绰·················· 1199
北史卷六四
列传第五二
　　韦孝宽················ 1216
　　韦瑱·················· 1226
　　柳虬·················· 1228
北史卷六五
列传第五三
　　达奚武················ 1237

若干惠…………………… 1239

怡峰……………………… 1240

刘亮……………………… 1240

王德……………………… 1241

赫连达…………………… 1241

韩果……………………… 1242

蔡祐……………………… 1243

常善……………………… 1244

辛威……………………… 1244

厍狄昌…………………… 1245

梁椿……………………… 1245

梁台……………………… 1245

田弘……………………… 1246

北史卷六六

列传第五四

王杰……………………… 1248

王勇……………………… 1249

宇文虬…………………… 1249

耿豪……………………… 1249

高琳……………………… 1250

李和……………………… 1251

伊娄穆…………………… 1252

达奚实…………………… 1252

刘雄……………………… 1252

侯植……………………… 1252

李延孙…………………… 1253

韦祐……………………… 1254

陈欣……………………… 1254

魏玄……………………… 1255

泉仚……………………… 1255

李迁哲…………………… 1257

杨乾运…………………… 1259

扶猛……………………… 1259

阳雄……………………… 1259

席固……………………… 1260

任果……………………… 1260

北史卷六七

列传第五五

崔彦穆…………………… 1262

杨纂……………………… 1263

段永……………………… 1263

令狐整…………………… 1264

唐永……………………… 1267

柳敏……………………… 1269

王士良…………………… 1270

北史卷六八

列传第五六

豆卢宁…………………… 1273

杨绍……………………… 1275

王雅……………………… 1277

韩雄……………………… 1278

贺若敦…………………… 1281

北史卷六九

列传第五七

申徽……………………… 1286

陆通……………………… 1287

厍狄峙…………………… 1289

杨荐……………………… 1290

王庆……………………… 1291

赵刚……………………… 1291

赵昶……………………… 1294

王悦……………………… 1295

赵文表…………………… 1296

元定……………………… 1297

杨㩻……………………… 1297

北史卷七〇

列传第五八

　韩褒…………………… 1300

　赵肃…………………… 1301

　张轨…………………… 1302

　李彦…………………… 1303

　郭彦…………………… 1304

　梁昕…………………… 1304

　皇甫璠………………… 1305

　辛庆之………………… 1306

　王子直………………… 1307

　杜杲…………………… 1308

　吕思礼………………… 1310

　徐招…………………… 1310

　檀翥…………………… 1311

　孟信…………………… 1311

　宗懔…………………… 1312

　刘璠…………………… 1313

　柳遐…………………… 1316

北史卷七一

列传第五九

　隋宗室诸王…………… 1320

蔡景王整………………… 1320

滕穆王瓚………………… 1321

道宣王嵩………………… 1323

卫昭王爽………………… 1323

河间王弘………………… 1323

义城公处纲……………… 1325

离石太守子崇…………… 1325

文帝四王………………… 1325

炀帝三子………………… 1335

北史卷七二

列传第六〇

　高颎…………………… 1342

　牛弘…………………… 1345

　李德林………………… 1353

北史卷七三

列传第六一

　梁士彦………………… 1357

　元谐…………………… 1358

　虞庆则………………… 1359

　元胄…………………… 1360

　达奚长儒……………… 1362

　贺娄子干……………… 1363

　史万岁………………… 1364

　刘方…………………… 1365

　杜彦…………………… 1367

　周摇…………………… 1367

　独孤楷………………… 1368

　乞伏慧………………… 1369

　张威…………………… 1369

权武……………… 1431
王仁恭…………… 1431
吐万绪…………… 1432
董纯……………… 1433
鱼俱罗…………… 1433
王辩……………… 1434
陈稜……………… 1435
赵才……………… 1436
北史卷七九
列传第六七
　宇文述………… 1438
　王世充………… 1445
　段达…………… 1448
北史卷八〇
列传第六八
　外戚…………… 1450
　　贺讷………… 1451
　　姚黄眉……… 1452
　　杜超………… 1452
　　贺迷………… 1453
　　闾毗………… 1453
　　冯熙………… 1455
　　李惠………… 1458
　　高肇………… 1459
　　胡国珍……… 1461
　　杨腾………… 1465
　　乙弗绘……… 1465
　　赵猛………… 1465
　　胡长仁……… 1465

隋文帝外家吕氏…… 1466
北史卷八一
列传第六九
　儒林上………… 1468
　　梁越………… 1472
　　卢丑………… 1472
　　张伟………… 1473
　　梁祚………… 1473
　　平恒………… 1473
　　陈奇………… 1473
　　刘献之……… 1474
　　张吾贵……… 1475
　　刘兰………… 1476
　　孙惠蔚……… 1476
　　徐遵明……… 1478
　　董徵………… 1479
　　李业兴……… 1479
　　李铉………… 1482
　　冯伟………… 1483
　　张买奴……… 1484
　　刘轨思……… 1484
　　鲍季详……… 1484
　　邢峙………… 1484
　　刘昼………… 1484
　　马敬德……… 1485
　　张景仁……… 1486
　　权会………… 1486
　　张思伯……… 1487
　　张雕武……… 1487

王颂·················· 1542

杨庆·················· 1543

田翼·················· 1544

纽因·················· 1544

刘仕俊·············· 1544

翟普林·············· 1544

华秋·················· 1544

徐孝肃·············· 1545

北史卷八五

列传第七三

节义·················· 1546

于什门·············· 1547

段进·················· 1547

石文德·············· 1548

汲固·················· 1548

王玄威·············· 1548

娄提·················· 1548

刘渴侯·············· 1548

朱长生·············· 1549

马八龙·············· 1549

文门爱·············· 1549

晁清·················· 1549

刘侯仁·············· 1549

石祖兴·············· 1550

邵洪哲·············· 1550

王荣世·············· 1550

胡小彪·············· 1550

孙道登·············· 1551

李几·················· 1551

张安祖·············· 1551

王闾·················· 1551

郭琰·················· 1551

沓龙超·············· 1552

乙速孤佛保········ 1552

李棠·················· 1552

杜叔毗·············· 1552

刘弘·················· 1553

游元·················· 1553

张须陀·············· 1554

杨善会·············· 1554

卢楚·················· 1555

刘子翊·············· 1555

尧君素·············· 1557

陈孝意·············· 1558

张季珣·············· 1559

杜松赟·············· 1559

郭世隽·············· 1559

郎方贵·············· 1560

北史卷八六

列传第七四

循吏·················· 1561

张膺·················· 1562

路邕·················· 1562

阎庆胤·············· 1562

明亮·················· 1562

杜纂·················· 1562

窦瑗·················· 1563

苏淑·················· 1564

张华原·············· 1564

孟业·············· 1565

苏琼·············· 1567

路去病·············· 1569

梁彦光·············· 1569

樊叔略·············· 1570

公孙景茂·········· 1571

辛公义·············· 1572

柳俭·············· 1573

刘旷·············· 1574

王伽·············· 1574

魏德深·············· 1575

北史卷八七

列传第七五

酷吏·············· 1577

于洛侯·············· 1578

胡泥·············· 1578

李洪之·············· 1578

张赦提·············· 1580

崔暹·············· 1581

邸珍·············· 1581

田式·············· 1581

燕荣·············· 1582

元弘嗣·············· 1583

王文同·············· 1583

北史卷八八

列传第七六

隐逸·············· 1585

眭夸·············· 1586

冯亮·············· 1586

郑脩·············· 1587

崔廓·············· 1587

徐则·············· 1590

张文诩·············· 1591

北史卷八九

列传第七七

艺术上·············· 1593

晁崇·············· 1594

张深·············· 1595

殷绍·············· 1595

王早·············· 1596

耿玄·············· 1597

刘灵助·············· 1597

李顺兴·············· 1598

檀特师·············· 1599

由吾道荣·············· 1599

颜恶头·············· 1600

王春·············· 1601

信都芳·············· 1601

宋景业·············· 1602

许遵·············· 1602

吴遵世·············· 1603

赵辅和·············· 1604

皇甫玉·············· 1604

解法选·············· 1605

魏宁·············· 1605

綦母怀文·············· 1605

张子信·············· 1606

陆法和…………………… 1606
蒋昇……………………… 1609
强练……………………… 1610
庾季才…………………… 1610
卢太翼…………………… 1613
耿询……………………… 1613
来和……………………… 1614
萧吉……………………… 1614
杨伯丑…………………… 1616
临孝恭…………………… 1617
刘祐……………………… 1617
张胄玄…………………… 1617
北史卷九〇
列传第七八
　艺术下………………… 1620
　周澹…………………… 1620
　李脩…………………… 1620
　徐謇…………………… 1621
　王显…………………… 1624
　马嗣明………………… 1625
　姚僧垣………………… 1626
　褚该…………………… 1628
　许智藏………………… 1629
　万宝常………………… 1629
　蒋少游………………… 1630
　何稠…………………… 1632
北史卷九一
列传第七九
　列女…………………… 1635

魏崔览妻封氏………… 1636
封卓妻刘氏…………… 1636
魏溥妻房氏…………… 1637
胡长命妻张氏………… 1638
平原女子孙氏………… 1638
房爱亲妻崔氏………… 1638
泾州贞女兒氏………… 1638
姚氏妇杨氏…………… 1639
张洪祁妻刘氏………… 1639
董景起妻张氏………… 1639
阳尼妻高氏…………… 1639
史映周妻耿氏………… 1639
任城国太妃孟氏…… 1640
苟金龙妻刘氏………… 1640
贞孝女宗…………… 1640
河东姚氏女………… 1641
刁思遵妻鲁氏……… 1641
西魏孙道温妻赵氏
　………………… 1641
孙神妻陈氏………… 1641
隋兰陵公主………… 1641
南阳公主…………… 1642
襄城王恪妃………… 1642
华阳王楷妃………… 1642
谯国夫人洗氏……… 1643
郑善果母崔氏……… 1644
孝女王舜…………… 1645
韩觊妻于氏………… 1646
陆让母冯氏………… 1646

刘昶女·················· 1646　　刘腾·················· 1663

钟士雄母蒋氏········ 1647　　贾粲·················· 1664

孝妇覃氏·············· 1648　　杨范·················· 1665

元务光母卢氏········ 1648　　成轨·················· 1665

裴伦妻柳氏·········· 1648　　王温·················· 1665

赵元楷妻崔氏········ 1648　　孟栾·················· 1666

北史卷九二　　　　　　　平季·················· 1666

列传第八〇　　　　　　　封津·················· 1666

　恩幸················ 1650　　刘思逸·············· 1666

　王叡·············· 1651　　郭秀·················· 1666

　王仲兴·········· 1653　　和士开·············· 1667

　赵脩·············· 1654　　穆提婆·············· 1670

　茹皓·············· 1655　　高阿那肱·········· 1671

　赵邕·············· 1656　　韩凤·················· 1673

　侯刚·············· 1656　　齐诸宦者·········· 1674

　徐纥·············· 1657　北史卷九三

　宗爱·············· 1658　列传第八一

　仇洛齐·········· 1659　　僭伪附庸·········· 1677

　王琚·············· 1659　　刘武·················· 1677

　赵默·············· 1660　　刘卫辰·············· 1678

　孙小·············· 1660　　赫连屈丐·········· 1678

　张宗之·········· 1661　　慕容廆·············· 1680

　剧鹏·············· 1661　　慕容永·············· 1682

　张祐·············· 1661　　慕容垂·············· 1683

　抱嶷·············· 1661　　慕容德·············· 1685

　王遇·············· 1662　　姚苌·················· 1686

　苻承祖·········· 1663　　后秦·················· 1686

　王质·············· 1663　　冯跋·················· 1688

　李坚·············· 1663　　乞伏国仁·········· 1689

沮渠蒙逊……………… 1690
萧詧………………… 1693
北史卷九四
列传第八二
高丽………………… 1704
百济………………… 1709
新罗………………… 1712
勿吉………………… 1713
奚…………………… 1714
契丹………………… 1715
室韦………………… 1716
豆莫娄……………… 1717
地豆干……………… 1717
乌洛侯……………… 1718
流求………………… 1718
倭…………………… 1720
北史卷九五
列传第八三
蛮…………………… 1723
獠…………………… 1726
林邑………………… 1729
赤土………………… 1730
真腊………………… 1731
婆利………………… 1733
北史卷九六
列传第八四
氐…………………… 1734
吐谷浑……………… 1739
宕昌………………… 1747

邓至………………… 1747
白兰………………… 1748
党项………………… 1748
附国………………… 1748
稽胡………………… 1749
北史卷九七
列传第八五
西域………………… 1752
鄯善………………… 1755
且末………………… 1755
于阗………………… 1755
蒲山………………… 1756
权于摩……………… 1756
渠莎………………… 1757
车师………………… 1757
高昌………………… 1757
且弥………………… 1760
焉耆………………… 1760
龟兹………………… 1761
姑默………………… 1761
温宿………………… 1762
尉头………………… 1762
乌孙………………… 1762
疏勒………………… 1762
悦般………………… 1762
者至拔……………… 1763
迷密………………… 1763
悉万斤……………… 1763
忸密………………… 1763

破洛那…………… 1763

粟特……………… 1763

波斯……………… 1764

伏卢尼…………… 1765

色知显…………… 1765

伽色尼…………… 1765

薄知……………… 1765

牟知……………… 1765

阿弗太汗………… 1765

呼似密…………… 1765

诺色波罗………… 1766

早伽至…………… 1766

伽不单…………… 1766

者舌……………… 1766

伽倍……………… 1766

折薛莫孙………… 1766

钳敦……………… 1766

弗敌沙…………… 1766

阎浮谒…………… 1766

大月氏…………… 1766

安息……………… 1767

条支……………… 1767

大秦……………… 1767

阿钩羌…………… 1768

波路……………… 1768

小月氏…………… 1768

罽宾……………… 1768

吐呼罗…………… 1768

副货……………… 1768

南天竺…………… 1769

叠伏罗…………… 1769

拔豆……………… 1769

嚈哒……………… 1769

朱居……………… 1770

渴槃陀…………… 1770

钵和……………… 1770

波知……………… 1770

赊弥……………… 1770

乌苌……………… 1770

乾陀……………… 1771

康国……………… 1771

安国……………… 1771

石国……………… 1772

女国……………… 1772

钹汗……………… 1772

吐火罗…………… 1773

米国……………… 1773

史国……………… 1773

曹国……………… 1773

何国……………… 1773

乌那遏…………… 1774

穆国……………… 1774

漕国……………… 1774

北史卷九八

列传第八六

蠕蠕……………… 1776

匈奴宇文莫槐……… 1788

徒何段就六眷……… 1789

# 旧　唐　书

旧唐书卷一

本纪第一

　　高祖 ……………………… 1

旧唐书卷二

本纪第二

　　太宗上 ………………… 12

旧唐书卷三

本纪第三

　　太宗下 ………………… 24

旧唐书卷四

本纪第四

　　高宗上 ………………… 40

旧唐书卷五

本纪第五

　　高宗下 ………………… 55

旧唐书卷六

本纪第六

　　则天皇后 ……………… 71

旧唐书卷七

本纪第七

　　中宗 …………………… 83

　　睿宗 …………………… 93

旧唐书卷八

本纪第八

　　玄宗上 ………………… 102

旧唐书卷九

本纪第九

　　玄宗下 ………………… 128

旧唐书卷一〇

本纪第一〇

　　肃宗 …………………… 148

旧唐书卷一一

本纪第一一

　　代宗 …………………… 166

旧唐书卷一二

本纪第一二

　　德宗上 ………………… 201

旧唐书卷一三

本纪第一三

德宗下 ‥‥‥‥‥‥‥‥ 229

旧唐书卷一四

本纪第一四

顺宗 ‥‥‥‥‥‥‥‥‥ 255

旧唐书卷一五上

本纪第一五上

宪宗上 ‥‥‥‥‥‥‥‥ 259

旧唐书卷一五下

本纪第一五下

宪宗下 ‥‥‥‥‥‥‥‥ 278

旧唐书卷一六

本纪第一六

穆宗 ‥‥‥‥‥‥‥‥‥ 300

旧唐书卷一七上

本纪第一七上

敬宗 ‥‥‥‥‥‥‥‥‥ 321

文宗上 ‥‥‥‥‥‥‥‥ 331

旧唐书卷一七下

本纪第一七下

文宗下 ‥‥‥‥‥‥‥‥ 340

旧唐书卷一八上

本纪第一八上

武宗　宣宗上 ‥‥‥‥‥ 371

旧唐书卷一八下

本纪第一八下

宣宗下 ‥‥‥‥‥‥‥‥ 391

旧唐书卷一九上

本纪第一九上

懿宗 ‥‥‥‥‥‥‥‥‥ 414

旧唐书卷一九下

本纪第一九下

僖宗 ‥‥‥‥‥‥‥‥‥ 439

旧唐书卷二〇上

本纪第二〇上

昭宗 ‥‥‥‥‥‥‥‥‥ 467

旧唐书卷二〇下

本纪第二〇下

哀帝 ‥‥‥‥‥‥‥‥‥ 501

旧唐书卷二一

志第一

礼仪一 ‥‥‥‥‥‥‥‥ 521

旧唐书卷二二

志第二

礼仪二 ‥‥‥‥‥‥‥‥ 543

旧唐书卷二三

志第三

礼仪三 ‥‥‥‥‥‥‥‥ 563

旧唐书卷二四

志第四

礼仪四 ‥‥‥‥‥‥‥‥ 579

旧唐书卷二五

志第五

礼仪五 ‥‥‥‥‥‥‥‥ 598

旧唐书卷二六

志第六

礼仪六 ‥‥‥‥‥‥‥‥ 621

旧唐书卷二七

志第七
　礼仪七 ……………… 644
旧唐书卷二八
志第八
　音乐一 ……………… 657
旧唐书卷二九
志第九
　音乐二 ……………… 669
旧唐书卷三〇
志第一〇
　音乐三 ……………… 687
旧唐书卷三一
志第一一
　音乐四 ……………… 713
旧唐书卷三二
志第一二
　历一 ………………… 728
旧唐书卷三三
志第一三
　历二 ………………… 741
旧唐书卷三四
志第一四
　历三 ………………… 774
旧唐书卷三五
志第一五
　天文上 ……………… 816
旧唐书卷三六
志第一六
　天文下 ……………… 827

旧唐书卷三七
志第一七
　五行 ………………… 845
旧唐书卷三八
志第一八
　地理一 ……………… 867
　　关内道 …………… 873
　　河南道 …………… 891
旧唐书卷三九
志第一九
　地理二 ……………… 915
　　河东道 …………… 915
　　河北道 …………… 927
　　山南道 …………… 952
旧唐书卷四〇
志第二〇
　地理三 ……………… 972
　　淮南道 …………… 972
　　江南道 …………… 980
　　陇右道 …………… 1009
旧唐书卷四一
志第二一
　地理四 ……………… 1023
　　剑南道东西道 …… 1023
　　岭南道五管 ……… 1053
旧唐书卷四二
志第二二
　职官一 ……………… 1088
旧唐书卷四三

志第二三

　　职官二……………… 1108

旧唐书卷四四

志第二四

　　职官三……………… 1137

旧唐书卷四五

志第二五

　　舆服……………… 1180

旧唐书卷四六

志第二六

　　经籍上……………… 1200

旧唐书卷四七

志第二七

　　经籍下……………… 1254

旧唐书卷四八

志第二八

　　食货上……………… 1313

旧唐书卷四九

志第二九

　　食货下……………… 1331

旧唐书卷五〇

志第三〇

　　刑法……………… 1344

旧唐书卷五一

列传第一

　　后妃上……………… 1361

　　　高祖太穆皇后窦氏

　　　……………… 1362

　　　太宗文德皇后长孙氏

　　　……………… 1363

　　　贤妃徐氏……………… 1365

　　　高宗废后王氏

　　　良娣萧氏　……………… 1367

　　　中宗和思皇后赵氏

　　　……………… 1367

　　　中宗韦庶人……………… 1368

　　　上官昭容……………… 1370

　　　睿宗肃明皇后刘氏

　　　……………… 1371

　　　睿宗昭成皇后窦氏

　　　……………… 1371

　　　玄宗废后王氏……… 1371

　　　玄宗贞顺皇后武氏

　　　……………… 1372

　　　玄宗杨贵妃……………… 1372

旧唐书卷五二

列传第二

　　后妃下……………… 1376

　　　玄宗元献皇后杨氏

　　　……………… 1376

　　　肃宗张皇后……………… 1377

　　　肃宗韦妃……………… 1378

　　　肃宗章敬皇后吴氏

　　　……………… 1378

　　　代宗睿真皇后沈氏

　　　……………… 1379

　　　代宗崔妃……………… 1380

　　　代宗贞懿皇后独孤氏

张平高　李思行　李高迁
许世绪　刘师立　钱九陇
樊兴　公孙武达　庞卿恽
张长逊　李安远　………　1444
旧唐书卷五八
列传第八
　唐俭　子观　观子从心
　从心子晙　…………　1453
　长孙顺德…………　1455
　刘弘基　子仁实　……　1456
　殷峤…………………　1457
　刘政会…………………　1458
　柴绍　平阳公主
　马三宝附　…………　1459
　武士彟　长兄士棱
　次兄士逸　…………　1461
旧唐书卷五九
列传第九
　屈突通　子寿　少子诠
　诠子仲翔　…………　1463
　任瑰……………………　1465
　丘和　子行恭　行恭子神勣
　…………………………　1467
　许绍　嫡孙力士
　力士子钦明　绍次子智仁
　少子圉师　…………　1468
　李袭志　弟袭誉　子怀俨
　…………………………　1470
　姜谟　子行本　行本子简

简子晞　简弟柔远
柔远子皎　晦
皎男庆初　…………　1472
旧唐书卷六〇
列传第一〇
　宗室　太祖诸子
　代祖诸子　…………　1476
　　永安王孝基　……　1476
　　淮安王神通　子道彦
　　孝察　孝同　孝慈
　　孝友　孝节　孝义……　1477
　　襄邑王神符……………　1480
　　长平王叔良…………　1480
　　襄武王琛……………　1481
　　河间王孝恭　子晦
　　孝斌弟瑊　瑰………　1481
　　汉阳王瑰　附河间王
　　…………………………　1481
　　庐江王瑗　王君廓附
　　…………………………　1484
　　淮阳王道玄…………　1485
　　江夏王道宗…………　1486
　　陇西王博义……………　1488
旧唐书卷六一
列传第一一
　温大雅　子无隐
　大雅弟彦博　子振　挺
　大雅弟大有…………　1489
　陈叔达…………………　1491

窦威　子恽　兄子轨

轨子奉节　琮　兄子抗

抗子衍　静

静子遂　诞

诞子孝慈　孝慈子希玠

诞少子孝谌　弟琎⋯⋯⋯ 1492

旧唐书卷六二

列传第一二

　李纲　纲子少植

　少植子安仁 ⋯⋯⋯⋯⋯ 1498

　郑善果　从兄元璹 ⋯⋯ 1501

　杨恭仁　恭仁子思训

　思训孙睿交　恭仁弟续

　族孙执柔　执柔子滔

　执柔弟执一

　恭仁少弟师道 ⋯⋯⋯⋯ 1503

　皇甫无逸　孙忠 ⋯⋯⋯ 1505

　李大亮　族孙迥秀 ⋯⋯ 1507

旧唐书卷六三

列传第一三

　封伦　伦子言道

　兄子行高 ⋯⋯⋯⋯⋯⋯ 1512

　萧瑀　兄子钧　钧兄子瓘

　钧兄子嗣业 ⋯⋯⋯⋯⋯ 1514

　裴矩　矩子宣机 ⋯⋯⋯ 1519

　宇文士及⋯⋯⋯⋯⋯⋯⋯ 1521

旧唐书卷六四

列传第一四

　高祖二十二子⋯⋯⋯⋯⋯ 1523

　隐太子建成⋯⋯⋯⋯⋯ 1523

　卫王玄霸⋯⋯⋯⋯⋯⋯ 1527

　巢王元吉⋯⋯⋯⋯⋯⋯ 1527

　楚王智云⋯⋯⋯⋯⋯⋯ 1530

　荆王元景⋯⋯⋯⋯⋯⋯ 1530

　汉王元昌⋯⋯⋯⋯⋯⋯ 1531

　邦王元亨⋯⋯⋯⋯⋯⋯ 1532

　周王元方⋯⋯⋯⋯⋯⋯ 1532

　徐王元礼⋯⋯⋯⋯⋯⋯ 1532

　韩王元嘉⋯⋯⋯⋯⋯⋯ 1532

　彭王元则⋯⋯⋯⋯⋯⋯ 1533

　郑王元懿⋯⋯⋯⋯⋯⋯ 1534

　霍王元轨⋯⋯⋯⋯⋯⋯ 1534

　虢王凤⋯⋯⋯⋯⋯⋯⋯ 1535

　道王元庆⋯⋯⋯⋯⋯⋯ 1536

　邓王元裕⋯⋯⋯⋯⋯⋯ 1536

　舒王元名⋯⋯⋯⋯⋯⋯ 1536

　鲁王灵夔⋯⋯⋯⋯⋯⋯ 1537

　江王元祥⋯⋯⋯⋯⋯⋯ 1538

　密王元晓⋯⋯⋯⋯⋯⋯ 1538

　滕王元婴⋯⋯⋯⋯⋯⋯ 1538

旧唐书卷六五

列传第一五

　高士廉⋯⋯⋯⋯⋯⋯⋯ 1541

　长孙无忌⋯⋯⋯⋯⋯⋯ 1544

旧唐书卷六六

列传第一六

　房玄龄⋯⋯⋯⋯⋯⋯⋯ 1552

　杜如晦⋯⋯⋯⋯⋯⋯⋯ 1558

旧唐书卷六七

列传第一七

　李靖…………………… 1562

　李勣　孙敬业 ………… 1567

旧唐书卷六八

列传第一八

　尉迟敬德……………… 1575

　秦叔宝………………… 1579

　程知节………………… 1580

　段志玄………………… 1581

　张公谨………………… 1582

旧唐书卷六九

列传第一九

　侯君集………………… 1584

　张亮…………………… 1588

　薛万彻　兄万均　盛彦师

　卢祖尚　刘世让　刘兰

　李君羡等附 …………… 1589

旧唐书卷七〇

列传第二〇

　王珪…………………… 1596

　戴胄　兄子至德 ……… 1599

　岑文本　兄子长倩

　长倩子羲　格辅元附

　……………………… 1601

　杜正伦………………… 1605

旧唐书卷七一

列传第二一

　魏征…………………… 1608

旧唐书卷七二

列传第二二

　虞世南………………… 1621

　李百药　子安期 ……… 1625

　褚亮　李玄道　李守素附

　……………………… 1630

旧唐书卷七三

列传第二三

　薛收　兄子元敬

　收子元超　从子稷……… 1635

　姚思廉………………… 1638

　颜师古………………… 1639

　令狐德棻　邓世隆　顾胤

　李延寿　李仁实等附

　……………………… 1641

　孔颖达　司马才章　王恭

　马嘉运等附 …………… 1644

旧唐书卷七四

列传第二四

　刘洎…………………… 1648

　马周…………………… 1651

　崔仁师　孙湜　湜弟液

　液子论 ……………… 1656

旧唐书卷七五

列传第二五

　苏世长　子良嗣 ……… 1661

　韦云起………………… 1663

　孙伏伽………………… 1665

　张玄素………………… 1668

旧唐书卷七六

列传第二六

　　太宗诸子…………………… 1674

　　　恒山王承乾…………… 1674

　　　楚王宽………………… 1676

　　　吴王恪　子成王千里

　　　孙信安王祎 ………… 1676

　　　濮王泰………………… 1678

　　　庶人祐………………… 1680

　　　蜀王愔………………… 1682

　　　蒋王恽………………… 1682

　　　越王贞　贞子琅邪王冲

　　　…………………………… 1683

　　　纪王慎………………… 1686

　　　江王嚣………………… 1686

　　　代王简………………… 1686

　　　赵王福………………… 1686

　　　曹王明………………… 1686

旧唐书卷七七

列传第二七

　　韦挺　子待价　弟万石

　　…………………………… 1688

　　杨纂　族子弘礼　弘武

　　武子元祎　元禧 …… 1690

　　刘德威　子审礼 …… 1692

　　阎立德　弟立本 …… 1694

　　柳亨　兄子奭　亨孙涣

　　泽　……………………… 1695

　　崔义玄　子神庆 …… 1700

旧唐书卷七八

列传第二八

　　于志宁　玄孙敖 ……… 1705

　　高季辅………………… 1710

　　张行成　族孙易之　昌宗

　　…………………………… 1712

旧唐书卷七九

列传第二九

　　祖孝孙………………… 1716

　　傅仁均………………… 1717

　　傅奕…………………… 1719

　　李淳风………………… 1721

　　吕才…………………… 1723

旧唐书卷八〇

列传第三〇

　　褚遂良………………… 1729

　　韩瑗…………………… 1736

　　来济…………………… 1738

　　上官仪………………… 1738

旧唐书卷八一

列传第三一

　　崔敦礼………………… 1740

　　卢承庆………………… 1741

　　刘祥道………………… 1742

　　李敬玄………………… 1744

　　李义琰………………… 1746

　　孙处约………………… 1747

　　乐彦玮………………… 1747

　　赵仁本………………… 1747

旧唐书卷八二

列传第三二

　许敬宗……………… 1749

　李义府……………… 1752

旧唐书卷八三

列传第三三

　郭孝恪……………… 1757

　张俭………………… 1758

　苏定方……………… 1759

　薛仁贵……………… 1761

　程务挺……………… 1764

　张士贵……………… 1765

　赵道兴……………… 1766

旧唐书卷八四

列传第三四

　刘仁轨……………… 1767

　郝处俊……………… 1772

　裴行俭　子光庭……… 1775

旧唐书卷八五

列传第三五

　唐临　孙绍 ………… 1781

　张文瓘　兄文琮……… 1783

　徐有功……………… 1785

旧唐书卷八六

列传第三六

　高宗中宗诸子………… 1788

　　燕王忠…………… 1788

　　原王孝…………… 1789

　　泽王上金………… 1789

　　许王素节………… 1790

　　孝敬皇帝弘　裴居道附

　　……………… 1791

　　章怀太子贤

　　贤子邠王守礼 ……… 1793

　　懿德太子重润……… 1796

　　庶人重福………… 1796

　　节愍太子重俊……… 1797

　　殇帝重茂………… 1799

旧唐书卷八七

列传第三七

　裴炎………………… 1800

　刘祎之……………… 1802

　魏玄同……………… 1803

　李昭德……………… 1807

旧唐书卷八八

列传第三八

　韦思谦　子承庆　嗣立

　…………………… 1811

　陆元方　子象先……… 1820

　苏瑰　子颋………… 1822

旧唐书卷八九

列传第三九

　狄仁杰　孙兼谟……… 1827

　王方庆……………… 1835

　姚璹　弟珽………… 1838

旧唐书卷九〇

列传第四〇

　王及善……………… 1843

杜景俭 ················· 1844

朱敬则 ················· 1845

杨再思 ················· 1849

李怀远　子景伯

景伯子彭年附 ········· 1850

豆卢钦望　张光辅

史务滋　崔元综

周允元附 ············· 1851

旧唐书卷九一

列传第四一

桓彦范 ················· 1854

敬晖　曾孙元膺 ········ 1857

崔玄暐　弟昪　暐子据

···················· 1859

张柬之　子漪　玄孙璟

···················· 1860

袁恕己　曾孙德文 ······ 1864

旧唐书卷九二

列传第四二

魏元忠 ················· 1866

韦安石　子陟　斌

斌子沨　从父元子抗

从祖兄子巨源

赵彦昭附 ············· 1873

萧至忠　宗楚客

纪处讷附 ············· 1881

旧唐书卷九三

列传第四三

娄师德 ················· 1886

王孝杰 ················· 1887

唐休璟 ················· 1888

张仁愿 ················· 1890

薛讷 ··················· 1891

王晙 ··················· 1893

旧唐书卷九四

列传第四四

苏味道 ················· 1897

李峤 ··················· 1898

崔融 ··················· 1900

卢藏用 ················· 1903

徐彦伯 ················· 1905

旧唐书卷九五

列传第四五

睿宗诸子 ··············· 1909

让皇帝宪 ············· 1909

惠庄太子㧑 ············· 1913

惠文太子范 ············· 1914

惠宣太子业 ············· 1915

随王隆悌 ············· 1916

旧唐书卷九六

列传第四六

姚崇 ··················· 1917

宋璟 ··················· 1922

旧唐书卷九七

列传第四七

刘幽求 ················· 1928

钟绍京 ················· 1929

郭元振 ················· 1930

张说　子均　垍

　陈希烈附 ………………… 1934

旧唐书卷九八

列传第四八

　魏知古 …………………… 1943

　卢怀慎 …………………… 1945

　源乾曜 …………………… 1949

　李元纮 …………………… 1951

　杜暹 ……………………… 1952

　韩休 ……………………… 1954

　裴耀卿 …………………… 1955

旧唐书卷九九

列传第四九

　崔日用 …………………… 1959

　张嘉贞 …………………… 1961

　萧嵩 ……………………… 1963

　张九龄 …………………… 1965

　李适之 …………………… 1968

　严挺之 …………………… 1969

旧唐书卷一〇〇

列传第五〇

　尹思贞 …………………… 1973

　李杰 ……………………… 1974

　解琬 ……………………… 1975

　毕构 ……………………… 1976

　苏珦　子晋 ……………… 1977

　郑惟忠 …………………… 1978

　王志愔 …………………… 1979

　卢从愿 …………………… 1982

李朝隐 …………………… 1983

裴漼　从祖弟宽 ……… 1985

王丘 ……………………… 1988

旧唐书卷一〇一

列传第五一

　李乂 ……………………… 1990

　薛登 ……………………… 1991

　韦凑　从子虚心　虚舟

　　　　　　　　　　　… 1994

　韩思复　思复孙佽 …… 1998

　张廷圭 …………………… 2000

　王求礼 …………………… 2002

　辛替否 …………………… 2003

旧唐书卷一〇二

列传第五二

　马怀素 …………………… 2009

　褚无量 …………………… 2010

　刘子玄 …………………… 2012

　徐坚 ……………………… 2017

　元行冲 …………………… 2018

　吴兢 ……………………… 2021

　韦述 ……………………… 2022

旧唐书卷一〇三

列传第五三

　郭虔瓘 …………………… 2025

　郭知运 …………………… 2026

　王君㚟 …………………… 2027

　张守珪 …………………… 2029

　牛仙客 …………………… 2030

王忠嗣·······················2031

旧唐书卷一〇四

列传第五四

　高仙芝·····················2035

　封常清·····················2037

　哥舒翰·····················2040

旧唐书卷一〇五

列传第五五

　宇文融·····················2045

　韦坚······················2048

　杨慎矜·····················2050

　王鉷······················2052

旧唐书卷一〇六

列传第五六

　李林甫　子岫　粤·······2056

　杨国忠　子喧　昢·······2060

　张晤······················2064

　王琚······················2065

　王毛仲····················2067

旧唐书卷一〇七

列传第五七

　玄宗诸子···················2071

　　靖德太子琮···············2071

　　庶人瑛···················2072

　　皇太子亨·················2072

　　棣王琰···················2073

　　庶人瑶　鄂王·········2074

　　靖恭太子琬···············2074

　　庶人琚　光王·········2074

夏悼王一···················2075

仪王璲·····················2075

颍王璬·····················2075

怀哀王敏···················2075

永王璘·····················2076

寿王瑁·····················2077

延王玢·····················2078

盛王琦·····················2078

济王瑰·····················2078

信王瑝·····················2079

义王玼·····················2079

陈王珪·····················2079

丰王珙·····················2079

亘王瑱·····················2080

凉王璇·····················2080

汴哀王璥···················2081

旧唐书卷一〇八

列传第五八

　韦见素　子谔　益

　益子颛··················2082

　崔圆·····················2084

　崔涣　涣子纵············2085

　杜鸿渐···················2087

旧唐书卷一〇九

列传第五九

　冯盎·····················2090

　阿史那社尔　子道真

　仲祖苏尼失

　苏尼失子忠附············2091

契苾何力·············· 2092
黑齿常之·············· 2095
李多祚·············· 2096
李嗣业·············· 2097
白孝德·············· 2099
旧唐书卷一一○
列传第六○
李光弼·············· 2101
王思礼·············· 2107
邓景山·············· 2108
辛云京·············· 2108
旧唐书卷一一一
列传第六一
崔光远·············· 2110
房琯　子孺复　从子式
·············· 2112
张镐·············· 2116
高适·············· 2117
畅璀·············· 2119
旧唐书卷一一二
列传第六二
李暠　族弟齐物
齐物子复　暠族弟若水
·············· 2121
李麟·············· 2123
李国贞　子锜·············· 2124
李峘　弟峄　岘·············· 2126
李巨　子则之·············· 2128
旧唐书卷一一三

列传第六三
苗晋卿·············· 2131
裴冕·············· 2133
裴遵度　子向　向子寅
寅子枢·············· 2134
旧唐书卷一一四
列传第六四
鲁炅·············· 2138
裴茙·············· 2139
来瑱·············· 2140
周智光·············· 2143
旧唐书卷一一五
列传第六五
崔器·············· 2145
赵国珍·············· 2146
崔瓘·············· 2146
敬括·············· 2146
韦元甫·············· 2147
魏少游·············· 2147
卫伯玉·············· 2148
李承·············· 2148
旧唐书卷一一六
列传第六六
肃宗代宗诸子
肃宗十三子　代宗二十子
·············· 2150
越王系·············· 2151
承天皇帝倓·············· 2152
卫王佖·············· 2154

彭王仅……………… 2154

兖王偘……………… 2154

泾王侹……………… 2154

郓王荣……………… 2155

襄王僙……………… 2155

杞王倕……………… 2155

召王偲……………… 2155

恭懿太子佋………… 2155

定王侗……………… 2157

淮阳王僖…………… 2157

昭靖太子邈………… 2157

均王遐……………… 2157

睦王述……………… 2157

丹王逾……………… 2158

恩王连……………… 2158

韩王迥……………… 2158

简王遘……………… 2158

益王乃……………… 2158

隋王迅……………… 2158

荆王选……………… 2158

蜀王溯……………… 2158

忻王造……………… 2158

韶王暹……………… 2159

嘉王连……………… 2159

靖王遇……………… 2159

循王遹……………… 2159

恭王通……………… 2159

原王逵……………… 2159

雅王逸……………… 2159

旧唐书卷一一七

列传第六七

　严武……………… 2160

　郭英义…………… 2161

　崔宁……………… 2161

　严震……………… 2166

　严砺……………… 2168

旧唐书卷一一八

列传第六八

　元载　王昂附……… 2169

　李少良　郇谟附…… 2173

　王缙……………… 2173

　杨炎……………… 2175

　黎干　刘忠翼附…… 2180

　庾准……………… 2181

旧唐书卷一一九

列传第六九

　杨绾……………… 2182

　崔祐甫　子植　植再从兄俊

　……………… 2187

　常衮……………… 2192

旧唐书卷一二〇

列传第七〇

　郭子仪　子曜　晞　暖

　曙　晤　映　晞子钢

　暖子钋　钣……… 2195

旧唐书卷一二一

列传第七一

　仆固怀恩………… 2213

梁崇义……………… 2221
李怀光……………… 2222

旧唐书卷一二二
列传第七二
　张献诚　弟献恭　献甫
　献恭子煦……………… 2226
　路嗣恭　子恕……… 2228
　曲环……………………… 2229
　崔汉衡………………… 2229
　杨朝晟………………… 2230
　樊泽……………………… 2231
　李叔明………………… 2232
　裴胄……………………… 2232

旧唐书卷一二三
列传第七三
　刘晏……………………… 2234
　第五琦………………… 2237
　班宏……………………… 2239
　王绍……………………… 2240
　李巽……………………… 2241

旧唐书卷一二四
列传第七四
　薛嵩　子平　嵩弟粤…… 2243
　令狐彰　子建　运　通
　………………………… 2244
　田神功　弟神玉……… 2248
　侯希逸………………… 2248
　李正己　子纳　纳子师古
　师道　宗人洧附……… 2249

旧唐书卷一二五
列传第七五
　张镒　冯河清附……… 2256
　刘从一………………… 2259
　萧复　复族子位　佩　偲
　………………………… 2259
　柳浑……………………… 2261

旧唐书卷一二六
列传第七六
　李揆……………………… 2264
　李涵……………………… 2265
　陈少游………………… 2266
　卢慂……………………… 2269
　裴谞……………………… 2269

旧唐书卷一二七
列传第七七
　姚令言………………… 2271
　张光晟………………… 2272
　源休……………………… 2273
　乔琳……………………… 2274
　张涉……………………… 2275
　蒋镇……………………… 2275
　洪经纶………………… 2276
　彭偃……………………… 2276

旧唐书卷一二八
列传第七八
　段秀实　子伯伦……… 2279
　颜真卿　子頵　硕…… 2283

旧唐书卷一二九

列传第七九

韩滉　子皋　弟洄 …… 2290

张延赏　子弘　靖子文规

次宗 …………… 2295

旧唐书卷一三〇

列传第八〇

王玙　道士李国祯

梁镇奏疏附 ……… 2301

李泌　子繁　顾况附 … 2303

崔造 ……………… 2306

关播　李元平附 ……… 2307

旧唐书卷一三一

列传第八一

李勉 ……………… 2311

李皋　子象古　道古 … 2313

旧唐书卷一三二

列传第八二

李抱玉 …………… 2318

李抱真 …………… 2319

王虔休 …………… 2321

卢从史 …………… 2323

李芃 ……………… 2324

李澄　族弟元素 ……… 2325

旧唐书卷一三三

列传第八三

李晟　子愿　愿　听

凭宪　恕　慈　㤝　王佖附

……………… 2328

旧唐书卷一三四

列传第八四

马燧　子畅　燧兄炫 … 2347

浑瑊　子镐　锣 ……… 2356

旧唐书卷一三五

列传第八五

卢杞　子元辅 ……… 2363

白志贞 …………… 2367

裴延龄 …………… 2367

韦渠牟 …………… 2373

李齐运 …………… 2374

李实 ……………… 2374

韦执谊 …………… 2376

王叔文　王伾附 …… 2376

程异 ……………… 2379

皇甫镈　镈弟镛 …… 2380

旧唐书卷一三六

列传第八六

窦参　从子申附 …… 2384

齐映 ……………… 2387

刘滋　族弟赞附 …… 2388

卢迈 ……………… 2389

崔损 ……………… 2390

齐抗 ……………… 2391

旧唐书卷一三七

列传第八七

徐浩 ……………… 2393

赵涓　子博宣　卢南史附

……………… 2394

刘太真 …………… 2395

李纾 …………………… 2396

邵说 …………………… 2397

于邵 …………………… 2397

崔元翰 ………………… 2398

于公异 ………………… 2398

吕渭 子温 恭 俭 让

…………………………… 2399

郑云逵 ………………… 2400

李益 …………………… 2401

李贺 …………………… 2401

旧唐书卷一三八

列传第八八

赵憬 …………………… 2402

韦伦 …………………… 2405

贾耽 …………………… 2407

姜公辅 ………………… 2410

旧唐书卷一三九

列传第八九

陆贽 …………………… 2412

旧唐书卷一四○

列传第九○

韦皋 刘阐附 ………… 2432

张建封 ………………… 2437

卢群 …………………… 2440

旧唐书卷一四一

列传第九一

田承嗣 侄悦 承嗣子绪

绪子季安 ……………… 2442

田弘正 子布牟

布子在宥 ……………… 2450

张孝忠 子茂昭

昭子克勤 弟茂宗 茂和

陈楚附 ………………… 2454

旧唐书卷一四二

列传第九二

李宝臣 子惟岳 惟诚

惟简 惟简子元本 ……… 2460

王武俊 子士真 士平

士真子承宗 承元 ……… 2464

王廷凑 子元逵

元逵子绍鼎 绍懿

绍鼎子景崇 景崇子镕

…………………………… 2473

旧唐书卷一四三

列传第九三

李怀仙 朱希彩附 …… 2479

朱滔 …………………… 2480

刘怦 子济 滋 济子总

…………………………… 2481

程日华 晔子怀直

怀直子权 ……………… 2484

李全略 全略子同捷 … 2486

旧唐书卷一四四

列传第九四

尚可孤 ………………… 2488

李观 …………………… 2489

戴休颜 ………………… 2489

阳惠元 ………………… 2490

李元谅 ……………… 2491
韩游瓌 ……………… 2493
贾隐林 ……………… 2494
杜希全 ……………… 2494
尉迟胜 ……………… 2497
邢君牙 ……………… 2497
杨朝晟 ……………… 2498
张敬则 ……………… 2499
旧唐书卷一四五
列传第九五
　刘玄佐　子士宁　士干
　李万荣附 ………… 2500
　董晋 ……………… 2502
　陆长源 …………… 2504
　刘全谅 …………… 2505
　李忠臣 …………… 2505
　李希烈 …………… 2508
　吴少诚　北少阳
　少阳子元济附 …… 2509
旧唐书卷一四六
列传第九六
　薛播 ……………… 2515
　鲍防 ……………… 2515
　李自良 …………… 2516
　李说 ……………… 2517
　严绶 ……………… 2518
　萧昕 ……………… 2519
　杜亚 ……………… 2520
　王纬 ……………… 2521

李若初 ……………… 2521
于顾 ……………… 2522
卢征 ……………… 2522
杨凭 ……………… 2523
郑元 ……………… 2523
杜兼 ……………… 2524
裴玢 ……………… 2524
薛伾 ……………… 2524
旧唐书卷一四七
列传第九七
　杜黄裳　子载胜 … 2526
　高郢　子定 ……… 2527
　杜佑　子师损　式方
　从郁　式方子悰　从郁子牧
　牧子德祥 ………… 2529
旧唐书卷一四八
列传第九八
　裴垍 ……………… 2536
　李吉甫 …………… 2538
　李藩 ……………… 2541
　权德舆　子璩 …… 2544
旧唐书卷一四九
列传第九九
　于休烈　子肃　肃子敖
　敖子琮 …………… 2548
　令狐峘 …………… 2551
　归崇敬　子登　登子融
　………………… 2553
　奚陟 ……………… 2556

刘昌　子士泾 ············· 2591

李景略················· 2593

张万福················· 2594

高固·················· 2595

郝玼·················· 2596

段佐·················· 2596

史敬奉　野诗良辅附 ··· 2596

旧唐书卷一五三

列传第一〇三

姚南仲················· 2598

刘乃　子伯刍　孙端夫

曾孙允章附 ············· 2599

袁高·················· 2602

段平仲················· 2603

薛存诚　子廷老

廷老子保逊　保逊子昭纬

················· 2603

卢坦·················· 2605

旧唐书卷一五四

列传第一〇四

孔巢父　徒子戡　戣　戡

················· 2607

许孟容················· 2610

吕元膺················· 2612

刘栖楚················· 2614

张宿·················· 2615

熊望·················· 2616

柏耆·················· 2616

旧唐书卷一五五

列传第一〇五

穆宁　子赞　质　员　赏

················· 2618

崔邠　弟鄯　郾　郸 ··· 2620

窦群　兄常　牟　弟庠

巩················· 2622

李逊　弟建 ············· 2624

薛戎　弟放 ············· 2626

旧唐书卷一五六

列传第一〇六

于頔················· 2629

韩弘　子公武　弘弟充

················· 2632

李质·················· 2635

王智兴　子晏平　晏宰

················· 2635

旧唐书卷一五七

列传第一〇七

王翃　兄翊 ············· 2638

郗士美················· 2639

李鄘　子柱　柱子磎 ··· 2641

辛祕·················· 2643

马总·················· 2643

韦弘景················· 2644

王彦威················· 2645

旧唐书卷一五八

列传第一〇八

武元衡　从父弟儒衡 ··· 2649

郑余庆　子浣　浣子允谟

茂休　处海　从谠
………………………… 2651
韦贯之　兄绶　弟缮
子澳　澳子庾　庠　序
雍　郊附 ………… 2658
旧唐书卷一五九
列传第一〇九
卫次公　子洙 ……… 2662
郑絪　子祗德　祗德子颢
………………………… 2663
韦处厚……………… 2664
崔群………………… 2667
路随　父泌 ………… 2669
旧唐书卷一六〇
列传第一一〇
韩愈………………… 2673
张籍………………… 2679
孟郊………………… 2679
唐衢………………… 2680
李翱………………… 2680
宇文籍……………… 2682
刘禹锡……………… 2683
柳宗元……………… 2685
韦辞………………… 2686
旧唐书卷一六一
列传第一一一
李光进　弟光颜 …… 2688
乌重胤……………… 2692
王沛　子逢 ………… 2693

李珙………………… 2694
李祐………………… 2694
董重质……………… 2694
杨元卿　子延宗 …… 2695
刘悟　子从谏　孙稹 … 2696
刘沔………………… 2699
石雄………………… 2699
旧唐书卷一六二
列传第一一二
潘孟阳……………… 2702
李翛………………… 2703
王遂………………… 2703
曹华………………… 2704
韦绶………………… 2705
郑权………………… 2706
卢士玫……………… 2707
韩全义……………… 2707
高霞寓……………… 2708
高瑀………………… 2709
崔戎………………… 2710
陆亘………………… 2710
张正甫　子毅夫
颜夫子袆 …………… 2710
旧唐书卷一六三
列传第一一三
孟简………………… 2712
胡证　证子溵　湘 …… 2713
崔元略　子铉　铉子沆
元略弟元受　元式　元儒

元式子锴 ……………… 2714

杜元颖 ………………… 2716

崔弘礼 ………………… 2717

李虞仲 ………………… 2718

王质 …………………… 2718

卢简辞　兄简能　弟弘正

简求　简能子知猷 …… 2719

旧唐书卷一六四

列传第一一四

王播　弟炎　起　起子龟

龟子荛　炎子铎 ……… 2724

李绛　子璋　顼 ……… 2731

杨于陵　子景复　嗣复

绍复　师复 ………… 2735

旧唐书卷一六五

列传第一一五

韦夏卿 ………………… 2738

王正雅　族孙凝 ……… 2739

柳公绰　子仲郢　弟公权

…………………… 2740

崔玄亮 ………………… 2749

温造　子璋 …………… 2749

郭承嘏 ………………… 2752

殷侑　孙盈孙 ………… 2753

徐晦 …………………… 2756

旧唐书卷一六六

列传第一一六

元稹 …………………… 2758

庞严 …………………… 2766

白居易　弟行简　敏中附

…………………… 2767

旧唐书卷一六七

列传第一一七

赵宗儒 ………………… 2781

窦易直 ………………… 2782

李逢吉 ………………… 2783

段文昌　子成式 ……… 2785

宋申锡 ………………… 2786

李程 …………………… 2788

旧唐书卷一六八

列传第一一八

韦温 …………………… 2791

萧祐 …………………… 2793

独孤郁　弟朗 ………… 2793

钱徽　子可复　可及 … 2794

高钛　弟铢锴 ………… 2797

冯宿　弟定审 ………… 2798

封敖 …………………… 2801

旧唐书卷一六九

列传第一一九

李训 …………………… 2802

郑注 …………………… 2804

王涯 …………………… 2806

王璠 …………………… 2809

贾餗 …………………… 2810

舒元舆 ………………… 2810

郭行余 ………………… 2811

罗立言 ………………… 2811

李孝本 …………………… 2812

旧唐书卷一七〇

列传第一二〇

　裴度 …………………… 2813

旧唐书卷一七一

列传第一二一

　李渤 …………………… 2829

　张仲方 ………………… 2833

　裴潾　张皋附 ………… 2835

　李中敏 ………………… 2838

　李甘 …………………… 2838

　高元裕　兄少逸 ……… 2839

　李汉 …………………… 2840

　李景俭 ………………… 2841

旧唐书卷一七二

列传第一二二

　令狐楚　弟定　子绪　绹

　绹子滈　涣 …………… 2843

　牛僧孺　子蔚　藂

　蔚子徵 ………………… 2850

　萧俛　弟杰　俶

　从弟仿　仿子廪 ……… 2854

　李石　弟福 …………… 2859

旧唐书卷一七三

列传第一二三

　郑覃　弟朗　潜 ……… 2863

　陈夷行 ………………… 2867

　李绅　吴汝纳 ………… 2868

　李回 …………………… 2871

李珏 …………………… 2872

李固言 ………………… 2874

旧唐书卷一七四

列传第一二四

　李德裕　子烨 ………… 2876

旧唐书卷一七五

列传第一二五

　宪宗二十子 …………… 2892

　穆宗五子 ……………… 2894

　敬宗五子 ……………… 2895

　文宗二子 ……………… 2896

　武宗五子 ……………… 2898

　宣宗十一子 …………… 2898

　懿宗八子 ……………… 2899

　僖宗二子 ……………… 2899

　昭宗十子 ……………… 2899

旧唐书卷一七六

列传第一二六

　李宗闵 ………………… 2903

　杨嗣复　子授　损　技

　拭　挥 ………………… 2906

　杨虞卿　弟汉公

　从兄汝士　汝士弟鲁士

　汝士子知温　知远

　知权附 ………………… 2910

　马植 …………………… 2912

　李让夷 ………………… 2913

　魏谟 …………………… 2913

　周墀 …………………… 2916

崔龟从 …………………… 2917

郑肃 ……………………… 2918

卢商 ……………………… 2919

旧唐书卷一七七

列传第一二七

　崔慎由　父从　伯父能

　弟安潜　慎由子胤 …… 2920

　崔珙　兄琯　弟瑨　球

　玙子澹　澹子远 ……… 2927

　卢钧 …………………… 2930

　裴休　兄俦　弟俅 …… 2931

　杨收　兄发　弟岩

　子巨　岩子涉　注

　收子鉴　钜　镳 ……… 2932

　韦保衡 ………………… 2937

　路岩 …………………… 2937

　夏候孜　子潭　泽 …… 2938

　刘瞻 …………………… 2939

　刘瑑 …………………… 2940

　曹确 …………………… 2940

　毕诚 …………………… 2941

　杜审权　子让能　彦林

　弘徽 …………………… 2942

　刘邺 …………………… 2946

　豆卢琢 ………………… 2948

旧唐书卷一七八

列传第一二八

　赵隐　弟骘　子光逢

　光裔　光胤 …………… 2949

张裼　子文蔚　济美

贻宪 ……………………… 2950

李蔚　子渥　洵　泽 … 2951

崔彦昭 …………………… 2953

郑畋　子凝绩　卢携附

………………………… 2955

王徽 ……………………… 2961

旧唐书卷一七九

列传第一二九

　萧遘　弟蘧 …………… 2965

　孔纬　子崇弼 ………… 2967

　韦昭度 ………………… 2970

　张浚 …………………… 2972

　朱朴 …………………… 2976

　郑綮 …………………… 2976

　刘崇望　兄崇龟　弟崇鲁

　崇谟 …………………… 2977

　徐彦若　父商　弟彦枢

　子绾 …………………… 2979

　陆扆 …………………… 2980

　柳璨　弟瑊　珣 ……… 2981

旧唐书卷一八○

列传第一三○

　朱克融 ………………… 2983

　李载义 ………………… 2983

　杨志诚　史元忠附 …… 2984

　张仲武　子直方 ……… 2985

　张允伸 ………………… 2987

　张公素 ………………… 2987

李可举……………… 2988

李全忠　子匡威　匡筹

………………… 2988

旧唐书卷一八一

列传第一三一

　史宪诚　子孝章 ……… 2990

　何进滔……………… 2991

　韩允忠……………… 2992

　乐彦祯……………… 2992

　罗弘信　子威 ……… 2993

旧唐书卷一八二

列传第一三二

　王重荣……………… 2996

　王处存　弟处直 …… 2999

　诸葛爽……………… 3000

　高骈　毕师铎　秦彦 … 3001

　时溥……………… 3010

　朱瑄　弟瑾 ……… 3011

旧唐书卷一八三

列传第一三三

　外戚……………… 3013

　　独孤怀恩………… 3014

　　窦德明　侄怀贞

　　族弟孝谌　孝谌子希瑊

　　希球　希瑾　希瑾子锷

　　希瑾从父弟维　鉴

　　………………… 3014

　　长孙敞………… 3016

　　武承嗣　子延秀

　　从父弟三思　三思子崇训

　　从祖弟懿宗　攸暨

　　攸暨妻太平公主

　　从父攸绪 ………… 3017

　　薛怀义………… 3026

　　韦温………… 3027

　　仁皎　子守一 …… 3028

　　吴溆　弟凑 …… 3029

　　窦觎　柳晟附 …… 3031

　　王思敬　子难得

　　难得子子颜 ……… 3032

旧唐书卷一八四

列传第一三四

　宦官……………… 3034

　　杨思勖………… 3036

　　高力士………… 3036

　　袁思艺………… 3038

　　李辅国………… 3038

　　程元振………… 3039

　　鱼朝恩………… 3040

　　刘希暹………… 3042

　　贾明观………… 3042

　　窦文场………… 3042

　　霍仙鸣………… 3042

　　俱文珍………… 3043

　　吐突承璀………… 3043

　　王守澄………… 3044

　　田令孜………… 3045

　　杨复光………… 3046

　杨复恭·················· 3047
　刘季述·················· 3047
　王奉先·················· 3047
　韩全海·················· 3047
旧唐书卷一八五上
列传第一三五上
　良吏上·················· 3052
　韦仁寿·················· 3053
　陈君宾·················· 3053
　张允济·················· 3054
　李桐客·················· 3054
　李素立·················· 3055
　薛大鼎·················· 3056
　贾敦颐　弟敦实······ 3056
　李君球·················· 3057
　崔知温·················· 3058
　高智周·················· 3059
　田仁会　子归道····· 3059
　韦机·················· 3061
　权怀恩·················· 3062
　冯元常·················· 3063
　蒋俨·················· 3064
　王方翼·················· 3065
　薛季昶·················· 3066
旧唐书卷一八五下
列传第一三五下
　良吏下·················· 3068
　裴怀古·················· 3068
　张知謇　兄知玄　知晦

　弟知泰　知默········· 3069
　杨元琰　子仲嗣　仲昌
　·················· 3070
　倪若水·················· 3071
　李浚　子麟·················· 3071
　阳峤·················· 3072
　宋庆礼·················· 3072
　姜师度·················· 3074
　强循　和逢尧········· 3074
　潘好礼·················· 3075
　杨茂谦·················· 3075
　杨镳·················· 3075
　崔隐甫·················· 3077
　李尚隐·················· 3077
　吕谭·················· 3078
　萧定·················· 3080
　蒋沇·················· 3080
　薛珏　子存庆········· 3081
　李惠登·················· 3081
　任迪简·················· 3082
　范传正·················· 3082
　袁滋·················· 3083
　薛苹·················· 3083
　阎济美·················· 3084
旧唐书卷一八六上
列传第一三六上
　酷吏上·················· 3085
　来俊臣·················· 3086
　周兴·················· 3089

傅游艺…………… 3089

丘神勣…………… 3090

索元礼…………… 3090

侯思止…………… 3091

万国俊…………… 3092

来子珣…………… 3092

王弘义…………… 3092

郭霸……………… 3093

吉顼……………… 3093

旧唐书卷一八六下

列传第一三六下

　酷吏下…………… 3096

　姚绍之…………… 3096

　周利贞…………… 3097

　王旭……………… 3097

　吉温……………… 3098

　罗希奭…………… 3100

　毛若虚…………… 3101

　敬羽……………… 3101

旧唐书卷一八七上

列传第一三七上

　忠义上…………… 3103

　夏侯端…………… 3104

　刘感……………… 3105

　常达……………… 3105

　罗士信…………… 3106

　吕子臧…………… 3106

　张道源　族子楚金附

　…………………… 3107

李公逸…………… 3108

张善相…………… 3108

李玄通…………… 3108

敬君弘…………… 3108

冯立……………… 3109

谢叔方…………… 3109

王义方…………… 3109

成三郎…………… 3111

尹元贞…………… 3111

高睿　子仲舒 …… 3112

王同皎…………… 3112

周憬……………… 3112

苏安恒…………… 3113

俞文俊…………… 3116

王求礼…………… 3116

燕饮融　郎岌附 … 3116

安金藏…………… 3117

旧唐书卷一八七下

列传第一三七下

　忠义下…………… 3118

　李憕……………… 3118

　张介然…………… 3121

　崔无诐…………… 3122

　卢奕……………… 3122

　蒋清……………… 3123

　颜杲卿　袁履谦附 … 3123

　薛愿　庞坚附 …… 3126

　张巡　姚訚附 …… 3126

　许远……………… 3128

程千里…………………3128

袁光庭…………………3129

邵真……………………3129

符璘……………………3130

赵晔……………………3130

石演芬　张名振附　…3131

张伾……………………3131

甄济……………………3132

刘敦儒…………………3133

高沐……………………3133

贾直言…………………3134

庾敬休…………………3134

辛谠……………………3135

旧唐书卷一八八

列传第一三八

孝友……………………3137

李知本…………………3137

张志宽…………………3138

刘君良　宋兴贵

张公艺附　………………3138

王君操　周智寿

弟智爽　许坦

王少玄附　………………3139

赵弘智…………………3140

陈集原…………………3140

元让……………………3140

裴敬彝…………………3141

裴守真　子子余　…3141

李日知…………………3143

崔沔……………………3143

陆南金　弟赵璧　……3146

张琇　兄瑝　…………3147

梁文贞　李处恭

张义贞　吕元简等附

………………………3148

崔衍……………………3148

丁公著…………………3149

罗让……………………3149

旧唐卷一八九上

列传第一三九上

儒学上…………………3151

徐文远…………………3153

陆德明…………………3155

曹宪　许淹　李善

公孙罗附　………………3155

欧阳询　子通　………3156

朱子奢…………………3157

张士衡…………………3157

贾公彦…………………3158

张后胤…………………3158

盖文达　宗人文懿　…3158

谷那律…………………3159

萧德言…………………3159

许叔牙　子儒附　……3160

敬播……………………3160

刘伯庄　子之宏　……3161

秦景通…………………3161

罗道琮…………………3162

旧唐书卷一八九下
列传一三九下
　儒学下·················· 3163
　　邢文传·················· 3163
　　高子贡·················· 3164
　　郎余令·················· 3164
　　路敬淳·················· 3165
　　王元感·················· 3165
　　王绍宗·················· 3166
　　韦叔夏·················· 3166
　　祝钦明·················· 3167
　　郭山恽·················· 3170
　　柳冲···················· 3171
　　卢粲···················· 3171
　　尹知章　孙季良附 ··· 3173
　　徐岱···················· 3173
　　苏弁　克衮　弟冕 ··· 3174
　　陆质···················· 3175
　　冯伉···················· 3175
　　韦表微　子蟾 ····· 3175
　　许康佐·················· 3176
旧唐书卷一九〇上
列传第一四〇上
　文苑上·················· 3177
　　孔绍安·················· 3178
　　袁朗···················· 3179
　　贺德仁·················· 3180
　　庾抱···················· 3181
　　蔡允恭·················· 3181

　郑世翼·················· 3182
　谢偃···················· 3182
　崔信明·················· 3183
　张蕴古·················· 3184
　刘胤之·················· 3185
　张昌龄·················· 3186
　崔行功·················· 3186
　孟利贞·················· 3187
　董思恭·················· 3187
　元思敬·················· 3187
　徐齐聃·················· 3187
　杜易简　从祖弟审言
　······················ 3188
　卢照邻·················· 3189
　杨炯···················· 3189
　王勃　兄勔　劢 ···· 3192
　骆宾王·················· 3193
　邓玄挺·················· 3193
旧唐书卷一九〇中
列传第一四〇中
　文苑中·················· 3194
　郭正一·················· 3194
　元万顷　范覆冰
　苗神客　周思茂 ····· 3195
　胡楚宾·················· 3196
　乔知之　弟侃　备
　刘希夷附 ··········· 3196
　刘允济·················· 3196
　富嘉谟　吴少微

谷倚附 ·············· 3197

员半千　丘悦附 ······ 3197

刘宪　父思立　子适

司马锽　梁载言附 ······ 3198

沈佺期　弟全交附 ··· 3199

陈子昂　间丘均附

·············· 3199

宋之问　弟之悌

之逊附 ·············· 3204

阎朝隐 ·············· 3205

王无竞 ·············· 3205

李适 ·············· 3205

尹元凯 ·············· 3206

贾曾 ·············· 3206

许景先 ·············· 3208

贺知章 ·············· 3210

席豫　徐安贞附 ······ 3211

齐汗 ·············· 3212

王汗 ·············· 3213

李邕 ·············· 3213

孙逖　子宿　绛　成
宿子公器　公器子简范成

·············· 3216

旧唐书卷一九〇下
列传第一四〇下

　文苑下 ·············· 3218

　　李华 ·············· 3218

　　萧颖士　李翰附 ······ 3219

　　陆据 ·············· 3219

崔颢 ·············· 3220

王昌龄 ·············· 3220

孟浩然 ·············· 3220

元德秀 ·············· 3220

王维 ·············· 3221

李白 ·············· 3222

杜甫 ·············· 3222

吴通玄　兄通微

卢景亮 ·············· 3224

王仲舒 ·············· 3225

崔咸 ·············· 3226

唐次　子扶　持弟款

款子枝　持子彦谦 ······ 3226

刘蕡 ·············· 3229

李商隐　弟义叟 ······ 3238

温庭筠 ·············· 3239

薛逢　子廷珪 ······· 3239

李拯 ·············· 3240

李巨川 ·············· 3240

司空图 ·············· 3241

旧唐书卷一九一
列传第一四一

　方伎 ·············· 3243

　　崔善为 ·············· 3243

　　薛颐 ·············· 3244

　　甄权　弟立言 ······ 3244

　　宁侠 ·············· 3245

　　许胤宗 ·············· 3245

　　乙弗弘礼 ·············· 3246

袁天纲………………… 3246

孙思邈………………… 3247

明崇俨………………… 3249

张憬藏………………… 3249

李嗣真………………… 3250

张文仲………………… 3251

尚献甫　裴知古附　… 3251

孟诜…………………… 3252

严善思………………… 3252

金梁凤………………… 3254

张果…………………… 3255

叶法善………………… 3255

僧玄奘………………… 3256

神秀　六祖慧能

弟子普寂　义福附…… 3257

一行　泓师 ………… 3258

桑道茂………………… 3259

旧唐书卷一九二

列传第一四二

隐逸…………………… 3261

王绩…………………… 3262

田游岩………………… 3262

史德义………………… 3262

王友贞………………… 3263

卢鸿一………………… 3264

王希夷………………… 3265

卫大经………………… 3265

李元恺………………… 3265

王守慎………………… 3266

徐仁妃………………… 3266

孙处玄………………… 3266

白履忠………………… 3266

王远知………………… 3267

潘师正………………… 3268

刘道合………………… 3268

司马承祯……………… 3268

吴筠…………………… 3269

孔述睿　述睿子　敏行

……………………… 3270

阳城…………………… 3271

崔观…………………… 3273

旧唐书卷一九三

列传第一四三

列女…………………… 3274

李德武妻裴氏………… 3275

杨庆妻王氏

独孤师仁乳母王氏附

……………………… 3275

杨三安妻李氏………… 3276

魏衡妻王氏…………… 3276

樊会仁母敬氏………… 3276

绛州孝女卫氏………… 3277

濮州孝女贾氏………… 3277

郑义宗妻卢氏………… 3277

刘寂妻夏侯氏………… 3278

楚王灵龟妃上官氏

……………………… 3278

杨绍宗妻王氏………… 3278

于敏直妻张氏·········　3278

冀州女子王氏·········　3279

樊彦琛妻魏氏·········　3279

邹保英妻奚氏

古玄应妻高氏附

·····················　3279

宋庭瑜妻魏氏·········　3279

崔绘妻卢氏···········　3280

奉天县窦氏二女·······　3280

卢甫妻李氏

王泛妻裴氏附　········　3280

邹待征妻薄氏·········　3281

李湍妻·············　3281

董昌龄母杨氏·········　3281

韦雍妻兰陵县君萧氏

·····················　3282

衡方厚妻武昌县程氏

·····················　3282

女道士李玄真·······　3282

孝女王和子

郑神佐女 ··············　3283

旧唐书卷一九四上

列传第一四四上

　突厥上··············　3284

旧唐书卷一九四下

列传第一四四下

　突厥下··············　3302

旧唐书卷一九五

列传第一四五

回纥·················　3312

旧唐书卷一九六上

列传第一四六上

　吐蕃上··············　3328

旧唐书卷一九六下

列传第一四六下

　吐蕃下··············　3344

旧唐书卷一九七

列传第一四七

南蛮　西南蛮·········　3361

　林邑················　3361

　婆利················　3362

　盘盘················　3362

　真腊················　3362

　陀洹················　3363

　诃陵················　3363

　堕和罗··············　3363

　堕婆登··············　3363

　东谢蛮··············　3364

　西赵蛮··············　3364

　牂柯蛮··············　3365

　南平獠··············　3365

　东女国··············　3366

　南诏蛮··············　3367

　骠国················　3371

旧唐书卷一九八

列传第一四八

西戎·················　3373

　泥婆罗··············　3373

党项羌…………………… 3374
高昌……………………… 3376
吐谷浑…………………… 3378
焉耆……………………… 3381
龟兹……………………… 3382
疏勒……………………… 3383
于阗……………………… 3383
天竺……………………… 3384
罽宾……………………… 3386
康国……………………… 3386
波斯……………………… 3387
拂菻……………………… 3389
大食……………………… 3390
旧唐书卷一九九上
列传第一四九上
东夷……………………… 3392
高丽……………………… 3392
百济……………………… 3398
新罗……………………… 3402
倭国……………………… 3405
日本……………………… 3406
旧唐书卷一九九下

列传第一四九下
北狄……………………… 3407
铁勒……………………… 3407
契丹……………………… 3411
奚………………………… 3412
室韦……………………… 3416
靺鞨……………………… 3417
渤海靺鞨………………… 3418
霫………………………… 3420
乌罗浑…………………… 3420
旧唐书卷二〇〇上
列传第一五〇上
安禄山　子庆绪……… 3422
高尚……………………… 3427
孙孝哲…………………… 3428
史思明　子朝义……… 3428
旧唐书卷二〇〇下
列传第一五〇下
朱泚……………………… 3433
黄巢……………………… 3437
秦宗权…………………… 3441

# 新　唐　书

唐书卷一

本纪第一

　高祖皇帝 …………………… 1

唐书卷二

本纪第二

　太宗皇帝 …………………… 13

唐书卷三

本纪第三

　高宗皇帝 …………………… 27

唐书卷四

本纪第四

　则天顺圣武皇后 ………… 40

　中宗皇帝 …………………… 52

唐书卷五

本纪第五

　睿宗皇帝 …………………… 57

　玄宗皇帝 …………………… 60

唐书卷六

本纪第六

　肃宗皇帝 …………………… 77

　代宗皇帝 …………………… 83

唐书卷七

本纪第七

　德宗皇帝 …………………… 91

　顺宗皇帝 …………………… 101

唐书卷八

本纪第八

　穆宗皇帝 …………………… 109

　敬宗皇帝 …………………… 112

　文宗皇帝 …………………… 113

　武宗皇帝 …………………… 117

　宣宗皇帝 …………………… 120

唐书卷九

本纪第九

　懿宗皇帝 …………………… 125

　僖宗皇帝 …………………… 128

唐书卷一〇

本纪第一〇

裸虫之孽 ……………… 530

牛祸 …………………… 530

黄眚黄祥 ……………… 531

木火金水沴土 ……… 531

山摧 …………………… 533

山鸣 …………………… 533

土为变怪 ……………… 533

金不从革 ……………… 534

常旸 …………………… 535

诗妖 …………………… 537

讹言 …………………… 538

毛虫之孽 ……………… 539

犬祸 …………………… 539

白眚白祥 ……………… 540

木沴金 ………………… 540

唐书卷三六

志第二六

五行三 ………………… 541

水不润下 ……………… 541

常寒 …………………… 546

鼓妖 …………………… 547

鱼孽 …………………… 547

蝗 ……………………… 547

豕祸 …………………… 548

雷电 …………………… 549

霜 ……………………… 549

雹 ……………………… 550

黑眚黑祥 ……………… 550

火沴水 ………………… 551

常阴 …………………… 552

雾 ……………………… 552

虹霓 …………………… 552

龙蛇孽 ………………… 553

马祸 …………………… 553

人痾 …………………… 554

疫 ……………………… 555

天鸣 …………………… 556

无云而雨 ……………… 556

陨石 …………………… 556

唐书卷三七

志第二七

地理一 ………………… 557

唐书卷三八

志第二八

地理二 ………………… 570

唐书卷三九

志第二九

地理三 ………………… 582

唐书卷四〇

志第三〇

地理四 ………………… 600

唐书卷四一

志第三一

地理五 ………………… 615

唐书卷四二

志第三二

地理六 ………………… 633

唐书卷四三上

志第三九下

　　百官四下 ……………… 763

　　　王府官 ……………… 763

　　　外官 ……………… 765

唐书卷五〇

志第四〇

　　兵 ……………… 774

唐书卷五一

志第四一

　　食货一 ……………… 786

唐书卷五二

志第四二

　　食货二 ……………… 792

唐书卷五三

志第四三

　　食货三 ……………… 801

唐书卷五四

志第四四

　　食货四 ……………… 808

唐书卷五五

志第四五

　　食货五 ……………… 818

唐书卷五六

志第四六

　　刑法 ……………… 827

唐书卷五七

志第四七

　　艺文一 ……………… 836

唐书卷五八

志第四八

　　艺文二 ……………… 865

唐书卷五九

志第四九

　　艺文三 ……………… 919

唐书卷六〇

志第五〇

　　艺文四 ……………… 982

唐书卷六一

表第一

　　宰相上 ……………… 1034

唐书卷六二

表第二

　　宰相中 ……………… 1083

唐书卷六三

表第三

　　宰相下 ……………… 1113

唐书卷六四

表第四

　　方镇一 ……………… 1153

唐书卷六五

表第五

　　方镇二 ……………… 1185

唐书卷六六

表第六

　　方镇三 ……………… 1218

唐书卷六七

表第七

　　方镇四 ……………… 1245

唐书卷六八

表第八

　　方镇五……………………… 1278

唐书卷六九

表第九

　　方镇六……………………… 1037

唐书卷七○上

表第一○上

　　宗室世系上………………… 1061

唐书卷七○下

表第一○下

　　宗室世系下………………… 1149

唐书卷七一上

表第一一上

　　宰相世系一上……………… 1252

唐书卷七一下

表第一一下

　　宰相世系一下……………… 1611

唐书卷七二上

表第一二上

　　宰相世系二上……………… 1737

唐书卷七二中

表第一二中

　　宰相世系二中……………… 1927

唐书卷七二下

表第一二下

　　宰相世系二下……………… 1993

唐书卷七三上

表第一三上

　　宰相世系三上……………… 2137

唐书卷七三下

表第一三下

　　宰相世系三下……………… 2231

唐书卷七四上

表第一四上

　　宰相世系四上……………… 2336

唐书卷七四下

表第一四下

　　宰相世系四下……………… 2444

唐书卷七五上

表第一五上

　　宰相世系五上……………… 2523

唐书卷七五下

表第一五下

　　宰相世系五下……………… 2633

唐书卷七六

列传第一

　　后妃上……………………… 2713

　　　太穆窦皇后……………… 2714

　　　文德长孙皇后…………… 2715

　　　徐贤妃……………………… 2716

　　　则天武皇后……………… 2717

　　　和思赵皇后……………… 2725

　　　韦皇后　上官昭容 … 2725

　　　肃明刘皇后……………… 2727

　　　昭成窦皇后……………… 2728

　　　王皇后……………………… 2728

　　　贞顺武皇后……………… 2729

周王元方……… 2767

徐王元礼……… 2767

韩王元嘉 黄公譔 … 2767

彭王元则……… 2768

郑王元懿……… 2768

霍王元轨……… 2769

虢王凤……… 2770

道王元庆……… 2771

邓王元裕……… 2771

舒王元名……… 2771

鲁王灵夔……… 2772

江王元祥……… 2772

密王元晓……… 2773

滕王元婴……… 2773

唐书卷八〇

列传第五

太宗九王……… 2774

常山王承乾……… 2774

郁林王恪 成王千里

吴王琨 信安王祎

赵国公峘 嗣吴王祗

……… 2775

嗣吴王巘……… 2777

濮王泰……… 2778

庶人祐……… 2779

蜀王愔……… 2781

蒋王恽 之芳 … 2781

越王贞 琅琊王冲 … 2781

纪王慎 义阳王琮 … 2783

曹王明 嗣曹王皋

象古 道古 ……… 2784

唐书卷八一

列传第六

三宗诸子……… 2788

燕王忠……… 2788

泽王上金……… 2789

许王素节 褒信王璥

……… 2789

孝敬皇帝弘 裴居道

……… 2790

章怀太子贤

邠王守礼 广武王承宏

敦煌王承寀 ……… 2791

懿德太子重润……… 2793

谯王重福……… 2794

节愍太子重俊……… 2794

让皇帝宪 汝阳王琎

汉中王瑀 景俭 …… 2795

惠庄太子㧑……… 2798

惠文太子范

嗣岐王珍 ……… 2798

惠宣太子业

嗣薛王知柔 ……… 2799

唐书卷八二

列传第七

十一宗诸子……… 2801

奉天皇帝琮……… 2802

太子瑛……… 2802

棣王琰……………… 2803　　安王溶……………… 2818

鄂王瑶……………… 2804　　悼怀太子普………… 2818

靖恭太子琬………… 2804　　陈王成美…………… 2818

光王琚……………… 2804　　庄恪太子永………… 2818

颍王璬……………… 2804　　通王滋……………… 2819

永王璘……………… 2805　　吉王保……………… 2821

寿王瑁……………… 2806　　德王裕……………… 2821

延王玢……………… 2806　唐书卷八三

盛王琦……………… 2806　列传第八

丰王珙……………… 2807　　诸帝公主…………… 2823

汴王璥……………… 2807　　世祖一女…………… 2823

越王係……………… 2808　　高祖十九女………… 2824

承天皇帝倓………… 2809　　太宗二十一女……… 2825

彭王仅……………… 2810　　高宗三女…………… 2828

襄王僙　嗣王煜…… 2811　　中宗八女…………… 2830

恭懿太子佋………… 2812　　睿宗十一女………… 2831

昭靖太子邈………… 2812　　玄宗二十九女……… 2832

睦王述……………… 2812　　肃宗七女…………… 2834

舒王谊……………… 2813　　代宗十八女………… 2835

通王谌……………… 2814　　德宗十一女………… 2836

虔王谅……………… 2814　　顺宗十一女………… 2836

肃王详……………… 2814　　宪宗十八女………… 2837

文敬太子谌………… 2814　　穆宗八女…………… 2839

郯王经……………… 2815　　敬宗三女…………… 2839

惠昭太子宁………… 2816　　文宗四女…………… 2839

澧王恽……………… 2816　　武宗七女…………… 2840

绛王悟……………… 2817　　宣宗十一女………… 2840

建王恪……………… 2817　　懿宗八女…………… 2841

怀懿太子凑………… 2817　　僖宗二女…………… 2841

昭宗十一女…………… 2841

唐书卷八四

列传第九

　李密　单雄信　祖君彦

　…………………… 2843

唐书卷八五

列传第一〇

　王世充……………… 2850

　窦建德……………… 2854

唐书卷八六

列传第一一

　薛举　仁杲………… 2860

　李轨………………… 2862

　刘武周……………… 2864

　高开道……………… 2865

　刘黑闼　徐圆朗…… 2866

唐书卷八七

列传第一二

　萧铣………………… 2870

　辅公祏……………… 2872

　沈法兴……………… 2873

　李子通　朱粲　林士弘

　张善安……………… 2873

　梁师都　刘季真…… 2876

唐书卷八八

列传第一三

　刘文静……………… 2878

　裴寂　赵文恪　李思行

　李高迁　姜宝谊　许世绪

刘师立　刘义节　钱九陇

樊兴　公孙武达　庞卿恽

张长逊　张平高　李安远

马三宝　李孟尝　元仲文

秦行师………………… 2880

唐书卷八九

列传第一四

　屈突通……………… 2889

　尉迟敬德…………… 2891

　张公谨　大安……… 2893

　秦琼………………… 2894

　唐俭　宪　次　扶　持

　彦谦………………… 2895

　段志玄　文昌　成式… 2897

唐书卷九〇

列传第一五

　刘弘基……………… 2900

　殷开山……………… 2901

　刘政会　奇　崇望　崇龟

　崇鲁………………… 2901

　许绍　围师　钦寂　钦明

　…………………… 2903

　程知节……………… 2905

　柴绍………………… 2905

　任瓌………………… 2906

　丘和　行恭………… 2907

唐书卷九一

列传第一六

　温大雅　彦博　大有

佶　造　璋　廷筠　廷皓

⋯⋯⋯⋯⋯⋯ 2910

皇甫无逸⋯⋯⋯⋯⋯ 2915

李袭志　袭誉⋯⋯⋯ 2915

姜慕　行本　咬　庆初

晦⋯⋯⋯⋯⋯⋯⋯ 2917

崔善为⋯⋯⋯⋯⋯⋯ 2919

李嗣真⋯⋯⋯⋯⋯⋯ 2920

唐书卷九二

列传第一七

杜伏威　阚棱　王雄诞

⋯⋯⋯⋯⋯⋯⋯⋯ 2922

张士贵⋯⋯⋯⋯⋯⋯ 2925

李子和⋯⋯⋯⋯⋯⋯ 2925

苑君璋⋯⋯⋯⋯⋯⋯ 2925

罗艺⋯⋯⋯⋯⋯⋯⋯ 2926

王君廓⋯⋯⋯⋯⋯⋯ 2927

唐书卷九三

列传第一八

李靖　客师　令问　彦芳

⋯⋯⋯⋯⋯⋯⋯⋯ 2929

李勣　敬业　思文⋯⋯ 2933

唐书卷九四

列传第一九

侯君集⋯⋯⋯⋯⋯⋯ 2939

张亮⋯⋯⋯⋯⋯⋯⋯ 2941

薛万均　万彻　万备

盛彦师　卢祖尚　刘世让

刘兰　李君羡⋯⋯⋯ 2942

唐书卷九五

列传第二〇

高俭　履行　真行　重

⋯⋯⋯⋯⋯⋯⋯⋯ 2948

窦威　轨　琮　抗　静

诞　班　德玄⋯⋯⋯ 2951

唐书卷九六

列传第二一

房玄龄　遗爱⋯⋯⋯ 2957

杜如晦　楚客　淹　元颖

审权　让能⋯⋯⋯⋯ 2960

唐书卷九七

列传第二二

魏征　谟⋯⋯⋯⋯⋯ 2967

唐书卷九八

列传第二三

王珪　焘⋯⋯⋯⋯⋯ 2980

薛收　元超　元敬　稷

伯阳⋯⋯⋯⋯⋯⋯⋯ 2982

马周　载⋯⋯⋯⋯⋯ 2985

韦挺　待价　武　万石

⋯⋯⋯⋯⋯⋯⋯⋯ 2989

唐书卷九九

列传第二四

李纲　安仁　安静⋯⋯ 2993

李大亮　道裕　迥秀⋯ 2995

戴胄　至德⋯⋯⋯⋯ 2997

刘洎　乐彦玮⋯⋯⋯ 2999

崔仁师　湜　液　澄⋯ 3001

唐书卷一〇〇
列传第二五
　　陈叔达 ·············· 3004
　　杨恭仁 思训 师道
　　执柔 ··············· 3005
　　封伦 ··············· 3006
　　裴矩 ··············· 3008
　　宇文士及 ··········· 3010
　　郑善果 元璹 ········ 3011
　　权万纪 怀恩 ········ 3013
　　阎立德 立本 ········ 3014
　　蒋俨 ··············· 3016
　　韦弘机 岳子 ········ 3016
　　姜师度 强循 ········ 3017
　　张知謇 ············· 3018
唐书卷一〇一
列传第二六
　　萧瑀 钧 嗣业 嵩 华
　　复 俛 倣 廪 遘 定
　　···················· 3020
唐书卷一〇二
列传第二七
　　岑文本 羲 长倩
　　格辅元 ············· 3030
　　虞世南 ············· 3033
　　李百药 安期 ········ 3035
　　褚亮 刘孝孙 李玄道
　　李守素 ············· 3037
　　姚思廉 珽 瑶 ······ 3038

　　令狐德棻 峘 邓世隆
　　顾胤 李延寿 ········ 3041
唐书卷一〇三
列传第二八
　　苏世长 良嗣 弁 ···· 3046
　　韦云起 方质 ········ 3048
　　孙伏伽 ············· 3050
　　张玄素 ············· 3052
唐书卷一〇四
列传第二九
　　于志宁 休烈 敖 琮
　　庞严 ··············· 3056
　　高季辅 ············· 3061
　　张行成 易之 昌宗 ··· 3062
　　长孙元忌 敞 操 诠
　　顺德 ··············· 3065
　　褚遂良 璆 ·········· 3070
　　韩瑗 ··············· 3073
　　来济 恒 ··········· 3074
　　李义琰 巢 义琛 ···· 3075
　　上官仪 ············· 3077
唐书卷一〇六
列传第三一
　　杜正伦 求仁 咸 ···· 3078
　　崔知温 知悌 ········ 3080
　　高智周 石仲览 ······ 3080
　　郭正一 ············· 3081
　　赵弘智 来章 ········ 3082
　　崔敦礼 ············· 3082

杨弘礼 弘武 元禧 纂
……………… 3083

卢承庆 齐卿 ……… 3084

刘祥道 齐贤 从一 … 3085

李敬玄 元素 ……… 3087

刘德威 审礼 延景 升

延嗣 ……………… 3088

孙处约 佺 ………… 3089

邢文伟 高子贡 …… 3090

唐书卷一〇七

列传第三二

傅弈 ……………… 3092

吕才 方毅 ……… 3094

陈子昂 王无竞 赵元

……………… 3097

唐书卷一〇八

列传第三三

刘仁轨 …………… 3106

裴行俭 光廷 稹 倩

均 ………………… 3109

娄师德 …………… 3113

唐书卷一〇九

列传第三四

崔义玄 神基 神庆

琳 ………………… 3115

杨再思 季昭 ……… 3117

窦怀贞 兢 ………… 3118

宗楚客 晋卿 纪处讷

……………… 3119

祝钦明 郭山恽 ……… 3121

王玙 ……………… 3123

唐书卷一一〇

列传第三五

诸夷蕃将 ………… 3125

史大奈 …………… 3125

冯盎 智戴 子猷 … 3125

阿史那社尔 忠 …… 3127

执失思力 ………… 3128

契苾何力 明 ……… 3129

黑齿常之 ………… 3131

李谨行 …………… 3132

泉男生 献诚 ……… 3133

李多祚 李湛 ……… 3133

论弓仁 惟贞 ……… 3134

尉迟胜 …………… 3135

尚可孤 …………… 3136

裴玢 ……………… 3136

唐书卷一一一

列传第三六

郭孝恪 …………… 3138

张俭 延师 ……… 3139

王方翼 珣 ……… 3140

苏定方 …………… 3141

薛仁贵 讷 嵩 平 从

……………… 3143

程务挺 …………… 3148

王孝杰 …………… 3149

唐休璟 …………… 3149

张仁愿　张敬忠 ……… 3151

王晙…………………… 3152

唐书卷一一二

列传第三七

王义方…………………… 3156

员半千　石抱忠 ……… 3157

韩思彦　琬 …………… 3158

苏安恒…………………… 3161

薛登……………………… 3162

王求礼…………………… 3164

柳泽　范奭 …………… 3165

冯元常　元淑 ………… 3168

蒋钦绪　沇　清 ……… 3169

唐书卷一一三

列传第三八

唐临　咬　绍 ………… 3171

张文瓘　文琮　锡　文收

………………………… 3173

徐有功　商　彦若 …… 3174

唐书卷一一四

列传第三九

崔融　从　能　慎由

安潜　彦曾 …………… 3178

徐彦伯…………………… 3182

苏味道…………………… 3183

豆卢钦望　史务滋

崔元综　周允元 ……… 3183

唐书卷一一五

列传第四〇

狄仁杰　光嗣 ………… 3185

兼谟……………………… 3190

郝处俊　象贤 ………… 3190

朱敬则　仁轨 ………… 3192

唐书卷一一六

列传第四一

王綝　俌　遂　抟 …… 3195

韦思谦　承庆　嗣立　恒

济　弘景 ……………… 3198

陆元方　象先　景倩

景融　希声　余庆　曾

………………………… 3203

王及善…………………… 3206

李日知…………………… 3207

杜景佺…………………… 3207

李怀远　景伯　彭年 … 3208

唐书卷一一七

列传第四二

裴炎　㕙先 …………… 3210

刘祎之　郭翰 ………… 3212

魏玄同　恬 …………… 3213

李昭德…………………… 3215

吉顼……………………… 3216

唐书卷一一八

列传第四三

张廷珪…………………… 3219

韦凑　见素　谞　颛

知人　维　绳　虚心 … 3221

韩思复　朝宗　佽 …… 3226

宋务光 吕元泰 ……… 3228
辛替否…………………… 3229
李渤……………………… 3232
裴潾 张皋 …………… 3236
李中敏 李款 李甘 … 3238

唐书卷一一九
列传第四四
武平一…………………… 3240
李乂……………………… 3242
贾曾 至 ……………… 3242
白居易 行简 敏中 … 3244

唐书卷一二〇
列传第四五
桓彦范 卢袭秀 薛季昶
杨元琰 仲昌 ……… 3250
敬晖……………………… 3254
崔玄暐 涣 纵 碣 … 3255
张柬之…………………… 3257
袁恕己 高 …………… 3260

唐书卷一二一
列传第四六
刘幽求…………………… 3262
钟绍京…………………… 3263
崔日用 日知 ………… 3263
王琚 张暐 …………… 3265
王毛仲 李守德 陈玄礼
…………………… 3267

唐书卷一二二
列传第四七

魏元忠…………………… 3269
韦安石 陟 斌 叔夏
绍 抗 ………………… 3276
郭震……………………… 3283

唐书卷一二三
列传第四八
李峤……………………… 3288
萧至忠…………………… 3290
卢藏用…………………… 3292
韦巨源…………………… 3293
赵彦昭…………………… 3294
和逢尧…………………… 3295

唐书卷一二四
列传第四九
姚崇 奕 合 勖 …… 3296
宋璟……………………… 3301

唐书卷一二五
列传第五〇
苏瑰 颋 诜 震 干
…………………… 3306
张说 均 垍 ………… 3310

唐书卷一二六
列传第五一
魏知古…………………… 3317
卢怀慎 奂 …………… 3318
李元纮…………………… 3321
杜暹 鸿渐 …………… 3322
张九龄 拯 仲方 …… 3324
韩休 洪 滉 皋 洄

　　　…………………………… 3329

唐书卷一二七

列传第五二

　张嘉贞　延赏　弘靖

　文规　次宗　嘉佑 ……… 3336

　源乾曜　光裕　洧 …… 3342

　裴耀卿　佶 …………… 3343

唐书卷一二八

列传第五三

　苏珦　晋 ……………… 3346

　尹思贞 ………………… 3347

　毕构　栩 ……………… 3348

　李杰 …………………… 3348

　郑惟忠 ………………… 3349

　王志愔 ………………… 3350

　许景先 ………………… 3351

　潘好礼 ………………… 3351

　倪若水 ………………… 3352

　席豫 …………………… 3352

　齐浣　抗 ……………… 3353

唐书卷一二九

列传第五四

　裴守真　子余　行立 … 3356

　崔沔 …………………… 3357

　卢从愿 ………………… 3359

　李朝隐 ………………… 3360

　王丘 …………………… 3361

　严挺之　武　绥　澈 … 3361

唐书卷一三〇

列传第五五

　裴漼　宽　谞　胄 …… 3365

　阳峤 …………………… 3368

　宋庆礼 ………………… 3369

　杨场 …………………… 3370

　崔隐甫 ………………… 3371

　李尚隐 ………………… 3372

唐书卷一三一

列传第五六

　宗室宰相 ……………… 3375

　　李适之 ……………… 3375

　　李岘 ………………… 3376

　　李勉 ………………… 3377

　　李夷简 ……………… 3379

　　李程　廓 …………… 3380

　　李石　福 …………… 3381

　　李回 ………………… 3384

唐书卷一三二

列传第五七

　刘子玄　贶　滋　敦儒

　　𩰚　赞　迥　秩　迅

　　…………………………… 3386

　蒋乂　系　曙　伸

　　偕 …………………… 3394

　柳芳　登　璟　冕 …… 3397

　沈既济　传师　询 …… 3399

唐书卷一三三

列传第五八

　郭虔瓘 ………………… 3402

郭知运 英杰 英乂 … 3403
王君㚟………………… 3404
张守珪 献诚 献恭 煦
献甫 ………………… 3405
王忠嗣 ………………… 3407
牛仙客 ………………… 3409
唐书卷一三四
列传第五九
宇文融 ………………… 3411
韦坚 …………………… 3413
杨慎矜 ………………… 3414
王铁 卢铉 …………… 3416
唐书卷一三五
列传第六○
哥舒翰 曜 …………… 3419
高仙芝 ………………… 3423
封常清 ………………… 3425
唐书卷一三六
列传第六一
李光弼 汇 光进
荔非元礼 郝廷玉 李国臣
白孝德 张伯仪 白元光
陈利贞 侯仲庄 柏良器
乌承玭 ………………… 3428
唐书卷一三七
列传第六二
郭子仪 曜 晞 承嘏
暧 钊 钠 钰 曙
幼明 昕 ……………… 3438

唐书卷一三八
列传第六三
李嗣业 ………………… 3449
马璘 …………………… 3450
李抱玉 抱真 缄 …… 3451
路嗣恭 应 恕 ……… 3454
唐书卷一三九
列传第六四
房琯 孺复 启 式 … 3456
张镐 …………………… 3459
李泌 繁 ……………… 3460
唐书卷一四○
列传第六五
崔圆 …………………… 3466
苗晋卿 ………………… 3466
裴冕 …………………… 3468
裴遵庆 向 枢 ……… 3469
吕諲 …………………… 3471
唐书卷一四一
列传第六六
崔光远 ………………… 3474
邓景山 崔瓘 ………… 3475
魏少游 ………………… 3476
卫伯玉 ………………… 3476
李澄 克宁 …………… 3477
韩全义 ………………… 3478
卢从史 ………………… 3478
高霞寓 ………………… 3479
唐书卷一四二

列传第六七

　　李麟…………………… 3481

　　杨绾…………………… 3481

　　崔祐甫　植　俊 ……… 3483

　　柳浑　识 ……………… 3486

　　韦处厚………………… 3488

　　路隋…………………… 3490

唐书卷一四三

列传第六八

　　高适…………………… 3492

　　元结…………………… 3493

　　李承…………………… 3497

　　韦伦…………………… 3497

　　薛珏　存庆 …………… 3498

　　崔汉衡………………… 3499

　　戴叔伦………………… 3499

　　王翊　正雅　翊　凝 … 3500

　　徐申…………………… 3502

　　郗士美………………… 3502

　　辛秘…………………… 3503

唐书卷一四四

列传第六九

　　来瑱　裴锣 …………… 3504

　　田神功　神玉 ………… 3506

　　侯希逸………………… 3506

　　崔宁　蠡　莞　黯 …… 3507

　　严砺…………………… 3510

唐书卷一四五

列传第七〇

元载　卓英玲　李少良

　　………………………… 3511

　　王缙…………………… 3514

　　黎干…………………… 3515

　　杨炎　庚准 …………… 3518

　　严郢…………………… 3522

　　窦参　申　吴通玄 …… 3523

唐书卷一四六

列传第七一

　　李栖筠　吉甫　德修 … 3526

　　李鄘　磎 ……………… 3532

唐书卷一四七

列传第七二

　　王思礼………………… 3535

　　鲁炅…………………… 3536

　　王难得　用 …………… 3537

　　辛云京　京杲　旻 …… 3538

　　冯河清………………… 3539

　　姚况…………………… 3539

　　李芃…………………… 3539

　　李叔明　昇 …………… 3540

　　曲环…………………… 3541

　　王虔休………………… 3542

　　卢群…………………… 3542

　　李元素………………… 3543

　　卢士玫………………… 3544

唐书卷一四八

列传第七三

　　令狐彰　建　运　通

························ 3545
张孝忠　茂宗　茂昭
裴夷直　陈楚 ·········· 3546
康日知
志睦　承训 ·············· 3550
　李洧·················· 3554
　刘篛·················· 3555
　田弘正　布　牟 ········ 3555
　王承元·················· 3559
牛元翼　傅良弼　李寰
························ 3560
　史孝章　宪忠 ·········· 3561
唐书卷一四九
列传第七四
　刘晏　濛　逼　潼　元琇
　包佶　卢徵　李若初
　于颀 ·················· 3563
　第五琦·················· 3568
　班宏·················· 3569
　王绍·················· 3570
　李巽·················· 3571
唐书卷一五〇
列传第七五
　李揆·················· 3573
　常衮·················· 3574
　赵憬·················· 3575
　崔造·················· 3577
　齐映·················· 3577
　卢迈·················· 3578

唐书卷一五一
列传第七六
　关播　李元平 ·········· 3580
　董晋　溪　陆长源
　刘全谅 ·················· 3581
　袁滋·················· 3584
　赵宗儒·················· 3585
　窦易直·················· 3586
唐书卷一五二
列传第七七
　张镒·················· 3588
　姜公辅·················· 3589
　武元衡　儒衡 ·········· 3590
　李绛　璋 ·············· 3592
　宋申锡·················· 3598
唐书卷一五三
列传第七八
　段秀实　伯伦　巘　文楚
　珂　刘海宾 ·········· 3600
　颜真卿·················· 3604
唐书卷一五四
列传第七九
　李晟　愿　宪　愬　听
　琢　王佖 ·············· 3610
唐书卷一五五
列传第八〇
　马燧　畅　炫
　浑瑊　镐　镣 ·········· 3623
唐书卷一五六

列传第八一

　杨朝晟·············· 3632

　戴休颜·············· 3633

　阳惠元　旻 ········· 3633

　李元谅·············· 3634

　李观··············· 3635

　韩游瓌·············· 3636

　杜希全·············· 3638

　邢君牙·············· 3639

唐书卷一五七

列传第八二

　陆贽··············· 3640

唐书卷一五八

列传第八三

　韦皋　隶　正贯　刘辟

　·················· 3656

　张建封　愔 ········· 3660

　严震　谟 ··········· 3662

　韩弘　公武　充 ······ 3663

唐书卷一五九

列传第八四

　鲍防··············· 3666

　李自良·············· 3667

　萧昕··············· 3667

　薛播··············· 3668

　樊泽　宗师 ········· 3668

　王纬··············· 3669

　吴凑　士矩 ········· 3669

　郑权··············· 3671

陆亘··············· 3671

卢坦　阎济美 ········· 3671

柳晟··············· 3673

崔戎　雍 ··········· 3674

唐书卷一六〇

列传第八五

　徐浩··············· 3676

　吕渭　温　恭 ······· 3677

　孟简·············· 3678

　刘伯刍　宽夫　允章 ··· 3678

　杨凭　疑　敬之 ······ 3679

　潘孟阳·············· 3680

　崔元略　铉　沆　元式

　崔龟从 ············ 3681

　韦绶·············· 3683

唐书卷一六一

列传第八六

　张荐　读 ··········· 3685

　赵涓　博宣 ········· 3687

　李纾·············· 3687

　郑云逵·············· 3688

　徐岱·············· 3688

　王仲舒·············· 3688

　冯伉·············· 3689

　庾敬休·············· 3689

唐书卷一六二

列传第八七

　姚南仲·············· 3691

　独孤及　朗　郁　庠 ··· 3692

顾少连······· 3694

韦夏卿　瓘······· 3695

段平仲······· 3696

吕元膺······· 3696

许孟容　季同······· 3697

薛存诚　廷老······· 3699

李逊　方玄　建　讷··· 3700

唐书卷一六三

列传第八八

　孔巢父　戣　纬　戡

　温业······· 3702

　穆宁　赞　质　员··· 3706

　崔邠　郾　鄯　郸··· 3708

　柳公绰　仲郢　璞　珪

　璧　俛　公权　子华

　······· 3710

　杨于陵······· 3718

　马总······· 3719

唐书卷一六四

列传第八九

　归崇敬　登　融······· 3721

　奚陟······· 3724

　崔衍······· 3725

　卢景亮　王源中······· 3726

　薛苹　膺······· 3727

　卫次公　洙······· 3727

　薛戎　放······· 3728

　胡证······· 3729

　丁公著······· 3730

崔弘礼······· 3730

崔玄亮······· 3731

王质······· 3732

殷侑　盈孙······· 3732

王彦威······· 3734

唐书卷一六五

列传第九〇

　郑余庆　浣　处诲　从谠

　······· 3737

　郑珣瑜　覃　裔　绰　朗

　······· 3740

　高郢　定······· 3744

　郑细　颢······· 3747

　权德舆　璩······· 3748

　崔群······· 3751

唐书卷一六六

列传第九一

　贾耽······· 3755

　杜佑　式方　悰　孺休

　陟　牧　颋······· 3756

　令狐楚　绪　绹　滈　定

　······· 3765

唐书卷一六七

列传第九二

　白志贞······· 3770

　裴延龄······· 3770

　崔损······· 3772

　韦渠牟······· 3773

　李齐运······· 3773

李逢吉…………… 3844

元稹…………… 3845

牛僧孺 蔚 徽 丛 … 3849

李宗闵…………… 3853

杨嗣复 授 煨 损 … 3855

唐书卷一七五

列传第一〇〇

窦群 常 牟 巩 …… 3858

刘栖楚…………… 3859

张又新…………… 3860

杨虞卿 汉公 汝士 … 3860

张宿…………… 3862

熊望…………… 3863

柏耆…………… 3863

唐书卷一七六

列传第一〇一

韩愈 孟郊 张籍

皇甫湜 卢仝 贾岛

刘义 …………… 3865

唐书卷一七七

列传第一〇二

钱徽 钆 …… 3876

崔咸…………… 3877

韦表微…………… 3878

高钺 湜 铢 锴 湘

…………… 3879

冯宿 定 审 ……… 3880

李虞仲…………… 3882

李翱…………… 3882

卢简辞 知猷 弘止

简求 汝弼 ……… 3883

高元裕 少逸 璩 …… 3885

封敖…………… 3886

郑薰…………… 3887

敬晦…………… 3887

韦博…………… 3888

李景让 景温 ……… 3888

唐书卷一七八

列传第一〇三

刘蕡…………… 3890

唐书卷一七九

列传第一〇四

李训…………… 3901

郑注…………… 3904

王涯…………… 3906

贾𫐄…………… 3908

舒元舆…………… 3909

王璠 郭行余 韩约

罗立言 李孝本 顾师邕

李贞素 …………… 3910

唐书卷一八〇

列传第一〇五

李德裕 烨 延吉 崔嘏

丁柔立 …………… 3913

唐书卷一八一

列传第一〇六

陈夷行…………… 3925

李绅…………… 3926

李让夷 …………………… 3928

曹确 ……………………… 3929

刘瞻　助 ………………… 3929

李蔚 ……………………… 3930

唐书卷一八二

列传第一○七

李固言 …………………… 3933

李珏 ……………………… 3934

崔珙　涓　琯　澹　远

……………………………… 3936

萧邺 ……………………… 3938

郑肃　仁表　卢商 …… 3938

卢钧　卢简方 ………… 3939

韦琮 ……………………… 3941

周墀 ……………………… 3941

裴休 ……………………… 3941

刘瑑　夏侯孜 ………… 3943

赵隐 ……………………… 3943

裴坦　赞 ………………… 3944

郑延昌 …………………… 3945

王溥 ……………………… 3945

卢光启　韦贻范 …… 3945

唐书卷一八三

列传第一○八

毕诚 ……………………… 3947

崔彦昭 …………………… 3948

刘邺　豆卢瑑 ………… 3948

陆扆 ……………………… 3949

郑綮 ……………………… 3950

朱朴　孙偓 …………… 3951

韩偓　仪 ………………… 3952

唐书卷一八四

列传第一○九

马植 ……………………… 3955

杨收　发　严　涉 …… 3956

路岩　韦保衡 ………… 3958

卢携 ……………………… 3959

唐书卷一八五

列传第一一○

郑畋 ……………………… 3961

王铎　镣 ………………… 3964

王徽 ……………………… 3965

韦昭度 …………………… 3967

张浚 ……………………… 3967

唐书卷一八六

列传第一一一

周宝 ……………………… 3971

王处存　郜 …………… 3973

邓处讷　雷满 ………… 3974

陈儒 ……………………… 3976

刘巨容　冯行袭 …… 3977

赵德谞　匡凝 ………… 3978

杨守亮 …………………… 3979

杨晟 ……………………… 3980

顾彦朗　彦晖 ………… 3981

唐书卷一八七

列传第一一二

王重荣　珙　珂 …… 3983

诸葛爽……………… 3987

李罕之……………… 3988

王敬武 师范 ……… 3989

孟方立 迁………… 3991

唐书卷一八八

列传第一一三

杨行密……………… 3994

时溥……………… 4000

朱宣……………… 4002

孙儒……………… 4004

唐书卷一八九

列传第一一四

高仁厚……………… 4006

赵犨 昶 翔 ……… 4007

田頵……………… 4009

朱延寿……………… 4011

唐书卷一九〇

列传第一一五

刘建锋……………… 4013

成汭……………… 4014

钟传……………… 4016

刘汉宏……………… 4017

张雄……………… 4018

王潮 审邽 ……… 4019

刘知谦 卢光稠 …… 4021

唐书卷一九一

列传第一一六

忠义上……………… 4022

夏侯端……………… 4023

刘感……………… 4023

常达……………… 4024

敬君弘 谢叔方 … 4024

吕子臧 马元规 …… 4025

王行敏 卢士睿

李玄通 …………… 4025

罗士信……………… 4026

张道源 楚金 …… 4027

李育德 李公逸

张善相 …………… 4027

高睿 仲舒 ……… 4028

安金藏……………… 4028

王同皎 潜 周憬 … 4029

吴保安……………… 4030

李憕 源 彭 …… 4031

卢奕 元辅 ……… 4040

张介然 崔无诐 … 4041

唐书卷一九二

列传第一一七

忠义中……………… 4042

颜杲卿 春卿 …… 4042

贾循 隐林 ……… 4044

张巡……………… 4045

许远 南霁云 雷万春

姚訚……………… 4050

唐书卷一九三

列传第一一八

忠义下……………… 4053

程千里 袁光廷 …… 4053

列传第一三二

　宦者上……………………… 4249

　　杨思勖…………………… 4250

　　高力士…………………… 4251

　　程元振　骆奉先 …… 4253

　　鱼朝恩…………………… 4254

　　窦文场　霍仙鸣 …… 4256

　　刘贞亮…………………… 4257

　　吐突承璀………………… 4258

　　马存亮　严遵美 …… 4259

　　仇士良…………………… 4260

　　杨复光…………………… 4262

唐书卷二〇八

列传第一三三

　宦者下…………………… 4264

　　李辅国………………… 4264

　　王守澄………………… 4266

　　刘克明………………… 4267

　　田令孜　杨复恭 …… 4267

　　刘季述………………… 4273

　　韩全海　张彦弘 …… 4275

唐书卷二〇九

列传第一三四

　酷吏……………………… 4280

　　索元礼………………… 4281

　　来俊臣　来子珣　周兴

　　丘神勣 ……………… 4281

　　侯思止………………… 4284

　　王弘义………………… 4284

　　郭弘霸………………… 4285

　　姚绍之………………… 4285

　　周利贞………………… 4286

　　王旭…………………… 4287

　　吉温　罗希奭 …… 4287

　　崔器…………………… 4289

　　毛若虚………………… 4290

　　敬羽…………………… 4290

唐书卷二一〇

列传第一三五

　藩镇魏博………………… 4292

　　田承嗣　悦　绪

　　季安　怀谏　缙 …… 4293

　　史宪诚………………… 4301

　　何进滔　弘敬　全皞

　　韩允中　简　乐彦祯

　　………………………… 4302

　　罗弘信　绍威 …… 4304

唐书卷二一一

列传第一三六

　藩镇镇冀………………… 4307

　　李宝臣　惟岳　惟简

　　………………………… 4307

　　王武俊　士真　承宗

　　………………………… 4311

　　王廷凑　元逵　绍鼎

　　绍懿　景崇　镕 …… 4316

唐书卷二一二

列传第一三七

渤海…………………… 4461

唐书卷二二〇

列传第一四五

　东夷………………… 4465

　　高丽……………… 4465

　　百济……………… 4474

　　新罗……………… 4476

　　日本……………… 4480

　　流鬼……………… 4481

唐书卷二二一上

列传第一四六上

　西域上……………… 4483

　　泥婆罗…………… 4483

　　党项……………… 4484

　　东女……………… 4487

　　高昌……………… 4488

　　吐谷浑…………… 4490

　　焉耆……………… 4493

　　龟兹　跋禄迦 …… 4494

　　疏勒……………… 4496

　　于阗……………… 4497

　　天竺……………… 4498

　　摩揭陀…………… 4500

　　罽宾……………… 4501

唐书卷二二一下

列传第一四六下

　西域下……………… 4502

　　康………………… 4502

　　宁远……………… 4507

大勃律……………… 4507

吐火罗……………… 4508

谢䫻………………… 4509

识匿………………… 4510

箇失密……………… 4511

骨咄………………… 4511

苏毗………………… 4511

师子………………… 4512

波斯………………… 4512

拂菻………………… 4514

大食………………… 4515

唐书卷二二二上

列传第一四七上

　南蛮上……………… 4518

　　南诏上…………… 4518

唐书卷二二二中

列传第一四七中

　南蛮中……………… 4526

　　南诏下　蒙巂诏

　　越析诏　浪穹诏　邆睒诏

　　施浪诏 …………… 4526

唐书卷二二二下

列传第一四七下

　南蛮下……………… 4536

　　环王……………… 4536

　　盘盘……………… 4538

　　扶南……………… 4538

　　真腊……………… 4538

　　诃陵……………… 4539

投和…………………… 4540

瞻博…………………… 4540

室利佛逝………………… 4541

名蔑…………………… 4541

单单…………………… 4541

骠……………………… 4542

两爨蛮…………………… 4547

南平獠…………………… 4554

西原蛮…………………… 4557

唐书卷二二三上

列传第一四八上

奸臣上…………………… 4560

许敬宗…………………… 4560

李义府…………………… 4563

傅游艺…………………… 4565

李林甫…………………… 4565

陈希烈…………………… 4569

唐书卷二二三下

列传第一四八下

奸臣下…………………… 4571

卢杞…………………… 4571

崔胤…………………… 4573

崔昭纬…………………… 4576

柳璨 蒋玄晖 张廷范

氏叔琮 朱友恭 …… 4576

唐书卷二二四上

列传第一四九上

叛臣上…………………… 4580

仆固怀恩………………… 4580

周智光…………………… 4585

梁崇义…………………… 4586

李怀光…………………… 4587

陈少游…………………… 4589

李锜…………………… 4591

唐书卷二二四下

列传第一四九下

叛臣下…………………… 4594

李忠臣…………………… 4594

乔琳…………………… 4596

高骈…………………… 4596

朱玫…………………… 4605

王行瑜…………………… 4606

陈敬瑄…………………… 4607

李巨川…………………… 4609

唐书卷二二五上

列传第一五〇上

逆臣上…………………… 4610

安禄山 庆绪 高尚

孙孝哲…………………… 4610

史思明 朝义 …… 4620

唐书卷二二五中

列传第一五〇中

逆臣中…………………… 4627

李希烈…………………… 4627

朱泚…………………… 4629

唐书卷二二五下

列传第一五〇下

逆臣下…………………… 4637

# 旧五代史

旧五代史卷一
梁书一
　太祖本纪第一 ·············· 1
　旧五代史卷一考证········ 12
旧五代史卷二
梁书二
　太祖本纪第二············· 14
　旧五代史卷二考证········ 26
旧五代史卷三
梁书三
　太祖本纪第三············· 27
　旧五代史卷三考证········ 35
旧五代史卷四
梁书四
　太祖本纪第四············· 36
　补遗····················· 45
　旧五代史卷四考证········ 45
旧五代史卷五
梁书五

太祖本纪第五·············· 47
　旧五代史卷五考证········ 53
旧五代史卷六
梁书六
　太祖本纪第六·············· 55
　旧五代史卷六考证········ 61
旧五代史卷七
梁书七
　太祖本纪第七·············· 62
　旧五代史卷七考证········ 67
旧五代史卷八
梁书八
　末帝本纪上·············· 68
　旧五代史卷八考证········ 77
旧五代史卷九
梁书九
　末帝本纪中·············· 78
　旧五代史卷九考证········ 85
旧五代史卷一〇

梁书一〇

末帝本纪下 ……………… 86

补遗 …………………… 93

旧五代史卷一〇考证 …… 93

旧五代史卷一一

梁书一一

后妃列传第一 …………… 95

文惠王太后 …………… 95

元贞张皇后 …………… 96

张德妃 ………………… 96

旧五代史卷一一考证 …… 97

旧五代史卷一二

梁书一二

宗室列传第二 …………… 98

广王全昱 ……………… 98

友谅 …………………… 99

惠王友能 ……………… 99

邵王友诲 ……………… 99

安王友宁 ……………… 99

密王友伦 ……………… 100

郴王友裕 ……………… 101

博王友文 ……………… 102

庶人友珪 ……………… 102

福王友璋 ……………… 102

贺王友雍 ……………… 102

建王友徽 ……………… 103

康王友孜 ……………… 103

旧五代史卷一二考证 … 103

旧五代史卷一三

梁书一三

列传第三 ………………… 104

朱瑄 …………………… 104

朱瑾 …………………… 105

时溥 …………………… 107

王师范 ………………… 108

刘知俊 ………………… 110

杨崇本 ………………… 112

蒋殷 …………………… 112

张万进 ………………… 113

补遗 …………………… 114

旧五代史卷一三考证 … 114

旧五代史卷一四

梁书一四

列传第四 ………………… 116

罗绍威 ………………… 116

赵犨　弟昶　翔 ……… 119

王珂　从兄珙 ………… 123

补遗 …………………… 124

旧五代史卷一四考证 … 125

旧五代史卷一五

梁书一五

列传第五 ………………… 126

韩建 …………………… 126

李罕之 ………………… 128

冯行袭 ………………… 130

孙德昭 ………………… 132

赵克裕 ………………… 133

张慎思 ………………… 133

旧五代史卷一五考证 … 134

旧五代史卷一六

梁书一六

列传第六 …………… 136

　　葛从周 ………… 136

　　谢彦章 ………… 139

　　胡真 …………… 139

　　张归霸 ………… 140

　　张归厚 ………… 141

　　张归弁 ………… 142

　　旧五代史卷一六考证 … 143

旧五代史卷一七

梁书一七

列传第七 …………… 144

　　成汭 …………… 144

　　杜洪　钟传 …… 145

　　田頵　朱延寿 … 146

　　赵匡凝 ………… 147

　　张佶 …………… 149

　　雷满 …………… 149

　　旧五代史卷一七考证 … 150

旧五代史卷一八

梁书一八

列传第八 …………… 151

　　张文蔚 ………… 151

　　薛贻矩 ………… 152

　　张策 …………… 152

　　杜晓 …………… 153

　　敬翔 …………… 154

李振 ……………… 157

旧五代史卷一八考证 … 159

旧五代史卷一九

梁书一九

列传第九 …………… 160

　　氏叔琮 ………… 160

　　朱友恭 ………… 161

　　王重师 ………… 162

　　朱珍 …………… 162

　　李思安 ………… 164

　　邓季筠 ………… 165

　　黄文靖 ………… 165

　　胡规 …………… 166

　　李谠 …………… 166

　　李重裔 ………… 166

　　范居实 ………… 167

旧五代史卷一九考证 … 168

旧五代史卷二〇

梁书二〇

列传第一〇 ………… 169

　　谢瞳 …………… 169

　　司马邺 ………… 170

　　刘捍 …………… 170

　　王敬荛 ………… 171

　　高劭 …………… 172

　　马嗣勋 ………… 172

　　寇彦卿 ………… 174

旧五代史卷二〇考证 … 175

旧五代史卷二一

梁书二一

列传第一一 ⋯⋯⋯⋯⋯⋯ 176

　　庞师古 ⋯⋯⋯⋯⋯⋯ 176

　　霍存 ⋯⋯⋯⋯⋯⋯⋯ 177

　　符道昭 ⋯⋯⋯⋯⋯⋯ 178

　　徐怀玉 ⋯⋯⋯⋯⋯⋯ 179

　　郭言 ⋯⋯⋯⋯⋯⋯⋯ 179

　　李唐宾 ⋯⋯⋯⋯⋯⋯ 180

　　王虔裕 ⋯⋯⋯⋯⋯⋯ 181

　　刘康乂 ⋯⋯⋯⋯⋯⋯ 181

　　王彦章 ⋯⋯⋯⋯⋯⋯ 181

　　贺德伦 ⋯⋯⋯⋯⋯⋯ 184

　旧五代史卷二一考证 ⋯ 185

旧五代史卷二二

梁书二二

列传第一二 ⋯⋯⋯⋯⋯⋯ 186

　　杨师厚 ⋯⋯⋯⋯⋯⋯ 186

　　牛存节 ⋯⋯⋯⋯⋯⋯ 188

　　王檀 ⋯⋯⋯⋯⋯⋯⋯ 191

　旧五代史卷二二考证 ⋯ 193

旧五代史卷二三

梁书二三

列传第一三 ⋯⋯⋯⋯⋯⋯ 194

　　刘鄩 ⋯⋯⋯⋯⋯⋯⋯ 194

　　贺瓌 ⋯⋯⋯⋯⋯⋯⋯ 198

　　康怀英 ⋯⋯⋯⋯⋯⋯ 199

　　王景仁 ⋯⋯⋯⋯⋯⋯ 201

　旧五代史卷二三考证 ⋯ 202

旧五代史卷二四

梁书二四

列传第一四 ⋯⋯⋯⋯⋯⋯ 203

　　李珽 ⋯⋯⋯⋯⋯⋯⋯ 203

　　卢曾 ⋯⋯⋯⋯⋯⋯⋯ 204

　　孙隲 ⋯⋯⋯⋯⋯⋯⋯ 205

　　张俊 ⋯⋯⋯⋯⋯⋯⋯ 205

　　张衍 ⋯⋯⋯⋯⋯⋯⋯ 206

　　杜荀鹤 ⋯⋯⋯⋯⋯⋯ 206

　　罗隐 ⋯⋯⋯⋯⋯⋯⋯ 206

　　仇殷 ⋯⋯⋯⋯⋯⋯⋯ 207

　　段深 ⋯⋯⋯⋯⋯⋯⋯ 208

　旧五代史卷二四考证 ⋯ 209

旧五代史卷二五

唐书一

　武皇本纪上 ⋯⋯⋯⋯⋯ 210

　旧五代史卷二五考证 ⋯ 219

旧五代史卷二六

唐书二

　武皇本纪下 ⋯⋯⋯⋯⋯ 221

　旧五代史卷二六考证 ⋯ 232

旧五代史卷二七

唐书三

　庄宗本纪第一 ⋯⋯⋯⋯ 233

　旧五代史卷二七考证 ⋯ 240

旧五代史卷二八

唐书四

　庄宗本纪第二 ⋯⋯⋯⋯ 242

　旧五代史卷二八考证 ⋯ 251

旧五代史卷二九

唐书五

　　庄宗本纪第三 ………… 252

　　旧五代史卷二九考证 … 260

旧五代史卷三〇

唐书六

　　庄宗本纪第四 ………… 261

　　旧五代史卷三〇考证 … 268

旧五代史卷三一

唐书七

　　庄宗本纪第五 ………… 270

　　旧五代史卷三一考证 … 276

旧五代史卷三二

唐书八

　　庄宗本纪第六 ………… 277

　　旧五代史卷三二考证 … 286

旧五代史卷三三

唐书九

　　庄宗本纪第七 ………… 288

　　旧五代史卷三三考证 … 295

旧五代史卷三四

唐书一〇

　　庄宗本纪第八 ………… 298

　　旧五代史卷三四考证 … 306

旧五代史卷三五

唐书一一

　　明宗本纪第一 ………… 307

　　旧五代史卷三五考证 … 314

旧五代史卷三六

唐书一二

明宗本纪第二 ………… 316

　　旧五代史卷三六考证 … 322

旧五代史卷三七

唐书一三

　　明宗本纪第三 ………… 323

　　旧五代史卷三七考证 … 328

旧五代史卷三八

唐书一四

　　明宗本纪第四 ………… 329

　　旧五代史卷三八考证 … 338

旧五代史卷三九

唐书一五

　　明宗本纪第五 ………… 339

　　旧五代史卷三九考证 … 346

旧五代史卷四〇

唐书一六

　　明宗本纪第六 ………… 348

　　旧五代史卷四〇考证 … 353

旧五代史卷四一

唐书一七

　　明示本纪第七 ………… 355

　　旧五代史卷四一考证 … 363

旧五代史卷四二

唐书一八

　　明宗本纪第八 ………… 364

　　旧五代史卷四二考证 … 370

旧五代史卷四三

唐书一九

　　明宗本纪第九 ………… 371

旧五代史卷四三考证 … 378

旧五代史卷四四

唐书二〇

明宗本纪第一〇 ……… 379

旧五代史卷四四考证 … 386

旧五代史卷四五

唐书二一

闵帝本纪 …………… 387

旧五代史卷四五考证 … 393

旧五代史卷四六

唐书二二

末帝本纪上 ………… 394

旧五代史卷四六考证 … 404

旧五代史卷四七

唐书二三

末帝本纪中 ………… 405

旧五代史卷四七考证 … 412

旧五代史卷四八

唐书二四

末帝本纪下 ………… 413

旧五代史卷四八考证 … 420

旧五代史卷四九

唐书二五

后妃列传第一 ……… 422

贞简曹太后 ………… 422

刘太妃 …………… 423

魏国夫人陈氏 ……… 423

神闵刘皇后 ………… 424

韩淑妃 …………… 424

伊德妃 …………… 425

昭懿夏皇后 ………… 425

和武曹皇后 ………… 425

宣宪魏太后 ………… 426

孔皇后 …………… 426

刘皇后 …………… 427

旧五代史卷四九考证 … 428

旧五代史卷五〇

唐书二六

宗室列传第二 ……… 429

克让 …………… 429

克修　子嗣肱 ……… 430

克恭 …………… 431

克宁 …………… 432

旧五代史卷五〇考证 … 433

旧五代史卷五一

唐书二七

宗室列传第三 ……… 435

永王存霸 ………… 435

邕王存美 ………… 436

薛王存礼 ………… 436

申王存渥 ………… 436

睦王存义 ………… 436

通王存确　雅王存纪

…………… 436

魏王继岌　弟继潼等

…………… 437

继浑 …………… 437

秦王从荣 ………… 438

　　李琪 ……………… 495
　　萧顷 ……………… 498
　　旧五代史卷五八考证 … 499
旧五代史卷五九
唐书三五
列传第一一 ……………… 500
　　丁会 ……………… 500
　　阎宝 ……………… 501
　　符习 ……………… 502
　　乌震 ……………… 503
　　王瓚 ……………… 503
　　袁象先 …………… 504
　　张温 ……………… 506
　　李绍文 …………… 506
　　旧五代史卷五九考证 … 507
旧五代史卷六〇
唐书三六
列传第一二 …………… 508
　　李袭吉 …………… 508
　　王缄 ……………… 511
　　李敬义 …………… 511
　　卢汝弼 …………… 513
　　李德休 …………… 514
　　苏循　子楷 ……… 514
　　旧五代史卷六〇考证 … 516
旧五代史卷六一
唐书三七
列传第一三 …………… 517
　　安金全　从子审通…… 517

　　安元信 …………… 518
　　安重霸 …………… 519
　　刘训 ……………… 520
　　张敬询 …………… 521
　　刘彦琮 …………… 521
　　袁建丰 …………… 522
　　西方邺 …………… 522
　　张遵诲 …………… 523
　　孙璋 ……………… 523
　　旧五代史卷六一考证 … 524
旧五代史卷六二
唐书三八
列传第一四 …………… 525
　　孟方立 …………… 525
　　张文礼 …………… 526
　　董璋 ……………… 528
　　旧五代史卷六二考证 … 530
旧五代史卷六三
唐书三九
列传第一五 …………… 531
　　张全义 …………… 531
　　朱友谦 …………… 535
　　旧五代史卷六三考证 … 538
旧五代史卷六四
唐书四〇
列传第一六 …………… 539
　　霍彦威 …………… 539
　　王晏球 …………… 540
　　戴思远 …………… 541

朱汉宾 ……………… 542

孔勍 ………………… 543

刘玘 ………………… 543

周知裕 ……………… 544

旧五代史卷六四考证 … 545

旧五代史卷六五

唐书四一

列传第一七 ………… 547

李建及 ……………… 547

石君立 ……………… 548

高行珪 ……………… 549

张廷裕 ……………… 549

王思同 ……………… 550

索自通 ……………… 551

旧五代史卷六五考证 … 552

旧五代史卷六六

唐书四二

列传第一八 ………… 554

安重诲 ……………… 554

朱弘昭 ……………… 556

朱洪实 ……………… 557

康义诚 ……………… 558

药彦稠 ……………… 558

宋令询 ……………… 559

旧五代史卷六六考证 … 559

旧五代史卷六七

唐书四三

列传第一九 ………… 561

豆卢革 ……………… 561

韦说 ………………… 562

卢程 ………………… 563

赵凤 ………………… 565

李愚 ………………… 566

任圜 ………………… 568

旧五代史卷六七考证 … 570

旧五代史卷六八

唐书四四

列传第二〇 ………… 571

薛廷珪 ……………… 571

崔沂 ………………… 572

刘岳 ………………… 572

封舜卿 ……………… 573

窦梦徵 ……………… 574

李保殷 ……………… 574

归蔼 ………………… 574

孔邈 ………………… 575

张文宝 ……………… 575

陈乂 ………………… 575

刘赞 ………………… 576

旧五代史卷六八考证 … 577

旧五代史卷六九

唐书四五

列传第二一 ………… 578

张宪 ………………… 578

王正言 ……………… 580

胡装 ………………… 581

崔贻孙 ……………… 582

孟鹄 ………………… 582

孙岳 ……………… 583

张延朗 …………… 583

刘延皓 …………… 584

刘延朗 …………… 585

旧五代史卷六九考证 … 585

旧五代史卷七〇

唐书四六

列传第二二 …………… 587

元行钦 …………… 587

夏鲁奇 …………… 588

姚洪 ……………… 589

李严 ……………… 590

李仁矩 …………… 591

康思立 …………… 591

张敬达 …………… 592

旧五代史卷七〇考证 … 593

旧五代史卷七一

唐书四七

列传第二三 …………… 595

马郁 ……………… 595

司空颋 …………… 596

曹廷隐 …………… 596

萧希甫 …………… 596

药纵之 …………… 597

贾馥 ……………… 598

马缟 ……………… 598

罗贯 ……………… 598

淳于晏 …………… 599

张格 ……………… 599

许寂 ……………… 599

周玄豹 …………… 600

旧五代史卷七一考证 … 601

旧五代史卷七二

唐书四八

列传第二四 …………… 602

张承业 …………… 602

张居翰 …………… 605

马绍宏 …………… 605

孟汉琼 …………… 606

旧五代史卷七二考证 … 607

旧五代史卷七三

唐书四九

列传第二五 …………… 608

毛璋 ……………… 608

聂屿 ……………… 609

温韬 ……………… 609

段凝 ……………… 610

孔谦 ……………… 611

李邺 ……………… 612

旧五代史卷七三考证 … 612

旧五代史卷七四

唐书五〇

列传第二六 …………… 613

康延孝 …………… 613

朱守殷 …………… 615

杨立 ……………… 616

窦廷琬 …………… 616

张虔钊 …………… 617

　　杨彦温 ·············· 617
　　旧五代史卷七四考证 ··· 618
旧五代史卷七五
晋书一
　　高祖本纪第一 ·········· 620
　　旧五代史卷七五考证 ··· 628
旧五代史卷七六
晋书二
　　高祖本纪第二 ·········· 629
　　旧五代史卷七六考证 ··· 641
旧五代史卷七七
晋书三
　　高祖本纪第三 ·········· 643
　　旧五代史卷七七考证 ··· 649
旧五代史卷七八
晋书四
　　高祖本纪第四 ·········· 651
　　旧五代史卷七八考证 ··· 657
旧五代史卷七九
晋书五
　　高祖本纪第五 ·········· 658
　　旧五代史卷七九考证 ··· 665
旧五代史卷八〇
晋书六
　　高祖本纪第六 ·········· 666
　　旧五代史卷八〇考证 ··· 673
旧五代史卷八一
晋书七
　　少帝本纪第一 ·········· 675

旧五代史卷八一考证 ··· 682
旧五代史卷八二
晋书八
　　少帝本纪第二 ·········· 684
　　旧五代史卷八二考证 ··· 691
旧五代史卷八三
晋书九
　　少帝本纪第三 ·········· 692
　　旧五代史卷八三考证 ··· 699
旧五代史卷八四
晋书一〇
　　少帝本纪第四 ·········· 701
　　旧五代史卷八四考证 ··· 709
旧五代史卷八五
晋书一一
　　少帝本纪第五 ·········· 710
　　旧五代史卷八五考证 ··· 715
旧五代史卷八六
晋书一二
　　后妃列传第一 ·········· 716
　　高祖皇后李氏 ········ 716
　　太妃安氏 ············ 717
　　少帝皇后张氏 ········ 718
　　皇后冯氏 ············ 718
　　旧五代史卷八六考证 ··· 719
旧五代史卷八七
晋书一三
　　宗室列传第二 ·········· 720
　　广王敬威　弟赟 ······ 720

旧五代史卷九四考证 … 800

旧五代史卷九五

晋书二一

列传第一〇 …………… 801

　皇甫遇 ………… 801

　王清 …………… 802

　梁汉璋 ………… 803

　白奉进 ………… 804

　卢顺密 ………… 805

　周环 …………… 805

　沈赟 …………… 806

　吴峦 …………… 806

　翟璋 …………… 807

　程福赟 ………… 807

　郭璘 …………… 808

旧五代史卷九五考证 … 808

旧五代史卷九六

晋书二二

列传第一一 …………… 810

　孔崇弼 ………… 810

　陈保极 ………… 810

　王瑜 …………… 811

　张继祚 ………… 812

　郑阮 …………… 812

　胡饶 …………… 813

　刘遂清 ………… 813

　房暠 …………… 814

　孟承诲 ………… 814

　刘继勋 ………… 815

　郑受益 ……………… 815

　程逊 ………………… 815

　李郁 ………………… 816

　郑玄素　案此　名新增

　　　　　…………… 816

　马重绩 ……………… 816

　陈玄 ………………… 817

旧五代史卷九七

晋书二三

列传第一二 …………… 819

　范延光 ……………… 819

　张从宾 ……………… 821

　张延播 ……………… 822

　杨光远　子承勋……… 822

　卢文进 ……………… 825

　李金全 ……………… 826

旧五代史卷九七考证 … 828

旧五代史卷九八

晋书二四

列传第一三 …………… 830

　安重荣 ……………… 830

　安从进 ……………… 833

　张彦泽 ……………… 833

　赵德钧　子延寿……… 835

　张砺 ………………… 838

　萧翰 ………………… 840

　刘晞 ………………… 841

　崔廷勋 ……………… 841

旧五代史卷九八考证 … 842

旧五代史卷九九

汉书一

　　高祖本纪上 ·········· 843

　　旧五代史卷九九考证 ··· 849

旧五代史卷一〇〇

汉书二

　　高祖本纪下 ·········· 850

　　旧五代史卷一〇〇考证

　　·················· 856

旧五代史卷一〇一

汉书三

　　隐帝本纪上 ·········· 858

　　旧五代史卷一〇一考证

　　·················· 864

旧五代史卷一〇二

汉书四

　　隐帝本纪中 ·········· 866

　　旧五代史卷一〇二考证

　　·················· 871

旧五代史卷一〇三

汉书五

　　隐帝本纪下 ·········· 872

　　旧五代史卷一〇三考证

　　·················· 881

旧五代史卷一〇四

汉书六

　　后妃列传第一 ········ 882

　　　高祖皇后李氏 ········ 882

旧五代史卷一〇五

汉书七

　　宗室列传第二 ········ 884

　　　魏王承训 ·········· 884

　　　陈王承勋 ·········· 884

　　　蔡王信 ············ 884

　　　湘阴公赟 ·········· 885

　　旧五代史卷一〇五考证

　　·················· 887

旧五代史卷一〇六

汉书八

　　列传第三 ············ 888

　　　王周 ·············· 888

　　　刘审交 ············ 889

　　　武汉球 ············ 890

　　　张瓘 ············ 890

　　　李殷 ·············· 891

　　　刘在明 ············ 891

　　　马万 ·············· 892

　　　李彦从 ············ 892

　　　郭谨 ·············· 892

　　　皇甫立 ············ 893

　　　白再荣 ············ 893

　　　张鹏 ·············· 894

　　旧五代史卷一〇六考证

　　·················· 894

旧五代史卷一〇七

汉书九

　　列传第四 ············ 896

　　　史弘肇 ············ 896

杨邠 ·················· 899

王章 ·················· 900

李洪建　弟业 ······· 901

阎晋卿 ··············· 902

聂文进 ··············· 902

后赞 ·················· 902

郭允明 ··············· 903

刘铢 ·················· 903

旧五代史卷一〇七考证

·················· 905

旧五代史卷一〇八

汉书一〇

列传第五 ··············· 906

李崧 ·················· 906

苏逢吉 ··············· 908

李鏻 ·················· 910

龙敏 ·················· 911

刘鼎 ·················· 912

张允 ·················· 913

任延皓 ··············· 914

旧五代史卷一〇八考证

·················· 915

旧五代史卷一〇九

汉书一一

列传第六 ··············· 916

杜重威 ··············· 916

李守贞 ··············· 919

赵思绾 ··············· 921

旧五代史卷一〇九考证

·················· 923

旧五代史卷一一〇

周书一

太祖本纪第一 ·········· 924

旧五代史卷一一〇考证

·················· 935

旧五代史卷一一一

周书二

太祖本纪第二 ·········· 937

旧五代史卷一一一考证

·················· 942

旧五代史卷一一二

周书三

太祖本纪第三 ·········· 943

旧五代史卷一一二考证

·················· 952

旧五代史卷一一三

周书四

太祖本纪第四 ·········· 953

旧五代史卷一一三考证

·················· 960

旧五代史卷一一四

周书五

世宗本纪第一 ·········· 961

旧五代史卷一一四考证

·················· 970

旧五代史卷一一五

周书六

世宗本纪第二 ·········· 971

李从敏·················· 1027
郑仁海·················· 1029
张彦成·················· 1030
安叔千·················· 1030
宋彦筠·················· 1030
旧五代史卷一二三考证
·················· 1031

旧五代史卷一二四
周书一五
列传第四·················· 1033
王殷·················· 1033
何福进·················· 1034
刘词·················· 1035
王进·················· 1036
史彦超·················· 1036
史懿·················· 1037
王令温·················· 1037
周密·················· 1038
李怀忠·················· 1038
白文珂·················· 1039
白延遇·················· 1039
唐景思·················· 1040
旧五代史卷一二四考证
·················· 1041

旧五代史卷一二五
周书一六
列传第五·················· 1042
赵晖·················· 1042
王守恩·················· 1043

孔知濬·················· 1044
王继弘·················· 1044
冯晖·················· 1045
高允权·················· 1046
折从阮·················· 1047
王饶·················· 1048
孙方谏·················· 1048
旧五代史卷一二五考证
·················· 1050

旧五代史卷一二六
周书一七
列传第六·················· 1051
冯道·················· 1051
旧五代史一二六考证
·················· 1059

旧五代史卷一二七
周书一八
列传第七·················· 1060
卢文纪·················· 1060
马裔孙·················· 1061
和凝·················· 1063
苏禹珪·················· 1064
景范·················· 1065
旧五代史卷一二七考证
·················· 1066

旧五代史卷一二八
周书一九
列传第八·················· 1067
王仆·················· 1067

杨凝式……………… 1069

薛仁谦……………… 1071

萧愿……………… 1071

卢损……………… 1072

王仁裕……………… 1072

裴羽……………… 1073

段希尧……………… 1073

司徒诩……………… 1074

边蔚……………… 1074

王敏……………… 1075

旧五代史卷一二八考证

……………… 1076

旧五代史卷一二九
周书二〇
列传第九……………… 1077

常思……………… 1077

翟光邺……………… 1078

曹英……………… 1079

李彦頵……………… 1079

李晖……………… 1079

李建崇……………… 1080

王重裔……………… 1080

孙汉英……………… 1081

许迁……………… 1081

赵凤……………… 1081

齐藏珍……………… 1082

王环……………… 1083

张彦超……………… 1083

张颖……………… 1083

刘仁赡……………… 1084

旧五代史卷一二九考证

……………… 1084

旧五代史卷一三〇
周书二一
列传第一〇……………… 1086

王峻……………… 1086

慕容彦超……………… 1089

阎弘鲁　崔周度…… 1090

旧五代史卷一三〇考证

……………… 1091

旧五代史卷一三一
周书二二
列传第一一……………… 1092

刘皞……………… 1092

张沆……………… 1093

张可复……………… 1094

于德辰……………… 1094

王延……………… 1094

申文炳……………… 1095

扈载　刘衮…… 1095

贾纬……………… 1096

赵延义……………… 1097

沈遘……………… 1098

李知损……………… 1098

孙晟……………… 1099

旧五代史卷一三一考证

……………… 1101

旧五代史卷一三二

世袭列传第一

　李茂贞　从晖　从昶

　　茂勋 …………… 1102

　高万兴　允韬 ………… 1106

　韩逊　洙 …………… 1107

　李仁福　彝超　彝兴 … 1108

　旧五代史卷一三二考证

　　………………………… 1110

旧五代史卷一三三

世袭列传第二

　高季兴　从海保融 …… 1111

　马殷　希范等　刘言 … 1114

　钱镠　元瓘　佐　倧　俶

　　………………………… 1121

　旧五代史卷一三三考证

　　………………………… 1127

旧五代史卷一三四

僭伪列传第一

　杨行密　渥　渭　溥 … 1129

　李昪　景 …………… 1132

　王审知　延钧　昶延羲

　　………………………… 1136

　旧五代史卷一三四考证

　　………………………… 1139

旧五代史卷一三五

僭伪列传第二

　刘守光 ……………… 1141

　刘陟　玢　晟　𬬮 …… 1146

　刘崇 ………………… 1148

旧五代史卷一三五考证

　………………………… 1149

旧五代史卷一三六

僭伪列传第三

　王建　衍 …………… 1151

　孟知祥　昶 ………… 1156

旧五代史卷一三六考证

　………………………… 1158

旧五代史卷一三七

外国列传第一

　契丹 ………………… 1159

旧五代史卷一三七考证

　………………………… 1166

旧五代史卷一三八

外国列传第二

　吐蕃 ………………… 1167

　回鹘 ………………… 1169

　高丽 ………………… 1170

　渤海靺鞨 …………… 1170

　黑水靺鞨 …………… 1171

　新罗 ………………… 1171

　党项 ………………… 1171

　昆明部落 …………… 1171

　于阗 ………………… 1171

　占城 ………………… 1171

　牂柯蛮 ……………… 1172

旧五代史卷一三八考证

　………………………… 1172

旧五代史卷一三九

志第一
　天文••••••••••••••••• 1173
　旧五代史卷一三九考证
••••••••••••••••• 1178

旧五代史卷一四〇
志第二
　历••••••••••••••••• 1179
　旧五代史卷一四〇考证
••••••••••••••••• 1188

旧五代史卷一四一
志第三
　五行••••••••••••••••• 1189
　旧五代史卷一四一考证
••••••••••••••••• 1194

旧五代史卷一四二
志第四
　礼上••••••••••••••••• 1195
　旧五代史卷一四二考证
••••••••••••••••• 1203

旧五代史卷一四三
志第五
　礼下••••••••••••••••• 1204
　旧五代史卷一四三考证
••••••••••••••••• 1210

旧五代史卷一四四
志第六
　乐上••••••••••••••••• 1211
　旧五代史卷一四四考证
••••••••••••••••• 1217

旧王代史卷一四五
志第七
　乐下••••••••••••••••• 1218
　旧五代史卷一四五考证
••••••••••••••••• 1222

旧五代史卷一四六
志第八
　食货••••••••••••••••• 1224
　旧五代史卷一四六考证
••••••••••••••••• 1231

旧五代史卷一四七
志第九
　刑法••••••••••••••••• 1232
　旧五代史卷一四七考证
••••••••••••••••• 1240

旧五代史卷一四八
志第一〇
　选举••••••••••••••••• 1241
　旧五代史卷一四八考证
••••••••••••••••• 1246

旧五代史卷一四九
志第一一
　职官••••••••••••••••• 1247
　旧五代史卷一四九考证
••••••••••••••••• 1259

旧五代史卷一五〇
志第一二
　郡县••••••••••••••••• 1260

# 新 五 代 史

新五代史卷一

梁本纪第一

　　太祖上 ·············· 1

新五代史卷二

梁本纪第二

　　太祖下 ·············· 8

新五代史卷三

梁本纪第三

　　末帝 ·············· 13

新五代史卷四

唐本纪第四

　　庄宗上 ·············· 16

新五代史卷五

唐本纪第五

　　庄宗下 ·············· 23

新五代史卷六

唐本纪第六

　　明宗 ·············· 29

新五代史卷七

唐本纪第七

　　愍帝 ·············· 37

　　废帝 ·············· 38

新五代史卷八

晋本纪第八

　　高祖 ·············· 41

新五代史卷九

晋本纪第九

　　出帝 ·············· 46

新五代史卷一〇

汉本纪第一〇

　　高祖 ·············· 51

　　隐帝 ·············· 53

新五代史卷一一

周本纪第一一

　　太祖 ·············· 56

新五代史卷一二

周本纪第一二

　　世宗 ·············· 60

恭帝·······63

新五代史卷一三

梁家人传第一

太祖文惠皇后王氏·······66

元贞皇后张氏·······66

陈昭仪·······67

李昭容·······67

末帝妃张氏·······67

妃郭氏·······67

太祖子友裕·······68

友珪·······68

友璋·······68

友雍·······68

友徽·······68

友孜·······68

友文·······68

兄全昱·······68

全昱子友谅·······68

友能·······68

友海·······68

兄存子友宁·······69

友伦·······69

新五代史卷一四

唐太祖家人传第二

太祖刘太妃·······73

贞简皇后曹氏·······74

庄宗神闵敬皇后刘氏·······74

淑妃韩氏·······74

德妃伊氏·······74

太祖子存美·······79

存霸·······79

存礼·······79

存渥·······79

存义·······79

存确·······79

存纪·······79

太祖弟克让·······79

克修·······79

克恭·······79

克宁·······79

庄宗子继岌·······80

继潼·······80

继嵩·······80

继蟾·······80

继峣·······80

新五代史卷一五

唐明宗家人传第三

明宗和武宪皇后曹氏·······83

昭懿皇后夏氏·······83

宣宪皇后魏氏·······83

淑妃王氏·······84

愍帝哀皇后孔氏·······85

明宗子从璟·······85

从荣·······85

从益·······85

侄从璨·······89

从璋·······89

从温·······89

梁臣传第九

敬翔 ………………… 111

朱珍 ………………… 113

李唐宾 ……………… 114

庞师古 ……………… 114

葛从周 ……………… 115

霍存 ………………… 117

张存敬 ……………… 117

苻道昭 ……………… 117

刘捍 ………………… 118

寇彦卿 ……………… 118

新五代史卷二二

梁臣传第一〇

康怀英 ……………… 120

刘鄩 ………………… 121

牛存节 ……………… 123

张归霸 ……………… 124

弟归厚 ……………… 125

归弁 ………………… 125

王重师 ……………… 126

徐怀玉 ……………… 126

新五代史卷二三

梁臣传第一一

杨师厚 ……………… 128

王景仁 ……………… 129

贺瓌 ………………… 130

王檀 ………………… 131

马嗣勋 ……………… 132

王虔裕 ……………… 132

谢彦章 ……………… 132

新五代史卷二四

唐臣传第一二

郭崇韬 ……………… 134

安重诲 ……………… 138

新五代史卷二五

唐臣传第一三

周德威 ……………… 143

苻存审 ……………… 145

史建瑭　子匡翰 …… 148

王建及 ……………… 149

元行钦 ……………… 150

安金全 ……………… 151

袁建丰 ……………… 152

西方邺 ……………… 152

新五代史卷二六

唐臣传第一四

苻习 ………………… 154

乌震 ………………… 155

孔谦 ………………… 156

张延朗 ……………… 157

李严 ………………… 157

李仁矩 ……………… 158

毛璋 ………………… 159

新五代史卷二七

唐臣传第一五

朱弘昭　冯赟附 …… 161

刘延朗 ……………… 162

康思立 ……………… 164

康义诚 ……………… 165
药彦稠 ……………… 167
新五代史卷二八
唐臣传第一六
　豆卢革 …………… 168
　卢程 ……………… 169
　任圜 ……………… 170
　赵凤 ……………… 172
　李袭吉 …………… 174
　张宪 ……………… 174
　萧希甫 …………… 176
　刘赞 ……………… 177
　何瓒 ……………… 177
新五代史卷二九
晋臣传第一七
　桑维翰 …………… 179
　景延广 …………… 180
　吴峦 ……………… 182
新五代史卷三〇
汉臣传第一八
　苏逢吉 …………… 184
　史弘肇 …………… 186
　杨邠 ……………… 187
　王章 ……………… 188
　刘铢 ……………… 189
　李业 ……………… 189
　聂文进 …………… 190
　后赞 ……………… 190
　郭允明 …………… 191

新五代史卷三一
周臣传第一九
　王朴 ……………… 192
　郑仁诲 …………… 194
　扈载 ……………… 194
新五代史卷三二
死节传第二〇
　王彦章　裴约　刘仁赡附
　　……………… 196
新五代史卷三三
死事传第二一
　张源德 …………… 200
　夏鲁奇 …………… 201
　姚洪 ……………… 201
　王思同 …………… 202
　张敬达 …………… 203
　翟进宗 …………… 204
　沈斌 ……………… 204
　王清 ……………… 204
　史彦超 …………… 205
　孙晟 ……………… 205
新五代史卷三四
一行传第二二
　郑遨 ……………… 208
　张荐明 …………… 208
　石昂 ……………… 208
　程福赟 …………… 209
　李自伦 …………… 209
新五代史卷三五

唐六臣传第二三

　　张文蔚 ·············· 212

　　杨涉 ··············· 212

　　张策 ··············· 212

　　赵光逢 ·············· 213

　　薛贻矩 ·············· 213

　　苏循　杜晓附 ········· 213

新五代史卷三六

义儿传第二四

　　李嗣昭 ·············· 216

　　嗣本 ··············· 218

　　嗣恩 ··············· 219

　　存信 ··············· 219

　　存孝 ··············· 219

　　存进 ··············· 221

　　存璋 ··············· 221

　　存贤 ··············· 222

新五代史卷三七

伶官传第二五

　　敬新磨 ·············· 224

　　景进 ··············· 225

　　史彦琼 ·············· 225

　　郭从谦 ·············· 226

新五代史卷三八

宦者传第二六

　　张承业 ·············· 227

　　张居翰 ·············· 228

新五代史卷三九

杂传第二七

　　王镕 ··············· 231

　　罗绍威 ·············· 234

　　王处直 ·············· 236

　　刘守光 ·············· 238

新五代史卷四〇

杂传第二八

　　李茂贞 ·············· 242

　　韩建 ··············· 244

　　李仁福 ·············· 246

　　韩逊 ··············· 247

　　杨崇本 ·············· 247

　　高万兴 ·············· 248

　　温韬 ··············· 248

新五代史卷四一

杂传第二九

　　卢光稠 ·············· 250

　　谭全播 ·············· 250

　　雷满 ··············· 251

　　钟传 ··············· 251

　　赵匡凝 ·············· 252

新五代史卷四二

杂传第三〇

　　朱宣 ··············· 254

　　瑾 ················ 254

　　王师范 ·············· 256

　　李罕之 ·············· 257

　　孟方立 ·············· 258

　　王珂 ··············· 259

　　赵犨 ··············· 261

冯行袭 ……………… 263

新五代史卷四三

杂传第三一

氏叔琮 ……………… 265

李彦威 ……………… 266

李振 ………………… 266

裴迪 ………………… 267

韦震 ………………… 268

孔循 ………………… 268

孙德昭 ……………… 269

王敬荛 ……………… 270

蒋殷 ………………… 270

新五代史卷四四

杂传第三二

刘知俊 ……………… 272

丁会 ………………… 273

贺德伦 ……………… 274

阎宝 ………………… 274

康延孝 ……………… 275

新五代史卷四五

杂传第三三

张全义 ……………… 277

朱友谦 ……………… 279

袁象先 ……………… 280

朱汉宾 ……………… 281

段凝 ………………… 282

刘玘 ………………… 283

周知裕 ……………… 283

陆思铎 ……………… 283

新五代史卷四六

杂传第三四

赵在礼 ……………… 285

霍彦威 ……………… 286

房知温 ……………… 287

王晏球 ……………… 289

安重霸 ……………… 290

王建立 ……………… 291

康福 ………………… 292

郭延鲁 ……………… 293

新五代史卷四七

杂传第三五

华温琪 ……………… 294

苌从简 ……………… 295

张筠　弟篯 ………… 295

杨彦询 ……………… 297

李周 ………………… 297

刘处让 ……………… 298

李承约 ……………… 299

张希崇 ……………… 299

相里金 ……………… 300

张廷蕴 ……………… 300

马全节 ……………… 301

皇甫遇 ……………… 301

安彦威 ……………… 303

李琼 ………………… 303

刘景岩 ……………… 303

新五代史卷四八

杂传第三六

卢文进 ……………… 305

李金全 ……………… 306

杨思权 ……………… 307

王弘贽 ……………… 308

刘审交 ……………… 309

王周 ………………… 309

高行周 ……………… 310

行珪 ………………… 311

白再荣 ……………… 311

安叔千 ……………… 312

新五代史卷四九

杂传第三七

翟光邺 ……………… 313

冯晖 ………………… 313

皇甫晖 ……………… 314

唐景思 ……………… 315

王进 ………………… 316

常思 ………………… 317

孙方谏 ……………… 317

新五代史卷五〇

杂传第三八

王峻 ………………… 318

王殷 ………………… 320

刘词 ………………… 320

王环 ………………… 321

折从阮 ……………… 322

新五代史卷五一

杂传第三九

朱守殷 ……………… 323

董璋 ………………… 324

范延光 ……………… 325

娄继英 ……………… 328

安重荣 ……………… 329

安从进 ……………… 331

杨光远 ……………… 332

新五代史卷五二

杂传第四〇

杜重威 ……………… 335

李守贞 ……………… 337

张彦泽 ……………… 338

新五代史卷五三

杂传第四一

王景崇 ……………… 342

赵思绾 ……………… 343

慕容彦超 …………… 344

新五代史卷五四

杂传第四二

冯道 ………………… 348

李琪 ………………… 350

李琪 ………………… 350

郑珏 ………………… 352

李愚 ………………… 353

卢导 ………………… 354

司空颋 ……………… 355

新五代史卷五五

杂传第四三

刘昫 ………………… 356

卢文纪 ……………… 357

马胤孙 •••••••••••••• 358　　王仁裕 •••••••••••••• 377

姚顗 •••••••••••••••• 359　　裴羽 •••••••••••••••• 378

刘岳 •••••••••••••••• 360　　王延 •••••••••••••••• 378

马缟 •••••••••••••••• 361　　马重绩 •••••••••••••• 378

卢损 •••••••••••••••• 361　　赵延义 •••••••••••••• 379

崔居俭 •••••••••••••• 362　新五代史卷五八

崔梲 •••••••••••••••• 362　考第一

李译 •••••••••••••••• 363　　司天一 •••••••••••••• 381

新五代史卷五六　　　　新五代史卷五九

杂传第四四　　　　　　考第二

和凝 •••••••••••••••• 365　　司天二 •••••••••••••• 403

赵莹 •••••••••••••••• 366　新五代史卷六〇

冯玉 •••••••••••••••• 366　考第三

卢质 •••••••••••••••• 367　　职方 •••••••••••••••• 408

吕琦 •••••••••••••••• 368　新五代史记卷六一

薛融 •••••••••••••••• 369　吴世家第一

何泽 •••••••••••••••• 369　　杨行密　子渥　隆演　一溥

王权 •••••••••••••••• 370　　•••••••••••••••••••• 430

史圭 •••••••••••••••• 370　　徐温 •••••••••••••••• 438

龙敏 •••••••••••••••• 371　新五代史卷六二

新五代史卷五七　　　　南唐世家第二

杂传第四五　　　　　　李升　子景　景子煜 ••••• 440

李嵩 •••••••••••••••• 372　新五代史卷六三

李鏻 •••••••••••••••• 374　前蜀世家第三

贾纬 •••••••••••••••• 375　　王建　子衍 •••••••••• 451

段希尧 •••••••••••••• 375　新五代史卷六四

张允 •••••••••••••••• 376　后蜀世家第四

王松 •••••••••••••••• 376　　孟知祥　子昶 •••••••• 460

裴皞 •••••••••••••••• 377　新五代史卷六五

南汉世家第五

　刘隐　弟龑　龑子玢

　　玢弟晟　晟子铱 ………… 468

新五代史卷六六

楚世家第六

　马殷　子希声　希范　希广

　　　　　………………… 475

　刘言 ……………………… 480

　　周行逢　子保权……… 481

新五代史卷六七

吴越世家第七

　钱镠　子元瓘　元瓘子佐

　　佐弟俶 …………………… 483

新五代史卷六八

闽世家第八

　王审知　子延翰　子鏻

　　鏻子继鹏　延义　延政

　　……………………… 490

新五代史卷六九

南平世家第九

　高季兴　子兴诲

　从诲子保融　保勖

　保融子继冲 …………… 497

新五代史卷七○

东汉世家第一○

　刘旻　子承钧　承钧子继恩

　继元 ………………… 502

新五代史卷七一

世家年谱第一一

　十国世家 ……………… 508

新五代史卷七二

四夷附录第一

　契丹 …………………… 516

新五代史卷七三

四夷附录第二

　兀欲 …………………… 526

新五代史卷七四

四夷附录第三

　奚 ……………………… 532

　吐浑 …………………… 533

　达靼 …………………… 533

　党项 …………………… 534

　突厥 …………………… 535

　吐蕃 …………………… 535

　回鹘 …………………… 537

　于阗 …………………… 537

　高丽 …………………… 539

　渤海 …………………… 539

　新罗 …………………… 539

　南诏蛮 ………………… 540

　牂牁蛮 ………………… 540

　昆明 …………………… 540

　占城 …………………… 541

# 宋　史

宋史卷一

本纪第一

　太祖一 ·················· 1

宋史卷二

本纪第二

　太祖二 ·················· 13

宋史卷三

本纪第三

　太祖三 ·················· 22

宋史卷四

本纪第四

　太宗一 ·················· 32

宋史卷五

本纪第五

　太宗二 ·················· 46

宋史卷六

本纪第六

　真宗一 ·················· 64

宋史卷七

本纪第七

真宗二 ·················· 75

宋史卷八

本纪第八

　真宗三 ·················· 92

宋史卷九

本纪第九

　仁宗一 ·················· 109

宋史卷一〇

本纪第一〇

　仁宗二 ·················· 119

宋史卷一一

本纪第一一

　仁宗三 ·················· 130

宋史卷一二

本纪第一二

　仁宗四 ·················· 142

宋史卷一三

本纪第一三

　英宗 ·················· 157

宋史卷一四

本纪第一四
　神宗一 …………… 163
宋史卷一五
本纪第一五
　神宗二 …………… 170
宋史卷一六
本纪第一六
　神宗三 …………… 186
宋史卷一七
本纪第一七
　哲宗一 …………… 196
宋史卷一八
本纪第一八
　哲宗二 …………… 210
宋史卷一九
本纪第一九
　徽宗一 …………… 221
宋史卷二〇
本纪第二〇
　徽宗二 …………… 231
宋史卷二一
本纪第二一
　徽宗三 …………… 241
宋史卷二二
本纪第二二
　徽宗四 …………… 250
宋史卷二三
本纪第二三
　钦宗 …………… 261

宋史卷二四
本纪第二四
　高宗一 …………… 272
宋史卷二五
本纪第二五
　高宗二 …………… 281
宋史卷二六
本纪第二六
　高宗三 …………… 294
宋史卷二七
本纪第二七
　高宗四 …………… 307
宋史卷二八
本纪第二八
　高宗五 …………… 321
宋史卷二九
本纪第二九
　高宗六 …………… 333
宋史卷三〇
本纪第三〇
　高宗七 …………… 345
宋史卷三一
本纪第三一
　高宗八 …………… 359
宋史卷三二
本纪第三二
　高宗九 …………… 372
宋史卷三三
本纪第三三

天市垣 ·············· 618

宋史卷史五〇

志第三

天文三 ·············· 621

二八舍上 ·············· 621

宋史卷五一

志第四

天文四 ·············· 645

二八舍下 ·············· 645

宋史卷五二

志第五

天文五 ·············· 669

七曜 ·············· 669

景星 ·············· 675

彗孛 ·············· 675

客星 ·············· 675

流星 ·············· 676

妖星 ·············· 676

星变 ·············· 678

云气 ·············· 678

日食 ·············· 678

日变 ·············· 681

日辉气 ·············· 683

月食 ·············· 686

月变 ·············· 690

月辉气 ·············· 690

宋史卷五三

志第六

天文六 ·············· 692

月犯五纬 ·············· 692

月犯列舍上 ·············· 695

宋史卷五四

志第七

天文七 ·············· 709

月犯列舍下 ·············· 709

宋史卷五五

志第八

天文八 ·············· 726

五纬犯列舍 ·············· 726

宋史卷五六

志第九

天文九 ·············· 755

岁星昼现 ·············· 755

太白昼现经天 ·············· 755

五纬相犯 ·············· 758

五纬相合 ·············· 761

五纬俱现 ·············· 767

老人星 ·············· 768

景星 ·············· 769

彗星 ·············· 769

客星 ·············· 771

宋史卷五七

志第一〇

天文十 ·············· 773

流陨一 ·············· 773

宋史卷五八

志第一一

天文十一 ·············· 788

　流陨二 ·················· 788

宋史卷五九

志第一二

　天文十二 ·············· 801

　流陨三 ·················· 801

宋史卷六〇

志第一三

　天文十三 ·············· 816

　流陨四 ·················· 816

宋史卷六一

志第一四

　五行一上 ·············· 831

　水上 ···················· 831

宋史卷六二

志第一五

　五行一下 ·············· 846

　水下 ···················· 846

宋史卷六三

志第一六

　五行二上 ·············· 866

　火 ······················ 866

宋史卷六四

志第一七

　五行二下 ·············· 881

　火 ······················ 881

宋史卷六五

志第一八

　五行三 ················· 891

　木 ······················ 891

宋史卷六六

志第一九

　五行四 ················· 903

　金 ······················ 903

宋史卷六七

志第二〇

　五行五 ················· 918

　土 ······················ 918

宋史卷六八

志第二一

　律历一 ················· 937

　　应天　乾元　仪天历

　　 ······················ 937

宋史卷六九

志第二二

　律历二 ················· 957

　　应天　乾元　仪天历

　　 ······················ 957

宋史卷七〇

志第二三

　律历三 ················· 981

　　应天　乾元　仪天历

　　 ······················ 981

宋史卷七一

志第二四

　律历四·················· 1018

　　崇天历·················· 1018

宋史卷七二

志第二五

律历五……………… 1031
宋史卷七三
志第二六
　律历六……………… 1049
　　崇天历……………… 1049
宋史卷七四
志第二七
　律历七……………… 1070
　　明天历……………… 1070
宋史卷七五
志第二八
　律历八……………… 1085
　　明天历……………… 1085
宋史卷七六
志第二九
　律历九……………… 1107
　　皇祐浑仪……………… 1107
宋史卷七七
志第三〇
　律历十……………… 1135
　　观天历……………… 1135
宋史卷七八
志第三一
　律历十一……………… 1151
　　观天历……………… 1151
宋史卷七九
志第三二
　律历十二……………… 1167
　　纪元历……………… 1167

宋史卷八〇
志第三三
　律历十三……………… 1187
　　纪元历……………… 1187
宋史卷八一
志第三四
　律历十四……………… 1209
宋史卷八二
志第三五
　律历十五……………… 1223
宋史卷八三
志第三六
　律历十六……………… 1239
　　绍兴统元　乾道
　　淳熙　会元历……… 1239
宋史卷八四
志第三七
　律历十七……………… 1294
　　绍熙统天　开禧
　　成天历附……………… 1294
宋史卷八五
志第三八
　地理一……………… 1342
　　京城……………… 1344
　　京畿路……………… 1351
　　京东路……………… 1351
　　京西路……………… 1355
宋史卷八六
志第三九

地理二‥‥‥‥‥‥‥ 1359　　广南西路‥‥‥‥‥‥ 1430

　河北路‥‥‥‥‥‥‥ 1359　　燕山府路‥‥‥‥‥‥ 1437

　河东路‥‥‥‥‥‥‥ 1365　宋史卷九一

宋史卷八七　　　　　　　　志第四四

志第四〇　　　　　　　　　　河渠一‥‥‥‥‥‥‥ 1440

地理三‥‥‥‥‥‥‥ 1372　　黄河上‥‥‥‥‥‥‥ 1440

　陕西‥‥‥‥‥‥‥‥ 1372　宋史卷九二

宋史卷八八　　　　　　　　志第四五

志第四一　　　　　　　　　　河渠二‥‥‥‥‥‥‥ 1456

地理四‥‥‥‥‥‥‥ 1392　　黄河中‥‥‥‥‥‥‥ 1456

　两浙路‥‥‥‥‥‥‥ 1392　　黄河下‥‥‥‥‥‥‥ 1456

　淮南东路‥‥‥‥‥‥ 1395　　汴河上‥‥‥‥‥‥‥ 1460

　淮南西路‥‥‥‥‥‥ 1395　宋史卷九三

　江南东路‥‥‥‥‥‥ 1400　志第四六

　江南西路‥‥‥‥‥‥ 1400　　河渠三‥‥‥‥‥‥‥ 1470

　荆湖北路‥‥‥‥‥‥ 1405　　黄河下‥‥‥‥‥‥‥ 1470

　荆湖南路‥‥‥‥‥‥ 1405　　汴河上‥‥‥‥‥‥‥ 1479

宋史卷八九　　　　　　　　宋史卷九四

志第四二　　　　　　　　　　志第四七

地理五‥‥‥‥‥‥‥ 1412　　河渠四‥‥‥‥‥‥‥ 1485

　福建路‥‥‥‥‥‥‥ 1412　　汴河下‥‥‥‥‥‥‥ 1485

　成都府路‥‥‥‥‥‥ 1414　　洛河‥‥‥‥‥‥‥‥ 1485

　潼川府路‥‥‥‥‥‥ 1417　　蔡河‥‥‥‥‥‥‥‥ 1491

　利州路‥‥‥‥‥‥‥ 1421　　广济河‥‥‥‥‥‥‥ 1492

　夔州路‥‥‥‥‥‥‥ 1424　　金水河‥‥‥‥‥‥‥ 1494

宋史卷九〇　　　　　　　　　白沟河‥‥‥‥‥‥‥ 1494

志第四三　　　　　　　　　　京畿沟渠‥‥‥‥‥‥ 1495

地理六‥‥‥‥‥‥‥ 1428　　白河‥‥‥‥‥‥‥‥ 1496

　广南东路‥‥‥‥‥‥ 1428　　三白渠‥‥‥‥‥‥‥ 1497

宋史卷一一三

志第六六

　礼十六　嘉礼四 ········· 1705

　　宴飨 ·············· 1705

　　游观 ·············· 1713

　　赐酺 ·············· 1715

宋史卷一一四

志第六七

　礼十七　嘉礼五 ········· 1718

　　巡幸 ·············· 1718

　　养老 ·············· 1720

　　视学 ·············· 1721

　　赐进士宴 ·········· 1723

　　幸秘书省 ·········· 1724

　　进书仪 ·············· 1724

　　大射仪 ·············· 1728

　　乡饮酒礼 ·········· 1729

宋史卷一一五

志第六八

　礼十八　嘉礼六 ········· 1732

　　皇太子冠礼皇子附

　　 ·············· 1732

　　公主笄礼 ·········· 1735

　　公主下降仪宗室附

　　 ·············· 1737

　　亲王纳妃 ·········· 1738

　　品官婚礼 ·········· 1741

　　士庶人婚礼 ········ 1741

宋史卷一一六

志第六九

　礼十九　宾礼一 ········· 1743

　　大朝会仪 ·········· 1743

　　常朝仪 ·············· 1748

宋史卷一一七

志第七〇

　礼二十　宾礼二 ········· 1756

　　入阁仪 ·············· 1756

　　明堂听政仪肆赦仪附

　　 ·············· 1760

　　皇太后垂帘仪 ······ 1762

　　皇太子正至受贺仪

　　 ·············· 1763

　　皇太子与百官师保相

　　见仪 ·············· 1764

宋史卷一一八

志第七一

　礼二十一　宾礼三 ······ 1766

　　朝仪班序 ·········· 1766

　　百官转对 ·········· 1768

　　百官相见仪制 ······ 1770

宋史卷一一九

志第七二

　礼二十二　宾礼四 ······ 1774

　　录周后 ·············· 1774

　　录先圣后 ·········· 1776

　　群臣朝使宴钱 ······ 1777

　　朝臣时节馈廪 ······ 1778

　　外国君长来朝 ······ 1779

契丹夏国使副见辞

仪高丽附…………… 1780

金国使副见辞仪…… 1784

诸国朝贡…………… 1785

宋史卷一二〇

志第七三

礼二十三　宾礼五附录

……………………… 1787

群臣上表仪………… 1787

宰臣赴上仪………… 1788

朝省集议班位……… 1789

臣僚上马之制……… 1791

臣僚呵引之制……… 1793

宋史卷一二一

志第七四

礼二十四　军礼……… 1794

祃祭………………… 1794

阅武………………… 1794

受降献俘…………… 1798

田猎………………… 1801

打球………………… 1802

救日伐鼓…………… 1803

宋史卷一二二

志第七五

礼二十五　凶礼一…… 1805

山陵………………… 1805

宋史卷一二三

志第七六

礼二十六　凶礼二…… 1817

园陵………………… 1817

濮安懿王园庙……… 1822

秀安僖王元庙……… 1823

庄文景献二太子攒所

……………………… 1824

上陵………………… 1825

忌日　群臣私忌附…… 1830

宋史卷一二四

志第七七

礼二十七　凶礼三…… 1834

外国丧礼及入吊仪

……………………… 1834

诸臣丧葬等仪……… 1837

宋史卷一二五

志第七八

礼二十八　凶礼四…… 1846

士庶人丧礼………… 1846

服纪………………… 1847

宋史卷一二六

志第七九

乐一………………… 1859

宋史卷一二七

志第八〇

乐二………………… 1873

宋史卷一二八

志第八一

乐三………………… 1886

宋史卷一二九

志第八二

乐四 …………………… 1899

宋史卷一三〇

志第八三

乐五 …………………… 1917

宋史卷一三一

志第八四

乐六 …………………… 1929

宋史卷一三二

志第八五

乐七　乐章一 …………… 1942

郊祀 …………………… 1942

祈谷 …………………… 1950

雩祀 …………………… 1950

五方帝 ………………… 1951

感生帝 ………………… 1956

宋史卷一三三

志第八六

乐八　乐章二 …………… 1960

明堂大飨 ……………… 1960

皇地祇 ………………… 1965

神州地祇 ……………… 1968

朝日夕月 ……………… 1970

高禖 …………………… 1972

九宫贵神 ……………… 1973

宋史卷一三四

志第八七

乐九　乐章三 …………… 1975

太庙常享 ……………… 1975

禘祫 …………………… 1978

加上徽号 ……………… 1982

郊前朝享 ……………… 1983

皇后别庙 ……………… 1990

宋史卷一三五

志第八八

乐十　乐章四 …………… 1996

朝谒玉清昭应宫 ……… 1996

太清宫 ………………… 1996

朝享景灵宫 …………… 1998

封禅 …………………… 2003

祀汾阴 ………………… 2004

奉天书 ………………… 2005

祭九鼎 ………………… 2005

宋史卷一三六

志第八九

乐十一　乐章五 ……… 2007

祀岳镇海渎 …………… 2007

祀大火 ………………… 2013

祀大辰 ………………… 2014

宋史卷一三七

志第九〇

乐十二　乐章六 ……… 2017

祭太社太稷 …………… 2017

祭风雨雷师 …………… 2020

祭先农先蚕 …………… 2022

亲耕藉田 ……………… 2022

蜡祭 …………………… 2026

释奠文宣王武成王
　　　　　　　　　　 2030

志第一○○

仪卫五……………… 2152

绍兴卤簿……………… 2152

皇太后皇后卤簿…… 2159

皇太子卤簿………… 2160

妃附………………… 2163

王公以下卤簿……… 2163

宋史卷一四八

志第一○一

仪卫六……………… 2166

卤簿仪服…………… 2166

宋史卷一四九

志第一○二

舆服一……………… 2176

五辂………………… 2177

大辂………………… 2182

大辇………………… 2182

芳亭辇……………… 2183

凤辇………………… 2183

逍遥辇……………… 2183

平辇………………… 2184

七宝辇……………… 2184

小舆………………… 2184

腰舆………………… 2184

耕根车……………… 2185

进贤车……………… 2185

明远车……………… 2185

羊车………………… 2185

指南车……………… 2185

记里鼓车…………… 2187

白鹭车……………… 2188

鸾旗车……………… 2188

崇德车……………… 2188

皮轩车……………… 2188

黄钺车……………… 2188

豹尾车……………… 2188

属车………………… 2189

五车………………… 2189

凉车………………… 2189

相风乌舆…………… 2189

行漏舆……………… 2189

十二神舆…………… 2190

钲鼓舆……………… 2190

锺鼓楼舆…………… 2190

宋史卷一五○

志第一○三

舆服二……………… 2191

后妃车舆…………… 2191

皇太子王公以下车舆

……………………… 2193

伞扇鞍勒…………… 2197

门戟旌节…………… 2199

宋史卷一五一

志第一○四

舆服三……………… 2201

天子之服…………… 2201

皇太子附…………… 2212

后妃之服…………… 2213

　　命妇附·················· 2213

宋史卷一五二

志第一〇五

　　舆服四·················· 2215

　　　诸臣服上·············· 2215

宋史卷一五三

志第一〇六

　　舆服五·················· 2229

　　　诸臣服下·············· 2229

　　　士庶人服·············· 2237

宋史卷一五四

志第一〇七

　　舆服六·················· 2242

　　　宝···················· 2242

　　　印···················· 2248

　　　符券················· 2251

　　　宫室制度············· 2253

　　　臣庶室屋制度········· 2254

宋史卷一五五

志第一〇八

　　选举一　科目上········· 2256

宋史卷一五六

志第一〇九

　　选举二　科目下

　举遗逸附 ················ 2270

　　　举遗逸附············· 2289

宋史卷一五七

志第一一〇

　　选举三　学校试

　　律学等试附 ············· 2290

　　　律学等试附··········· 2300

宋史卷一五八

志第一一一

　　选举四　铨法上········· 2313

宋史卷一五九

志第一一二

　　选举五　铨法下········· 2331

　　　远州铨··············· 2331

　　　补荫················· 2333

　　　流外补··············· 2340

宋史卷一六〇

志第一一三

　　选举六　保任　考课 ··· 2342

宋史卷一六一

志第一一四

　　职官一················· 2361

　　　三师················· 2364

　　　三公················· 2364

　　　宰执················· 2365

　　　门下省··············· 2366

　　　中书省··············· 2371

　　　尚书省··············· 2374

宋史卷一六二

志第一一五

　　职官二················· 2379

　　　枢密院··············· 2379

　　　宣徽院··············· 2385

　　　三司使··············· 2386

开封府··············· 2467

临安府··············· 2468

河南应天府········· 2470

次府··············· 2470

节度使··············· 2470

承宣观察防御等使

··············· 2471

宋史卷一六七

志第一二〇

　职官七··············· 2472

　大都督府········· 2472

　制置使··············· 2473

　宣谕使··············· 2474

　宣抚使··············· 2474

　总领··············· 2476

　留守··············· 2476

　经略安抚使········· 2477

　发运使··············· 2479

　都转运使········· 2479

　招讨使··············· 2480

　招抚使··············· 2481

　抚谕使··············· 2481

　镇抚使··············· 2481

　提点刑狱········· 2481

　提举常平茶马市舶

　等职··············· 2482

　提举学事········· 2484

　提点开封府界公事

··············· 2484

提举河北糴便事司

··············· 2484

提举解盐保甲三白

渠弓箭手等职······· 2484

经制边防财用········· 2485

府州军监··············· 2485

诸军通判··············· 2486

幕职诸曹等官········· 2487

诸县令丞簿尉········· 2488

镇砦官··············· 2489

庙令丞簿··············· 2489

总管钤辖··············· 2490

路分都监··············· 2490

诸军都统制········· 2491

巡检司··············· 2491

监当官··············· 2492

宋史卷一六八

志第一二一

　职官八　合班之制　······ 2493

宋史卷一六九

志第一二二

　职官九　叙迁之制　······ 2514

　群臣叙迁··············· 2514

　流内铨··············· 2523

　流外出官··············· 2528

　文散官··············· 2529

　武散官··············· 2530

　爵··············· 2536

　勋··············· 2536

功臣·············· 2537

检校官·············· 2537

兼官·············· 2538

试秩·············· 2538

绍兴以后阶官·········· 2538

宋史卷一七〇

志第一二三

职官十　杂制·········· 2543

赞引·············· 2543

导从·············· 2543

赐·············· 2544

食邑·············· 2544

实封·············· 2545

使职·············· 2545

宫观·············· 2547

赠官·············· 2549

叙封·············· 2550

致仕·············· 2552

荫补·············· 2557

宋史卷一七一

志第一二四

职官十一　奉禄制上　··· 2560

奉禄匹帛·········· 2560

职钱·············· 2568

禄粟·············· 2572

傔人衣粮·········· 2575

厨料·············· 2575

薪炭诸物·········· 2576

宋史卷一七二

志第一二五

职官十二　奉禄制下　··· 2577

增给·············· 2577

公用钱·········· 2587

给券·············· 2588

职田·············· 2588

宋史卷一七三

志第一二六

食货上一·········· 2594

农田·············· 2594

宋史卷一七四

志第一二七

食货上二·········· 2621

方田·············· 2621

赋税·············· 2623

宋史卷一七五

志第一二八

食货上三·········· 2641

布帛·············· 2641

和籴·············· 2647

漕运·············· 2654

宋史卷一七六

志第一二九

食货上四·········· 2662

屯田·············· 2662

常平·············· 2670

义仓·············· 2670

宋史卷一七七

志第一三〇

食货上五……………… 2681　　宋史卷一八四

　　役法上……………… 2681　　志第一三七

宋史卷一七八　　　　　　　　　食货下六……………… 2803

志第一三一　　　　　　　　　　　茶下……………… 2803

　　食货上六……………… 2697　　宋史卷一八五

　　役法下……………… 2697　　志第一三八

　　振恤……………… 2708　　　　食货下七……………… 2819

宋史卷一七九　　　　　　　　　　酒……………… 2819

志第一三二　　　　　　　　　　　坑冶……………… 2825

　　食货下一……………… 2714　　　矾……………… 2832

　　会计……………… 2714　　　　香附……………… 2835

宋史卷一八〇　　　　　　　　宋史卷一八六

志第一三三　　　　　　　　　　志第一三九

　　食货下二……………… 2732　　　食货下八……………… 2836

　　钱币……………… 2732　　　　商税……………… 2836

宋史卷一八一　　　　　　　　　　市易……………… 2840

志第一三四　　　　　　　　　　　均输……………… 2845

　　食货下三……………… 2749　　　互市舶法……………… 2847

　　会子……………… 2749　　宋史卷一八七

　　盐上……………… 2756　　志第一四〇

宋史卷一八二　　　　　　　　　　兵一　禁军上 ………… 2854

志第一三五　　　　　　　　　　宋史卷一八八

　　食货下四……………… 2768　　志第一四一

　　盐中……………… 2768　　　兵二　禁军下 ………… 2877

宋史卷一八三　　　　　　　　宋史卷一八九

志第一三六　　　　　　　　　　志第一四二

　　食货下五……………… 2786　　　兵三　厢兵 ………… 2893

　　盐下……………… 2786　　宋史卷一九〇

　　茶上……………… 2796　　志第一四三

兵四　乡兵一 …………… 2926
　陕西保毅…………… 2928
　河北忠顺…………… 2929
　河北陕西强人砦户
　…………… 2929
　河北河东强壮…… 2929
　河东陕西弓箭手…… 2930
　河北等路弓箭社…… 2939
宋史卷一九一
志第一四四
兵五　乡兵二 …………… 2943
　河北河东陕西义勇
　…………… 2943
　陕西护塞…………… 2948
　川峡土丁…………… 2948
　荆湖义军土丁弩手
　…………… 2948
　夔施黔思等处义军
　土丁…………… 2950
　广南西路土丁…… 2950
　广南东路枪手…… 2951
　邕钦溪洞壮丁…… 2952
　福建路枪仗手…… 2953
　江南西路枪仗手… 2954
　蕃兵…………… 2954
宋史卷一九二
志第一四五
兵六　乡兵三 …………… 2963
　保甲…………… 2963

　建炎后乡兵…………… 2978
　建炎后砦兵…………… 2979
宋史卷一九三
志第一四六
兵七　召募之制 ……… 2982
宋史卷一九四
志第一四七
兵八　拣选之制
　廪给之制 …………… 2998
宋史卷一九五
志第一四八
兵九　训练之制 …… 3015
宋史卷一九六
志第一四九
兵十　迁补之制
　屯戍之制 …………… 3028
宋史卷一九七
志第一五〇
兵十一　器甲之制 …… 3048
宋史卷一九八
志第一五一
兵十二　马政 ………… 3058
宋史卷一九九
志第一五二
刑法一 …………… 3078
宋史卷二〇〇
志第一五三
刑法二 …………… 3093
宋史卷二〇一

　　宗室世系六……………… 4106
宋史卷二二一
表第一二
　　宗室世系七……………… 4265
宋史卷二二二
表第一三
　　宗室世系八……………… 4266
宋史卷二二三
表第一四
　　宗室世系九……………… 4351
宋史卷二二四
表第一五
　　宗室世系十……………… 4399
宋史卷二二五
表第一六
　　宗室世系十一…………… 4510
宋史卷二二六
表第一七
　　宗室世系十二…………… 4611
宋史卷二二七
表第一八
　　宗室世系十三…………… 4719
宋史卷二二八
表第一九
　　宗室世系十四…………… 4839
宋史卷二二九
表第二〇
　　宗室世系十五…………… 4939
宋史卷二三〇

表第二一
　　宗室世系十六…………… 5044
宋史卷二三一
表第二二
　　宗室世系十七…………… 5147
宋史卷二三二
表第二三
　　宗室世系十八…………… 5279
宋史卷二三三
表第二四
　　宗室世系十九…………… 5363
宋史卷二三四
表第二五
　　宗室世系二十…………… 5470
宋史卷二三五
表第二六
　　宗室世系二十一………… 5588
宋史卷二三六
表第二七
　　宗室世系二十二………… 5712
宋史卷二三七
表第二八
　　宗室世系二十三………… 5823
宋史卷二三八
表第二九
　　宗室世系二十四………… 5912
宋史卷二三九
表第三〇
　　宗室世系二十五………… 6005

宋史卷二四〇

表第三一

宗室世系二十六⋯⋯⋯ 6098

宋史卷二四一

表第三二

宗室世系二十五⋯⋯⋯ 6156

宋史卷二四二

列传第一

后妃上⋯⋯⋯⋯⋯⋯ 6229

太祖母昭宪杜太后

⋯⋯⋯⋯⋯⋯ 6230

太祖孝惠贺皇后⋯⋯ 6230

孝明王皇后⋯⋯⋯⋯ 6231

孝章宋皇后⋯⋯⋯⋯ 6231

太宗淑德尹皇后⋯⋯ 6231

懿德符皇后⋯⋯⋯⋯ 6231

明德李皇后⋯⋯⋯⋯ 6232

元德李皇后⋯⋯⋯⋯ 6232

真宗章怀潘皇后⋯⋯ 6232

章穆郭皇后⋯⋯⋯⋯ 6233

章献明肃刘皇后⋯⋯ 6233

李宸妃⋯⋯⋯⋯⋯⋯ 6236

杨淑妃⋯⋯⋯⋯⋯⋯ 6236

沈贵妃⋯⋯⋯⋯⋯⋯ 6237

仁宗郭皇后⋯⋯⋯⋯ 6237

慈圣光献曹皇后⋯⋯ 6238

张贵妃⋯⋯⋯⋯⋯⋯ 6240

苗贵妃⋯⋯⋯⋯⋯⋯ 6240

周贵妃⋯⋯⋯⋯⋯⋯ 6240

杨德妃⋯⋯⋯⋯⋯⋯ 6240

冯贤妃⋯⋯⋯⋯⋯⋯ 6241

英宗宣仁圣烈高皇后

⋯⋯⋯⋯⋯⋯ 6241

宋史卷二四三

列传第二

后妃下⋯⋯⋯⋯⋯⋯ 6244

神宗钦圣献肃向皇后

⋯⋯⋯⋯⋯⋯ 6244

钦成朱皇后⋯⋯⋯⋯ 6245

钦慈陈皇后⋯⋯⋯⋯ 6245

林贤妃⋯⋯⋯⋯⋯⋯ 6246

武贤妃⋯⋯⋯⋯⋯⋯ 6246

哲宗昭慈孟皇后⋯⋯ 6246

昭怀刘皇后⋯⋯⋯⋯ 6250

徽宗显恭王皇后⋯⋯ 6250

郑皇后⋯⋯⋯⋯⋯⋯ 6250

王贵妃⋯⋯⋯⋯⋯⋯ 6251

韦贤妃⋯⋯⋯⋯⋯⋯ 6251

乔贵妃⋯⋯⋯⋯⋯⋯ 6253

刘贵妃⋯⋯⋯⋯⋯⋯ 6254

钦宗朱皇后⋯⋯⋯⋯ 6254

高宗宪节邢皇后⋯⋯ 6255

宪圣慈烈吴皇后⋯⋯ 6255

潘贤妃⋯⋯⋯⋯⋯⋯ 6256

张贤妃⋯⋯⋯⋯⋯⋯ 6256

刘贵妃⋯⋯⋯⋯⋯⋯ 6257

刘婉仪⋯⋯⋯⋯⋯⋯ 6257

张贵妃⋯⋯⋯⋯⋯⋯ 6257

孝宗成穆郭皇后……… 6257　　悼献太子……………… 6292

成恭夏皇后…………… 6258　　濮王允让……………… 6292

成肃谢皇后…………… 6258　宋史卷二四六

蔡贵妃………………… 6259　列传第五

李贤妃………………… 6259　　宗室三………………… 6299

光宗慈懿李皇后……… 6259　　吴王颢……………… 6299

黄贵妃………………… 6260　　益王頵……………… 6300

宁宗恭淑韩皇后……… 6260　　吴王佖……………… 6301

恭圣仁烈杨皇后……… 6261　　燕王俣……………… 6301

理宗谢皇后…………… 6262　　楚王似……………… 6302

度宗全皇后…………… 6264　　献愍太子茂………… 6302

杨淑妃………………… 6264　　郓王楷……………… 6303

宋史卷二四四　　　　　　　　肃王枢……………… 6303

列传第三　　　　　　　　　　景王杞……………… 6303

宗室一………………… 6265　　济王栩……………… 6304

魏王廷美…………… 6265　　徐王棣……………… 6304

燕王德昭…………… 6272　　沂王㯮……………… 6304

秦王德芳　秀王子偁附　　　和王栻……………… 6304

　　………………… 6278　　信王榛……………… 6305

宋史卷二四五　　　　　　　　太子谌　弟训……… 6305

列传第四　　　　　　　　　　元懿太子旉………… 6306

宗室二………………… 6282　　信王璩……………… 6306

汉王元佐…………… 6282　　庄文太子愭………… 6307

昭成太子元僖……… 6285　　魏王恺……………… 6307

商王元份…………… 6286　　景献太子询………… 6308

越王元杰…………… 6287　　镇王竑……………… 6309

镇王元偓…………… 6288　宋史卷二四七

楚王元偁…………… 6289　列传第六

周王元俨…………… 6290　　宗室四………………… 6312

子渲…………………… 6312

子崧…………………… 6313

子栎…………………… 6314

子砥…………………… 6315

子昼…………………… 6315

子潚…………………… 6315

师羼…………………… 6316

希言…………………… 6317

希怿…………………… 6318

士珸…………………… 6319

士儦…………………… 6319

士�…………………… 6320

士晴…………………… 6321

不群…………………… 6321

不弃…………………… 6321

不尤…………………… 6322

不悥…………………… 6322

善俊…………………… 6324

善誉…………………… 6325

汝述…………………… 6325

叔近…………………… 6326

叔向…………………… 6326

彦倓…………………… 6326

彦橚…………………… 6327

彦逾…………………… 6328

宋史卷二四八

列传第七

公主…………………… 6330

　秦国大长公主……… 6330

太祖六女……………… 6330

太宗七女……………… 6331

真宗二女……………… 6333

仁宗十三女…………… 6333

英宗四女……………… 6335

神宗十女……………… 6335

哲宗四女……………… 6336

徽宗三十四女………… 6337

孝宗二女……………… 6340

光宗三女……………… 6341

魏惠献王一女………… 6341

宁宗一女……………… 6341

理宗一女……………… 6341

宋史卷二四九

列传第八

　范质　子旻　兄子杲　… 6342

　王溥　父祚…………… 6346

　魏仁浦　子咸信　孙昭亮

　　…………………… 6348

宋史卷二五〇

列传第九

　石守信　子保兴　保吉

　孙元孙 …………… 6353

　王审琦　子承术　承衍

　孙克臣等 ………… 6357

　高怀德……………… 6361

　韩重赟　子崇训　崇业

　　…………………… 6362

　张令铎……………… 6364

罗彦瓌·············· 6365

王彦升·············· 6365

宋史卷二五一

列传第一〇

　韩令坤　父伦 ········· 6367

　慕容延钊　子德丰

　从子德琛 ·········· 6368

　符彦卿　子昭愿　昭寿

　············· 6371

宋史卷二五二

列传第一一

　王景　子廷义 ········· 6375

　王晏·············· 6377

　郭从义　曾孙承祐 ····· 6378

　李洪信　弟洪义 ······· 6380

　武行德············ 6380

　杨承信············ 6383

　侯章············· 6383

宋史卷二五三

列传第一二

　折德扆　子御勋　御卿

　曾孙克行 ·········· 6385

　冯继业············ 6390

　王承美············ 6390

　李继周············ 6391

　孙行友　子全照 ······· 6391

宋史卷二五四

列传第一三

　侯益　子仁矩　仁宝

孙延广 ·············· 6395

张从恩 ·············· 6399

扈彦珂·············· 6400

薛怀让 ·············· 6400

赵赞·············· 6402

李继勋·············· 6404

药元福·············· 6405

赵晁　子延溥 ········· 6407

宋史卷二五五

列传第一四

　郭崇·············· 6409

　杨廷璋············ 6410

　宋偓············· 6412

　向拱············· 6413

　王彦超············ 6415

　张永德············ 6417

　王全斌　鲁孙凯　康延泽

　王继涛　高彦晖附········ 6421

宋史卷二五六

列传第一五

　赵普　弟安易 ········· 6429

宋史卷二五七

列传第一六

　吴廷祚　子元辅　元载

　元扆 ·············· 6439

　李崇矩　子继昌 ······· 6442

　王仁赡············ 6445

　楚昭辅·············· 6446

　李处耘　子继隆　继和

··················· 6447

宋史卷二五八

列传第一七

　曹彬　子璨　玮　琮 … 6458

　潘美　李超附 ·········· 6466

宋史卷二五九

列传第一八

　张美 ················· 6470

　敦守文 ··············· 6471

　尹崇珂 ··············· 6472

　刘廷让 ··············· 6473

　袁继忠 ··············· 6475

　崔彦进 ··············· 6476

　张廷翰 ··············· 6477

　皇甫继明 ············· 6477

　张琼 ················· 6478

宋史卷二六〇

列传第一九

　曹翰 ················· 6480

　杨信　弟嗣　赟 ········ 6482

　党进 ················· 6483

　李汉琼 ··············· 6484

　刘遇 ················· 6485

　李怀忠 ··············· 6485

　米信 ················· 6486

　田重进 ··············· 6487

　刘廷翰 ··············· 6488

　崔翰 ················· 6488

宋史卷二六一

列传第二〇

　李琼 ················· 6491

　郭琼 ················· 6492

　陈承昭 ··············· 6493

　李万超 ··············· 6493

　白重赞 ··············· 6494

　王仁镐 ··············· 6495

　陈思让 ··············· 6495

　焦继勋　子守节 ········ 6498

　刘重进 ··············· 6499

　袁彦 ················· 6500

　祈廷训 ··············· 6501

　张铎 ················· 6501

　李万全　田景咸　王晖附

　　　　　　　　　　··· 6502

宋史卷二六二

列传第二一

　李谷 ················· 6504

　昝居润 ··············· 6507

　窦贞固 ··············· 6508

　李涛　弟瀚　孙仲容 ··· 6510

　王易简 ··············· 6512

　赵上交　子晔 ········· 6513

　张锡 ················· 6515

　张铸 ················· 6515

　边归谠 ··············· 6516

　刘温叟　子烨　孙几 ··· 6517

　刘涛 ················· 6521

　边光范 ··············· 6522

刘载…………………… 6523

程羽…………………… 6524

宋史卷二六三

列传第二二

　张昭…………………… 6526

　窦仪　弟俨偁 ………… 6530

　吕余庆………………… 6535

　刘熙古　子蒙正　蒙叟

　………………………… 6536

　石熙载　子中立 ……… 6538

　李穆　弟肃 …………… 6539

宋史卷二六四

列传第二三

　薛居正　子惟吉 ……… 6542

　沈伦　子继宗 ………… 6544

　卢多逊………………… 6546

　宋琪　宋雄 …………… 6549

宋史卷二六五

列传第二四

　李昉　子宗讷　宗谔

　孙昭述等 ……………… 6558

　吕蒙正………………… 6565

　张齐贤　子宗诲 ……… 6568

　贾黄中………………… 6574

宋史卷二六六

列传第二五

　钱若水　从弟若冲 …… 6577

　苏易简………………… 6581

　郭贽…………………… 6583

李至…………………… 6584

辛仲甫………………… 6586

王沔…………………… 6587

温仲舒………………… 6588

王化基　子举正　举元

孙诏…………………… 6589

宋史卷二六七

列传第二六

　张宏…………………… 6595

　赵昌言………………… 6596

　陈恕　魏羽附 ………… 6598

　刘昌言………………… 6603

　张洎…………………… 6604

　李惟清………………… 6610

宋史卷二六八

列传第二七

　柴禹锡………………… 6613

　张逊…………………… 6614

　杨守一………………… 6615

　赵镕…………………… 6615

　周莹…………………… 6616

　王继英………………… 6617

　王显…………………… 6618

宋史卷二六九

列传第二八

　陶谷…………………… 6622

　扈蒙…………………… 6624

　王著…………………… 6625

　王祐　子旭　孙质 …… 6626

杨昭俭 ················ 6628

鱼崇谅 ················ 6629

张澹 ················ 6630

高锡　从子冕 ········ 6631

宋史卷二七〇

列传第二九

颜衎 ················ 6633

剧可久 ················ 6634

赵逢 ················ 6635

苏晓 ················ 6636

高防 ················ 6637

冯瓚 ················ 6638

边珝 ················ 6640

王明 ················ 6640

许仲宣 ················ 6642

杨克让 ················ 6643

段思恭 ················ 6644

侯陟 ················ 6645

李符 ················ 6646

魏丕 ················ 6647

董枢 ················ 6648

宋史卷二七一

列传第三〇

马令琮 ················ 6651

杜汉徽 ················ 6652

张廷翰 ················ 6652

吴虔裕 ················ 6653

蔡审廷 ················ 6653

周广 ················ 6654

张勋 ················ 6654

石曦 ················ 6655

张藏英 ················ 6655

陆万友 ················ 6656

解晖 ················ 6657

李韬 ················ 6658

王晋卿 ················ 6658

郭廷谓　子延浚

　从子延泽 ········ 6658

赵延进 ················ 6660

辅超 ················ 6662

宋史卷二七二

列传第三一

杨业　子延昭等

　及王贵附 ············ 6664

荆罕儒　从孙嗣 ········ 6668

曹光实　从子克明 ······ 6671

张晖 ················ 6674

司超 ················ 6674

宋史卷二七三

列传第三二

李进卿　子延渥 ········ 6676

杨美 ················ 6677

何继筠　子承矩 ········ 6678

李汉超　子守恩 ········ 6682

郭进　牛思进附 ········ 6683

李谦溥　子允正 ········ 6685

姚内斌 ················ 6687

董遵诲 ················ 6688

贺惟忠·················· 6689

马仁瑀·················· 6689

宋史卷二七四

列传第三三

　王赞·················· 6692

　张保续·················· 6692

　赵玭·················· 6693

　卢怀忠·················· 6694

　王继勋·················· 6694

　丁德裕·················· 6695

　张延通·················· 6695

　梁迥·················· 6696

　史珪·················· 6697

　田钦祚·················· 6698

　侯赟·················· 6699

　王文宝·················· 6699

　翟守素·················· 6700

　王侁·················· 6701

　刘审琼·················· 6702

宋史卷二七五

列传第三四

　刘福·················· 6703

　安守忠·················· 6704

　孔守正·················· 6705

　谭延美·················· 6706

　元达·················· 6707

　常思德·················· 6707

　尹继伦·················· 6708

　薛超　丁罕　赵瑢附 ··· 6709

郭密　傅思让　李斌附

·················· 6710

田仁朗·················· 6711

刘谦·················· 6712

宋史卷二七六

列传第三五

　刘保勋·················· 6715

　滕中正·················· 6716

　刘蟠·················· 6717

　孔承恭·················· 6718

　宋珰·················· 6719

　袁廓·················· 6720

　樊知古　郭载附 ········ 6721

　臧丙·················· 6724

　徐休复·················· 6724

　张观·················· 6725

　陈从信·················· 6727

　张平　子从吉 ········· 6727

　王继升　子昭远 ······· 6729

　尹宪·················· 6730

　王宾·················· 6730

　安忠·················· 6731

宋史卷二七七

列传第三六

　张鉴·················· 6733

　姚坦·················· 6735

　索湘·················· 6736

　宋太初·················· 6737

　卢之翰·················· 6738

郑文宝…………………… 6739

王子舆…………………… 6743

刘综……………………… 6743

卞衮……………………… 6745

许骧……………………… 6746

裴庄……………………… 6747

牛冕　张适附………… 6749

栾崇吉…………………… 6750

袁逢吉…………………… 6750

韩国华…………………… 6751

何蒙……………………… 6752

慎知礼　子从吉……… 6752

宋史卷二七八

列传第三七

马全义　子知节……… 6755

雷德骧　子有终　孙孝先

简夫 ……………………… 6757

王超　子德用………… 6765

宋史卷二七九

列传第三八

王继忠………………… 6770

傅潜…………………… 6771

戴兴…………………… 6773

王汉忠………………… 6773

王能…………………… 6774

张凝…………………… 6775

魏能…………………… 6776

陈兴…………………… 6778

许均…………………… 6778

张进…………………… 6779

李重贵………………… 6780

呼延赞………………… 6781

刘用…………………… 6781

耿全斌………………… 6782

周仁美………………… 6783

宋史卷二八〇

列传第三九

田绍斌………………… 6785

王荣…………………… 6787

杨琼…………………… 6789

钱守俊………………… 6790

徐兴…………………… 6790

王杲…………………… 6791

李重海………………… 6791

白守素………………… 6792

张思钧………………… 6793

李琪…………………… 6794

王延范………………… 6794

宋史卷二八一

列传第四〇

吕端…………………… 6796

毕士安　子仲衍　仲游

　………………………… 6799

寇准…………………… 6805

宋史卷二八二

列传第四一

李沆　弟维………… 6811

王旦…………………… 6814

向敏中···············6821
宋史卷二八三
列传第四二
　王钦若　林特附 ········6826
　丁谓···············6830
　夏竦　子安期 ········6834
宋史卷二八四
列传第四三
　陈尧佐　兄尧叟　弟尧咨
　从子渐···············6840
　宋庠　弟祁···········6846
宋史卷二八五
列传第四四
　陈执中···············6853
　刘沆···············6855
　冯拯　子行已　伸已 ···6857
　贾昌朝　弟昌衡　从子炎
　伯祖父琰···········6861
　梁适···············6867
宋史卷二八六
列传第四五
　鲁宗道···············6870
　薛奎···············6871
　王曙　子益柔 ········6873
　蔡齐　从子延庆 ········6876
宋史卷二八七
列传第四六
　杨砺···············6880
　宋湜···············6881

王嗣宗···············6882
李昌龄　从子纮 ········6886
赵安仁　父孚　子良规
孙君锡···············6888
陈彭年···············6892
宋史卷二八八
列传第四七
　任中正　弟中师 ········6897
　周起···············6898
　程琳···············6899
　姜遵···············6902
　范雍　孙子奇　曾孙坦
　···············6902
　越积···············6905
　任布···············6905
　高若讷···············6907
　孙沔···············6908
宋史卷二八九
列传第四八
　高琼　子继勋　继宣 ···6912
　范廷召···············6916
　葛霸　子怀敏 ········6917
宋史卷二九○
列传第四九
　曹利用　子继邺附 ·······6921
　张耆　子希一等 ········6924
　杨崇勋···············6926
　夏守恩　弟守斌　子随
　···············6927

狄青　张玉　孙节附 … 6929
郭逵…………………… 6932
宋史卷二九一
列传第五〇
　　吴育………………… 6936
　　宋绶　子敏求　从子昌言
　　　　　　　　　　…… 6939
　　李若谷　子淑　孙寿朋
　　复圭………………… 6943
　　王博文……………… 6947
　　王鬷………………… 6951
宋史卷二九二
列传第五一
　　李谘………………… 6953
　　程戡………………… 6954
　　夏候峤……………… 6956
　　盛度………………… 6957
　　丁度………………… 6958
　　张观………………… 6961
　　郑戬………………… 6962
　　明镐………………… 6963
　　王尧臣……………… 6965
　　孙抃………………… 6968
　　田况………………… 6969
宋史卷二九三
列传第五二
　　田锡………………… 6974
　　王禹偁……………… 6978
　　张咏………………… 6983

宋史卷二九四
列传第五三
　　掌禹锡……………… 6986
　　苏绅………………… 6987
　　王洙　子钦臣 …… 6991
　　胥偃………………… 6993
　　柳植………………… 6994
　　聂冠卿……………… 6994
　　冯元………………… 6995
　　赵师民……………… 6996
　　张锡………………… 6998
　　张揆………………… 6999
　　杨安国……………… 6999
宋史卷二九五
列传第五四
　　尹洙………………… 7001
　　孙甫………………… 7006
　　谢绛　子景温 …… 7008
　　叶清臣……………… 7013
　　杨察………………… 7017
宋史卷二九六
列传第五五
　　韩丕………………… 7020
　　师颃………………… 7021
　　张茂直……………… 7021
　　梁灏　子固 ……… 7022
　　杨微之　扬澈 …… 7025
　　吕文仲……………… 7027
　　王著………………… 7028

俞献卿······················ 7094

陈从易······················ 7095

杨大雅······················ 7096

宋史卷三〇一

列传第六〇

　　边肃······················ 7098

　　梅询······················ 7099

　　马元方···················· 7100

　　薛田······················ 7100

　　寇瑊······················ 7101

　　杨日严···················· 7103

　　李行简···················· 7103

　　章频······················ 7104

　　陈琰······················ 7105

　　李宥······················ 7105

　　张秉······················ 7106

　　张择行···················· 7107

　　郑向······················ 7107

　　郭稹······················ 7107

　　赵贺······················ 7108

　　高觌······················ 7109

　　袁抗······················ 7109

　　徐起······················ 7110

　　张旨······················ 7111

　　齐廓······················ 7111

　　郑骧······················ 7112

宋史卷三〇二

列传第六一

　　王臻······················ 7113

鱼周询······················ 7114

贾黯······················ 7116

李京　吴鼎臣附 ········ 7119

吴景初　马遵附 ········ 7120

吴及······················ 7122

范师道···················· 7124

李绚······················ 7125

何中立···················· 7126

沈邈······················ 7127

宋史卷三〇三

列传第六二

　　张昷之···················· 7128

　　魏瓘　弟琰 ············ 7129

　　滕宗谅　刘越附 ········ 7130

　　李防······················ 7131

　　赵湘······················ 7132

　　唐肃　子询 ············ 7133

　　张述······················ 7135

　　黄震······················ 7135

　　胡顺之···················· 7136

　　陈贯　子安石 ·········· 7136

　　范祥　子育 ············ 7138

　　田京······················ 7140

宋史卷三〇四

列传第六三

　　周渭······················ 7142

　　梁鼎······················ 7143

　　范正辞　子讽 ·········· 7145

　　刘师道···················· 7148

王济 …………………… 7149
方偕 …………………… 7151
曹颖叔 ………………… 7152
刘元瑜 ………………… 7152
杨告 …………………… 7153
赵及 …………………… 7154
刘湜 …………………… 7155
王彬 …………………… 7155
仲简 …………………… 7156

宋史卷三〇五
列传第六四
　杨亿 弟伟 从子纮 … 7158
　晁迥 子宗悫 ……… 7162
　刘筠 ………………… 7164
　薛映 ………………… 7165

宋史卷三〇六
列传第六五
　谢泌 ………………… 7167
　孙何 弟仅 ………… 7169
　朱台符 ……………… 7172
　戚纶 ………………… 7174
　张去华 子师德 …… 7176
　乐黄目 ……………… 7179
　柴成务 ……………… 7181

宋史卷三〇七
列传第六六
　乔维岳 王陟附 …… 7183
　张雍 ………………… 7185
　黄偘 ………………… 7187

魏廷式 ………………… 7188
卢琰 …………………… 7189
宋搏 …………………… 7189
凌策 …………………… 7190
杨覃 …………………… 7191
陈世卿 ………………… 7193
李若拙 子绎 ………… 7193
陈知微 ………………… 7195

宋史卷三〇八
列传第六七
　上官正 ……………… 7196
　卢斌 ………………… 7197
　周审玉 ……………… 7199
　裴济 ………………… 7200
　李继宣 ……………… 7201
　张旦 ………………… 7203
　张煦 ………………… 7204
　张佶 ………………… 7205

宋史卷三〇九
列传第六八
　王延德 ……………… 7207
　常延信 ……………… 7208
　程德玄 ……………… 7208
　王延德 ……………… 7209
　魏震 ………………… 7210
　张质 ………………… 7210
　杨允恭 ……………… 7211
　秦羲 ………………… 7213
　谢德权 ……………… 7214

　阎日新 ……………… 7216　　列传第七二

　靳怀德 ……………… 7216　　　富弼　子绍庭 ………… 7268

宋史卷三一〇　　　　　　　　　　文彦博 ………………… 7274

列传第六九　　　　　　　宋史卷三一四

　李迪　子东之　肃之　　列传第七三

　承之　及之　孙孝基　　　范仲淹　子纯祐　纯礼

　孝寿　孝称 ………… 7218　　　纯粹 ………………… 7279

　王曾　弟子融 ……… 7225　　　范纯仁　子正平 ……… 7288

　张知白 ……………… 7228　　宋史卷三一五

　杜衍 ………………… 7230　　列传第七四

宋史卷三一一　　　　　　　　韩亿　子综 …………… 7299

列传第七〇　　　　　　　　　韩绛　子宗师 ………… 7302

　宴殊 ………………… 7233　　　韩维 ………………… 7304

　庞籍　孙恭孙 ……… 7235　　　韩缜　子宗武 ………… 7307

　王随 ………………… 7238　　宋史卷三一六

　章得象 ……………… 7239　　列传第七五

　吕夷简　子公绰　公弼　　　包拯 ………………… 7310

　公孺 ………………… 7240　　　吴奎 ………………… 7312

　张士逊 ……………… 7246　　　赵抃　子屼 ………… 7314

宋史卷三一二　　　　　　　　唐介　子淑问义　问孙恕

列传第七一　　　　　　　　　 ………………… 7317

　韩琦　子忠彦 ……… 7250　　宋史卷三一七

　曾公亮　子孝宽　孝广　　列传第七六

　孝蕴 ………………… 7257　　　邵亢　从父必 ……… 7322

　陈升之 ……………… 7260　　　冯京 ………………… 7324

　吴充 ………………… 7261　　　钱惟演　从弟易

　王珪　从父罕　从兄琪　　　易子彦远　明逸

　 ………………… 7263　　　诸孙景谌　飂　即 …… 7326

宋史卷三一三　　　　　　　宋史卷三一八

列传第七七

　张方平 …………… 7334

　王拱辰 …………… 7338

　张升 ……………… 7340

　赵概 ……………… 7341

　胡宿　子宗炎　从子宗愈

　宗回 ……………… 7342

宋史卷三一九

列传第七八

　欧阳脩　子发　棐 …… 7347

　刘敞　弟攽　子奉世 … 7352

　曾巩　弟肇 ………… 7357

宋史卷三二〇

列传第七九

　蔡襄 ……………… 7362

　吕溱 ……………… 7364

　王素　从子靖　从孙震

　……………………… 7365

　余靖 ……………… 7369

　彭思永 …………… 7371

　张存 ……………… 7372

宋史卷三二一

列传第八〇

　郑獬 ……………… 7375

　陈襄 ……………… 7376

　钱公辅 …………… 7378

　孙洙 ……………… 7378

　丰稷 ……………… 7379

　吕诲 ……………… 7381

　刘述 ……………… 7384

　刘琦 ……………… 7385

　钱顗 ……………… 7386

　郑侠 ……………… 7386

宋史三二二

列传第第八一

　何郯 ……………… 7389

　吴中复　从孙择仁 …… 7390

　陈荐 ……………… 7392

　王猎 ……………… 7393

　孙思恭 …………… 7393

　周孟阳 …………… 7394

　齐恢 ……………… 7394

　杨绘 ……………… 7395

　刘庠 ……………… 7396

　朱京 ……………… 7397

宋史卷三二三

列传第八二

　蔚昭敏 …………… 7399

　高化 ……………… 7399

　周美 ……………… 7400

　阎守恭 …………… 7402

　孟元 ……………… 7402

　刘谦 ……………… 7403

　赵振 ……………… 7403

　张忠 ……………… 7405

　范恪 ……………… 7405

　马怀德 …………… 7406

　安俊 ……………… 7407

向宝…………………… 7407

宋史卷三二四

列传第八三

石普…………………… 7409

张孜…………………… 7412

许怀德………………… 7413

李允则………………… 7414

张亢　兄奎…………… 7416

刘文质　子涣　沪…… 7423

赵滋…………………… 7425

宋史卷三二五

列传第八四

刘平　弟兼济　郭遵附

………………………… 7428

任福　王珪　武英　桑怿

耿传　王仲宝附………… 7432

宋史卷三二六

列传第八五

景泰…………………… 7439

王信…………………… 7440

蒋偕…………………… 7440

张忠…………………… 7441

郭恩…………………… 7442

张岊…………………… 7443

张君平………………… 7444

史方…………………… 7445

卢鉴…………………… 7445

李渭…………………… 7446

王果…………………… 7446

郭谘…………………… 7447

田敏…………………… 7449

侍其曙………………… 7450

康德兴………………… 7451

张昭远………………… 7452

宋史卷三二七

列传第八六

王安石　子雱　唐坰附

………………………… 7453

王安礼………………… 7461

王安国………………… 7464

宋史卷三二八

列传第八七

李清臣………………… 7465

安焘…………………… 7467

张璪…………………… 7470

蒲宗孟………………… 7471

黄履…………………… 7472

蔡挺　兄抗…………… 7474

王韶　子厚　寀……… 7476

薛向　子嗣昌………… 7481

章楶…………………… 7483

宋史卷三二九

列传第八八

常秩…………………… 7486

顾绾　子淘武………… 7487

李定…………………… 7490

舒亶…………………… 7491

蹇周辅………………… 7492

徐铎…………………… 7493

王广渊…………………… 7494

王陶……………………… 7496

王子韶…………………… 7497

何正臣…………………… 7498

陈绎……………………… 7498

宋史卷三三○

列传第八九

任颛……………………… 7500

李参……………………… 7501

郭申锡…………………… 7502

傅求……………………… 7502

张景宪…………………… 7503

窦卡……………………… 7504

张瓖……………………… 7505

孙瑜……………………… 7505

许遵……………………… 7506

卢士宗…………………… 7507

钱象先…………………… 7508

韩瑴……………………… 7508

杜纯　弟纮 ……………… 7509

杜常……………………… 7511

谢麟……………………… 7511

王宗望…………………… 7512

王吉甫…………………… 7512

宋史卷三三一

列传第九○

孙长卿…………………… 7514

周沆……………………… 7515

李中师…………………… 7516

罗拯……………………… 7517

马仲甫…………………… 7517

王居卿…………………… 7518

孙构……………………… 7518

张诜……………………… 7519

苏寀……………………… 7519

马从先…………………… 7520

沈遘　弟辽　从弟括 … 7520

李大临…………………… 7524

吕夏卿…………………… 7525

祖无择…………………… 7525

程师孟…………………… 7526

张问　陈舜俞　乐京

刘蒙附 ………………… 7527

苗时中…………………… 7529

韩贽……………………… 7530

楚建中…………………… 7530

张颉……………………… 7531

卢革　子秉 ……………… 7531

宋史卷三三二

列传第九一

滕元发…………………… 7534

李师中…………………… 7536

陆诜　子师闵 ………… 7538

赵离……………………… 7541

孙路……………………… 7543

游师雄…………………… 7544

穆衍……………………… 7545

宋史卷三三三
列传第九二
  杨佐…………………… 7548
  李兑 从弟先 ………… 7549
  沈立…………………… 7550
  张揆…………………… 7550
  张焘…………………… 7551
  俞充…………………… 7552
  刘瑾…………………… 7553
  阎询…………………… 7553
  葛宫…………………… 7553
  张田…………………… 7555
  荣諲…………………… 7555
  李载…………………… 7556
  姚焕…………………… 7556
  朱景 子光庭 ………… 7557
  李琮…………………… 7558
  朱寿隆………………… 7559
  卢士宏………………… 7559
  单煦…………………… 7560
  杨仲元………………… 7560
  余良肱………………… 7561
  潘夙…………………… 7562
宋史卷三三四
列传第九三
  徐禧 李稷附 ………… 7564
  高永能………………… 7567
  沈起…………………… 7568
  刘彝…………………… 7569

  熊本…………………… 7569
  萧注…………………… 7571
  陶弼…………………… 7572
  林广…………………… 7574
宋史卷三三五
列传第九四
  种世衡 子古 谔 谊
  孙朴 师道 师中……… 7577
宋史卷三三六
列传第九五
  司马光 子康 ………… 7587
  吕公著 子希哲 希纯
                 7597
宋史卷三三七
列传第九六
  范镇 从子百禄
   从孙祖禹 ………… 7603
宋史卷三三八
列传第九七
  苏轼 子过 …………… 7616
宋史卷三三九
列传第九八
  苏辙 族孙无老 ……… 7629
宋史卷三四〇
列传第九九
  吕大防 兄大忠 弟大钧
  大临 ………………… 7640
  刘挚…………………… 7647
  苏颂…………………… 7653

宋史卷三四一
列传第一〇〇
　　王存…………………… 7660
　　孙固…………………… 7662
　　赵瞻…………………… 7664
　　傅尧俞………………… 7666
宋史卷三四二
列传第一〇一
　　梁焘…………………… 7671
　　王岩叟………………… 7673
　　郑雍…………………… 7678
　　孙永…………………… 7679
宋史卷三四三
列传第一〇二
　　元绛…………………… 7683
　　许将…………………… 7684
　　邓润甫………………… 7687
　　林希　弟旦…………… 7688
　　蒋之奇………………… 7689
　　陆佃…………………… 7691
　　吴居厚………………… 7693
　　温益…………………… 7694
宋史卷三四四
列传第一〇三
　　孙觉　弟览…………… 7696
　　李常…………………… 7699
　　孔文仲　弟武仲　平仲
　　………………………… 7700
　　李周…………………… 7702

　　鲜于侁………………… 7703
　　顾临…………………… 7705
　　李之纯　从弟之仪 …… 7706
　　王觌　子俊义………… 7707
　　马默…………………… 7710
宋史卷三四五
列传第一〇四
　　刘安世………………… 7713
　　邹浩　田昼　王回
　　曾诞附………………… 7715
　　陈瓘…………………… 7719
　　任伯雨………………… 7722
宋史卷三四六
列传第一〇五
　　陈次升………………… 7725
　　陈师锡………………… 7727
　　彭汝砺　弟汝霖　汝方
　　………………………… 7728
　　吴陶…………………… 7730
　　张庭坚………………… 7732
　　龚夬…………………… 7733
　　孙谔…………………… 7735
　　陈轩…………………… 7735
　　江公望………………… 7736
　　陈祐…………………… 7737
　　常安民………………… 7737
宋史卷三四七
列传第一〇六
　　孙鼇…………………… 7741

吴时 ······ 7742

李昭玘 ······ 7743

吴师礼 ······ 7743

王汉之　弟涣之 ······ 7744

黄廉 ······ 7745

朱服 ······ 7746

张舜民 ······ 7747

盛陶 ······ 7748

章衡 ······ 7748

颜复 ······ 7749

孙升 ······ 7750

韩川 ······ 7751

龚鼎臣 ······ 7751

郑穆 ······ 7753

席旦 ······ 7754

乔执中 ······ 7754

宋史卷三四八

列传第一〇七

傅楫 ······ 7756

沈畸　萧服附 ······ 7757

徐勣 ······ 7758

张汝明 ······ 7759

黄葆光 ······ 7760

石公弼　张克公附 ······ 7762

毛注 ······ 7764

洪彦升 ······ 7765

钟传 ······ 7766

陶节夫 ······ 7767

毛渐 ······ 7768

王祖道 ······ 7768

张庄 ······ 7769

赵遹 ······ 7770

宋史卷三四九

列传第一〇八

郝质 ······ 7773

贾逵 ······ 7774

窦舜卿 ······ 7775

刘昌祚 ······ 7776

卢政 ······ 7777

燕达 ······ 7777

姚兕　弟麟子雄　古 ······ 7778

杨燧 ······ 7781

刘舜卿 ······ 7781

宋守约　子球 ······ 7782

宋史卷三五〇

列传第一〇九

苗授　子履 ······ 7784

王君万　子赡 ······ 7786

张守约 ······ 7787

王文郁 ······ 7788

周永清 ······ 7789

刘绍能 ······ 7790

王光祖 ······ 7790

李浩 ······ 7791

和斌　子诜 ······ 7792

刘仲武 ······ 7793

曲珍 ······ 7794

刘阒 ······ 7795

郭成……………………… 7795

贾岩……………………… 7796

张整……………………… 7796

张蕴……………………… 7797

王恩……………………… 7797

杨应询…………………… 7798

赵隆……………………… 7798

宋史卷三五一

列传第一一〇

赵挺之…………………… 7800

张商英　兄唐英 ………… 7801

刘正夫…………………… 7804

何执中…………………… 7805

郑居中…………………… 7806

张康国…………………… 7809

朱谔……………………… 7809

刘逵……………………… 7810

林摅……………………… 7811

管师仁…………………… 7812

侯蒙……………………… 7812

宋史卷三五二

列传第一一一

唐恪……………………… 7815

李邦彦…………………… 7817

余深……………………… 7818

薛昂……………………… 7818

吴敏……………………… 7819

王安中…………………… 7819

王襄……………………… 7821

赵野……………………… 7821

曹辅……………………… 7822

耿南仲　子寓 …………… 7823

宋史卷三五三

列传第一一二

何㮚……………………… 7826

孙傅……………………… 7827

陈过庭…………………… 7828

张叔夜…………………… 7829

聂昌……………………… 7831

张阁……………………… 7832

张近……………………… 7833

郑仅……………………… 7833

宇文昌龄　子常 ………… 7834

许几……………………… 7835

程之邵…………………… 7835

龚原……………………… 7836

崔公度…………………… 7837

蒲卣……………………… 7837

宋史卷三五四

列传第一一三

沈铢　弟锡 ……………… 7839

路昌衡…………………… 7840

谢文瓘…………………… 7840

陆蕴……………………… 7841

黄寔……………………… 7842

姚祐……………………… 7842

楼异……………………… 7843

沈积中…………………… 7843

李伯宗·············· 7843

汪澥··············· 7844

何常··············· 7844

叶祖洽············· 7845

时彦··············· 7846

霍端友············· 7846

俞㮚··············· 7846

蔡薿··············· 7847

宋史卷三五五

列传第一一四

　贾易·············· 7849

　董敦逸············ 7851

　上官均············ 7852

　来之邵············ 7854

　叶涛·············· 7855

　杨畏·············· 7855

　崔台符············ 7857

　杨汲·············· 7858

　吕嘉问············ 7858

　李南公············ 7860

　董必·············· 7861

　虞策　弟奕········ 7861

　郭知章············ 7863

宋史卷三五六

列传第一一五

　刘拯·············· 7865

　钱遹　石豫　左肤····· 7866

　许敦仁············ 7868

　吴执中············ 7868

吴材·············· 7869

刘昺·············· 7869

宋乔年　子昇········ 7870

强渊明············· 7871

蔡居厚············· 7871

刘嗣明············· 7872

蒋静·············· 7872

贾伟节············· 7873

崔鶠·············· 7873

张根　弟朴········· 7876

任谅·············· 7878

周常·············· 7879

宋史卷三五七

列传第一一六

　何灌·············· 7881

　李熙靖············ 7883

　王云·············· 7883

　谭世勣············ 7884

　梅执礼············ 7885

　程振　刘延庆······ 7887

宋史卷三五八

列传第一一七

　李纲上············ 7890

宋史卷三五九

列传第一一八

　李纲下············ 7904

宋史卷三六〇

列传第一一九

　宗泽·············· 7914

赵鼎…………………… 7921

宋史卷三六一

列传第一二〇

张浚 子构 ………… 7929

宋史卷三六二

列传第一二一

朱胜非…………………… 7941

吕颐浩…………………… 7944

范宗尹…………………… 7947

范致虚…………………… 7949

吕好问…………………… 7950

宋史卷三六三

列传第一二二

李光 子孟传 ……… 7953

许翰…………………… 7958

许景衡………………… 7959

张悫…………………… 7961

张所…………………… 7961

陈禾…………………… 7962

蒋猷…………………… 7963

宋史卷三六四

列传第一二三

韩世忠 子彦直 ……… 7965

宋史卷三六五

列传第一二四

岳飞 子云 ………… 7977

宋史卷三六六

列传第一二五

刘锜…………………… 7992

吴玠…………………… 7998

吴璘 子挺 ………… 8002

宋史卷三六七

列传第一二六

李显忠………………… 8009

杨存中………………… 8013

郭浩…………………… 8017

杨政…………………… 8019

宋史卷三六八

列传第一二七

王德…………………… 8022

王彦…………………… 8024

魏胜…………………… 8027

张宪…………………… 8032

杨再兴………………… 8033

牛皋…………………… 8033

胡闳休………………… 8035

宋史卷三六九

列传第一二八

张俊 从子子盖 …… 8036

张宗颜………………… 8041

刘光世………………… 8042

王渊…………………… 8047

解元…………………… 8048

曲端…………………… 8049

宋史卷三七〇

列传第一二九

王友直………………… 8054

李宝…………………… 8055

成闵·············· 8057　　张邵·············· 8090

赵密·············· 8058　　洪皓　子适　遵　迈 ··· 8091

刘子羽·············· 8059　宋史卷三七四

吕祉·············· 8061　列传第一三三

胡世将·············· 8063　　张九成·············· 8103

郑刚中·············· 8063　　胡铨·············· 8104

宋史卷三七一　　　　　　　廖刚·············· 8111

列传第一三〇　　　　　　　李迨·············· 8113

　白时中·············· 8066　　赵开·············· 8115

　徐处仁·············· 8066　宋史卷三七五

　冯澥·············· 8068　列传第一三四

　王伦·············· 8069　　邓肃·············· 8119

　宇文虚中·············· 8072　　李邴·············· 8121

　汤思退·············· 8074　　滕康·············· 8123

宋史卷三七二　　　　　　　张守·············· 8125

列传第一三一　　　　　　　富直柔·············· 8128

　朱倬·············· 8076　　冯康国·············· 8129

　王绹·············· 8077　宋史卷三七六

　尹穑·············· 8078　列传第一三五

　王之望·············· 8079　　常同·············· 8132

　徐俯·············· 8080　　张致远·············· 8135

　沈与求·············· 8081　　薛徽言·············· 8136

　翟汝文·············· 8082　　陈渊·············· 8136

　王庶·············· 8083　　魏矼·············· 8137

　辛炳·············· 8086　　潘良贵·············· 8139

宋史卷三七三　　　　　　　吕本中·············· 8140

列传第一三二　　　　　宋史卷三七七

　朱弁·············· 8087　列传第一三六

　郑望之·············· 8089　　向子諲·············· 8143

陈规……………………… 8145

季陵……………………… 8147

卢知原　弟法原　……… 8150

陈桷……………………… 8151

李璆……………………… 8153

李朴……………………… 8154

王庠……………………… 8154

王衣……………………… 8156

宋史卷三七八

列传第一三七

卫肤敏…………………… 8158

刘珏……………………… 8160

胡舜陟…………………… 8163

沈晦……………………… 8164

刘一止　弟宁止　……… 8166

胡交修…………………… 8168

綦崇礼…………………… 8170

宋史卷三七九

列传第一三八

章谊……………………… 8173

韩肖胄…………………… 8176

陈公辅…………………… 8178

张觷……………………… 8180

胡松年…………………… 8181

曹勋……………………… 8183

李稙……………………… 8183

韩公裔…………………… 8185

宋史卷三八○

列传第一三九

何铸……………………… 8187

王次翁…………………… 8188

范同……………………… 8190

杨愿……………………… 8191

楼照……………………… 8192

勾龙如渊………………… 8194

薛弼……………………… 8196

罗汝楫…………………… 8197

萧振……………………… 8198

宋史卷三八一

列传第一四○

范如圭…………………… 8201

吴表臣…………………… 8202

王居正…………………… 8204

晏敦复…………………… 8206

黄龟年…………………… 8208

程瑀……………………… 8209

张阐……………………… 8211

洪拟……………………… 8214

赵逵……………………… 8215

宋史卷三八二

列传第一四一

张焘……………………… 8218

黄中……………………… 8223

孙道夫…………………… 8225

曾几　兄开　…………… 8226

勾涛……………………… 8229

李弥逊　弟弥大　……… 8230

宋史卷三八三

列传第一四二

　陈俊卿·················· 8234

　虞允文·················· 8239

　辛次膺·················· 8245

宋史卷三八四

列传第一四三

　陈康伯·················· 8249

　梁克家·················· 8252

　汪澈···················· 8253

　叶义问·················· 8255

　蒋芾···················· 8256

　叶颙···················· 8257

　叶衡···················· 8259

宋史卷三八五

列传第一四四

　葛邲···················· 8261

　钱端礼·················· 8262

　魏杞···················· 8264

　周葵···················· 8265

　施师点·················· 8267

　萧燧···················· 8269

　龚茂良·················· 8271

宋史卷三八六

列传第一四五

　刘珙···················· 8275

　王蔺···················· 8278

　黄祖舜·················· 8279

　王大宝·················· 8279

　金安节·················· 8281

王刚中·················· 8283

李彦颖·················· 8285

范成大·················· 8287

宋史卷三八七

列传第一四六

黄洽···················· 8290

汪应辰·················· 8292

王十朋·················· 8296

吴芾···················· 8299

陈良翰·················· 8301

杜莘老·················· 8302

宋史卷三八八

列传第一四七

周执羔·················· 8305

王希吕·················· 8307

陈良祐·················· 8307

李浩···················· 8309

陈橐···················· 8311

胡沂···················· 8312

唐文若·················· 8314

李焘···················· 8316

宋史卷三八九

列传第一四八

尤袤···················· 8321

谢谔···················· 8325

颜师鲁·················· 8326

袁枢···················· 8328

李椿···················· 8330

刘仪凤·················· 8332

张孝祥…………………… 8333
宋史卷三九〇
列传第一四九
　李衡…………………… 8336
　王自中………………… 8337
　家愿…………………… 8337
　张纲…………………… 8339
　张大经………………… 8340
　蔡洸…………………… 8341
　莫濛…………………… 8342
　周淙…………………… 8343
　刘章…………………… 8343
　沈作宾………………… 8345
宋史卷三九一
列传第一五〇
　周必大………………… 8347
　留正…………………… 8351
　胡晋臣………………… 8355
宋史卷三九二
列传第一五一
　赵汝愚　子崇宪 ……… 8357
宋史卷三九三
列传第一五二
　彭龟年………………… 8366
　黄裳…………………… 8369
　罗點…………………… 8373
　黄度　周南附 ………… 8376
　林大中………………… 8378
　陈骙…………………… 8380

黄黼…………………… 8381
詹体仁………………… 8382
宋史卷三九四
列传第一五三
　胡纮…………………… 8385
　何澹…………………… 8386
　林栗…………………… 8387
　高文虎………………… 8391
　陈自强………………… 8392
　郑丙…………………… 8393
　京镗…………………… 8393
　谢深甫………………… 8395
　许及之………………… 8397
　梁汝嘉………………… 8397
宋史卷三九五
列传第一五四
　楼钥…………………… 8399
　李大性………………… 8401
　任希夷………………… 8402
　徐应龙………………… 8402
　庄夏…………………… 8403
　王阮…………………… 8404
　王质…………………… 8405
　陆游…………………… 8406
　方信孺………………… 8408
　王柟…………………… 8410
宋史卷三九六
列传第一五五
　史浩…………………… 8411

王淮…………………… 8414　　　宋汝为……………………… 8455
赵雄…………………… 8416　　宋史卷四〇〇
权邦彦………………… 8418　　列传第一五九
程松…………………… 8419　　　王信……………………… 8458
陈谦…………………… 8420　　　汪大猷…………………… 8460
张岩…………………… 8420　　　袁燮……………………… 8462
宋史卷三九七　　　　　　　　　吴柔胜…………………… 8463
列传第一五六　　　　　　　　　游仲鸿…………………… 8464
　徐谊………………… 8422　　　李祥……………………… 8466
　吴猎………………… 8423　　　王介……………………… 8467
　项安世……………… 8425　　　宋德之…………………… 8469
　薛叔似……………… 8427　　　杨大全…………………… 8470
　刘甲………………… 8428　　宋史卷四〇一
　杨辅………………… 8430　　列传第一六〇
　刘光祖……………… 8431　　　辛弃疾…………………… 8472
宋史卷三九八　　　　　　　　　何异……………………… 8475
列传第一五七　　　　　　　　　刘宰……………………… 8476
　余端礼……………… 8435　　　刘爚……………………… 8478
　李壁………………… 8437　　　柴中行…………………… 8480
　丘崈………………… 8439　　　李孟传…………………… 8482
　倪思………………… 8441　　宋史卷四〇二
　宇文绍节…………… 8444　　列传第一六一
　李蘩………………… 8444　　　陈敏……………………… 8484
宋史卷三九九　　　　　　　　　张诏……………………… 8485
列传第一五八　　　　　　　　　毕再遇…………………… 8486
　郑毂　王庭秀附 ……… 8447　　　安丙……………………… 8488
　仇悆………………… 8449　　　杨巨源…………………… 8492
　高登………………… 8452　　　李好义…………………… 8495
　娄寅亮……………… 8454　　宋史卷四〇三

列传第一六二

赵方…………………… 8498

贾涉…………………… 8500

扈再兴………………… 8502

孟宗政………………… 8503

张威…………………… 8505

宋史卷四〇四

列传第一六三

汪若海………………… 8508

张运…………………… 8509

柳约…………………… 8511

李舜臣………………… 8512

孙逢吉………………… 8513

张颖…………………… 8514

商飞卿………………… 8515

刘颖…………………… 8516

徐邦宪………………… 8517

宋史卷四〇五

列传第一六四

李宗勉………………… 8519

袁甫…………………… 8522

刘黻…………………… 8525

王居安………………… 8530

宋史卷四〇六

列传第一六五

崔与之………………… 8535

洪咨夔………………… 8539

许奕…………………… 8542

陈居仁　子卓 ……… 8544

刘汉弼………………… 8547

宋史卷四〇七

列传第一六六

杜范…………………… 8549

杨简　钱时附 ……… 8555

张虑…………………… 8558

吕午　子沆 ………… 8560

宋史卷四〇八

列传第一六七

吴昌裔………………… 8563

汪纲…………………… 8565

陈宓…………………… 8569

王霆…………………… 8571

宋史卷四〇九

列传第一六八

高定子………………… 8574

高斯得………………… 8577

张忠恕………………… 8581

唐璘…………………… 8583

宋史卷四一〇

列传第一六九

娄机…………………… 8586

沈焕　舒璘附 ……… 8588

曹彦约………………… 8589

范应铃………………… 8592

徐经孙………………… 8594

宋史卷四一一

列传第一七〇

汤璹…………………… 8596

蒋重珍·················· 8596
牟子才·················· 8598
朱貔孙·················· 8603
欧阳守道·············· 8604

宋史卷四一二
列传第一七一
孟珙·················· 8607
杜杲 子庶 ·········· 8615
王登·················· 8617
杨掞·················· 8618
张惟孝·················· 8619
陈咸·················· 8619

宋史卷四一三
列传第一七二
赵汝谈·················· 8622
赵汝说·················· 8624
赵希琯·················· 8625
赵彦呐·················· 8626
赵善湘·················· 8627
赵与欢·················· 8628
赵必愿·················· 8631

宋史卷四一四
列传第一七三
史弥远·················· 8636
郑清之·················· 8638
史嵩之·················· 8641
董槐·················· 8644
叶梦鼎·················· 8647
马廷鸾·················· 8650

宋史卷四一五
列传第一七四
傅伯成·················· 8653
葛洪·················· 8655
曾三复·················· 8656
黄畴若·················· 8656
袁韶·················· 8659
危稹·················· 8660
程公许·················· 8661
罗必元·················· 8665
王遂·················· 8665

宋史卷四一六
列传第一七五
吴渊·················· 8668
余玠·················· 8670
汪立信·················· 8673
向士璧·················· 8676
胡颖·················· 8677
冷应澄·················· 8677
曹叔远 从子豳 ····· 8678
王万·················· 8679
马光祖·················· 8681

宋史卷四一七
列传第一七六
乔行简·················· 8683
范锺·················· 8687
游似·················· 8688
赵葵 兄范 ·········· 8689
谢方叔·················· 8697

宋史卷四一八
列传第一七七
　吴潜・・・・・・・・・・・・・ 8700
　程元凤・・・・・・・・・・・・ 8703
　江万里・・・・・・・・・・・・ 8705
　王爚・・・・・・・・・・・・・ 8707
　章鉴・・・・・・・・・・・・・ 8709
　陈宜中・・・・・・・・・・・・ 8709
　文天祥・・・・・・・・・・・・ 8712
宋史卷四一九
列传第一七八
　宣缯・・・・・・・・・・・・・ 8718
　薛极・・・・・・・・・・・・・ 8718
　陈贵谊・・・・・・・・・・・・ 8719
　曾从龙・・・・・・・・・・・・ 8720
　郑性之・・・・・・・・・・・・ 8722
　李鸣复・・・・・・・・・・・・ 8722
　邹应龙・・・・・・・・・・・・ 8723
　余天锡・・・・・・・・・・・・ 8723
　许应龙・・・・・・・・・・・・ 8724
　林略・・・・・・・・・・・・・ 8726
　徐荣叟・・・・・・・・・・・・ 8726
　别之杰・・・・・・・・・・・・ 8726
　刘伯正・・・・・・・・・・・・ 8727
　金渊・・・・・・・・・・・・・ 8728
　李性传・・・・・・・・・・・・ 8728
　陈铧　崔福附 ・・・・・・・・ 8729
宋史卷四二〇
列传第一七九

　王伯大・・・・・・・・・・・・ 8733
　郑寀・・・・・・・・・・・・・ 8735
　应𦤼・・・・・・・・・・・・・ 8736
　徐清叟・・・・・・・・・・・・ 8736
　李曾伯・・・・・・・・・・・・ 8737
　王埜・・・・・・・・・・・・・ 8738
　蔡抗・・・・・・・・・・・・・ 8739
　张磻・・・・・・・・・・・・・ 8740
　马天骥・・・・・・・・・・・・ 8740
　朱熠・・・・・・・・・・・・・ 8741
　饶虎臣・・・・・・・・・・・・ 8741
　戴庆炯・・・・・・・・・・・・ 8742
　皮龙荣・・・・・・・・・・・・ 8742
　沈炎・・・・・・・・・・・・・ 8743
宋史卷四二一
列传第一八〇
　杨栋・・・・・・・・・・・・・ 8744
　姚希得・・・・・・・・・・・・ 8745
　包恢・・・・・・・・・・・・・ 8748
　常挺・・・・・・・・・・・・・ 8749
　陈宗礼・・・・・・・・・・・・ 8750
　常楙・・・・・・・・・・・・・ 8751
　家铉翁・・・・・・・・・・・・ 8752
　李庭芝・・・・・・・・・・・・ 8753
宋史卷四二二
列传第一八一
　林勋・・・・・・・・・・・・・ 8757
　刘才邵・・・・・・・・・・・・ 8758
　许忻・・・・・・・・・・・・・ 8758

应孟明…………………… 8761
曾三聘………………… 8762
徐侨…………………… 8763
度正…………………… 8763
程珌…………………… 8764
牛大年………………… 8765
陈仲微………………… 8765
梁成大………………… 8767
李知孝………………… 8768
宋史卷四二三
列传第一八二
　吴泳………………… 8770
　徐范………………… 8771
　李韶………………… 8772
　王迈………………… 8776
　史弥巩……………… 8777
　陈垲………………… 8778
　赵与𥱊……………… 8781
　李大同……………… 8781
　黄苗………………… 8781
　杨大异……………… 8782
宋史卷四二四
列传第一八三
　陆持之……………… 8784
　徐鹿卿……………… 8785
　赵逢龙……………… 8787
　赵汝腾……………… 8788
　孙梦观……………… 8788
　洪天锡……………… 8789

黄师雍………………… 8791
徐元杰………………… 8793
孙子秀………………… 8794
李伯玉………………… 8796
宋史卷四二五
列传第一八四
　刘应龙……………… 8798
　潘牥………………… 8799
　洪芹………………… 8800
　赵景纬……………… 8800
　冯去非……………… 8803
　徐霖………………… 8804
　徐宗仁……………… 8805
　危昭德……………… 8806
　陈垲………………… 8807
　杨文仲……………… 8808
　谢枋得……………… 8810
宋史卷四二六
列传第一八五
　循吏………………… 8813
　　陈靖……………… 8813
　　张纶……………… 8815
　　邵晔……………… 8816
　　崔立……………… 8817
　　鲁有开…………… 8817
　　张逸……………… 8818
　　吴遵路…………… 8819
　　赵尚宽…………… 8819
　　高赋……………… 8820

程师孟…………… 8821
韩晋卿…………… 8822
叶康直…………… 8822
宋史卷四二七
列传第一八六
　道学一…………… 8824
　　周敦颐…………… 8825
　　程颢…………… 8826
　　程颐…………… 8830
　　张载　弟戬 ……… 8833
　　邵雍…………… 8835
宋史卷四二八
列传第一八七
　道学二　程氏门人 …… 8838
　　刘绚…………… 8838
　　李吁…………… 8838
　　谢良佐…………… 8838
　　游酢…………… 8839
　　张绎…………… 8839
　　苏昞…………… 8839
　　尹焞…………… 8839
　　杨时…………… 8842
　　罗从彦…………… 8846
　　李侗…………… 8847
宋史卷四二九
列传第一八八
　道学三…………… 8850
　　朱熹…………… 8850
　　张栻…………… 8863

宋史卷四三〇
列传第一八九
　道学四　朱氏门人 …… 8867
　　黄榦…………… 8867
　　李燔…………… 8871
　　张洽…………… 8872
　　陈淳…………… 8874
　　李方子…………… 8876
　　黄灏…………… 8876
宋史卷四三一
列传第一九〇
　儒林一…………… 8878
　　聂崇义…………… 8878
　　邢昺…………… 8881
　　孙奭…………… 8883
　　王昭素…………… 8888
　　孔维…………… 8889
　　孔宜…………… 8891
　　崔颂…………… 8893
　　尹拙…………… 8894
　　田敏…………… 8895
　　辛文悦…………… 8896
　　李觉…………… 8896
　　崔颐正…………… 8897
　　李之才…………… 8898
宋史卷四三二
列传第一九一
　儒林二…………… 8901
　　胡旦…………… 8901

魏了翁 …………………… 8988
廖德明 …………………… 8992
宋史卷四三八
列传第一九七
　儒林八 …………………… 8994
　汤汉 …………………… 8994
　何基 …………………… 8996
　王柏 …………………… 8997
　徐梦莘 …………………… 8999
　李心传 …………………… 9000
　叶味道 …………………… 9001
　王应麟 …………………… 9002
　黄震 …………………… 9005
宋史卷四三九
列传第一九八
　文苑一 …………………… 9008
　宋白 …………………… 9008
　梁周翰 …………………… 9010
　朱昂 …………………… 9013
　赵邻几 …………………… 9016
　郑起 …………………… 9017
　和岘　弟㟧 …………… 9018
　冯吉 …………………… 9020
宋史卷四四〇
列传第一九九
　文苑二 …………………… 9021
　高颐 …………………… 9021
　李度 …………………… 9022
　韩溥 …………………… 9022

鞠常 …………………… 9022
宋准 …………………… 9023
柳开 …………………… 9024
夏侯嘉正 …………… 9026
罗处约 …………………… 9029
安德裕 …………………… 9032
钱熙 …………………… 9032
宋史卷四四一
列传第二〇〇
　文苑三 …………………… 9034
　陈充 …………………… 9034
　吴淑　舒雅附 ……… 9035
　黄夷简　虑稹　谢炎
　许洞附 …………… 9036
　徐铉 …………………… 9037
　句中正 …………………… 9041
　曾致尧 …………………… 9041
　刁衎 …………………… 9042
　姚铉 …………………… 9044
　李建中 …………………… 9045
　洪湛 …………………… 9046
　路振 …………………… 9047
　崔遵度 …………………… 9049
　陈越 …………………… 9051
宋史卷四四二
列传第二〇一
　文苑四 …………………… 9053
　穆修 …………………… 9053
　石延年　刘潜附 …… 9054

萧贯……………………… 9055

苏舜钦…………………… 9055

尹源……………………… 9061

黄亢……………………… 9064

黄鉴……………………… 9064

杨蟠……………………… 9064

颜太初…………………… 9064

郭忠恕…………………… 9065

宋史卷四四三

列传第二○二

　文苑五………………… 9066

　梅尧臣………………… 9066

　江休复………………… 9067

　苏洵…………………… 9067

　章望之………………… 9070

　王逢…………………… 9071

　孙唐卿　黄庠　杨寘附

　………………………… 9071

　唐庚…………………… 9072

　文同…………………… 9072

　杨杰…………………… 9073

　贺铸…………………… 9074

　刘泾…………………… 9075

　鲍由…………………… 9075

　黄伯思………………… 9075

宋史卷四四四

列传第二○三

　文苑六………………… 9077

　黄庭坚………………… 9077

晁补之　弟咏之……… 9078

秦观……………………… 9079

张耒……………………… 9080

陈师道…………………… 9081

李廌……………………… 9082

刘恕……………………… 9082

王无咎…………………… 9084

蔡肇……………………… 9084

李格非…………………… 9085

吕南公…………………… 9085

郭祥正…………………… 9085

米芾……………………… 9086

刘诜……………………… 9086

倪涛……………………… 9087

李公麟…………………… 9087

周邦彦…………………… 9088

朱长文…………………… 9088

刘弇……………………… 9088

宋史卷四四五

列传第二○四

　文苑七………………… 9089

　陈与义………………… 9089

　汪藻…………………… 9090

　叶梦得………………… 9091

　程俱…………………… 9093

　张嵲…………………… 9095

　韩驹…………………… 9096

　朱敦儒………………… 9097

　葛胜仲………………… 9097

熊克·············· 9098

张即之　赵蕃附 ······ 9099

宋史卷四四六

列传第二○五

　忠义一·············· 9101

　　康保裔·············· 9102

　　马遂·············· 9103

　　董元亨·············· 9103

　　曹觐　孔宗旦

　　赵师旦附 ······ 9104

　　苏缄·············· 9105

　　秦传序·············· 9107

　　詹良臣　江仲明附 ··· 9107

　　李若水·············· 9108

　　刘韐·············· 9109

　　傅察·············· 9111

　　杨震　父宗闵 ········ 9112

　　张克戬·············· 9113

　　张确·············· 9114

　　朱昭·············· 9114

　　史抗·············· 9115

　　孙益·············· 9116

宋史卷四四七

列传第二○六

　忠义二·············· 9117

　　霍安国·············· 9117

　　李涓·············· 9117

　　李邈　刘翊附 ······ 9118

　　徐揆·············· 9120

陈遘·············· 9120

赵不试·············· 9122

赵令峘·············· 9122

唐重　郭忠孝　程迪附

·············· 9123

徐徽言·············· 9127

向子韶·············· 9129

杨邦乂·············· 9130

宋史卷四四八

列传第二○七

　忠义三·············· 9131

　　曾悊　弟悟 ········ 9131

　　刘汲·············· 9132

　　郑骧·············· 9133

　　吕由诚·············· 9134

　　郭永·············· 9135

　　韩浩·············· 9137

　　欧阳珣·············· 9137

　　张忠辅·············· 9137

　　李彦仙　邵云

　　吕圆登　宋炎附 ······ 9138

　　赵立　王复·············· 9140

　　王忠植·············· 9142

　　唐琦·············· 9143

　　李震·············· 9143

　　陈求道·············· 9143

宋史卷四四九

列传第二○八

　忠义四·············· 9144

崔纵　吴安国附 ……… 9144

林冲之……………… 9145

滕茂实……………… 9145

魏行可……………… 9146

阎进………………… 9146

赵师𣚣……………… 9147

易青………………… 9147

胡斌………………… 9147

范旺………………… 9148

马俊………………… 9148

杨震仲　史次秦

郭靖附……………… 9148

高稼………………… 9149

曾友闻……………… 9152

陈寅　贾子坤　刘锐

蹇彝　何充附 ……… 9154

许彪孙……………… 9156

陈隆之　史季俭附 … 9157

王翊………………… 9157

李诚之　秦钜附 …… 9158

宋史卷四五〇

列传第二〇九

　忠义五……………… 9160

陈元桂……………… 9160

张顺　张贵附 ……… 9160

范天顺……………… 9162

牛富………………… 9162

边居谊……………… 9162

陈炤　王安节附 …… 9163

尹玉………………… 9164

李芾………………… 9164

尹谷　杨霆附 ……… 9166

赵卯发……………… 9167

唐震………………… 9168

赵与檡　赵孟锦附 … 9169

赵淮………………… 9170

宋史卷四五一

列传第二一〇

　忠义六……………… 9171

赵良淳　徐道隆 …… 9171

姜才………………… 9173

马墍………………… 9174

密佑………………… 9175

张世杰……………… 9175

陆秀夫……………… 9177

徐应镳……………… 9178

陈文龙……………… 9179

邓得遇……………… 9180

张珏………………… 9181

宋史卷四五二

列传第二一一

　忠义七……………… 9184

高敏　张吉附 ……… 9184

景思忠　弟思立 …… 9185

王奇………………… 9186

蒋兴祖……………… 9186

郭浒………………… 9186

吴革………………… 9187

李翼　阮骏附 ……… 9188
赵士篷　士医　士真
士道　士跂　叔皎　叔凭
训之　聿之 ………… 9188
陈淬…………………… 9190
黄友…………………… 9191
郝仲连………………… 9192
刘惟辅………………… 9192
牛皓…………………… 9193
魏彦明………………… 9193
刘士英………………… 9193
翟兴　弟进 ………… 9194
朱跸　朱良方　允武附
………………………… 9196
龚楫　李亘 ………… 9196
凌唐佐………………… 9197
杨粹中………………… 9197
强霓　康杰　李伸附
………………………… 9197
郭僎　郭赞　王进
吴从龙附 …………… 9198
司马梦求……………… 9199
林空斋………………… 9199
黄介…………………… 9199
孙益…………………… 9199
王仙…………………… 9200
吴楚材………………… 9200
李成大………………… 9200
陶居仁………………… 9201

宋史卷四五三
列传第二一二

忠义八………………… 9202
高永年………………… 9202
鞠嗣复　宋旅
丁仲修　项德附 …… 9203
孙昭远………………… 9204
曾孝序………………… 9205
赵伯振………………… 9205
王士言　祝公明附 … 9205
薛庆…………………… 9206
孙晖　李靓　杨照
丁元附 ……………… 9206
宋昌祚………………… 9207
李政…………………… 9207
姜绶…………………… 9207
刘宣…………………… 9208
屈坚　王琦　韦永寿附
………………………… 9208
郑覃…………………… 9208
姚兴…………………… 9208
张玘…………………… 9209
陈亨祖………………… 9210
王拱…………………… 9211
刘泰…………………… 9211
孙逢　赵俊附 ……… 9211
刘化源………………… 9212
胡唐老………………… 9212
王俦　朱嗣孟附 …… 9213

刘晏…………………… 9214

郑振…………………… 9214

孟彦卿………………… 9214

高谈…………………… 9215

连万夫　谢皋附 …… 9215

王大寿………………… 9216

薛良显………………… 9216

唐敏求………………… 9216

王师道………………… 9216

宋史卷四五四

列传第二一三

　忠义九………………… 9217

赵时赏　赵希泊附 … 9217

刘子荐………………… 9218

吕文信………………… 9218

钟季玉………………… 9219

耿世安………………… 9219

丁黼…………………… 9219

米立…………………… 9219

侯畐…………………… 9220

王孝忠………………… 9220

高应松………………… 9220

黄申…………………… 9221

陈辇…………………… 9221

萧雷龙………………… 9221

宋应龙………………… 9222

邹㵛　刘子俊　刘沐

孙桌　彭震龙　萧焘夫

陈继周　陈龙复　张镗

张云　张汴　吕武　巩信

萧明哲　杜浒　林琦

萧资　徐臻　金应附

……………………… 9222

何时　陈子敬附 … 9226

刘士昭………………… 9226

宋史卷四五五

列传第二一四

　忠义十………………… 9228

陈东…………………… 9228

欧阳澈………………… 9230

马伸…………………… 9231

吕祖俭………………… 9234

吕祖泰………………… 9236

杨宏中………………… 9237

华岳…………………… 9238

邓若水………………… 9240

僧真宝………………… 9243

莫谦之………………… 9243

徐道明………………… 9243

宋史卷四五六

列传第二一五

　孝义…………………… 9244

李璘　甄婆儿附 …… 9245

徐承珪………………… 9245

刘孝忠………………… 9246

吕昇　王翰附 …… 9246

罗居通　黄德舆附 … 9246

齐得一………………… 9246

李罕澄……………… 9246
邢神留　沈正附 …… 9247
许祚　李琳等附 …… 9247
胡仲尧　弟仲容附 … 9247
陈兢……………… 9248
洪文抚……………… 9249
易延庆……………… 9249
董道明……………… 9249
郭琮　毕赞附 …… 9249
顾忻　李琼附 …… 9250
朱泰……………… 9250
成象……………… 9250
陈思道……………… 9251
方纲……………… 9251
庞天祐……………… 9251
刘斌……………… 9251
樊景温　荣恕旻附 … 9251
初晖……………… 9251
何保之……………… 9252
李玭……………… 9252
侯义……………… 9252
王光济　李祚
周善敏附 ……… 9252
江白……………… 9253
裴承询　孙浦等附 … 9253
常真　子晏　王迠等附
……………… 9253
杜谊……………… 9254
姚宗明……………… 9254
邓中和……………… 9255
毛安舆……………… 9255
李访……………… 9255
朱寿昌……………… 9255
侯可……………… 9256
申积中……………… 9257
郝戭……………… 9257
支渐……………… 9257
邓宗古……………… 9258
沈宣……………… 9258
苏庆文　台亨附 …… 9258
仰忻……………… 9258
赵伯深……………… 9258
彭瑜……………… 9259
毛洵　李籍　杨芾附
……………… 9259
杨庆……………… 9259
陈宗……………… 9259
郭义……………… 9260
申世宁……………… 9260
苟与龄……………… 9260
王珠……………… 9260
颜诩……………… 9260
张伯威……………… 9260
蔡定……………… 9261
郑绮　鲍宗岩附 …… 9261
宋史卷四五七
列传第二一六
　隐逸上……………… 9262

戚同文·················· 9262

陈抟·················· 9264

种放·················· 9265

万适·················· 9269

李渎·················· 9269

魏野·················· 9270

邢敦·················· 9271

林逋·················· 9272

高怿·················· 9272

徐复·················· 9273

孔旼·················· 9273

何群·················· 9274

宋史卷四五八

列传第二一七

　隐逸中·················· 9275

　　王樵·················· 9275

　　张愈·················· 9276

　　黄晞·················· 9276

　　周启明·················· 9276

　　代渊·················· 9277

　　陈烈·················· 9277

　　孙侔·················· 9278

　　刘易·················· 9278

　　姜潜·················· 9278

　　连庶·················· 9279

　　章詧·················· 9279

　　俞汝尚·················· 9280

　　阳孝本·················· 9280

　　邓孝甫·················· 9280

宇文之邵·················· 9281

吴瑛·················· 9282

松江渔翁·················· 9282

杜生·················· 9283

顺昌山人·················· 9283

南安翁·················· 9284

张垶·················· 9284

宋史卷四五九

列传第二一八

　隐逸下·················· 9285

　　徐中行·················· 9285

　　苏云卿·················· 9286

　　谯定·················· 9287

　　王忠民·················· 9288

　　刘勉之·················· 9289

　　胡宪·················· 9289

　　郭雍·················· 9290

　　刘愚·················· 9291

　　魏掞之·················· 9292

　　安世通·················· 9293

卓行·················· 9294

刘庭式·················· 9294

巢谷·················· 9294

徐积·················· 9295

曾叔卿·················· 9296

刘永一·················· 9296

宋史卷四六〇

列传第二一九

　列女·················· 9297

宋史卷四六五
列传第二二四
　外戚下…………………… 9365
　　孟忠厚………………… 9365
　　韦渊…………………… 9366
　　钱忱…………………… 9367
　　邢焕…………………… 9367
　　潘永思………………… 9368
　　吴益　弟盖…………… 9368
　　李道…………………… 9369
　　郑兴裔………………… 9370
　　杨次山………………… 9371
宋史卷四六六
列传第二二五
　宦者一…………………… 9373
　　窦神宝………………… 9373
　　王仁睿………………… 9374
　　王继恩………………… 9375
　　李神福　弟神祐……… 9377
　　刘承规………………… 9379
　　阎承翰………………… 9380
　　秦翰…………………… 9381
　　周怀政………………… 9383
　　张崇贵………………… 9385
　　张继能………………… 9386
　　卫绍钦………………… 9389
　　石知颙　孙全彬……… 9390
　　邓守恩………………… 9391
宋史卷四六七

列传第二二六
　宦者二…………………… 9393
　　杨守珍………………… 9393
　　韩守英………………… 9393
　　蓝继宗………………… 9394
　　张惟吉………………… 9395
　　甘昭吉………………… 9396
　　卢守勤………………… 9397
　　王守规………………… 9397
　　李宪…………………… 9397
　　张茂则………………… 9399
　　宋用臣………………… 9399
　　王中正………………… 9400
　　李舜举………………… 9401
　　石得一………………… 9402
　　梁从吉………………… 9402
　　刘惟简………………… 9402
宋史卷四六八
列传第二二七
　宦者三…………………… 9404
　　李祥…………………… 9404
　　陈衍…………………… 9404
　　冯世宁………………… 9405
　　李继和………………… 9405
　　高居简………………… 9406
　　程昉…………………… 9406
　　苏利涉………………… 9407
　　雷允恭………………… 9407
　　阎文应………………… 9408

任守忠·················· 9409

童贯　方腊附········· 9409

梁师成·················· 9412

杨戬·················· 9413

宋史卷四六九

列传第二二八

　宦者四·············· 9415

　邵成章·············· 9415

　蓝珪　康履附······ 9415

　冯益·············· 9417

　张去为·············· 9417

　陈源·············· 9418

　甘昪·············· 9418

　王德谦·············· 9419

　关礼·············· 9420

　董宋臣·············· 9420

宋史卷四七〇

列传第二二九

　佞幸·············· 9422

　弭德超·············· 9422

　侯莫陈利用········· 9423

　赵赞·············· 9423

　王黼·············· 9424

　朱勔·············· 9426

　王继先·············· 9428

　曾觌　龙大渊附···· 9429

　张说·············· 9431

　王抃·············· 9432

　姜特立　谯熙载附··· 9433

宋史卷四七一

列传第二三〇

　奸臣一·············· 9435

　蔡确·············· 9435

　邢恕·············· 9438

　吕惠卿·············· 9440

　章惇·············· 9443

　曾布·············· 9446

　安惇·············· 9448

宋史卷四七二

列传第二三一

　奸臣二·············· 9450

　蔡京　弟卞　子攸絛

　·············· 9450

　赵良嗣　张觉

　郭药师附·············· 9458

宋史卷四七三

列传第二三二

　奸臣三·············· 9463

　黄潜善·············· 9463

　汪伯彦·············· 9464

　秦桧·············· 9465

宋史卷四七四

列传第二三三

　奸臣四·············· 9479

　万俟禼·············· 9479

　韩侂胄·············· 9480

　丁大全·············· 9485

　贾似道·············· 9486

宋史卷四七五
列传第二三四
　叛臣上…………………… 9492
　　张邦昌…………………… 9492
　　刘豫………………………… 9494
　　苗傅　刘正彦附 …… 9501
　　杜充…………………… 9505
　　吴曦…………………… 9507
宋史卷四七六
列传第二三五
　叛臣中…………………… 9509
　　李全上…………………… 9509
宋史卷四七七
列传第二三六
　叛臣下…………………… 9520
　　李全下…………………… 9520
宋史卷四七八
列传第二三七
　世家一…………………… 9532
　　南唐李氏……………… 9532
宋史卷四七九
列传第二三八
　世家二…………………… 9544
　　西蜀孟氏……………… 9544
宋史卷四八〇
列传第二三九
　世家三…………………… 9559
　　吴越钱氏……………… 9559
宋史卷四八一

列传第二四〇
　世家四…………………… 9574
　　南汉刘氏……………… 9574
宋史卷四八二
列传第二四一
　世家五…………………… 9583
　　北汉刘氏……………… 9583
宋史卷四八三
列传第二四二
　世家六…………………… 9592
　　湖南周氏……………… 9592
　　荆南高氏……………… 9595
　　漳泉留氏……………… 9598
　　陈氏…………………… 9600
宋史卷四八四
列传第二四三
　周三臣…………………… 9605
　　韩通…………………… 9605
　　李筠…………………… 9607
　　李重进………………… 9610
宋史卷四八五
列传第二四四
　外国一…………………… 9614
　　夏国上………………… 9614
宋史卷四八六
列传第二四五
　外国二…………………… 9630
　　夏国下………………… 9630
宋史卷四八七

列传第二四六

　外国三……………… 9646

　　高丽……………… 9646

宋史卷四八八

列传第二四七

　外国四……………… 9660

　　交阯……………… 9660

　　大理……………… 9670

宋史卷四八九

列传第二四八

　外国五……………… 9672

　　占城……………… 9672

　　真腊……………… 9678

　　薄甘……………… 9679

　　邈黎……………… 9679

　　三佛齐…………… 9679

　　阇婆　南毗附 …… 9681

　　勃泥……………… 9683

　　注辇……………… 9684

　　丹眉流…………… 9686

宋史卷四九○

列传第二四九

　外国一……………… 9688

　　天竺……………… 9688

　　于阗……………… 9690

　　高昌……………… 9692

　　回鹘……………… 9695

　　大食……………… 9698

　　层檀……………… 9701

　　龟兹……………… 9701

　　沙州……………… 9701

　　拂菻……………… 9702

宋史卷四九一

列传第二五○

　外国七……………… 9703

　　流求国…………… 9703

　　定安国…………… 9703

　　渤海国…………… 9704

　　日本国…………… 9705

　　党项……………… 9710

宋史卷四九二

列传第二五一

　外国八……………… 9718

　　吐蕃　唃厮啰　董毡

　　阿里骨　瞎征　赵思忠

　　………………… 9718

宋史卷四九三

列传第二五二

　　蛮夷一…………… 9731

　　西南溪峒诸蛮上…… 9731

宋史卷四九四

列传第二五三

　　蛮夷二…………… 9742

　　西南溪峒诸蛮下…… 9742

　　梅山峒…………… 9748

　　诚徽州…………… 9749

　　南丹州…………… 9750

宋史卷四九五

# 辽 史

辽史卷一

本纪第一

　太祖上 ………………… 1

辽史卷二

本纪第二

　太祖下 ………………… 9

辽史卷三

本纪第三

　太宗上 ………………… 16

辽史卷四

本纪第四

　太宗下 ………………… 26

辽史卷五

本纪第五

　世宗 …………………… 38

辽史卷六

本纪第六

　穆宗上 ………………… 41

辽史卷七

本纪第七

　穆宗下 ………………… 47

辽史卷八

本纪第八

　景宗上 ………………… 52

辽史卷九

本纪第九

　景宗下 ………………… 57

辽史卷一〇

本纪第一〇

　圣宗一 ………………… 62

辽史卷一一

本纪第一一

　圣宗二 ………………… 69

辽史卷一二

本纪第一二

　圣宗三 ………………… 75

辽史卷一三

本纪第一三

　圣宗四・・・・・・・・・・・・・・ 80
辽史卷一四
本纪第一四
　圣宗五・・・・・・・・・・・・・・ 88
辽史卷一五
本纪第一五
　圣宗六・・・・・・・・・・・・・・ 96
辽史卷一六
本纪第一六
　圣宗七・・・・・・・・・・・・・ 106
辽史卷一七
本纪第一七
　圣宗八・・・・・・・・・・・・・ 113
辽史卷一八
本纪第一八
　兴宗一・・・・・・・・・・・・・ 120
辽史卷一九
本纪第一九
　兴宗二・・・・・・・・・・・・・ 128
辽史卷二〇
本纪第二〇
　兴宗三・・・・・・・・・・・・・ 135
辽史卷二一
本纪第二一
　道宗一・・・・・・・・・・・・・ 143
辽史卷二二
本纪第二二
　道宗二・・・・・・・・・・・・・ 149
辽史卷二三

本纪第二三
　道宗三・・・・・・・・・・・・・ 156
辽史卷二四
本纪第二四
　道宗四・・・・・・・・・・・・・ 162
辽史卷二五
本纪第二五
　道宗五・・・・・・・・・・・・・ 169
辽史卷二六
本纪第二六
　道宗六・・・・・・・・・・・・・ 176
辽史卷二七
本纪第二七
　天祚皇帝一・・・・・・・・・・ 181
辽史卷二八
本纪第二八
　天祚皇帝二・・・・・・・・・・ 189
辽史卷二九
本纪第二九
　天祚皇帝三・・・・・・・・・・ 195
辽史卷三〇
本纪第三〇
　天祚皇帝四・・・・・・・・・・ 202
辽史卷三一
志第一
　营卫上・・・・・・・・・・・・・ 208
　　宫卫・・・・・・・・・・・・・ 208
　　著帐郎君・・・・・・・・・・ 214
　　著帐户・・・・・・・・・・・・ 214

辽史卷三二

志第二

　　营卫中 ·············· 215

　　　行营 ·············· 215

　　　部族上 ·············· 217

辽史卷三三

志第三

　　营卫下 ·············· 220

　　　部族下 ·············· 220

辽史卷三四

志第四

　　兵卫上 ·············· 227

　　　兵制 ·············· 228

辽史卷三五

志第五

　　兵卫中 ·············· 231

　　　御帐亲军 ·············· 231

　　　宫卫骑军 ·············· 231

　　　大首领部族军 ········· 235

　　　众部族军 ·············· 236

辽史卷三六

志第六

　　兵卫下 ·············· 239

　　　五京乡丁 ·············· 239

　　　属国军 ·············· 246

　　　边境戍兵 ·············· 248

辽史卷三七

志第七

　　地理一 ·············· 250

　　　上京道 ·············· 251

　　　边防城 ·············· 258

辽史卷三八

志第八

　　地理二 ·············· 260

　　　东京道 ·············· 260

辽史卷三九

志第九

　　地理三 ·············· 274

　　　中京道 ·············· 274

辽史卷四○

志第一○

　　地理四 ·············· 280

　　　南京道 ·············· 280

辽史卷四一

志第一一

　　地理五 ·············· 286

　　　西京道 ·············· 286

辽史卷四二

志第一二

　　历象上 ·············· 293

　　　历 ·············· 293

辽史卷四三

志第一三

　　历象中 ·············· 306

　　　闰考 ·············· 306

辽史卷四四

志第一四

　　历象下 ·············· 322

辽史卷五四

志第二三

　乐 ……………………… 481

　　国乐 …………………… 481

　　诸国乐 ………………… 481

　　雅乐 …………………… 482

　　大乐 …………………… 483

　　散乐 …………………… 487

　　鼓吹乐 ………………… 488

　　横吹乐 ………………… 488

辽史卷五五

志第二四

　仪卫一 ………………… 490

　　舆服 …………………… 490

　　国舆 …………………… 490

　　汉舆 …………………… 491

辽史卷五六

志第二五

　仪卫二 ………………… 494

　　国服 …………………… 494

　　汉服 …………………… 495

辽史卷五七

志第二六

　仪卫三 ………………… 498

　　符印 …………………… 498

　　印 ……………………… 499

　　符契 …………………… 499

辽史卷五八

志第二七

　　仪卫四 ………………… 501

　　　国仗 ………………… 501

　　　渤海仗 ……………… 502

　　　汉仗 ………………… 502

　　　卤簿仪仗人数马匹 … 503

辽史卷五九

志第二八

　　食货上 ………………… 505

辽史卷六〇

志第二九

　　食货下 ………………… 508

辽史卷六一

志第三〇

　　刑法上 ………………… 511

辽史卷六二

志第三一

　　刑法下 ………………… 516

辽史卷六三

表第一

　　世表 …………………… 520

辽史卷六四

表第二

　　皇子表 ………………… 527

辽史卷六五

表第三

　　公主表 ………………… 560

辽史卷六六

表第四

　　皇族表 ………………… 572

辽史卷六七

表第五

　外戚表 ……………… 583

辽史卷六八

表第六

　游幸表 ……………… 590

辽史卷六九

表第七

　部族表 ……………… 626

辽史卷七〇

表第八

　属国表 ……………… 669

辽史卷七一

列传第一

　后妃 ………………… 733

　　肃祖昭烈皇后萧氏 … 734

　　懿祖庄敬皇后萧氏 … 734

　　玄祖简献皇后萧氏 … 734

　　德祖宣简皇后萧氏 … 735

　　太祖淳钦皇后述律氏

　　……………………… 735

　　太宗靖安皇后萧氏 … 736

　　世宗怀节皇后萧氏 … 736

　　世宗妃甄氏 ………… 736

　　穆宗皇后萧氏 ……… 736

　　景宗睿智皇后萧氏 … 736

　　圣宗仁德皇后萧氏 … 737

　　圣宗钦哀皇后萧氏 … 737

　　兴宗仁懿皇后萧氏 … 738

　　兴宗贵妃萧氏 ……… 738

　　道宗宣懿皇后萧氏 … 738

　　道宗惠妃萧氏 ……… 739

　　天祚皇后萧氏 ……… 739

　　天祚德妃萧氏 ……… 739

　　天祚文妃萧氏 ……… 739

　　天祚元妃萧氏 ……… 740

辽史卷七二

列传第二

　宗室 ………………… 741

　　义宗倍 ……………… 741

　　平王隆先 …………… 742

　　晋王道隐 …………… 743

　　章肃皇帝李胡 ……… 743

　　宋王喜隐 …………… 744

　　顺宗 ………………… 744

　　晋王敖卢斡 ………… 745

辽史卷七三

列传第三

　耶律曷鲁 …………… 747

　萧敌鲁　阿古只……… 749

　耶律斜涅赤　老古　颇德

　……………………… 750

　耶律欲稳 …………… 751

　耶律海里 …………… 751

辽史卷七四

列传第四

　耶律敌剌 …………… 753

　萧痕笃 ……………… 753

康默记　延寿　……… 753

韩延徽　德枢　绍勋　绍芳

资让　…………… 754

韩知古　匡嗣　德源　德凝

………………… 755

辽史卷七五

列传第五

耶律觌烈　羽之　……… 757

耶律铎臻　古　突吕不

………………… 758

王郁　………………… 759

耶律图鲁窘　……… 760

辽史卷七六

列传第六

耶律解里　……… 762

耶律拔里得　……… 762

耶律朔古　……… 763

耶律鲁不古　……… 763

赵延寿　……… 763

高模翰　……… 764

赵思温　……… 765

耶律沤里思　……… 766

张砺　……… 766

辽史卷七七

列传第七

耶律屋质　……… 768

耶律吼　何鲁不……… 770

耶律安抟　……… 771

耶律洼　……… 772

耶律颓昱　……… 772

耶律挞烈　……… 772

辽史卷七八

列传第八

耶律夷腊葛　……… 774

萧海璃　……… 774

萧护思　……… 775

萧思温　……… 775

萧继先　……… 776

辽史卷七九

列传第九

室昉　……… 777

耶律贤适　……… 778

女里　……… 778

郭袭　……… 779

耶律阿没里　……… 779

辽史卷八○

列传第一○

张俭　……… 781

邢抱朴　……… 782

马得臣　……… 782

萧朴　……… 783

耶律八哥　……… 783

辽史卷八一

列传第一一

耶律室鲁　欧里思……… 785

王继忠　……… 785

萧孝忠　……… 786

陈昭衮　……… 786

萧合卓 …………… 787
辽史卷八二
列传第一二
　耶律隆运　德威　涤鲁
　制心 …………… 788
　耶律勃古哲 …………… 790
　萧阳阿 …………… 791
　武白 …………… 791
　萧常哥 …………… 791
　耶律虎古　磨鲁古 …… 792
辽史卷八三
列传第一三
　耶律休哥　马哥 …… 793
　耶律斜轸 …………… 795
　耶律奚低 …………… 795
　耶律学古　乌不吕 …… 796
辽史卷八四
列传第一四
　耶律沙 …………… 798
　耶律抹只 …………… 798
　萧干　讨古 …………… 799
　耶律善补 …………… 800
　耶律海里 …………… 800
辽史卷八五
列传第一五
　萧挞凛 …………… 801
　萧观音奴 …………… 802
　耶律题子 …………… 802
　耶律谐理 …………… 802

　耶律奴瓜 …………… 803
　萧柳 …………… 803
　高勋 …………… 804
　奚和朔奴 …………… 804
　萧塔列葛 …………… 805
　耶律撒合 …………… 805
辽史卷八六
列传第一六
　耶律合住 …………… 806
　刘景 …………… 806
　刘六符 …………… 807
　耶律褭履 …………… 808
　牛温舒 …………… 808
　杜防 …………… 809
　萧和尚　特末 …… 809
　耶律合里只 …………… 809
　耶律颇的 …………… 810
辽史卷八七
列传第一七
　萧孝穆　撒八　孝先
　　孝友 …………… 811
　萧蒲奴 …………… 813
　耶律蒲古 …………… 814
　夏行美 …………… 814
辽史卷八八
列传第一八
　萧敌烈　拔剌 …… 815
　耶律盆奴 …………… 816
　萧排押　恒德　匹敌 …… 816

耶律资忠 …………… 818

耶律瑶质 …………… 819

耶律弘古 …………… 819

高正 …………… 819

耶律的琭 …………… 819

大康乂 …………… 820

辽史卷八九

列传第一九

耶律庶成　庶箴　蒲鲁

　　　　…………… 821

杨晳 …………… 822

耶律韩留 …………… 822

杨佶 …………… 823

辽史卷九〇

列传第二〇

萧阿剌 …………… 825

耶律义先　信先 …… 825

萧陶隗 …………… 826

萧塔剌葛 …………… 827

耶律敌禄 …………… 827

辽史卷九一

列传第二一

耶律韩八 …………… 829

耶律唐古 …………… 829

萧术哲　药师奴………… 830

耶律玦 …………… 831

耶律仆里笃 …………… 831

辽史卷九二

列传第二二

萧夺剌 …………… 832

萧普达 …………… 832

耶律侯哂 …………… 833

耶律古昱 …………… 833

耶律独攧 …………… 833

萧韩家 …………… 834

萧乌野 …………… 834

辽史卷九三

列传第二三

萧惠　慈氏奴 ……… 835

萧迁鲁　铎卢斡 …… 837

萧图玉 …………… 838

耶律铎轸 …………… 838

辽史卷九四

列传第二四

耶律化哥 …………… 840

耶律斡腊 …………… 840

耶律速撒 …………… 841

萧阿鲁带 …………… 841

耶律那也 …………… 842

耶律何鲁扫古 ……… 842

耶律世良 …………… 842

辽史卷九五

列传第二五

耶律弘古 …………… 844

耶律马六 …………… 844

萧滴冽 …………… 845

耶律适禄 …………… 845

耶律陈家奴 ………… 845

耶律特麼 …………… 846　　刘伸 ……………… 861

耶律仙童 …………… 846　　耶律胡吕 ………… 862

萧素飒 ……………… 846　辽史卷九九

耶律大悲奴 ………… 846　列传第二九

辽史卷九六　　　　　　萧岩寿 …………… 863

列传第二六　　　　　　耶律撒剌 ………… 864

耶律仁先　挞不也……… 848　萧速撒 …………… 864

耶律良 ……………… 850　　耶律挞不也 ……… 864

萧韩家奴 …………… 851　　萧挞不也 ………… 865

萧德 ………………… 851　　萧忽古 …………… 865

萧惟信 ……………… 851　　耶律石柳 ………… 865

萧乐音奴 …………… 852　辽史卷一〇〇

耶律敌烈 …………… 852　列传第三〇

姚景行 ……………… 853　　耶律棠古 ………… 867

耶律阿思 …………… 853　　萧得里底 ………… 867

辽史卷九七　　　　　　萧酬斡 …………… 868

列传第二七　　　　　　耶律章奴 ………… 869

耶律斡特剌 ………… 855　　耶律术者 ………… 870

孩里 ………………… 856　辽史卷一〇一

窦景庸 ……………… 856　列传第三一

耶律引吉 …………… 856　　萧陶苏斡 ………… 871

杨绩 ………………… 857　　耶律阿息保 ……… 872

赵徽 ………………… 857　　萧乙薛 …………… 872

王观 ………………… 857　　萧胡笃 …………… 873

耶律喜孙 …………… 857　辽史卷一〇二

辽史卷九八　　　　　　列传第三二

列传第二八　　　　　　萧奉先 …………… 874

萧兀纳 ……………… 859　　李处温 …………… 875

耶律俨 ……………… 860　　张琳 ……………… 875

　　耶律余睹 ················ 876

辽史卷一〇三

列传第三三

　　文学上 ················ 878

　　　萧韩家奴 ············ 878

　　　李澣 ················ 881

辽史卷一〇四

列传第三四

　　文学下 ················ 883

　　　王鼎 ················ 883

　　　耶律昭 ·············· 883

　　　刘辉 ················ 884

　　　耶律孟简 ············ 885

　　　耶律谷欲 ············ 885

辽史卷一〇五

列传第三五

　　能吏 ················ 887

　　　大公鼎 ·············· 887

　　　萧文 ················ 888

　　　马人望 ·············· 888

　　　耶律铎鲁斡 ·········· 890

　　　杨遵勖 ·············· 890

　　　王棠 ················ 890

辽史卷一〇六

列传第三六

　　卓行 ················ 892

　　　萧札剌 ·············· 892

　　　耶律官奴 ············ 892

　　　萧蒲离不 ············ 893

辽史卷一〇七

列传第三七

　　列女 ················ 894

　　　邢简妻陈氏 ·········· 894

　　　耶律氏常哥 ·········· 894

　　　耶律奴妻萧氏 ········ 895

　　　耶律术者妻萧氏 ······ 896

　　　耶律中妻萧氏 ········ 896

辽史卷一〇八

列传第三八

　　方技 ················ 897

　　　直鲁古 ·············· 897

　　　王白 ················ 897

　　　魏璘 ················ 898

　　　耶律敌鲁 ············ 898

　　　耶律乙不哥 ·········· 898

辽史卷一〇九

列传第三九

　　伶宦 ················ 900

　　　罗衣轻 ·············· 900

　　　王继恩 ·············· 901

　　　赵安仁 ·············· 901

辽史卷一一〇

列传第四〇

　　奸臣上 ················ 902

　　　耶律乙辛 ············ 902

　　　张孝杰 ·············· 904

　　　耶律燕哥 ············ 905

　　　萧十三 ·············· 905

辽史卷一一一
列传第四一
　　奸臣下 ·············· 907
　　　萧余里也 ············ 907
　　　耶律合鲁 ············ 908
　　　萧得里特 ············ 908
　　　萧讹都斡 ············ 908
　　　萧达鲁古 ············ 908
　　　耶律塔不也 ··········· 909
　　　萧图古辞 ············ 909
辽史卷一一二
列传第四二
　　逆臣上 ·············· 911
　　　耶律辖底 ············ 911
　　　迭里特 ············· 912
　　　耶律察割 ············ 912
　　　耶律娄国 ············ 913
　　　耶律重元 ············ 914
　　　涅鲁古 ············· 914
　　　耶律滑哥 ············ 914
辽史卷一一三
列传第四三
　　逆臣中 ·············· 916
　　　萧翰 ··············· 916
　　　耶律牒蜡 ············ 917
　　　耶律朗 ············· 917

　　　耶律刘哥 ············ 917
　　　盆都 ·············· 918
　　　耶律海思 ············ 918
　　　耶律敌猎 ············ 919
　　　萧革 ·············· 919
辽史卷一一四
列传第四四
　　逆臣下 ·············· 921
　　　萧胡睹 ············· 921
　　　萧迭里得 ············ 922
　　　古迭 ·············· 922
　　　耶律撒剌竹 ··········· 922
　　　奚回离保 ············ 923
　　　萧特烈 ············· 923
辽史卷一一五
列传第四五
　　二外国记 ············· 925
　　　高丽 ·············· 925
　　　西夏 ·············· 927
辽史卷一一六
国语解第四六
　　帝纪 ··············· 933
　　志 ················ 938
　　表 ················ 941
　　列传 ··············· 942

# 金　史

金史卷一

本纪第一

　世纪 ……………………… 1

　　始祖 …………………… 1

　　德帝 …………………… 2

　　安帝 …………………… 2

　　献祖 …………………… 2

　　昭祖 …………………… 3

　　景祖 …………………… 3

　　世祖 …………………… 5

　　肃宗 …………………… 5

　　穆宗 …………………… 5

　　康宗 …………………… 11

金史卷二

本纪第二

　太祖 …………………… 12

金史卷三

本纪第三

　太宗 …………………… 28

金史卷四

本纪第四

　熙宗 …………………… 41

金史卷五

本纪第五

　海陵 …………………… 54

金史卷六

本纪第六

　世宗上 ………………… 73

金史卷七

本纪第七

　世宗中 ………………… 93

金史卷八

本纪第八

　世宗下 ………………… 108

金史卷九

本纪第九

　章宗一 ………………… 125

金史卷一〇

本纪第一〇
  章宗二 …………………… 138
金史卷一一
本纪第一一
  章宗三 …………………… 150
金史卷一二
本纪第一二
  章宗四 …………………… 161
金史卷一三
本纪第一三
  卫绍王 …………………… 174
金史卷一四
本纪第一四
  宣宗上 …………………… 180
金史卷一五
本纪第一五
  宣宗中 …………………… 195
金史卷一六
本纪第一六
  宣宗下 …………………… 210
金史卷一七
本纪第一七
  哀宗上 …………………… 224
金史卷一八
本纪第一八
  哀宗下 …………………… 235
金史卷一九
本纪第一九
  世纪补 …………………… 243

  景宣皇帝 ………………… 243
  睿宗 ……………………… 243
  显宗 ……………………… 245
金史卷二〇
志第一
  天文 ……………………… 250
    日薄食晕珥云气 ……… 250
    月五星凌犯及星变 … 253
金史卷二一
志第二
  历上 ……………………… 262
    步气朔 …………………… 263
    步卦候 …………………… 264
    步日躔 …………………… 267
    步晷漏 …………………… 279
金史卷二二
志第三
  历下 ……………………… 286
    步月离 …………………… 286
    步交会 …………………… 294
    步五星 …………………… 298
    浑象 ……………………… 312
金史卷二三
志第四
  五行 ……………………… 316
金史卷二四
志第五
  地理上 …………………… 325
    上京路 …………………… 325

咸平路 …………… 328

东京路 …………… 329

北京路 …………… 330

西京路 …………… 335

中都路 …………… 339

金史卷二五

志第六

　地理中 …………… 344

　　南京路 …………… 344

　　河北东路 …………… 351

　　河北西路 …………… 353

　　山东东路 …………… 357

　　山东西路 …………… 359

金史卷二六

志第七

　地理下 …………… 363

　　大名府路 …………… 363

　　河东北路 …………… 364

　　河东南路 …………… 367

　　京兆府路 …………… 371

　　凤翔路 …………… 373

　　鄜延路 …………… 375

　　庆原路 …………… 376

　　临洮路 …………… 378

金史卷二七

志第八

　河渠 …………… 381

　　黄河 …………… 381

　　漕渠 …………… 390

卢沟河 …………… 392

滹沱河 …………… 393

漳河 …………… 394

金史卷二八

志第九

　礼一 …………… 395

　　郊 …………… 395

　　南北郊 …………… 396

　　仪注 …………… 397

金史卷二九

志第一〇

　礼二 …………… 407

　　方丘仪 …………… 407

　　朝日夕月仪 …………… 414

　　高禖 …………… 414

金史卷三〇

志第一一

　礼三 …………… 416

　　宗庙 …………… 416

　　禘祫 …………… 418

　　朝享仪 …………… 419

　　时享仪 …………… 426

金史卷三一

志第一二

　礼四 …………… 430

　　奏告仪 …………… 430

　　皇帝恭谢仪 …………… 432

　　皇后恭谢仪 …………… 435

　　皇太子恭谢仪 …………… 436

志第二〇

　乐上 ················ 505

　　雅乐 ················ 505

　　散乐 ················ 510

　　鼓吹乐 ·············· 510

　　本朝乐曲 ············ 511

　　郊祀乐歌 ············ 512

　　方丘乐歌 ············ 514

金史卷四〇

志第二一

　乐下 ················ 516

　　宗庙乐歌 ············ 516

　　殿庭乐歌 ············ 524

　　鼓吹导引曲 ·········· 529

　　采茨曲 ·············· 530

金史卷四一

志第二二

　仪卫上 ·············· 532

　　常朝仪卫 ············ 532

　　内外立仗 ············ 532

　　行仗 ················ 532

　　法驾 ················ 532

　　黄麾仗 ·············· 532

金史卷四二

志第二三

　仪卫下 ·············· 548

　　大驾卤簿 ············ 548

　　皇太后皇后卤簿 ······ 551

　　皇太子卤簿 ·········· 553

亲王傔从 ·············· 555

诸妃嫔导从 ············ 555

百官仪从 ·············· 555

内外官傔从 ············ 557

金史卷四三

志第二四

　舆服上 ·············· 560

　　天子车辂 ············ 561

　　皇后妃嫔车辇 ········ 561

　　皇太子车制 ·········· 561

　　王公以下车制及鞍

　　勒饰 ················ 561

　舆服中 ·············· 564

　　天子衮冕 ············ 564

　　视朝之服 ············ 566

　　皇后冠服 ············ 566

　　皇太子冠服 ·········· 567

　　宗室外戚及一品命妇

　　服用 ················ 567

　　臣下朝服 ············ 567

　　祭服 ················ 568

　　公服 ················ 569

　舆服下 ·············· 570

　　衣服通制 ············ 570

金史卷四四

志第二五

　兵 ·················· 573

　　兵制 ················ 573

　　禁军之制 ············ 579

　　大将府治之称号 ······ 580
　　诸群牧马政 ·········· 582
　　养兵之法 ············ 582
金史卷四五
志第二六
　刑 ················· 586
金史卷四六
志第二七
　食货一 ············· 595
　　户口 ············· 597
　　通检推排 ········· 601
金史卷四七
志第二八
　食货二 ············· 606
　　田制 ············· 606
　　租赋 ············· 614
　　牛头税 ··········· 619
金史卷四八
志第二九
　食货三 ············· 621
　　钱币 ············· 621
金史卷四九
志第三〇
　食货四 ············· 636
　　盐 ··············· 636
　　酒 ··············· 644
　　醋税 ············· 645
　　茶 ··············· 645
　　诸征商税 ········· 647

　　金银之税 ········· 648
金史卷五〇
志第三一
　食货五 ············· 649
　　榷场 ············· 649
　　和籴 ············· 651
　　常平仓 ··········· 653
　　水田 ············· 655
　　区田之法 ········· 655
　　入粟鬻度牒 ······· 656
金史卷五一
志第三二
　选举一 ············· 658
　　总叙 ············· 658
　　进士诸科 ········· 661
　　律科 ············· 670
　　经童科 ··········· 671
　　制举 ············· 672
　　武举 ············· 672
　　试学士院官 ······· 673
　　司天医学试科 ····· 673
金史卷五二
志第三三
　选举二 ············· 674
　　文武选 ··········· 674
金史卷五三
志第三四
　选举三 ············· 684
　　右职吏员杂选 ······· 684

太后两宫官属 ……… 756　　　交聘中 …………… 823

大兴府 …………… 756　金史卷六二

诸京留守司及诸京城　　　表第四

宫苑提举都监等职 … 757　　　交聘下 …………… 847

按察司 …………… 758　金史卷六三

诸路总管府 ……… 760　列传第一

诸节镇防御刺史县镇　　　后妃上 …………… 869

等职 …………… 761　　　始祖明懿皇后 …… 870

诸转运泉谷等职 …… 764　　　德帝思皇后 ……… 870

诸府镇兵马巡检关津　　　安帝节皇后 ……… 870

边将等职 ………… 768　　　献祖恭靖皇后 …… 870

诸猛安部族及群牧　　　昭祖威顺皇后 …… 870

等职 …………… 771　　　景祖昭肃皇后 …… 871

金史卷五八　　　　　　世祖翼简皇后 …… 871

志第三九　　　　　　　肃宗靖宣皇后 …… 872

百官四 …………… 773　　　穆宗贞惠皇后 …… 872

符制 …………… 773　　　康宗敬僖皇后 …… 872

印制 …………… 774　　　太祖圣穆皇后 …… 872

铁券 …………… 775　　　光懿皇后 ………… 872

官诰 …………… 775　　　钦宪皇后 ………… 872

百官俸给 ……… 776　　　宣献皇后 ………… 872

金史卷五九　　　　　　崇妃萧氏 ………… 872

表第一　　　　　　　　太宗钦仁皇后 …… 873

宗室 …………… 787　　　熙宗悼平皇后 …… 873

金史卷六〇　　　　　　海陵嫡母徒单氏 …… 874

表第二　　　　　　　　大氏 …………… 875

交聘上 …………… 804　　　徒单氏 ………… 876

金史卷六一　　　　　　昭妃阿里虎等诸嬖 … 877

表第三　　　　　　金史卷六四

列传第二

　后妃下 ……………… 882

　　睿宗钦慈皇后 ……… 882

　　贞懿皇后 …………… 883

　　世宗昭德皇后 ……… 883

　　元妃张氏 …………… 885

　　元妃李氏 …………… 886

　　显宗孝懿皇后 ……… 886

　　昭圣皇后 …………… 888

　　章宗钦怀皇后 ……… 888

　　元妃李氏 …………… 888

　　卫绍王后徒单氏 … 891

　　宣宗皇后王氏 ……… 892

　　明惠皇后 …………… 893

　　哀宗皇后徒单氏 … 893

金史卷六五

列传第三

　始祖以下诸子上 ……… 895

　　斡鲁 ………………… 895

　　辈鲁 ………………… 895

　　谢库德 ……………… 896

　　谢夷保 ……………… 896

　　谢里忽 ……………… 896

　　献祖六子 …………… 897

　　乌古出 ……………… 897

　　跋黑 ………………… 898

　　劾孙 ………………… 898

　　麻颇 ………………… 899

　　谩都诃 ……………… 900

　　斡带 ………………… 900

　　斡赛 ………………… 901

　　斡者 ………………… 902

　　昂 …………………… 905

金史卷六六

列传第四

　始祖以下诸子下 ……… 907

　　勖 …………………… 907

　　隈可 ………………… 909

　宗室 ………………… 910

　　胡十门 ……………… 910

　　合住 ………………… 910

　　掴保 ………………… 911

　　衷 …………………… 911

　　齐 …………………… 912

　　术鲁 ………………… 912

　　胡石改 ……………… 912

　　宗贤 ………………… 913

　　挞懒 ………………… 914

　　卞 …………………… 914

　　膏 …………………… 915

　　弈 …………………… 915

　　阿喜 ………………… 915

金史卷六七

列传第五

　　石显 ………………… 917

　　桓赧 ………………… 918

　　散达 ………………… 918

　　乌春 ………………… 920

温敦蒲剌 …………… 920
腊醅 …………………… 922
麻产 …………………… 922
钝恩 …………………… 923
留可 …………………… 924
阿疏 …………………… 924
奚王回离保 ………… 926
金史卷六八
列传第六
欢都 …………………… 928
冶诃 …………………… 930
金史卷六九
列传第七
太祖诸子 …………… 935
宗隽 ………………… 935
宗傑 ………………… 935
宗强 ………………… 935
宗敏 ………………… 938
金史卷七〇
列传第八
撒改 ………………… 941
习不失 ……………… 944
石土门 ……………… 946
金史卷七一
列传第九
斡鲁 ………………… 951
斡鲁古勃堇 ………… 953
婆卢火 ……………… 955
阇母 ………………… 957

金史卷七二
列传第一〇
娄室 ………………… 962
银术可 ……………… 967
麻吉 ………………… 971
拔离速 ……………… 972
习古乃 ……………… 973
金史卷七三
列传第一一
阿离合懑 …………… 975
宗道 ………………… 979
宗雄 ………………… 979
完颜希尹 …………… 983
金史卷七四
列传第一二
宗翰 ………………… 990
宗望 ………………… 995
金史卷七五
列传第一三
卢彦伦 ……………… 1004
毛子廉 ……………… 1006
李三锡 ……………… 1006
孔敬宗 ……………… 1007
李师夔 ……………… 1007
沈璋 ………………… 1008
左企弓 ……………… 1008
虞仲文 ……………… 1010
左泌 ………………… 1010
金史卷七六

列传第一四

　　太宗诸子·················· 1013

　　　　宗磐·················· 1013

　　　　宗固·················· 1014

　　　　宗本·················· 1014

　　杲·················· 1018

　　宗幹·················· 1021

　　　　襄·················· 1024

　　　　衮·················· 1025

金史卷七七

列传第一五

　　宗弼·················· 1026

　　张邦昌·················· 1031

　　刘豫·················· 1031

　　　　昌·················· 1033

金史卷七八

列传第一六

　　刘彦宗·················· 1036

　　时立爱·················· 1040

　　韩企先·················· 1041

金史卷七九

列传第一七

　　郦琼·················· 1043

　　李成·················· 1044

　　孔彦舟·················· 1045

　　徐文·················· 1045

　　施宜生·················· 1046

　　张中孚·················· 1047

　　张中彦·················· 1048

　　宇文虚中·················· 1050

　　王伦·················· 1051

金史卷八○

列传第一八

　　熙宗二子·················· 1053

　　斜卯阿里·················· 1054

　　突合速·················· 1056

　　乌延蒲卢浑·················· 1057

　　赤盏晖·················· 1058

　　大杲·················· 1059

　　阿离补·················· 1061

金史卷八一

列传第一九

　　鹘谋琶·················· 1064

　　迪姑迭·················· 1065

　　阿徒罕·················· 1065

　　夹谷谢奴·················· 1065

　　阿勒根没都鲁·················· 1066

　　黄掴敌古本·················· 1066

　　蒲察胡盏·················· 1067

　　夹谷吾里补·················· 1067

　　王伯龙·················· 1068

　　高彪·················· 1069

　　温迪罕蒲里特·················· 1070

　　伯德特里补·················· 1071

　　耶律怀义·················· 1071

　　萧王家奴·················· 1072

　　田颢·················· 1073

　　赵隇·················· 1073

金史卷八二
列传第二〇
　郭药师……………………… 1075
　耶律涂山………………… 1077
　乌延胡里改……………… 1077
　乌延吾里补……………… 1078
　萧恭……………………… 1078
　完颜习不主……………… 1079
　纥石烈胡剌……………… 1079
　耶律恕………………… 1080
　郭企忠………………… 1080
　乌孙讹论……………… 1081
　颜盏门都……………… 1081
　仆散浑坦……………… 1082
　郑建充………………… 1083
　乌古论三合…………… 1083
　移剌温………………… 1084
　萧仲恭………………… 1085
　高松…………………… 1086
　海陵诸子……………… 1087
金史卷八三
列传第二一
　张通古………………… 1090
　张浩…………………… 1092
　张玄素………………… 1096
　耶律安礼……………… 1098
　纳合椿年……………… 1098
　祁宰…………………… 1099
金史卷八四

列传第二二
　昊……………………… 1101
　耨盌温敦思忠………… 1103
　昂……………………… 1106
　高桢…………………… 1109
　白彦敬………………… 1109
　张景仁………………… 1110
金史卷八五
列传第二二
　世宗诸子……………… 1112
　　永中………………… 1112
　　永蹈………………… 1114
　　永功………………… 1115
　　永德………………… 1117
　　永成………………… 1118
　　永升………………… 1119
金史卷八六
列传第二四
　李石…………………… 1120
　完颜福寿……………… 1123
　独吉义………………… 1124
　乌延蒲离黑…………… 1125
　乌延蒲辖奴…………… 1125
　李师雄………………… 1126
　尼厖古钞兀…………… 1127
　字术鲁定方…………… 1128
　夹谷胡剌……………… 1128
　蒲察斡论……………… 1128
　夹谷查剌……………… 1129

金史卷八七

列传第二五

纥石烈志宁…………… 1131

仆散忠义…………… 1135

徒单合喜…………… 1139

金史卷八八

列传第二六

纥石烈良弼…… 1143

完颜守道…………… 1148

石琚…………… 1149

唐括安礼…………… 1152

移剌道…………… 1155

金史卷八九

列传第二七

苏保衡…………… 1158

翟永固…………… 1159

魏子平…………… 1160

孟浩…………… 1161

梁肃…………… 1164

移剌愷…………… 1167

移剌子敬…………… 1168

金史卷九〇

列传第二八

赵元…………… 1170

移剌道…………… 1171

高德基…………… 1172

马讽…………… 1173

完颜兀不喝…………… 1173

刘徽柔…………… 1174

贾少冲…………… 1174

移剌斡里朵…………… 1175

阿勒根彦忠…………… 1176

张九思…………… 1177

高衎…………… 1177

杨邦基…………… 1178

丁暐仁…………… 1179

金史卷九一

列传第二九

完颜撒改…………… 1181

庞迪…………… 1182

温迪罕移室懑…………… 1182

神土懑…………… 1183

移剌成…………… 1184

石抹卞…………… 1186

杨仲武…………… 1186

蒲察世杰…………… 1187

萧怀忠…………… 1188

移剌按答…………… 1189

孛术鲁阿鲁罕…………… 1189

赵兴祥…………… 1190

石抹荣…………… 1191

敬嗣晖…………… 1192

金史卷九二

列传第三〇

毛硕…………… 1193

李上达…………… 1194

曹望之…………… 1194

大怀贞…………… 1198

卢孝俭…………………… 1198
卢庸……………………… 1198
李偲……………………… 1199
徒单克宁………………… 1200
金史卷九三
列传第三一
　显宗诸子………………… 1207
　　琮……………………… 1208
　　瓛……………………… 1208
　　从彝…………………… 1208
　　从宪…………………… 1209
　　玠……………………… 1209
　章宗诸子………………… 1209
　　洪裕…………………… 1209
　　洪靖…………………… 1209
　　洪熙…………………… 1210
　　洪衍…………………… 1210
　　洪辉…………………… 1210
　　忒邻…………………… 1210
　卫绍王子………………… 1210
　　按辰…………………… 1210
　　从恪…………………… 1210
　宣宗诸子………………… 1211
　　庄献太子……………… 1211
　　玄龄…………………… 1211
　　守纯…………………… 1211
　独吉思忠………………… 1213
　承裕……………………… 1213
　仆散揆…………………… 1215

抹捻史扢搭……………… 1217
宗浩……………………… 1218
金史卷九四
列传第三二
　夹谷清臣………………… 1224
　襄………………………… 1225
　夹谷衡…………………… 1230
　完颜安国………………… 1231
　瑶里孛迭………………… 1232
金史卷九五
列传第三三
　移剌履…………………… 1234
　张万公…………………… 1235
　蒲察通…………………… 1238
　粘割斡特剌……………… 1239
　程辉……………………… 1241
　刘玮……………………… 1242
　董师中…………………… 1243
　王蔚……………………… 1245
　马惠迪…………………… 1246
　马琪……………………… 1246
　杨伯通…………………… 1247
　尼厖古鉴………………… 1247
金史卷九六
列传第三四
　黄久约…………………… 1249
　李晏……………………… 1250
　李愈……………………… 1253
　王贲……………………… 1254

蒙古纲…………… 1329

必兰阿鲁带……………… 1333

金史卷一〇三

列传第四一

完颜仲元…………… 1335

完颜阿邻…………… 1337

完颜霆…………… 1338

乌古论长寿…………… 1339

完颜佐…………… 1340

石抹仲温…………… 1341

乌古论礼…………… 1341

蒲察阿里…………… 1342

奥屯襄…………… 1342

完颜蒲剌都…………… 1342

夹谷石里哥…………… 1343

术甲臣嘉…………… 1343

纥石烈桓端…………… 1344

完颜阿里不孙…………… 1345

完颜铁哥…………… 1346

纳兰胡鲁剌…………… 1347

金史卷一〇四

列传第四二

纳坦谋嘉…………… 1348

邹谷…………… 1349

高霖…………… 1349

孟奎…………… 1350

乌林答与…………… 1351

郭俣…………… 1351

温迪罕达…………… 1352

王扩…………… 1353

移剌福僧…………… 1354

奥屯忠孝…………… 1355

蒲察思忠…………… 1356

纥石烈胡失门…………… 1357

完颜寓…………… 1357

斡勒合打…………… 1358

蒲察移剌都…………… 1358

金史卷一〇五

列传第四三

程寀…………… 1360

任熊祥…………… 1362

孔璠…………… 1362

范拱…………… 1363

张用直…………… 1364

刘枢…………… 1365

王脩…………… 1365

杨伯雄…………… 1366

萧贡…………… 1368

温迪罕缔达…………… 1369

张翰…………… 1370

任天宠…………… 1370

金史卷一〇六

列传第四四

张晖…………… 1372

贾益谦…………… 1376

刘炳…………… 1378

术虎高琪…………… 1380

移剌塔不也…………… 1385

金史卷一〇七
列传第四五
　高汝砺……………… 1386
　张行信……………… 1394
金史卷一〇八
列传第四六
　胥鼎………………… 1401
　侯挚………………… 1408
　把胡鲁……………… 1412
　师安石……………… 1414
金史卷一〇九
列传第四七
　完颜素兰…………… 1416
　陈规………………… 1419
　许古………………… 1426
金史卷一一〇
列传第四八
　杨云翼……………… 1431
　赵秉文……………… 1434
　韩玉………………… 1436
　冯璧………………… 1437
　李献甫……………… 1439
　雷渊………………… 1440
　程震………………… 1441
金史卷一一一
列传第四九
　古里甲石伦………… 1442
　完颜讹可…………… 1446
　撒合辇……………… 1447

　强伸………………… 1449
　乌林答胡土………… 1450
　思烈………………… 1452
　纥石烈牙吾塔……… 1453
金史卷一一二
列传第五〇
　完颜合达…………… 1457
　移剌蒲阿…………… 1461
金史卷一一三
列传第五一
　完颜赛不…………… 1466
　白撒………………… 1469
　赤盏合喜…………… 1475
金史卷一一四
列传第五二
　白华………………… 1480
　斜卯爱实…………… 1487
　石抹世勣…………… 1489
金史卷一一五
列传第五三
　完颜奴申…………… 1492
　崔立………………… 1494
　聂天骥……………… 1497
　赤盏尉忻…………… 1498
金史卷一一六
列传第五四
　徒单兀典…………… 1499
　石盏女鲁欢………… 1502
　蒲察官奴…………… 1504

承立⋯⋯⋯⋯⋯⋯ 1507

金史卷一一七

列传第五五

   徒单益都⋯⋯⋯⋯⋯ 1510

   粘哥荆山⋯⋯⋯⋯⋯ 1511

   王宾⋯⋯⋯⋯⋯⋯ 1512

   国用安⋯⋯⋯⋯⋯⋯ 1514

   时青⋯⋯⋯⋯⋯⋯ 1516

金史卷一一八

列传第五六

   苗道润⋯⋯⋯⋯⋯⋯ 1519

   王福⋯⋯⋯⋯⋯⋯ 1521

   移剌众家奴⋯⋯⋯⋯ 1522

   武仙⋯⋯⋯⋯⋯⋯ 1523

   张甫⋯⋯⋯⋯⋯⋯ 1526

   靖安民⋯⋯⋯⋯⋯⋯ 1527

   郭文振⋯⋯⋯⋯⋯⋯ 1528

   胡天作⋯⋯⋯⋯⋯⋯ 1530

   张开⋯⋯⋯⋯⋯⋯ 1531

   燕宁⋯⋯⋯⋯⋯⋯ 1532

金史卷一一九

列传第五七

   粘葛奴申⋯⋯⋯⋯⋯ 1533

   完颜娄室三人⋯⋯⋯ 1534

   乌古论镐⋯⋯⋯⋯⋯ 1536

   张天纲⋯⋯⋯⋯⋯⋯ 1538

   完颜仲德⋯⋯⋯⋯⋯ 1539

金史卷一二〇

列传第五八

   世戚⋯⋯⋯⋯⋯⋯ 1544

   石家奴⋯⋯⋯⋯⋯⋯ 1544

   裴满达⋯⋯⋯⋯⋯⋯ 1545

   徒单恭⋯⋯⋯⋯⋯⋯ 1546

   乌古论蒲鲁虎⋯⋯⋯ 1547

   唐括德温⋯⋯⋯⋯⋯ 1547

   乌古论粘没曷⋯⋯⋯ 1548

   蒲察阿虎迭⋯⋯⋯⋯ 1548

   乌林答晖⋯⋯⋯⋯⋯ 1548

   蒲察鼎寿⋯⋯⋯⋯⋯ 1549

   徒单思忠⋯⋯⋯⋯⋯ 1549

   徒单绎⋯⋯⋯⋯⋯⋯ 1550

   乌林答复⋯⋯⋯⋯⋯ 1550

   乌古论元忠⋯⋯⋯⋯ 1550

   唐括贡⋯⋯⋯⋯⋯⋯ 1552

   乌林答琳⋯⋯⋯⋯⋯ 1552

   徒单公弼⋯⋯⋯⋯⋯ 1552

   徒单铭⋯⋯⋯⋯⋯⋯ 1553

   徒单四喜⋯⋯⋯⋯⋯ 1554

金史卷一二一

列传第五九

   忠义一⋯⋯⋯⋯⋯⋯ 1556

   胡沙补⋯⋯⋯⋯⋯⋯ 1557

   特虎⋯⋯⋯⋯⋯⋯ 1557

   仆忽得⋯⋯⋯⋯⋯⋯ 1557

   粘割韩奴⋯⋯⋯⋯⋯ 1558

   曹珪⋯⋯⋯⋯⋯⋯ 1559

   温迪罕蒲睹⋯⋯⋯⋯ 1559

   讹里也⋯⋯⋯⋯⋯⋯ 1560

徒单航……………… 1583

完颜陈和尚………… 1583

杨沃衍……………… 1585

乌古论黑汉………… 1587

驼满胡土门………… 1588

姬汝作……………… 1589

爱申………………… 1590

禹显………………… 1591

金史卷一二四

列传第六二

忠义四……………… 1593

马庆祥……………… 1593

商衡………………… 1594

术甲脱鲁灰………… 1595

杨达夫……………… 1596

冯延登……………… 1596

乌古孙仲端………… 1597

乌古孙奴申………… 1598

蒲察琦……………… 1598

蔡八儿……………… 1599

毛佺………………… 1599

温敦昌孙…………… 1599

完颜绛山…………… 1600

毕资伦……………… 1600

郭虾蟆……………… 1602

金史卷一二五

列传第六三

文艺上……………… 1604

韩昉………………… 1604

蔡松年……………… 1605

吴激………………… 1607

马定国……………… 1608

任询………………… 1608

赵可………………… 1608

郭长倩……………… 1608

萧永祺……………… 1608

胡砺………………… 1609

王竞………………… 1610

杨伯仁……………… 1610

郑子聃……………… 1611

党怀英……………… 1612

金史卷一二六

列传第六四

文艺下……………… 1614

赵沨………………… 1614

周昂………………… 1614

王庭筠……………… 1615

刘昂………………… 1616

李经………………… 1616

刘从益……………… 1616

吕中孚……………… 1617

李纯甫……………… 1617

王郁………………… 1618

宋九嘉……………… 1618

庞铸………………… 1618

李献能……………… 1618

王若虚……………… 1619

王元节……………… 1620

　　麻九畴……………… 1620

　　李汾………………… 1621

　　元德明……………… 1622

金史卷一二七

列传第六四

　　孝友………………… 1624

　　　温迪罕斡鲁补……… 1625

　　　陈颜……………… 1625

　　　刘瑜……………… 1625

　　　孟兴……………… 1625

　　　王震……………… 1625

　　　刘政……………… 1625

　　隐逸………………… 1626

　　　褚承亮…………… 1626

　　　王去非…………… 1626

　　　赵质……………… 1626

　　　杜时昇…………… 1627

　　　郝天挺…………… 1627

　　　薛继先…………… 1627

　　　高仲振…………… 1628

　　　张潜……………… 1628

　　　王汝梅…………… 1628

　　　宋可……………… 1628

　　　辛愿……………… 1629

　　　王予可…………… 1629

金史卷一二八

列传第六六

　　循吏………………… 1631

　　　卢克忠…………… 1631

　　牛德昌……………… 1632

　　范承吉……………… 1632

　　王政………………… 1633

　　张奕………………… 1633

　　李瞻………………… 1634

　　刘敏行……………… 1634

　　傅慎微……………… 1635

　　刘焕………………… 1635

　　高昌福……………… 1636

　　孙德渊……………… 1637

　　赵鉴………………… 1637

　　蒲察郑留…………… 1638

　　女奚烈守愚………… 1638

　　石抹元……………… 1639

　　张彀………………… 1639

　　赵重福……………… 1640

　　武都………………… 1640

　　纥石烈德…………… 1641

　　张特立……………… 1641

　　王浩………………… 1642

金史卷一二九

列传第六七

　　酷吏………………… 1643

　　　高闾山…………… 1643

　　　蒲察合住………… 1644

　　佞幸………………… 1644

　　　萧肄……………… 1644

　　　张仲轲…………… 1645

　　　李通……………… 1647

马钦 ················ 1651

高怀贞 ················ 1651

萧裕 ················ 1652

胥持国 ················ 1654

金史卷一三〇

列传第六八

列女 ················ 1656

阿邻妻沙里质 ········ 1656

李宝信妻 ············ 1657

韩庆民妻 ············ 1657

雷妇师氏 ············ 1657

康住住 ············ 1657

李文妻 ············ 1657

李英妻 ············ 1657

相琪妻 ············ 1658

阿鲁真 ············ 1658

独吉氏 ············ 1658

许古妻 ············ 1659

冯妙真 ············ 1659

蒲察氏 ············ 1659

乌古论氏 ············ 1659

完颜素兰妻 ············ 1660

温特罕氏 ············ 1660

尹氏 ············ 1660

白氏 ············ 1660

聂舜英 ············ 1661

完颜仲德妻 ············ 1661

哀宗宝符李氏 ············ 1661

张凤奴 ············ 1661

金史卷一三一

列传第六九

宦者 ················ 1662

梁珫 ············ 1663

宋珪 ············ 1663

方伎 ············ 1664

刘完素 ············ 1664

张从正 ············ 1664

李庆嗣 ············ 1665

纪天锡 ············ 1665

张元素 ············ 1665

马贵中 ············ 1665

武祯 ············ 1666

李懋 ············ 1667

胡德新 ············ 1667

金史卷一三二

列传第七〇

逆臣 ················ 1668

秉德 ············ 1668

唐括辩 ············ 1669

言 ············ 1670

大兴国 ············ 1671

徒单阿里出虎 ········ 1672

仆散师恭 ············ 1673

徒单贞 ············ 1674

李老僧 ············ 1675

完颜元宜 ············ 1676

纥石烈执中 ············ 1678

金史卷一三三

# 元　　史

元史卷一
本纪第一
　太祖 ●●●●●●●●●●●●●●●●●● 1
元史卷二
本纪第二
　太宗●●●●●●●●●●●●●● 16
　定宗●●●●●●●●●●●● 20
元史卷三
本纪第三
　宪宗●●●●●●●●●●●●● 22
元史卷四
本纪第四
　世祖一●●●●●●●●●●●● 29
元史卷五
本纪第五
　世祖二●●●●●●●●●●● 42
元史卷六
本纪第六
　世祖三●●●●●●●●●●● 56

元史卷七
本纪第七
　世祖四●●●●●●●●●●●● 69
元史卷八
本纪第八
　世祖五●●●●●●●●●●●● 82
元史卷九
本纪第九
　世祖六 ●●●●●●●●●●● 100
元史卷一〇
本纪第一〇
　世祖七 ●●●●●●●●●●● 114
元史卷一一
本纪第一一
　世祖八 ●●●●●●●●●●● 129
元史卷一二
本纪第一二
　世祖九 ●●●●●●●●●●● 140
元史卷一三

本纪第一三

　世祖十 ·················· 155

元史卷一四

本纪第一四

　世祖十一 ·············· 169

元史卷一五

本纪第一五

　世祖十二 ············· 182

元史卷一六

本纪第一六

　世祖十三 ··············· 198

元史卷一七

本纪第一七

　世祖十四 ··············· 213

元史卷一八

本纪第一八

　成宗一 ··············· 227

元史卷一九

本纪第一九

　成宗二 ··············· 240

元史卷二〇

本纪第二〇

　成宗三 ··············· 255

元史卷二一

本纪第二一

　成宗四 ··············· 269

元史卷二二

本纪第二二

　武宗一 ··············· 287

元史卷二三

本纪第二三

　武宗二 ··············· 308

元史卷二四

本纪第二四

　仁宗一 ··············· 324

元史卷二五

本纪第二五

　仁宗二 ··············· 341

元史卷二六

本纪第二六

　仁宗三 ··············· 350

元史卷二七

本纪第二七

　英宗一 ··············· 362

元史卷二八

本纪第二八

　英宗二 ··············· 375

元史卷二九

本纪第二九

　泰定帝一 ··············· 386

元史卷三〇

本纪第三〇

　泰定帝二 ··············· 404

元史卷三一

本纪第三一

　明宗 ··············· 418

元史卷三二

本纪第三二

文宗一 ……………… 424

元史卷三三

本纪第三三

文宗二 ……………… 439

元史卷三四

本纪第三四

文宗三 ……………… 453

元史卷三五

本纪第三五

文宗四 ……………… 469

元史卷三六

本纪第三六

文宗五 ……………… 485

元史卷三七

本纪第三七

宁宗 ……………… 491

元史卷三八

本纪第三八

顺帝一 ……………… 495

元史卷三九

本纪第三九

顺帝二 ……………… 507

元史卷四〇

本纪第四〇

顺帝三 ……………… 517

元史卷四一

本纪第四一

顺帝四 ……………… 527

元史卷四二

本纪第四二

顺帝五 ……………… 538

元史卷四三

本纪第四三

顺帝六 ……………… 552

元史卷四四

本纪第四四

顺帝七 ……………… 561

元史卷四五

本纪第四五

顺帝八 ……………… 570

元史卷四六

本纪第四六

顺帝九 ……………… 583

元史卷四七

本纪第四七

顺帝十 ……………… 594

元史卷四八

志第一

天文一 ……………… 603

简仪 ……………… 604

仰仪 ……………… 606

大明殿灯漏 ………… 607

正方案 ……………… 607

圭表 ……………… 608

景符 ……………… 608

窥几 ……………… 608

西域仪象 …………… 609

四海测验 …………… 610

元史卷六三
志第一五
  地理六 ……………… 941
元史卷六四
志第一六
  河渠一 ……………… 975
    通惠河 …………… 976
    坝河 ……………… 977
    金水河 …………… 977
    隆福宫前河 ……… 978
    海子岸 …………… 978
    双塔河 …………… 978
    卢沟河 …………… 979
    白浮瓮山 ………… 979
    浑河 ……………… 980
    白河 ……………… 981
    御河 ……………… 983
    滦河 ……………… 984
    河间河 …………… 985
    冶河 ……………… 986
    滹沱河 …………… 986
    会通河 …………… 988
    兖州闸 …………… 993
元史卷六五
志第一七上
  河渠二 ……………… 995
    黄河 ……………… 995
    济州河 …………… 999
    滏河 …………… 1000

    三白渠 …………… 1002
    洪口渠 …………… 1002
    扬州运河 ………… 1003
    练湖 ……………… 1004
    吴松江 …………… 1005
    淀山湖 …………… 1007
    盐官州海塘 ……… 1008
    龙山河道 ………… 1010
元史卷六六
志第一七下
  河渠三 …………… 1011
    黄河 …………… 1011
    蜀堰 …………… 1017
    泾渠 …………… 1020
    金口河 ………… 1020
元史卷六七
志第一八
  礼乐一 …………… 1022
    制朝仪始末 …… 1023
    元正受朝仪 …… 1024
    天寿圣节受朝仪…… 1026
    郊庙礼成受贺仪…… 1026
    皇帝即位受朝仪…… 1026
    群臣上皇帝尊号礼
    成受朝贺仪……… 1027
    册立皇后仪……… 1029
    册立皇太子仪……… 1031
    太皇太后上尊号进册
    宝仪……………… 1034

皇太后上尊号进册

宝仪·················· 1036

太皇太后加上尊号

进册宝仪·············· 1036

进发册宝导从········· 1036

册宝摄官············· 1037

摄行告庙仪··········· 1038

国史院进先朝实录仪

···················· 1039

元史卷六八

志第一九

礼乐二················· 1040

制乐始末············· 1040

登歌乐器············· 1046

宫县乐器············· 1048

节乐之器············· 1049

文舞器··············· 1049

武舞器··············· 1050

舞表················· 1050

元史卷六九

志第二〇

礼乐三················· 1051

郊祀乐章············· 1051

宗庙乐章············· 1055

社稷乐章············· 1063

先农乐章············· 1065

宣圣乐章············· 1066

元史卷七〇

志第二一

礼乐四················· 1071

郊祀乐舞············· 1071

宗庙乐舞············· 1073

泰定十室乐舞········· 1078

元史卷七一

志第二二

礼乐五················· 1083

乐服················· 1083

大乐职掌············· 1084

宴乐之器············· 1087

乐队················· 1088

元史卷七二

志第二三

祭祀一················· 1092

郊祀上··············· 1093

元史卷七三

志第二四

祭祀二················· 1108

郊祀下··············· 1108

元史卷七四

志第二五

祭祀三················· 1125

宗庙上··············· 1125

元史卷七五

志第二六

祭礼四················· 1142

宗庙下··············· 1142

神御殿··············· 1152

元史卷七六

志第二七

　祭祀五…………………… 1155

　　太社太稷……………… 1155

　　先农………………… 1163

　　宣圣………………… 1164

　　岳镇海渎……………… 1169

　　郡县社稷……………… 1170

　　郡县宣圣庙…………… 1170

　　郡县三皇庙…………… 1170

　　岳镇海渎常祀………… 1170

　　风雨雷师……………… 1171

　　武成王……………… 1171

　　古帝王庙……………… 1171

　　周公庙……………… 1171

　　名山大川忠臣义士

　　之祠………………… 1171

　　功臣祠……………… 1171

　　大臣家庙……………… 1172

元史卷七七

志第二七下

　祭礼六………………… 1173

　　至正亲祀南郊………… 1173

　　至正亲祀太庙………… 1175

　　三皇庙祭祀礼乐……… 1177

　　颜子考妣封谥……… 1180

　　宋五贤从祀………… 1180

　　朱熹加封齐国父追谥

　　献靖………………… 1181

　　国俗旧礼……………… 1182

元史卷七八

志第二八

　　舆服一　仪卫附 ……… 1185

　　　冕服……………… 1185

　　　舆辂……………… 1194

元史卷七九

志第二九

　　舆服二………………… 1202

　　　仪仗………………… 1202

　　　崇天卤簿…………… 1212

　　　外仗………………… 1220

元史卷八〇

志第三〇

　　舆服三………………… 1226

　　　仪卫………………… 1226

元史卷八一

志第三一

　　选举一………………… 1237

　　　科目………………… 1238

　　　学校………………… 1245

元史卷八二

志第三二

　　选举二………………… 1252

　　　铨法上……………… 1252

元史卷八三

志第三三

　　选举三………………… 1267

　　　铨法中……………… 1267

　　　铨法下……………… 1275

元史卷八四

志第三四

　选举四……………… 1292

　　考课……………… 1292

元史卷八五

志第三五

　百官一……………… 1311

元史卷八六

志第三六

　百官二……………… 1334

元史卷八七

志第三七

　百官三……………… 1353

元史卷八八

志第三八

　百官四……………… 1371

元史卷八九

志第三九

　百官五……………… 1387

元史卷九〇

志第四〇

　百官六……………… 1407

元史卷九一

志第四一上

　百官七……………… 1424

元史卷九二

志第四一下

　百官八……………… 1441

元史卷九三

志第四二

　食货一……………… 1455

　　经理……………… 1456

　　农桑……………… 1457

　　税粮……………… 1459

　　科差……………… 1461

　　海运……………… 1463

　　钞法……………… 1468

元史卷九四

志第四三

　食货二……………… 1472

　　岁课……………… 1472

　　盐法……………… 1477

　　茶法……………… 1482

　　酒醋课…………… 1483

　　商税……………… 1485

　　市舶……………… 1487

　　额外课…………… 1488

元史卷九五

志第四四

　食货三……………… 1492

　　岁赐……………… 1492

元史卷九六

志第四五上

　食货四……………… 1513

　　俸秩……………… 1513

　　职田数…………… 1523

　　常平义仓………… 1525

　　惠民药局………… 1525

市籴……………………1526

赈恤……………………1527

元史卷九七

志第四五下

食货五……………………1535

海运……………………1535

钞法……………………1536

盐法……………………1538

茶法……………………1550

元史卷九八

志第四六

兵一……………………1552

兵制……………………1553

元史卷九九

志第四七

兵二……………………1563

宿卫……………………1563

镇戍……………………1572

元史卷一○○

志第四八

兵三……………………1582

马政……………………1582

屯田……………………1585

腹里所辖军民屯田

……………………1589

元史卷一○一

志第四九

兵四……………………1601

站赤……………………1601

弓手……………………1608

急递铺兵……………………1609

鹰房捕猎……………………1611

元史卷一○二

志第五○

刑法一……………………1615

职制上……………………1615

元史卷一○三

志第五一

刑法二……………………1631

职制下……………………1631

元史卷一○四

志第五二

刑法三……………………1649

食货……………………1649

大恶……………………1652

奸非……………………1654

盗贼……………………1657

元史卷一○五

志第五三

刑法四……………………1667

诈伪……………………1667

诉讼……………………1670

斗殴……………………1671

杀伤……………………1674

禁令……………………1679

杂犯……………………1686

捕亡……………………1687

恤刑……………………1688

　　平反·············· 1689
元史卷一〇六
表第一
　　后妃表············ 1690
元史卷一〇七
表第二
　　宗室世系表·········· 1699
元史卷一〇八
表第三
　　诸王表············ 1724
元史卷一〇九
表第四
　　诸公主表··········· 1741
元史卷一〇〇
表第五上
　　三公表一··········· 1747
元史卷一一一
表第五下
　　三公表二··········· 1759
元史卷一一二
表第六上
　　宰相年表··········· 1763
元史卷一一三
表第六下
　　宰相年表二·········· 1806
元史卷一一四
列传第一
　　后妃一··········· 1830
　　　太祖光献翼圣皇后

　　　　　　　　　　··········· 1831
　　太宗昭慈皇后········ 1831
　　定宗钦淑皇后········ 1831
　　宪宗贞节皇后········ 1832
　　世祖昭睿顺圣皇后
　　　　　　·········· 1832
　　南必皇后·········· 1833
　　成宗贞慈静懿皇后
　　　　　　·········· 1833
　　卜鲁罕皇后········· 1833
　　武宗宣慈惠圣皇后
　　　　　　·········· 1834
　　速哥失里皇后········ 1834
　　仁宗庄懿慈圣皇后
　　　　　　·········· 1834
　　英宗庄靖懿圣皇后
　　　　　　·········· 1835
　　泰定帝八不罕皇后
　　　　　　·········· 1835
　　明宗贞裕徽圣皇后
　　　　　　·········· 1835
　　八不沙皇后········· 1836
　　文宗卜答失里皇后
　　　　　　·········· 1836
　　宁宗答里也忒迷失
　　皇后·········· 1836
　　顺帝答纳失里皇后
　　　伯颜忽都皇后
　　　完者忽都皇后 ········ 1836

元史卷一一五
列传第二
　　睿宗…………………… 1840
　　裕宗…………………… 1842
　　显宗…………………… 1845
　　顺宗…………………… 1847
元史卷一二一
列传第八
　　速不台　兀良合台 …… 1848
　　按竺迩………………… 1853
　　畏答儿　博罗欢　伯都
　　………………………… 1856
　　抄思　别的因 ………… 1860
元史卷一二二
列传第九
　　巴而术阿而忒的斤…… 1862
　　铁迈赤　虎都铁木禄
　　塔海 …………………… 1864
　　按扎儿………………… 1866
　　雪不台………………… 1868
　　唵木海………………… 1869
　　昔里钤部……………… 1869
　　槊直腯鲁华…………… 1871
　　昔儿吉思……………… 1872
　　哈散纳………………… 1873
元史卷一二三
列传第一○
　　布智儿………………… 1874
　　召烈台抄兀儿………… 1875

　　阔阔不花……………… 1875
　　拜延八都鲁…………… 1876
　　阿术鲁………………… 1877
　　绍古儿………………… 1877
　　阿剌瓦而思…………… 1877
　　抄儿…………………… 1878
　　也蒲甘卜……………… 1878
　　赵阿哥潘……………… 1879
　　纯只海………………… 1880
　　苦彻拔都儿…………… 1880
　　怯怯里………………… 1882
　　塔不已儿……………… 1882
　　直脱儿………………… 1883
　　月里麻思……………… 1884
　　捏古剌………………… 1884
　　阿儿思兰……………… 1885
　　哈八儿秃……………… 1885
　　艾貌…………………… 1886
元史卷一二四
列传第一一
　　塔本　阿里乞失帖木儿
　　阿台　迭里威失
　　锁咬儿哈的迷失 ……… 1887
　　阿台…………………… 1888
　　哈剌亦哈赤北鲁
　　阿邻帖木儿…………… 1889
　　塔塔统阿……………… 1890
　　岳璘帖穆尔…………… 1891
　　李桢…………………… 1892

速哥…………………… 1892　　　唆都　百家奴 ………… 1955
忙哥撒儿　伯答沙畏 … 1894　　　李恒…………………… 1959
孟速思………………… 1897　　元史卷一三〇
元史卷一二五　　　　　　　列传第一七
列传第一二　　　　　　　　彻里…………………… 1962
　赛典赤赡思丁　　　　　　不忽木………………… 1963
纳速剌丁　忽辛 ……… 1899　　　完泽…………………… 1970
布鲁海牙……………… 1903　　　阿鲁浑萨理　岳柱 …… 1971
高智耀　睿 …………… 1905　　元史卷一三一
铁哥…………………… 1906　　列传第一八
元史卷一二六　　　　　　　速哥…………………… 1975
列传第一三　　　　　　　　襄加歹………………… 1977
安童　兀都带 ……… 1910　　　忙兀台………………… 1979
廉希宪　睿 …………… 1912　　　奥鲁赤………………… 1981
元史卷一二七　　　　　　　完者都………………… 1982
列传第一四　　　　　　　　伯帖木儿……………… 1984
伯颜…………………… 1923　　　怀都…………………… 1985
元史卷一二八　　　　　　　亦黑迷失……………… 1986
列传第一五　　　　　　　　拜降…………………… 1987
阿术…………………… 1936　　元史卷一三二
阿里海牙……………… 1939　　列传第一九
相威…………………… 1942　　　杭忽思………………… 1989
土土哈　床兀儿 …… 1944　　　步鲁合答……………… 1990
元史卷一二九　　　　　　　玉哇失………………… 1991
列传第一六　　　　　　　　麦里…………………… 1993
来阿八赤……………… 1949　　　探马赤………………… 1993
纽璘　也速合儿附 …… 1951　　　拔都儿………………… 1993
阿剌罕………………… 1953　　　昂吉儿………………… 1994
阿塔海………………… 1954　　　哈剌䚟………………… 1996

沙全……………………… 1997

帖木儿不花……………… 1998

元史卷一三三

列传第二〇

塔出……………………… 2000

拜延……………………… 2001

也罕的斤………………… 2002

叶仙鼐…………………… 2003

脱力世官………………… 2003

忽剌出…………………… 2004

重喜……………………… 2005

旦只儿…………………… 2005

脱欢……………………… 2006

完者拔都………………… 2007

失里伯…………………… 2007

孛兰奚…………………… 2008

怯烈……………………… 2008

暗伯……………………… 2009

也速䚟儿………………… 2010

昔都儿…………………… 2010

元史卷一三四

列传第二一

撒吉思…………………… 2012

月合乃…………………… 2013

昔班……………………… 2014

铁连……………………… 2015

爱薛……………………… 2016

阔阔……………………… 2017

秃忽鲁…………………… 2017

唐仁祖…………………… 2018

朵儿赤…………………… 2019

和尚　千奴 …………… 2020

刘容……………………… 2023

迦鲁纳答思……………… 2023

阔里吉思………………… 2024

小云石脱忽怜　八丹

………………………… 2025

斡罗思…………………… 2025

朵罗台…………………… 2026

也先不花………………… 2027

元史卷一三五

列传第二二

铁哥术…………………… 2030

塔出……………………… 2031

塔里赤…………………… 2033

海帖木儿………………… 2034

口儿吉…………………… 2034

忽都……………………… 2035

孛儿速…………………… 2035

月举连赤海牙…………… 2035

阿答赤…………………… 2036

明安……………………… 2036

忽林失…………………… 2037

失剌拔都儿……………… 2038

彻里……………………… 2039

曷剌……………………… 2039

乞台……………………… 2040

脱因纳…………………… 2040

　　和尚·················· 2041　　列传第二七
元史卷一三六　　　　　　　　　　别儿怯不花·········· 2090
列传第二三　　　　　　　　　　　太平·················· 2091
　　哈剌哈孙·········· 2042　　　铁木儿塔识·········· 2095
　　阿沙不花·········· 2045　　　达识帖睦迩·········· 2096
　　拜住·············· 2048　元史卷一四一
元史卷一三七　　　　　　　　　列传第二八
列传第二四　　　　　　　　　　　太不花·············· 2100
　　察罕·············· 2053　　　察罕帖木儿·········· 2102
　　曲枢·············· 2055　元史卷一四二
　　阿礼海牙·········· 2056　列传第二九
　　奕赫抵雅尔丁······ 2059　　　答失八都鲁········ 2109
　　脱烈海牙·········· 2060　　　庆童·············· 2111
元史卷一三八　　　　　　　　　　也速·············· 2112
列传第二五　　　　　　　　　　　彻里帖木儿·········· 2114
　　康里脱脱·········· 2061　　　纳麟·············· 2116
　　燕铁木儿　撒敦　唐其势　元史卷一四三
　　··················· 2064　列传第三○
　　伯颜·············· 2070　　　马祖常·············· 2118
　　马札儿台·········· 2073　　　自当·············· 2122
　　脱脱·············· 2074　　　阿荣·············· 2124
元史卷一三九　　　　　　　　　　小云石海涯········ 2125
列传第二六　　　　　　　　　　　泰不华············ 2126
　　乃亦台·········· 2081　　　余阙·············· 2128
　　朵儿只·········· 2082　元史卷一四四
　　朵尔直班·········· 2084　列传第三一
　　阿鲁图·········· 2088　　　答里麻·············· 2131
　　纽的该·········· 2089　　　月鲁帖木儿········ 2133
元史卷一四○　　　　　　　　　　卜颜铁木儿········ 2134

星吉・・・・・・・・・・・・・・ 2135
福寿・・・・・・・・・・・・・・ 2137
道童・・・・・・・・・・・・・・ 2138
元史卷一四五
列传第三二
　亦怜真班・・・・・・・・・ 2140
　廉惠山海牙・・・・・・・ 2141
　月鲁不花・・・・・・・・・ 2142
　达礼麻识理・・・・・・・ 2144
元史卷一四六
列传第三三
　耶律楚材　铸　・・・・ 2147
　粘合重山・・・・・・・・・ 2154
　杨惟中・・・・・・・・・・・ 2155
元史卷一四七
列传第三四
　张柔　弘略　・・・・・・ 2157
　史天倪　楫　权　枢
　天祥　・・・・・・・・・・・ 2161
元史卷一四八
列传第三五
　董俊　文蔚　文用　文直
　文忠　・・・・・・・・・・・ 2170
　严实　忠济　忠嗣　・・・ 2179
元史卷一四九
列传第三六
　耶律留哥・・・・・・・・・ 2183
　刘伯林　黑马　元振
　元礼　・・・・・・・・・・・ 2186

郭宝玉　德海　侃　・・・・ 2189
石天应・・・・・・・・・・・・ 2193
移剌捏儿　买奴　元臣
　・・・・・・・・・・・・・・・ 2195
耶律秃花　秃满答儿
忙古带　・・・・・・・・・・・ 2197
王珣　荣祖　・・・・・・・・ 2198
元史卷一五〇
列传第三七
　石抹也先・・・・・・・・・ 2201
　何伯祥　玮　・・・・・・ 2203
　李守贤・・・・・・・・・・・ 2204
　耶律阿海・・・・・・・・・ 2206
　何实・・・・・・・・・・・・・ 2207
　郝和尚拔都・・・・・・・ 2209
　赵瑨　秉温　・・・・・・ 2209
　石抹明安・・・・・・・・・ 2210
　张荣・・・・・・・・・・・・・ 2212
　刘亨安・・・・・・・・・・・ 2213
元史卷一五一
列传第三八
　薛塔剌海・・・・・・・・・ 2214
　高闹儿・・・・・・・・・・・ 2215
　王义・・・・・・・・・・・・・ 2215
　王玉　忱　・・・・・・・・ 2217
　赵迪・・・・・・・・・・・・・ 2218
　邸顺　琮　・・・・・・・・ 2218
　王善　庆端　・・・・・・ 2220
　杜丰・・・・・・・・・・・・・ 2221

石抹孛迭儿…………… 2222

贾塔剌浑………………… 2223

奥敦世英………………… 2223

田雄……………………… 2224

张拔都…………………… 2225

张荣……………………… 2226

赵天锡　贾亨………… 2227

元史卷一五二

列传第三九

张晋亨　好古………… 2229

王珍……………………… 2230

杨杰只哥………………… 2232

刘通……………………… 2232

岳存……………………… 2234

张子良　懋…………… 2234

唐庆……………………… 2236

齐荣显…………………… 2236

石天禄…………………… 2237

石抹阿辛………………… 2238

刘斌　思敬…………… 2238

赵柔……………………… 2239

元史卷一五三

列传第四○

刘敏……………………… 2241

王檝……………………… 2242

王守道…………………… 2243

高宣……………………… 2244

王玉汝…………………… 2245

焦德裕…………………… 2246

石天麟…………………… 2247

李邦瑞…………………… 2248

杨奂……………………… 2248

贾居贞…………………… 2249

元史卷一五四

列传第四一

洪福源　俊奇　君祥　万

……………………… 2252

郑鼎　制宜…………… 2257

李进……………………… 2259

石抹按只………………… 2260

谒只里…………………… 2262

郑温……………………… 2263

元史卷一五五

列传第四二

汪世显　德臣　良臣

惟正…………………… 2264

史天泽　格…………… 2269

元史卷一五六

列传第四三

董文炳　士元　士选　… 2275

张弘范…………………… 2283

元史卷一五七

列传第四四

刘秉忠　秉恕………… 2287

张文谦…………………… 2292

郝经……………………… 2294

元史卷一五八

列传第四五

姚枢 …………………… 2303

许衡 …………………… 2306

窦默 李俊民 ………… 2316

元史卷一五九

列传第四六

宋子贞 ………………… 2319

商挺 …………………… 2321

赵良弼 ………………… 2324

赵璧 …………………… 2327

元史卷一六〇

列传第四七

王磐 …………………… 2329

王鹗 …………………… 2332

高鸣 …………………… 2333

李冶 …………………… 2334

李昶 …………………… 2335

刘肃 …………………… 2337

王思廉 ………………… 2338

李谦 …………………… 2339

徐世隆 ………………… 2340

孟祺 …………………… 2342

阎复 …………………… 2343

元史卷一六一

列传第四八

杨大渊 文安 ………… 2345

刘整 …………………… 2350

元史卷一六二

列传第四九

李忽兰吉 ……………… 2353

李庭 …………………… 2356

史弼 …………………… 2358

高兴 …………………… 2361

刘国杰 ………………… 2363

元史卷一六三

列传第五〇

李德辉 ………………… 2368

张雄飞 ………………… 2370

张德辉 ………………… 2373

马亨 …………………… 2375

程思廉 ………………… 2377

乌古孙泽 ……………… 2378

赵炳 …………………… 2381

元史卷一六四

列传第五一

杨恭懿 ………………… 2384

王恂 …………………… 2386

郭守敬 ………………… 2387

杨桓 …………………… 2392

杨果 …………………… 2393

王构 …………………… 2393

魏初 …………………… 2394

焦养直 ………………… 2396

孟攀鳞 ………………… 2396

尚野 …………………… 2397

李之绍 ………………… 2398

元史卷一六五

列传第五二

张禧 弘纲 …………… 2399

贾文备……………… 2401

解诚…………………… 2402

管如德……………… 2403

赵匣剌……………… 2404

周全…………………… 2405

孔元…………………… 2406

朱国宝……………… 2406

张立…………………… 2407

齐秉节……………… 2408

张万家奴…………… 2409

郭昂…………………… 2410

綦公直……………… 2410

杨赛因不花………… 2411

鲜卑仲吉…………… 2412

完颜石柱…………… 2412

元史卷一六六

列传第五三

　　王綧…………………… 2414

隋世昌……………… 2415

罗璧…………………… 2416

刘恩…………………… 2417

石高山……………… 2418

巩彦晖……………… 2419

蔡珍…………………… 2420

张泰亨……………… 2420

贺祉…………………… 2421

孟德…………………… 2421

郑义…………………… 2422

张荣实　玉………… 2422

石抹狗狗…………… 2424

楚鼎…………………… 2424

樊楫…………………… 2425

张均…………………… 2425

信苴日……………… 2426

王昔剌……………… 2427

赵宏伟……………… 2427

元史卷一六七

列传第五四

张立道……………… 2429

张庭珍　庭瑞……… 2432

张惠…………………… 2435

刘好礼……………… 2435

王国昌　通………… 2436

姜彧…………………… 2437

张础…………………… 2438

吕掞…………………… 2438

谭资荣……………… 2440

王恽…………………… 2440

元史卷一六八

列传第五五

陈祐　天祥………… 2443

刘宣…………………… 2451

何荣祖……………… 2453

陈思济……………… 2455

秦长卿……………… 2456

赵与票……………… 2456

姚天福……………… 2457

许国祯……………… 2458

元史卷一六九

列传第五六

　　贺仁杰……………………… 2461

　　贾昔剌…………………… 2463

　　刘哈剌八都鲁……………… 2465

　　石抹明里…………………… 2467

　　谢仲温…………………… 2468

　　高觿……………………… 2468

　　张九思…………………… 2469

　　王伯胜…………………… 2470

元史卷一七〇

列传第五七

　　尚文……………………… 2472

　　申屠致远………………… 2474

　　雷膺……………………… 2476

　　胡祗遹…………………… 2477

　　王利用…………………… 2477

　　畅师文…………………… 2478

　　张炤……………………… 2480

　　袁裕……………………… 2480

　　张昉……………………… 2481

　　郝彬……………………… 2482

　　高源……………………… 2483

　　杨湜……………………… 2483

　　吴鼎……………………… 2484

　　梁德珪…………………… 2484

元史卷一七一

列传第五八

　　刘因……………………… 2486

　　吴澄……………………… 2488

元史卷一七二

列传第五九

　　程钜夫…………………… 2492

　　赵孟頫…………………… 2494

　　邓文原…………………… 2497

　　袁桷……………………… 2499

　　曹元用…………………… 2499

　　齐履谦…………………… 2501

元史卷一七三

列传第六〇

　　崔斌……………………… 2504

　　崔彧……………………… 2506

　　叶李……………………… 2511

　　燕公楠…………………… 2514

　　马绍……………………… 2515

元史卷一七四

列传第六一

　　姚燧……………………… 2517

　　郭贯……………………… 2519

　　夹谷之奇………………… 2520

　　刘赓……………………… 2521

　　耶律有尚………………… 2521

　　郝天挺…………………… 2522

　　张孔孙…………………… 2523

元史卷一七五

列传第六二

　　张珪……………………… 2525

　　李孟……………………… 2534

张养浩·················· 2538　　　张伯淳·················· 2573

　敬俨·················· 2540　　元史卷一七九

元史卷一七六　　　　　　　　列传第六六

列传第六三　　　　　　　　　　贺胜·················· 2574

曹伯启·················· 2543　　　杨朵儿只　不花·········· 2575

李元礼·················· 2545　　　萧拜住·················· 2578

王寿·················· 2546　　元史卷一八○

王倚·················· 2547　　列传第六七

刘正·················· 2547　　　耶律希亮·················· 2580

谢让·················· 2549　　　赵世延·················· 2582

韩若愚·················· 2551　　　孔思晦·················· 2585

赵师鲁·················· 2552　　元史卷一八一

刘德温·················· 2553　　列传第六八

尉迟德诚·················· 2554　　　元明善·················· 2587

秦起宗·················· 2554　　　虞集　盘　范樁·········· 2589

元史卷一七七　　　　　　　　　揭傒斯·················· 2596

列传第六四　　　　　　　　　　黄溍　柳贯·············· 2598

张思明·················· 2556　　元史卷一八二

吴元珪·················· 2558　　列传第六九

张升·················· 2559　　　张起岩·················· 2601

臧梦解　陆垕·········· 2561　　　欧阳玄·················· 2603

陈颢·················· 2562　　　许有壬·················· 2605

元史卷一七八　　　　　　　　　宋本·················· 2608

列传第六五　　　　　　　　　　谢端·················· 2610

梁曾·················· 2564　　元史卷一八三

刘敏中·················· 2566　　列传第七○

王约·················· 2566　　　王守诚·················· 2611

王结·················· 2571　　　王思诚·················· 2612

宋衜·················· 2572　　　李好文·················· 2615

孛术鲁翀　子远 ……… 2617

李泂…………………… 2620

苏天爵………………… 2621

元史卷一八四

列传第七一

　王都中………………… 2624

　王克敬………………… 2626

　任速哥………………… 2628

　陈思谦………………… 2629

　韩元善………………… 2632

　崔敬…………………… 2632

元史卷一八五

列传第七二

　吕思诚………………… 2635

　汪泽民………………… 2638

　干文传………………… 2639

　韩镛…………………… 2640

　李稷…………………… 2641

　盖苗…………………… 2643

元史卷一八六

列传第七三

　张桢…………………… 2646

　归旸…………………… 2649

　陈祖仁………………… 2651

　成遵…………………… 2655

　曹鉴…………………… 2658

　张翥…………………… 2659

元史卷一八七

列传第七四

乌古孙良桢…………… 2661

贾鲁…………………… 2663

逯鲁曾………………… 2664

贡师泰………………… 2665

周伯琦………………… 2667

吴当…………………… 2668

元史卷一八八

列传第七五

　董抟霄　弟昂霄 ……… 2670

　刘哈剌不花………… 2673

　王英………………… 2674

　石抹宜孙　迈里古思 … 2675

元史卷一八九

列传第七六

　儒学一………………… 2678

　　赵复………………… 2678

　　张翌………………… 2679

　　金履祥……………… 2680

　　许谦………………… 2681

　　陈栎………………… 2683

　　胡一桂　胡炳文 …… 2684

　　黄泽………………… 2684

　　萧𣂷　韩择　侯均 … 2686

　　同恕　第五居仁 …… 2687

　　安熙………………… 2688

元史卷一九〇

列传第七七

　儒学二………………… 2690

　　胡长孺……………… 2690

列传第八一

　忠义二…………………… 2730

　　张桓…………………… 2730

　　李黼…………………… 2730

　　李齐…………………… 2732

　　褚不华………………… 2733

　　郭嘉…………………… 2734

　　喜同…………………… 2734

　　韩因…………………… 2735

　　卞琛…………………… 2735

　　乔彝…………………… 2736

　　颜瑜…………………… 2736

　　王士元………………… 2737

　　杨朴…………………… 2737

　　赵琏　弟琬 ………… 2737

　　孙㧑…………………… 2738

　　石普…………………… 2739

　　盛昭…………………… 2739

　　杨乘…………………… 2740

　　纳速剌丁……………… 2740

元史卷一九五

列传第八二

　忠义三…………………… 2742

　　伯颜不花的斤………… 2742

　　樊执敬………………… 2744

　　全普庵撒里…………… 2745

　　周镗　谢一鲁………… 2745

　　聂炳…………………… 2746

　　刘耕孙………………… 2746

俞述祖…………………… 2747

桂完泽…………………… 2747

丑闾　冯三 …………… 2747

孛罗帖木儿……………… 2748

彭庭坚…………………… 2749

王伯颜…………………… 2749

刘浚……………………… 2750

朵里不花………………… 2751

野峻台…………………… 2751

陈君用…………………… 2752

卜里牙敦………………… 2752

潮海……………………… 2752

魏中立…………………… 2753

元史卷一九六

列传第八三

　忠义四…………………… 2754

　　普颜不花……………… 2754

　　闵本…………………… 2755

　　赵弘毅………………… 2756

　　郑玉…………………… 2756

　　黄㝧…………………… 2756

　　柏帖穆尔……………… 2757

　　迭里弥实……………… 2757

　　朴赛因不花　张庸

　　　………………………… 2758

　　丁好礼　郭庸 ……… 2759

元史卷一九七

列传第八四

　孝友一…………………… 2760

王闰…………………… 2762

郭道卿　廷炜……… 2762

萧道寿…………………… 2763

郭狗狗…………………… 2763

张闰…………………… 2763

田改住　王住儿…… 2763

宁猪狗　李家奴…… 2763

毕也速答立　尹梦龙

　　……………………… 2764

樊渊　赖禄孙……… 2764

刘德泉　朱显

吴思达　朱汝谐…… 2764

郭回…………………… 2765

孔全　张子羲　陈乞儿

　　……………………… 2765

杨一　张本　张庆

元善 ……………………… 2765

赵毓…………………… 2766

胡光远　庞遵……… 2766

陈韶孙…………………… 2766

李忠　吴国宝……… 2766

李茂…………………… 2767

羊仁　黄觉经　章卿孙

俞全　李鹏飞…… 2767

赵一德…………………… 2767

王思聪…………………… 2768

彻彻…………………… 2768

王初应　施合德…… 2768

郑文嗣…………………… 2769

王荐…………………… 2769

郭全　刘德　马押忽

刘居敬…………………… 2770

杨皞…………………… 2770

丁文忠…………………… 2770

邵敬祖　李彦忠

谭景星　郭成……… 2770

扈铎…………………… 2771

孙秀实　贾进　李子敬

　　……………………… 2771

宗杞…………………… 2771

赵荣…………………… 2772

吴好直…………………… 2772

余丙…………………… 2772

徐钰…………………… 2772

尹莘　孙希贤　卜胜荣

　　……………………… 2772

刘廷让…………………… 2773

刘通…………………… 2773

张旺舅…………………… 2773

张思孝…………………… 2773

杜佑…………………… 2773

长寿　梁外僧……… 2773

孙瑾　吴希曾……… 2774

张恭…………………… 2774

訾汝道…………………… 2774

元史卷一九八

列传第八五

　　孝友二…………… 2776

王庸 …… 2776

黄贲 …… 2776

石明三 …… 2777

刘琦 …… 2777

刘源 …… 2777

祝公荣 …… 2777

陆思孝 …… 2777

姜兼 …… 2778

胡伴侣 …… 2778

王士弘 …… 2778

何从义 …… 2778

哈都赤 …… 2778

高必达 …… 2778

曾德 …… 2779

靳昺 …… 2779

黄道贤 …… 2779

史彦斌 …… 2779

张绍祖 …… 2780

李明德 …… 2780

张缉 …… 2780

魏敬益 …… 2780

汤霖 …… 2780

孙抑 …… 2781

石永 …… 2781

王克己 …… 2781

刘思敬 …… 2781

吕祐 …… 2781

周乐 …… 2782

元史卷一九九

列传第八六

隐逸 …… 2783

杜瑛 …… 2783

张特立 …… 2785

杜本 …… 2785

孙辙 …… 2786

何中 …… 2787

武恪 …… 2787

元史卷二○○

列传第八七

列女一 …… 2789

崔氏 …… 2790

周氏 …… 2790

杨氏 …… 2790

胡烈妇 …… 2791

阚文兴妻 …… 2791

郎氏 …… 2791

秦氏二女　孙氏女

许氏女　张氏女 …… 2791

焦氏　周氏 …… 2792

赵孝妇 …… 2792

霍氏二妇 …… 2792

王德政妻 …… 2793

只鲁花真 …… 2793

段氏 …… 2793

朱虎妻 …… 2793

闻氏　刘氏 …… 2794

马英　赵玉儿 …… 2794

冯氏 …… 2794

李君进妻　移剌氏

赵哇儿 ……………… 2795

朱淑信 ……………… 2795

葛妙真　畏吾氏三女

　　　　…………… 2795

王氏 ………………… 2796

张义妇 ……………… 2796

丁氏　白氏 ………… 2796

赵美妻　李冬儿　李氏

　　　　…………… 2797

脱脱尼　王氏 ……… 2797

赵彬妻　王安哥 …… 2798

贵哥 ………………… 2798

台叔龄妻 …………… 2798

李智贞 ……………… 2798

蔡三玉 ……………… 2798

元史卷二〇一

列传第八八

列女二 ……………… 2800

武用妻苏氏 ………… 2801

任仲文仲妻林氏 …… 2801

江文铸妻范氏 ……… 2801

姚氏 ………………… 2802

衣氏 ………………… 2802

汤辉妻张氏 ………… 2802

俞士渊妻童氏 ……… 2803

张氏女 ……………… 2803

惠士玄妻王氏 ……… 2803

李景文妻徐氏 ……… 2804

周妇毛氏 …………… 2804

丁尚贤妻李氏 ……… 2804

李顺儿 ……………… 2804

吴守正妻禹氏 ……… 2804

黄仲起妻朱氏 ……… 2805

焦士廉妻王氏 ……… 2805

陈淑真　李颐宗妻夏氏

　　　　…………… 2805

秦闰夫妻柴氏 ……… 2805

也先忽都 …………… 2806

吕彦能妻 …………… 2806

刘公翼妻萧氏 ……… 2806

袁氏孤女 …………… 2806

徐允让妻潘氏 ……… 2807

赵洙妻许氏 ………… 2807

张正蒙妻韩氏 ……… 2807

刘氏二女 …………… 2807

于同祖妻曹氏 ……… 2808

李仲义妻刘氏 ……… 2808

李弘益妻申氏 ……… 2808

郑琪妻罗氏 ………… 2808

周如砥女 …………… 2808

狄恒妻徐氏 ………… 2809

柯节妇陈氏 ………… 2809

李马儿妻袁氏 ……… 2809

王士明妻李氏 ……… 2809

陶宗媛　王淑 ……… 2809

高丽氏 ……………… 2810

张讷妻氏刘 ………… 2810

观音奴妻卜颜的斤
张栋妻王氏 ………… 2810
安志道妻刘氏 ……… 2810
宋谦妻赵氏 ………… 2810
齐关妻刘氏 ………… 2810
王宗仁妻宋氏 ……… 2811
王履谦妻齐氏 ……… 2811
王时妻安氏 ………… 2811
徐猱头妻岳氏 ……… 2811
金氏 ……………… 2811
汪琰妻潘氏 ………… 2812
元史卷二〇二
列传第八九
释老 ……………… 2813
八思巴　胆巴
必兰纳识理 ……… 2813
丘处机 …………… 2818
张宗演　张与材
张留孙　吴全节 …… 2819
郦希诚　张志清
李居寿 …………… 2821
元史卷二〇三
列传第九〇
方技 ……………… 2823
田忠良 …………… 2823
靳德进 …………… 2825
张康 ……………… 2826
李杲 ……………… 2826
工艺 ……………… 2828

孙威 ……………… 2828
阿老瓦丁 ………… 2829
亦思马因 ………… 2829
阿尼哥　刘元 …… 2830
元史卷二〇四
列传第九一
宦者 ……………… 2832
李邦宁 …………… 2832
朴不花 …………… 2834
元史卷二〇五
列传第九二
奸臣 ……………… 2836
阿合马 …………… 2836
卢世荣 …………… 2841
桑哥 ……………… 2845
铁木迭儿 ………… 2849
哈麻 ……………… 2852
搠思监 …………… 2855
元史卷二〇六
列传第九三
叛臣 ……………… 2858
李璮 ……………… 2858
王文统 …………… 2860
阿鲁辉帖木儿 …… 2862
元史卷二〇七
列传第九四
逆臣 ……………… 2863
铁失 ……………… 2863
孛罗帖木儿 ……… 2864

# 新　元　史

新元史卷一

本纪第一

　　序纪 ……………………………… 1

新元史卷二

本纪第二

　　太祖上 …………………… 6

新元史卷三

本纪第三

　　太祖下…………………… 13

新元史卷四

本纪第四

　　太宗………………………… 27

新元史卷五

本纪第五

　　定宗…………………… 39

新元史卷六

本纪第六

　　宪宗………………………… 43

新元史卷七

本纪第七

　　世祖一…………………… 53

新元史卷八

本纪第八

　　世祖二…………………… 65

新元史卷九

本纪第九

　　世祖三…………………… 79

新元史卷一〇

本纪第一〇

　　世祖四…………………… 92

新元史卷一一

本纪第一一

　　世祖五 …………………… 100

新元史卷一二

本纪第一二

　　世祖六 …………………… 111

新元史卷一三

本纪第一三

总　目

成宗上 …………………… 121

新元史卷一四

本纪第一四

　　成宗下 …………………… 129

新元史卷一五

本纪第一五

　　武宗 ……………………… 140

新元史卷一六

本纪第一六

　　仁宗上 …………………… 153

新元史卷一七

本纪第一七

　　仁宗下 …………………… 161

新元史卷一八

本纪第一八

　　英宗 ……………………… 170

新元史卷一九

本纪第一九

　　泰定帝 …………………… 180

新元史卷二〇

本纪第二〇

　　明宗 ……………………… 191

新元史卷二一

本纪第二一

　　文宗上 …………………… 196

新元史卷二二

本纪第二二

　　文宗下 …………………… 206

　　宁宗 ……………………… 212

新元史卷二三

本纪第二三

　　惠宗一 …………………… 215

新元史卷二四

本纪第二四

　　惠宗二 …………………… 226

新元史卷二五

本纪第二五

　　惠宗三 …………………… 236

新元史卷二六

本纪第二六

　　惠宗四 …………………… 251

　　昭宗 ……………………… 263

新元史卷二七

表第一

　　宗室世表 ………………… 265

　　　烈祖以前世表 ………… 266

　　　烈祖弟答阿里台官人

　　　世表 …………………… 284

　　　烈祖诸子世表 ………… 286

　　　太祖诸子世表 ………… 307

　　　太宗诸子世表 ………… 367

　　　定宗诸子世表 ………… 376

　　　宪宗诸子世表 ………… 378

　　　世祖诸子世表 ………… 382

　　　仁宗皇子 ……………… 403

　　　泰定帝诸子 …………… 405

　　　文宗诸子 ……………… 406

　　　惠宗以后世表 ………… 408

新元史卷二八

表第二

　氏族表上 ·············· 417

新元史卷二九

表第三

　氏族表下 ·············· 528

新元史卷三〇

表第四

　三公表 ················ 688

　　太宗皇帝 ············ 690

　　定宗皇帝 ············ 691

　　宪宗皇帝 ············ 692

　　世祖皇帝 ············ 692

　　成宗皇帝 ············ 695

　　武宗皇帝 ············ 696

　　仁宗皇帝 ············ 696

　　英宗皇帝 ············ 697

　　泰定元年 ············ 698

　　文宗皇帝 ············ 698

　　惠宗皇帝 ············ 699

新元史卷三一

表第五

　宰相年表 ·············· 702

新元史卷三二

表第六

　行省宰相年表上 ········· 804

新元史卷三三

表第七

　行省宰相表下 ·········· 927

新元史卷三四

志第一

　历一 ················· 944

　　治历本末 ············ 946

新元史卷三五

志第二

　历二 ················· 956

　　仪器 ··············· 956

　　西域仪象 ··········· 961

新元史卷三六

志第三

　历三 ················· 963

　　授时历经上 ········· 963

新元史卷三七

志第四

　历四 ················· 988

　　授时历经下 ········· 988

新元史卷三八

志第五

　历五 ················ 1017

　　授时历议上 ········· 1017

新元史卷三九

志第六

　历六 ················ 1040

　　授时历议下 ········· 1040

新元史卷四〇

志第七

　历七 ················ 1063

　　立成 ·············· 1063

新元史卷四一

志第八

　天文上……………………… 1107

　　日食日晕珥诸变…… 1107

　　月五星凌犯及星变上

　　………………………… 1110

新元史卷四二

志第九

　天文下……………………… 1125

　　月五星凌犯及星变下

　　………………………… 1125

新元史卷四三

志第一○

　五行上……………………… 1138

新元史卷四四

志第一一

　五行中……………………… 1159

新元史卷四五

志第一二

　五行下……………………… 1172

新元史卷四六

志第一三

　地理一……………………… 1188

新元史卷四七

志第一四

　地理二……………………… 1218

新元史卷四八

志第一五

　地理三……………………… 1235

新元史卷四九

志第一六

　地理四……………………… 1259

新元史卷五○

志第一七

　地理五……………………… 1282

新元史卷五一

志第一八

　地理六……………………… 1301

新元史卷五二

志第一九

　河渠一……………………… 1336

　　河防……………………… 1338

　　至正河防记…………… 1347

新元史卷五三

志第二○

　河渠二……………………… 1353

　　通惠河　阜通七坝

　　金水河　双塔河　积水潭

　　………………………… 1353

　　白河…………………… 1356

　　御河…………………… 1357

　　会通河　兖州闸 …… 1358

　　扬州运河……………… 1362

　　镇江运河　练湖…… 1362

　　济州河　胶莱河 …… 1363

　　胶莱河………………… 1363

新元史卷五四

志第二一

河渠三……………… 1364　　御史台……………… 1414
浑河………………… 1364　　江南诸道行御史台
滹沱河　冶河………… 1366　　……………………… 1416
滦河………………… 1367　　大宗正府…………… 1420
吴松江　淀山湖……… 1368　　大司农司…………… 1420
四川江堰…………… 1369　　翰林兼国史院……… 1422
盐官州海塘………… 1370　　蒙古翰林院………… 1422
诸路水利…………… 1371　　集贤院……………… 1423

新元史卷五五　　　　　　　新元史卷五八
志第二二　　　　　　　　　志第二五
百官一……………… 1375　　百官四……………… 1425
中书省……………… 1375　　宣政院……………… 1425
吏部………………… 1379　　宣徽院……………… 1426
户部………………… 1379　　太禧宗禋院………… 1431
礼部………………… 1386　　新元史卷五九
兵部………………… 1388　　志第二六
刑部………………… 1390　　百官五……………… 1436
工部………………… 1390　　太常礼仪院………… 1436
中书分省…………… 1396　　典瑞院……………… 1437
行中书省…………… 1396　　太史院……………… 1437
新元史卷五六　　　　　　　太医院……………… 1437
志第二三　　　　　　　　　奎章阁学士院……… 1439
百官二……………… 1399　　艺文监……………… 1439
枢密院……………… 1399　　侍正府……………… 1440
枢密分院…………… 1412　　给事中……………… 1440
行枢密院…………… 1412　　将作院……………… 1440
新元史卷五七　　　　　　　通政院……………… 1444
志第二四　　　　　　　　　中政院……………… 1444
百官三……………… 1414　　资政院……………… 1450

总　目

新元史卷六〇
志第二七
　百官六……………………… 1451
　詹事院…………………… 1451
　大抚军院………………… 1462
　昭功万户都总使司
　…………………………… 1462
　内史府…………………… 1464
　周王常侍府……………… 1467
　诸王傅…………………… 1468
　都护府…………………… 1468
　崇福司…………………… 1468
新元史卷六一
志第二八
　百官七……………………… 1469
　大都留守司……………… 1469
　武备寺…………………… 1473
　太仆寺…………………… 1476
　尚乘寺…………………… 1476
　长信寺…………………… 1477
　长秋寺…………………… 1477
　承徽寺…………………… 1477
　长宁寺…………………… 1478
　长庆寺…………………… 1478
　宁徽寺…………………… 1478
　延徽寺…………………… 1478
　太府监…………………… 1478
　度支监…………………… 1479
　利用监…………………… 1479
　中尚监…………………… 1480
　章佩监…………………… 1480
　经正监…………………… 1480
　都水监…………………… 1481
　行都水监………………… 1481
　都水庸田使司…………… 1481
　都总制庸田使司………… 1481
　秘书监…………………… 1482
　司天监…………………… 1482
　回回司天监……………… 1482
　司禋监…………………… 1483
　上都留守司……………… 1483
　尚供总管府……………… 1484
　云需总管府……………… 1485
　大都路总管府…………… 1485
新元史卷六二
志第二九
　百官八……………………… 1487
　宣尉司…………………… 1487
　儒学提举司……………… 1491
　都转运盐使司…………… 1491
　市舶提举司……………… 1493
　江浙金银洞冶都转运
　使司……………………… 1493
　海道运粮万户府………… 1493
　屯田使司………………… 1494
　诸路总管府……………… 1494
新元史卷六三
志第三〇

百官九………………… 1496

　勋爵…………………… 1496

　武散官………………… 1497

　覃官…………………… 1499

　封赠之制……………… 1499

　荫官…………………… 1501

　减资升等……………… 1502

　注官守阙……………… 1503

　注官避籍……………… 1503

　除官照会……………… 1503

　赴任程限……………… 1503

　官员给假……………… 1503

　官例丁忧……………… 1503

　官员任养……………… 1504

新元史卷六四

志第三一

　选举一………………… 1505

　学校…………………… 1505

　科举…………………… 1512

新元史卷六五

志第三二

　选举二………………… 1518

　铨法上………………… 1518

新元史卷六六

志第三三

　选举三………………… 1532

　铨法下………………… 1532

新元史卷六七

志第三四

选举四………………… 1555

　考课…………………… 1555

新元史卷六八

志第三五

　食货一………………… 1574

　户口…………………… 1575

　科差…………………… 1576

　税法…………………… 1579

新元史卷六九

志第三六

　食货二………………… 1583

　田制…………………… 1583

　农政…………………… 1587

新元史卷七〇

志第三七

　食货三………………… 1592

　洞冶课………………… 1592

　附珠玉硝矾竹木课

　………………………… 1596

新元史卷七一

志第三八

　食货四………………… 1599

　盐课…………………… 1599

新元史卷七二

志第三九

　食货五………………… 1611

　酒醋课………………… 1611

　茶课…………………… 1613

　市舶课………………… 1616

新元史卷七三

志第四〇

　食货六……………… 1620

　　常课…………… 1620

　　额外课………… 1622

　　和籴和买……… 1624

　　斡脱官钱……… 1626

新元史卷七四

志第四一

　食货七…………… 1627

　　钞法…………… 1627

新元史卷七五

志第四二

　食货八…………… 1638

　　海运…………… 1638

新元史卷七六

志第四三

　食货九…………… 1653

　　官俸…………… 1653

新元史卷七七

志第四四

　食货十…………… 1674

　　赐赉上………… 1674

新元史卷七八

志第四五

　食货十一………… 1693

　　赐赉下………… 1693

新元史卷七九

志第四六

食货十二…………… 1703

　赈恤上…………… 1703

新元史卷八〇

志第四七

　食货十三………… 1716

　　赈恤下………… 1716

　　入粟补官……… 1732

　　内外诸仓……… 1733

　　惠民药局……… 1736

新元史卷八一

志第四八

　礼一……………… 1737

　　郊祀上………… 1737

新元史卷八二

志第四九

　礼二……………… 1749

　　郊祀中………… 1749

新元史卷八三

志第五〇

　礼三……………… 1761

　　郊祀下………… 1761

新元史卷八四

志第五一

　礼四……………… 1772

　　宗庙上………… 1772

新元史卷八五

志第五二

　礼五……………… 1786

　　宗庙下………… 1786

新元史卷八六

志第五三

　礼六…………………… 1806

　　社稷…………………… 1806

　　先农…………………… 1815

新元史卷八七

志第五四

　礼七…………………… 1817

　　宣圣庙………………… 1817

　　阙里庙………………… 1822

　　郡县宣圣庙…………… 1822

　　岳镇海渎……………… 1823

　　岳镇海渎常祀………… 1824

　　风师雨师……………… 1824

　　七祀…………………… 1824

　　三皇庙………………… 1825

　　武成王庙……………… 1825

　　前代帝王庙…………… 1825

　　周公庙………………… 1826

　　名山大川忠臣义士祠

　　………………………… 1826

　　泉州神女……………… 1827

　　功臣祠………………… 1827

　　城隍庙………………… 1827

　　国俗祭祀……………… 1827

新元史卷八八

志第五五

　礼八…………………… 1829

　　朝仪始末……………… 1829

元正受朝………………… 1830

皇帝即位受朝…………… 1833

皇帝上尊号受朝………… 1834

太皇太后上尊号受朝

皇太后上尊号受朝太皇

太后加上尊号受朝同前仪

………………………… 1835

摄行告庙………………… 1837

国史院进先朝实录

………………………… 1838

表章定制………………… 1838

外路迎拜诏赦及送

宣授宣命官……………… 1839

新元史卷八九

志第五六

　礼九…………………… 1841

　　谥法…………………… 1841

新元史卷九〇

志第五七

　礼十…………………… 1850

　　册立皇后……………… 1850

　　册立皇太子…………… 1852

　　品官以下婚礼………… 1855

　　祃牙祭旗鼓丧………… 1856

　　大丧…………………… 1856

　　品官丁忧……………… 1857

　　品官以下丧礼………… 1857

　　品官以下墓田之制

　　………………………… 1867

新元史卷九一
志第五八
　　乐一·············· 1868
　　　制乐始末·········· 1869
　　　登歌乐器·········· 1876
　　　宫县乐器·········· 1878
　　　节乐之器·········· 1879
　　　文舞器··········· 1879
　　　武舞器··········· 1880
　　　舞表············ 1880
　　　乐县············ 1880
新元史卷九二
志第五九
　　乐二·············· 1882
　　　郊祀乐章·········· 1882
新元史卷九三
志第六〇
　　乐三·············· 1905
　　　郊祀乐舞·········· 1905
　　　宗庙乐舞·········· 1907
　　　泰定十室乐舞······· 1912
　　　宗庙乐舞·········· 1916
　　　泰宗十室乐舞······· 1917
新元史卷九四
志第六一
　　乐四·············· 1918
　　　大乐职掌·········· 1918
　　　宴乐之器·········· 1920
　　　乐队············ 1922

新元史卷九五
志第六二
　　舆服一············· 1926
　　　皇帝冕服·········· 1927
　　　皇太子冠服········· 1929
　　　三献官以下祭服······ 1930
　　　都监库··········· 1930
　　　社稷祭服·········· 1931
　　　宣圣庙祭服········· 1931
　　　百官冠服·········· 1932
　　　仪卫服色·········· 1932
　　　乐服············ 1933
　　　质孙············ 1934
　　　服色等第·········· 1935
新元史卷九六
志第六三
　　舆服二············· 1937
　　　皇帝玺宝·········· 1937
　　　诸王以下印章······· 1937
　　　牌面············ 1938
　　　舆辂············ 1939
　　　仪仗············ 1945
新元史卷九七
志第六四
　　舆服三············· 1955
　　　崇天卤簿·········· 1955
　　　外仗············ 1963
　　　仪卫············ 1968
新元史卷九八

皇后······················ 2062

成宗贞慈静懿皇后

·················· 2063

成宗卜鲁罕皇后

忽帖泥皇后 ········· 2063

答剌麻八剌元妃昭

献元圣皇后··········· 2063

武宗宣慈惠圣皇后

速哥失里皇后以下附

·················· 2064

武宗仁献章圣皇后

·················· 2065

武宗文献昭圣皇后

·················· 2065

武宗伯忽笃皇后······ 2065

仁宗庄懿慈圣皇后

答里麻失里皇后 ······ 2066

英宗庄静懿圣皇后

牙八忽都鲁皇后以下附

·················· 2066

甘剌麻元妃宣懿淑圣

皇后··············· 2066

泰定帝八不罕皇后

亦怜真皇后以下附······ 2066

明宗八不沙皇后······ 2067

明宗真裕徽圣皇后

按出罕皇后以下附······ 2067

文宗不答失里皇后

·················· 2067

宁宗答里忒迷失皇后

·················· 2069

惠宗答纳失里皇后

·················· 2069

惠宗伯颜忽都皇后

·················· 2069

惠宗完者忽都皇后

木纳失里皇后以下附

·················· 2070

附诸公主········· 2072

新元史卷一○五

列传第二

烈祖诸子················ 2075

哈撒儿　也生哥

势都儿 ··········· 2075

哈准　安只吉歹　哈丹

·················· 2078

帖木哥斡赤斤

塔察儿　乃颜 ······· 2080

别克帖儿··········· 2082

别勒古台　口温不花

不花 ············· 2082

新元史卷一○六

列传第三

太祖诸子一················ 2085

术赤　拔都　伯勒克

忙哥帖木儿　脱脱

月思别鄂尔达　昔班

土斡耳　托克帖木儿

················· 2085

新元史卷一〇七

列传第四

　　太祖诸子二················· 2096

　　　察合台　合剌旭烈兀

　　　也速蒙哥　阿鲁忽

　　　博拉克　笃哇

　　　也先不花　怯伯

　　　笃来帖木儿　贝达尔

　　　不里秃剌

　　　阿剌忒纳失里 ········· 2096

新元史卷一〇八

列传第五

　　太祖诸子三················· 2104

　　　拖雷上　旭烈兀

　　　出伯　阿八哈　台古塔儿

　　·················· 2104

新元史卷一〇九

列传第六

　　太祖诸子四················· 2117

　　　拖雷中　阿鲁浑

　　　盖喀图　合赞

　　　合儿班答　不赛因 ····· 2117

新元史卷一一〇

列传第七

　　太祖诸子五················· 2137

　　　拖雷下　阿里不哥

　　　药木忽儿　拨绰

　　　牙忽都　末哥 ········ 2137

　　　阔烈坚　也不干　干

················· 2143

新元史卷一一一

列传第八

　　太宗诸子················· 2144

　　　合失　海都　察八儿

　　·················· 2144

　　　阔端太子

　　　只必帖木儿

　　　别帖木儿

　　　脱脱木儿 ··········· 2148

　　　阔出太子　失烈门 ··· 2150

　　　哈剌察儿··········· 2150

　　　灭里　阿鲁灰帖木儿

　　·················· 2150

　　　合丹··············· 2151

新元史卷一一二

列传第九

　　定宗诸子··············· 2153

　　　忽察　脑忽 ·········· 2153

　　　禾忽　秃鲁 ·········· 2153

　　宪宗诸子··············· 2154

　　　班秃··············· 2154

　　　阿速台··············· 2154

　　　玉龙答失　撒里蛮

　　　彻彻秃 ············· 2154

　　　昔里吉　兀鲁思不花

　　　晃火帖木儿 ··········· 2155

新元史卷一一三

列传第一〇

世祖诸子上…………… 2157

　皇太子真金　甘麻剌

　梁王松山　王禅

　答剌麻八剌

　魏王阿木哥 ………… 2157

新元史卷一一四

列传第一一

世祖诸子下…………… 2165

　忙哥剌　阿难答 …… 2166

　那木罕…………… 2168

　忽哥赤　也先帖木儿

　把匝瓦剌尔密 ……… 2168

　爱牙赤…………… 2169

　奥鲁赤　铁木儿不花

　老的　阿忒思纳失里

　捌思班　党兀班 …… 2170

　阔阔出…………… 2172

　脱欢　老章　孛罗不花

　大圣奴　宽彻不花

　和尚　帖木儿不花

　蛮子 …………… 2172

　忽都鲁帖木儿……… 2175

成宗皇太子…………… 2175

　德寿 …………… 2175

仁宗皇子…………… 2175

　兀都思不花………… 2175

泰定帝诸子…………… 2175

　八的麻亦儿间卜…… 2175

　小薛…………… 2175

允丹藏卜…………… 2175

文宗诸子…………… 2176

　皇太子阿剌忒纳答剌

　　…………… 2176

　燕帖古思 ………… 2176

　太平讷………… 2176

新元史卷一一五

列传第一二

特薛禅…………… 2177

　孛秃　锁儿哈　忽怜 … 2182

新元史卷一一六

列传第一三

阿剌兀思剔吉忽里

　阔里吉思　术忽难　术安

　　…………… 2185

巴而术阿而忒的斤亦都护

　火赤哈儿的斤　纽林的斤

　帖木儿补化　伯颜不花的斤

　　…………… 2188

新元史卷一一七

列传第一四

札木合　塔而忽台

　托黑托阿 ………… 2193

新元史卷一一八

列传第一五

客烈亦王罕　桑昆

　合敢不 …………… 2199

乃蛮太阳罕　不月鲁克

　古出鲁克　抄思

别的因 ·············· 2206
新元史卷一一九
列传第一六
　木华黎上　李鲁　塔思
　霸都鲁　安童　兀都带
　拜住 ·············· 2211
新元史卷一二〇
列传第一七
　木华黎下　速浑察
　乃燕　硕德
　别里哥帖木儿　相威
　撒蛮　脱脱　朵儿只
　朵儿直班　乃蛮台　带孙
　忽图鲁　塔塔儿台 ······ 2226
新元史卷一二一
列传第一八
　博尔术　玉昔帖木儿
　阿鲁图　纽的该 ········ 2237
　博尔忽　布而古儿
　月赤察儿　塔剌海　狐头
　塔察儿　密里察而
　宋都台　伯里阁不花 ····· 2242
　赤老温　察剌　脱帖穆儿
　月鲁不花　阿剌罕
　健都班 ·············· 2247
新元史卷一二二
列传第一九
　速不台　兀良合台　阿术
　卜怜吉歹　也速觯儿 ····· 2251
新元史卷一二三

列传第二〇
　者勒蔑　也孙帖额 ······ 2262
　忽必来 ·············· 2263
　者别 ·············· 2263
新元史卷一二四
列传第二一
　术赤台　怯台　哈答 ··· 2266
　畏答儿　博罗欢　伯都
　 ·············· 2268
新元史卷一二五
列传第二二
　答阿里台 ·············· 2273
　蒙力克　脱栾　伯八儿
　阔阔出 ·············· 2274
　豁儿赤兀孙 ·············· 2276
　察合安不洼 ·············· 2277
　纳牙阿 ·············· 2277
新元史卷一二六
列传第二三
　忽都虎　曲出　阔阔出
　 ·············· 2279
　察罕　木华黎　塔出
　亦力撒合　立智理威
　韩嘉讷 ·············· 2281
新元史卷一二七
列传第二四
　耶律楚材　铸　希亮
　有尚 ·············· 2286
新元史卷一二八

列传第二五

　亦鲁该　阿勒赤 ……… 2297

　忽难 ……………………… 2297

　迭该　古出古儿

　木勒合勒忽　布拉忽儿

　 ………………………… 2297

　汪古儿 …………………… 2297

　者歹　朵豁勒忽 ……… 2297

　合剌察儿 ………………… 2297

　阔阔搠思　豁儿豁孙

　蒙古兀儿　客帖　木格

　 ………………………… 2298

　速亦客秃　种索

　轻吉牙歹 ………………… 2298

　答亦儿 …………………… 2298

　阿儿孩合撒儿

　八剌扯儿必

　八剌斡罗纳儿台 ……… 2298

　掌吉 ……………………… 2298

　帖木儿 …………………… 2299

　蔑格秃 …………………… 2299

　合答安　薛亦兀儿 …… 2299

　也客捏兀邻 ……………… 2299

　朵歹 ……………………… 2299

　晃答豁儿　速客孩　晃孩

　 ………………………… 2299

　合儿忽答 ………………… 2299

　别都温 …………………… 2299

　赤歹 ……………………… 2299

　朵儿伯多黑申 ………… 2300

　附朵罗阿歹等十有七人

　 ………………………… 2300

新元史卷一二九

列传第二六

　乞失里黑　巴歹　塔里察

　 ………………………… 2301

　抄兀儿 …………………… 2302

　哈散纳 …………………… 2302

　绍古儿　忽都虎 ……… 2302

　铁迈赤　虎都铁木禄

　塔海 ……………………… 2303

　拜延八都鲁 ……………… 2304

　纽儿杰　布智儿 ……… 2305

　俺木海　忒木台儿 …… 2306

　抄儿 ……………………… 2306

　纯只海　帖古迭儿

　大达里　咬住 ………… 2307

新元史卷一三〇

列传第二七

　阔阔不花 ……………… 2310

　按札儿　忙汉　拙赤哥

　 ………………………… 2311

　肖乃台　抹兀答儿

　兀鲁台　脱落合察儿 … 2312

　吾也而　拔不忽 ……… 2313

　槊直腯鲁华

　撒吉思卜华　明安答儿

　 ………………………… 2314

乃丹 …………………… 2315

忒木台　奥鲁赤

脱桓不花 ……………… 2316

新元史卷一三一

列传第二八

阿剌浅 …………………… 2318

阿剌瓦而思　不别

斡都蛮 …………………… 2319

哈只哈心 ………………… 2320

昔里钤部　爱鲁　小钤部

…………………………… 2320

赵阿哥潘　重喜 ……… 2322

塔本　阿里乞失铁木儿

迭里威失

锁咬儿哈的迷失 ……… 2324

曷思麦里 ………………… 2325

新元史卷一三二

列传第二九

札剌亦儿台豁儿赤

塔出 ……………………… 2328

阿只乃　怀都 ………… 2330

塔孩拔都儿　阿塔海 … 2331

速哥　忽兰 …………… 2332

失鲁孩　麦里 ………… 2334

昔里吉思 ………………… 2334

新元史卷一三三

列传第三〇

镇海 ……………………… 2335

粘合重山　南合 ……… 2336

牙剌洼赤　马思忽惕 … 2337

刘敏　王德真 ………… 2338

杨惟中 …………………… 2340

孛鲁欢　也先不花

答失蛮　按摊　阿荣

捌思监 …………………… 2340

忙哥撒儿　伯答沙 …… 2344

新元史卷一三四

列传第三一

耶律留哥　薛阇

收国奴　古乃　善哥 … 2348

蒲鲜万奴 ………………… 2351

王珣　荣祖 …………… 2352

新元史卷一三五

列传第三二

耶律阿海　秃花

秃满答儿　忙古带 …… 2355

移剌捏儿　买奴 ……… 2358

石抹也先　查剌　库禄满

…………………………… 2359

石抹明安　咸得卜 …… 2361

石抹孛迭儿 ……………… 2362

石抹海住　世昌 ……… 2363

耶律忒末　天祐 ……… 2363

新元史卷一三六

列传第三三

仳理伽帖木儿

岳怜帖木儿　都尔弥势

哈剌普华　偰文质

傉列篪 ·········· 2365

撒吉思　答理麻 ········· 2368

哈剌阿思兰都大········· 2370

塔塔统阿　玉笏迷失

力浑迷失 ·········· 2371

哈剌亦哈赤北鲁

阿邻帖木儿　沙剌班

世杰班 ·········· 2371

野里术　铁哥术 ········· 2373

孟速思　阿失帖木儿 ··· 2374

八丹　阿散　亦辇真 ··· 2375

昔班　斡罗思密 ········ 2377

新元史卷一三七

列传第三四

严实　忠济　忠嗣　忠范

王玉汝　张晋亨

晋亨子好古　齐荣显

岳存　王德禄　信亨祚

毕叔贤　阎珍　孙庆　齐珪

珪子秉节 ·········· 2379

新元史卷一三八

列传第三五

史秉直　进道　天倪　楫

权　元享　天安　枢　天泽

格　耀　天祥 ············· 2387

新元史卷一三九

列传第三六

张柔　宏彦　宏略　宏范

珪 ·············· 2401

新元史卷一四〇

列传第三七

张荣　邦杰　宏　宓

刘鼎　张迪　迪子福 ······ 2420

新元史卷一四一

列传第三八

董俊　文炳　士元　士选

文蔚　文用　士廉　文直

文忠　士珍　守中　守简

士良　士恭 ············· 2426

新元史卷一四二

列传第三九

汪世显　忠臣　德臣

良臣　惟正 ············· 2445

新元史卷一四三

列传第四〇

石珪　天禄 ············· 2452

王珍　文干 ············· 2453

杨杰只哥············· 2454

刘通　复亨　渊 ············· 2455

刘斌　思敬 ············· 2456

赵柔　晟 ············· 2457

耿福　继元 ············· 2458

新元史卷一四四

列传第四一

张子良　懋 ············· 2460

王椉············· 2462

高宣　天锡　搭失不花

············· 2463

邸顺　浃　琮　泽 …… 2464

张全　思忠 ………… 2466

匡才　国政 ………… 2467

鲜卑仲吉…………… 2468

焦德裕……………… 2468

李邦瑞　唐庆　张羽 … 2469

王钧………………… 2470

新元史卷一四五

列传第四二

赵天锡　贾亨 ……… 2471

赵瑁　秉温　秉正 …… 2472

赵迪　椿龄 ………… 2474

贾塔刺浑　六十八 …… 2474

乔惟忠……………… 2475

袁湘………………… 2476

王兆　刘会 ………… 2477

赵祥………………… 2477

聂珪………………… 2478

靳和　用 …………… 2478

王守道……………… 2479

李伯祐……………… 2479

杨彦珍……………… 2480

吴信………………… 2481

段直　王珪 ………… 2481

周献臣　梁成 ……… 2482

新元史卷一四六

列传第四三

刘伯林　黑马　元振

元礼　夹谷常哥

常哥子忙古带 ………… 2484

郭宝玉　德海　侃 …… 2488

石天应　安琬 ………… 2491

新元史卷一四七

列传第四四

李守贤　毅　伯温　守正

守忠 ………………… 2493

何实………………… 2495

刘亨安　世英 ……… 2496

薛塔刺海　四家奴 …… 2497

高闹儿　元长　灭里干

……………………… 2497

王义………………… 2498

奥敦世英　保和　希恺

希尹 ………………… 2499

田雄　史千 ………… 2500

张拔都　忙古歹　世泽

……………………… 2500

张荣　君佐 ………… 2501

孙威　拱 …………… 2502

新元史卷一四八

列传第四五

郝和尚拔都　天挺 …… 2504

何伯祥　玮 ………… 2505

王善　庆端 ………… 2508

梁瑛　天翔 ………… 2509

杜丰　思明　思忠　思敬

……………………… 2511

王玉　忱 …………… 2512

新元史卷一四九

列传第四六

　　按竺迩　车里　步鲁合答

　　国宝　赵世延　野峻台

　　阿巴直 ……………… 2515

　　月乃合　马润　马祖常

　　………………………… 2521

新元史卷一五〇

列传第四七

　　绰儿马罕　希拉们 …… 2525

　　贝住 …………………… 2526

　　岱尔拔图　也速台儿 … 2527

　　脱忽察儿　图格察儿 … 2527

　　速客图 ………………… 2528

　　撒里 …………………… 2528

　　成帖木儿……………… 2528

　　库而古司 ……………… 2529

　　阿儿浑　尼佛鲁慈 …… 2530

新元史卷一五一

列传第四八

　　常咬住　普兰奚　普化

　　………………………… 2532

　　奥屯世英　贞 ………… 2533

　　也黑迭儿……………… 2534

　　石抹明里……………… 2534

　　刘哈剌八都鲁 ………… 2535

　　许国桢　宸　韩麟 …… 2537

新元史卷一五二

列传第四九

月里麻思……………… 2540

塔不已儿　重喜 ……… 2541

怯怯里　相兀速 ……… 2541

孛罕　忽都 …………… 2542

苦彻拔都儿…………… 2542

哈八儿秃　察罕 ……… 2543

阿儿思兰　阿散真 …… 2544

失剌拔都儿…………… 2544

口儿吉…………………… 2544

阿老瓦丁　亦思马因 … 2545

失里伯………………… 2545

拜延…………………… 2546

坤都岱　乌克岱 ……… 2546

合剌江………………… 2547

勖实带………………… 2547

只儿哈郎　秃鲁不花

咬住哥 ………………… 2547

新元史卷一五三

列传第五〇

田嗣叔　子成 ………… 2548

孟德　义 ……………… 2549

郑义　江 ……………… 2549

巩彦晖　信 …………… 2550

刘恩…………………… 2551

石高山………………… 2551

隋世昌………………… 2552

贺祉…………………… 2553

楚鼎…………………… 2553

张均…………………… 2554

王昔剌　宁 ………… 2554
李天祐 ……………… 2555
新元史卷一五四
列传第五一
　杭忽思　阿塔赤　伯答儿
　……………………… 2556
　拔都儿　别吉连 …… 2558
　帖赤　帖木儿脱欢
　帖木儿不花 ………… 2558
　忽都思　和尚　千奴 … 2559
　叶仙鼐 ……………… 2561
　帖哥术探花爱忽赤
　脱力世官 …………… 2561
　也罕的斤 …………… 2562
　旦只儿 ……………… 2563
　脱欢 ………………… 2563
　孛兰奚 ……………… 2564
　怯烈 ………………… 2564
　月举连赤海牙 ……… 2565
　也速觯儿 …………… 2565
　昔都儿 ……………… 2566
　阔里吉思 …………… 2566
　伯行 ………………… 2567
　铁连 ………………… 2568
　谟克博罗 …………… 2569
新元史卷一五五
列传第五二
　赛典赤赡思丁
　纳速拉丁　乌马儿　忽辛

………………………… 2570
　布鲁海牙　廉希宪
　廉希贤　廉惠山海牙 …… 2574
　阔阔　坚童 ………… 2585
新元史卷一五六
列传第五三
　高智耀　睿　纳麟 …… 2587
　李桢 ………………… 2590
　刘容 ………………… 2590
　阔阔出　脱欢 ……… 2590
　朵儿赤　仁通 ……… 2592
　暗伯　亦怜真班 …… 2593
新元史卷一五七
列传第五四
　刘秉忠　秉恕 ……… 2595
　张文谦 ……………… 2600
　窦默 ………………… 2602
　姚枢　炜　燧 ……… 2604
新元史卷一五八
列传第五五
　商挺　琥　琦 ……… 2610
　赵良弼 ……………… 2612
　杨果 ………………… 2615
　宋子贞 ……………… 2616
　赵璧 ………………… 2617
　张雄飞 ……………… 2619
新元史卷一五九
列传第五六
　伯颜　相嘉失里 …… 2622

新元史卷一六〇

列传第五七

　阿里海涯　贯云石 …… 2633

　阿剌罕　也速迭儿 …… 2637

　忙兀台 …………… 2639

　完者拔都 ……………… 2641

新元史卷一六一

列传第五八

　昂吉儿…………… 2644

　哈剌䚟 …………… 2646

　忽剌出 …………… 2647

　叶谛弥实………… 2648

　塔里赤 …………… 2649

　沙全……………… 2649

　竭只里 …………… 2650

　囊家歹 …………… 2651

新元史卷一六二

列传第五九

　李庭……………… 2653

　刘国杰 …………… 2655

新元史卷一六三

列传第六〇

　李忽兰吉 ………… 2660

　郑鼎　甫　昂霄　制宜

　阿儿思兰 ………… 2662

　李进 ……………… 2666

　石抹按只　不老 …… 2667

　郑温　钰　铨 …… 2668

　石抹乞儿　狗狗 …… 2669

新元史卷一六四

列传第六一

　纽璘　也速答儿　囊家台

　答失八都鲁　字罗帖木儿

　………………………… 2670

　速哥　探马赤

　搭海帖木儿 …………… 2677

新元史卷一六五

列传第六二

　张兴祖……………… 2681

　宁玉 ……………… 2682

　张荣实　玉 ……… 2683

　吕德 ……………… 2685

　朱国宝 …………… 2686

　吴祐　安民 ……… 2687

　梁祯 ……………… 2687

　张泰亨　继祖　珍 …… 2688

　王守信…………… 2689

　皇毅 ……………… 2689

　靳忠 ……………… 2690

　蔡珍　韩进 ……… 2690

　刘用世　世恩　世英 … 2691

　苏津 ……………… 2691

　王均 ……………… 2692

　季庭璋 …………… 2692

新元史卷一六六

列传第六三

　张禧　宏纲 ……… 2693

　贾辅　文备 ……… 2695

王国昌 通 ・・・・・・・・・・・・・ 2696

解诚 ・・・・・・・・・・・・・・・・・・・ 2697

赵匣剌 ・・・・・・・・・・・・・・・・・ 2697

孔元 ・・・・・・・・・・・・・・・・・・・ 2698

张洪 ・・・・・・・・・・・・・・・・・・・ 2699

赵伯成 ・・・・・・・・・・・・・・・・・ 2699

虎益 ・・・・・・・・・・・・・・・・・・・ 2699

张万家奴 孝忠 保童

・・・・・・・・・・・・・・・・・・・・・・・ 2700

郭昂 嘉 ・・・・・・・・・・・・・・・ 2701

綦公直 忙古台 ・・・・・・ 2702

完颜石柱 ・・・・・・・・・・・・・・ 2703

程介福 ・・・・・・・・・・・・・・・・・ 2703

张立 ・・・・・・・・・・・・・・・・・・・ 2704

新元史卷一六七

列传第六四

游显 ・・・・・・・・・・・・・・・・・・ 2705

贾居贞 钧 ・・・・・・・・・・・・・ 2707

赵炳 ・・・・・・・・・・・・・・・・・・・ 2709

李德辉 昌 ・・・・・・・・・・・・・ 2710

张德辉 ・・・・・・・・・・・・・・・・ 2713

马亨 ・・・・・・・・・・・・・・・・・・・ 2714

何荣祖 ・・・・・・・・・・・・・・・・ 2716

程思廉 ・・・・・・・・・・・・・・・・ 2717

新元史卷一六八

列传第六五

郝经 苟宗道 ・・・・・・・・ 2720

新元史卷一六九

列传第六五

陈祐 思谦 天祥 ・・・・・・ 2731

新元史卷一七○

列传第六七

许衡 师敬 ・・・・・・・・・・・ 2745

刘因 ・・・・・・・・・・・・・・・・・・・ 2752

吴澄 当 ・・・・・・・・・・・・・・・ 2755

新元史卷一七一

列传第六八

李冶 朱世杰 ・・・・・・・・・・ 2759

杨恭懿 ・・・・・・・・・・・・・・・・ 2761

王恂 ・・・・・・・・・・・・・・・・・・・ 2762

郭守敬 ・・・・・・・・・・・・・・・・ 2763

齐履谦 ・・・・・・・・・・・・・・・・ 2765

新元史卷一七二

列传第六九

张庭珍 庭瑞 ・・・・・・・・・ 2768

张立道 ・・・・・・・・・・・・・・・・ 2771

梁曾 ・・・・・・・・・・・・・・・・・・・ 2774

李克忠 稷 ・・・・・・・・・・・・・ 2775

新元史卷一七三

列传第七○

郭汝梅 ・・・・・・・・・・・・・・・・ 2778

张炳 ・・・・・・・・・・・・・・・・・・・ 2779

袁裕 ・・・・・・・・・・・・・・・・・・・ 2779

孟祺 ・・・・・・・・・・・・・・・・・・・ 2780

王庭玉 ・・・・・・・・・・・・・・・・ 2781

刘好礼 ・・・・・・・・・・・・・・・・ 2782

李元 ・・・・・・・・・・・・・・・・・・・ 2783

张础 ・・・・・・・・・・・・・・・・・・・ 2783

陈元凯…………………… 2784

许楫……………………… 2785

孙显……………………… 2786

王显祖…………………… 2786

新元史卷一七四

列传第七一

李秉彝…………………… 2788

覃澄……………………… 2789

谢仲温…………………… 2790

姜彧……………………… 2791

高源……………………… 2792

韩政……………………… 2792

冯岵……………………… 2793

胡祗遹…………………… 2793

王纲　思聪 ……………… 2795

曹世贵…………………… 2795

詹士龙…………………… 2795

高良弼…………………… 2796

白栋……………………… 2797

孙泽　良桢 …………… 2798

赵宏伟　璡　琬 ……… 2802

新元史卷一七五

列传第七二

贺仁杰　胜　太平

也先忽都 ……………… 2805

贾昔剌　丑妮子　虎林赤

秃坚不花 ……………… 2810

吕合剌　天麟　天祺 … 2813

新元史卷一七六

列传第七三

洪福源　茶邱　君祥　万

………………………… 2814

王缏　阿剌帖木儿　兀爱

………………………… 2820

新元史卷一七七

列传第七四

杨大渊　文安 ………… 2822

刘整　垓 ……………… 2826

夏贵…………………… 2829

吕文焕　师夔 ………… 2831

范文虎………………… 2832

管如德………………… 2834

王积翁　都中 ………… 2834

朱焕　霁 ……………… 2837

陈奕　岩 ……………… 2837

蒲寿庚………………… 2838

马成龙………………… 2838

周全…………………… 2838

新元史卷一七八

列传第七五

伯帖木儿……………… 2839

玉哇失………………… 2840

哈答孙　塔海 ………… 2841

乞台　哈赞赤 ………… 2842

答答呵儿……………… 2842

答失蛮………………… 2843

曷剌　不花 …………… 2844

明安…………………… 2844

忽林失…………………… 2845

彻里……………………… 2846

新元史卷一七九

列传第七六

土土哈 床兀儿

燕帖木儿 撒敦 唐其势

…………………………… 2847

新元史卷一八〇

列传第七七

唆都 百家奴 ………… 2856

李恒 世安 …………… 2859

来阿八赤……………… 2862

樊楫 李天祐 唐琮 … 2864

新元史卷一八一

列传第七八

史弼……………………… 2866

高兴……………………… 2868

亦黑迷失……………… 2870

新元史卷一八二

列传第七九

朱清……………………… 2872

张瑄 文虎 黄真

刘必显等……………… 2872

罗璧……………………… 2875

黄头……………………… 2876

咬童……………………… 2877

新元史卷一八三

列传第八〇

崔斌 宋钦其 ………… 2878

刘宣……………………… 2880

秦长卿 仲 …………… 2882

杨居宽 居简 ………… 2883

杨朵儿只 教化不花 … 2883

萧拜住………………… 2886

新元史卷一八四

列传第八一

姚天福………………… 2888

崔彧……………………… 2891

新元史卷一八五

列传第八二

王磐……………………… 2898

李昶……………………… 2901

刘肃 赓 ……………… 2902

王鹗……………………… 2903

徐世隆………………… 2905

孟攀鳞………………… 2906

新元史卷一八六

列传第八三

张惠……………………… 2908

石天麟………………… 2909

杨湜……………………… 2909

张昉……………………… 2910

张天祐………………… 2910

高觿……………………… 2911

张九思………………… 2912

郝彬……………………… 2913

王伯胜………………… 2913

新元史卷一八七

列传第八四

尚文……………………… 2915

李谦……………………… 2917

王约……………………… 2918

张升……………………… 2921

新元史卷一八八

列传第八五

王恽　逊志 ……………… 2924

高鸣……………………… 2926

王思廉　荆玩恒 ………… 2927

马绍……………………… 2928

阎复……………………… 2929

王倚……………………… 2930

高克恭…………………… 2931

夹谷之奇………………… 2932

臧梦解…………………… 2933

燕公楠…………………… 2934

白恪……………………… 2934

李衎……………………… 2935

张伯淳…………………… 2935

新元史卷一八九

列传第八六

程钜夫…………………… 2937

袁桷……………………… 2944

新元史卷一九〇

列传第八七

赵孟頫　赵与票　赵大讷

　　　　………………… 2959

叶李……………………… 2962

新元史卷一九一

列传第八八

王构　土熙　土点 ……… 2966

魏初……………………… 2967

刘敏中…………………… 2968

宋衟……………………… 2969

焦养直…………………… 2969

杨桓……………………… 2970

尚野　师简 ……………… 2971

李之绍…………………… 2971

谢端……………………… 2972

曹鉴……………………… 2973

新元史卷一九二

列传第八九

安藏……………………… 2974

迦鲁纳答思……………… 2975

大乘都…………………… 2975

唐仁祖…………………… 2976

洁实尔　兀玉都实 ……… 2976

脱烈海牙………………… 2977

燕只不花………………… 2978

忙兀的斤………………… 2979

普颜……………………… 2980

新元史卷一九三

列传第九〇

赵天麟…………………… 2982

郑介夫…………………… 2990

新元史卷一九四

列传第九一

陆垕……………………… 3000

李拱辰……………………… 3001

潘泽……………………… 3002

李廷……………………… 3003

王道……………………… 3003

郭郁……………………… 3004

任仁发……………………… 3005

苗好谦……………………… 3006

韩冲 中 ……………………… 3006

新元史卷一九五

列传第九二

陈思济……………………… 3008

梁贞……………………… 3009

申屠致远……………………… 3010

雷膺……………………… 3011

徐毅……………………… 3012

滕安上……………………… 3014

萧泰登……………………… 3014

张完……………………… 3015

权秉忠……………………… 3015

王兴祖……………………… 3015

黄肯播……………………… 3016

新元史卷一九六

列传第九三

李元礼……………………… 3017

赵璧……………………… 3018

秦起宗……………………… 3019

席郁……………………… 3019

韩国昌 元善 …………… 3020

董纳……………………… 3021

赵师鲁……………………… 3022

于钦……………………… 3023

宋翼 杨按札儿不花 … 3023

杨焕……………………… 3025

胡彝……………………… 3025

新元史卷一九七

列传第九四

和礼霍孙……………………… 3027

完泽……………………… 3028

阿鲁浑萨里 岳柱 …… 3029

彻里……………………… 3031

秃忽鲁……………………… 3032

新元史卷一九八

列传第九五

哈剌哈孙……………………… 3034

不忽木 回回 � … 3036

新元史卷一九九

列传第九六

铁哥……………………… 3045

乞台普济 也克吉儿 … 3047

斡罗斯 博罗不花 庆童

……………………… 3048

爱薛……………………… 3050

曲枢 伯都 伯帖木儿

……………………… 3051

脱虎脱 三宝奴 …… 3052

察罕……………………… 3054

新元史卷二〇〇

欧阳玄……………… 3118

新元史卷二〇七

列传第一〇四

　梁德珪……………… 3120

　张思明……………… 3121

　陈颢……………… 3122

　傅岩起……………… 3123

　王士宏……………… 3124

新元史卷二〇八

列传第一〇五

　张起岩……………… 3126

　许有壬……………… 3127

　宋本　褧……………… 3130

　王结……………… 3132

　仇浚……………… 3133

　王思诚……………… 3135

新元史卷二〇九

列传第一〇六

　脱脱　合剌章 ………… 3138

新元史卷二一〇

列传第一〇七

　彻里帖木儿………… 3146

　别儿怯不花………… 3148

　定住……………… 3149

　太不花　刘哈剌不花 … 3150

　老的沙……………… 3152

新元史卷二一一

列传第一〇八

　贡奎　师泰 ………… 3154

王守诚……………… 3156

李好文……………… 3156

孛术鲁翀　远 ……… 3158

苏天爵……………… 3161

吴直方　莱 ……… 3162

杨瑀……………… 3163

逯鲁曾　曾福冲　刘闻

……………… 3164

张翥……………… 3165

周伯琦……………… 3166

孔克坚……………… 3167

新元史卷二一二

列传第一〇九

王克敬……………… 3169

崔敬……………… 3171

韩镛……………… 3173

盖苗……………… 3174

归旸……………… 3176

徐奭……………… 3178

新元史卷二一三

列传第一一〇

吕思诚　武祺 ………… 3179

成遵……………… 3181

贾鲁……………… 3183

新元史卷二一四

列传第一一一

奕赫抵雅尔丁………… 3186

野讷……………… 3187

回回……………… 3187

瞻思…………………… 3189

自当　笃列图 ………… 3190

完者都………………… 3192

达里麻识里…………… 3193

丑的…………………… 3194

新元史卷二一五

列传第一一二

月鲁帖木儿…………… 3195

卜颜帖木儿…………… 3196

道童…………………… 3197

达里麻识理…………… 3199

也速…………………… 3200

新元史卷二一六

列传第一一三

李士赡………………… 3202

张桢…………………… 3206

陈祖仁………………… 3208

新元史卷二一七

列传第一一四

李黼　韩准 ………… 3213

泰不华………………… 3215

樊执敬………………… 3216

汪泽民………………… 3217

福寿　贺方 ………… 3218

褚不华………………… 3219

普化帖木儿…………… 3220

刘鹗…………………… 3220

新元史卷二一八

列传第一一五

董抟霄………………… 3223

余阙…………………… 3226

新元史卷二一九

列传第一一六

星吉…………………… 3230

石抹宜孙　迈里古思

苏友龙………………… 3232

也儿吉尼……………… 3235

陈有定………………… 3236

新元史卷二二〇

列传第一一七

察罕帖木儿　扩廓帖木儿

李思齐　老保　魏赛在不花

关关　关保　刘则礼 …… 3241

新元史卷二二一

列传第一一八

信苴日………………… 3251

杨汉英　宋阿重 ……… 3252

杨完者　曾华 ………… 3253

新元史卷二二二

列传第一一九

李璮…………………… 3255

王文统………………… 3257

新元史卷二二三

列传第一二〇

阿合马………………… 3260

卢世荣………………… 3264

桑哥　要束木 ………… 3267

新元史卷二二四

列传第一二一

　铁木迭儿…………… 3273

　铁失………………… 3276

　伯颜………………… 3277

　哈麻　雪雪………… 3279

新元史卷二二五

列传第一二二

　韩林儿……………… 3282

　张士诚……………… 3287

新元史卷二二六

列传第一二三

　徐寿辉……………… 3292

　陈友谅　理………… 3294

　明玉珍　升………… 3297

新元史卷二二七

列传第一二四

　方国珍……………… 3301

　何真　邵宗愈　李质　… 3303

　陈均义　陈舜隆　陈良玉

　　………………… 3306

　欧普祥　邓克明　熊天瑞

　　………………… 3307

　王宣　信…………… 3308

新元史卷之二二八

列传第一二五

　帖木儿……………… 3309

新元史卷二二九

列传第一二六

　循吏………………… 3315

刘义………………… 3316

谢天吉……………… 3316

赵振玉……………… 3317

黄顺翁　仓振……… 3317

曾冲子……………… 3317

张耕………………… 3318

葛荣　齐克中　赵志

阎从　王琚仁……… 3318

杜处愿……………… 3319

刘济………………… 3319

周惠………………… 3319

李英………………… 3320

许维桢……………… 3320

王德亮……………… 3320

田滋………………… 3321

王安贞……………… 3321

邢裕　秉仁………… 3321

徐泰亨　陈春……… 3322

耶律伯坚　陈楚仙　… 3323

刘辉………………… 3324

柯谦　九思………… 3324

王肖翁……………… 3325

卢克治……………… 3325

赵良辅　陈炎酉

于宏毅……………… 3326

孙天正……………… 3327

燕立帖木儿………… 3327

谙都剌……………… 3327

杨景行……………… 3328

忠义二·················· 3349

　郑玉·················· 3349

　全普庵撒里　哈海赤

　·················· 3351

　王荣忠·················· 3352

　周铠　谢一鲁 ········· 3352

　聂炳　明安达尔 ······ 3353

　刘畊孙　煮孙　硕

　兴孙 ·················· 3353

　俞述祖·················· 3354

　桂完泽　金德 ······ 3354

　丑闾　冯三 ·········· 3354

　孛罗帖木儿　马哈失力

　·················· 3355

　彭庭坚·················· 3355

　王伯颜　相桢　陈阳盈

　·················· 3356

　刘浚　健 ·········· 3357

　朵里不花　达兰不花

　哈乞等 ·········· 3357

　陈君用·················· 3358

　卜理牙敦　上都 ······ 3358

　潮海　民安图　黄绍

　黄云　胡斗元 ······ 3359

　魏中立　于大本 ······ 3359

　章善·················· 3360

新元史卷二三二

列传第一二九

　忠义三·················· 3361

　王翕　朵儿直班 ······ 3362

　高文鼎　解子元

　罗启南　姜天祐　钱鹤皋

　·················· 3362

　梁曾甫　孔昄 ········· 3362

　邓可贤·················· 3362

　张恒·················· 3363

　张友明　周仁 ······ 3363

　陈元善　雷灿 ······ 3363

　叶景仁　隽　李铉

　马哈麻 ·················· 3363

　罗良　陈端孙 ······ 3363

　张进九·················· 3364

　赵观光·················· 3364

　潘伯修·················· 3364

　周诚德　刘公宽 ······ 3364

　王铨·················· 3365

　刘良　刘溶 ······ 3365

　杨椿·················· 3365

　李棠卿·················· 3365

　邹世闻　刘受二 ······ 3365

　陈谦　训 ·········· 3366

　李清七　清八 ········· 3366

　林梦正·················· 3366

　夏璿·················· 3366

　普元理·················· 3367

　汤自愿·················· 3367

　汪伯正·················· 3367

　江日新　陈择 ········· 3367

许晋…………………… 3367

刘元谟　杨居仁　脱脱
………………………… 3368

张升…………………… 3368

舒泰　张远　陈无咎
………………………… 3368

黄复圭………………… 3368

黄翊…………………… 3368

杨本岩………………… 3369

彭继凯………………… 3369

萧同善　陈新………… 3369

冯文举　郭景杞…… 3369

尚景仁………………… 3370

束良会………………… 3370

刘以忠………………… 3370

神保…………………… 3370

邢飞翰………………… 3371

张仲仁………………… 3371

张名德………………… 3371

齐郁…………………… 3371

邓祖胜………………… 3371

张士谦………………… 3372

吴讷　陶起祖　梁王
………………………… 3372

驴儿达德……………… 3372

柏帖木儿……………… 3372

迭里弥实　获步独丁等
………………………… 3373

新元史卷二三三

列传第一三〇

忠义四………………… 3374

伯颜…………………… 3374

朱春　谷廷珪……… 3375

买住　张凤仪

仪子万里…………… 3375

熊义山　罗邦佐…… 3375

曹彦可　陈道夫

梅实　吕复　堵简…… 3376

囊果歹　完者都　赵资
………………………… 3376

周冕　刘公礼　罗辉
………………………… 3376

王成…………………… 3377

游宏道　木薛飞

罗武德………………… 3377

王英…………………… 3377

普颜不花　申荣…… 3378

闵本…………………… 3379

拜住…………………… 3379

赵宏毅　恭　张正蒙

徐猱头………………… 3379

董哶　邓烈………… 3380

朴赛因不花　张庸

段祯…………………… 3380

郭庸…………………… 3381

丁好礼………………… 3381

朱公选………………… 3381

孙德谦………………… 3382

叶兰 ·············· 3382

孙昶 ·············· 3382

伯颜子中 ·········· 3382

王翰 ·············· 3383

蔡子英 ············ 3383

狄琮 ·············· 3384

夏侯尚元 ·········· 3384

新元史卷二三四

列传第一三一

　儒林一 ············ 3386

　赵复　砚弥坚 ········ 3387

　金履祥　卫益富 ······ 3387

　张翌 ·············· 3388

　胡炳文　程直方 ······ 3389

　许谦 ·············· 3389

　张枢　吕洙　薛玄

　马道贯　吕溥 ········ 3390

　陈庚　潘迪 ·········· 3390

　牟应龙 ············ 3391

　熊朋来 ············ 3391

　车若绾 ············ 3392

　徐之纲 ············ 3392

　胡一桂 ············ 3392

　戴良齐 ············ 3393

　熊禾 ·············· 3393

　马端临　胡三省 ······ 3393

　俞琰　李简 ·········· 3393

　刘德渊 ············ 3393

　薛元　宰沂 ·········· 3394

何中 ·············· 3394

董朴 ·············· 3395

荣肇 ·············· 3395

萧㪺　韩择　侯均 ··· 3395

新元史卷二三五

列传第一三二

　儒林二 ············ 3397

　黄超然　陈应润 ······ 3397

　王野翁　谢仲直

　钱义方

　·············· 3398

　丁易东　陶元干 ······ 3398

　王申子 ············ 3399

　任士林　赵采

　徐之祥　魏新之　吴霞举

　丘富国　郑仪孙 ······ 3399

　董真卿　张理 ········ 3400

　程龙　程焕　吴迁 ··· 3400

　雷光霆　陈深 ········ 3400

　吴郢 ·············· 3401

　刘整　陈宏 ·········· 3401

　史蒙卿 ············ 3401

　周鼎 ·············· 3401

　杨璲　夏泰亨　刘瑾

　·············· 3401

　王天与　王充耘 ······ 3402

　黄景昌 ············ 3402

　俞皋　鲁震 ·········· 3402

　熊复　毛应龙 ········ 3402

乌冲…………………… 3403

黄泽…………………… 3403

安熙　焦悦 …………… 3405

同恕　第五居仁 …… 3405

敖继公　邱葵

孟文龙　秦玉 ……… 3406

吴师道　王余庆 …… 3406

陈普…………………… 3407

韩性…………………… 3407

熊良辅………………… 3407

陈栎…………………… 3408

保八…………………… 3408

曹元博　吴仪 ……… 3408

武恪…………………… 3409

新元史卷二三六

列传第一三三

儒林三………………… 3410

刘庄孙………………… 3410

刘彭寿………………… 3411

林起宗………………… 3411

戚崇增………………… 3411

程端礼　端学 ……… 3412

倪渊…………………… 3412

陈澔　师凯 ………… 3413

刘友益　冯翼翁　彭丝

………………………… 3413

宇文公谅……………… 3413

史季敷　赵有桂 …… 3414

闻人梦吉……………… 3414

陈刚…………………… 3414

陈樵…………………… 3414

牟楷…………………… 3415

程时登　程复心 …… 3415

史伯璿　詹道传

黄景星　曾贯 ……… 3415

周仁荣　仔肩　孟梦恂

………………………… 3415

钟律　黄清老　单庚金

俞汉…………………… 3416

朱公迁………………… 3416

朱隐老　刘霖　陈谟

………………………… 3417

周闻孙　邵光祖

俞燮元………………… 3417

赵汸…………………… 3417

汪克宽………………… 3418

新元史卷二三七

列传第一三四

文苑上………………… 3419

杨奂　员择 ………… 3420

陆文圭　梁益 ……… 3420

刘辰翁　黄圭　罗志仁

………………………… 3421

周密…………………… 3421

卢挚…………………… 3421

戴表元………………… 3422

陈孚　冯子振 ……… 3422

洪希文………………… 3423

新元史目录 ・555・

龚璛…………………… 3423
宋无…………………… 3423
白珽…………………… 3423
刘应龟………………… 3423
元淮…………………… 3424
袁易　泰……………… 3424
鲜于枢………………… 3424
郑滁孙　陶孙………… 3424
姚应凤………………… 3425
谢晖…………………… 3425
吾邱衍　仇远………… 3425
杨载　杨刚中　李桓
　………………………… 3425
刘诜　龙仁夫　刘岳申
　………………………… 3426
陈旅　程文　陈绎曾
　………………………… 3426
李泂　王景贤………… 3427
范梈…………………… 3427
柳贯…………………… 3428
李孝光　朱文霆……… 3429
周驰…………………… 3429
朱德润………………… 3429
顾辉…………………… 3430
马莹…………………… 3430
黄叔英………………… 3430
吴福孙………………… 3430
胡渭…………………… 3431
李存…………………… 3431

新元史卷二三八
列传第一三五
　文苑下………………… 3432
　　萨都剌……………… 3432
　　周权………………… 3433
　　陈泰………………… 3433
　　黄许………………… 3433
　　杨士弘　万白　辛敬
　　　周贞　郑大同…… 3433
　　史公斑……………… 3434
　　傅若金……………… 3434
　　李康………………… 3434
　　乃贤　黄玠………… 3434
　　何失………………… 3435
　　程以临……………… 3435
　　王逢………………… 3435
　　蒲道源……………… 3435
　　岑安卿　谢宗可
　　元祐………………… 3435
　　胡天游……………… 3436
　　周霆震……………… 3436
　　吴定翁　孙辙……… 3436
　　郭钰………………… 3436
　　舒頔………………… 3436
　　李祁　王礼………… 3437
　　戴良　吴海………… 3437
　　王冕………………… 3437
　　钱惟善……………… 3437
　　张昱………………… 3438

陶宗仪·············· 3438

顾德辉　郭翼········ 3438

杨维桢·············· 3438

张宪　张雨········· 3439

丁鹤年·············· 3439

倪瓒　黄公望　吴镇

王蒙·············· 3439

新元史卷二三九

列传第一三六

笃行上············· 3441

田喜　缪伦········· 3442

祖浩然·············· 3442

徐师颜·············· 3443

陈斗龙·············· 3443

胡景清　颜应祐····· 3443

赵应祥·············· 3444

周古象·············· 3444

王闰·············· 3444

郭道卿　佐卿　廷炜

·············· 3444

萧道寿·············· 3444

郭狗狗·············· 3445

张闰　芮世通　丁煦

同存义·············· 3445

田改住·············· 3445

宁猪狗　李家奴等··· 3445

樊渊　赖禄孙········ 3446

刘德泉　朱显

吴思达　朱汝谐····· 3446

郭回·············· 3446

孔全　张子夔等····· 3447

杨一　张本　张庆··· 3447

元善·············· 3447

却祥·············· 3447

赵毓·············· 3447

胡光远　庞遵········ 3448

陈韶孙·············· 3448

李忠　吴国宝········ 3448

李茂·············· 3448

羊仁　黄觉经　章卿孙

俞全·············· 3449

李鹏飞·············· 3449

彻彻·············· 3449

王初应　施合德

石明三·············· 3449

郑文嗣　太和钦····· 3450

王荐·············· 3450

郭全　刘德　马押忽

·············· 3450

杨晖·············· 3451

丁文忠·············· 3451

邵敬祖　李彦忠　郭成

·············· 3451

扈铎·············· 3451

孙秀实　李子敬····· 3452

宋杞·············· 3452

赵荣·············· 3452

吴道直·············· 3453

余丙…………………… 3453

徐钰…………………… 3453

尹莘　孙希贤　卜胜荣

　………………………… 3453

刘廷让…………………… 3453

刘通　黄镒　丁祥一

　………………………… 3453

张旺舅…………………… 3454

张思孝…………………… 3454

杜佑…………………… 3454

长寿　梁外僧等 ……… 3454

孙瑾　吴希曾 ……… 3454

张恭…………………… 3455

訾汝道…………………… 3455

赵一德…………………… 3455

新元史卷二四〇

列传第一三七

笃行下…………………… 3456

姚仲实…………………… 3456

夏永庆…………………… 3457

黄一清…………………… 3457

祝大昌…………………… 3457

叶以清…………………… 3457

秦玉…………………… 3458

王庸…………………… 3458

黄礬…………………… 3458

刘琦…………………… 3459

刘源…………………… 3459

陆思孝…………………… 3459

姜兼…………………… 3459

胡伴侣…………………… 3459

王士宏…………………… 3459

何从义…………………… 3460

哈都赤…………………… 3460

高必达　曾德 ……… 3460

王思聪…………………… 3460

黄道贤…………………… 3461

吏彦斌…………………… 3461

张绍祖…………………… 3461

李明德…………………… 3461

张缉…………………… 3461

魏敬益…………………… 3462

汤霖…………………… 3462

孙抑…………………… 3462

石永…………………… 3462

王克己…………………… 3462

刘思敬…………………… 3463

吕祐…………………… 3463

周乐…………………… 3463

唐毅　辕 ……………… 3463

新元史卷二四一

列传第一三八

隐逸…………………… 3465

张特立…………………… 3465

郑思肖…………………… 3466

谢翱　吴思齐　方凤

唐钰　林景熙 ……… 3466

王炎午　张宏毅 …… 3467

龚开　汪元量 ……… 3468
孙潼发 ……………… 3468
赵友钦 ……………… 3468
陆钊 ………………… 3468
张庆之　王义端 …… 3469
王昌世 ……………… 3469
杜瑛 ………………… 3469
杜本 ………………… 3470
王鉴 ………………… 3471

新元史卷二四二
列传第一三九
方技 ……………… 3472
田忠良 ……………… 3472
靳德进 ……………… 3474
李俊民 ……………… 3475
张康 ………………… 3475
廖应淮　傅立　周仲高
……………………… 3476
李国同 ……………… 3476
李杲　罗天益　窦行冲
……………………… 3477
朱震亨　王履 ……… 3478
刘岳 ………………… 3478
阿尼哥　刘元 ……… 3478
朱玉 ………………… 3480
李时 ………………… 3480

新元史卷二四三
列传第一四○
释老 ……………… 3481

八思巴　瞻巴
必兰纳识里 ………… 3484
邱处机　马钰　谭处端
刘处元　王处一　郝大通
孙不二　康泰真
祁志诚 ……………… 3486
张宗演　张留孙
吴全节 ……………… 3487
郦希诚　张清志 …… 3490
萧辅道　李居寿 …… 3490
莫起炎 ……………… 3491

新元史卷二四四
列传第一四一
列女上 …………… 3492
周术忽妻崔氏……… 3493
李伯通妻周氏……… 3494
郭三妻杨氏………… 3494
刘平妻胡氏　王氏女
……………………… 3494
杨居宽继室马氏…… 3494
程鹏飞妻某氏……… 3495
沈氏 ………………… 3495
戴复古妻…………… 3495
贾琼妻韩氏………… 3495
徐君宝妻某氏……… 3496
临海民妇王氏……… 3496
武用妻苏氏………… 3497
江文铸妻范氏　柳氏
……………………… 3497

谭节妇……………… 3497

刘全祖妻林氏……… 3497

霍氏二妇尹氏杨氏

………………… 3498

袁天裕妻焦氏

任氏田氏 ………… 3498

梁氏 王妙璘 周氏

………………… 3498

谢天与妻邓氏

陈存信妻程氏等 …… 3498

只鲁花真

宋仲荣妻梁氏等 …… 3498

王德政妻郭氏……… 3499

郎氏 东平郑氏

大宁杜氏 安西杨氏

………………… 3499

秦氏二女 孙氏女

许氏女 张氏女 …… 3499

张兴祖妻周氏……… 3499

赵孝妇……………… 3500

霍荣妻段氏 吴氏等

………………… 3500

朱虎妻茅氏………… 3500

俞新之妻闻氏

李五妻刘氏 ……… 3500

马英 赵氏女 ……… 3501

冯氏……………… 3501

李君进妻王氏

移剌氏等 ……… 3501

朱淑信……………… 3502

葛妙真 畏吾氏三女

………………… 3502

王氏 王义妻卢氏等

………………… 3502

张义妇……………… 3502

郑伯文妻丁氏……… 3503

葛孝女……………… 3503

赵美妻王氏 李冬儿

李氏 ……………… 3503

脱脱尼 李世安妻王氏

………………… 3504

赵彬妻朱氏 安哥

………………… 3504

贵哥 …………… 3504

台叔龄妻刘氏……… 3505

李智贞 …………… 3505

蔡三玉……………… 3505

黄伯英妻雍氏……… 3505

唐斗辅妻文氏

王氏金孝女 ……… 3505

陈道安妻徐氏

韩良可妻寇氏等 …… 3506

马氏 焦三妻易氏 … 3506

张氏

季富妻黄氏昆山孝节妇

………………… 3506

新元史卷二四五

列传第一四二

列女中 ……………………… 3508
　　白氏 …………………… 3509
　　胡孝女　任仲文妻林氏
　　　………………………… 3509
　　宁居斌妻独吉氏
　　韩筠妻刘氏 …………… 3509
　　傅贺妻陈氏
　　刘似之妻徐氏 ………… 3509
　　张氏女　高氏 ………… 3510
　　李景文妻徐氏 ………… 3510
　　秦闰夫妻柴氏 ………… 3510
　　郑琪妻罗氏 …………… 3511
　　陈淑真 ………………… 3511
　　左友白妻龙氏 ………… 3511
　　焦士廉妻王氏　杜氏
　　萧氏 …………………… 3511
　　柯节妇 ………………… 3512
　　月娥丁氏 ……………… 3512
　　钟节妇 ………………… 3512
　　刘冀之 ………………… 3512
　　义烈女朵那 …………… 3513
　　韩氏女 ………………… 3513
　　胡妙端 ………………… 3513
　　梁王女阿穑公主
　　女僧奴 ………………… 3513
　　脱脱怀氏 ……………… 3514
　　辛瑜妻傅氏
　　史五妻徐氏 …………… 3514
　　张春儿 ………………… 3514

　　秦笔妻 ………………… 3514
　　吴妙宁 ………………… 3515
　　孔胥妻周氏 …………… 3515
　　张贞 …………………… 3515
　　吴良正　贾善妻　宋婺
　　　………………………… 3515
　　何妇贺氏 ……………… 3515
　　费元琇 ………………… 3516
　　杨节妇吴氏 …………… 3516
　　陆焘妻赵氏 …………… 3516
　　徐谢氏 ………………… 3516
　　李氏　黄元珪妻俞氏
　　谢氏　赵氏 …………… 3516
　　林克成妻陈氏 ………… 3517
　　刘公翼妻萧氏 ………… 3517
新元史卷二四六
列传第一四三
列女下 …………………… 3518
　　姚氏　方宁妻管胜娘
　　　………………………… 3519
　　衣氏　曹德妻侯氏等
　　　………………………… 3519
　　王琰妻潘氏　蒋氏
　　田氏　郑氏 …………… 3520
　　汤辉妻张氏　汤婍
　　　………………………… 3520
　　俞土渊妻童氏 ………… 3520
　　惠士元妻王氏
　　费隐妻王氏 …………… 3520

周妇毛氏…………… 3521
丁尚贤妻李氏……… 3521
李顺儿……………… 3521
吴守正妻禹氏……… 3521
黄仲起妻朱氏　冯氏

　蔡氏 ……………… 3522
也先忽都…………… 3522
吕彦能妻刘氏　王氏

　……………………… 3522
袁氏孤女…………… 3522
徐允让妻潘氏

王琪妻蔡氏 ………… 3522
赵洙妻许氏………… 3523
张正蒙妻韩氏

季锐妻何氏………… 3523
刘氏二女　郑奴 …… 3523
于同祖妻曹氏　季氏

　……………………… 3523
李仲义妻刘氏……… 3524
李宏益妻申氏　安氏

　……………………… 3524
周如砥女…………… 3524
狄恒妻徐氏………… 3524
李马儿妻袁氏……… 3524
王士明妻李氏

邵琪妻华氏 ………… 3524
陶宗嫒　宗婉　王淑

　……………………… 3525
高丽氏……………… 3525

张讷妻刘氏

张思孝妻华氏 ……… 3525
观音奴妻卜颜的斤

张栋妻王氏 ………… 3525
安志道妻刘氏……… 3525
宋谦妻赵氏　温氏等

　……………………… 3526
齐关妻刘氏………… 3526
王宗仁妻宋氏……… 3526
王履谦妻齐氏　萧氏

吕氏 ……………… 3526
王时妻安氏　李氏

　……………………… 3526
徐猱头妻岳氏……… 3526
程徐妻金氏………… 3527
孛术远妻雷氏……… 3527
武管婴……………… 3527
王子温妻诸氏……… 3527
蒲氏　赵氏等 ……… 3527
李哥……………… 3527
新元史卷二四七
列传第一四四
　宦者 ……………… 3529
　李邦宁　张仲耋 … 3529
　野先帖木儿
　赵伯颜不花 ……… 3530
　朴不花…………… 3531
新元史卷二四八
列传第一四五

云南湖广四川等处蛮夷
············· 3533
　云南溪洞诸蛮········· 3533
　大理金齿蛮········· 3537
　罗罗斯········· 3538
　车里········· 3538
　乌撒乌蒙东川芒部
············· 3538
　禄余········· 3539
　八番顺元诸蛮········· 3540
　田万顷········· 3542
　宋隆济········· 3543
　广西上下江诸蛮········· 3544
　黄圣许········· 3546
　岑毅········· 3546
　海北海南诸蛮········· 3547
　四川溪洞诸蛮········· 3547
新元史卷二四九
列传第一四六
　外国一·············· 3549
　　高丽·············· 3549
新元史卷二五○
列传第一四七
　外国二·············· 3564
　　日本·············· 3564
新元史卷二五一
列传第一四八
　外国三·············· 3572
　　安南·············· 3572

新元史卷二五二
列传第一四九
　外国四·············· 3584
　　缅·············· 3584
　　逻罗·············· 3590
　　八百媳妇·············· 3591
新元史卷二五三
列传第一五○
　外国五·············· 3593
　　占城·············· 3593
　　爪哇·············· 3596
　　流求·············· 3597
　　岛夷诸国·············· 3599
新元史卷二五四
列传第一五一
　外国六·············· 3605
　　西域上·············· 3605
新元史卷二五五
列传第一五二
　外国七·············· 3616
　　西域下　角儿只　罗马
　　小阿昧尼亚　阿特而
　　佩占　克儿漫　海拉脱
　　土耳基　印度········· 3616
新元史卷二五六
列传第一五三
　外国八·············· 3628
　　木剌夷·············· 3628
　　报达·············· 3631

# 明　史

明史卷一

本纪第一

   太祖一 ···················· 1

明史卷二

本纪第二

   太祖二 ···················· 12

明史卷三

本纪第三

   太祖三 ···················· 25

明史卷四

本纪第四

   惠帝 ······················ 37

明史卷五

本纪第五

   成祖一 ···················· 43

明史卷六

本纪第六

   成祖二 ···················· 49

明史卷七

本纪第七

   成祖三 ···················· 58

明史卷八

本纪第八

   仁宗 ······················ 67

明史卷九

本纪第九

   宣宗 ······················ 71

明史卷一〇

本纪第一〇

   英宗前纪 ·················· 79

明史卷一一

本纪第一一

   景帝 ······················ 88

明史卷一二

本纪第一二

   英宗后纪 ·················· 95

明史卷一三

本纪第一三

宪宗一 ················· 100
明史卷一四
本纪第一四
宪宗二 ················· 107
明史卷一五
本纪第一五
孝宗 ··················· 113
明史卷一六
本纪第一六
武宗 ··················· 123
明史卷一七
本纪第一七
世宗一 ················· 133
明史卷一八
本纪第一八
世宗二 ················· 144
明史卷一九
本纪第一九
穆宗 ··················· 155
明史卷二〇
本纪第二〇
神宗一 ················· 159
明史卷二一
本纪第二一
神宗二 ················· 170
光宗 ··················· 179
明史卷二二
本纪第二二
熹宗 ··················· 181

明史卷二三
本纪第二三
庄烈帝一 ··············· 188
明史卷二四
本纪第二四
庄烈帝二 ··············· 197
明史卷二五
志第一
天文一 ················· 205
两仪 ··················· 205
七政 ··················· 206
恒星 ··················· 207
黄赤宿度 ··············· 216
黄赤宫界 ··············· 217
仪象 ··················· 218
极度晷影 ··············· 222
东西偏度 ··············· 223
中星 ··················· 223
分野 ··················· 225
明史卷二六
志第二
天文二 ················· 228
月掩犯五纬 ············· 228
五纬掩犯 ··············· 230
五纬合聚 ··············· 231
五纬掩犯恒星 ··········· 232
明史卷二七
志第三
天文三 ················· 246

星昼见 …………… 246
客星 ……………… 249
彗孛 ……………… 251
天变 ……………… 253
日变月变 ………… 254
晕适 ……………… 255
星变 ……………… 257
流陨 ……………… 258
云气 ……………… 260

明史卷二八
志第四
五行一　水 ……… 263
恒寒 ……………… 264
恒阴 ……………… 264
雨雪陨霜 ………… 265
冰雹 ……………… 265
雷震 ……………… 268
鱼孽 ……………… 271
蝗蝻 ……………… 271
豕祸 ……………… 272
龙蛇之孽 ………… 272
马异 ……………… 273
人痾 ……………… 273
疾疫 ……………… 274
鼓妖 ……………… 274
陨石 ……………… 275
水潦 ……………… 276
水变 ……………… 282
黑眚黑祥 ………… 283

明史卷二九
志第五
五行二　火　木 …… 285
恒燠 ……………… 285
草异 ……………… 286
羽虫之孽 ………… 286
羊祸 ……………… 286
火灾 ……………… 286
火异 ……………… 291
赤眚赤祥 ………… 292
恒雨 ……………… 293
狂人 ……………… 296
服妖 ……………… 296
鸡祸 ……………… 296
鼠妖 ……………… 296
木冰 ……………… 297
木妖 ……………… 297
青眚青祥 ………… 297

明史卷三〇
志第六
五行三　金　土 …… 298
恒旸 ……………… 298
诗妖 ……………… 301
毛虫之孽 ………… 302
犬祸 ……………… 302
金异 ……………… 302
白眚白祥 ………… 303
恒风 ……………… 303
风霾晦冥 ………… 304

花孽 ……………… 305

虫孽 ……………… 305

牛祸 ……………… 305

地震 ……………… 306

山颓 ……………… 313

雨毛地生毛 ……… 314

年饥 ……………… 315

黄眚黄祥 ………… 318

明史卷三一

志第七

历一 ……………… 319

历法沿革 ………… 320

明史卷三二

志第八

历二 ……………… 340

大统历法一上　法原

……………… 340

明史卷三三

志第九

历三 ……………… 370

大统历法一下　法原

……………… 370

明史卷三

志第一〇

历四 ……………… 395

大统历法二　立成 … 395

明史卷三五

志第一一

历五 ……………… 442

大统历法三上　推步

……………… 442

明史卷三六

志第一二

历六 ……………… 461

大统历法三下　推步

……………… 461

明史卷三七

志第一三

历七 ……………… 485

回回历法一 ……… 485

明史卷三八

志第一四

历八 ……………… 499

回回历法二 ……… 499

明史卷三九

志第一五

历九 ……………… 533

回回历法三 ……… 533

明史卷四〇

志第一六

地理一 …………… 580

京师 ……………… 581

南京 ……………… 599

明史卷四一

志第一七

地理二 …………… 616

山东 ……………… 616

山西 ……………… 629

明史卷四二

志第一八

地理三 ················ 642

河南 ················ 642

陕西 ················ 653

明史卷四三

志第一九

地理四 ················ 670

四川 ················ 670

江西 ················ 691

明史卷四四

志第二○

地理五 ················ 702

湖广 ················ 702

浙江 ················ 722

明史卷四五

志第二一

地理六 ················ 733

福建 ················ 733

广东 ················ 740

广西 ················ 751

明史卷四六

志第二二

地理七 ················ 764

云南 ················ 764

明史卷四七

志第二三

礼一　吉礼一 ········ 795

坛壝之制 ············ 797

神位祭器玉帛牲牢

祝册之数 ············ 799

笾豆之实 ············ 804

祭祀杂议诸仪 ······ 805

祭祀日期 ············ 805

习仪 ················ 805

斋戒 ················ 806

遣官祭祀 ············ 807

分献陪祀 ············ 807

明史卷四八

志第二四

礼二　吉礼二 ········ 809

郊祀 ················ 809

郊祀配位 ············ 812

郊祀仪注 ············ 814

祈谷 ················ 816

大雩 ················ 817

大禓 ················ 818

令节拜天 ············ 820

明史卷四九

志第二五

礼三　吉礼三 ········ 821

社稷 ················ 821

朝日夕月 ············ 824

先农 ················ 825

先蚕 ················ 826

高禖 ················ 828

祭告 ················ 828

祈报 ················ 829

神祇 ……………… 830　　加上谥号 ……………… 859
星辰 ……………… 831　　庙讳 ……………… 861
灵星寿星　　　　　　　明史卷五二
司中司命司民司禄 …… 832　志第二八
太岁月将风云雷雨 … 832　礼六　吉礼六 …… 862
岳镇海渎山川 ……… 833　　奉先殿 ……………… 862
城隍 ……………… 834　　奉慈殿 ……………… 864
明史卷五〇　　　　　　　献皇帝庙 ……………… 866
志第二六　　　　　　　　亲王从飨 ……………… 867
礼四　吉礼四 …… 836　　功臣配飨 ……………… 867
历代帝王陵庙 …… 836　　王国宗庙 ……………… 868
三皇 ……………… 838　　群臣家庙 ……………… 869
圣师 ……………… 839　明史卷五三
先师孔子 ………… 839　志第二九
旗纛 ……………… 843　礼七　嘉礼一 …… 871
五祀 ……………… 843　　登极仪 ……………… 871
马神 ……………… 844　　大朝仪 ……………… 873
南京神庙 ………… 844　　常朝仪 ……………… 874
功臣庙 …………… 845　　皇太子亲王朝仪 …… 876
京师九庙 ………… 845　　诸王来朝仪 …… 877
诸神祠 …………… 846　　诸司朝觐仪 …… 877
厉坛 ……………… 849　　中宫受朝仪 …… 878
明史卷五一　　　　　　　朝贺东宫仪 …… 879
志第二七　　　　　　　　大宴仪 ……………… 880
礼五　吉礼五 …… 851　　上尊号徽号仪 ……… 882
庙制 ……………… 851　明史卷五四
禘祫 ……………… 856　志第三〇
时享 ……………… 857　　礼八　嘉礼二 …… 884
荐新 ……………… 858　　册皇后仪　册妃嫔仪附

　　………………………… 884

　　册皇太子及皇太子

　　妃仪 ……………… 887

　　册亲王及王妃仪

　　册公主仪附 ………… 888

　　皇帝加元服仪 ……… 890

　　皇太子皇子冠礼 …… 891

　　品官冠礼 …………… 894

　　庶人冠礼 …………… 896

明史卷五五

志第三一

　　礼九　嘉礼三 ……… 898

　　天子纳后仪 ………… 898

　　皇太子纳妃仪 ……… 901

　　亲王婚礼 …………… 903

　　公主婚礼 …………… 904

　　品官婚礼 …………… 906

　　庶人婚礼 …………… 907

　　皇帝视学仪 ………… 908

　　经筵 ………………… 909

　　日讲 ………………… 909

　　东宫出阁讲学仪 …… 910

　　诸王读书仪 ………… 911

明史卷五六

志第三二

　　礼十　嘉礼四　宾礼 …… 912

　　巡狩 ………………… 912

　　东宫监国 …………… 913

　　皇长孙监国 ………… 914

　　颁诏仪 ……………… 914

　　迎接诏赦仪 ………… 915

　　进书仪 ……………… 915

　　进表笺仪 …………… 916

　　乡饮酒礼 …………… 917

　　蕃王朝贡礼 ………… 919

　　遣使之蕃国仪 ……… 921

　　蕃国遣使进表仪 …… 921

　　品官相见礼 ………… 922

　　庶人相见礼 ………… 923

明史卷五七

志第三三

　　礼十一　军礼 ……… 924

　　亲征 ………………… 924

　　遣将 ………………… 925

　　祃祭 ………………… 925

　　受降 ………………… 926

　　奏凯献俘 …………… 926

　　论功行赏 …………… 927

　　大阅 ………………… 928

　　大射 ………………… 929

　　救日伐鼓 …………… 930

明史卷五八

志第三四

　　礼十二　凶礼一 …… 932

　　山陵 ………………… 932

明史卷五九

志第三五

　　礼十三　凶礼二 …… 938

皇后陵寝 ・・・・・・・・・・・・ 938

兴宗帝后陵寝 ・・・・・・・・ 943

睿宗帝后陵寝 ・・・・・・・・ 944

皇妃等丧葬 ・・・・・・・・・・ 944

皇太子及妃丧葬 ・・・・・ 945

诸王及妃公主丧葬 ・・・ 945

明史卷六〇

志第三六

礼十四　凶礼三・・・・・・・・・・ 948

谒祭陵庙 ・・・・・・・・・・・・ 948

忌辰 ・・・・・・・・・・・・・・・・ 952

受蕃国王讣奏仪 ・・・・・ 953

为王公大臣举哀仪 ・・・ 953

临王公大臣丧仪 ・・・・・ 953

中宫为父祖丧仪 ・・・・・・ 954

遣使临吊仪 ・・・・・・・・・・ 955

遣使册赠王公大臣仪

・・・・・・・・・・ 955

赐祭葬 ・・・・・・・・・・・・・・ 956

丧葬之制 ・・・・・・・・・・・・ 957

碑碣 ・・・・・・・・・・・・・・・・ 958

赐谥 ・・・・・・・・・・・・・・・・ 959

品官丧礼 ・・・・・・・・・・・・ 960

士庶人丧礼 ・・・・・・・・・・ 961

服纪 ・・・・・・・・・・・・・・・・ 962

明史卷六一

志第三七

乐一 ・・・・・・・・・・・・・・・・ 965

明史卷六二

志第三八

乐二 ・・・・・・・・・・・・・・・・ 978

乐章一 ・・・・・・・・・・・・・・ 978

明史卷六三

志第三九

乐三・・・・・・・・・・・・・・・・ 1000

乐章二・・・・・・・・・・・・・・ 1000

明史卷六四

志第四〇

仪卫 ・・・・・・・・・・・・・・・・ 1017

明史卷六五

志第四一

舆服一 ・・・・・・・・・・・・・・ 1023

大辂 ・・・・・・・・・・・・・・・・ 1024

玉辂 ・・・・・・・・・・・・・・・・ 1026

大马辇・・・・・・・・・・・・・・ 1026

小马辇・・・・・・・・・・・・・・ 1026

步辇 ・・・・・・・・・・・・・・・・ 1026

大凉步辇・・・・・・・・・・・・ 1027

板轿 ・・・・・・・・・・・・・・・・ 1028

耕根车・・・・・・・・・・・・・・ 1028

后妃车舆・・・・・・・・・・・・ 1030

皇太子亲王以下车舆

・・・・・・・・・・ 1030

公卿以下车舆・・・・・・・・ 1031

伞盖・・・・・・・・・・・・・・・・ 1033

鞍辔・・・・・・・・・・・・・・・・ 1033

明史卷六六

志第四二

舆服二……………… 1034　　　　印信…………………… 1064

　皇帝冕服……………… 1034　　　　符节…………………… 1065

　后妃冠服……………… 1038　　　　宫室制度………………… 1068

　皇太子亲王以下冠服　　　　臣庶室屋制度………… 1070

　………………………… 1040　　　　器用…………………… 1071

明史卷六七　　　　明史卷六九

志第四三　　　　志第四五

　舆服三………………… 1045　　　　选举一………………… 1072

　文武官冠服…………… 1045　　明史卷七〇

　命妇冠服……………… 1050　　志第四六

　内外官亲属冠服……… 1053　　　　选举二………………… 1083

　内使冠服……………… 1054　　明史卷七一

　侍仪以下冠服………… 1054　　志第四七

　士庶冠服……………… 1055　　　　选举三………………… 1094

　乐工冠服……………… 1056　　明史卷七二

　军隶冠服……………… 1059　　志第四八

　外蕃冠服……………… 1059　　　　职官一………………… 1106

　僧道服色……………… 1059　　　　宗人府………………… 1107

明史卷六八　　　　三公三孤………………… 1107

志第四四　　　　太子三师三少………… 1107

　舆服四………………… 1061　　　　内阁…………………… 1108

　皇帝宝玺……………… 1061　　　　吏部…………………… 1110

　皇后册宝……………… 1062　　　　户部　附总督仓场　… 1113

　皇妃以下册印………… 1062　　　　礼部…………………… 1117

　皇太子册宝…………… 1063　　　　兵部　附协理京营戎政

　皇太子妃册宝………… 1063　　　　……………………………… 1120

　亲王以下册宝册印　　　　刑部…………………… 1123

　………………………… 1063　　　　工部　附提督易州山厂

　铁券………………… 1063　　　　……………………………… 1126

明史卷七三
志第四九
　　职官二……………… 1130
　　　都察院　附总督巡抚
　　　……………… 1130
　　　通政司……………… 1138
　　　大理寺……………… 1139
　　詹事府
　　　附左右春坊司经局…… 1141
　　　翰林院……………… 1142
　　　国子监……………… 1144
　　衍圣公　附五经博士
　　　……………… 1146

明史卷七四
志第五〇
　　职官三……………… 1147
　　太常寺　附提督四夷馆
　　　……………… 1147
　　光禄寺……………… 1149
　　太仆寺……………… 1150
　　鸿胪寺……………… 1152
　　尚宝司……………… 1153
　　六科……………… 1154
　　中书舍人……………… 1155
　　行人司……………… 1157
　　钦天监……………… 1157
　　太医院……………… 1159
　　上林苑监……………… 1160
　　五城兵马司……………… 1160

顺天府
　　附宛平大兴二县　…… 1161
　　武学……………… 1162
　　僧道录司……………… 1162
　　教坊司……………… 1163
　　宦者……………… 1163
　　女官……………… 1169

明史卷七五
志第五一
　　职官四……………… 1172
　　南京宗人府……………… 1173
　　吏部……………… 1173
　　户部　附总督粮储　… 1173
　　礼部……………… 1173
　　兵部……………… 1173
　　刑部……………… 1174
　　工部……………… 1174
　　都察院　附提督操江
　　　……………… 1174
　　通政司……………… 1174
　　大理寺……………… 1174
　　詹事府……………… 1175
　　翰林院……………… 1175
　　国子监……………… 1175
　　太常寺……………… 1175
　　光禄寺……………… 1175
　　太仆寺……………… 1175
　　鸿胪寺……………… 1175
　　尚宝司……………… 1175

招讨司 ······ 1204

长官司　附蛮夷长官司

······ 1204

军民府　附土州土县

······ 1205

明史卷七七

志第五三

食货一 ······ 1206

户口 ······ 1206

田制　屯田　庄田 ··· 1209

明史卷七八

志第五四

食货二 ······ 1215

赋役 ······ 1215

明史卷七九

志第五五

食货三 ······ 1227

漕运 ······ 1227

食库 ······ 1233

明史卷八〇

志第五六

食货四 ······ 1238

盐法 ······ 1238

茶法 ······ 1248

明史卷八一

志第五七

食货五 ······ 1255

钱钞 ······ 1255

坑冶　附铁冶铜场 ··· 1261

商税 ······ 1264

市舶 ······ 1268

马市 ······ 1269

明史卷八二

志第五八

食货六 ······ 1271

上供采造 ······ 1271

采造 ······ 1271

柴炭 ······ 1274

采木 ······ 1275

珠池 ······ 1275

织造 ······ 1276

烧造 ······ 1277

俸饷 ······ 1277

会计 ······ 1281

明史卷八三

志第五九

河渠一 ······ 1286

黄河上 ······ 1286

明史卷八四

志第六〇

河渠二 ······ 1307

黄河下 ······ 1307

明史卷八五

志第六一

河渠三 ······ 1326

运河上 ······ 1326

明史卷八六

志第六二

河渠四…………………… 1343
　　运河下………………… 1343
　　海运…………………… 1350
明史卷八七
志第六三
　河渠五…………………… 1353
　　淮河…………………… 1353
　　洳河…………………… 1355
　　卫河…………………… 1359
　　漳河…………………… 1360
　　沁河…………………… 1362
　　滹沱河………………… 1363
　　桑乾河………………… 1365
　　胶莱河………………… 1366
明史卷八八
志第六四
　河渠六…………………… 1369
　　直省水利……………… 1369
明史卷八九
志第六五
　兵一……………………… 1389
　　京营…………………… 1389
　　侍卫上直军
　　皇城守卫　京城巡捕
　　………………………… 1395
　　四卫营………………… 1399
明史卷九〇
志第六六
　兵二……………………… 1401

　　卫所…………………… 1401
　　班军…………………… 1424
明史卷九一
志第六七
　兵三……………………… 1428
　　边防…………………… 1428
　　海防　江防 ………… 1433
　　民壮士兵　乡兵 …… 1438
明史卷九二
志第六八
　兵四……………………… 1441
　　清理军伍……………… 1441
　　训练…………………… 1443
　　赏功…………………… 1445
　　火器…………………… 1447
　　车船…………………… 1448
　　马政…………………… 1451
明史卷九三
志第六九
　刑法一…………………… 1457
明史卷九四
志第七〇
　刑法二…………………… 1474
明史卷九五
志第七一
　刑法三…………………… 1490
明史卷九六
志第七二
　艺文一…………………… 1500

明史卷九七

志第七三

　　艺文二·············· 1531

明史卷九八

志第七四

　　艺文三·············· 1574

明史卷九九

志第七五

　　艺文四·············· 1604

明史卷一〇〇

表第一

　　诸王世表一·········· 1646

明史卷一〇一

表第二

　　诸王世表二·········· 1724

明史卷一〇二

表第三

　　诸王世表三·········· 1807

明史卷一〇三

表第四

　　诸王世表四·········· 1896

明史卷一〇四

表第五

　　诸王世表五·········· 1949

明史卷一〇五

表第六

　　功臣世表一·········· 2022

明史卷一〇六

表第七

　　功臣世表二·········· 2095

明史卷一〇七

表第八

　　功臣世表三·········· 2171

明史卷一〇八

表第九

　　外戚恩泽侯表········ 2226

明史卷一〇九

表第一〇

　　宰辅年表一·········· 2253

明史卷一一〇

表第一一

　　宰辅年表二·········· 2289

明史卷一一一

表第一二

　　七卿年表一·········· 2322

明史卷一一二

表第一三

　　七卿年表二·········· 2367

明史卷一一三

列传第一

　　后妃一·············· 2415

　　　太祖孝慈高皇后····· 2416

　　　孙贵妃············ 2418

　　　李淑妃············ 2419

　　　郭宁妃············ 2419

　　　惠帝马皇后········ 2419

　　　成祖仁孝徐皇后····· 2419

　　　王贵妃············ 2420

楚王桢　武冈王显槐

　　…………………… 2460

齐王榑………………… 2460

潭王梓………………… 2461

赵王杞………………… 2461

鲁王檀　归善王当沍

辅国将军当渍

奉国将军健根

安邱王当溰　寿鈳…… 2461

明史卷一一七

列传第五

太祖诸子二…………… 2464

蜀王椿………………… 2464

湘王柏………………… 2465

代王桂　襄垣王逊熯

灵邱王逊烇　成鋧

廷鄁………………… 2466

肃王楧………………… 2468

辽王植………………… 2469

庆王栴………………… 2470

宁王权………………… 2472

明史卷一一八

列传第六

太祖诸子三…………… 2478

岷王楩………………… 2479

谷王橞………………… 2480

韩王松………………… 2481

沈王模　沁水王珵堵

清源王幼　…………… 2482

安王楹………………… 2482

唐王桱　三城王芝垲

文城王弥钳　弥锬

辅国将军宇浃　……… 2482

郢王栋………………… 2484

伊王㰷………………… 2484

皇子楠………………… 2486

靖江王守谦…………… 2486

兴宗诸子……………… 2487

虞王雄英……………… 2487

吴王允熥……………… 2487

衡王允熞……………… 2488

徐王允𤐤……………… 2488

惠帝诸子……………… 2488

太子文奎……………… 2488

少子文圭……………… 2488

成祖诸子……………… 2488

高煦………………… 2488

赵王高燧……………… 2491

高煦………………… 2491

明史卷一一九

列传第七

仁宗诸子……………… 2493

郑王瞻埈　庐江王载堙

　　…………………… 2494

越王瞻墉……………… 2496

蕲王瞻垠……………… 2496

襄王瞻墡　枣阳王祐楒

　　…………………… 2496

荆王瞻堈…………… 2497

淮王瞻墺…………… 2498

滕王瞻垲………… 2499

梁王瞻埏………… 2499

卫王瞻埏………… 2499

英宗诸子………… 2500

德王见潾………… 2500

许王见淳………… 2500

秀王见澍………… 2501

崇王见泽………… 2501

吉王见浚………… 2501

忻王见治………… 2502

徽王见沛………… 2502

景帝子…………… 2502

怀献太子见济…… 2502

宪宗诸子………… 2504

悼恭太子祐极…… 2504

岐王祐棆………… 2504

益王祐槟………… 2504

衡王祐楎　新乐王载玺

…………… 2504

雍王祐枟………… 2505

寿王祐楎………… 2505

汝王祐梈………… 2505

泾王祐橓………… 2505

荣王祐枢………… 2505

申王祐楷………… 2506

孝宗子…………… 2506

蔚王厚炜………… 2506

明史卷一二〇

列传第八

世宗诸子………… 2507

哀冲太子载基…… 2508

庄敬太子载壑…… 2508

景王载圳………… 2509

颖王载墲………… 2509

戚王载墅………… 2509

蓟王载㙇………… 2509

均王载㙔………… 2509

穆宗诸子………… 2509

宪怀太子翊釴…… 2509

靖王翊铃………… 2510

潞王翊镠………… 2510

神宗诸子………… 2510

邠王常溆………… 2511

福王常洵………… 2511

沅王常治………… 2512

瑞王常浩………… 2512

惠王常润………… 2513

桂王常瀛………… 2513

光宗诸子………… 2515

简王由㰒………… 2516

齐王由楫………… 2516

怀王由模………… 2516

湘王由栩………… 2516

惠王由㰒………… 2516

熹宗诸子………… 2516

悼怀冲太子慈然… 2516

悼怀太子慈煊‥‥‥‥ 2516　　庄烈帝六女‥‥‥‥‥ 2528

献怀太子慈煐‥‥‥‥ 2516　明史卷一二二

庄烈帝诸子‥‥‥‥‥ 2516　列传第一〇

太子慈烺‥‥‥‥‥ 2516　　郭子兴‥‥‥‥‥‥ 2529

怀王慈烜‥‥‥‥‥ 2516　　韩林儿‥‥‥‥‥‥ 2531

定王慈炯‥‥‥‥‥ 2517　明史卷一二三

永王慈昭‥‥‥‥‥ 2517　列传第一一

悼灵王慈焕‥‥‥‥ 2517　　陈友谅‥‥‥‥‥‥ 2534

悼怀王‥‥‥‥‥‥ 2517　　张士诚‥‥‥‥‥‥ 2537

明史卷一二一　　　　　　　方国珍‥‥‥‥‥‥ 2540

列传第九　　　　　　　　明玉珍‥‥‥‥‥‥ 2543

公主‥‥‥‥‥‥‥‥ 2518　明史卷一二四

仁祖二女‥‥‥‥‥ 2518　列传第一二

太祖十六女　　　　　　　扩廓帖木儿　蔡子英 ‥‥ 2548

福成庆阳二主附 ‥‥ 2519　　陈友定　伯颜子中等 ‥‥ 2552

兴宗四女‥‥‥‥‥ 2523　　把匝剌瓦尔密‥‥‥‥ 2555

成祖五女‥‥‥‥‥ 2523　明史卷一二五

仁宗七女‥‥‥‥‥ 2524　列传第一三

宣宗二女‥‥‥‥‥ 2524　　徐达‥‥‥‥‥‥‥ 2557

英宗八女‥‥‥‥‥ 2525　　常遇春‥‥‥‥‥‥ 2563

景帝一女‥‥‥‥‥ 2525　明史卷一二六

宪宗五女‥‥‥‥‥ 2525　列传第一四

孝宗三女‥‥‥‥‥ 2526　　李文忠‥‥‥‥‥‥ 2568

睿宗二女‥‥‥‥‥ 2526　　邓愈‥‥‥‥‥‥‥ 2573

世宗五女‥‥‥‥‥ 2527　　汤和‥‥‥‥‥‥‥ 2575

穆宗六女‥‥‥‥‥ 2527　　沐英‥‥‥‥‥‥‥ 2578

神宗十女‥‥‥‥‥ 2527　明史卷一二七

光宗九女‥‥‥‥‥ 2528　列传第一五

熹宗二女‥‥‥‥‥ 2528　　李善长‥‥‥‥‥‥ 2585

汪广洋·················· 2588

明史卷一二八

列传第一六

　刘基　子琏　璟 ········· 2590

　宋濂·················· 2590

　叶琛·················· 2598

　章溢　子存道 ········· 2598

明史卷一二九

列传第一七

　冯胜　兄国用 ········· 2601

　傅友德·············· 2604

　廖永忠　赵庸 ········· 2607

　杨璟·················· 2609

　胡美·················· 2610

明史卷一三〇

列传第一八

　吴良·················· 2613

　康茂才·············· 2615

　丁德兴·············· 2616

　耿炳文·············· 2616

　郭英·················· 2618

　华云龙·············· 2620

　韩政·················· 2621

　仇成·················· 2622

　张龙·················· 2622

　吴复　周武 ········· 2623

　胡海·················· 2624

　张赫·················· 2625

　华高·················· 2625

张铨·················· 2626

何真·················· 2626

明史卷一三一

列传第一九

　顾时·················· 2628

　吴祯·················· 2629

　薛显·················· 2630

　郭兴·················· 2631

　陈德·················· 2632

　王志·················· 2633

　梅思祖·············· 2633

　金朝兴·············· 2634

　唐胜宗·············· 2634

　陆仲亨·············· 2635

　费聚·················· 2636

　陆聚·················· 2637

　郑遇春·············· 2637

　黄彬·················· 2637

　叶昇·················· 2638

明史卷一三二

列传第二〇

　朱亮祖·············· 2640

　周德兴·············· 2641

　王弼·················· 2642

　蓝玉　曹震　张翼　张温

　陈桓　朱寿　曹兴········· 2643

　谢成·················· 2647

　李新·················· 2647

明史卷一三三

列传第二一

廖永安 …………………… 2649

俞通海 弟通源 渊 … 2650

胡大海 养子德济 栾凤

………………………… 2652

耿再成 …………………… 2654

张德胜 江兴祖 ……… 2655

赵德胜

南昌康郎山两庙忠臣附

………………………… 2656

桑世杰 刘成 …………… 2658

茅成 杨国兴 …………… 2659

胡深 …………………… 2659

孙兴祖 …………………… 2660

曹良臣 周显 常荣

张耀 …………………… 2661

濮英 于光等 ………… 2662

明史卷一三四

列传第二二

何文辉 徐司马 ……… 2664

叶旺 马云 …………… 2665

缪大亨 武德 …………… 2667

蔡迁 陈文 …………… 2668

王铭 …………………… 2669

宁正 袁义 …………… 2669

金兴旺 费子贤 ……… 2670

花茂 …………………… 2671

丁玉 …………………… 2672

郭云 王溥 …………… 2672

明史卷一三五

列传第二三

陈遇 秦从龙 ………… 2674

叶兑 …………………… 2675

范常 潘庭坚 …………… 2677

宋思颜 夏煜 …………… 2678

郭景祥 李梦庚 王濂

毛骐 …………………… 2678

杨元杲 阮弘道 汪河

………………………… 2679

孔克仁 …………………… 2680

明史卷一三六

列传第二四

陶安 钱用壬 ………… 2682

詹同 …………………… 2683

朱升 …………………… 2685

崔亮 牛谅 答禄与权

张筹 朱梦炎 刘仲质

………………………… 2685

陶凯 …………………… 2688

曾鲁 …………………… 2688

任昂 …………………… 2689

李原名 …………………… 2690

乐诏凤 …………………… 2690

明史卷一三七

列传第二五

刘三吾 汪叡 朱善 … 2692

安然 王本等 ………… 2694

吴伯宗 鲍恂 任亨泰

　　…………………………… 2695
　　吴沉…………………………… 2696
　　桂彦良　李希颜　徐宗实
　　陈南宾　刘淳　董子庄
　　赵季通　杨黼　金实等
　　…………………………… 2696
　　宋讷　许存仁　张美和
　　聂铉　贝琼 …………… 2699
　　赵俶　钱宰　萧执 …… 2701
　　李叔正…………………… 2702
　　刘崧……………………… 2703
　　罗复仁　孙汝敬 ……… 2703
明史卷一三八
列传第二六
　　陈修　滕毅　赵好德
　　翟善　李仁　吴琳 ……… 2706
　　杨思义　滕德懋　范敏
　　费震　张琬 …………… 2708
　　周祯　刘惟谦　周浈
　　端复初　李质　黎光
　　刘敏 …………………… 2709
　　杨靖　凌汉　严德珉 … 2710
　　单安仁　朱守仁 ……… 2712
　　薛祥　秦逵　赵翥　赵俊
　　…………………………… 2713
　　唐铎　沈溍 …………… 2714
　　开济…………………… 2716
明史卷一三九
列传第二七

钱唐　程徐 …………… 2717
韩宜可　周观政　欧阳韶
　　…………………………… 2718
萧岐　门克新 ………… 2719
冯坚…………………… 2720
茹太素　曾秉正 ……… 2720
李仕鲁　陈汶辉 ……… 2721
叶伯巨…………………… 2722
郑士利　方徵 ………… 2727
周敬心…………………… 2728
王朴…………………… 2729
明史卷一四〇
列传第二八
　　魏观…………………… 2730
　　陶垕仲　王祐 ………… 2731
　　刘仕貆　王溥　徐均 … 2731
　　王宗显　王兴宗　吕文燧
　　王兴福　苏恭让
　　…………………………… 2732
　　王观　杨卓　罗性 …… 2733
　　道同　欧阳铭 ………… 2734
　　卢熙　兄熊　王士弘
　　倪孟贤　郎敏 ………… 2735
　　青文胜…………………… 2736
明史卷一四一
列传第二九
　　齐泰…………………… 2737
　　黄子澄…………………… 2738
　　方孝孺　卢原质　郑公智

林嘉猷　胡子昭　郑居贞

刘政　方法　楼琏⋯⋯⋯ 2739

练子宁　宋徵　叶希贤

⋯⋯⋯⋯⋯⋯⋯⋯⋯⋯ 2743

茅大芳　周璿⋯⋯⋯⋯⋯ 2744

卓敬　郭任　卢迥⋯⋯⋯ 2744

陈迪　黄魁　巨敬⋯⋯⋯ 2745

景清　连楹⋯⋯⋯⋯⋯⋯ 2746

胡闰　高翔⋯⋯⋯⋯⋯⋯ 2746

王度　戴德彝　谢昇

丁志方　甘霖　董镛

陈继之　韩永　叶福⋯⋯ 2747

明史卷一四二

列传第三〇

铁铉⋯⋯⋯⋯⋯⋯⋯⋯⋯ 2749

暴昭　侯泰⋯⋯⋯⋯⋯⋯ 2750

陈性善　陈植　王彬

崇刚⋯⋯⋯⋯⋯⋯⋯⋯⋯ 2751

张昺　谢贵　彭二　葛诚

余逢辰⋯⋯⋯⋯⋯⋯⋯⋯ 2752

宋忠　余瑱⋯⋯⋯⋯⋯⋯ 2753

马宣　曾濬　卜万　朱鉴

石撰⋯⋯⋯⋯⋯⋯⋯⋯⋯ 2753

瞿能　庄得　楚智

皂旗张　王指挥　杨本

⋯⋯⋯⋯⋯⋯⋯⋯⋯⋯ 2754

张伦　陈质⋯⋯⋯⋯⋯⋯ 2755

颜伯玮　唐子清　黄谦

向朴　郑恕　郑华⋯⋯⋯ 2755

王省⋯⋯⋯⋯⋯⋯⋯⋯⋯ 2756

姚善　钱芹⋯⋯⋯⋯⋯⋯ 2756

陈彦回　张彦方⋯⋯⋯⋯ 2757

明史卷一四三

列传第三一

王艮　高逊志⋯⋯⋯⋯⋯ 2758

廖昇　魏冕　邹瑾　龚泰

⋯⋯⋯⋯⋯⋯⋯⋯⋯⋯ 2759

周是修⋯⋯⋯⋯⋯⋯⋯⋯ 2760

程本立⋯⋯⋯⋯⋯⋯⋯⋯ 2760

黄观⋯⋯⋯⋯⋯⋯⋯⋯⋯ 2761

王叔英　林英⋯⋯⋯⋯⋯ 2761

黄钺　曾凤韶⋯⋯⋯⋯⋯ 2762

王良⋯⋯⋯⋯⋯⋯⋯⋯⋯ 2763

陈思贤　龙溪六生

台温二樵⋯⋯⋯⋯⋯⋯⋯ 2763

程通　黄希范　叶惠仲

黄彦清　蔡运　石允常

⋯⋯⋯⋯⋯⋯⋯⋯⋯⋯ 2764

高巍　韩郁⋯⋯⋯⋯⋯⋯ 2764

高贤宁⋯⋯⋯⋯⋯⋯⋯⋯ 2766

王琏⋯⋯⋯⋯⋯⋯⋯⋯⋯ 2767

周缙⋯⋯⋯⋯⋯⋯⋯⋯⋯ 2767

牛景先　程济等⋯⋯⋯⋯ 2767

明史卷一四四

列传第三二

盛庸⋯⋯⋯⋯⋯⋯⋯⋯⋯ 2771

平安⋯⋯⋯⋯⋯⋯⋯⋯⋯ 2772

何福⋯⋯⋯⋯⋯⋯⋯⋯⋯ 2774

顾成……………………… 2775

明史卷一四五

列传第三三

　姚广孝……………………… 2779

　张玉　子轵　轧　从子信

　　……………………………… 2781

　朱能……………………… 2783

　丘福　李远　王忠　王聪

　火真……………………… 2785

　谭渊……………………… 2787

　王真……………………… 2788

　陈亨　子懋　徐理　房宽

　刘才……………………… 2788

明史卷一四六

列传第三四

　张武……………………… 2792

　陈珪……………………… 2792

　孟善……………………… 2793

　郑亨……………………… 2793

　徐忠……………………… 2794

　郭亮　赵彝……………… 2795

　张信　唐云……………… 2796

　徐祥……………………… 2797

　李濬……………………… 2797

　孙岩　房胜……………… 2798

　陈旭……………………… 2799

　陈贤……………………… 2799

　张兴……………………… 2799

　陈志……………………… 2800

王友……………………… 2800

明史卷一四七

列传第三五

　解缙……………………… 2802

　黄淮……………………… 2807

　胡广……………………… 2808

　金幼孜…………………… 2809

　胡俨……………………… 2810

明史卷一四八

列传第三六

　杨士奇…………………… 2812

　杨荣　曾孙旦…………… 2817

　杨溥　马愉……………… 2819

明史卷一四九

列传第三七

　蹇义……………………… 2822

　夏原吉　俞士吉　李文郁

　邹师颜………………… 2824

明史卷一五〇

列传第三八

　郁新……………………… 2829

　赵羾……………………… 2830

　金忠……………………… 2830

　李庆……………………… 2831

　师逵……………………… 2832

　古朴　向宝……………… 2832

　陈寿　马京　许思温　… 2833

　刘季箎…………………… 2834

　刘辰……………………… 2834

杨砥……………………… 2835

虞谦　吕升　仰瞻　严本

…………………………… 2835

汤宗…………………………… 2837

明史卷一五一
列传第三九

茹瑺……………………… 2839

严震直…………………… 2840

张纮　毛泰亨 ………… 2840

王钝……………………… 2841

郑赐……………………… 2842

郭资……………………… 2842

吕震……………………… 2843

李至刚…………………… 2844

方宾……………………… 2845

吴中……………………… 2845

刘观……………………… 2846

明史卷一五二
列传第四〇

董伦　王景 …………… 2848

仪智　子铭 …………… 2849

邹济　徐善述　王汝术

梁潜 ……………………… 2850

周述　弟孟简 ………… 2851

陈济　陈继　杨翥　俞山

俞纲　潘辰 …………… 2852

王英……………………… 2853

钱习礼…………………… 2854

周叙　刘俨 …………… 2855

柯潜　罗璟 …………… 2855

孔公恂　司马恂 ……… 2856

明史卷一五三
列传第四一

宋礼　蔺芳 …………… 2858

陈瑄　王瑜 …………… 2860

周忱……………………… 2863

明史卷一五四
列传第四二

张辅　高士文　徐政 … 2869

黄福……………………… 2873

刘俊　吕毅　刘昱 …… 2875

陈洽　侯保　冯贵　伍云

陈忠　李任等 ………… 2876

李彬……………………… 2878

柳升　崔聚　史安　陈镛

李宗昉　潘𤏳 ………… 2880

梁铭……………………… 2882

王通　陶季容　陈汀 … 2882

明史卷一五五
列传第四三

宋晟……………………… 2885

薛禄　郭义　金玉 …… 2886

刘荣……………………… 2888

朱荣……………………… 2889

费瓛……………………… 2890

谭广……………………… 2891

陈怀　马亮 …………… 2892

蒋贵　孙琬

任礼…………………… 2895

赵安…………………… 2896

赵辅…………………… 2897

刘聚…………………… 2897

明史卷一五六

列传第四四

　吴允诚　子克忠　孙瑾

　………………………… 2899

　薛斌　子绶　弟贵　李贤

　………………………… 2900

　吴成　滕定　金顺 …… 2901

　金忠　蒋信 …………… 2902

　李英　从子文 ………… 2903

　毛胜…………………… 2904

　焦礼…………………… 2905

　毛忠　孙锐 …………… 2905

　和勇…………………… 2907

　罗秉忠………………… 2908

明史卷一五七

列传第四五

　金纯…………………… 2909

　张本…………………… 2910

　郭敦…………………… 2911

　郭琎…………………… 2911

　郑辰…………………… 2912

　柴车…………………… 2913

　刘中敷　孙机 ………… 2914

　张凤…………………… 2915

　周瑄　子绒 …………… 2915

杨鼎　翁世资 ………… 2916

黄镐…………………… 2917

胡拱辰………………… 2918

陈俊…………………… 2919

林鹗…………………… 2919

潘荣…………………… 2920

夏时正………………… 2921

明史卷一五八

列传第四六

　黄宗载………………… 2922

　顾佐　邵玘　陈勉　贾谅

　严升…………………… 2923

　段民　吾绅 …………… 2925

　章敞　徐琦　刘戬 …… 2926

　吴讷　朱与言 ………… 2927

　魏骥…………………… 2928

　鲁穆…………………… 2929

　耿九畴………………… 2929

　轩輗　陈复 …………… 2931

　黄孔昭………………… 2932

明史卷一五九

列传第四七

　熊概　叶春 …………… 2934

　陈镒…………………… 2935

　李仪　丁璿 …………… 2936

　陈泰…………………… 2937

　李棠　曾翚 …………… 2938

　贾铨…………………… 2939

　王宇…………………… 2939

崔恭…………………… 2940
刘孜 宋杰 邢宥 ……… 2941
李侃 雷复 李纲 ……… 2941
原杰…………………… 2943
彭谊…………………… 2944
牟俸…………………… 2945
夏壎 子镞 …………… 2946
高明…………………… 2946
杨继宗………………… 2947
明史卷一六〇
列传第四八
王彰…………………… 2950
魏源…………………… 2951
金濂…………………… 2952
石璞 王暹 …………… 2953
罗通…………………… 2954
罗绮 张固 …………… 2956
张瑄…………………… 2957
张鹏…………………… 2958
李裕…………………… 2959
明史卷一六一
列传第四九
周新…………………… 2961
李昌祺 萧省身 ……… 2962
陈士启………………… 2963
应履平………………… 2963
林硕…………………… 2964
况钟 朱胜 …………… 2964
陈本深 罗以礼 莫愚

赵泰…………………… 2966
彭勖 孙鼎 …………… 2967
夏时…………………… 2968
黄润玉………………… 2969
杨瓒 王懋 叶锡 赵亮
…………………… 2969
刘实…………………… 2970
陈选…………………… 2970
夏寅…………………… 2972
陈壮…………………… 2973
张昺…………………… 2973
宋端仪………………… 2974
明史卷一六二
列传第五〇
尹昌隆………………… 2976
耿通 陈谔 …………… 2977
戴纶 林长懋 ………… 2978
陈祚 郭循 …………… 2978
刘球 子钺 枪 ……… 2979
陈鉴 何观 …………… 2982
钟同 孟玘 杨集 …… 2983
章纶 子玄应 ………… 2985
廖庄…………………… 2986
倪敬 盛昶等 ………… 2987
杨瑄 子源 颐等 …… 2988
明史卷一六三
列传第五一
李时勉………………… 2992
陈敬宗………………… 2994

刘铉　萨琦 …………… 2995　　林锦……………………… 3026

邢让　李绍 …………… 2996　　郭绪……………………… 3026

林瀚　子庭楯　庭机　　　　姜昂　子龙 …………… 3027

孙嫌　烃 ………… 2996　　明史卷一六六

谢铎……………………… 2998　　列传第五四

鲁铎　赵永 …………… 2999　　韩观……………………… 3029

明史卷一六四　　　　　　　山云……………………… 3031

列传第五二　　　　　　　　萧授　吴亮 …………… 3032

邹缉　郑维桓　柯暹 … 3001　　方瑛　陈友 …………… 3033

弋谦　黄骥 …………… 3003　　李震……………………… 3035

黄泽　孔友谅 ………… 3005　　王信　都胜　郭铉 …… 3037

范济……………………… 3006　　彭伦……………………… 3038

聊让　郭祐　胡仲伦　　　欧磐……………………… 3039

华敏　贾斌 …………… 3009　　张祐……………………… 3040

左鼎　练纲 …………… 3011　　明史卷一六七

曹凯　许仕达 ………… 3013　　列传第五五

刘炜　尚褫 …………… 3014　　曹鼐　张益 …………… 3042

单宇　姚显　杨浩 …… 3015　　邝野……………………… 3043

张昭　贺炀 …………… 3016　　王佐　丁铉等 ………… 3044

高瑶　虎臣 …………… 3017　　孙祥　谢泽 …………… 3046

明史卷一六五　　　　　　　袁彬　哈铭　袁敏 …… 3047

列传第五三　　　　　　　　明史卷一六八

陶成　子鲁 …………… 3019　　列传第五六

陈敏……………………… 3021　　陈循　萧镃 …………… 3049

丁瑄……………………… 3021　　王文……………………… 3050

王得仁　子一夔 ……… 3023　　江渊……………………… 3052

叶祯……………………… 3024　　许彬……………………… 3053

伍骥……………………… 3024　　陈文……………………… 3054

毛吉……………………… 3024　　万安　彭华 …………… 3055

刘珝　子钪 ………… 3057
刘吉 ………… 3058
尹直 ………… 3060
明史卷一六九
列传第五七
　高穀 ………… 3062
　胡濙 ………… 3063
　王直 ………… 3065
明史卷一七〇
列传第五八
　于谦　子冕　吴宁
　王伟 ………… 3069
明史卷一七一
列传第五九
　王骥　孙瑾 ………… 3076
　徐有贞 ………… 3080
　杨善　李实　赵荣　霍瑄
　沈固 ………… 3082
　王越 ………… 3086
明史卷一七二
列传第六〇
　罗亨信 ………… 3091
　侯琎 ………… 3092
　杨宁 ………… 3093
　王来 ………… 3094
　孙原贞　孙需　张宪 … 3095
　朱鉴 ………… 3096
　杨信民 ………… 3097
　张骥　竺渊　耿定　王晟

邓颙 ………… 3098
马谨 ………… 3099
程信 ………… 3100
白圭　子钺 ………… 3101
张瓒　谢士元 ………… 3103
孔镛　李时敏 ………… 3104
邓廷瓒 ………… 3105
王轼 ………… 3106
刘丙 ………… 3107
明史卷一七三
列传第六一
　杨洪　子俊　从子能　信
　………… 3109
　石亨　从子彪　从孙后
　………… 3113
　郭登 ………… 3116
　朱谦　子永　孙晖等 … 3118
　孙镗　赵胜 ………… 3121
　范广 ………… 3123
明史卷一七四
列传第六二
　史昭　刘昭　李达 …… 3124
　巫凯　曹义　施聚 …… 3125
　许贵　子宁 …… 3126
　周贤　子玉 …… 3128
　欧信 ………… 3130
　王玺 ………… 3130
　鲁鉴　子麟　孙经 …… 3131
　刘宁　周玺　庄鉴 …… 3133

彭清…………………… 3134

姜汉　子奭　孙应熊 … 3135

安国…………………… 3137

杭雄…………………… 3137

明史卷一七五

列传第六三

卫青　子颖 …………… 3139

董兴…………………… 3140

何洪　刘雄 …………… 3141

刘玉…………………… 3141

仇钺…………………… 3142

神英　子周 …………… 3144

曹雄　子谦 …………… 3145

冯祯…………………… 3146

张俊　李铭 …………… 3146

杨锐　崔文 …………… 3148

明史卷一七六

列传第六四

李贤…………………… 3150

吕原　子㦂 …………… 3153

岳正…………………… 3154

彭时…………………… 3156

商辂…………………… 3159

刘定之………………… 3162

明史卷一七七

列传第六五

王翱…………………… 3166

年富…………………… 3168

王竑…………………… 3170

李秉…………………… 3173

姚夔…………………… 3176

王复…………………… 3177

林聪…………………… 3178

叶盛…………………… 3180

明史卷一七八

列传第六六

项忠…………………… 3183

韩雍…………………… 3186

余子俊　阮勤 ………… 3189

朱英…………………… 3191

秦纮…………………… 3193

明史卷一七九

列传第六七

罗伦　涂棐 …………… 3197

章懋　从子拯 ………… 3199

黄仲昭………………… 3201

庄昶…………………… 3201

邹智…………………… 3202

舒芬　崔桐　马汝骥 … 3205

明史卷一八〇

列传第六八

张宁…………………… 3208

王徽　王渊等 ………… 3209

毛弘…………………… 3211

丘弘…………………… 3211

李森…………………… 3212

魏元　康永韶等 ……… 3213

强珍…………………… 3215

王瑞　张稷 …………… 3215
李俊 ………………… 3216
汪奎　从子舜民　崔升等
　…………………… 3218
汤鼐　吉人　刘概　董杰
　…………………… 3220
姜绾　余浚等 ………… 3222
姜洪　欧阳旦　畅亨 … 3224
曹璘 ………………… 3225
彭程 ………………… 3226
庞泮　吕献 ………… 3227
叶绅 ………………… 3227
胡献　武衢等 ……… 3228
张弘至 ……………… 3229
屈伸 ………………… 3230
王献臣　吴一贯　余濂
　…………………… 3231
明史卷一八一
列传第六九
徐溥 ………………… 3233
丘濬 ………………… 3235
刘健 ………………… 3236
谢迁 ………………… 3241
李东阳 ……………… 3243
王鏊 ………………… 3246
刘忠 ………………… 3247
明史卷一八二
列传第七〇
王恕　子承裕 ……… 3249

马文升 ……………… 3253
刘大夏 ……………… 3257
明史卷一八三
列传第七一
何乔新 ……………… 3262
彭韶 ………………… 3265
周经 ………………… 3266
耿裕 ………………… 3269
倪岳 ………………… 3270
闵珪 ………………… 3273
戴珊 ………………… 3273
明史卷一八四
列传第七二
周洪谟 ……………… 3276
杨守陈　弟守址　子茂元
茂仁 ………………… 3277
张元祯　陈音 ……… 3280
傅瀚 ………………… 3282
张昇 ………………… 3282
吴宽 ………………… 3283
傅珪 ………………… 3284
刘春 ………………… 3285
吴俨 ………………… 3285
顾清 ………………… 3286
刘瑞 ………………… 3286
明史卷一八五
列传第七三
李敏　叶淇 ………… 3288
贾俊　刘璋 ………… 3290

黄绂 ·················· 3290

张悦　张鎣 ·········· 3291

侣钟 ·················· 3292

曾鉴 ·················· 3293

梁璟　王诏 ·········· 3294

徐恪 ·················· 3295

李介　子昆 ·········· 3296

黄珂 ·················· 3296

王鸿儒 ················ 3297

丛兰 ·················· 3297

吴世忠 ················ 3299

明史卷一八六

列传第七四

　　韩文　顾佐　陈仁 ······ 3301

张敷华 ················ 3304

杨守随　弟守隅 ······ 3305

许进　子诰　赞　论 ··· 3307

雍泰　张津 ·········· 3312

陈寿 ·················· 3314

樊莹 ·················· 3315

熊绣 ·················· 3316

潘蕃 ·················· 3316

胡富 ·················· 3317

张泰　吴文度 ········ 3318

张珮　冒政 ·········· 3319

王璟 ·················· 3320

朱钦 ·················· 3321

明史卷一八七

列传第七五

何鉴 ·················· 3323

马中锡 ················ 3325

陆完 ·················· 3327

洪钟　陈镐　蒋昇 ···· 3329

陈金 ·················· 3332

俞谏 ·················· 3333

周南　孙禄 ·········· 3335

马昊 ·················· 3335

明史卷一八八

列传第七六

　　刘菃　吕翀　艾洪　葛嵩

················ 3338

赵祐　朱廷声等 ······ 3340

戴铣　李光翰等 ······ 3341

陆昆　薄彦徽等 ······ 3342

蒋钦 ·················· 3345

周玺　涂祯 ·········· 3346

汤礼敬　王涣　何绍正

················ 3347

许天锡　周钥等 ······ 3348

徐文溥　翟唐　王銮 ··· 3350

张士隆 ················ 3352

张文明　陈鼎等 ······ 3353

范辂 ·················· 3355

张钦 ·················· 3355

周广　曹琥 ·········· 3357

石天柱 ················ 3358

明史卷一八九

列传第七七

李文祥…………………… 3360
　孙磐　徐珪 …………… 3361
　胡�　周时从　王雄 … 3363
　罗侨…………………… 3363
　叶钊　刘天麒 ………… 3364
　戴冠…………………… 3365
　黄巩…………………… 3365
　陆震…………………… 3367
　夏良胜　万潮等 ……… 3368
　何遵　刘校等 ………… 3371
明史卷一九〇
列传第七八
　杨廷和………………… 3374
　梁储…………………… 3380
　蒋冕…………………… 3382
　毛纪…………………… 3383
　石宝　兄玠 …………… 3385
明史卷一九一
列传第七九
　毛澄…………………… 3388
　汪俊　弟伟 …………… 3391
　吴一鹏………………… 3393
　朱希周………………… 3395
　何孟春………………… 3396
　丰熙　子坊 …………… 3400
　徐文华………………… 3400
　薛蕙　胡侍　王禄
　侯廷训………………… 3402
明史卷一九二

列传第八〇
　杨慎　王元正 ………… 3405
　王思　王相 …………… 3406
　张翀…………………… 3408
　刘济…………………… 3410
　安磐…………………… 3411
　张汉卿………………… 3413
　张原…………………… 3414
　毛玉　裴绍宗 ………… 3414
　王时柯　余翱 ………… 3415
　郑本公………………… 3416
　张曰韬　胡琼 ………… 3417
　杨淮　申良 …………… 3418
　张澯　仵瑜　臧应奎
　胡琏　余祯　李可登　安玺
　殷承叙………………… 3418
　郭楠　俞敬　李继先
　王懋…………………… 3419
明史卷一九三
列传第八一
　费宏　弟采　从子懋中
　子懋贤　世父瑄 ……… 3421
　翟銮…………………… 3423
　李时…………………… 3425
　顾鼎臣………………… 3426
　严讷　袁炜 …………… 3427
　李春芳　孙思诚等 …… 3428
　陈以勤………………… 3430
　赵贞吉　殷士儋 ……… 3431

高仪 ……………………… 3434

明史卷一九四

列传第八二

　乔宇 ……………………… 3436

　孙交　子元 …………… 3438

　林俊　子达　张黻 …… 3439

　金献民 …………………… 3442

　秦金　孙柱 …………… 3443

　赵璜 ……………………… 3445

　邹文盛 …………………… 3446

　梁材 ……………………… 3447

　刘麟 ……………………… 3449

　蒋瑶 ……………………… 3450

　王廷相 …………………… 3451

明史卷一九五

列传第八三

　王守仁　冀元亨 ……… 3454

明史卷一九六

列传第八四

　张璁　胡铎 …………… 3462

　桂萼 ……………………… 3467

　方献夫 …………………… 3470

　夏言 ……………………… 3474

明史卷一九七

列传第八五

　席书　弟春　篆 ……… 3480

　霍韬　子与瑕 ………… 3484

　熊浃 ……………………… 3489

　黄宗明 …………………… 3490

黄绾　陆澄 ……………… 3491

明史卷一九八

列传第八六

　杨一清 …………………… 3496

　王琼 ……………………… 3500

　彭泽 ……………………… 3502

　毛伯温　汪文盛　鲍象贤

　………………………… 3505

　翁万达 …………………… 3508

明史卷一九九

列传第八七

　李钺　子惠 …………… 3514

　王宪 ……………………… 3515

　胡世宁　子纯　继 …… 3516

　李承勋 …………………… 3520

　王以旂 …………………… 3522

　范镟 ……………………… 3522

　王邦瑞　子正国 ……… 3524

　郑晓 ……………………… 3525

明史卷二○○

列传第八八

　姚镆　子涞 …………… 3528

　张嵿 ……………………… 3529

　伍文定　邢珣等 ……… 3530

　蔡天祐　胡瓒　张文锦

　………………………… 3533

　詹荣　刘源清 ………… 3535

　刘天和 …………………… 3538

　杨守礼 …………………… 3539

张岳　李允简 ……… 3540

郭宗皋 …………………… 3542

赵时春 …………………… 3543

明史卷二〇一

列传第八九

陶琰　子滋 ………… 3545

王缜 …………………………… 3546

李充嗣 …………………… 3546

吴廷举　弟廷弼 ……… 3547

方良永　弟良节　子重杰

……………………………… 3549

王炉 …………………………… 3550

王轼 …………………………… 3550

徐问 …………………………… 3551

张邦奇　族父时彻 …… 3552

韩邦奇　弟邦靖 ……… 3553

周金 …………………………… 3554

吴岳　谭大初 ………… 3555

明史卷二〇二

列传第九〇

廖纪 …………………………… 3557

王时中 …………………… 3558

周期雍 …………………… 3559

唐龙　子汝楫 ………… 3559

王杲　王晔 …………… 3561

周用　宋景　屠侨 …… 3562

闻渊 …………………………… 3562

刘讱　胡缵宗 ………… 3563

孙应奎　余姚孙应奎

方钝 …………………………… 3564

聂豹 …………………………… 3565

李默　万镗 …………… 3566

周延　潘恩 …………… 3568

贾应春 …………………… 3569

张永明 …………………… 3570

胡松　绩溪胡松 ……… 3571

赵炳然 …………………… 3573

明史卷二〇三

列传第九一

郑岳 …………………………… 3575

刘玉　子悫 …………… 3576

汪元锡　刑寰 ………… 3577

寇天叙 …………………… 3578

唐胄 …………………………… 3579

潘珍　族子旦　余光 … 3580

李中　李楷 …………… 3582

欧阳铎 …………………… 3583

陶谐　孙大顺　大临 … 3583

潘埙　吴经 …………… 3585

欧阳重 …………………… 3586

朱裳 …………………………… 3588

陈察 …………………………… 3588

孙懋 …………………………… 3589

王仪　子缄　王学夔 … 3590

曾钧 …………………………… 3591

明史卷二〇四

列传第九二

陈九畴 …………………… 3592

翟鹏　张汉 …………… 3593

孙继鲁 …………………… 3596

曾铣 ……………………… 3597

丁汝夔 …………………… 3599

杨守谦 …………………… 3601

商大节 …………………… 3603

王忬 ……………………… 3603

杨选 ……………………… 3606

明史卷二〇五

列传第九三

朱纨 ……………………… 3608

张经　李天宠　周珫

杨宜　彭黯等　……… 3610

胡宗宪　阮鹗　宗礼 … 3612

曹邦辅　任环　吴成器

………………………… 3616

李遂　弟逢　进 ……… 3619

唐顺之　子鹤徵 ……… 3621

明史卷二〇六

列传第九四

马录　颜颐寿　聂贤

汤沐　刘琦　卢琼　沈汉

王科 ……………………… 3623

程启充 …………………… 3627

张逵 ……………………… 3629

郑一鹏 …………………… 3629

唐枢 ……………………… 3631

杜鸾 ……………………… 3632

叶应骢　蓝田　黄绾 … 3633

解一贯　郑洛书　张录

………………………… 3635

陆粲　刘希简　王准 … 3637

邵经邦 …………………… 3639

刘世扬　赵汉 ………… 3640

魏良弼　秦鳌　张寅

叶洪 …………………… 3641

明史卷二〇七

列传第九五

邓继曾　刘最 ………… 3643

朱浙　马明衡　陈逅

林应骢 …………………… 3645

杨言 ……………………… 3646

刘安 ……………………… 3647

薛侃　喻希礼　石金 … 3648

杨名　黄直 …………… 3649

郭弘化 …………………… 3650

刘世龙　徐申　罗虞臣

………………………… 3651

张选　黄正色 ………… 3652

包节　弟孝 …………… 3653

谢廷蓢 …………………… 3654

王与龄　周铁 ………… 3655

杨思忠　樊深　凌儒

王时举　方新 ………… 3656

明史卷二〇八

列传第九六

张芹 ……………………… 3658

汪应轸 …………………… 3659

萧鸣凤　高公韶 ……… 3660
齐之鸾……………… 3660
袁宗儒……………… 3662
许相卿……………… 3662
顾济　子章志 ……… 3663
章侨………………… 3664
余珊　汪珊 ………… 3665
韦商臣……………… 3668
黎贯　王汝梅 ……… 3668
彭汝实……………… 3669
郑自璧……………… 3670
戚贤………………… 3671
刘绘　子黄裳 ……… 3672
钱薇………………… 3673
洪垣　方瓘　吕怀 … 3673
周思兼……………… 3674
颜鲸………………… 3675
明史卷二○九
列传第九七
杨最　顾存仁　高
王纳言 ……………… 3677
冯恩　子行可　时可
宋邦辅　薛宗铠　曾翀
………………… 3678
杨爵　浦铉　周天佐 … 3682
周怡………………… 3686
刘魁………………… 3687
沈束………………… 3687
沈炼………………… 3688

杨继盛　何光裕　龚恺
………………… 3690
杨允绳　马从谦　孙允中
狄斯彬 ……………… 3695
明史卷二一○
列传第九八
桑乔　胡汝霖 ……… 3698
谢瑜　王晔　伊敏生
童汉臣等 …………… 3699
何维柏……………… 3701
徐学诗　叶经　陈绍 … 3701
厉汝进　查秉彝等 … 3703
王宗茂……………… 3703
周冕………………… 3705
赵锦………………… 3706
吴时来……………… 3708
张翀………………… 3710
董传策……………… 3711
邹应龙　张槚 ……… 3712
林润………………… 3714
明史卷二一一
列传第九九
马永………………… 3716
梁震　祝雄 ………… 3717
王效　刘文 ………… 3718
周尚文　赵国忠 …… 3719
马芳　子林　孙炯　炆
飚 ………………… 3722
何卿………………… 3725

沈希仪·················· 3726

石邦宪·················· 3729

明史卷二一二

列传第一〇〇

俞大猷　卢镗　汤克宽

　　·················· 3733

戚继光　弟继美　朱先

　　·················· 3739

刘显　郭成 ············· 3744

李锡　黄应甲　尹凤 ··· 3747

张元勋·················· 3749

明史卷二一三

列传第一〇一

徐阶　弟陟　子璠等 ··· 3751

高拱　郭朴 ············· 3755

张居正　曾孙同敞 ······ 3759

明史卷二一四

列传第一〇二

杨博　子俊民 ··········· 3767

马森 ·················· 3770

刘体乾·················· 3771

王廷　毛恺 ············· 3773

葛守礼·················· 3774

靳学彦　弟学曾 ········· 3776

明史卷二一五

列传第一〇三

王治·················· 3779

欧阳一敬　胡应嘉 ······ 3780

周弘祖　岑用宾　邓洪震

　　·················· 3781

詹仰庇·················· 3782

骆问礼　杨松　张应治

　　·················· 3784

郑履淳·················· 3785

陈吾德　李巳　胡涍 ··· 3786

汪文辉·················· 3788

刘奋庸　曹大野 ········· 3789

明史卷二一六

列传第一〇四

吴山·················· 3791

陆树声　子彦章 ········· 3792

瞿景淳　子汝稷　汝说

　　·················· 3793

田一俊　沈懋学　懋学

从孙寿民 ············· 3794

黄凤翔　韩世能 ········· 3795

余继登·················· 3796

冯琦　从祖惟讷

从父子咸 ············· 3797

王图　刘日宁 ··········· 3799

翁正春·················· 3800

刘应秋　子同升 ········· 3801

唐文献　杨道宾　陶望龄

　　·················· 3803

李腾芳·················· 3804

蔡毅中·················· 3804

公鼐·················· 3805

罗喻义·················· 3806

姚希孟·················· 3807

许士柔·················· 3807

顾锡畴·················· 3809

明史卷二一七

列传第一〇五

　王家屏·················· 3811

　陈于陛·················· 3813

　沈鲤·················· 3814

　于慎行·················· 3818

　李廷机·················· 3819

　吴道南·················· 3820

明史卷二一八

列传第一〇六

　申时行　子用懋　用嘉

　孙绍芳·················· 3823

　王锡爵　弟鼎爵　子衡

　　　　　　　　　　·· 3825

　沈一贯·················· 3828

　方从哲·················· 3831

　沈㴶　弟演 ··········· 3835

明史卷二一九

列传第一〇七

　张四维　子泰徵　甲徵

　·················· 3838

　马自强　子怡　憷 ····· 3839

　许国·················· 3840

　赵志皋·················· 3842

　张位·················· 3843

　朱赓　子敬循 ········· 3845

明史卷二二〇

列传第一〇八

　万士和·················· 3847

　王之诰　刘一儒 ········ 3848

　吴百朋·················· 3849

　刘应节　徐栻 ········· 3850

　王遴·················· 3851

　毕锵·················· 3852

　舒化·················· 3853

　李世达·················· 3854

　曾同亨　弟乾亨 ········ 3855

　辛自修·················· 3857

　温纯·················· 3858

　赵世卿·················· 3860

　李汝华·················· 3862

明史卷二二一

列传第一〇九

　袁洪愈　子一鄂　谭希思

　·················· 3864

　王廷瞻·················· 3865

　郭应聘　吴文华 ········ 3866

　耿定向　弟定理　定力

　·················· 3867

　王樵　子肯堂 ········· 3868

　魏时亮　陈瓒 ········· 3869

　郝杰　胡克俭 ········· 3871

　赵参鲁·················· 3872

　张孟男　卫承芳 ········ 3873

　李祯·················· 3874

李材……………………… 3959

陆树德……………………… 3960

萧廪……………………… 3961

贾三近……………………… 3962

李颐……………………… 3963

朱鸿谟……………………… 3963

萧彦　弟雍　查铎 …… 3964

孙维城……………………… 3965

谢杰……………………… 3966

郭惟贤……………………… 3967

万象春……………………… 3968

钟化民……………………… 3969

吴达可……………………… 3969

明史卷二二八

列传第一一六

　魏学曾　叶梦熊　梅国桢

　…………………………… 3971

　李化龙　江铎 ………… 3976

明史卷二二九

列传第一一七

　刘台　冯景隆　孙继先

　…………………………… 3980

　傅应祯……………………… 3983

　王用汲……………………… 3984

　吴中行　子亮　元

　从子宗达 …………… 3986

　赵用贤　孙士春 …… 3987

　艾穆　乔璧星　叶春及

　…………………………… 3989

沈思孝　丁此吕 ……… 3990

明史卷二三〇

列传第一一八

　蔡时鼎……………………… 3993

　万国钦　王教 ………… 3994

　饶伸　兄位　刘元震

　元霖 …………………… 3996

　汤显祖　李琯 ………… 3997

　逯中立　卢明诹 ……… 3998

　杨恂　冀体　朱爵 …… 3999

　姜士昌　宋焘 ………… 4000

　马孟祯……………………… 4002

　汪若霖……………………… 4003

明史卷二三一

列传第一一九

　顾宪成　欧阳东凤

　吴炯 …………………… 4006

　顾允成　张纳陛　贾岩

　诸寿贤　彭遵古 ……… 4009

　钱一本　子春 ………… 4011

　于孔兼　陈泰来 ……… 4015

　史孟麟……………………… 4016

　薛敷教……………………… 4017

　安希范　吴弘济　谭一召

　孙继有 ………………… 4018

　刘元珍　庞时雍 ……… 4020

　叶茂才……………………… 4021

明史卷二三二

列传第一二〇

魏允贞　弟允中　刘廷兰
　·················· 4023
王国·················· 4025
余懋衡·················· 4026
李三才·················· 4027
明史卷二三三
列传第一二一
　姜应麟　从子思睿 ·····4032
　陈登云·················· 4034
　罗大纮　黄正宾 ·········4034
　李献可　舒弘绪　陈尚象
　丁懋逊　吴之佳　叶初春
　杨其休　董嗣成　贾名儒
　张栋 ·················· 4036
　孟养浩·················· 4037
　朱维京·················· 4038
　王如坚·················· 4039
　王学曾　涂杰 ·········4040
　张贞观·················· 4041
　樊玉衡　子鼎遇　维城
　孙自一 ·················· 4042
　谢廷赞　兄廷谅 ·········4043
　杨天民·················· 4043
　何选　冯生虞　任彦棻
　·················· 4044
明史卷二三四
列传第一二二
　卢洪春　范俊　董基
　王就学等 ·········· 4046

李懋桧·················· 4048
李沂　周弘祒　潘士藻
　·················· 4050
雒于仁·················· 4052
马经纶　林熙春　林培
　·················· 4053
刘纲·················· 4056
戴士衡·················· 4057
曹学程　子正儒　郭实
　·················· 4059
翁宪祥·················· 4060
徐大相·················· 4060
明史卷二三五
列传第一二三
　王汝训·················· 4062
　余懋学·················· 4063
　张养蒙·················· 4065
　孟一脉·················· 4067
　何士晋　陆大受　张庭
　李俸·················· 4068
　王德完·················· 4071
　蒋允仪·················· 4073
　邹维琏　吴羽文 ·········4075
明史卷二三六
列传第一二四
　李植　羊可立 ·········4077
　江东之·················· 4080
　汤兆京·················· 4081
　金士衡·················· 4082

王元翰……………… 4083

孙振基　子必显 …… 4085

丁元荐　于玉立 …… 4087

李朴………………… 4088

夏嘉遇……………… 4090

明史卷二三七

列传第一二五

傅好礼……………… 4093

姜志礼……………… 4094

包见捷……………… 4094

田大益……………… 4095

冯应京　何栋如　王之翰

卞孔时 ……………… 4097

吴宗尧……………… 4099

吴宝秀……………… 4100

华钰　王正志 ……… 4100

明史卷二三八

列传第一二六

李成梁　子如松　如柏

如桢　如樟　如梅……… 4103

麻贵　兄锦 ………… 4113

明史卷二三九

列传第一二七

张臣　子承荫　孙应昌

便时　德昌 ………… 4117

董一元　王保 ……… 4122

杜桐　弟松　子文焕

孙弘域 ……………… 4124

萧如薰……………… 4128

达云　尤继先 ……… 4129

官秉忠……………… 4131

柴国柱……………… 4132

李怀信……………… 4132

明史卷二四〇

列传第一二八

叶向高……………… 4134

刘一燝　兄一焜　一煜

……………… 4139

韩爌……………… 4142

朱国祚　朱国祯 …… 4146

何宗彦……………… 4147

孙如游　孙嘉绩 …… 4148

明史卷二四一

列传第一二九

周嘉谟……………… 4151

张问达　陆梦龙　傅梅

……………… 4153

汪应蛟……………… 4156

王纪　杨东明 ……… 4158

孙玮……………… 4159

钟羽正……………… 4161

陈道亨　子弘绪 …… 4163

明史卷二四二

列传第一三〇

陈邦瞻……………… 4164

毕懋康　兄懋良 …… 4165

萧近高……………… 4165

白瑜……………… 4166

程绍·················· 4167

翟凤翀　郭尚宾 ······· 4168

洪文衡　何乔远 ······· 4169

陈伯友　李成名 ······· 4170

董应举·················· 4171

林材·················· 4172

朱吾弼　林秉汉 ······· 4173

张光前·················· 4174

明史卷二四三

列传第一三一

赵南星·················· 4175

邹元标·················· 4178

孙慎行　盛以弘 ······· 4181

高攀龙·················· 4184

冯从吾·················· 4186

明史卷二四四

列传第一三二

杨涟·················· 4189

左光斗　弟光先 ······· 4196

魏大中　子学伊　学濂

·················· 4198

周朝瑞·················· 4201

袁化中·················· 4202

顾大章　弟大韶 ······· 4203

王之采·················· 4205

明史卷二四五

列传第一三三

周起元·················· 4209

缪昌期·················· 4210

周顺昌　子茂兰　朱祖文

颜佩韦等 ················· 4211

周宗建　蒋英 ······· 4213

黄尊素·················· 4216

李应昇·················· 4218

万燝　丁乾学等 ······· 4220

明史卷二四六

列传第一三四

满朝荐·················· 4224

江秉谦·················· 4226

侯震旸　倪思辉　朱钦相

王心一·················· 4227

王允成　李希孔　毛士龙

·················· 4229

明史卷二四七

列传第一三五

刘綎　乔一琦 ······· 4235

李应祥　童元镇 ······· 4240

陈璘　吴广 ······· 4245

邓子龙·················· 4249

马孔英·················· 4250

明史卷二四八

列传第一三六

梅之焕·················· 4252

刘策　徐缙芳　陈一元

·················· 4253

李若星·················· 4254

耿如杞　胡士容 ······· 4255

颜继祖　王应豸等 ······· 4256

李继贞 ············· 4257

方震孺 ············· 4258

徐从治 谢琏 余大成等
············· 4260

明史卷二四九

列传第一三七

朱燮元 徐如珂 刘可训

胡平表 卢安世等 ······ 4266

李枟 史永安 刘锡元
············· 4273

王三善 岳具仰等

朱家民 ············· 4276

蔡复一 沈儆炌 周鸿图

胡从仪等 ······ 4279

明史卷二五〇

列传第一三八

孙承宗 子钤等 ········ 4283

明史卷二五一

列传第一三九

李标 李国楷 周道登
············· 4292

刘鸿训 ············· 4293

钱龙锡 钱士升 士晋
············· 4295

成基命 ············· 4298

何如宠 兄如申 钱象坤
············· 4300

徐光启 郑以伟 林钎
············· 4301

文震孟 周炳谟 ········ 4303

蒋德璟 黄景昉 ········ 4306

方岳贡 邱瑜 瑜子之陶
············· 4308

明史卷二五二

列传第一四〇

杨嗣昌 ············· 4311

吴甡 ············· 4319

明史卷二五三

列传第一四一

王应熊 何吾驺 ········ 4322

张至发 孔贞运 黄士俊

刘宇亮 ············· 4324

薛国观 袁恺 ········ 4328

程国祥 蔡国用 范复粹

方逢年 张四知等 ······ 4331

陈演 ············· 4334

魏藻德 李建泰 ········ 4335

明史卷二五四

列传第一四二

乔允升 易应昌等 ······ 4337

曹于汴 ············· 4339

孙居相 弟鼎相 ······ 4340

曹珖 ············· 4341

陈于廷 ············· 4342

郑三俊 ············· 4343

李日宣 ············· 4345

张玮 金光辰 ········ 4346

明史卷二五五

列传第一四三

　刘宗周　祝渊　王毓蓍

　　……………………………… 4349

　黄道周　叶廷秀 ……… 4362

明史卷二五六

列传第一四四

　崔景荣 …………………… 4370

　黄克缵 …………………… 4371

　毕自严 …………………… 4372

　李长庚　王志道 ……… 4374

　刘之凤 …………………… 4376

明史卷二五七

列传第一四五

　张鹤鸣　弟鹤腾 ……… 4378

　董汉儒　汪泗论 ……… 4380

　赵彦 ……………………… 4381

　王洽　王在晋　高第 … 4382

　梁廷栋 …………………… 4384

　熊明遇 …………………… 4386

　张凤翼 …………………… 4387

　陈新甲 …………………… 4390

　冯元飙　兄元飏 ……… 4392

明史卷二五八

列传第一四六

　许誉卿 …………………… 4395

　华允诚 …………………… 4397

　魏呈润　胡良机　李日辅

　赵东曦 …………………… 4399

　毛羽健　黄宗昌　韩一良

　　……………………………… 4401

　吴执御　吴彦芳　王绩灿

　　……………………………… 4403

　章正宸 …………………… 4404

　黄绍杰　李世祺 ……… 4405

　傅朝祐　庄鳌献　李汝璨

　　……………………………… 4406

　姜埰　弟垓

　熊开元　方士亮 ……… 4408

　詹尔选 …………………… 4413

　汤开远 …………………… 4414

　成勇 ……………………… 4418

　陈龙正 …………………… 4418

明史卷二五九

列传第一四七

　杨镐　李维翰　周永春

　　……………………………… 4421

　袁应泰　薛国用 ……… 4423

　熊廷弼　王化贞 ……… 4425

　袁崇焕　毛文龙 ……… 4435

　赵光抃　范志完 ……… 4444

明史卷二六〇

列传第一四八

　杨鹤　从弟鹗 ………… 4447

　陈奇瑜　元默 ………… 4449

　熊文灿　洪云蒸 ……… 4452

　练国事 …………………… 4455

　丁启睿　从父魁楚 …… 4457

　郑崇俭　方孔炤　杨一鹏

………………………… 4458

邵捷春…………………… 4460

余应桂…………………… 4462

高斗枢…………………… 4464

张任学…………………… 4466

明史卷二六一

列传第一四九

　卢象昇　弟象音　象观

　从弟象同　………… 4468

刘之纶…………………… 4473

邱民仰　邱禾嘉　…… 4474

明史卷二六二

列传第一五〇

　傅宗龙…………………… 4478

汪乔年　张国钦等　… 4482

杨文岳　傅汝为等　… 4483

孙传庭…………………… 4485

明史卷二六三

列传第一五一

　宋一鹤　沈寿崇　萧汉

　………………………… 4490

冯师孔　黄绚等　…… 4492

林日瑞　郭天吉等　… 4493

蔡懋德　赵建极等　… 4494

卫景瑗　朱家仕等　… 4497

朱之冯　朱敏泰等　… 4498

陈士奇　陈繻等　…… 4499

龙文光　刘佳引　…… 4500

刘之勃　刘镇藩　…… 4500

明史卷二六四

列传第一五二

　贺逢圣　傅冠　尹如翁

　………………………… 4502

南居益　族父企仲

　族弟居业　………… 4503

周士朴…………………… 4505

吕维祺　弟维祮　…… 4505

王家祯…………………… 4507

焦源溥　兄源清　…… 4507

李梦辰…………………… 4508

宋师襄…………………… 4509

麻禧…………………… 4510

王道纯…………………… 4510

田时震　朱崇德

　崇德子国栋　……… 4511

明史卷二六五

列传第一五三

　范景文…………………… 4513

倪元璐…………………… 4514

李邦华…………………… 4519

王家彦…………………… 4522

孟兆祥　子章明　…… 4524

施邦曜…………………… 4524

凌义渠…………………… 4525

明史卷二六六

列传第一五四

　马世奇…………………… 4528

吴麟征…………………… 4529

…………………… 4592

　满桂　孙祖寿 ………… 4593

　赵率教　朱国彦 ……… 4595

　官维贤　张奇化 ……… 4597

　何可纲 ………………… 4598

　黄龙　李惟鸾 ………… 4599

　金日观　楚继功等 …… 4600

明史卷二七二

列传第一六〇

　金国凤　杨振　杨国柱

…………………… 4602

　曹变蛟　朱文德　李辅明

…………………… 4603

　刘肇基　乙邦才　庄子固

　马应魁 ………… 4607

明史卷二七三

列传第一六一

　左良玉　邓玘　贺人龙

…………………… 4610

　高杰　刘泽清 ………… 4621

　祖宽 …………………… 4624

明史卷二七四

列传第一六二

　史可法　任民育等

　何刚等 ………… 4626

　高弘图 ………………… 4634

　姜日广　周镳　雷缜祚

…………………… 4635

明史卷二七五

列传第一六三

　张慎言　子履旋 ……… 4639

　徐石麒 ………………… 4641

　解学龙 ………………… 4642

　高倬　黄端伯等 ……… 4645

　左懋第 ………………… 4646

　祁彪佳 ………………… 4649

明史卷二七六

列传第一六四

　朱大典　王道焜等 …… 4652

　张国维 ………………… 4655

　张肯堂　李向中　吴锺峦

　朱永祐等 ……… 4657

　曾樱 …………………… 4659

　朱继祚　汤芬等 ……… 4661

　余煌　陈函辉 ………… 4661

　王瑞栴 ………………… 4662

　路振飞 ………………… 4663

　何楷　林兰友 ………… 4664

　熊汝霖 ………………… 4666

　钱肃乐　刘中藻　郑遵谦

…………………… 4667

　沈宸荃　邑子履祥 …… 4668

明史卷二七七

列传第一六五

　袁继咸　张亮 ………… 4670

　金声　江天一 ………… 4673

　邱祖德　温璜　吴应箕

　尹民兴等 …………………… 4675

沈犹龙　李待问　章简

　　······················ 4677

陈子龙　夏允彝　徐孚远

　　······················ 4677

　侯峒曾　阎应元

　朱集璜等　············· 4679

　杨文骢　孙临等　······· 4681

　陈潜夫　陆培　········· 4682

　沈廷扬··············· 4684

　林汝翥　林垔　········· 4685

　郑为虹　黄大鹏　王士和

　胡上琛　熊纬　········· 4685

明史卷二七八

列传第一六六

　杨廷麟　彭期生　······· 4687

　万元吉　杨文荐　梁于涘

　　······················ 4689

　郭维经　姚奇允　······· 4692

　詹兆恒　胡梦泰

　周定仍等　············· 4693

　陈泰来　曹志明　······· 4695

　王养正　夏万亨等　····· 4695

　曾亨应　弟和应　子�筠

　　······················ 4696

　揭重熙　傅鼎铨　······· 4697

　陈子壮　麦而炫　朱实莲

　霍子衡　············· 4698

　张家玉　陈象明等　····· 4699

　陈邦彦··············· 4700

　苏观生··············· 4702

明史卷二七九

列传第一六七

　吕大器··············· 4705

　文安之··············· 4707

　樊一蘅　范文光　詹天颜

　　······················ 4708

　吴炳　侯伟时　········· 4710

　王锡衮··············· 4711

　堵允锡··············· 4711

　严起恒··············· 4713

　朱天麟　张孝起　······· 4714

　杨畏知··············· 4716

　吴贞毓　高勣等　······· 4718

明史卷二八〇

列传第一六八

　何腾蛟　章旷　傅作霖

　　······················ 4724

　瞿式耜　汪皞等　······· 4729

明史卷二八一

列传第一六九

　循吏··············· 4734

　　陈灌··············· 4735

　　方克勤··············· 4735

　　吴履　廖钦等　······· 4736

　　高斗南　余彦诚等　··· 4737

　　史诚祖　吴祥等　····· 4738

　　谢子襄　黄信中　夏升

　　······················ 4739

贝秉彝　刘孟雍等 … 4739

万观 ………………… 4740

叶宗人 ……………… 4740

王源 ………………… 4741

翟溥福 ……………… 4741

李信圭　孙浩等 …… 4741

张宗琏 ……………… 4744

李骥　王莹等 ……… 4744

李湘 ………………… 4745

赵豫　赵登等 ……… 4746

曾泉 ………………… 4747

范衷 ………………… 4747

周济 ………………… 4748

范希正　刘纲 ……… 4748

段坚 ………………… 4749

陈钢 ………………… 4749

丁积 ………………… 4749

田铎 ………………… 4750

唐侃 ………………… 4750

汤绍恩 ……………… 4751

徐九思 ……………… 4751

庞嵩 ………………… 4752

张淳 ………………… 4753

陈幼学 ……………… 4753

明史卷二八二

列传第一七〇

　儒林一 …………… 4755

　　范祖干　叶仪等 … 4756

　　谢应芳 ………… 4757

汪克宽 ……………… 4757

梁寅 ………………… 4758

赵汸 ………………… 4758

陈谟 ………………… 4759

薛瑄　阎禹锡　周蕙等

………………… 4759

胡居仁　余祐 …… 4762

蔡清　陈琛　林希元等

………………… 4763

罗钦顺 ……………… 4764

曹端 ………………… 4766

吴与弼　胡九韶等 … 4767

陈真晟 ……………… 4768

吕柟　吕潜等 ……… 4769

邵宝　王问 ……… 4770

杨廉 ………………… 4771

刘观　孙鼎　李中 … 4772

马理 ………………… 4773

魏校　王应电　王敬臣

………………… 4773

周瑛 ………………… 4775

潘府 ………………… 4775

崔铣 ………………… 4776

何瑭 ………………… 4777

唐伯元 ……………… 4777

黄淳耀　弟渊耀 …… 4778

明史卷二八三

列传第一七一

　儒林二 …………… 4779

陈献章　李承箕　张诩

·················· 4779

娄谅　夏尚朴 ········· 4780

贺钦·················· 4781

陈茂烈··············· 4782

湛若水　蒋信等 ······ 4782

邹守益　子善等 ······ 4784

钱德洪　徐爱等 ······ 4786

王畿　王艮等 ········ 4787

欧阳德　族人瑜 ······ 4789

罗洪先　程文德 ······ 4790

吴悌　子仁度 ········ 4791

何廷仁　刘邦来

魏良政等 ············ 4792

王时槐··············· 4793

许孚远··············· 4794

尤时熙　张后觉等 ··· 4795

邓以赞　张元忭 ······ 4796

孟化鲤　孟秋 ········ 4797

来知德··············· 4798

邓元锡　刘元卿　章潢

·················· 4798

明史卷二八四

列传第一七二

　儒林三 ············ 4800

孔希学　孔彦绳

颜希惠　曾质粹　孔闻礼

孟希文　仲于陛　周冕

程接道　程克仁　张文运

邵继祖　朱梴　朱墅

·················· 4800

明史卷二八五

列传第一七三

　文苑一 ············ 4807

杨维桢　陆居仁

钱惟善··············· 4808

胡翰·················· 4809

苏伯衡··············· 4809

王冕　郭奎　镏炳 ··· 4809

戴良　王逢　丁鹤年

·················· 4810

危素··············· 4811

张以宁　石光霁

秦裕伯··············· 4812

赵埙　宋僖等 ········ 4814

徐一夔··············· 4816

赵㧑谦　乐良等 ······ 4817

陶宗仪　顾德辉

孙作　张宪等 ········· 4818

袁凯··············· 4820

高启　杨基　张羽

徐贲等 ·············· 4820

王行　唐肃　宋克等

·················· 4821

孙蕡　王佐等 ········ 4822

王蒙　郭传 ·········· 4823

明史卷二八六

列传第一七四

文苑二……………………… 4825

　林鸿　郑定等 ……… 4825

　王绂　夏昶 ………… 4827

　沈度　弟粲　滕用亨等

　　　………………… 4827

　聂大年……………… 4828

　刘溥　苏平等 …… 4829

　张弼………………… 4829

　张泰　陆钲　陆容 … 4829

　程敏政……………… 4830

　罗玘………………… 4830

　储巏………………… 4831

　李梦阳　康海

　王九思　王维桢 …… 4832

　何景明……………… 4834

　徐祯卿　杨循吉

　祝允明　唐寅　桑悦

　　　………………… 4834

　边贡………………… 4837

　顾璘　弟瑮　陈沂等

　　　………………… 4837

　郑善夫　殷云霄

　方豪等 ……………… 4838

　陆深　王圻 ………… 4839

　王廷陈……………… 4840

　李濂………………… 4840

明史卷二八七

列传第一七五

　文苑三……………… 4842

文徵明　蔡羽等 …… 4842

黄佐　欧大任　黎民表

　　　………………… 4844

柯维骐………………… 4845

王慎中　屠应埈等 … 4846

高叔嗣　蔡汝楠 …… 4847

陈束　任瀚　熊过

李开先 ……………… 4847

田汝成　子艺蘅 …… 4849

皇甫涍　弟冲　汸　濂

　　　………………… 4849

茅坤　子维 ………… 4850

谢榛　卢柟 ………… 4851

李攀龙　梁有誉等 … 4852

王世贞　汪道昆

胡应麟　弟世懋 …… 4853

归有光　子子慕

胡友信 ……………… 4856

明史卷二八八

列传第一七六

　文苑四……………… 4858

李维桢　郝敬 ……… 4858

徐渭　屠隆 ………… 4859

王穉登　俞允文

王叔承 ……………… 4861

瞿九思 ……………… 4861

唐时升　娄坚

李流芳　程嘉燧 …… 4862

焦竑　黄辉　陈仁锡

董尽伦 李忠臣

高光 胡缤等 ········· 4896

龚万禄 李世勋

翟英等 ············· 4897

管良相 李应期等 ··· 4897

徐朝纲 杨以成

孙克恕 郑鼎 ········· 4898

姬文胤 孟承光 ······ 4899

朱万年 秦三辅等 ···· 4899

张瑶 王与夔 ········· 4900

何天衢 杨于陛 ······ 4900

明史卷二九一
列传第一七九

忠义三·············· 4902

潘宗颜 窦永澄等 ··· 4902

张铨··············· 4903

何廷魁 徐国全 ······ 4905

高邦佐 顾颐 ········· 4905

崔儒秀 陈辅尧 段展

················· 4906

郑国昌 张凤奇

卢成功等 ··········· 4906

党还醇 安上达

任光裕等 ··········· 4907

李献明 何天球 徐泽

武起潜 ············· 4907

张春··············· 4908

阎生斗 李师圣等 ··· 4909

王肇坤 王一桂

上官荩等 ··········· 4910

孙士美 白慧元等

李祯宁等 ··········· 4910

乔若雯 李崇德等 ··· 4911

张秉文 宋学朱等 ··· 4912

颜胤绍 赵珽等 ······ 4913

吉孔嘉 王端冕等 ··· 4914

邢国玺 冯守礼等 ··· 4914

张振秀 刘源清等 ··· 4915

邓藩锡 王维新等 ··· 4916

张焜芳 ············· 4917

明史卷二九二
列传第一八〇

忠义四·············· 4918

张允登 郭景嵩

郭应响 ············· 4918

张光奎 杨于楷等 ··· 4919

李中正 马足轻等 ··· 4919

方国儒 王绍正

常存畏 刘定国 ······ 4921

何承光 高日临等 ··· 4921

庞瑜 董三谟等 ······ 4921

尹梦鳌 赵士宽等 ··· 4922

卢谦 张有俊等 ······ 4923

龚元祥 子炳衡

姚允恭 ············· 4924

王信··············· 4924

史记言 李君赐等 ··· 4924

梁志仁 单思仁等 ··· 4925

………………………………… 4993

傅楫 …………………… 4994

杨成章 ………………… 4994

谢用 …………………… 4995

何竞 …………………… 4995

王原 …………………… 4996

黄玺 …………………… 4997

归钺　族子绣 ………… 4997

何麟 …………………… 4998

孙清　宋显章　李豫

………………………… 4998

刘宪　罗璋等 ………… 4999

容师偃　刘静　温铖

………………………… 4999

俞孜　张震　孙文 … 5000

崔鉴 …………………… 5000

唐俨 …………………… 5000

邱绪 …………………… 5001

张钧　张承相等 …… 5002

王在复　王镐等 …… 5002

夏子孝 ………………… 5003

阿寄 …………………… 5003

赵重华　谢广 ……… 5004

王世名 ………………… 5004

李文咏　王应元等 … 5005

孔金　子良 ………… 5005

杨通照　弟通杰

浦邵等 ………………… 5006

张清雅　白精忠等 … 5006

明史卷二九八

列传第一八六

　隐逸 ………………… 5008

　张介福 ……………… 5008

　倪瓒 ………………… 5009

　徐舫 ………………… 5009

　杨恒　陈洄 ……… 5010

　杨引 ………………… 5010

　吴海 ………………… 5010

　刘闵 ………………… 5011

　杨黼 ………………… 5011

　孙一元 ……………… 5012

　沈周 ………………… 5012

　陈继儒 ……………… 5013

明史卷二九九

列传第一八七

　方伎 ………………… 5014

　滑寿 ………………… 5015

　葛乾孙 ……………… 5015

　吕复 ………………… 5016

　倪维德 ……………… 5016

　周汉卿 ……………… 5017

　王履 ………………… 5017

　周颠 ………………… 5018

　张中 ………………… 5018

　张三丰 ……………… 5019

　袁珙　子忠彻 …… 5019

　戴思恭 ……………… 5021

　盛寅 ………………… 5022

皇甫仲和…………… 5023

仝寅………………… 5024

吴杰 许绅 王纶 … 5024

凌云 李玉………… 5025

李时珍 缪希雍 5026

周述学…………… 5027

张正常 刘渊然 … 5027

明史卷三〇〇

列传第一八八

　外戚…………………… 5030

　陈公………………… 5031

　马公………………… 5032

　吕本………………… 5033

　马全………………… 5033

　张骐 子泉 昇等 … 5033

　胡荣………………… 5034

　孙忠 子继宗 …… 5035

　吴安………………… 5036

　钱贵………………… 5036

　汪泉………………… 5037

　杭昱………………… 5037

　周能 子寿 彧 …… 5037

　王镇 子源等 …… 5039

　万贵………………… 5040

　邵喜………………… 5040

　张峦………………… 5040

　夏儒………………… 5042

　陈万言……………… 5042

　方锐………………… 5042

陈景行……………… 5042

李伟………………… 5043

王伟………………… 5043

郑承宪……………… 5044

王昇………………… 5044

刘文炳 弟文耀等 … 5044

张国纪……………… 5046

周奎………………… 5046

明史卷三〇一

列传第一八九

　列女一………………… 5047

　月娥………………… 5048

　刘孝妇 甄氏……… 5049

　诸娥………………… 5049

　丁氏 石氏………… 5049

　杨氏 张氏等 …… 5049

　贞女韩氏 黄善聪 … 5050

　姚孝女 蔡孝女

　招远孝女…………… 5050

　卢佳娘 施氏……… 5051

　吴氏 毕氏………… 5051

　石孝女……………… 5051

　汤慧信……………… 5051

　义婢妙聪…………… 5052

　徐孝女……………… 5052

　高氏………………… 5052

　孙义妇……………… 5052

　梁氏………………… 5053

　马氏………………… 5053

义姑万氏　陈氏 …… 5053

郭氏　幼溪女 …… 5053

程氏 …… 5054

王妙凤　唐贵梅　张氏

…… 5054

杨泰奴　张氏 …… 5055

陈氏　秀水张氏

欧阳金贞 …… 5055

庄氏　唐氏 …… 5056

王氏　易氏 …… 5056

钟氏四节妇 …… 5057

宣氏　孙氏 …… 5057

徐氏 …… 5057

义妾张氏 …… 5058

龚烈妇　江氏 …… 5058

范氏二女　丁美音 … 5058

成氏　兴安二女子 … 5058

章银儿　茅氏 …… 5059

招囊猛 …… 5059

凌氏　杜氏 …… 5059

义妇杨氏 …… 5060

史氏　林端娘 …… 5060

汪烈妇 …… 5060

窦妙善 …… 5060

石门丐妇 …… 5061

贾氏 …… 5061

胡氏 …… 5061

陈宗球妻史氏 …… 5061

叶氏 …… 5062

胡贵贞 …… 5062

孙氏 …… 5062

江氏　严氏 …… 5062

明史卷三〇二

列传第一九〇

列女二 …… 5063

欧阳氏　徐氏　冯氏

…… 5064

潘氏 …… 5064

杨氏 …… 5065

张烈妇　蔡氏　郑氏

…… 5065

王烈妇　许烈妇 …… 5065

吴氏 …… 5066

沈氏六节妇 …… 5066

黄氏　张氏 …… 5066

张氏　叶氏　范氏 … 5067

刘氏二女 …… 5067

孙烈女　蔡烈女 …… 5068

陈谏妻李氏 …… 5068

胡氏 …… 5068

戴氏　胡氏 …… 5068

许元忱妻胡氏 …… 5069

邰阳李氏 …… 5069

吴节妇　杨氏 …… 5069

徐亚长 …… 5070

蒋烈妇 …… 5070

杨玉英　张蝉云 …… 5070

倪氏 …… 5071

彭氏　刘氏 ……… 5071

刘氏二孝女……………… 5071

黄氏………………… 5071

邵氏婢…………… 5071

杨贞妇　倪氏 ……… 5072

杨氏………………… 5072

丁氏………………… 5072

尤氏………………… 5072

李氏………………… 5073

孙氏………………… 5073

方孝女　解孝女 …… 5073

李氏………………… 5073

项贞女……………… 5074

寿昌李氏…………… 5074

玉亭县君…………… 5074

马氏………………… 5074

王氏………………… 5075

刘氏　杨氏 ………… 5075

谭氏　张氏 ………… 5075

李烈妇　黄烈妇 …… 5075

须烈妇……………… 5076

陈节妇　马氏 ……… 5076

谢烈妇……………… 5076

张氏　王氏　戚家妇

……………………… 5077

金氏　杨氏 ………… 5077

王氏………………… 5077

李孝妇　洪氏　倪氏

……………………… 5077

刘氏………………… 5078

明史卷三○三

列传第一九一

列女三 ……………… 5079

徐贞女……………… 5080

刘氏………………… 5080

余氏………………… 5080

虞凤娘……………… 5081

林贞女……………… 5081

王贞女……………… 5081

倪美玉……………… 5081

刘烈女……………… 5082

上海某氏…………… 5082

谷氏………………… 5082

白氏………………… 5082

高烈妇……………… 5083

于氏　台氏 ………… 5083

胡氏………………… 5083

王氏………………… 5083

刘孝女……………… 5083

崔氏………………… 5084

高陵李氏…………… 5084

烈妇柴氏…………… 5084

周氏　王氏 ………… 5084

荆娲………………… 5084

宋氏………………… 5085

李氏陈氏…………… 5085

蕲水李氏…………… 5085

万氏　王氏五烈妇

明伦堂女 …………… 5085

陈氏…………………… 5086

鸡泽二李氏…………… 5086

姜氏…………………… 5086

六安女………………… 5086

石氏女　谢氏 ………… 5086

庄氏…………………… 5087

冯氏…………………… 5087

唐烈妻陈氏　刘氏

　………………… 5087

唐氏　颜氏 …………… 5087

卢氏…………………… 5088

于氏　萧氏　杨氏 …… 5088

仲氏女………………… 5088

何氏…………………… 5088

赵氏…………………… 5088

倪氏　王氏　韩氏 …… 5089

邵氏　李氏 …………… 5089

江氏…………………… 5089

杨氏…………………… 5089

张氏…………………… 5089

石氏　王氏等 ……… 5089

郭氏…………………… 5090

姚氏…………………… 5090

朱氏　徐氏女 ……… 5090

定州李氏……………… 5090

胡敬妻姚氏…………… 5090

熊氏…………………… 5091

邱氏　乾氏　黄氏 … 5091

洗马畈妇……………… 5091

向氏…………………… 5091

雷氏…………………… 5092

商州邵氏……………… 5092

吕氏…………………… 5092

曲州邵氏……………… 5092

王氏…………………… 5092

吴之瑞妻张氏………… 5092

韩鼎允妻刘氏………… 5093

江都程氏六烈………… 5093

江都张氏　兰氏等 … 5093

张秉纯妻刘氏………… 5094

陶氏…………………… 5094

田氏…………………… 5094

和州王氏……………… 5094

方氏…………………… 5094

陆氏　子道弘妻 …… 5094

于氏…………………… 5095

项淑美　王氏 ……… 5095

甬上四烈妇…………… 5095

夏氏…………………… 5095

明史卷三〇四

列传第一九二

　宦官一 ……………… 5097

　郑和　侯显 ……… 5098

　金英　兴安　范弘等

　　………………… 5100

　王振 ……………… 5101

　曹吉祥　刘永诚 …… 5103

怀恩　覃吉 ………… 5104
汪直 ………………… 5105
梁芳　钱能等 ……… 5107
何鼎　邓原等 ……… 5109
李广 ………………… 5109
蒋琮 ………………… 5109
刘瑾 ………………… 5110
张永 ………………… 5114
谷大用　魏彬等 …… 5115
明史卷三〇五
列传第一九三
宦官二 ……………… 5118
李芳 ………………… 5118
冯保 ………………… 5119
张鲸 ………………… 5121
陈增　陈奉　高淮 … 5122
梁永　杨荣 ………… 5125
陈矩 ………………… 5127
王安 ………………… 5128
魏忠贤 ……………… 5129
王体乾　李永贞
涂文辅　刘若愚 …… 5135
崔文昇 ……………… 5136
张彝宪 ……………… 5136
高起潜 ……………… 5137
王承恩 ……………… 5138
方正化 ……………… 5138
明史卷三〇六
列传第一九四

阉党 ………………… 5140
焦芳　刘宇　曹元 … 5141
张彩　韩福等 ……… 5144
顾秉谦　魏广微等 … 5146
崔呈秀　吴淳夫等 … 5149
刘志选　梁梦环等 … 5153
曹钦程　石三畏等 … 5155
王绍徽　周应秋 …… 5157
霍维华　徐大化等 … 5158
阎鸣泰 ……………… 5161
贾继春 ……………… 5163
田尔耕　许显纯 …… 5165
明史卷三〇七
列传第一九五
佞幸 ………………… 5166
纪纲 ………………… 5167
门达　逯杲 ………… 5168
李孜省 ……………… 5170
继晓 ………………… 5172
江彬　许泰 ………… 5173
钱宁 ………………… 5176
陆炳 ………………… 5177
邵元节 ……………… 5179
陶仲文 ……………… 5179
顾可学　盛端明等 … 5184
明史卷三〇八
列传第一九六
奸臣 ………………… 5186
胡惟庸　陈宁 ……… 5186

　陈瑛　马麟等 ········· 5189

　严嵩　赵文华

　　鄢懋卿等 ··········· 5192

　周延儒 ············· 5199

　温体仁 ············· 5203

　马士英　阮大铖 ····· 5207

明史卷三○九

列传第一九七

　流贼 ············· 5214

　　李自成 ··········· 5215

　　张献忠 ··········· 5229

明史卷三一○

列传第一九八

　湖广土司 ··········· 5235

　　施州　施南宣抚司

　　散毛宣抚司　忠建宣抚司

　　容美宣抚司 ······· 5237

　　永顺军民宣慰使司

　　　　　　　　····· 5242

　　保靖州军民宣慰使司

　　　　　　　　····· 5244

明史卷三一一

列传第一九九

　四川土司一 ········· 5248

　　乌蒙乌撒东川镇

　　雄四军民府 ········· 5248

　　马湖 ············· 5257

　　建昌卫　宁番卫

　　越嶲卫　盐井卫　会川卫

　　　　　　　　····· 5258

　　茂州卫 ············· 5261

　　松潘卫 ············· 5263

　　天全六番招讨司 ····· 5268

　　黎州安抚司 ········· 5269

明史卷三一二

列传第二○○

　四川土司二 ········· 5271

　　播州宣慰司 ········· 5271

　　永宁宣抚司 ········· 5278

　　酉阳宣抚司 ········· 5283

　　石砫宣抚司 ········· 5284

明史卷三一三

列传第二○一

　云南土司一 ········· 5286

　　云南 ············· 5286

　　大理 ············· 5289

　　临安 ············· 5290

　　楚雄 ············· 5292

　　澄江 ············· 5293

　　景东 ············· 5293

　　广南 ············· 5294

　　广西 ············· 5295

　　镇沅 ············· 5295

　　永宁 ············· 5296

　　顺宁 ············· 5296

　　蒙化 ············· 5297

　　孟艮 ············· 5298

　　孟定 ············· 5298

曲靖…………………… 5299

明史卷三一四

列传第二〇二

　云南土司二………… 5302

　　姚安…………………… 5302

　　鹤庆…………………… 5303

　　武定…………………… 5304

　　寻甸…………………… 5306

　　丽江…………………… 5307

　　元江…………………… 5308

　　永昌…………………… 5309

　　新化…………………… 5310

　　威远…………………… 5311

　　北胜…………………… 5312

　　湾甸…………………… 5312

　　镇康…………………… 5313

　　大侯…………………… 5313

　　澜沧卫………………… 5314

　　麓川…………………… 5315

明史卷三一五

列传第二〇三

　云南土司三………… 5324

　　缅甸…………………… 5324

　　干崖…………………… 5329

　　潞江…………………… 5330

　　南甸…………………… 5330

　　芒市…………………… 5331

　　者乐甸………………… 5332

　　茶山…………………… 5332

孟琏…………………… 5332

里麻…………………… 5332

钮兀…………………… 5333

东倘…………………… 5333

瓦甸…………………… 5333

促瓦…………………… 5333

散金…………………… 5333

木邦…………………… 5333

孟养…………………… 5337

车里…………………… 5341

老挝…………………… 5343

八百…………………… 5344

明史卷三一六

列传第二〇四

　贵州土司………… 5347

　　贵阳…………………… 5348

　　思南　思州……… 5353

　　镇远…………………… 5355

　　铜仁…………………… 5356

　　黎平…………………… 5357

　　安顺…………………… 5359

　　都匀…………………… 5361

　　平越…………………… 5364

　　石阡…………………… 5365

　　新添卫　金筑安抚司

　　………………………… 5365

明史卷三一七

列传第二〇五

　广西土司一………… 5367

外国五…………………… 5483　　和兰…………………… 5516

占城　宾童龙 ……… 5483　明史卷三二六

真腊…………………… 5484　列传第二一四

暹罗…………………… 5491　外国七………………… 5519

爪哇　阇婆　苏吉丹　　　古里…………………… 5519

碟里　日罗夏治 …… 5495　柯枝…………………… 5520

三佛齐………………… 5498　小葛兰　大葛兰 …… 5522

明史卷三二五　　　　　　锡兰山………………… 5522

列传第二一三　　　　　　榜葛剌………………… 5523

外国六………………… 5501　沼纳朴儿……………… 5524

浡泥…………………… 5501　祖法儿……………… 5524

满剌加………………… 5504　木骨都束……………… 5525

苏门答剌　须文达那　　　不剌哇………………… 5525

………………………… 5507　竹步…………………… 5525

苏禄…………………… 5509　阿丹…………………… 5526

西洋琐里……………… 5509　剌撒…………………… 5526

琐里…………………… 5510　麻林…………………… 5527

览邦…………………… 5510　忽鲁谟斯……………… 5527

淡巴…………………… 5510　溜山　比剌　孙剌 … 5528

百花…………………… 5510　南巫里………………… 5528

彭亨…………………… 5510　加异勒………………… 5528

那孤儿………………… 5511　甘巴里………………… 5528

黎伐…………………… 5511　急兰丹………………… 5529

南渤利………………… 5511　沙里湾泥……………… 5529

阿鲁…………………… 5512　底里…………………… 5529

柔佛…………………… 5512　千里达………………… 5529

丁机宜………………… 5512　失剌比………………… 5529

巴剌西………………… 5513　古里班卒……………… 5529

佛郎机………………… 5513　剌泥　夏剌比　奇剌泥

　　窟察泥　舍剌斋　彭加那

　　八可意　乌沙剌踢　坎巴

　阿哇　打回 ………… 5529

　白葛达　黑葛达 …… 5529

　拂菻………………… 5530

　意大里亚…………… 5530

明史卷三二七

列传第二一五

　外国八……………… 5534

　　鞑靼……………… 5534

明史卷三二八

列传第二一六

　外国九……………… 5556

　　瓦剌……………… 5556

　　朵颜　福余　泰宁 … 5560

明史卷三二九

列传第二一七

　西域一……………… 5565

　　哈密卫…………… 5565

　　柳城……………… 5575

　　火州……………… 5576

　　土鲁番…………… 5577

明史卷三三〇

列传第二一八

　西域二……………… 5583

　　西番诸卫

　　西宁河州洮州岷州等

　　番族诸卫………… 5583

　　安定卫…………… 5590

　　阿端卫…………… 5592

　　曲先卫…………… 5593

　　赤斤蒙古卫……… 5594

　　沙州卫…………… 5596

　　罕东卫…………… 5598

　　罕东佐卫………… 5600

　　哈梅里…………… 5601

明史卷三三一

列传第二一九

　西域三……………… 5603

　　乌斯藏大宝法王…… 5603

　　大乘法王………… 5606

　　大慈法王………… 5607

　　阐化王…………… 5608

　　赞善王…………… 5610

　　护教王…………… 5611

　　阐教王…………… 5611

　　辅教王…………… 5612

　　西天阿难功德国…… 5612

　　西天尼八剌国…… 5613

　　朵甘乌斯藏行都

　　指挥使司………… 5613

　　长河西鱼通宁远

　　宣慰司…………… 5615

　　董卜韩胡宣慰司…… 5617

明史卷三三二

列传第二二〇

　西域四……………… 5620

　　撒马儿罕………… 5620

# 清　史　稿

清史稿卷一
本纪第一
　太祖 ･･････････････････ 1
清史稿卷二
本纪第二
　太宗一 ･････････････ 13
清史稿卷三
本纪第三
　太宗二 ･････････････ 36
清史稿卷四
本纪第四
　世祖一 ･････････････ 55
清史稿卷五
本纪第五
　世祖二 ･････････････ 80
清史稿卷六
本纪第六
　圣祖一 ･･････････ 110
清史稿卷七

本纪第七
　圣祖二 ･････････････ 138
清史稿卷八
本纪第八
　圣祖三 ･････････････ 171
清史稿卷九
本纪第九
　世宗 ･････････････ 202
清史稿卷一〇
本纪第一〇
　高宗一 ･････････････ 225
清史稿卷一一
本纪第一一
　高宗二 ･････････････ 255
清史稿卷一二
本纪第一二
　高宗三 ･････････････ 285
清史稿卷一三
本纪第一三

高宗四 …………… 312

清史稿卷一四

本纪第一四

　高宗五 …………… 332

清史稿卷一五

本纪第一五

　高宗六 …………… 353

清史稿卷一六

本纪第一六

　仁宗 …………… 374

清史稿卷一七

本纪第一七

　宣宗一 …………… 406

清史稿卷一八

本纪第一八

　宣宗二 …………… 429

清史稿卷一九

本纪第一九

　宣宗三 …………… 450

清史稿卷二〇

本纪第二〇

　文宗 …………… 469

清史稿卷二一

本纪第二一

　穆宗一 …………… 507

清史稿卷二二

本纪第二二

　穆宗二 …………… 540

清史稿卷二三

本纪第二三

　德宗一 …………… 561

清史稿卷二四

本纪第二四

　德宗二 …………… 600

清史稿卷二五

本纪第二五

　宣统皇帝 …………… 637

清史稿卷二六

志第一

　天文一 …………… 665

　　天象 …………… 665

　　地体 …………… 667

　　里差 …………… 668

清史稿卷二七

志第二

　天文二 …………… 680

　　仪象 …………… 680

清史稿卷二八

志第三

　天文三 …………… 687

　　日月五星 …………… 687

　　恒星 …………… 687

　　黄赤道十二次值宿 … 689

　　昏旦中星 …………… 691

清史稿卷二九

志第四

　天文四 …………… 695

　　康熙壬子年恒星黄道

经纬度表一 ⋯⋯⋯⋯ 695

清史稿卷三〇

志第五

天文五 ⋯⋯⋯⋯⋯ 722

康熙壬子年恒星黄道

经纬度表二 ⋯⋯⋯⋯ 722

清史稿卷三一

志第六

天文六 ⋯⋯⋯⋯⋯ 759

乾隆甲子年恒星黄道

经纬度表一 ⋯⋯⋯⋯ 759

清史稿卷三二

志第七

天文七 ⋯⋯⋯⋯⋯ 793

乾隆甲子年恒星黄道

经纬度表二 ⋯⋯⋯⋯ 793

清史稿卷三三

志第八

天文八 ⋯⋯⋯⋯⋯ 824

乾隆甲子年恒星黄道

经纬度表三 ⋯⋯⋯⋯ 824

清史稿卷三四

志第九

天文九 ⋯⋯⋯⋯⋯ 850

乾隆甲子年恒星黄道

经纬度表四 ⋯⋯⋯⋯ 850

清史稿卷三五

志一〇

天文十 ⋯⋯⋯⋯⋯ 877

天汉黄道经纬度表 ⋯ 877

清史稿卷三六

志第一一

天文十一 ⋯⋯⋯⋯ 907

五星合聚 ⋯⋯⋯⋯ 907

清史稿卷三七

志第一二

天文十二 ⋯⋯⋯⋯ 932

日食 ⋯⋯⋯⋯⋯⋯ 932

月五星凌犯掩距 ⋯ 934

太白昼见 ⋯⋯⋯⋯ 940

日变月变 ⋯⋯⋯⋯ 943

清史稿卷三八

志第一三

天文十三 ⋯⋯⋯⋯ 944

虹蚬 ⋯⋯⋯⋯⋯⋯ 944

晕珥 ⋯⋯⋯⋯⋯⋯ 947

清史稿卷三九

志第一四

天文十四 ⋯⋯⋯⋯ 967

客星 ⋯⋯⋯⋯⋯⋯ 967

流陨 ⋯⋯⋯⋯⋯⋯ 969

云气 ⋯⋯⋯⋯⋯⋯ 978

清史稿卷四〇

志第一五

灾异一 ⋯⋯⋯⋯⋯ 981

清史稿卷四一

志第一六

灾异二 ⋯⋯⋯⋯⋯ 1029

清史稿卷四二
志第一七
　　灾异三……………………… 1039
清史稿卷四三
志第一八
　　灾异四……………………… 1053
清史稿卷四四
志第一九
　　灾异五……………………… 1065
清史稿卷四五
志第二〇
　　时宪一……………………… 1094
　　　推步因革………………… 1095
清史稿卷四六
志第二一
　　时宪二……………………… 1106
　　　推步算术………………… 1106
清史稿卷四七
志第二二
　　时宪三……………………… 1123
　　　康熙甲子元法上………… 1123
清史稿卷四八
志第二三
　　时宪四……………………… 1142
　　　康熙甲子元法中………… 1142
清史稿卷四九
志第二四
　　时宪五……………………… 1157
　　　康熙甲子元法下………… 1157

清史稿卷五〇
志第二五
　　时宪六……………………… 1173
　　　雍正癸卯元法上………… 1173
清史稿卷五一
志第二六
　　时宪七……………………… 1191
　　　雍正癸卯元法下………… 1191
清史稿卷五二
志第二七
　　时宪八……………………… 1207
　　　凌犯视差新法上………… 1207
清史稿卷五三　　时宪志九
　　　凌犯视差新法下………… 1241
清史稿卷五四
志第二九
　　地理一……………………… 1271
　　　直隶……………………… 1272
清史稿卷五五
志第三〇
　　地理二……………………… 1295
　　　奉天……………………… 1295
清史稿卷五六
志第三一
　　地理三……………………… 1309
　　　吉林……………………… 1309
清史稿卷五七
志第三二
　　地理四……………………… 1321

　　黑龙江……………… 1321　　清史稿卷六五
清史稿卷五八　　　　　　　　志第四〇
志第三三　　　　　　　　　　　地理十二……………… 1441
　　地理五…………… 1336　　　　浙江……………… 1441
　　　江苏…………… 1336　　清史稿卷六六
清史稿卷五九　　　　　　　　志第四一
志第三四　　　　　　　　　　　地理十三……………… 1460
　　地理六…………… 1349　　　　江西……………… 1460
　　　安徽…………… 1349　　清史稿卷六七
清史稿卷六〇　　　　　　　　志第四二
志第三五　　　　　　　　　　　地理十四……………… 1472
　　地理七…………… 1363　　　　湖北……………… 1472
　　　山西…………… 1363　　清史稿卷六八
清史稿卷六一　　　　　　　　志第四三
志第三六　　　　　　　　　　　地理十五……………… 1484
　　地理八…………… 1381　　　　湖南……………… 1484
　　　山东…………… 1381　　清史稿卷六九
清史稿卷六二　　　　　　　　志第四四
志第三七　　　　　　　　　　　地理十六……………… 1500
　　地理九…………… 1397　　　　四川……………… 1500
　　　河南…………… 1397　　清史稿卷七〇
清史稿卷六三　　　　　　　　志第四五
志第三八　　　　　　　　　　　地理十七……………… 1524
　　地理十…………… 1415　　　　福建……………… 1524
　　　陕西…………… 1415　　清史稿卷七一
清史稿卷六四　　　　　　　　志第四六
志第三九　　　　　　　　　　　地理十八……………… 1540
　　地理十一………… 1428　　　　台湾……………… 1540
　　　甘肃…………… 1428　　清史稿卷七二

志第四七
  地理十九………………… 1545
    广东………………… 1545
清史稿卷七三
志第四八
  地理二十………………… 1562
    广西………………… 1562
清史稿卷七四
志第四九
  地理二十一……………… 1582
    云南………………… 1582
清史稿卷七五
志第五○
  地理二十二……………… 1603
    贵州………………… 1603
清史稿卷七六
志第五一
  地理二十三……………… 1617
    新疆………………… 1617
清史稿卷七七
志第五二
  地理二十四……………… 1635
    内蒙古……………… 1635
清史稿卷七八
志第五三
  地理二十五……………… 1654
    外蒙古……………… 1654
清史稿卷七九
志第五四

地理二十六……………… 1678
    青海………………… 1678
清史稿卷八○
志第五五
  地理二十七……………… 1688
    西藏………………… 1688
清史稿卷八一
志第五六
  地理二十八……………… 1695
    察哈尔……………… 1695
清史稿卷八二
志第五七
  礼一 吉礼一 ………… 1698
    坛壝之制…………… 1700
    神位祭器祭品玉帛
    牲牢之数…………… 1702
    祀期………………… 1707
    斋戒………………… 1708
    祝版………………… 1709
    祭服………………… 1709
    祭告………………… 1710
    习仪………………… 1710
    陪祀………………… 1711
清史稿卷八三
志第五八
  礼二 吉礼二 ………… 1712
    郊社仪制…………… 1713
    郊社配飨…………… 1715
    祈谷………………… 1717

雩祀……………… 1718

天神　太岁朝日夕月

………… 1719

社稷……………… 1721

先农……………… 1722

先蚕……………… 1723

地祇　岳镇海渎山川

………… 1724

直省神祇……… 1726

清史稿卷八四

志第五九

礼三　吉礼三 …… 1727

历代帝王陵庙…… 1727

传心殿…………… 1731

先师孔子………… 1732

元圣周公………… 1737

关圣帝君………… 1738

文昌帝君………… 1738

祭纛祀炮………… 1739

京师群祀　五祀八蜡附

直省祭厉……… 1740

直省祭厉……… 1744

清史稿卷八五

志第六〇

礼四　吉礼四 …… 1746

堂子祭天………… 1746

坤宁宫祀神……… 1751

令节设供………… 1753

求福祀神………… 1753

奉先殿…………… 1754

寿皇殿…………… 1756

安佑宫　绥成殿附 … 1756

满洲跳神仪……… 1757

清史稿卷八六

志第六一

礼五　吉礼五 …… 1759

宗庙之制………… 1759

时飨……………… 1763

祫祭……………… 1765

加上谥号………… 1766

东西庑配飨……… 1768

醇贤亲王庙……… 1769

谒陵……………… 1769

清史稿卷八七

志第六二

礼六　吉礼六 …… 1773

昭忠祠…………… 1773

贤良祠…………… 1777

功臣专祠………… 1779

宗室家庙………… 1782

品官士庶家祭…… 1784

清史稿卷八八

志第六三

礼七　嘉礼一 …… 1786

登极仪…………… 1786

授受仪…………… 1787

太后垂帘仪……… 1789

亲政仪…………… 1789

大朝仪…………… 1790

常朝仪　御门听政附

…………… 1791

太上皇帝三大节朝

贺仪…………… 1793

太皇太后皇太后皇后

三大节朝贺仪…… 1793

大宴仪…………… 1794

上尊号徽号仪

尊封太妃太嫔仪附…… 1796

册立中宫仪

册妃嫔仪附 …… 1797

册皇太子仪

太子千秋节附 …… 1798

册诸王仪　册公主附

…………… 1799

清史稿卷八九

志第六四

礼八　嘉礼二 ………… 1800

大婚仪…………… 1800

皇子婚仪　王公婚礼附

…………… 1802

公主下嫁仪

郡主以下于归礼附…… 1803

品官士庶婚礼…… 1804

视学仪　临雍附 …… 1805

经筵仪　日讲附 …… 1806

策士仪…………… 1807

颁诏仪　迎接诏书附

…………… 1808

进书仪…………… 1809

进表笺仪………… 1810

巡狩仪…………… 1810

乡饮酒礼………… 1811

清史稿卷九〇

志第六五

礼九　军礼……… 1813

亲征…………… 1813

凯旋…………… 1814

命将出征……… 1815

奏凯…………… 1816

受降…………… 1817

献俘受俘……… 1818

大阅

会阅暨京师训练附…… 1818

秋狝…………… 1820

日食救护……… 1822

清史稿卷九一

志第六六

礼十　宾礼……… 1824

藩国通礼……… 1824

山海诸国朝贡礼… 1825

敕封藩服礼…… 1827

外国公使觐见礼… 1828

内外王公相见礼… 1830

京官相见礼…… 1830

直省官相见礼… 1831

士庶相见礼…… 1833

清史稿卷九二

志第六七

　礼十一　凶礼一 ········· 1834

　　皇帝丧仪·············· 1834

　　皇后丧仪·············· 1840

　　贵妃等丧仪·········· 1846

清史稿卷九三

志第六八

　礼十二　凶礼二 ········· 1848

　　皇太子皇子等丧仪

　　·············· 1848

　　亲王以下及公主以下

　　丧仪·············· 1850

　　醇贤亲王及福晋丧仪

　　·············· 1851

　　忌辰············· 1852

　　赐祭葬············· 1852

　　赐谥············· 1854

　　外藩赐恤·············· 1855

　　品官丧礼·············· 1855

　　士庶人丧礼·········· 1857

　　服制·············· 1858

清史稿卷九四

志第六九

　乐一·············· 1861

清史稿卷九五

志第七〇

　乐二·············· 1882

　　十二律吕尺度········· 1882

七音清浊·············· 1883

黄钟同形管声·········· 1884

弦音·············· 1892

弦音旋宫转调········· 1896

清史稿卷九六

志第七一

　乐三　乐章一 ········· 1912

　　郊庙·············· 1912

　　群祀·············· 1930

清史稿卷九七

志第七二

　乐四　乐章二 ········· 1934

　　御殿庆贺·············· 1943

　　禾辞·············· 1957

　　桑歌·············· 1957

清史稿卷九八

志第七三

　乐五　乐章三 ········· 1958

　　筵宴·············· 1958

　　乡饮酒·············· 1981

清史稿卷九九

志第七四

　乐六　乐章四 ········· 1983

　　筵宴舞曲·············· 1984

　　大宴箫吹乐·········· 1991

　　番部合奏·············· 1999

清史稿卷一〇〇

志第七五

　乐七　乐章五 ········· 2001

铙歌大乐……………… 2001

铙歌清乐……………… 2014

凯歌辞………………… 2025

清史稿卷一〇一

志第七六

乐八…………………… 2029

中和韶乐……………… 2029

丹陛大乐……………… 2033

中和清乐……………… 2034

丹陛清乐……………… 2034

导迎乐………………… 2034

铙歌乐………………… 2036

禾辞桑歌乐…………… 2037

庆神欢乐……………… 2038

宴乐…………………… 2038

赐宴乐………………… 2044

舞乐…………………… 2045

清史稿卷一〇二

志第七七

舆服一………………… 2048

皇帝五辂……………… 2049

皇帝辇舆……………… 2055

皇后舆车

皇太后舆车附 ……… 2056

皇贵妃以下舆车……… 2056

亲王以下舆车………… 2057

亲王福晋以下舆车

……………………… 2058

京外职官舆车

庶民车附 …………… 2059

命妇舆车……………… 2060

清史稿卷一〇三

志第七八

舆服二………………… 2062

皇帝冠服……………… 2063

皇后冠服

太皇太后皇太后附…… 2065

皇贵妃以下冠服……… 2067

皇子亲王以下冠服

……………………… 2068

皇子亲王福晋以下

冠服………………… 2069

文武官冠服…………… 2071

命妇冠服……………… 2080

士庶冠服……………… 2081

清史稿卷一〇四

志第七九

舆服三………………… 2083

皇帝御宝……………… 2083

皇后金宝　　太皇太后

皇太后金宝玉宝附…… 2086

皇贵妃以下宝印……… 2087

皇子亲王以下宝印

……………………… 2087

文武官印信关防条记

……………………… 2090

清史稿卷一〇五

志第八〇

户部　三库　仓场

关税各差 ·············· 2227

礼部　会同四译馆

乐部 ················· 2230

兵部 ················· 2235

刑部 ················· 2236

工部　火药局

河道沟渠 ·············· 2239

盛京五部 ············· 2242

清史稿卷一一五

志第九〇

职官二 ··············· 2244

理藩院 ··············· 2244

都察院　五城兵马司

六科给事中 ··········· 2248

通政使司 ············· 2252

大理寺 ··············· 2253

翰林院　文渊阁

国史馆　经筵讲官

起居注 ··············· 2253

詹事府 ··············· 2257

太常寺 ··············· 2258

光禄寺 ··············· 2259

鸿胪寺 ··············· 2260

国子监 ··············· 2261

衍圣公　五经博士 ··· 2262

钦天监 ··············· 2264

太医院 ··············· 2266

坛庙官 ··············· 2267

陵寝官 ··············· 2267

僧道录司 ············· 2270

清史稿卷一一六

志第九一

职官三　外官 ·········· 2271

顺天府 ··············· 2271

奉天府 ··············· 2272

总督巡抚 ············· 2273

学政 ················· 2279

布政使 ··············· 2280

按察使 ··············· 2281

盐运使 ··············· 2282

道 ··················· 2285

府 ··················· 2288

州 ··················· 2289

县 ··················· 2289

儒学 ················· 2289

巡检 ················· 2290

驿丞 ················· 2290

库仓税课河泊各大使

闸官 ················· 2290

医学 ················· 2291

阴阳学 ··············· 2291

僧纲司道纪司 ········· 2291

清史稿卷一一七

志第九二

职官四　武职

藩部土司各官 ········· 2292

公侯伯子男 ··········· 2292

弼德院·············· 2375

资政院·············· 2375

盐政院·············· 2376

典礼院·············· 2376

提学使·············· 2377

提法使

外省各级审检厅 ····· 2377

东三省各司·········· 2378

禁卫军·············· 2379

督练公所············ 2379

军制··············· 2380

镇制　陆军镇监 ····· 2380

巡防队············· 2380

海军舰制············ 2381

清史稿卷一二〇

志第九五

食货一············· 2382

户口············· 2382

田制············· 2392

清史稿卷一二一

志第九六

食货二············· 2415

赋役············· 2415

仓库············· 2433

清史稿卷一二二

志第九七

食货三············· 2441

漕运············· 2441

清史稿卷一二三

志第九八

食货四············· 2468

监法············· 2468

清史稿卷一二四

志第九九

食货五············· 2494

钱法············· 2494

茶法············· 2501

矿政············· 2510

清史稿卷一二五

志第一〇〇

食货六············· 2516

征榷············· 2516

会计············· 2536

清史稿卷一二六

志第一〇一

河渠一············· 2544

黄河············· 2544

清史稿卷一二七

志第一〇二

河渠二············· 2581

运河············· 2581

清史稿卷一二八

志第一〇三

河渠三············· 2598

淮河············· 2598

永定河············ 2607

海塘············· 2611

清史稿卷一二九

志第一〇四

　河渠四⋯⋯⋯⋯⋯⋯ 2617

　　直省水利⋯⋯⋯⋯ 2617

清史稿卷一三〇

志第一〇五

　兵一⋯⋯⋯⋯⋯⋯ 2641

　　八旗⋯⋯⋯⋯⋯⋯ 2641

清史稿卷一三一

志第一〇六

　兵二⋯⋯⋯⋯⋯⋯ 2663

　　绿营⋯⋯⋯⋯⋯⋯ 2663

清史稿卷一三二

志第一〇七

　兵三⋯⋯⋯⋯⋯⋯ 2688

　　防军⋯⋯⋯⋯⋯⋯ 2688

　　陆军⋯⋯⋯⋯⋯⋯ 2699

清史稿卷一三三

志第一〇八

　兵四⋯⋯⋯⋯⋯⋯ 2701

　　乡兵⋯⋯⋯⋯⋯⋯ 2701

清史稿卷一三四

志第一〇九

　兵五⋯⋯⋯⋯⋯⋯ 2711

　　土兵⋯⋯⋯⋯⋯⋯ 2711

清史稿卷一三五

志第一一〇

　兵六⋯⋯⋯⋯⋯⋯ 2722

　　水师⋯⋯⋯⋯⋯⋯ 2722

清史稿卷一三六

志第一一一

　兵七⋯⋯⋯⋯⋯⋯ 2754

　　海军⋯⋯⋯⋯⋯⋯ 2754

清史稿卷一三七

志第一一二

　兵八⋯⋯⋯⋯⋯⋯ 2777

　　边防⋯⋯⋯⋯⋯⋯ 2777

清史稿卷一三八

志第一一三

　兵九⋯⋯⋯⋯⋯⋯ 2798

　　海防⋯⋯⋯⋯⋯⋯ 2798

清史稿卷一三九

志第一一四

　兵十⋯⋯⋯⋯⋯⋯ 2814

　　训练⋯⋯⋯⋯⋯⋯ 2814

清史稿卷一四〇

志第一一五

　兵十一⋯⋯⋯⋯⋯ 2824

　　制造⋯⋯⋯⋯⋯⋯ 2824

清史稿卷一四一

志第一一六

　兵十二⋯⋯⋯⋯⋯ 2849

　　马政⋯⋯⋯⋯⋯⋯ 2849

清史稿卷一四二

志第一一七

　刑法一⋯⋯⋯⋯⋯ 2855

清史稿卷一四三

志第一一八

　刑法二⋯⋯⋯⋯⋯ 2863

清史稿卷一四四
志第一一九
　　刑法三…………………… 2871
清史稿卷一四五
志第一二〇
　　艺文一…………………… 2881
　　　经部…………………… 2881
清史稿卷一四六
志第一二一
　　艺文二…………………… 2918
　　　史部…………………… 2918
清史稿卷一四七
志第一二二
　　艺文三…………………… 2964
　　　子部…………………… 2964
清史稿卷一四八
志第一二三
　　艺文四…………………… 3002
　　　集部…………………… 3002
清史稿卷一四九
志第一二四
　　交通一…………………… 3043
　　　铁路…………………… 3043
清史稿卷一五〇
志第一二五
　　交通二…………………… 3061
　　　轮船…………………… 3061
清史稿卷一五一
志第一二六

交通三…………………… 3068
　　电报…………………… 3068
清史稿卷一五二
志第一二七
　　交通四…………………… 3077
　　邮政…………………… 3077
清史稿卷一五三
志第一二八
　　邦交一…………………… 3081
　　俄罗斯…………………… 3082
清史稿卷一五四
志第一二九
　　邦交二…………………… 3105
　　英吉利…………………… 3105
清史稿卷一五五
志第一三〇
　　邦交三…………………… 3136
　　法兰西…………………… 3136
清史稿卷一五六
志第一三一
　　邦交四…………………… 3146
　　美利坚…………………… 3146
清史稿卷一五七
志第一三二
　　邦交五…………………… 3161
　　德意志…………………… 3161
清史稿卷一五八
志第一三三
　　邦交六…………………… 3173

日本…………………… 3173

清史稿卷一五九

志第一三四

　邦交七…………………… 3192

　　瑞典…………………… 3192

　　那威…………………… 3192

　　丹墨…………………… 3194

　　和兰…………………… 3196

　　日斯巴尼亚…………… 3200

　　比利时………………… 3202

　　意大利………………… 3206

清史稿卷一六〇

志第一三五

　邦交八…………………… 3211

　　奥斯马加……………… 3211

　　秘鲁…………………… 3213

　　巴西…………………… 3217

　　葡萄牙………………… 3219

　　墨西哥………………… 3226

　　刚果…………………… 3228

清史稿卷一六一

表第一

　皇子世表一……………… 3230

清史稿卷一六二

表第二

　皇子世表二……………… 3336

清史稿卷一六三

表第三

　皇子世表三……………… 3511

清史稿卷一六四

表第四

　皇子世表四……………… 3569

清史稿卷一六五

表第五

　皇子世表五……………… 3665

清史稿卷一六六

表第六

　公主表…………………… 3733

清史稿卷一六七

表第七

　外戚表序………………… 3766

清史稿卷一六八

表第八

　诸臣封爵世表一………… 3802

清史稿卷一六九

表第九

　诸臣封爵世表二………… 3888

清史稿卷一七〇

表第一〇

　诸臣封爵世表三………… 3929

清史稿卷一七一

表第一一

　诸臣封爵世表四………… 3991

清史稿卷一七二

表第一二

　诸臣封爵世表五上…… 4175

清史稿卷一七三

表第一三

诸臣封爵世表五下…… 4354

清史稿卷一七四
表第一四
　大学士年表序………… 4503

清史稿卷一七五
表第一五
　大学士年表二………… 4576

清史稿卷一七六
表第一六
　军机大臣年表序……… 4616

清史稿卷一七七
表第一七
　军机大臣年表二……… 4657

清史稿卷一七八
表第一八
　部院大臣年表一上…… 4694

清史稿卷一七九
表第二〇
　部院大臣年表一下…… 4742

清史稿卷一八〇
表第二一
　部院大臣年表二上…… 4756

清史稿卷一八一
表第二二
　部院大臣年表二下…… 4886

清史稿卷一八二
表第二三
　部院大臣年表三上…… 4936

清史稿卷一八三

表第二四
　部院大臣年表三下…… 4967

清史稿卷一八四　表二五
　部院大臣年表四上…… 4980

清史稿卷一八五
表第二六
　部院大臣年表四下…… 5100

清史稿卷一八六
表第二七
　部院大臣年表五上…… 5142

清史稿卷一八七
表第二八
　部院大臣年表五下…… 5217

清史稿卷一八八
表第二九
　部院大臣年表六上…… 5244

清史稿卷一八九
表第三〇
　部院大臣年表六下…… 5312

清史稿卷一九〇
表第三一
　部院大臣年表七上…… 5338

清史稿卷一九一
表第三二
　部院大臣年表七下…… 5363

清史稿卷一九二
表第三三
　部院大臣年表八上…… 5374

清史稿卷一九三

疆臣年表十二

　　各省将军都统大臣 ········ 6526

清史稿卷二〇九

表第四九

　　藩部世表序 ············· 6620

　　藩部世表一 ············· 6620

清史稿卷二一〇

表第五〇

　　藩部世表二 ············· 6747

清史稿卷二一一

表第五一

　　藩部世表三 ············· 6901

清史稿卷二一二

表第五二

　　交聘年表序 ············· 7046

　　交聘年表上　中国遣驻使

　　　　　　　 ············· 7047

清史稿卷二一三

表第五三

　　交聘年表下　各国遣驻使

　　　　　　　 ············· 7095

清史稿卷二一四

列传第一

　　后妃 ················· 7148

　　　显祖宣皇后 ··········· 7150

　　　继妃　庶妃 ··········· 7150

　　　太祖孝慈高皇后 ········ 7150

　　　元妃 ··············· 7151

　　　继妃 ··············· 7151

大妃 ················· 7151

寿康太妃　太祖诸妃

　　　　 ··············· 7152

太宗孝端文皇后 ······ 7152

孝庄文皇后 ·········· 7152

敏惠恭和元妃 ········ 7154

懿靖大贵妃 ·········· 7154

康惠淑妃　太宗诸妃

　　　　 ··············· 7154

世祖废后 ············· 7155

孝惠章皇后 ·········· 7155

孝康章皇后 ·········· 7156

孝献皇后 ············· 7157

淑惠妃　世祖诸妃 ··· 7158

圣祖孝诚仁皇后 ······ 7158

孝昭仁皇后 ·········· 7158

孝懿仁皇后 ·········· 7159

孝恭仁皇后 ·········· 7159

敬敏皇贵妃　定妃

通嫔 ················· 7159

惇怡皇贵妃

懿惠皇贵妃　圣祖诸妃

　　　　 ··············· 7159

世宗孝敬宪皇后 ······ 7160

孝圣宪皇后 ·········· 7161

敦肃皇贵妃 ·········· 7161

纯悫皇贵妃

世宗诸妃 ············· 7161

高宗孝贤纯皇后 ······ 7162

皇后乌拉那拉氏…… 7163

孝仪纯皇后………… 7163

慧贤皇贵妃………… 7164

纯惠皇贵妃………… 7164

庆恭皇贵妃………… 7164

哲悯皇贵妃………… 7164

淑嘉皇贵妃………… 7164

婉贵太妃　高宗诸妃

…………………… 7164

仁宗孝淑睿皇后…… 7165

孝和睿皇后………… 7165

恭顺皇贵妃………… 7165

和裕皇贵妃

仁宗诸妃 ………… 7165

宣宗孝穆成皇后…… 7166

孝慎成皇后………… 7166

孝全成皇后………… 7166

孝静成皇后………… 7166

庄顺皇贵妃………… 7167

彤贵妃　宣宗诸妃 … 7167

文宗孝德显皇妃…… 7167

孝贞显皇后………… 7167

孝钦显皇后………… 7168

庄静皇贵妃　玟贵妃

…………………… 7171

端恪皇贵妃

文宗诸妃 ………… 7171

穆宗孝哲毅皇后…… 7171

淑慎皇贵妃………… 7171

庄和皇贵妃

敬懿皇贵妃　荣惠皇贵妃

…………………… 7172

德宗孝定景皇后…… 7172

端康皇贵妃………… 7172

恪顺皇贵妃………… 7172

宣统皇后　淑妃 …… 7172

清史稿卷二一五

列传第二

景祖诸子…………… 7174

武功郡王礼敦

孙色勒 …………… 7175

慧哲郡王额尔衮…… 7176

宣献郡王斋堪…… 7176

恪恭贝勒塔察篇古

…………………… 7177

显祖诸子…………… 7177

诚毅勇壮贝勒

穆尔哈齐

子襄敏贝子务达海…… 7177

庄亲王舒尔哈齐

子阿敏

郑献亲王济尔哈朗

靖定贝勒费扬武

阿敏子温简

贝子固尔玛珲

固尔玛珲子镇国襄敏公

瓦三

济尔哈朗子简纯亲王济度

辅国武襄公巴尔堪

济度子简亲王喇布

简修亲王雅布

雅布从孙简仪亲王德沛

巴尔堪子辅国襄愍公巴赛

费扬武子尚善

惠献贝子傅喇塔

舒尔哈齐孙辅国公品级

札喀纳

镇国公品级屯齐

镇国将军洛讬 ‥‥‥‥ 7179

通达郡王雅尔哈齐

‥‥‥‥‥‥‥‥‥‥‥ 7193

笃义刚果贝勒巴雅喇

‥‥‥‥‥‥‥‥‥‥‥ 7193

清史稿卷二一六

列传第三

太祖诸子一‥‥‥‥‥ 7194

广略贝勒褚英

子安平贝勒杜度

敬谨庄亲王尼堪

杜度子悫厚贝勒杜尔祜

贝子穆尔祜

恪喜贝子特尔祜

怀愍贝子萨弼 ‥‥‥‥ 7195

礼烈亲王代善

子巽简亲王满达海

克勤郡王岳讬

硕讬　颖毅亲王萨哈璘

谦襄郡王瓦克达

辅国公玛占

满达海从子康良亲王杰书

岳讬子衍禧介郡王罗洛浑

显荣贝勒喀尔楚浑

镇国将军品级巴思哈

罗洛浑曾孙平敏郡王福彭

萨哈璘子阿达礼

顺承恭惠郡王勒克德浑

勒克德浑子勒尔锦

孙锡保 ‥‥‥‥‥‥‥ 7199

清史稿卷二一七

列传第四

太祖诸子二‥‥‥‥‥ 7215

镇国勤敏公阿拜‥‥‥ 7215

镇国克洁将军汤古代

子镇国公聂克塞 7216

莽古尔泰‥‥‥‥‥‥ 7216

辅国悫厚将军塔拜

‥‥‥‥‥‥‥‥‥‥‥ 7217

饶余敏郡王阿巴泰

子安和亲王岳乐

温良贝子博和讬　博洛

博和讬子贝子彰泰

阿巴泰孙悼愍贝子苏布图

‥‥‥‥‥‥‥‥‥‥‥ 7218

镇国恪僖公巴布泰

‥‥‥‥‥‥‥‥‥‥‥ 7225

德格类‥‥‥‥‥‥‥ 7225

巴布海‥‥‥‥‥‥‥ 7226

阿济格‥‥‥‥‥‥‥ 7226

辅国介直公赖慕布

‥‥‥‥‥‥‥‥‥‥‥ 7229

清史稿卷二一八

列传第五

　太祖诸子三……………… 7231

　　睿忠亲王多尔衮…… 7231

　　豫通亲王多铎

　　子信宣和郡王多尼

　　信郡王董额

　　辅国恪僖公察尼

　　多尼子信郡王鄂扎

　　………………… 7239

　　费扬果……………… 7244

清史稿卷二一九

列传第六

　太宗诸子……………… 7245

　　肃武亲王豪格

　　子温良郡王猛峨

　　猛峨子延信 ………… 7246

　　辅国公叶布舒……… 7249

　　承泽裕亲王硕塞

　　庄恪亲王允禄 ……… 7249

　　镇国愨厚公高塞…… 7250

　　辅国公品级常舒…… 7250

　　辅国公韬塞………… 7251

　　襄昭亲王博穆博果尔

　　………………… 7251

　世祖诸子……………… 7251

　　裕宪亲王福全……… 7251

　　荣亲王 …………… 7254

　　恭亲王常宁………… 7254

　　纯靖亲王隆禧……… 7254

清史稿卷二二〇

列传第七

　圣祖诸子……………… 7255

　　贝子品级允禔……… 7256

　　理密亲王允礽……… 7257

　　诚隐郡王允祉……… 7261

　　恒温亲王允祺……… 7262

　　淳度亲王允祐……… 7262

　　允禩……………… 7263

　　允禟……………… 7265

　　辅国公允䄉………… 7266

　　履懿亲王允裪……… 7267

　　怡贤亲王允祥……… 7267

　　恂勤郡王允禵……… 7270

　　愉恪郡王允禑……… 7271

　　果毅亲王允礼

　　果恭郡王弘瞻……… 7271

　　简靖贝勒允祎……… 7272

　　慎靖郡王允禧

　　质庄亲王永瑢 ……… 7272

　　恭勤贝勒允祜……… 7273

　　郡王品级诚贝勒允祁

　　………………… 7273

　　诚恪亲王允祕……… 7273

　世宗诸子……………… 7273

　　端亲王弘晖………… 7274

　　和恭亲王弘昼……… 7274

　　怀亲王惠福………… 7274

清史稿卷二二一

列传第八

　高宗诸子……………… 7275

　　定安亲王永璜……… 7276

　　端慧太子永琏……… 7277

　　循郡王永璋………… 7277

　　荣纯亲王永琪……… 7277

　　哲亲王永琮………… 7278

　　仪慎亲王永璇……… 7278

　　成哲亲王永瑆……… 7279

　　贝勒永璂…………… 7280

　　庆僖亲王永璘……… 7280

　仁宗诸子……………… 7282

　　穆郡王……………… 7282

　　惇恪亲王绵恺

　　惇勤亲王奕誴 ……… 7282

　　瑞怀亲王绵忻……… 7283

　　惠端亲王绵愉……… 7284

　宣宗诸子……………… 7285

　　隐志郡王奕纬……… 7285

　　顺和郡王奕纲……… 7285

　　慧质郡王奕继……… 7285

　　恭忠亲王奕䜣……… 7285

　　醇贤亲王奕譞……… 7287

　　钟端郡王奕诒……… 7290

　　孚敬郡王奕譓……… 7290

　文宗子………………… 7290

　　悯郡王……………… 7290

清史稿卷二二二

列传第九

　阿哈出　子释加奴

　猛哥不花

　释加奴子李满住

　李满住孙完者秃

　猛哥不花子撒满哈失里

　猛哥帖木儿

　猛哥帖木儿弟凡察

　　子董山　董山子脱罗

　脱罗子脱原保

　凡察子不花秃 ………… 7292

　王杲 ………………… 7298

清史稿卷二二三

列传第一○

　万　子扈尔干　孟格布禄

　扈尔干　子岱善

　孟格布禄子吴尔古代 …… 7302

　杨吉砮　兄清佳砮

　杨吉砮子纳林布禄

　金台石　清佳砮子布寨

　布寨子布扬古 ………… 7306

　布占泰…………………… 7313

　拜音达里………………… 7316

清史稿卷二二四

列传第一一

　张煌言　张名振　王翊等

　　………………………… 7318

　郑成功　子锦　锦子克塽

　　………………………… 7322

　李定国………………… 7328

清史稿卷二二五

列传第一二

　　额亦都·······················7333

　　费英东　子索海　孙倭黑

　　·······························7335

　　何和礼　子多积礼

　　和硕图　都类·············7338

　　安费扬古·····················7340

　　扈尔汉·························7341

清史稿卷二二六

列传第一三

　　扬古利·······················7345

　　劳萨　子程尼·············7348

　　图鲁什　子巴什泰·······7350

　　觉罗拜山　子顾纳岱

　　顾纳岱子莫洛浑·········7351

　　西喇布　子马喇希　阿兰珠

　　阿兰珠弟布尔堪纳尔察

　　纳尔察子瑚沙·············7353

　　达音布　朗格　朗格子和讬

　　和讬从弟雍舜　玛尔图当

　　马尔图当子乌库礼

　　喀喇喀喇孙舒里浑

　　洛多欢　崆古图·········7356

　　巴笃理　穆克谭

　　穆克谭子爱音塔穆

　　达珠瑚　达珠瑚子翁阿岱

　　·······························7360

清史稿卷二二七

列传第一四

　　常书　弟扬书

　　常书子察哈喇　孙叶玺

　　曾孙辰布禄

　　察哈喇子富喇克塔

　　扬书子达尔汉

　　达尔汉子鄂罗塞臣·········7364

　　康果礼　弟喀克都哩

　　哈哈纳　哈哈纳弟绰和诺

　　绰和诺从子喀禅

　　叶克书　叶克书子道喇

　　·······························7368

　　博尔晋　子特锦　孙玛沁

　　曾孙康喀喇·················7373

　　雅希禅　子恭衮　纳尔特

　　拉笃浑　舒赛

　　舒赛子西兰

　　西兰子席特库　景固勒岱

　　景固勒岱从弟崇阿·········7375

　　扬善　弟伊逊　纳都祜

　　从弟武赖·····················7377

　　冷格里　子穆成格

　　冷格里弟穆泰

　　从弟谭布·····················7378

　　萨穆什喀　弟雅赖·······7381

　　洪尼雅喀　子武拉禅

　　洪尼雅喀弟萨苏喀·········7383

　　阿山·····················7384

清史稿卷二二八

列传第一五

额尔德尼　喀盖子武书
　　布善　布善子夸扎 ……… 7387
　　达海 …………………… 7389
　　尼堪 …………………… 7391
　　库尔缠　弟库拜 ……… 7392
　　英俄尔岱 ……………… 7394
　　满达尔汉　弟马福塔 … 7395
　　明安达礼 ……………… 7397
清史稿卷二二九
列传第一六
　　明安　子昂洪　多尔济
　　恩格类　恩格类从子布当
　　布颜代 ………………… 7399
　　恩格德尔　子额尔克戴青
　　古尔布什 ……………… 7402
　　鄂齐尔桑　布尔喀图
　　弼喇什色尔格克 ……… 7405
　　阿济拜　恩格图　鄂本兑
　　和济格尔
　　和济格尔子拜音达里
　　阿赖 …………………… 7406
　　布延　阿尔沙瑚
　　阿尔沙瑚兄子果尔沁
　　额琳奇岱青　德参济旺
　　多尔济达尔罕
　　奇塔特彻尔贝 ………… 7410
　　洛哩　弟沙哩岱
　　奇塔特伟徵
　　奇塔特伟徵弟额尔格勒珠尔
　　喀兰图　扎克托会

　　兖楚克图英　珲津
　　沙尔布 ………………… 7413
清史稿卷二三〇
列传第一七
　　武理堪　子吴拜　苏拜
　　苏拜子和讬 …………… 7417
　　武纳格　子德穆图
　　齐墨克图 ……………… 7420
　　阿什达尔汉　苏纳
　　固三泰　固三泰子明阿图
　　明阿图子赛弼翰　瑚什布
　　瑚什布子穆彻纳 ……… 7423
　　鄂莫克图　喀山
　　喀山子纳海　安达立
　　绰拜布丹　孙达哩 …… 7426
　　吉思哈　弟吉普喀达
　　吴巴海 ………………… 7429
　　康喀勒　兄子和讬　玛拉
　　兄孙通嘉　萨弼翰 …… 7431
清史稿卷二三一
列传第一八
　　佟养性　孙国瑶 ……… 7434
　　李永芳 ………………… 7436
　　石廷柱 ………………… 7438
　　马光远　弟光辉 ……… 7440
　　李思忠　子荫祖
　　荫祖子钠 ……………… 7443
　　金玉和　子维城　王一屏
　　一屏子国光　国光子永誉

觉罗果科　觉罗阿克善

‥‥‥‥‥‥‥‥‥‥‥ 7597

敦拜　哈宁阿　硕詹

硕詹子达色　‥‥‥‥‥ 7598

济席哈　弟费雅思哈　‥‥ 7601

噶达浑　费扬武　爱松古

兴鼐　兴鼐兄孙哈尔奇

‥‥‥‥‥‥‥‥‥‥‥ 7603

达素　喀尔塔喇

塔喀尔喇子赫特赫‥‥‥ 7605

清史稿卷二四三

列传第三〇

沙尔虎达　子巴海

安珠瑚　‥‥‥‥‥‥‥ 7608

刘之源　吴守进　‥‥‥ 7611

巴山　张大猷　‥‥‥‥ 7612

喀喀木　‥‥‥‥‥‥‥ 7614

梁化凤　子鼐　‥‥‥‥ 7615

刘芳名　‥‥‥‥‥‥‥ 7617

胡有升　‥‥‥‥‥‥‥ 7618

杨名高　刘光弼　刘仲锦

‥‥‥‥‥‥‥‥‥‥‥ 7619

清史稿卷二四四

列传第三一

赵开心　‥‥‥‥‥‥‥ 7622

杨义　‥‥‥‥‥‥‥‥ 7623

林起龙　‥‥‥‥‥‥‥ 7624

朱克简　成性　‥‥‥‥ 7626

王命岳　‥‥‥‥‥‥‥ 7628

李森先　李呈祥　魏琯

‥‥‥‥‥‥‥‥‥‥‥ 7630

李裀‥‥‥‥‥‥‥‥‥ 7633

季开生　弟振宜　‥‥‥ 7634

张煊‥‥‥‥‥‥‥‥‥ 7636

清史稿卷二四五

列传第三二

刚林　祈充格　‥‥‥ 7638

冯铨　孙之獬　李若琳

‥‥‥‥‥‥‥‥‥‥‥ 7639

陈名夏‥‥‥‥‥‥‥‥ 7641

陈之遴‥‥‥‥‥‥‥‥ 7642

刘正宗　张缙彦　‥‥‥ 7643

清史稿卷二四六

列传第三三

谭泰‥‥‥‥‥‥‥‥‥ 7645

何洛会‥‥‥‥‥‥‥‥ 7647

锡图库‥‥‥‥‥‥‥‥ 7648

博尔辉‥‥‥‥‥‥‥‥ 7649

冷僧机‥‥‥‥‥‥‥‥ 7650

清史稿卷二四七

列传第三四

彭而述‥‥‥‥‥‥‥‥ 7652

陆振芬‥‥‥‥‥‥‥‥ 7653

姚延著‥‥‥‥‥‥‥‥ 7653

毕振姬‥‥‥‥‥‥‥‥ 7654

方国栋‥‥‥‥‥‥‥‥ 7655

于朋举‥‥‥‥‥‥‥‥ 7655

王天鉴‥‥‥‥‥‥‥‥ 7656

赵廷标·················· 7657
清史稿卷二四八
列传第三五
　许定国　刘良佐 ········· 7659
　左梦庚　郝效忠　徐勇
　卢光祖 ················ 7660
　田雄　马得功 ··········· 7661
　张天禄　弟天福 ········· 7662
　孙可望　白文选 ········· 7664
清史稿卷二四九
列传第三六
　索尼 ················· 7667
　苏克萨哈　功纳海
　朱昌祚　王登联
　白尔赫图 ·············· 7670
　遏必隆　子尹德 ········· 7673
　鳌拜　弟玛尔赛
　班布尔善 ·············· 7674
清史稿卷二五〇
列传第三七
　李霨·················· 7677
　孙廷铨·················· 7678
　杜立德·················· 7679
　冯溥·················· 7681
　王熙　弟燕 ············ 7682
　吴正治·················· 7684
　黄机·················· 7685
　宋德宜　子骏业 ········· 7686
　伊桑阿　子伊都立 ······· 7688

　阿兰泰　子富宁安 ······· 7689
　徐元文　弟秉义 ········· 7690
清史稿卷二五一
列传第三八
　图海·················· 7694
　李之芳·················· 7697
清史稿卷二五二
列传第三九
　甘文焜　子国璧 ········· 7700
　范承谟　子时崇 ········· 7701
　马雄镇·················· 7703
　傅宏烈·················· 7704
清史稿卷二五三
列传第四〇
　莫洛·················· 7706
　陈福·················· 7707
　王之鼎　费雅达 ········· 7708
　李兴元·················· 7709
　陈启泰　吴万福 ········· 7710
　陈丹赤　马珝 ·········· 7710
　叶映榴·················· 7712
清史稿卷二五四
列传第四一
　赉塔·················· 7714
　穆占·················· 7716
　莽依图　觉罗舒恕　勒贝
　　·················· 7718
　佛尼埒　坤　鄂泰　吴丹
　　·················· 7721

毕力克图　噶尔汉 ……… 7723

阿密达　鄂克济哈

觉罗吉哈里 …………… 7725

拉哈达　察哈泰 ……… 7727

根特　华善 …………… 7728

席卜臣　希尔根 ……… 7729

清史稿卷二五五
列传第四二

　张勇 ………………… 7733

　赵良栋　子宏灿　宏燮

　　　…………………… 7735

　王进宝　子用予　王万祥

　　　…………………… 7739

　孙思克　马进良 ……… 7741

清史稿卷二五六
列传第四三

　蔡毓荣 ……………… 7745

　哈占　杭爱　鄂善　华善

　　　…………………… 7748

　董卫国　佟国正 ……… 7750

　周有德　张德地 ……… 7752

　伊阑　王继文 ……… 7754

清史稿卷二五七
列传第四四

　赵国祚 ……………… 7757

　许贞　周球 ………… 7758

　徐治都　胡世英 ……… 7760

　唐希顺　孝麟 ……… 7762

　赵应奎　赵赖 ……… 7763

李芳述 ………………… 7765

陈世凯 ………………… 7766

许占魁 ………………… 7767

清史稿卷二五八
列传第四五

　希福　珠满　玛奇

　额赫讷　宏世禄　彭库

　　　…………………… 7769

　鄂克逊　莽奕禄　沙纳哈

　　　…………………… 7772

　偏图 ………………… 7774

　瑚里布　达理善 ……… 7775

　额楚　穆成额 ……… 7776

　额斯泰　布舒库　塔勒岱

　　　…………………… 7777

　瓦岱　桑格　伊巴罕 … 7779

　沃申　武穆笃 ……… 7780

　瑚图　玛哈达 ……… 7782

　杰殷　弟杰都 ……… 7784

　瓦尔喀 ……………… 7785

清史稿卷二五九
列传第四六

　宜里布 ……………… 7787

　哈克三 ……………… 7788

　阿尔护 ……………… 7789

　路什 ………………… 7789

　雅赉 ………………… 7790

　扩尔坤 ……………… 7791

　王承业　王忠孝 ……… 7791

清史稿卷二六〇
列传第四七
　姚启圣　子仪 ………… 7793
　吴兴祚…………………… 7796
　施琅　朱天贵 ………… 7798
清史稿卷二六一
列传第四八
　杨捷　石调声 ………… 7802
　万正色…………………… 7803
　吴英……………………… 7805
　蓝理……………………… 7806
　黄梧　子芳度　从子芳世
　芳泰 …………………… 7807
　穆赫林　段应举 ……… 7810
清史稿卷二六二
列传第四九
　魏裔介…………………… 7813
　熊赐履…………………… 7815
　李光地…………………… 7818
清史稿卷二六三
列传第五〇
　王宏祚…………………… 7822
　姚文然…………………… 7823
　魏象枢…………………… 7825
　朱之弼…………………… 7827
　赵申乔…………………… 7829
清史稿卷二六四
列传第五一
　郝维讷…………………… 7833

　任克溥…………………… 7834
　刘鸿儒…………………… 7836
　刘楗　朱裴 …………… 7837
　张廷枢…………………… 7839
清史稿卷二六五
列传第五二
　汤斌　孙之旭 ………… 7842
　陆陇其…………………… 7845
　张伯行　子师载 ……… 7847
清史稿卷二六六
列传第五三
　叶方蔼…………………… 7851
　沈荃……………………… 7852
　励杜讷　子廷仪　孙宗万
　……………………………… 7853
　徐元珙…………………… 7854
　许三礼…………………… 7855
　王士祯…………………… 7857
　韩菼……………………… 7858
　汤右曾…………………… 7860
清史稿卷二六七
列传第五四
　张玉书…………………… 7862
　李天馥…………………… 7864
　吴琠……………………… 7864
　张英　子廷瓒　廷璐
　廷瑑 …………………… 7866
　陈廷敬…………………… 7867
　温达　穆和伦 ………… 7869

萧永藻……………………… 7870

嵩祝………………………… 7871

王顼龄……………………… 7872

清史稿卷二六八

列传第五五

米思翰　子李荣保 …… 7873

顾八代…………………… 7874

玛尔汉…………………… 7875

田六善…………………… 7876

杜臻……………………… 7879

萨穆哈…………………… 7880

清史稿卷二六九

列传第五六

索额图…………………… 7882

明珠　余国柱　佛伦 … 7884

清史稿卷二七〇

列传第五七

郝浴　子林 …………… 7888

杨素蕴…………………… 7890

郭琇……………………… 7892

清史稿卷二七一

列传第五八

徐乾学　翁叔元 …… 7895

王鸿绪…………………… 7898

高士奇…………………… 7900

清史稿卷二七二

列传第五九

汤若望…………………… 7903

杨光先…………………… 7905

南怀仁…………………… 7906

清史稿卷二七三

列传第六〇

李率泰…………………… 7908

赵廷臣　袁懋功　徐旭龄

……………………… 7910

郎廷佐　弟廷相　郎永清

永清子廷极 ……… 7912

佟凤彩…………………… 7914

麻勒吉　阿席熙　玛祜

……………………… 7916

施维翰…………………… 7918

清史稿卷二七四

列传第六一

杨雍建…………………… 7920

姚缔虞…………………… 7921

朱宏祚　子纲 ……… 7923

王骘……………………… 7924

宋荦……………………… 7925

陈诜……………………… 7926

清史稿卷二七五

列传第六二

格尔古德　金世德 …… 7928

赵士麟…………………… 7929

郭世隆…………………… 7930

傅腊塔…………………… 7931

马如龙…………………… 7932

清史稿卷二七六

列传第六三

石琳　兄子文晟 ……… 7934

徐潮　子杞 ……… 7936

贝和诺　子马喇　陶岱

……… 7937

博霁　觉罗华显 ……… 7938

蒋陈锡　子涟　洞 …… 7938

刘荫枢 ……… 7940

音泰 ……… 7941

鄂海 ……… 7942

卫既齐 ……… 7943

清史稿卷二七七

列传第六四

于成龙　孙准 ……… 7945

彭鹏 ……… 7948

陈瑸 ……… 7950

陈鹏年 ……… 7951

施世纶 ……… 7953

清史稿卷二七八

列传第六五

慕天颜 ……… 7956

阿山 ……… 7958

噶礼 ……… 7959

清史稿卷二七九

列传第六六

杨方兴 ……… 7962

朱之锡　崔维雅 …… 7963

靳辅　陈潢　宋文运

董讷　熊一潇 ……… 7966

于成龙　孙在岜　开音布

……… 7972

张鹏翮 ……… 7975

清史稿卷二八〇

列传第六七

郎坦 ……… 7979

朋春 ……… 7981

萨布素 ……… 7982

玛拉 ……… 7984

清史稿卷二八一

列传第六八

费扬古　满丕　硕岱

素丹 ……… 7986

马斯喀 ……… 7990

佟国纲　迈图　格斯泰

……… 7991

阿南达　子阿喇纳 …… 7993

吉勒塔布 ……… 7995

殷化行 ……… 7996

潘育龙　孙绍周

从孙之善 ……… 7997

额伦特　康泰　泰弟海

……… 7999

清史稿卷二八二

列传第六九

姜希辙 ……… 8001

余缙 ……… 8002

德格勒 ……… 8003

陈紫芝　笪重光 …… 8004

任宏嘉 ……… 8004

高其位　逊柱 …………… 8063

尹泰　陈元龙 …………… 8065

清史稿卷二九〇

列传第七七

　　杨名时…………………… 8067

　　黄叔琳　子登贤 ………… 8069

　　方苞………………………… 8070

　　王兰生　留保 …………… 8072

　　胡煦………………………… 8073

　　魏廷珍　任兰枝 ………… 8074

　　蔡世远…………………… 8076

　　沈近思…………………… 8077

　　雷铉……………………… 8078

清史稿卷二九一

列传第七八

　　海望　三和 …………… 8080

　　莽鹄立…………………… 8082

　　杭奕禄…………………… 8083

　　傅鼐……………………… 8084

　　陈仪……………………… 8086

　　刘师恕　焦祈年　李徽

　　…………………………… 8087

　　王国栋　许容　蔡仕舢

　　…………………………… 8089

清史稿卷二九二

列传第七九

　　高其倬　金铁 ………… 8092

　　杨宗仁　子文乾 ……… 8095

　　孔毓珣………………… 8097

裴率度　子宗锡 ……… 8099

唐执玉…………………… 8101

杨永斌…………………… 8103

清史稿卷二九三

列传第八〇

　　李绂……………………… 8106

　　蔡珽……………………… 8109

　　谢济世　陈学海 ……… 8110

清史稿卷二九四

列传第八一

　　李卫……………………… 8114

　　田文镜…………………… 8116

　　宪德……………………… 8119

　　诺岷……………………… 8121

　　陈时夏…………………… 8122

　　王士俊…………………… 8123

清史稿卷二九五

列传第八二

　　隆科多…………………… 8127

　　年羹尧　胡期恒 ……… 8128

清史稿卷二九六

列传第八三

　　岳钟琪　季父超龙

　　超龙子钟璜　钟琪子浚

　　…………………………… 8137

　　策棱　子成衮扎布

　　车布登札布 …………… 8144

清史稿卷二九七

列传第八四

查郎阿 …………………… 8150

傅尔丹 …………………… 8151

马尔赛　李枞 …………… 8154

庆复　李质粹 …………… 8155

张广泗 …………………… 8158

清史稿卷二九八

列传第八五

　　噶尔弼　法喇 ………… 8161

　　查克丹　钦拜 ………… 8162

　　常赉 …………………… 8163

　　哈元生　子尚德 ……… 8164

　　董芳 …………………… 8165

　　查弼纳　达福　定寿

　　素图 …………………… 8166

清史稿卷二九九

列传第八六

　　马会伯　从兄际伯

　　际伯弟见伯　亲伯 …… 8170

　　路振扬 ………………… 8172

　　韩良辅　弟良卿　子勋

　　……………………… 8173

　　杨天纵 ………………… 8175

　　王郡 …………………… 8176

　　宋爱 …………………… 8177

清史稿卷三〇〇

列传第八七

　　沈起元 ………………… 8179

　　何师俭 ………………… 8180

　　唐继祖 ………………… 8181

马维翰 …………………… 8182

余甸 ……………………… 8182

王叶滋 …………………… 8183

刘而位 …………………… 8184

清史稿卷三〇一

列传第八八

　　讷亲 …………………… 8186

　　傅恒　子福灵安　福隆安

　　福长安

　　福隆安子丰伸济伦 …… 8189

清史稿卷三〇二

列传第八九

　　徐本 …………………… 8195

　　汪由敦　子承霈 ……… 8196

　　来保 …………………… 8197

　　刘纶　子跃云 ………… 8199

　　刘统勋　子墉　孙镮之

　　……………………… 8200

清史稿卷三〇三

列传第九〇

　　福敏 …………………… 8205

　　陈世倌 ………………… 8206

　　史贻直 ………………… 8207

　　阿克敦 ………………… 8209

　　孙嘉淦 ………………… 8211

　　梁诗正 ………………… 8218

清史稿卷三〇四

列传第九一

　　张照 …………………… 8220

吴达善·············· 8303
崔应阶·············· 8303
王检·············· 8304
吴士功·············· 8305

清史稿卷三一〇
列传第九七
齐苏勒·············· 8308
嵇曾筠　子璜 ·········· 8310
高斌　从子高晋 ········ 8315
完颜伟·············· 8320
顾琮·············· 8321
白钟山·············· 8322

清史稿卷三一一
列传第九八
哈攀龙　子国兴 ······ 8325
任举·············· 8327
治大雄·············· 8328
马良柱·············· 8329
本进忠·············· 8331
刘顺·············· 8331

清史稿卷三一二
列传第九九
傅清·············· 8333
拉布郭·············· 8334
班弟　子巴禄 ········ 8335
鄂容安·············· 8338
纳穆扎尔·············· 8340
三泰·············· 8341

清史稿卷三一三

列传第一〇〇
兆惠·············· 8342
阿里衮　子岂升额
布彦达赉 ·········· 8346
舒赫德　子舒常 ······ 8350

清史稿卷三一四
列传第一〇一
策楞　子特通额　特清额
特成额·············· 8355
玉保·············· 8357
达尔党阿·············· 8358
哈达哈　子哈宁阿 ··· 8359
永常·············· 8361
觉罗雅尔哈善·········· 8361
富德·············· 8363
萨赖尔·············· 8365

清史稿卷三一五
列传第一〇二
高天喜　鄂实　三格 ··· 8368
和起·············· 8369
唐喀禄·············· 8370
阿敏道·············· 8371
满福·············· 8372
豆斌·············· 8372
端济布　诺尔本 ······ 8373

清史稿卷三一六
列传第一〇三
瑚尔起·············· 8375
爱隆阿　弟巴灵阿 ······ 8376

舒明 …………………… 8377
福禄 …………………… 8378
齐里克齐 ……………… 8378
阎相师 ………………… 8379
伊柱 …………………… 8379
努三　乌勒登 ………… 8380
清史稿卷三一七
列传第一〇四
王无党 ………………… 8382
吴进义 ………………… 8383
谭行义　李勋 ………… 8383
樊廷 …………………… 8384
武进升　马负书 ……… 8385
范毓馪 ………………… 8385
清史稿卷三一八
列传第一〇五
阿桂　子阿迪斯　阿必达
………………………… 8387
清史稿卷三一九
列传第一〇六
于敏中 ………………… 8395
和珅　弟和琳　苏凌阿
………………………… 8397
清史稿卷三二〇
列传第一〇七
三宝 …………………… 8403
永贵 …………………… 8404
蔡新　程景伊 ………… 8405
梁国治 ………………… 8407

英廉 …………………… 8408
彭元瑞 ………………… 8409
纪昀　陆锡熊　陆费墀
………………………… 8409
清史稿卷三二一
列传第一〇八
裴曰修 ………………… 8411
吴绍诗　子垣　坛 …… 8413
阎循琦　王际华 ……… 8415
曹秀先 ………………… 8416
周煌　子兴岱 ………… 8417
曹文埴　杜玉林　王士棻
………………………… 8418
金简　子缊布 ………… 8421
清史稿卷三二二
列传第一〇九
窦光鼐 ………………… 8422
李漱芳　范宜宾 ……… 8424
曹锡宝　谢振定 ……… 8425
钱沣 …………………… 8426
尹壮图 ………………… 8427
清史稿卷三二三
列传第一一〇
黄廷桂 ………………… 8430
鄂弥达 ………………… 8433
杨廷璋 ………………… 8435
庄有恭 ………………… 8436
李侍尧　弟奉尧 ……… 8440
伍弥泰 ………………… 8443

清史稿卷三二四

列传第一一一

　方观承…………………… 8445

　富明安…………………… 8449

　周元理　李湖 ………… 8450

　李瀚……………………… 8452

　李世杰…………………… 8453

　袁守侗　郑大进 ……… 8455

　刘峨……………………… 8457

　陆耀……………………… 8458

　管干贞　蒋兆奎 ……… 8459

　胡季堂…………………… 8462

清史稿卷三二五

列传第一一二

　李清时　姚立德 ……… 8464

　李宏　子李奉翰

　孙李亨特 ………………… 8466

　何焵　子裕城 ………… 8468

　吴嗣爵…………………… 8470

　萨载……………………… 8471

　兰第锡…………………… 8474

　韩𫓹……………………… 8475

清史稿卷三二六

列传第一一三

　开泰……………………… 8477

　阿尔泰…………………… 8478

　桂林……………………… 8480

　温福……………………… 8481

清史稿卷三二七

列传第一一四

　刘藻……………………… 8484

　杨应琚　子重英　苏尔相

　………………………… 8485

　明瑞……………………… 8487

清史稿卷三二八

列传第一一五

　常青……………………… 8490

　蓝元枚…………………… 8492

　蔡攀龙　梁朝桂　普吉保

　………………………… 8492

　丁朝雄…………………… 8494

　鄂辉……………………… 8495

　舒亮……………………… 8496

清史稿卷三二九

列传第一一六

　宋元俊　薛琮　张芝元

　………………………… 8498

　董天弼…………………… 8501

　柴大纪…………………… 8503

清史稿卷三三〇

列传第一一七

　福康安…………………… 8506

　孙士毅…………………… 8511

　明亮……………………… 8513

清史稿卷三三一

列传第一一八

　海兰察　子安禄 ……… 8518

　奎林　珠格勒德 ……… 8524

和隆武……………… 8526

额森特……………… 8527

普尔普……………… 8529

清史稿卷三三二

列传第一一九

富勒浑　文绶 ………… 8531

刘秉恬　查礼 ………… 8534

鄂宝　颜布深 ………… 8537

徐绩……………… 8538

觉罗图思德　彰宝 …… 8539

陈步瀛……………… 8540

徐嗣曾……………… 8540

孙永清……………… 8542

郭世勋……………… 8543

毕沅……………… 8545

清史稿卷三三三

列传第一二〇

五岱……………… 8548

五福……………… 8549

海禄……………… 8550

成德……………… 8552

马彪……………… 8553

常青……………… 8554

官达色　鸟什哈达

瑚尼勒图……………… 8555

敦成……………… 8557

图钦保……………… 8558

木塔尔……………… 8559

岱森保……………… 8560

翁果尔海……………… 8561

珠尔杭阿……………… 8561

哲森保……………… 8562

清史稿卷三三四

列传第一二一

马全　牛天畀　阿尔素纳

张大经……………… 8564

曹顺　敦住　乌尔纳 … 8566

科玛　佛伦泰　达兰泰

萨尔吉岱……………… 8567

常禄保　玛尔占　库勒德

穆哈纳　国兴　巴西萨

……………… 8568

扎拉丰阿　观音保　李全

王玉廷　珠鲁纳 ……… 8570

许世亨　子文谟　尚维升

张朝龙　李化龙

邢敦行……………… 8571

台斐英阿　阿满泰 …… 8575

花连布　明安图 ……… 8576

清史稿卷三三五

列传第一二二

富僧阿……………… 8579

伊勒图……………… 8580

胡贵……………… 8581

俞金鳌　尹德禧 ……… 8581

刚塔……………… 8582

清史稿卷三三六

列传第一二三

叶士宽　陈梦说 ……… 8584

介锡周……………… 8585

方浩………………… 8586

金溶………………… 8586

张维寅……………… 8587

顾光旭……………… 8588

沈善富……………… 8589

方昂………………… 8590

唐侍陛　张冲之 ……… 8590

清史稿卷三三七

列传第一二四

卢焯………………… 8593

图尔炳阿…………… 8594

阿思哈……………… 8595

宫兆麟……………… 8596

杨景素……………… 8597

闵鹗元……………… 8598

清史稿卷三三八

列传第一二五

塞楞额　周学健 ……… 8600

鄂昌　鄂乐舜 ……… 8601

彭家屏……………… 8603

李因培……………… 8603

常安………………… 8604

福崧………………… 8606

清史稿卷三三九

列传第一二六

恒文　郭一裕　蒋洲 … 8609

高恒　子高朴 ……… 8610

王亶望　勒尔谨　陈辉祖

郑源琦……………… 8612

国泰　郝硕 ……… 8614

良卿　方世俊 ……… 8615

钱度………………… 8616

觉罗伍拉纳　浦霖 …… 8617

清史稿卷三四〇

列传第一二七

王杰………………… 8620

董诰………………… 8622

朱珪………………… 8624

清史稿卷三四一

列传第一二八

庆桂………………… 8627

刘权之……………… 8628

戴衢亨……………… 8629

戴均元……………… 8630

托津………………… 8632

章煦………………… 8633

卢荫溥……………… 8635

清史稿卷三四二

列传第一二九

保宁………………… 8637

松筠　子熙昌 ……… 8638

富俊　窦心传　博启图

……………………… 8644

清史稿卷三四三

列传第一三〇

书麟　弟广厚 ……… 8646

觉罗吉庆⋯⋯⋯⋯ 8648

觉罗长麟⋯⋯⋯⋯ 8649

费淳⋯⋯⋯⋯⋯⋯ 8650

百龄⋯⋯⋯⋯⋯⋯ 8651

伯麟⋯⋯⋯⋯⋯⋯ 8653

清史稿卷三四四

列传第一三一

勒保⋯⋯⋯⋯⋯⋯ 8655

额勒登保 胡时显 ⋯⋯ 8660

德楞泰⋯⋯⋯⋯⋯ 8666

清史稿卷三四五

列传第一三二

永保⋯⋯⋯⋯⋯⋯ 8671

惠龄⋯⋯⋯⋯⋯⋯ 8673

宜绵 子胡素通阿 ⋯⋯ 8675

英善⋯⋯⋯⋯⋯⋯ 8677

福宁⋯⋯⋯⋯⋯⋯ 8678

景安⋯⋯⋯⋯⋯⋯ 8680

秦承恩⋯⋯⋯⋯⋯ 8680

清史稿卷三四六

列传第一三三

恒瑞⋯⋯⋯⋯⋯⋯ 8683

庆成⋯⋯⋯⋯⋯⋯ 8685

七十五⋯⋯⋯⋯⋯ 8687

富志那 亮禄 ⋯⋯⋯⋯ 8688

清史稿卷三四七

列传第一三四

杨遇春 子国桢 吴廷刚

祝廷彪 游栋云 ⋯⋯⋯ 8691

罗恩举 桂涵 包相卿

⋯⋯⋯⋯⋯⋯⋯⋯⋯⋯ 8697

清史稿卷三四八

列传第一三五

赛冲阿 温春 色尔滚

苏尔慎 阿哈保 ⋯⋯⋯ 8702

纶布春 格布舍 ⋯⋯⋯ 8707

札克塔尔 桑吉斯塔尔

⋯⋯⋯⋯⋯⋯⋯⋯⋯⋯ 8709

马瑜 蒲尚佐 ⋯⋯⋯⋯ 8711

薛大烈 罗声皋 薛升

⋯⋯⋯⋯⋯⋯⋯⋯⋯⋯ 8713

清史稿卷三四九

列传第一三六

王文雄⋯⋯⋯⋯⋯ 8717

朱射斗 子树 ⋯⋯⋯⋯ 8719

穆克登布⋯⋯⋯⋯ 8720

富成 穆维 ⋯⋯⋯⋯⋯ 8721

施缙 李绍祖 宋延清

⋯⋯⋯⋯⋯⋯⋯⋯⋯⋯ 8722

袁国璜 何元卿

诸神保德岭 保兴 凝德

多尔济札布 王凯

王懋赏 达三泰 ⋯⋯⋯ 8724

惠伦 安禄 佛住 西津泰

丰伸布 阿尔萨朗

乌什哈达 和兴额⋯⋯⋯ 8727

清史稿卷三五〇

列传第一三七

李长庚　子廷钰　胡振声

　　…………………… 8732

王得禄 ………………… 8735

邱良功　陈步云 ……… 8736

许松年 ………………… 8737

黄标　林国良　许廷桂

　　…………………… 8737

清史稿卷三五一
列传第一三八

沈初 …………………… 8739

金士松 ………………… 8739

邹炳泰 ………………… 8740

戴联奎 ………………… 8741

土懿修　子宗诚 ……… 8741

黄钺 …………………… 8742

清史稿卷三五二
列传第一三九

姜晟 …………………… 8743

金光悌 ………………… 8744

祖之望 ………………… 8745

韩崶 …………………… 8746

清史稿卷三五三
列传第一四〇

达椿　子萨彬图 ……… 8748

铁保　弟玉保 ………… 8749

和瑛 …………………… 8750

觉罗桂芳 ……………… 8751

清史稿卷三五四
列传第一四一

万承风 ………………… 8754

周系英 ………………… 8754

钱樾 …………………… 8755

秦瀛 …………………… 8756

李宗瀚 ………………… 8757

韩鼎晋 ………………… 8757

朱方增 ………………… 8758

清史稿卷三五五
列传第一四二

魁伦 …………………… 8760

广兴 …………………… 8761

初彭龄 ………………… 8762

清史稿卷三五六
列传第一四三

洪亮吉　管世铭 ……… 8765

谷际岐 ………………… 8771

李仲昭 ………………… 8773

石承藻 ………………… 8773

清史稿卷三五七
列传第一四四

吴熊光 ………………… 8775

汪志伊 ………………… 8777

陈大文 ………………… 8779

熊枚 …………………… 8780

裘行简 ………………… 8781

方维甸 ………………… 8783

董教增 ………………… 8784

清史稿卷三五八
列传第一四五

冯光熊……………… 8786

陆有仁……………… 8787

觉罗琅玕 乌大经 …… 8788

清安泰……………… 8790

常明……………… 8791

温承惠……………… 8793

颜检……………… 8794

清史稿卷三五九

列传第一四六

岳起……………… 8797

荆道乾……………… 8798

谢启昆……………… 8799

李殿图……………… 8801

张师诚 王绍兰 …… 8801

李奕畴……………… 8803

钱楷……………… 8804

和舜武……………… 8805

清史稿卷三六〇

列传第一四七

司马骍……………… 8806

王秉韬 稽承志 …… 8806

康基田……………… 8807

吴璥……………… 8809

徐端……………… 8810

陈凤翔……………… 8812

黎世序……………… 8813

清史稿卷三六一

列传第一四八

刘清……………… 8816

傅鼐……………… 8818

严如熤 子正基 ……… 8821

清史稿卷三六二

列传第一四九

方积……………… 8824

朱尔汉……………… 8825

杨護……………… 8826

廖寅……………… 8826

陈昌齐……………… 8827

朱尔赓额……………… 8828

查崇华……………… 8829

清史稿卷三六三

列传第一五〇

曹振镛……………… 8831

文孚……………… 8832

英和……………… 8833

王鼎……………… 8836

穆彰阿……………… 8838

潘世恩……………… 8840

清史稿卷三六四

列传第一五一

阮元……………… 8842

汪廷珍……………… 8844

汤金钊……………… 8846

清史稿卷三六五

列传第一五二

觉罗宝兴……………… 8848

宗室敬徵……………… 8850

宗室禧恩……………… 8851

陈官俊…………………… 8853

卓秉恬…………………… 8854

清史稿卷三六六

列传第一五三

孙玉庭…………………… 8856

蒋攸铦…………………… 8858

李鸿宾…………………… 8860

清史稿卷三六七

列传第一五四

长龄……………………… 8863

那彦成　子容安　容照

………………………… 8866

玉麟　特依顺保 ……… 8869

清史稿卷三六八

列传第一五五

杨芳　胡超　齐慎

郭继昌　段永福 ……… 8873

武隆阿　哈哴阿　巴哈布

长清　达凌阿　哈丰阿

………………………… 8879

庆祥　舒尔哈善　乌凌阿

穆克登布　多隆武 …… 8883

璧昌　恒敬 …………… 8885

清史稿卷三六九

列传第一五六

林则徐…………………… 8888

邓廷桢　达洪阿 ……… 8891

清史稿卷三七○

列传第一五七

琦善……………………… 8895

伊里布…………………… 8898

宗室耆英………………… 8899

清史稿卷三七一

列传第一五八

颜伯焘…………………… 8902

怡良……………………… 8903

祁埙　黄恩彤 ………… 8904

刘韵珂…………………… 8906

牛鉴……………………… 8909

清史稿卷三七二

列传第一五九

裕谦　谢朝恩　重祥 … 8912

关天培　陈连升　祥福

江继芸…………………… 8914

陈化成　海龄 ………… 8916

葛云飞　王锡朋　郑国鸿

朱贵……………………… 8918

清史稿卷三七三

列传第一六○

宗室奕山　隆文 ……… 8921

宗室奕经　文蔚

特依顺　余步云 ……… 8923

清史稿卷三七四

列传第一六一

姚文田…………………… 8927

戴敦元…………………… 8930

朱士彦…………………… 8930

何凌汉…………………… 8932

李振祐⋯⋯⋯⋯⋯⋯ 8933　清史稿卷三七八

宗室恩桂⋯⋯⋯⋯⋯⋯ 8934　列传第一六五

清史稿卷三七五　　　　　　　黄爵滋⋯⋯⋯⋯⋯⋯⋯ 8954

列传第一六二　　　　　　　　金应麟⋯⋯⋯⋯⋯⋯⋯ 8956

白镕　孙桓⋯⋯⋯⋯ 8936　陈庆镛⋯⋯⋯⋯⋯⋯⋯ 8957

史致俨⋯⋯⋯⋯⋯⋯⋯ 8937　苏廷魁⋯⋯⋯⋯⋯⋯⋯ 8958

那清安⋯⋯⋯⋯⋯⋯⋯ 8937　朱琦⋯⋯⋯⋯⋯⋯⋯⋯ 8959

升寅⋯⋯⋯⋯⋯⋯⋯⋯ 8938　清史稿卷三七九

李宗昉⋯⋯⋯⋯⋯⋯⋯ 8939　列传第一六六

姚元之⋯⋯⋯⋯⋯⋯⋯ 8939　赵慎畛⋯⋯⋯⋯⋯⋯⋯ 8962

何汝霖⋯⋯⋯⋯⋯⋯⋯ 8940　卢坤　曾胜⋯⋯⋯⋯ 8964

季芝昌⋯⋯⋯⋯⋯⋯⋯ 8940　陶澍⋯⋯⋯⋯⋯⋯⋯⋯ 8966

清史稿卷三七六　　　　　　　清史稿卷三八〇

列传第一六三　　　　　　　　列传第一六七

辛从益⋯⋯⋯⋯⋯⋯⋯ 8943　陈若霖⋯⋯⋯⋯⋯⋯⋯ 8969

张鳞⋯⋯⋯⋯⋯⋯⋯⋯ 8944　戴三锡⋯⋯⋯⋯⋯⋯⋯ 8970

顾皋⋯⋯⋯⋯⋯⋯⋯⋯ 8945　孙尔准⋯⋯⋯⋯⋯⋯⋯ 8971

沈维𫍯⋯⋯⋯⋯⋯⋯⋯ 8945　程祖洛　马济胜⋯⋯ 8972

朱为弼⋯⋯⋯⋯⋯⋯⋯ 8946　裕泰⋯⋯⋯⋯⋯⋯⋯⋯ 8974

程恩泽⋯⋯⋯⋯⋯⋯⋯ 8946　贺长龄⋯⋯⋯⋯⋯⋯⋯ 8975

吴杰⋯⋯⋯⋯⋯⋯⋯⋯ 8947　清史稿卷三八一

清史稿卷三七七　　　　　　　列传第一六八

列传第一六四　　　　　　　　帅承瀛　孙远烨　弟承瀚

鲍桂星⋯⋯⋯⋯⋯⋯⋯ 8949　⋯⋯⋯⋯⋯⋯⋯⋯⋯ 8977

顾莼⋯⋯⋯⋯⋯⋯⋯⋯ 8950　左辅⋯⋯⋯⋯⋯⋯⋯⋯ 8978

吴孝铭⋯⋯⋯⋯⋯⋯⋯ 8951　姚祖同⋯⋯⋯⋯⋯⋯⋯ 8979

陈鸿⋯⋯⋯⋯⋯⋯⋯⋯ 8951　程含章⋯⋯⋯⋯⋯⋯⋯ 8980

鄂木顺铭⋯⋯⋯⋯⋯⋯ 8952　康绍镛⋯⋯⋯⋯⋯⋯⋯ 8982

徐法绩⋯⋯⋯⋯⋯⋯⋯ 8952　朱桂桢⋯⋯⋯⋯⋯⋯⋯ 8984

陈銮……………………… 8984

吴其浚……………………… 8985

张澧中……………………… 8986

张日晸……………………… 8987

清史稿卷三八二

列传第一六九

瑚松额……………………… 8988

布彦泰……………………… 8989

萨迎阿……………………… 8991

清史稿卷三八三

列传第一七〇

张文浩……………………… 8993

严烺……………………… 8994

张井……………………… 8995

吴邦庆……………………… 8997

栗毓美……………………… 8998

麟庆……………………… 9001

潘锡恩　子骏文 ……… 9002

清史稿卷三八四

列传第一七一

林培厚　李象鹍 ……… 9005

李宗传……………………… 9006

王凤生　黄冕 ……… 9007

俞德渊……………………… 9008

姚莹……………………… 9009

清史稿卷三八五

列传第一七二

杜受田　子翰 ……… 9012

祁寯藻　子世良 ……… 9013

翁心存……………………… 9016

彭蕴章……………………… 9018

清史稿卷三八六

列传第一七三

文庆……………………… 9020

文祥……………………… 9021

宝鋆……………………… 9027

清史稿卷三八七

列传第一七四

宗室肃顺……………………… 9030

穆荫　匡源　焦祐瀛 … 9032

陈孚恩……………………… 9033

清史稿卷三八八

列传第一七五

桂良……………………… 9035

瑞麟　子怀塔布 ……… 9037

官文……………………… 9038

文煜……………………… 9042

清史稿卷三八九

列传第一七六

柏葰……………………… 9044

麟魁……………………… 9045

瑞常……………………… 9046

全庆……………………… 9047

清史稿卷三九〇

列传第一七七

贾桢……………………… 9050

周祖培……………………… 9052

朱凤标……………………… 9053

单懋谦·············· 9054

清史稿卷三九一
列传第一七八
倭仁·············· 9056
李棠阶·············· 9058
吴廷栋·············· 9059

清史稿卷三九二
列传第一七九
赛尚阿·············· 9062
讷尔经额·············· 9064

清史稿卷三九三
列传第一八〇
李星沅·············· 9067
周天爵·············· 9068
劳崇光·············· 9070

清史稿卷三九四
列传第一八一
徐广缙·············· 9073
叶名琛·············· 9075
黄宗汉·············· 9076

清史稿卷三九五
列传第一八二
常大淳　双福　王绵绣
常禄　王寿同 ·········· 9079
蒋文庆·············· 9081
陶恩培　多山 ········· 9082
吉尔杭阿　刘存厚
绷阔　周兆熊 ·········· 9083
罗遵殿　王友端　缪梓

·············· 9085
徐有壬·············· 9087
王有龄·············· 9087

清史稿卷三九六
列传第一八三
吴文镕·············· 9090
潘铎　邓尔恒 ········· 9092

清史稿卷三九七
列传第一八四
陆建瀛　杨文定 ········· 9095
青麟　崇纶 ········· 9097
何桂清·············· 9099

清史稿卷三九八
列传第一八五
宗室祥厚　霍隆武
福珠洪阿　恩长　陈胜元
祁宿藻　克让　刘同缨
·············· 9102
瑞昌　杰纯　锡龄阿 ··· 9105

清史稿卷三九九
列传第一八六
吕贤基·············· 9108
邹鸣鹤·············· 9109
载熙　汤贻汾 ········· 9110
张芾·············· 9112
黄琮　陶廷杰 ········· 9113
冯培元·············· 9113
孙铭恩·············· 9114
沈炳垣·············· 9114

李续宜·············· 9205

王珍　弟开化 ········· 9207

刘腾鸿　弟腾鹤 ········ 9209

蒋益澧·········· 9211

清史稿卷四○九

列传第一九六

塔齐布　毕金科 ········ 9214

多隆阿　孙寿长 ········ 9217

鲍超　宋国永　娄云庆

谭胜达　唐仁廉 ········ 9221

刘松山·············· 9226

清史稿卷四一○

列传第一九七

彭玉麟············· 9230

杨岳斌　王明山　孙昌凯

杨明海　谢浚畲 ········ 9235

清史稿卷四一一

列传第一九八

李鸿章············· 9240

清史稿卷四一二

列传第一九九

左宗棠············· 9248

清史稿卷四一三

列传第二○○

曾国荃　弟贞干 ······ 9257

沈葆桢············· 9261

刘坤一············· 9263

清史稿卷四一四

列传第二○一

李臣典············· 9267

萧孚泗············· 9268

朱洪章············· 9269

刘连捷············· 9270

彭毓橘············· 9271

张诗日　伍维寿　朱南桂

罗逢元　李祥和　萧庆衍

吴宗国············· 9271

清史稿卷四一五

列传第二○二

黄翼升　丁义方　王吉

吴家榜············· 9274

李成谋············· 9278

李朝斌　江福山 ······ 9279

刘培元············· 9280

清史稿卷四一六

列传第二○三

程学启　何安泰　郑国魁

·············· 9282

刘铭传············· 9284

张树珊　树屏 ······ 9286

周盛波············· 9288

周盛传············· 9289

潘鼎新············· 9291

吴长庆············· 9292

清史稿卷四一七

列传第二○四

都兴阿　弟西凌阿　福兴

·············· 9295

富明阿 …………………… 9299

舒保 ……………………… 9301

伊兴额　滕家胜 ……… 9302

关保 ……………………… 9303

清史稿卷四一八

列传第二〇五

袁甲三　子保恒 ……… 9306

毛昶熙 …………………… 9311

清史稿卷四一九

列传第二〇六

刘长佑 …………………… 9316

刘岳昭 …………………… 9320

岑毓英　弟毓宝 ……… 9322

清史稿卷四二〇

列传第二〇七

韩超 ……………………… 9327

田兴恕 …………………… 9329

曾璧光 …………………… 9330

席宝田 …………………… 9331

清史稿卷四二一

列传第二〇八

沈兆霖 …………………… 9334

曹毓瑛 …………………… 9335

许乃普 …………………… 9336

赵光 ……………………… 9338

朱嶟 ……………………… 9339

李菡 ……………………… 9341

张祥河 …………………… 9343

罗惇衍 …………………… 9343

郑敦谨 …………………… 9345

庞钟璐 …………………… 9346

清史稿卷四二二

列传第二〇九

王茂荫 …………………… 9348

宋晋 ……………………… 9351

袁希祖 …………………… 9353

文瑞　毓禄 ……………… 9354

徐继畬 …………………… 9356

王发桂 …………………… 9358

廉兆纶 …………………… 9359

雷以諴 …………………… 9361

陶梁 ……………………… 9362

吴存义 …………………… 9363

殷兆镛 …………………… 9364

清史稿卷四二三

列传第二一〇

宗稷辰 …………………… 9366

尹耕云 …………………… 9367

王拯 ……………………… 9369

穆缉香阿 ………………… 9372

游百川　沈淮 …………… 9372

清史稿卷四二四

列传第二一一

吴振棫 …………………… 9375

张亮基 …………………… 9377

毛鸿宾 …………………… 9379

张凯嵩 …………………… 9380

清史稿卷四二五

列传第二一二

李傯···················· 9382

吴棠···················· 9383

英翰···················· 9384

刘蓉···················· 9386

乔松年················ 9387

钱鼎铭················ 9389

吴元炳················ 9390

清史稿卷四二六

列传第二一三

王庆云················ 9392

谭廷襄················ 9395

马新贻················ 9396

李宗羲················ 9398

徐宗干················ 9401

王凯泰················ 9402

郭柏荫················ 9403

清史稿卷四二七

列传第二一四

王懿德················ 9405

曾望颜················ 9406

觉罗耆龄············ 9407

福济···················· 9408

翁同书················ 9410

严树森················ 9411

清史稿卷四二八

列传第二一五

秦定三　郝光甲 ········ 9414

郑魁士················ 9416

傅振邦················ 9417

邱联恩················ 9418

黄开榜················ 9419

陈国瑞················ 9420

郭宝昌················ 9423

清史稿卷四二九

列传第二一六

江忠义················ 9425

周宽世················ 9426

石清吉················ 9427

余际昌················ 9427

林文察················ 9428

赵德光················ 9429

张文德················ 9430

清史稿卷四三〇

列传第二一七

雷正绾················ 9432

陶茂林················ 9433

曹克忠················ 9434

胡中和　何胜必　萧庆高

杨复东················ 9435

周达武················ 9437

李辉武················ 9438

唐友耕················ 9439

清史稿卷四三一

列传第二一八

郭松林················ 9441

李长乐················ 9442

杨鼎勋················ 9444

唐殿魁……………… 9445
唐定奎……………… 9445
滕嗣武……………… 9446
骆国忠……………… 9447
清史稿卷四三二
列传第二一九
　萧启江……………… 9449
　张运兰……………… 9450
　唐训方……………… 9451
　蒋凝学……………… 9453
　陈湜………………… 9454
　李元度……………… 9456
清史稿卷四三三
列传第二二〇
　金国琛……………… 9458
　黄淳熙……………… 9459
　吴坤修……………… 9460
　康国器……………… 9461
　李鹤章　弟昭庆 …… 9462
　吴毓兰……………… 9463
清史稿卷四三四
列传第二二一
　沈棣辉……………… 9465
　邓仁堃……………… 9466
　余炳焘……………… 9468
　栗耀………………… 9468
　朱孙贻……………… 9469
　史致谔……………… 9470
　刘郇膏……………… 9471

朱善张　子之榛 ……… 9472
黄辅辰　子彭年 ……… 9473
清史稿卷四三五
列传第二二二
　华尔　勒伯勒东
　法尔弟福 …………… 9476
　戈登………………… 9478
　日意格　德克碑 …… 9479
　赫德　帛黎 ………… 9479
清史稿卷四三六
列传第二二三
　沈桂芬……………… 9482
　李鸿藻……………… 9483
　翁同龢……………… 9484
　孙毓汶……………… 9486
清史稿卷四三七
列传第二二四
　荣禄………………… 9488
　王文韶……………… 9489
　张之洞……………… 9490
　瞿鸿祎……………… 9493
清史稿卷四三八
列传第二二五
　阎敬铭……………… 9495
　张之万……………… 9497
　鹿传霖……………… 9498
　林绍年……………… 9499
清史稿卷四三九
列传第二二六

景廉……………………… 9501

额勒和布……………… 9503

许庚身…………………… 9504

钱应溥…………………… 9505

廖寿恒…………………… 9505

荣庆……………………… 9506

那桐……………………… 9507

戴鸿慈…………………… 9508

清史稿卷四四〇

列传第二二七

英桂……………………… 9512

宗室载龄………………… 9513

恩承……………………… 9513

宗室福锟………………… 9514

崇礼……………………… 9515

裕德……………………… 9515

清史稿卷四四一

列传第二二八

潘祖荫…………………… 9516

李文田…………………… 9517

孙诒经…………………… 9518

夏同善…………………… 9519

张家骧…………………… 9520

张英麟…………………… 9520

张仁黼…………………… 9521

张亨嘉…………………… 9521

清史稿卷四四二

列传第二二九

徐树铭…………………… 9523

薛允升…………………… 9524

宗室延煦 子会章 …… 9525

汪鸣銮…………………… 9526

周家楣…………………… 9527

周德润…………………… 9528

胡燏棻…………………… 9529

张荫桓…………………… 9530

清史稿卷四四三

列传第二三〇

孙家鼐…………………… 9532

张百熙…………………… 9533

唐景崇…………………… 9534

于式枚…………………… 9535

沈家本 …………………… 9537

清史稿卷四四四

列传第二三一

黄体芳 子绍基 ……… 9539

宗室宝廷………………… 9540

宗室盛昱………………… 9542

张佩纶 何如璋 ……… 9543

邓承修…………………… 9544

徐致祥…………………… 9546

清史稿卷四四五

列传第二三二

吴可读 潘敦俨 ……… 9548

朱一新…………………… 9549

屠仁守 吴兆泰 何金寿

………………………… 9550

安维峻…………………… 9551

文悌·············· 9552

江春霖·············· 9553

清史稿卷四四六

列传第二三三

郭嵩焘·············· 9555

崇厚·············· 9557

曾纪泽·············· 9558

薛福成·············· 9560

黎庶昌　马建忠·············· 9561

李凤苞·············· 9562

洪钧·············· 9563

刘瑞芬·············· 9564

徐焘朋·············· 9565

杨儒·············· 9565

清史稿卷四四七

列传第二三四

丁宝桢·············· 9567

李瀚章·············· 9569

杨昌浚·············· 9570

张树声·············· 9571

卫荣光·············· 9572

刘秉璋·············· 9572

陈士杰·············· 9574

陶模·············· 9575

李兴锐·············· 9578

史念祖·············· 9579

清史稿卷四四八

列传第二三五

丁日昌·············· 9581

卞宝第·············· 9582

涂宗瀛·············· 9584

黎培敬·············· 9584

崧骏·············· 9585

崧蕃·············· 9585

边宝泉·············· 9586

于荫霖·············· 9587

饶应祺·············· 9588

恽祖翼·············· 9591

清史稿卷四四九

列传第二三六

锡良·············· 9594

周馥·············· 9597

陆元鼎·············· 9598

张曾扬·············· 9599

杨士骧·············· 9600

冯煦·············· 9601

清史稿卷四五○

列传第二三七

李鹤年·············· 9603

文彬·············· 9604

任道澄·············· 9605

许振祎·············· 9606

吴大澄·············· 9607

清史稿卷四五一

列传第二三八

李朝仪·············· 9609

段起·············· 9610

丁寿昌·············· 9610

　方友升……………… 9668

清史稿卷四五六

列传第二四三

　马如龙……………… 9670

　和耀曾……………… 9672

　杨玉科　李唯述……… 9673

　蔡标　段瑞梅……… 9676

　夏毓秀……………… 9677

　何秀林……………… 9679

　杨国发……………… 9680

　张保和……………… 9681

清史稿卷四五七

列传第二四四

　蒋东才　刘廷　李承先

　……………………… 9683

　李南华　兄子得胜… 9684

　董履高　董全胜…… 9685

　牛师韩……………… 9687

　曹德庆……………… 9688

　马复震……………… 9689

　程文炳……………… 9690

　方耀　邓绍忠　邓安邦

　……………………… 9691

清史稿卷四五八

列传第二四五

　徐延旭……………… 9694

　唐炯……………… 9695

　何璟……………… 9697

　张兆栋……………… 9698

清史稿卷四五九

列传第二四六

　冯子材　王孝祺　陈嘉

　蒋宗汉……………… 9699

　苏元春　马盛治…… 9702

　王德榜　张春发　萧得龙

　……………………… 9704

　马维骐　覃修纲　吴永安

　……………………… 9707

　孙开华　朱焕明　苏得胜

　章高元……………… 9708

　欧阳利见…………… 9709

清史稿卷四六〇

列传第二四七

　左宝贵　弟宝贤等…… 9712

　永山……………… 9713

　邓世昌……………… 9713

　刘步蟾　林泰曾等… 9714

　戴宗骞……………… 9715

清史稿卷四六一

列传第二四八

　宋庆　吕本元　徐邦道

　……………………… 9717

　马玉昆……………… 9719

　依克唐阿　荣和……… 9720

　长顺……………… 9722

清史稿卷四六二

列传第二四九

　丁汝贵……………… 9724

卫汝贵·············· 9725

叶志超·············· 9726

清史稿卷四六三

列传第二五〇

　唐景崧·············· 9728

　刘永福·············· 9730

清史稿卷四六四

列传第二五一

　李端棻·············· 9732

　徐致靖　子仁铸 ······ 9733

　陈宝箴　黄遵宪 ······ 9733

　曾铄·············· 9734

　杨深秀·············· 9735

　杨锐·············· 9735

　刘光第·············· 9736

　谭嗣同　唐才常 ······ 9737

　林旭·············· 9737

　康广仁·············· 9738

清史稿卷四六五

列传第二五二

　徐桐　豫师　子承煜 ··· 9739

　刚毅·············· 9740

　赵舒翘·············· 9741

　启秀·············· 9742

　英年·············· 9742

　裕禄　廷雍 ·········· 9742

　毓贤　李廷箫 ········ 9744

清史稿卷四六六

列传第二五三

徐用仪·············· 9746

许景澄·············· 9747

袁昶·············· 9747

立山·············· 9748

联元·············· 9749

清史稿卷四六七

列传第二五四

　李秉衡　王廷相 ········ 9750

　聂士成·············· 9751

　罗荣光·············· 9753

　寿山　族孙瑞昌 ······· 9753

　凤翔　崇玉等 ········ 9755

清史稿卷四六八

列传第二五五

　崇绮　子葆初等　志钧

　　·············· 9757

　延茂　弟延芝 ········ 9758

　色普徵额·············· 9758

　王懿荣　熙元 ········ 9759

　宗室宝丰·············· 9759

　宗室寿富　弟寿蕃 ······ 9760

　宋承庠　王铁珊 ········ 9760

清史稿卷四六九

列传第二五六

　恩铭　孚琦　凤山 ······ 9762

　端方　弟端锦　刘燧

　　·············· 9762

　赫成额·············· 9764

　松寿·············· 9764

　赵尔丰·············· 9765

冯汝骙⋯⋯⋯⋯⋯⋯ 9765

陆钟琦　子光熙等 ⋯⋯ 9766

清史稿卷四七〇

列传第二五七

志锐　刘从德　春勋 ⋯⋯ 9768

良弼⋯⋯⋯⋯⋯⋯⋯ 9769

宗室载穆　万选　德霈

同源⋯⋯⋯⋯⋯⋯⋯ 9769

文瑞　承燕　克蒙额 ⋯ 9770

恒龄　德霈等 ⋯⋯⋯⋯ 9771

朴寿⋯⋯⋯⋯⋯⋯⋯ 9772

谢宝胜　姚霭云 ⋯⋯⋯ 9773

黄忠浩　杨让梨等 ⋯⋯ 9774

清史稿卷四七一

列传第二五八

盛宣怀⋯⋯⋯⋯⋯⋯ 9776

瑞澂⋯⋯⋯⋯⋯⋯⋯ 9778

清史稿卷四七二

列传第二五九

陆润庠⋯⋯⋯⋯⋯⋯ 9781

世续⋯⋯⋯⋯⋯⋯⋯ 9783

伊克坦⋯⋯⋯⋯⋯⋯ 9783

梁鼎芬　徐坊 ⋯⋯⋯ 9785

劳乃宣⋯⋯⋯⋯⋯⋯ 9786

沈曾植⋯⋯⋯⋯⋯⋯ 9787

清史稿卷四七三

列传第二六〇

张勋⋯⋯⋯⋯⋯⋯⋯ 9789

康有为⋯⋯⋯⋯⋯⋯ 9791

清史稿卷四七四

列传第二六一

吴三桂⋯⋯⋯⋯⋯⋯ 9794

清史稿卷四七五

列传第二六二

洪秀全⋯⋯⋯⋯⋯⋯ 9813

清史稿卷四七六

列传第二六三

循吏一⋯⋯⋯⋯⋯⋯ 9884

白登明　汤家相

任辰旦　于宗尧 ⋯⋯ 9885

宋必达　陆在新 ⋯⋯ 9887

张沐　张埙 ⋯⋯⋯⋯ 9888

陈汝咸⋯⋯⋯⋯⋯⋯ 9889

缪燧　陈时临 ⋯⋯⋯ 9890

姚文燮　黄贞麟 ⋯⋯ 9892

骆钟麟　崔宗泰

祖进朝 ⋯⋯⋯⋯⋯⋯ 9893

赵吉士⋯⋯⋯⋯⋯⋯ 9895

张瑾⋯⋯⋯⋯⋯⋯⋯ 9896

江皋　张克嶷　贾朴

⋯⋯⋯⋯⋯⋯⋯⋯⋯ 9897

邵嗣尧　卫立鼎

高荫爵　靳让 ⋯⋯⋯ 9899

崔华　周中铉 ⋯⋯⋯ 9901

刘棨⋯⋯⋯⋯⋯⋯⋯ 9902

陶元淳⋯⋯⋯⋯⋯⋯ 9903

廖冀亨⋯⋯⋯⋯⋯⋯ 9904

佟国珑⋯⋯⋯⋯⋯ 9905
陆师　龚鉴⋯⋯⋯⋯ 9906

清史稿卷四七七
列传第二六四

循吏二⋯⋯⋯⋯⋯⋯ 9908
陈德荣⋯⋯⋯⋯⋯⋯ 9908
芮复传　蒋林⋯⋯⋯ 9909
阎尧熙　王时翔⋯⋯ 9911
蓝鼎元⋯⋯⋯⋯⋯⋯ 9912
叶新　施昭庭⋯⋯⋯ 9913
陈庆门⋯⋯⋯⋯⋯⋯ 9915
周人龙⋯⋯⋯⋯⋯⋯ 9915
童华　黄世发⋯⋯⋯ 9916
李渭⋯⋯⋯⋯⋯⋯⋯ 9918
谢仲坃　李大本⋯⋯ 9918
牛运震　张甄陶⋯⋯ 9920
邵大业⋯⋯⋯⋯⋯⋯ 9921
周克开　郑基
康基渊　言如洒　周纪华
　　　　　　　　⋯⋯ 9922
汪辉祖　茹敦和
朱休度⋯⋯⋯⋯⋯⋯ 9925
刘大绅　吴焕彩
纪大奎　邵希曾⋯⋯ 9927

清史稿卷四七八
列传第二六五

循吏三⋯⋯⋯⋯⋯⋯ 9930
张吉安　李毓昌⋯⋯ 9930
龚景瀚⋯⋯⋯⋯⋯⋯ 9932

盖方泌　史绍登⋯⋯ 9933
李赓芸⋯⋯⋯⋯⋯⋯ 9935
伊秉绶⋯⋯⋯⋯⋯⋯ 9937
狄尚绹　张敦仁
郑敦允⋯⋯⋯⋯⋯⋯ 9937
李文耕⋯⋯⋯⋯⋯⋯ 9939
刘体重　子煦⋯⋯⋯ 9940
张琦　石家绍⋯⋯⋯ 9941
刘衡　徐栋⋯⋯⋯⋯ 9942
姚柬之　吴均⋯⋯⋯ 9944
王肇谦　曹瑾⋯⋯⋯ 9946
桂超万　张作楠
云茂琦⋯⋯⋯⋯⋯⋯ 9947

清史稿卷四七九
列传第二六六

循吏四⋯⋯⋯⋯⋯⋯ 9950
徐台英⋯⋯⋯⋯⋯⋯ 9950
牛树梅　何曰愈
吴应连⋯⋯⋯⋯⋯⋯ 9951
刘秉琳　夏崇砥
夏子龄　萧世本⋯⋯ 9953
李炳涛　俞澍　朱根仁
邹钟俊　王懋勋⋯⋯ 9956
蒯德模　林达泉⋯⋯ 9958
方大湜　陈豪⋯⋯⋯ 9960
杨荣绪　林启⋯⋯⋯ 9961
冷鼎亨⋯⋯⋯⋯⋯⋯ 9964
孙葆田　柯劭憼
朱光第⋯⋯⋯⋯⋯⋯ 9964

涂官俊　陈文黻　李素

·················· 9965

张楷·················· 9967

王仁堪·················· 9967

清史稿卷四八〇

列传第二六七

儒林一·················· 9969

孙奇逢　耿介 ········· 9971

黄宗羲　弟宗炎

宗会　子百家 ········· 9973

王夫之·················· 9975

李颙　李因笃　李柏

王心敬·················· 9977

沈国模　史孝咸　韩当

邵曾可　曾可孙廷采

王朝式 ·················· 9978

谢文洊　甘京　黄熙

曾曰都　危龙光　汤其仁

宋之盛　邓元昌 ······ 9979

高愈　顾培　彭定求

·················· 9980

汤之锜　施璜　张夏

吴曰慎 ·················· 9982

陆世仪　陈瑚　盛敬

江士韶 ·················· 9983

张履祥　钱寅　何汝霖

凌克贞　屠安世　郑宏

祝洤 ·················· 9984

沈昀　姚宏任　叶敦民

刘汋 ·················· 9986

应撝谦·················· 9987

朱鹤龄　陈启源 ······ 9987

范镐鼎　党成　李生光

·················· 9988

白奂彩　党湛

王化泰　孙景烈 ······ 9989

曹本荣　张贞生 ······ 9990

刘原渌　姜国霖

刘以贵　韩梦周　梁鸿翥

法坤宏　阎循观　任瑗

·················· 9991

颜元　王源　程廷祚

恽鹤生 ·················· 9992

李塨·················· 9994

刁包　王余佑 ······ 9994

李来章　冉觐祖

窦克勤 ·················· 9995

李光坡　从子钟伦 ··· 9997

庄亨阳　官献瑶 ······ 9997

王懋竑　朱泽沄　乔仪

·················· 9999

李梦箕　子图南

张鹏翼　童能灵 ······ 10001

胡方　冯成修　劳潼

·················· 10002

劳史　桑调元　汪鉴

·················· 10003

顾栋高　陈祖范

吴鼎　梁锡玙 ………… 10004

孟超然 …………… 10006

汪绂　余元遴 ……… 10007

姚学塽　潘谘 …… 10008

唐鉴 ………………… 10009

吴嘉宾　刘传莹 …… 10009

刘熙载 ……………… 10010

朱次琦 ……………… 10011

成孺 ………………… 10013

邵懿辰　伊乐尧

高均儒 …………… 10013

清史稿卷四八一

列传第二六八

儒林二 ……………… 10015

顾炎武 ……………… 10016

张尔岐　马骕 …… 10018

万斯大　兄斯选

子经　侄言 ……… 10019

胡渭　子彦升

叶佩荪 ……………… 10020

毛奇龄　陆邦烈 …… 10022

阎若璩　李铠

吴玉缙 ……………… 10023

惠周惕　子士奇

孙栋　余萧客 …… 10024

陈厚耀 ……………… 10026

臧琳　元孙庸　礼堂

…………… 10027

任启运 ……………… 10028

全祖望　蔡学镛

董秉纯 …………… 10030

沈彤　蔡得晋

盛世佐 …………… 10031

江永　程瑶田 …… 10031

褚寅亮 …………… 10033

卢文弨　顾广圻 …… 10033

钱大昕　族子塘　坫

…………… 10034

王鸣盛　金曰追

吴凌云 …………… 10037

戴震　金榜 …… 10038

段玉裁　钮树玉

徐承庆 …………… 10040

孙志祖　翟灏

梁玉绳　履绳　汪家禧

…………… 10042

刘台拱　朱彬 …… 10043

孔广森 …………… 10044

邵晋涵　周永年 … 10046

王念孙　子引之

李惇　贾田祖　宋绵初

…………… 10047

汪中　江德量　徐复

汪光爔 …………… 10049

武亿 …………… 10051

庄述祖　庄绥甲

庄有可 …………… 10052

戚学标　江有诰

王先谦 ……………… 10109

孙诒让 ……………… 10110

郑杲 宋书升

法伟堂 ……………… 10111

清史稿卷四八三

列传第二七〇

　儒林四 ……………… 10113

　　孔荫植 …………… 10113

清史稿卷四八四

列传第二七一

　文苑一 ……………… 10117

　　魏禧 兄际瑞 弟礼

　　礼子世效 世俨

　　李腾蛟 邱维屏 曾灿

　　林时益 梁份 ……… 10119

　　侯方域 王猷定

　　陈宏绪 徐士溥

　　欧阳斌元 ………… 10122

　　申涵光 张盖 殷岳

　　……………………… 10123

　　吴嘉纪 徐波 …… 10124

　　钱谦益 龚鼎孳 …… 10124

　　吴伟业 曹溶 …… 10125

　　宋琬 严沆 ……… 10126

　　施闰章 高咏

　　邓汉仪 …………… 10127

　　王士禄 弟士祜

　　田雯 曹贞吉 颜光敏

　　王华 张笃庆 徐夜

　　………………………… 10128

陈恭尹 屈大均

梁佩兰 程可则 方殿元

吴文炜 王隼 ……… 10129

冯班 宗元鼎 刘体仁

吴殳 ……………… 10130

胡承诺 贺胎孙

唐甄 ……………… 10131

阿什坦 刘淇

金德纯 傅泽洪 …… 10132

汪琬 ……………… 10133

计东 吴兆骞

顾我锜 ……………… 10133

彭孙遹 …………… 10134

朱彝尊 李良年

谭吉璁 …………… 10135

尤侗 秦松龄 曹禾

李来奉 …………… 10135

陈维崧 吴绮 徐釚

　………………………… 10136

潘耒 倪灿 严绳孙

　………………………… 10137

徐嘉炎 方象瑛 …… 10138

万斯同 钱名世 …… 10138

刘献廷 …………… 10140

邵远平 吴任臣

周春 陈鳣 ………… 10141

乔莱 汪楫 汪懋麟

　………………………… 10142

陆粲　兄子奎勋 ……　10143

庞垲　边连宝 ……　10144

陆圻　丁澎　柴绍炳

毛先舒　孙治　张丹

吴百朋　沈谦　虞黄昊

　　　　　　　　 10144

孙枝蔚　李念慈 ……　10145

丁炜　林侗　林佶

黄任　郑方坤 ………　10146

黄与坚　王昊　顾湄

　　　　　　　　 10147

吴雯　陶季 ………　10147

梅清　梅庚 ………　10148

冯景　邵长蘅 ………　10148

姜宸英　严虞惇

黄虞稷 …………　10148

性德　顾贞观　项鸿炸

蒋春霖 …………　10149

文昭　蕴端　博尔都

永忠　书诚　永�‌

裕瑞 ……………　10150

赵执信　叶燮　冯廷櫆

　　　　　　　　 10151

黄仪　郑元庆 ………　10152

查慎行　弟嗣瑮　查昇

　　　　　　　　 10153

史申义　周起渭

张元臣　潘淳 ………　10153

顾陈垿 …………　10154

何焯　陈景云

景云子黄中 …………　10154

戴名世 …………　10155

清史稿卷四八五

列传第二七二

文苑二 …………　10157

诸锦　沈廷芳

夏之蓉 …………　10158

厉鹗　汪沆　符曾

陈撰　赵昱　赵信 …　10159

王峻　王延年 ………　10159

何梦瑶　劳孝舆

罗天尺　苏珥　车腾芳

许遂　韩海 …………　10160

刘大櫆　胡宗绪　王灼

　　　　　　　　 10161

李锴　陈景元　戴亨

长海　吴麟　曹寅　鲍鉁

高鹗　刘文麟　王乃新

　　　　　　　　 10162

沈炳震　弟炳巽

炳谦　赵一清 ………　10163

曹仁虎　吴泰来

黄文莲 …………　10164

胡天游　彭兆荪 ……　10164

袁枚　程晋芳

张问陶 …………　10165

王又曾　子复

祝维诰　维诰子哲

万光泰 ················ 10166

邵齐焘 王太岳

吴锡麒 杨芳灿 杨揆

吴蔚 ················ 10167

徐文靖 赵青藜

汪越 ················ 10168

朱仕琇 高澍然 ······ 10168

蒋士铨 汪轫 杨垕

赵由仪 吴嵩梁 乐钧

················ 10169

赵翼 黄景仁 吕星垣

杨伦 徐书受 ······ 10170

严长明 子观 ······ 10171

朱筠 ················ 10172

翁方纲 ················ 10173

姚鼐 吴定 鲁九皋

陈用光 吴德旋 ······ 10173

宋大樽 钱林

端木国瑚 吴文溥 ··· 10174

章学诚 章宗源

姚振宗 吴兰庭 ······ 10175

祁韵士 张穆

何秋涛 ················ 10176

冯敏昌 宋湘

赵希璜 ················ 10177

法式善 孙原湘

郭麟 ················ 10177

恽敬 赵怀玉 ········ 10178

黎简 张锦芳 张锦麟

黄丹书 吕端 胡亦常

················ 10179

张士元 张海珊

张履 ················ 10179

清史稿卷四八六

列传第二七三

文苑三 ················ 10181

张澍 邢澍 ········ 10182

莫与俦 子友芝 ······ 10182

陆继辂 从子耀通

彭绩 ················ 10183

洪颐煊 兄坤煊

弟震煊 ················ 10184

邓显鹤 万希槐 ······ 10184

周济 陈鹤 ······ 10185

徐松 沈尧 陈潮

李图 ················ 10186

李兆洛 承培元

宋景昌 缪尚诰

六承如 ················ 10186

钱仪吉 弟泰吉 ······ 10187

包世臣 齐彦槐 ······ 10188

姚椿 顾广誉 ········ 10189

张鉴 杨凤苞

施国祁 ················ 10189

黄易 瞿中溶 张廷济

沈涛 陆增祥 ········ 10190

董祐诚 方履籛

周仪暐 ················ 10191

俞正燮　赵绍祖

汪文台　汤球 ……… 10191

潘德舆　吴昆田 …… 10192

张维屏　谭敬昭

彭泰来 …………… 10193

梅曾亮　管同　刘开

毛岳生 …………… 10194

汤鹏　张际亮 ……… 10194

袭巩祚 …………… 10195

魏源 ……………… 10196

方东树　族弟宗诚

苏惇元　戴钧衡 …… 10196

鲁一同　子黉 …… 10198

谭莹　熊景星　黄子高

莹子宗浚 ………… 10198

吴敏树　杨彝珍 …… 10199

周寿昌　李希圣 …… 10199

斌良　锡缜　李云麟

……………… 10200

何绍基　孙维朴

李瑞清 …………… 10201

冯桂芬　王颂蔚

叶昌炽　管礼耕

袁宾璜 …………… 10202

李慈铭　陶方琦

谭廷献　李稷勋 …… 10203

张裕钊　范当世

朱铭盘　杨守敬 …… 10204

吴汝纶　萧穆　贺涛

刘孚京 …………… 10205

林纾　严复　辜汤生

……………… 10207

清史稿卷四八七

列传第二七四

忠义一 …………… 10211

特音珠　阿巴泰 …… 10213

固山　僧锡等 …… 10214

纳密达　炳图等 …… 10214

书宁阿　感济泰等

……………… 10215

穆护萨　觉罗兰泰等

……………… 10215

索尔和诺　齐萨穆等

……………… 10216

席尔泰　满达理 …… 10217

卓纳　纳海 …… 10218

觉罗鄂博惠

觉罗阿赉等 ………… 10218

同阿尔 …………… 10220

董廷元　廷儒　廷柏

……………… 10220

常鼎　白忠顺等 …… 10221

格布库　阿尔津等

……………… 10221

济三　瑚密色等 …… 10222

敦达里　安达里 …… 10223

许友信　成升等 …… 10223

清史稿卷四八八

霍永清 …………… 10255
强克捷　赵纶等……10255
宗室奕湄 ………… 10256
景兴　陈孝宽等 …… 10257
王鼎铭 …………… 10257
吕志恒　邵用之等
　　 …………… 10258
杨延亮 …………… 10258
师长治　王光宇……10258
清史稿卷四九〇
列传第二七七
忠义四 …………… 10260
张锡嵘 …………… 10260
王东槐　曹楙坚等
　　 …………… 10261
周玉衡　王本梧
陈宗元 …………… 10263
明善　觉罗豫立
世焜 ……………… 10265
徐荣　许上达等 …… 10266
郭沛霖　王培荣……10267
朱钧　钱贵升
徐曾庚 …………… 10268
萧翰庆 …………… 10269
黄辅相　福格等 …… 10269
孔昭慈 …………… 10271
徐晓峰 …………… 10271
袁绩懋 …………… 10272
杨梦岩 …………… 10273

邓子垣　罗萱 …… 10274
侯云登 …………… 10276
黄鼎 ……………… 10277
陈源兖 …………… 10278
瑞春　鄂尔霍巴
许承岳　潘锦芳 …… 10279
廖宗元 …………… 10280
刘体舒　李庆福等
　　 …………… 10280
李保衡　徐海等……10281
淡树琪 …………… 10282
褚汝航　夏銮
陈辉龙 …………… 10283
储玫躬 …………… 10283
李杏春 …………… 10284
朱善宝 …………… 10285
庄裕崧　万年新
易举等 …………… 10285
清史稿卷四九一
列传第二七八
忠义五 …………… 10287
王淑元　高延祉
黄为锦 …………… 10287
瑞麟　曹燮培
杨映河等 ………… 10288
刘继祖　翟登峨等
　　 …………… 10289
刘作肃 …………… 10290
沈衍庆　李仁元……10290

李福培　王恩绶……　10291

李右文　李载文……　10292

李楱 ……………………　10294

陈肖仪　万成　……　10294

袁祖德　李大均……　10295

于松 ……………………　10296

尚那布　李淮　……　10296

唐治　钟普塘………　10296

林源恩　唐德升……　10297

毕大钰　汤世铨

刘福林 …………………　10298

谢子澄　周宪曾等

　……………………　10299

文颖　徐凤喈等……　10301

张积功　傅世珍

瞿浚 ……………………　10301

冒芬 ……………………　10302

施作霖 …………………　10302

韩体震　德克登额

　……………………　10302

蒋嘉谷 …………………　10303

邓玲筠 …………………　10303

承顺 ……………………　10304

托克清阿 ………………　10305

冯元吉 …………………　10306

平源　张宝华　王泗

周来豫 …………………　10306

余宝琨 …………………　10306

王汝揆 …………………　10307

清史稿卷四九二

列传第二七九

忠义六 …………………　10309

斋清阿 …………………　10309

童添云　彭三元……　10310

萧捷三　周清元……　10312

蔡应龙 …………………　10314

萧意文　周福昌

彭志德　李存汉

杜廷光等………………　10315

赖高翔　毕定邦……　10316

刘德亮 …………………　10318

陈大富 …………………　10318

陈万胜　郭鹏程

王绍羲 …………………　10319

王之敬 …………………　10320

陈忠德　刘玉林等

　……………………　10320

黄金友　麟瑞　……　10321

蔡东祥 …………………　10322

邹上元 …………………　10322

郝上庠 …………………　10323

张遇祥　张遇清……　10324

曹仁美 …………………　10325

毛克宽　邢连科……　10326

田兴奇　田兴胜……　10327

马定国 …………………　10329

清史稿卷四九三

列传第二八〇

忠义七 …………… 10330

　张继庚　张继辛

　李翼棠等 ………… 10330

　赵振祚　赵起 …… 10333

　马善 ……………… 10334

　陈克家　马钊 …… 10335

　臧纡青　窦元灏… 10336

　马三俊　张勋

　吴文谟 …………… 10337

　吴廷香 …………… 10338

　孙家泰 …………… 10339

　江图恫　程葆 …… 10341

　彭寿颐 …………… 10341

　陈介眉　亓祈年 … 10342

　唐守忠 …………… 10342

　吴山 ……………… 10343

　俞焜　戴煦 ……… 10344

　张洵　钟世耀　孙义

　　………………… 10344

　汪士骧　钱松　毛雕

　魏谦升　金鼎燮

　巴兰达布等 ……… 10345

　包立身 …………… 10346

　王玉文 …………… 10347

　孙文德　李贵元等

　　………………… 10348

　罗正仁　陈起书 … 10348

　陈景沧 …………… 10349

　何霖 ……………… 10350

　蹇谔 ……………… 10350

　赵国澍 …………… 10351

　宋华嵩 …………… 10352

　伯锡尔 …………… 10353

清史稿卷四九四

列传第二八一

忠义八 …………… 10355

　姚怀祥　全福

　舒恭受等 ………… 10355

　韦逢甲　长喜等 … 10356

　麦廷章　刘大忠等

　　………………… 10356

　韦印福　钱金玉等

　　………………… 10357

　龙汝元　乐善

　魁霖等 …………… 10357

　文丰 ……………… 10358

　殷明恒　高腾 …… 10358

　高善继　骆佩德等

　　………………… 10359

　林永升　陈全揆等

　　………………… 10360

　李大本　于光炘等

　　………………… 10361

　黄祖莲　杨寿山等

　　………………… 10361

清史稿卷四九五

列传第二八二

忠义九 …………… 10363

宗室奕功　札隆阿等

觉罗清廉等 ……………… 10363

松林　文炘等……… 10363

崇寿　韩绍徽　韩培森

马钟祺　董瀚　谭昌祺

庄礼本　冯福畴

宫玉森　景善等 …… 10367

宋春华 …………… 10369

马福禄 …………… 10369

杨福同 …………… 10370

吴德潇　子仲韬…… 10370

成肇坤 …………… 10370

清史稿卷四九六

列传第二八三

忠义一〇 ………… 10372

刘锡祺　阮荣发

程彬 …………… 10373

桂荫　存厚　荣潩

锡桢等 ………… 10373

张景良　倭和布

周飞鹏 ………… 10375

松兴　松俊等…… 10375

宗室德祐　彭毓嵩

………………… 10376

杨调元　杨宜瀚

陈问绅　德锐　皮润璞

荣麟等 ………… 10377

张毅 …………… 10378

喜明　阿尔精额

斌恒等 …………… 10379

谭振德　熊国斌…… 10380

陈政诗　陆叙钊

齐世名等…………… 10380

罗长裿　曹铭　章庆

徐昭益　汪承第

吴以刚　陶家琦等 … 10381

奎荣 ……………… 10383

王毓江　刘骏堂

钟麟　保永清　沈瀛

申绶等 …………… 10383

世增　石家铭　琦玲

毛汝霖　胡国瑞

张舜琴等………… 10384

钟麟同　范钟岳等

孔繁琴　王振畿

张嘉钰 …………… 10386

陈兆棠　冯汝桢

何承鑫 …………… 10387

白如镜　何培清

黄兆熊　张德润 …… 10388

张振德　舒志 …… 10388

来秀　刘念慈　李秉钧

王荣绶 …………… 10388

定煊　长瑞

巴扬阿等 ………… 10389

王有宏　何师程

黄凯臣　戚从云 …… 10389

盛成　哈郎阿　南山

培秀等 ·············· 10390

桂城　延造　文蔚

余世宽等·············· 10391

高谦 ················ 10392

黄为熊　文海

赵翰阶 ·············· 10392

贵林　量海等········· 10393

额特精额　文荣等

················ 10393

玉润 ················ 10394

劳谦光　吉升

张程九 ·············· 10394

王文域　谭凤等····· 10395

张传楷　孙文楷

王乘龙　赵彝鼎　施伟

李泽霖　胡穆林

更夫某 ·············· 10395

梁济 ················ 10396

简纯泽 ·············· 10396

王国维 ·············· 10397

清史稿卷四九七
列传第二八四

孝义一 ·············· 10398

朱用纯 ·············· 10399

吴蕃昌　从弟谦牧

杨磊 ················ 10400

周靖 ················ 10400

耿燿　弟炳　兄子于彝

耿辅 ················ 10400

李景濂 ·············· 10400

汪灏　弟晨　日昂

日升 ················ 10401

黄农 ················ 10401

曹亨　黄嘉章········ 10401

郑明允 ·············· 10402

刘宗洙　弟恩广

恩广子青藜··········· 10402

何复汉 ·············· 10402

许季觉 ·············· 10402

吴氏四孝子 ·········· 10403

雷显宗 ·············· 10403

赵清 ················ 10403

荣涟 ················ 10403

薛文　弟化礼········ 10403

曹孝童 ·············· 10404

丁履豫 ·············· 10404

钟保 ················ 10404

觉罗色尔岱　翁杜

佟良　克什布 ········ 10404

王麟瑞 ·············· 10405

李盛山 ·············· 10405

李悯 ················ 10405

奚缉营 ·············· 10406

周士晋 ·············· 10406

黄有则 ·············· 10406

王尚毅 ·············· 10406

胡锁 ················ 10406

李三 ················ 10407

张梦维 ··············· 10407

乐太希 ··············· 10407

董盛祖 ··············· 10407

徐守仁 ··············· 10408

李凤翔 ··············· 10408

卯观成 ··············· 10408

葛大宾 ··············· 10408

吕敩孚 ··············· 10408

王子明　冯星明····· 10409

张元翰 ··············· 10409

俞鸿庆 ··············· 10409

姜瑢 ··············· 10409

汤渊 ··············· 10410

魏兴 ··············· 10410

戴兆笨 ··············· 10410

潘周岱 ··············· 10410

张淮　张廷标······· 10411

胡其爱　方其明

邓成珠 ··············· 10411

张三爱 ··············· 10411

杨梦益　阎天伦····· 10411

夏士友 ··············· 10412

白长久 ··············· 10412

郭味儿　聂宏　··· 10412

董阿虎 ··············· 10412

张乞人 ··············· 10413

席慕孔　张良松····· 10413

崔长生 ··············· 10413

荣孝子 ··············· 10413

无锡二孝子 ········· 10414

哑孝子 ··············· 10414

清史稿卷四九八

列传第二八五

孝义二 ··············· 10415

卢必升 ··············· 10416

李应麒 ··············· 10416

李中德 ··············· 10416

张文龄 ··············· 10417

黎安理 ··············· 10417

易良德 ··············· 10417

方立礼 ··············· 10417

丁世忠 ··············· 10418

汪良绪 ··············· 10418

贾锡成 ··············· 10418

王长祚　刘国宾

曹超 ··············· 10418

黎兴岍　夏汝英

金国选　张愫········ 10419

李志善　弟志勃

彭大士 ··············· 10419

钱孝则 ··············· 10419

任遇亨　族子裕德

10420

陆国安 ··············· 10420

徐守质　兄基　··· 10420

黄简 ··············· 10420

程愿学 ··············· 10421

郁褒 ··············· 10421

姚易修 ·················· 10421

胡梦豸 ·················· 10421

贺上林　何士阀······ 10422

陈嘉谟 ·················· 10422

林长贵　弟长广······ 10422

戚戣言 ·················· 10422

李敬跻 ·················· 10422

张大观　杨璞

蔡应泰 ·················· 10423

张士仁 ·················· 10423

潘琤 ···················· 10423

刘希向 ·················· 10424

沈嗣绶　谢君泽······ 10424

冯福基 ·················· 10424

黄向坚　顾廷琦······ 10425

李澄 ···················· 10425

刘献煜　钱美恭······ 10425

赵万全 ·················· 10425

刘龙光 ·················· 10426

李芳燎 ·················· 10426

唐肇虞 ·················· 10426

缪士毅　子秉文······ 10427

陆承祺　弟承祚······ 10427

汪龙　方如珽········ 10427

张焘 ···················· 10428

朱寿命 ·················· 10428

潘天成 ·················· 10428

翁运槐　弟运标······ 10429

杨士选 ·················· 10429

徐大中 ·················· 10429

沈仁荣 ·················· 10430

魏树德 ·················· 10430

李汝恢 ·················· 10430

郑立本 ·················· 10430

李学侗 ·················· 10431

董士元 ·················· 10431

李复新 ·················· 10431

党国虎 ·················· 10432

严廷瓒 ·················· 10432

陆起鹏　弟起鹏······ 10432

虞尔忘　弟尔雪······ 10433

黄洪元　弟福元

颜和　颜鳌·········· 10433

王恩荣 ·················· 10434

杨献恒 ·················· 10434

任骑马 ·················· 10435

李巨勋 ·················· 10435

任四 ···················· 10436

王国林 ·················· 10436

蓝忠 ···················· 10436

清史稿卷四九九

列传第二八六

孝义三 ·················· 10437

岳荐 ···················· 10437

张廏 ···················· 10438

黄学朱 ·················· 10438

吴伯宗 ·················· 10438

钱天润 ·················· 10438

萧良昌 ……………… 10438
李九 ………………… 10439
张某 ………………… 10439
程含光 ……………… 10439
陈福 谯衿 黄成富
李长茂 ……………… 10440
任天笃 ……………… 10440
赵一桂 黄调鼎…… 10440
杨艺 咸默 ……… 10442
李晋福 胡端友…… 10442
朱永庆 ……………… 10442
王某 ………………… 10443
张瑛 ………………… 10443
郭氏仆 ……………… 10443
胡穆孟 ……………… 10444
苑亮 ………………… 10444
杨越 子宾 ……… 10444
吴鸿锡 ……………… 10445
韩瑜 ………………… 10446
程增 ………………… 10446
李应卜 ……………… 10446
塞勒 ………………… 10447
王联 ………………… 10447
黎侗 李秉道……… 10447
赵珫 ………………… 10448
蒋坚 ………………… 10448
李林孙 ……………… 10449
高大镐 ……………… 10449
许所望 ……………… 10450

邢清源 王元 …… 10450
凤瑞 ………………… 10450
方元衡 ……………… 10451
叶成忠 ……………… 10451
杨斯盛 ……………… 10452
武训 ………………… 10452
吕联珠 ……………… 10453
清史稿卷五〇〇
列传第二八七
　遗逸一 ……………… 10454
　李清 李模 ……… 10455
　梁以樟 王世德…… 10456
　阎尔梅 万寿祺…… 10457
　郑与侨 ……………… 10459
　曹元芳 ……………… 10459
　庄元辰 王玉藻…… 10460
　李长祥 王正中
　董守谕 ……………… 10462
　陆宇燝 弟宇燝
　江汉 ………………… 10464
　方以智 子中德等
　……………………… 10465
　钱澄之 ……………… 10466
　恽日初 ……………… 10467
　郭金台 ……………… 10468
　朱之瑜 ……………… 10468
　沈光文 陈士京…… 10469
　吴祖锡 ……………… 10470
清史稿卷五〇一

列传第二八八

遗逸二 ………………… 10472

　李孔昭　单者昌

　崔周田　刘继宁 …… 10472

　刘永锡　彭之灿 …… 10473

　徐枋　戴易　沈寿民

　李天植　理洪储 …… 10474

　顾柔谦　子祖禹 …… 10476

　冒襄　陈贞慧 ……… 10477

　祁班孙　兄理孙 …… 10478

　汪沨 ………………… 10478

　傅山　子眉 ………… 10480

　费密 ………………… 10481

　王宏撰 ……………… 10482

　杜浚　弟岕 ………… 10482

　郭都贤　陶汝鼐 …… 10483

　李世熊 ……………… 10484

　谈迁 ………………… 10485

清史稿卷五〇二

列传第二八九

艺术一 ………………… 10487

　吴有性　戴天章

　余霖　刘奎 ………… 10488

　喻昌　徐彬 ………… 10489

　张璐　高斗魁

　周学海 ……………… 10490

　张志聪　高世栻

　张锡驹　陈念祖

　黄元御 ……………… 10491

　柯琴　尤怡 ………… 10492

　叶桂　薛雪　吴瑭

　章楠　王士雄 ……… 10494

　徐大椿　王维德 …… 10495

　吴谦 ………………… 10497

　绰尔济　伊桑阿

　张朝魁 ……………… 10497

　陆懋修　王丙　吕震

　邹澍　费伯雄 ……… 10498

　蒋平阶 ……………… 10500

　章攀桂 ……………… 10500

　刘禄　张永祚

　戴尚文 ……………… 10501

清史稿卷五〇三

列传第二八九

艺术二 ………………… 10503

　王澍　蒋衡　徐用锡

　　　　　　　………… 10503

　王文治 ……………… 10504

　梁𪩘 ………………… 10505

　梁同书 ……………… 10505

　邓石如　钱伯坰

　吴育　杨沂孙 ……… 10506

　吴熙载　梅植之

　杨亮 ………………… 10508

清史稿卷五〇四

列传第二九〇

艺术三 ………………… 10511

　王时敏　族侄鉴

子撰 孙原祁

原祁曾孙宸 …………… 10511

陈洪绶 崔子忠

禹之鼎 余集 改琦

费丹旭 …………… 10512

释道济 髡残 朱耷

宏仁 …………… 10514

王翚 吴历 杨晋

黄鼎 方士庶 …… 10514

恽格 马元驭 王武

沈铨 …………… 10515

龚贤 赵左 项圣谟

查士标 …………… 10516

高其佩 李世倬

朱伦瀚 …………… 10517

张鹏翀 …………… 10518

唐岱 焦秉贞 郎世宁

张宗苍 余省 金廷标

丁观鹏 缪炳泰 …… 10519

华岩 高凤翰 郑燮

金农 罗聘 奚冈

钱杜 方薰 …………… 10520

王学浩 黄均 …………… 10522

清史稿卷五○五

列传第二九一

艺术四 …………… 10523

王来咸 …………… 10523

褚士宝 …………… 10524

冯行贞 …………… 10524

甘凤池 …………… 10524

曹竹斋 潘佩言 …… 10525

江之桐 …………… 10526

梁九 …………… 10527

张涟 叶陶 …… 10527

刘源 …………… 10527

唐英 …………… 10528

戴梓 …………… 10529

丁守存 …………… 10529

徐寿 子建寅 华封

…………… 10530

清史稿卷五○六

列传第二九三

畴人一 …………… 10532

薛凤祚 杜知耕 …… 10532

龚士燕 …………… 10533

王锡阐 潘圣樟 …… 10534

方中通 揭暄 …… 10539

梅文鼎 子以燕

孙毂成 曾孙钫

弟文鼐 文鼏 …… 10540

明安图 子新

陈际新 张肱 …… 10551

刘湘煃 …………… 10554

王元启 …………… 10554

朱鸿 …………… 10556

博启 …………… 10556

许如兰 …………… 10557

清史稿卷五○七

列传第二九四

　畴人二 ················ 10560

　　李潢 ················ 10560

　　汪莱 ················ 10562

　　陈杰　丁兆庆

　　张福僖 ·············· 10564

　　时曰淳 ·············· 10565

　　李锐　黎应南········· 10566

　　骆腾凤　吴玉楫····· 10569

　　项名达　王大有····· 10570

　　丁取忠　李锡蕃····· 10572

　　谢家禾 ·············· 10572

　　吴嘉善 ·············· 10574

　　罗士琳　易之瀚····· 10574

　　顾觐光　韩应陛····· 10577

　　左潜　曾纪鸿········· 10580

　　夏鸾翔 ·············· 10582

　　邹伯奇 ·············· 10583

　　李善兰 ·············· 10586

　　华衡芳　弟世芳····· 10587

清史稿卷五〇八

列传第二九五

　列女一 ·············· 10590

　　田绪宗妻张 ········· 10593

　　嵇永仁妻杨　姜苏

　　　 ················ 10593

　　张英妻姚 ········· 10594

　　蔡璧妻黄

　　　子世远妻刘 ····· 10594

　　尹公弼妻李 ········· 10594

　　钱纶光妻陈 ········· 10595

　　胡弥禅妻潘 ········· 10595

　　张棠妻金 ··········· 10595

　　洪翘妻蒋 ··········· 10596

　　张蟾宾妻姜 ········· 10596

　　施曾锡妻金 ········· 10596

　　廷璐妻恽 ··········· 10597

　　汪楷妻王　妾徐 ··· 10597

　　冯智懋妻谢 ········· 10597

　　郑文清妻黎 ········· 10598

　　程世雄妻范 ········· 10598

　　高学山妻王 ········· 10598

　　王氏女　张天相女

　　周氏女 ············· 10598

　　王孜女 ············· 10599

　　缪浒妻蔡 ··········· 10599

　　濮氏女 ············· 10599

　　李氏女 ············· 10600

　　来氏二女 ··········· 10600

　　曾尚增女　王氏女

　　　 ················ 10600

　　吕氏女 ············· 10600

　　佘长安女 ··········· 10601

　　王法夔女　武仁女

　　唐氏女 ············· 10601

　　张桐女　汪俨聘妻张

　　吴某聘妻周

　　李荐一聘妻曾 ········· 10601

袁斯凤女 ………… 10602

丁氏女 …………… 10602

朱械之女 ………… 10602

杜仲梅女　方氏二女

刘可求女………… 10602

杨泰初女　孙承沂女

………………… 10602

赵承谷聘妻丁

彭爵麒女　陈宝廉女

………………… 10603

吴士仁女 ………… 10603

王济源女 ………… 10603

董桂林女 ………… 10603

耿恂女 …………… 10603

吴芬女 …………… 10604

邵氏二女　蒋遂良女

………………… 10604

徐氏二女 ………… 10604

李鸿普妻郭

牛世辅妻张 ……… 10604

高位妻段 ………… 10604

郑光春妻叶

子文炳妻吴 ……… 10605

屈崇山妻刘 ……… 10605

谢以炳妻路

弟仲秀妻郑　季纯妻吴

………………… 10605

王钜妻施 ………… 10605

陈文世妻刘 ……… 10606

张守仁妻梁

韩守立妻俞 ……… 10606

路和生妻吴

诸君禄妻唐 ……… 10606

牛允度妻张 ……… 10606

游应标妻萧

蒋广居妻伍 ……… 10606

周学臣妻柳

王德骏妻盛 ……… 10607

张茂信妻方

林经妻陈 ………… 10607

张德邻妻李 ……… 10607

武烈妻赵 ………… 10607

孙朗人妻吴

李天挺妻申

刘与齐妻魏

周志桂妻冯 ……… 10607

欧阳玉光妻蔡

子惟本妻蔡 ……… 10608

萧学举妻贺 ……… 10608

张友仪妻陈 ……… 10608

冯氏 …………… 10609

王钺妻隋 ………… 10609

林云铭妻蔡 ……… 10609

陈龙妻胡 ………… 10610

王憼妻岳 ………… 10610

鲁宗镐妻朱 ……… 10610

马叔吁妻丁 ……… 10610

许光清妻陈 ……… 10610

黄开鳌妻廖 ········· 10611

黄茂梧妻顾 ········· 10611

高其倬妻蔡 ········· 10611

陈之遴妻徐 ········· 10612

詹枚妻王

艾紫东妻徐　柯蕙妻李

········· 10612

郝懿行妻王

汪远孙妻梁 ············ 10613

陈裴之妻汪 ········· 10613

汪延泽妻赵 ········· 10614

吴廷钤妻张

诸妹章政平妻等 ······ 10614

程鼎调妻汪 ········· 10614

陈瑞妻缪　马某妻阮

富乐贺妻王

仁兴妻瓜尔佳 ········· 10615

耀州三妇 ············ 10615

杉松邮卒妇 ········· 10615

杨芳妻龙 ········· 10615

崔龙见妻钱 ········· 10616

沈葆桢妻林 ········· 10616

王某妻陈 ·········· 10617

李某妻赵　罗杰妻陈

杨某妻唐　姚旺妻潘

············· 10617

盖氏 ········· 10617

清史稿卷五〇九

列传第二九六

列女二 ··············· 10619

张廷祚妻蔡 ········· 10621

陈时夏妻田 ········· 10622

傅先箕妻吴 ········· 10622

郑哲飞妻朱

李若金女 ·············· 10623

王师课妻朱 ········· 10623

秦甲祐妻刘 ········· 10623

艾怀元妻姜 ········· 10624

周子宽妻黄 ········· 10624

李有成妻王 ········· 10624

杨芳勋妻刘

邹近泗妻邢 ············ 10624

胡源渤妻董 ········· 10625

林国奎妻郑 ········· 10625

陈仁道妻庞 ········· 10625

张某妻秦　李氏女

············· 10625

何某妻郑　张荣妻吴

张万宝妻李 ········· 10626

沈学颜妻尤 ········· 10626

王赐绂妻时 ········· 10626

王某妻张

子曰琦妻魏

李学诗妻赵　学书妻高

············· 10626

高明妻刘 ············ 10627

郑汝明妻刘 ········· 10627

魏国栋妻庞 ········· 10627

姚世治聘妻陈 …… 10640

何秉仪聘妻刘 …… 10640

沈之螽聘妻唐 …… 10640

贝勒弘暾聘妻富察

　…………………… 10640

潍上女子 ………… 10641

吴某聘妻林 …… 10641

雷廷外聘妻侯 …… 10641

程树聘妻宋

张某聘妻姜

钱某聘妻王

王志曾聘妻张 ……… 10641

李家勋聘妻杨 …… 10642

李家驹聘妻朱

贾汝愈聘妻卢 ……… 10642

袁进举聘妻某 …… 10643

李应宗聘妻李 …… 10643

何其仁聘妻李

王前洛聘妻李 …… 10643

节义县主 ………… 10643

李承宗聘妻何 …… 10644

吴某聘妻朱 …… 10644

徐文经聘妻姚 …… 10644

李煜聘妻萧 …… 10644

刘戊儿聘妻王 …… 10644

朱某聘妻李 …… 10645

武稌聘妻李 …… 10645

陈霞儿聘妻钱 …… 10645

汪荣泰聘妻唐 …… 10646

季斌敏聘妻蔺 …… 10646

董福庆聘妻冯 …… 10646

乔涌涛聘妻方 …… 10646

张氏女 ………… 10646

粉姐 …………… 10647

阚氏女 ………… 10647

赵氏婢 ………… 10647

清史稿卷五一〇

列传第二九七

　列女三 …………… 10648

韦守官妻梁 …… 10651

归昭妻陆

昭弟继登妻张 …… 10651

罗仁美妻李

仁美弟妻刘　妾梅李等

钱应式女 ………… 10651

王氏三女 ……… 10652

沈华区妻潘 ……… 10652

陈某妻伍 ……… 10652

洪志远妻叶 …… 10652

罗章衮妻杜

章衮弟群聘妻田等 … 10653

王磐千妻颜 …… 10653

方希文妻项 …… 10653

廖愈达妻李　妾汪张

叶芊妻谢…………… 10653

姚文璥妻刘

毛翼顺妻陈………… 10654

王三接妻黄 ……… 10654

程显妻朱

刘元镗妻吴妾朱等 … 10654

应氏妇 ……………… 10655

平阳妇 ……………… 10655

殷壮猷妻李 ………… 10655

杨昌文妻袁 ………… 10655

谌日升妻陈

陈某妻万 …………… 10655

林应雄妻莫

梁学谦女　吴师让妻某

黄某妻李 …………… 10655

文秉世妻梁　何氏女

王氏二女 …………… 10656

陈心俊妻马

郭俊清女　张问行妻杨

…………………… 10656

张联标妾傅 ………… 10656

林乾妻程 …………… 10656

杨应鹗妾佟 ………… 10657

黄居中妻吴 ………… 10657

胡守谦妻黄 ………… 10657

沈棠妻俞　妻蒋等

陈得栋 ……………… 10657

汪二蛟母徐　妻戴

刘章寿妻徐 ………… 10657

黄嘉文妻蔡 ………… 10658

徐明英妻吴 ………… 10658

长清岭烈妇 ………… 10658

韩昌有妻李 ………… 10658

马雄镇妻李　妾顾等

…………………… 10658

沈瑞妻郑　傅璇妻黄

…………………… 10659

刘崐妻张　二女

杨文阶妻关 ………… 10659

乌蒙女 ……………… 10660

刘亨基女 …………… 10660

腾士学妻满

向宗榜妻滕

滕作贤妻杨

滕家万妻黄 ………… 10660

陈世章妻朱 ………… 10660

薛中杰女　传瑛妻周

…………………… 10661

任寨村二十烈女 … 10661

王自正妻马 ………… 10661

强逢泰妻徐

方振声妻张

陈玉威妻唐 ………… 10661

宝丰二妇 …………… 10662

戴钧衡妻李　妾刘

…………………… 10662

陈吉麟妻周

凌傅经妻杨 ………… 10662

秦耀曾妻毕

曹士鹤妻管 ………… 10663

谢石全妻廖

曾石泰妻黄

良奎妻 ·············· 10672

连惠妻 根瑞妻······ 10672

松文母吴 ·············· 10672

姚叶敏妻耿 ·········· 10672

陈某妻殷 ·············· 10673

黄燧妻周 ·············· 10673

邹延玠妻吴 ·········· 10673

陈生辉妻侯 ·········· 10674

田一朋妻刘 ·········· 10674

蒋世珍妻刘 ·········· 10674

王有章妻罗 有章妹

·············· 10674

楼文贵妻卢 ·········· 10675

沙木哈妻 ·············· 10675

郑荣组妻徐 ·········· 10675

张翼妻戴 ·············· 10675

詹允迪妻吴 ·········· 10675

蔡以位妻孙 ·········· 10676

杨春芳妻王

王尊德妾唐·············· 10676

窦鸿妾郝 ·············· 10676

章学闳妻董 ·········· 10676

杜聂齐妻何 张氏妇

·············· 10676

宁化二妇 ·············· 10677

清史稿卷五一一

列传第二九八

列女四 ·············· 10678

长山铺烈妇 ········· 10681

胡二妻 ·············· 10681

唐之坦妻曹

李岸妻焦·············· 10681

方引禳妻毛 ·········· 10681

林其标妻韩 ·········· 10682

冯云勤妻李 ·········· 10682

曹邦杰妻张 ·········· 10682

林守仁妻王 ·········· 10683

张四维妻刘 ·········· 10683

李长华妾吴 ·········· 10683

周兆农妻王 ········· 10683

陈国材妻周

吴廷望聘妻迟

李正荣聘妻崔

项起鹄妻程·········· 10683

于某妻蔡 ·············· 10684

张义妻李 ·············· 10684

黄敬升妻王 ·········· 10685

伊嵩阿妻钮祜禄 ··· 10685

张廷桂妻章 ·········· 10685

郝某妻单 ·············· 10686

陈广美妻李

贺邦达妻陆·············· 10686

郑宗墩妻陈

任有成妻陈·············· 10686

丁三郎妻 ·············· 10687

丁采芹妻孙 ········· 10687

王如义妻向 ········· 10687

狄听妻王

杨文龙聘妻孙 …… 10699
梁至良妻郑

郑进昌妻李 ………… 10699

龚良翰妻陈 ……… 10700

王均妻汤 ………… 10700

李氏女　翠金 …… 10700

张元尹妻李

张检妻颜…………… 10701

万某妻曾

李维先妻侯 ………… 10701

田氏女 ………… 10701

马某聘妻苗 ……… 10701

高日勇妻杨

罗季儿妻………… 10702

刘氏女 ………… 10702

钟某妻蔡 ………… 10702

段举妻卢 ………… 10702

王某妻刘 ………… 10703

张良善妻王 ……… 10703

李青照妻张 ……… 10703

姚际春女 ………… 10704

王敦义妻张 ……… 10704

陈维章妻陆 ……… 10704

何氏女 …………… 10704

谢亚焕妻王 ……… 10705

张树功妻吴 ……… 10705

郭某妻李 ………… 10705

赵谦妻王 ………… 10705

郭氏女　何氏女

沈鼎猷妻严　铁山妇
………… 10705

汪氏女　贺氏女

冯光琦女　郭君甫妻吴
………… 10706

黄声谐妻王

徐惟原妻许

柯叔明妻巩

胡某妻裘

陈儒先妻李白洋女

高氏妇　段吴考女 … 10706

曹氏女 …………… 10707

刘廷斌女 ………… 10707

张氏女　孙妪 … 10707

陈氏婢　邱氏婢…… 10708

董氏 …………… 10708

任氏 …………… 10708

卢尚义妻梁 ……… 10708

白氏 …………… 10709

王氏 …………… 10709

秦士楚妻洪 ……… 10709

张氏婢 …………… 10709

杨氏婢 …………… 10709

江贵寿妻王 ……… 10710

张禄妻徐 ………… 10710

任氏婢　郑氏女 … 10710

王氏婢　徐氏女… 10710

丁香　江金姑 … 10711

罗氏 …………… 10711

乌珠穆沁 ………… 10812

浩齐特 …………… 10814

苏尼特 …………… 10815

阿巴噶 …………… 10817

陈巴哈纳尔 ……… 10818

清史稿卷五二○

列传第三○七

藩部三 …………… 10820

四子部落 ………… 10820

茂明安 …………… 10822

喀尔喀右翼 ……… 10823

乌拉特 …………… 10824

鄂尔多斯 ………… 10826

阿拉善 …………… 10831

额济讷 …………… 10840

清史稿卷五二一

列传第三○八

藩部四 …………… 10841

喀尔喀土谢图汗部

………………… 10841

喀尔喀车臣汗部 … 10855

喀尔喀赛因诺颜部

………………… 10860

喀尔喀扎萨克图汗

………………… 10867

清史稿卷五二二

列传第三○九

藩部五 …………… 10873

青海额鲁特 ……… 10873

清史稿卷五二三

列传第三一○

藩部六 …………… 10893

杜尔伯特 ………… 10893

旧土尔扈特 ……… 10907

新土尔扈 ………… 10911

和硕特 …………… 10914

清史稿卷五二四

列传第三一一

藩部七 …………… 10919

唐努乌梁海 ……… 10919

阿尔泰乌梁海 …… 10924

阿尔泰淖尔乌梁海

………………… 10929

清史稿卷五二五

列传第三一二

藩部八 …………… 10931

西藏 ……………… 10931

清史稿卷五二六

列传第三一三

属国一 …………… 10962

朝鲜 ……………… 10963

琉球 ……………… 10990

清史稿卷五二七

列传第三一四

属国二 …………… 10997

越南 ……………… 10997

清史稿卷五二八

列传第三一五

# 史　记

## 前　序

　　昔司马温公尝言：少时惟得高氏小史读之。自宋讫隋正史并南北史，或未尝得见，或读之不熟。今因修南北朝《通鉴》，方得细观。章实斋又言：《通鉴》为史节之最粗，而《纪事本末》又为《通鉴》之纲纪奴仆。尝以此不足为史学，而止可为史纂、史钞。由是言之，为学不可不读史，尤不可不读正史。正史汇刻之存于今者，有汲古阁之十七史，有南北监之二十一史，有武英殿之二十四史。南监本多出宋元旧椠，汲古开雕亦称随遇宋版精本考校，然今皆不易致。两监覆刻校勘未精，讹舛弥甚，且多不知妄改，昔人久有定评。今世之最通行者，莫如武英殿本。数十年来重梓者，有新会陈氏本，有金陵、淮南、江苏、浙江、湖北五局才配汲古合刻本；活版者有图书集成局本；石印者有同文书局本，有竹简斋本，有五洲同文局本。先后继起，流行尤广。惟是殿本校刻虽号精审，而天禄琳琅之珍秘，内阁大库之丛残，史部美不胜收，当日均未及搜讨，仅仅两汉、三国、晋、隋五史依据宋元旧刻，余则惟有明两监之是赖。迁史〈集解正义〉多所芟节，《四库提要》罗列数十余，谓皆殿本所逸。若非震泽王本具存，无由知其妄删。然何以不加辑补？琅邪章怀两汉旧注，殿本脱漏数

字乃至数百字不等。宋嘉祐时校刊七史,奉命诸臣刘、范、曾、王皆绩学之士,篇末所疏疑义,备极审慎,殿本留贻不逮其半。实则淳化、景祐之古本、绍兴眉山之覆刻尚存天壤,何以不亟探求,任其散佚?是则检稽之略也。后汉续《志》别于范书,殿本既信为司马彪所撰,而卷首又称刘昭补志,且并为百二十卷,厕八《志》于纪传之间,国志鼎立,分卷各殊。殿本既综为六十五卷,而三志卷数又仍各为起讫。其他大题小题之尽废旧式者,更无论矣。是则修订之歧也。薛氏《五代史》辑自永乐大典及其他各书卷数,具载原稿,乃锓版之时悉予刊落。后人欲考其由来,辄苦无从循溯。又诸史均附考证,而《明史》独否,虽乾隆四十二年有考核添修之诏,而进呈正本迄未刊布。且纪、志、表之百十六卷犹从盖阙,是则纂辑之疏也。蜀臣开羽传自陈寿,忽于千数百年后强代秉笔,追谥忠义。薛史指斥契丹,如戎王、戎首、犷狁、贼寇、伪命、犯阙、编发犬羊等语,何嫌何疑,概为改避。又明修《元史》,洪武二年先成《本纪》。三十七,《志》五十三,《表》六,《传》六十三,目录二。翌年,续成《纪》十,《志》五,《表》二,《传》三十又六,厘分附丽,共成二百一十卷。一见于李善长之表,再见于宋濂之记。殿本则取先后成书之数,并为一谈。李表既非原文,宋记复失存录,是则删窜之误也。《南齐》巴州之志,桂阳、始兴二王之传,蜀刻大字曾无阙文,果肯访求,何难拾补?然此犹可曰孤本罕见也。宋孝宗之《纪》,田况之《传》,至正初刊均未残佚,而何以一则窜合二字,充以他叶;一则脱去全叶,不考文义?然此犹可曰初版难求也。《金史·礼仪志》、太宗诸子《传》,初印凡阙二页,嗣已出内府藏本校补矣;而后出之本一乃补自他书,一仍空留素纸。其他少则一二句,多至数行、数十行脱简遗文,指不胜屈。犹不止此,阙文之外更有更页。如《宋史》卷三十五之《孝宗纪》,《元史》卷三十六之《文宗纪》,是。复页之外更有错简,如《元史》卷五十三之《历志》是。此则当日校刻诸臣不能辞其粗忽之咎者也。长沙页焕彬吏部语余:有清一代提倡朴学,未能汇集善本,重刻十三经、二十四史,实为一大憾事。余感其言,慨然有辑印旧本正史之意。求之

坊肆,丐之藏家;近走两京,远驰域外。每有所见遘,辄影存之;后有善者,前即舍去。积年累月,均得有较胜之本。虽舛错疏遗仍所难免,而书贵初刻,洵足以补殿本之鳞漏。诵校粗毕,因付商务印书馆,用摄影法覆印行世。缩损版式,冀便巾箱;真面未失,无虑尘页。或为有志乙部者之一助欤?

　　　　　　　　　　　　　　　　　　海盐张元济

# 后　序

　　逊清文治,盛称乾隆。高宗初立,成《明史》,命武英殿开雕,至四年竣工。继之者二十一史。其后又诏增刘昫《唐书》,与欧宋新书并行。越七年,遂成武英殿二十三史。四库馆开诸臣,复据《永乐大典》及《太平御览》、《册府元龟》等书,裒辑薛居正《旧五代史》,请旨刊布,以四十九年奏进。于是二十四史之名以立。按:乾隆元年,诏颁二十一史于各省会及府、州、县学,综计当需千数百部。监本刓敝,不堪摹印,度其事必未能行,故有四年重刻之举。高宗制序,亦有"监本残阙,并敕校雠,以广刊布"之言,是以始意未尝不思成一善本也。迁史欧书,人争诵习;天水旧椠,讵乏贻留?且宋辽金元相去未远,至正、洪武初印原本尤不至靡有孑遗,乃悉舍置不问,而惟踽踽于监本之下,因陋就简,能无遗憾?在事诸臣,既未能广事搜求,复不知慎加校勘,佚者未补,讹者未正,甚或弥缝阙失以贸乱真,改善无闻,作伪滋甚。余已一一指陈,疏诸卷末。非敢翘前哲之过,实不欲重误来学也。刘薛二史几就消沉,并予阐扬,堪称盛举。余于闻人旧刻,更得其绍兴祖本,虽仅三分有一,要亦人间未见之书。所惜者:薛史散亡,难窥真相。曩闻赣南故家尚存残帙,早成劫灰。而南京路转运司之锓本,流转于岭南、江左之间,若存若亡,莫可踪迹。不得已而思其次,乃以《大典》注本承之,抑亦艺林所同憾矣。景印之始,海宇清宁未及两年,战氛弥布。中更闽北之乱,抱书而走。乱定掇拾,昕夕无间;先后七载,卒底于成。世之读者,犹得于国学衰微之日,独见数百年久经沉霾之典籍,相与探本而寻源,不至为俗本所眩瞀,讵不幸欤?国立中央研究院北平图书馆江苏省立国学图书馆网罗珍籍,不吝通假;常熟瞿君良士、江安傅君沅叔、

南海潘君明训、吴潘君博山、海宁蒋君藻新、吴兴刘君翰怡,复各出所储以相匡助;亦有海外儒林索富藏弃,同时发箧,远道置邮;使此九仞之山未亏一篑。《诗》曰:"中心藏之,何日忘之!"抚兹,编者幸同鉴焉!

　　　　　　　　　　　　　　　　海盐张元济

# 史记集解序

裴骃①

①司马贞《索隐》曰：骃字龙驹，河东闻喜人，宋中郎外兵曹参军。父松之，字世期，太中大夫，注《三国志》。《宋书》父子同传。《正义》曰：裴骃乎九经诸史并《汉书音义》及众书之目而解《史记》故题《史记集解序》。序，绪也。孙炎云，谓端绪也。孔子作《易卦》，子夏作《诗序》，之义其来尚矣。

　　班固有言曰：①司马迁②据《左氏》、《国语》，③采《世本》、《战国策》，④述《楚汉春秋》，⑤接其后事，讫于天汉。⑥其言秦汉详矣。至于采经摭传，⑦分散数家之事，甚多疏略，或有抵捂。⑧亦其所涉猎者广博，贯穿经传，驰骋古今上下数千载间，斯已勤矣。⑨又其是非颇谬于圣人，⑩论大道则先黄老而后六经，⑪序游侠则退处士而进奸雄，⑫述货殖⑬则崇势利，⑭此其所蔽也。⑮然自刘向、扬雄博极群书，皆称迁有良史之才，服其善序事理，辩而不华，质而不俚，⑯其文直，其事核，不虚美，不隐恶，故谓之实录。骃以为固之所言，世称其当。⑰虽时有纰缪，⑱实勒成一家。⑲总其大较，⑳信命世之宏才也！㉑

①《综隐》曰：固撰《汉书》，作《司马迁传》，评其作《史记》所采之书，兼论其得失，故裴骃此序先引之为说也。按：固字孟坚，扶风人，后汉明帝时仕至中护军。祖稚，颍川太守。父彪，徐令，续《太史公书》。

②《正义》曰：字子长，左冯翊人也。汉武帝时为太史令，撰《史记》百三十篇。父谈，亦为太史令。

③《索隐》曰：仲尼作《春秋经》，鲁史左丘明作《传》，合三十篇，故曰《左氏传》。《国语》亦丘明所撰，上起周穆王，下讫敬王。其诸侯之事，起鲁庄公迄春秋末，凡二十一篇。

④《索隐》曰：刘向云《世本》，古史官明于古事者之所记也。录黄帝已来帝
王诸侯及卿大夫系谥名号，凡十五篇也。《战国策》，高诱云六国时纵横
之说也，一曰《短长书》，亦曰《国事》，刘向撰为三十篇，名曰《战国策》。
按：此是班固取其后名而书之，非迁时已名《战国策》。

⑤《索隐》曰：汉太中大夫楚人陆贾所撰，记项氏与汉高祖初起及说惠文
闲事。

⑥《索隐》曰：武帝年号。言太史公所记迄至武帝天汉之年也。

⑦《索隐》曰：按字书，撽，拾也，音之赤反。

⑧《索隐》曰：抵，音丁礼反。捂，音吾故反。抵者，触也。捂亦斜相抵触之
名。按：今屋梁上斜柱是也。斜触谓之捂，下触谓之抵。抵捂，言其参差
也。以言彼此二文同出一家，而自相乘舛。

⑨《正义》曰：言作《史记》采经传百家之事上下二千余年，此其甚勤于撰
录也。

⑩《索隐》曰：圣人谓周公、孔子也。言周孔之教皆宗儒尚德，今太史公乃
先黄老，崇势利，是谬于圣人。《正义》曰：太史公《史记》各显六家之宗，
黄老道家之宗，六经儒家之首，序游侠则退处士，述货殖则崇势利，处
士贱贫，原宪非病。夫作史之体，务涉多时，有国之规，备陈臧否，天人
地理咸使该通，而迁天纵之才，述作无滞，故异周孔之道。班固诋之，裴
骃引序，亦通人之蔽也。而固作《汉书》，与《史记》同者五十余卷，谨写
《史记》，少加异者，不弱即劣，何更非剥《史记》，乃是后士妄非前贤。又
《史记》五十二万六千五百，言叙二千四百一十三年事，《汉书》八十一
万言，叙二百二十五年事；司马迁引父致意，班固父修而蔽之，优劣可
知矣。

⑪《正义》曰：大道者，皆裹乎自然，不可称道也。道在天地之前，先天地
生，不知其名，字之曰道。黄帝、老子遵崇斯道，故太史公论大道，须先
黄老而后六经。

⑫《索隐》曰：游侠，谓轻死重气，如荆轲、豫让之辈也。游，从也，行也。侠，
挟也，持也。言能相从游行挟持之事。又曰同是非曰侠。《正义》曰：奸
雄，奸猾雄豪之人。

⑬《正义》曰：殖，生也。言货物滋生也。

⑭《正义》曰：趋利之人。

⑮《正义》曰：此三者是司马迁不达理也。

⑯《索隐》曰：俚，音里。刘德曰"俚即鄙也"，崔浩云"世有鄙俚之语"，则俚亦野也。谓词不鄙朴。

⑰《正义》曰：駰，音因。当，音丁浪反。裴駰以班固所论司马迁《史记》是非，世人称班固之言。

⑱《索隐》曰：纰，音匹之反。纰犹错也，亦作"恎"。《字书》云："织者两丝同齿曰恎。"缪亦与"谬"同。

⑲《正义》曰：虽有小纰缪，实编勒成一家之书矣。

⑳《索隐》曰：较，音角。较犹略也，则大较犹言大略也。《正义》曰：较，明也。

㉑《索隐》曰：按：《孟子》云：五百年生一贤，其间必有名世者。"赵岐曰："名世，次圣之才，物来能名。"此言命者名也，言贤人有名于世也。宏才，大才，谓史迁。

考较此书，文句不同，有多有少，莫辩其实。而世之惑者定彼从此，是慧相贸，真伪舛杂。①故中散大夫东莞徐广研核众本，为《音义》，②具列异同，兼述训解，③粗有所发明，而殊恨省略。④聊以愚管，⑤增演徐氏。⑥采经传百家并先儒之说，⑦豫是有益，悉皆抄内。⑧删其游辞，取其要实。⑨或义在可疑，则数家兼列。⑩《汉书音义》称"臣瓒"者，莫知氏姓，⑪今直云"瓒曰"。又都无姓名者，但云《汉书音义》。⑫时见微意，有所裨补。⑬譬嘒星之继朝阳，⑭飞尘之之集华岳。⑮以徐为本，⑯号曰《集解》。未详则阙，弗敢臆说。⑰人心不同，⑱闻见异辞，⑲班氏所谓"疏略抵捂"者，依违不悉辩也。⑳愧非胥臣之多闻，㉑子产之博物，㉒妄言末学，芜秽旧史，岂足以关诸畜德，庶贤无所用心而已。㉓

①《正义》曰：贸，音茂。舛，音昌转反。言世之迷惑浅识之人，或定彼从此，本更相贸易，真伪杂乱，不能辩其是非。

②《正义》曰：作《音义》十三卷，裴駰为注，散入百三十篇。

③《正义》曰：徐作《音义》，具列异同之本，兼述训解释也。

④《索隐》曰：殊，绝也。《左传》曰"斩其木不殊"，言绝恨其所撰太省略。《正义》曰：省，音山景反。

⑤《索隐》曰：按：东方朔云"以管窥天，以蠡测海"，皆俞小也。然此语本出

《庄子》文。今云"愚管"者,是骃谦言己愚陋,管见所识不能远大也。

⑥《正义》曰:演,音羊善反。增,益也。言裴骃更增益演徐氏之说。

⑦《正义》曰:采,取也。或取传说,采诸子百家,兼取先儒之义。先儒,谓孔安国、郑玄、服虔、贾逵等是也。言百家,广其非一。

⑧《正义》曰:并采经传之说,有裨溢《史记》,尽抄内其中。抄,音楚交反。

⑨《正义》曰:删,音师颜反。删,除也。去经传诸家浮游之辞,取其精要之实。

⑩《正义》曰:兼列:数家之说不同,各有道理,致生疑惑,不敢偏弃,故皆兼列。

⑪《索隐》曰:按:即傅瓒,而刘孝标以为于瓒,非也。据何法盛书,于瓒以穆帝时为大将军,诛死,不言有注《汉书》之事。又其注《汉书》有引《禄秩令》及《茂陵书》,然彼二书亡于西晋,非于所见也。必知是傅瓒者,按:《穆天子传目录》云傅瓒为校书郎,与荀勖同校定《穆天子传》,即当西晋之朝,在于之前,尚见《茂陵》等书。又称"臣"者,以其职典秘书故也。瓒,音残岸反。

⑫《正义》曰:《汉书音义》中有全无姓名者,裴氏注《史记》直云"汉书音义"。按:大颜以为无名义,今有六卷,题云孟康,或云服虔,盖后所加,皆非其实,未详指归也。

⑬《正义》曰:见,音贤见反。裨,音卑,又音频移反。裨,益也。裴氏云时见己之微意,亦有所补益也。

⑭《索隐》曰:嘒,微小貌也。《诗》云"嘒彼小星,三五在东",言众无名微小之星,各随三心五噣出在东方,亦能继朝阳之光。嘒,音火慧反。朝阳,日也。嘒星继朝阳,喻己浅薄而注《史记》也。

⑮《正义》曰:西岳华山极高大,裴氏自喻材藻轻小,如飞尘之集华岳,亦能成其高大。《管子》云:"海不辞水,故能成其大;山不辞土,故能成其高。"华,音故化反,又如字。

⑯《正义》曰:徐广《音义》辨诸家异同,故以徐为本也。

⑰《正义》曰:有未详审之处则阙而不论,不敢以胸臆之中而妄解说也。

⑱《正义》曰:言人心既不同,所见亦殊别也。

⑲《正义》曰:耳闻目见,心意既乖,其辞所各异也。

⑳《索隐》曰:裴氏言令或依违,不复更辩明之也。按:《周公世家・叙传》曰"依之违之,周公绥之"。

㉑《索隐》曰:晋大夫曰季名曰胥臣。按:《国语》称晋文公使赵衰为卿,辞
　　曰:"栾枝贞慎,先轸有谋,胥臣多闻,皆可以为辅。"又胥臣对文公黄帝
　　二十五子及《屯》、《豫》皆八等事,是多闻也。

㉒《索隐》曰:郑卿公孙侨字子产。按:《左氏传》子产聘晋,言晋侯之疾非
　　实沈、台骀之祟,乃说饮食哀乐及内官不及同姓,则能生疾。晋侯闻子
　　产之言,曰"博物君子也。"

㉓《索隐》曰:关,预也。畜德,谓积德多学之人也。裴氏谦言己今此《集
　　解》岂足关预于积学多识之士乎!正是异望圣贤,胜于饱食终日无所用
　　心,愈于《论语》"不有博弈者乎"之人耳。

# 补史记序

小司马氏

太史公，古之良史也。家承二正之业，人当五百之运，兼以代为史官，亲掌图籍，慨《春秋》之绝笔，伤旧典之阙文，遂乃错综古今，囊括记录，本皇王之遗事，采人臣之故实，爰自黄帝，迄于汉武，历载悠邈，旧章罕补，渔猎则穷于百氏，笔削乃成于一家，父作子述，其勤至矣！然其叙劝褒贬颇称折衷，后之作者咸取则焉。夫以首创者难为功，因循者易为力。自左氏之后，未有体制，而司马公补立，纪传规模，别为书表，题目莫不。本纪十二，象岁星之一周；八书有八篇，法天时之八节；十表放刚柔十日；三十世家比月三旬；七十列传取悬车之暮齿；百三十篇象闰余而成岁。其间礼乐刑政，君举必书；福善祸淫，用垂炯诫。事广而文局，词质而理畅，斯亦尽美矣。而有未尽善者，具如后论。

虽意出当时，而义非经远。盖先史之未备，成后学之深疑。借如本纪，叙五帝而阙三皇；世家载列国而有外戚；邾、许《春秋》次国，略而不书；张吴敌国番王，抑而不载；并编录有阙，窃所未安。又列传所著，有管、晏及老子、韩非。管、晏乃齐之贤卿，即如其例，则吴之延陵、郑之子产、晋之叔向、卫之史鱼，盛德不阙，何为盖阙？伯阳清虚为教，韩子峻刻制法，静躁不同，德刑斯舛。今宜柱史共漆园同传，公子与商君并列，可不善欤！其中远近乖张，词义踌驳，或篇章倒错，或赞论粗疏，盖由遭逢非罪，有所未暇。故十篇有录无书是也。然其网络古今，叙述惩劝，异左氏之微婉，有南史之典实。所以扬雄、班固等咸称其有良史之才，盖信乎其然也。后褚少孙亦颇加补缀，然犹未能周备。贞业谢颙门人，非博古而家传是学，颇事讨

论，思欲续成先志，润色旧史，辄黜陟升降，改定篇目。其有不备，并采诸典籍以补阙遗。其百三十篇之赞记非周，悉并更申而述之，附于众篇之末。虽曰狂简，必有可观。其所改更具条于后。至如徐广，唯略出音训，兼记异同，未能考核是非，解释文句；其裴骃实亦后进名家，博采群书，专取经传训释，以为集解，然则时有冗长；至于盘根错节，残阙纰缪，咸拱手而不言，斯未可谓通学也。今辄采按今古，仍以裴为本，兼自见愚，管重为之注，号曰"小司马史记"。然前朝颜师古止注汉史，今并谓之"颜氏汉书"。贞虽位不逮颜公，既补史旧，兼下新意，亦何让焉！

# 史记索隐序

　　《史记》者,汉太史司马迁父子之所述也。迁自以承五百之运,继《春秋》而是纂是史,其褒贬核实颇亚于丘明之书,于是上始轩辕,下讫天汉,作十二本纪,十表,八书,三十系家,七十列传,凡一百三十篇,始变《左氏》之体,而年载悠邈,简册阙遗,勒成一家,其勤至矣。又其属稿先据《左氏》、《国语》、《系本》、《战国策》、《楚汉春秋》及诸子百家之书,而后贯穿经传,驰骋古今,错综隐括,各使成一国一家之事,故其意难究详矣。比于班书,微为古质,故汉晋名贤未知见重,所以魏文侯听古乐则唯恐卧,良有以也。逮至晋末,有中散大夫东莞徐广始考异同,作《音义》十三卷。宋外兵参军裴骃又取经传训释作《集解》,合为八十卷。虽粗见微意,而未穷讨论。南齐轻车录事邹诞生亦作《音义》三卷,音则微殊,义乃更略。尔后其学中废。贞观中,谏议大夫崇贤馆学士刘伯庄达学宏才,钩深探赜,又作《音义》二十卷,比于徐邹,音则具矣。残文错节,异旨微义,虽知独善,不见傍通,欲使后人从何准的。贞谀闻陋识,颇事钻研,而家传是书,不敢失坠。初欲改更舛错,裨补疏遗,义有未通,兼重注述。然以此书残阙虽多,实为古史,忽加穿凿,难允物情。今止探求异闻,采摭典故,解其所未解,申其所未申者,释文演注,又重为述赞,凡三十卷,号曰《史记索隐》。虽未敢藏之书府,亦欲以贻厥孙谋云。

# 史记索隐后序

　　夫太史公纪事，上始轩辕，下讫天汉，虽博采古文及传记诸子，其间残阙盖多，或访搜异闻以成其说，然其人好奇而词省，故事核而文征，是以后之学者多所未究。其班氏之书成于后汉。彪既依迁而述，所以条流更明，且又兼采众贤，群理毕备，故其旨富，其词文，是以近代诸儒共所钻仰。其训诂盖亦多门，蔡谟集解之时已有二十四家之说，所以于文无所滞，于理无所遗。而太史公之书既上序轩黄，中述战国，或得之于名山坏宅，或取之以旧俗风谣，故其残文断句究详矣。然古今为注解者绝省，音义亦希。始后汉延笃乃有《音义》一卷，又别有《音隐》五卷，不记作者何人，近代鲜有二家之本。宋中散大夫徐广作《音义》一十卷，唯记诸本异同，于义少有解释。又中兵郎裴骃，亦名家之子也，作《集解》注本，合为八十卷，见行于代。仍云亦有《音义》，前代久已散亡。南齐轻车录事邹诞生亦撰《音义》三卷，音则尚奇，义则罕说。隋秘书监柳顾言尤善此史。刘伯庄云，其先人曾从彼公受业，或音解随而记录，凡三十卷。隋季丧乱，遂失此书。伯庄以贞观之初，奉敕于弘文馆讲授，遂采邹徐二说，兼记忆柳公音旨，遂作《音义》二十卷。音乃周备，义则更略，惜哉！古史微文遂由数贤秘宝，故其学殆绝。前朝吏部侍郎许子儒亦作《注义》，不睹其书。崇文馆学士张嘉会独善此书，而无注义。贞少从张学，晚更研寻，初以残阙处多，兼鄙褚少孙诬谬，因愤发而补《史记》，遂兼注之，然其功殆半。乃自唯曰：“千载古良史难更然。”因退撰《音义》重作赞述，盖欲以剖盘根之错节，遵北辕于司南也。凡为三十卷，号曰《史记索隐》云。

# 史记正义序

　　史记者，汉太史公司马迁作。迁生龙门，耕牧河山之阳，南游江淮，讲学齐鲁之郡，绍太史，继《春秋》，括文鲁史而包《左氏》、《国语》，采《世本》、《战国策》而摭《楚汉春秋》，贯紬经传，旁搜史子，上起轩辕，下暨天汉。作十二本纪，帝王兴废悉详；三十世家，君国存亡毕著；八书，赞阴阳礼乐；十表，定代系年封；七十列传，忠臣孝子之诚备矣。笔削冠于史籍，题目足以经邦。裴骃服其善序事理，辩而不华，质而不俚，其文直，其事核，不虚美，不隐恶，故谓之实录。自刘向、扬雄皆称良史之才。况坟典湮灭，简册阙遗。比之《春秋》，言辞古质；方之两《汉》，文省理幽。守节涉学三十余年，六籍九流地里苍雅锐心观采，评《史》《汉》，诠众训释而作正义，郡国城邑委曲申明，古典幽微窃探其美，索理允惬，次旧书之旨，兼音解注，引致傍通，凡成三十卷，名曰《史记正义》。发挥膏肓之辞，思济沧溟之海，未敢侔诸秘府，冀训诂而齐流，庶贻厥子孙，世畴兹史。于时岁次丙子，开元二十四年八月，杀青斯竟。

# 史记正义论例谥法解

## 论史例

古者帝王右史记言，左史记事，言为《尚书》，事为《春秋》。太史公兼之，故名曰《史记》。并采六家杂说以成一史，备论君臣、父子、夫妻、长幼之序，天地、山川、国邑、名号、殊俗、物类之品也。太史公作《史记》，起黄帝、高阳、高辛、唐尧、虞舜、夏、殷、周、秦，讫于汉武帝天汉四年，合二千四百一十三年。作本纪十二，象岁十二月也。作表十，象天之刚柔十日，以记封建世代终始也。作书八，象一岁八节，以记天地日月山川礼乐也。作世家三十，象一月三十日，三十辐共一毂，以记世禄之家辅弼股肱之臣忠孝得失也。作列传七十，象一行七十二日，言七十者举全数也，余二日象闰余也，以记王侯将相英贤略立功名于天下，可序列也。合百三十篇，象一岁十二月及闰余也。而太史公作此五品，废一不可，以统理天地，劝奖箴诫，为后之楷模也。

## 论注例

《史记》文与《古文尚书》同者，则取孔安国注。若与伏生《尚书》同者，则用郑玄、王肃、马融所释。与三传同者，取杜元凯、服虔、何休、贾逵、范宁等注。与三《礼》、《论语》、《孝经》同者，则取郑玄、马融、王肃之注。与《韩诗》同者，则取毛《传》、郑《笺》等释。与《周易》同者，则依王氏之注。与诸子诸史杂书及先儒解释善者，而裴骃并引为注。又徐中散作音训，校集诸本异同，或义理可通者，称"一本云""又一本云"，自是别记异文，裴氏亦引之为注。

## 论字例

《史》、《汉》文字相承已久，若"悦"字作"说"，"闲"字作"间"，"智"字作"知"，"汝"字作"女"，"早"字作"蚤"，"後"字作"后"，"既"字作"溉"，"敕"字作"饬"，"制"字作"制"，此之般流，缘古少字通共用之。《史》、《汉》本有此古字者，乃为好本。程邈变篆为棣，楷则有常，后代作文随时改易。卫宏官书数体，吕忱或字多奇，钟王等家以能为法，致令楷文改变，非复一端，咸著秘书，传之历代。又字体乖日久，其"黼黻"之字法从"黹"，①今之史本则有从"尚"，②《秦本纪》云"天子赐孝公黼黻"，邹诞生音甫弗，而邹氏之前史本已从"尚"矣。如此之类，并即依行，不可更改。若其"鼋"从"龟"，"辞"从"舌"，"觉学"从"与"，"泰恭"从"小"，"柜匠"从"走"，"巢藻"从"果"，"耕籍"从"禾"，"席"下为"带"，"美"下为"大"，"衰"下为"衣"，"极"下为"黠"，"析"旁著"片"，"恶"上安"西"，"餐"侧出"头"，"离"边作"禹"，此之等类例，直是讹字。"宠"③字为"锡"，④以"攴"⑤代"文"，⑥将"旡"混"无"。若兹之流，便成两失。

①丁履反。

②音端。

③敕勇反。

④音阳。

⑤音移反。

⑥问分反。

## 论音例

史文与传诸书同者，刘氏并依旧本为音。至如太史公改《五帝本纪》"便章百姓"、"便程东作"、"便程南讹"、"便程西成"、"便在伏物"，咸依见字读之。太史变《尚书》文者，义理特美，或训意改其古涩，何烦如刘氏依《尚书》旧音。斯例盖多，不可具录，著在《正义》，随文音之。君子宜详其理，庶明太史公之达学也。

　　然则先儒音字,比方为音。至魏秘书孙炎始作反音,又未甚切。今并依孙反音,以传后学。郑康成云:"其始书之也,仓卒无字,或以音类比方,假借为之,趣于近之而已。受之者非一邦之人,其乡同言异,字同音异,于兹遂生轻重讹谬矣。"然方言差别固自不同,河北、江南最灾巨异,或失在浮清,或带于重浊。今之取舍,冀除兹弊。

　　夫质有精粗,谓之"好恶";①心有爱憎,称为"好恶"。②当体则"名誉"③情乖则曰"毁誉"④自坏、⑤坏彻、⑥自断、⑦刀断、⑧耶、⑨也、⑩复、⑪过、⑫解、⑬间、⑭畜、⑮畜、⑯先、⑰仙、⑱尤、⑲侯、⑳治、持、㉑之、㉒脂、砥、祇、㉓惟、维、遗、唯、㉔怡、贻、颐、诒、㉕夷、寅、彝、姨、㉖私、㉗绥、虽、睢、菱、㉘偲、司、伺、丝、㉙厄、枝、祇、肢、㉚祗、歧、㉛其、期、旗、棋、跂、㉜祈、颀、旂、几、畿、㉝僖、熙、嬉、嘻、㉞希、晞、睎、稀、㉟霏、妃、菲、騑、㊱飞、非、扉、㊲尸、屍、蓍、㊳诗、巾、㊴斤、筋、㊵篇、偏、㊶穿、㊷里、李、裏、㊸至、贽、㊹志、㊺利、莅、㊻吏、㊼寺、嗣、饲、㊽字、牸、㊾自、㊿置、致、踬、鸷、52器、53气、54呕、55冀、概、56既57覆、58副、59富、釜、60若斯清浊,实亦难分。博学硕材,乃有甄异。此例极广,不可具言。庶后学士幸留意焉。

　　①并如字。

　　②并去声。

　　③音预。

　　④音余。

　　⑤平怪反。

　　⑥上音怪。

　　⑦徒缓反。自去离也。

　　⑧端管反。以刀割令相去也。

　　⑨也奢反。未审之辞也。

　　⑩亦且反。助句之语也。

　　⑪音伏,又扶富反。重也。

　　⑫古卧反。越度也。

⑬核买反。自散也。

⑭纪苋反。隙也。

⑮许又反。

⑯许六反。养也。

⑰苏前反。

⑱屑然反。

⑲羽求反。

⑳胡沟反。

㉑并音直之反。

㉒止而反。

㉓并音旨夷反。

㉔并音以位反。

㉕并音与之反。

㉖并音以脂反。

㉗息脂反。

㉘并音息遗反。

㉙并音巨支反。

㉚并音章移反。

㉛并音巨支反。

㉜并音渠之反。

㉝并音渠希反。

㉞并音许其反。

㉟并音虚几反。

㊱并音芳非反。

㊲并音匪肥反。

㊳并音式脂反。

㊴书之反。

㊵居人反。

㊶举欣反。

㊷并音芳连反。

㊸详连反。

㊹并音良止反。

㊺并脂利反。

㊻之吏反。

㊼并力至反。

㊽力置反。

㊾并辞吏反。

㊿并俟置反。

(51)疾二反。

(52)并陟利反。

(53)去冀反。

(54)去既反。

(55)去吏反。

56几利反。

57居未反。

58敷救反,又敷福反。

59敷救反。

60并府副反。

## 音字例

文或相似,音或有异。一字单录,乃恐致疑。两字连文,检寻稍易。若音上字,言"上"别之。所音下字,乃复书"下"。有长句在,文中须音,则题其字。

## 发字例

古书字少,假借盖多。字或数音,观义点发,皆依平上去入。若发平声,每从寅起。又一字三四音者,同声异唤,一处共发,恐难辩别。故略举四十二字,如字初音者皆为正字,不须点发。

畜①从②数③传④卒⑤辞⑥施⑦间⑧射⑨夏⑩复⑪重⑫适⑬汜⑭乐⑮覆⑯恐⑰恶⑱断⑲解⑳几㉑过㉒率㉓屈㉔上㉕王㉖长㉗藉㉘培㉙胜㉚难㉛使㉜相㉝沈㉞任㉟棺㊱造㊲妻㊳费㊴

①许六反,养也。又许救反,六畜也。又他六反,聚也。

②讼容反,随也。又纵容反,南北长也。又但容反,又子勇反,相劝也。又从用反,侍从也。又足用反,㣟也。

③色具反,历数、述数也。又色五反,次第也。又色角反,频也。

④逐恋反,书传也。又逐全反,相付也。又张恋反,驿也。

⑤子律反,卒终也。又苍忽反,急也。尊忽反,兵人也。字体各别不辨,故发之也。

⑥君也,征也。又频亦反,罪也;开也。匹亦反,邪也。又匹豉反,谕也。又音避,隐也。又普觅反,辟历也。

⑦书移反,张也。又式豉反,与也。又羊豉反,延也。

⑧纪闲反,隙也。又纪苋反,间也。又苋间反,静也。

⑨蛇夜反,射也。又成亦反,音石也。

⑩胡马反,禹号也。又胡嫁反,春夏也。又格雅反,阳夏县也。

⑪符富反,重也。又音伏也。又音福,徐役之也。

⑫直拱反,尊也。直龙反,叠也。又直用反,累也。

⑬圣石反,宽也,之也。又丁历反,大也。又张革反,责也。又音敌,当也。

⑭音祀,水在成皋。又音凡,邑名,在襄城。又孚剑反,为水,在定陶,高帝即位处也。又音夷,楚人呼土为氾桥。

⑮音岳,谓音乐也。又音洛,欢也。文音五教反,好也,情愿也。

⑯数富反,盖也。又数福反,再也。

⑰曲用反,疑也。又兵拱反,惧也。

⑱乌各反,粗也。又乌路反,憎也。又音乌,谓于何也。

⑲端管反,有物割截也。又段缓反,自相分也。又端乱反,断疑事也。

⑳佳买反,除结缚也。又核买反,散也。又佳债反,怠堕也。又核诈反,缝解。

㉑音机,庶几也。又音祈,近也。又音记,亦冀望字也。又音纪,录也。

㉒光牙卧反,度也,罪过也。又音戈,经过也,度前也。

㉓所律反,平例也,率伏也。又音类也。又音刷,徐广云率即敛也。又音色类反,将帅也。

㉔丘勿反,曲也。又君勿反,姓也。又群勿反,尽也,强也。

㉕时让反,位也,元在物之上。又时掌反,自下而上。

㉖于方反,人主也。又于放反,霸王也。又盛也。

㉗直良反,久也。又张文反,长上也。

㉘才昔反,名籍也。又荐藉也。又租夜反,即借也。

㉙勃回反,补也。又蒲内反,板也。

㉚音升,又式证反。

㉛乃丹反,艰也。乃旦反,危也。

㉜所里反,又所吏反。

㉝息羊反,又息匠反。

㉞针甚反,又针禁反,又直今反,又沈禁反,厌没也。

㉟入今反,又入禁反。

㊱音官,又古玩反,又古患反,敛之也。

㊲曹早反,七到反,至也。

㊳七低反,切帝反。

㊴非味反,用也。又音秘,邑也。扶味反,姓也。


## 谥法解

　　惟周公旦、太公望开嗣王业,建功于牧野,终将葬,乃制谥,遂叙谥法。谥者行之迹,号者功之表,①车服者位之章也。是以大行受大名,细行受细名。行出于己,名生于人。②

　　①古者有大功,则赐之善号以为称也。

　　②名谓号谥。

　　民无能名神。①

　　①不名一善。

　　一德不懈简。①

　　①一不委曲。

　　靖民则法皇。①

　　①靖安。

　　平易不訾简。①

　　①不信訾毁。

　　德象天地帝。①

　　①同于天帝。

　　尊贤贵义恭。①

　　①尊事贤人,宠贵义士。

仁义所往王。①

①民往归之。

敬事供上恭。①

①供奉也。

立志及众公。①

①志无私也。

尊贤敬让恭。①

①敬有德，让有功。

执应八方侯。①

①所执行八方应之。

既过能改恭。①

①言自知。

赏庆刑威君。①

①能行四者。

执事坚固恭。①

①守正不移。

从之成群君。①

①民从之。

爱民长弟恭。①

①顺长接弟。

扬善赋简圣。①

①所称得人，所善得实，所赋得简。

执礼御宾恭。①

①迎待宾也。

敬宾厚礼圣。①

①厚于礼。

芘亲之阙恭。①

①修德以益之。

照临四方明。①

①以明照之。

尊贤让善恭。①

①不专己善,推于人。

谮诉不行明。①

①逆知之,故不行。

威仪悉备钦。①

①威则可畏,仪则可象。

经纬天地文。①

①成其道。

大虑静民定。①

①思树惠。

道德博闻文。①

①无不知。

纯行不爽定。①

①行一不伤。

学勤好问文。①

①不耻下问。

安民大虑定。①

①以虑安民。

慈惠爱民文。①

①惠以成政。

安民法古定。①

①不失旧意。

悯民惠礼文。①

①惠而有礼。

辟地有德襄。①

①取之以义。

赐民爵位文。①

①与同升。

甲胄有劳襄。①

①亟征伐。

绥柔士民德。①

①安民以居,安士以事。

小心畏忌僖。①

①思所当忌。

刚强直理武。①

①刚无欲,强不屈,怀忠恕,正曲直。

质渊受谏厘。①

①深故能爱。

谏争不威德。①

①不以威拒谏。

有罚而还厘。①

①知难而退。

威强敌德武。①

①与有德者敌。

温柔贤善懿。①

①性纯淑。

克定祸乱武。①

①以兵往,故能定。

心能制义度。①

①制事得宜。

刑民克服武。①

①法以正民,能使服。

聪明睿哲献。①

①有通知之聪。

夸志多穷武。①

①大志行兵,多所穷极。

知质有圣献。①

①有所通而无蔽。

安民立政成。①

①政以安定。

五宗安之孝。①

①五世之宗。

渊源流通康。①

①性无忌。

慈惠爱亲孝。①

①周爱族亲。

温柔好乐康。①

①好丰年，勤民事。

秉德不回孝。①

①顺于德而不违。

安乐抚民康。①

①无四方之虞。

协时肇厚孝。①

①协合肇始。

合民安乐康。①

①富而教之。

执心克庄齐。①

①能自严。

布德执义穆。①

①故穆穆。

资辅就共齐。①

①资辅佐而共成。

中情见貌穆。①

①性公露。

甄心动惧顷。①

①甄精。

容仪恭美昭。①

①有仪可象，行恭可美。

敏以敬慎顷。①

①疾于所慎敬。

昭德有劳昭。①

①能劳谨。

柔德安众靖。①

①成众使安。

圣闻周达昭。①

①圣圣通合。

恭己鲜言靖。①

①恭己正身，少言而中。

治而无眚平。①

①无灾罪也。

宽乐令终靖。①

①性宽乐义，以善自终。

执事有制平。①

①不任意。

威德刚武圉。①

①御乱患。

布刚治纪平。①

①施之政事。

弥年寿考胡。①

①久也。

由义而济景。①

①用义而成。

保民耆艾胡。①

①六十曰耆，七十曰艾。

耆意大虑景。①

①耆强也。

布义行刚景。①

①以刚行义。

追补前过刚。①

①勤善以补过。

清白守节贞。①

①行清白，执志固。

猛以刚果威。①

①猛则少宽，果敢行。

大虑克就贞。①

①能大虑，非正而何。

猛以强果威。①

①强甚于刚。

不隐无屈贞。①

①恒然无私。

强义讥正威。①

①问正言无邪。

辟土服远桓。①

①以武正定。

治典不杀祁。①

①秉常不衰。

克敬动民桓。①

①敬以使之。

大虑行节孝。①

①言成其节。

辟土兼国桓。①

①兼人故启土。

治民克尽使。①

①克尽无恩惠。

能思辩众元。①

①别之使各有次。

好和不争安。①

①生而少断。

行义说民元。①

①民说其义。

道德纯一思。①

①道大而德一。

始建国都元。①

①非善之长,可以始之。

大省兆民思。①

①大亲民而不杀。

主义行德元。①

①以义为主,行德故。

外内思索思。①

①言求善。

圣善周闻宣。①

①闻谓所闻善事也。

追悔前过思。①

①思而能改。

兵甲亟作庄。①

①以数征为严。

行见中外悫。①

①表里。

睿圉克服庄。①

①通边圉,使能服。

状古述今誉。①

①立言之称。

胜敌志强庄。①

①不挠故胜。

昭功宁民商。①

①明有功者。

死于原野庄。①

①非严何以死难。

克杀秉政夷。①

①秉政不任贤。

屡征杀伐庄。①

①以严厘之。

安心好静夷。①

①不爽政。

武而不遂庄。①

①武功不成。

执义扬善德。①

①称人之善。

柔质慈民惠。①

①知其性。

慈仁短折怀。①

①短未六十,折未三十。

爱民好与惠。①

①与谓施。

述义不克丁。①

①不能成义。

夙夜警戒敬。①

①敬身急戒。

有功安民烈。①

①以武立功。

秉德尊业烈。

合善典法敬。①

①非敬何以善之。

刚克为伐翼。①

①伐功也。

刚德克就肃。①

①成其敬使为终。

思虑深远翼。①

①小心翼翼。

执心决断肃。①

①言严果。

**外内贞复白。**①

①正而复终始一。

**不生其国声。**①

①生于外家。

**不勤成名灵。**①

①任本性,不见贤惠齐。

**未家短折伤。**①

①未家,未娶。

**死而志成灵。**①

①志事不差命。

**爱民好治戴。**①

①好民治。

**死见神能灵。**①

①有鬼不为厉。

**典礼不愆戴。**①

①无过。

**乱而不损灵。**①

①不能以治损乱。

**短折不成殇。**①

①有知而夭殇。

**好祭鬼怪灵。**①

①渎鬼神,不致远。

**隐拂不成隐。**①

①不以隐括改其性。

**极知鬼神灵。**①

①其智能聪彻。

**不显尸国隐。**①

①以间主国。

**见美坚长隐。**①

①美过其令。

**杀戮无辜厉。**

**官人应实知。**①

①能官人。

**愎很遂过刺。**①

①去谏曰愎，反是曰很。

**肆行劳祀悼。**①

①放心劳于淫祀，言不修德。

**不思忘爱刺。**①

①忘其爱己者。

**年中早夭悼。**①

①年不称志。

**蚤孤短折哀。**①

①早未知人事。

**恐惧从处悼。**①

①从处，言险圮。

**恭仁短折哀。**①

①体恭质仁，功未施。

**凶年无谷荒。**①

①不务耕稼。

**好变动民躁。**①

①数移徙。

**外内从乱荒。**①

①家不治，官不治。

**不悔前过戾。**①

①知而不改。

**好乐怠政荒。**①

①淫于声乐，怠于政事。

**怙威肆行丑。**①

①肆意行威。

在国遭忧悯。①

①仍多大丧。

壅遏不通幽。①

①弱损不凌。

在国逢艰悯。①

①兵寇之事。

蚤孤铺位幽。①

①铺位，即位而卒。

祸乱方作悯。①

①国无政，动长乱。

动祭乱常幽。①

①易神之班。

使民悲伤悯。①

①苛政贼害。

柔质爱谏慧。①

①以虚受人。

贞心大度匡。①

①心正而用察少。

名实不爽质。①

①不伤言相应。

德正应和莫。①

①正其德，应其和。

温良好乐良。①

①言其人可好可乐。

施勤无私类。①

①无私，唯义所在。

慈和遍服顺。①

①能使人皆服其慈和。

思虑果远明。①

①自任多近于专。

博闻多能宪。①

①虽多能,不至于大道。

啬于赐与爱。①

①言贪吝。

满志多穷惑。①

①自足者必不惑。

危身奉上忠。①

①险不辞难。

思虑不爽厚。①

①不差所思而得。

克威捷行魏。①

①有威而敏行。

好内远礼炀。①

①朋淫于家,不奉礼。

克威惠礼魏。①

①虽威不逆礼。

去礼远众炀。①

①不率礼,不亲长。

教诲不倦长。①

①以道教之。

内外宾服正。①

①言以正服之。

肇敏行成直。①

①始疾行成,言не深。

彰义掩过坚。①

①明义以盖前过。

疏远继位绍。①

①非其弟过得之。

华言无实夸。①

①恢诞。

好廉自克节。①

①自胜其清欲。

逆天虐民抗。①

①背尊大而逆之。

好更改旧易。①

①变故改常。

名与实爽缪。①

①言名美而实伤。

爱民在刑克。①

①道之以政,齐之以法。

择善而从比。①

①比方善而从之。

除残去虐汤。

隐,哀也。景,武也。施德为文。除恶为武。辟地为襄。服远为桓。刚克为僖。施而不成为宣。惠无内德为平。乱而不损为灵。由义而济为景。余皆象也。①和,会也。勤,劳也。尊,修也。爽,伤也。肇,始也。怙,恃也。享,祀也。胡,大也。秉,顺也。就,会也。锡,与也。典,常也。肆,放也。康,虚也。睿,圣也。惠,爱也。绥,安也。坚,长也。耆,强也。考,成也。周,至也。怀,思也。武,法也。布,施也。敏,疾也。速也。载,事。弥,文。以前《周书・谥法》周代君王并取作谥,故全写一篇,以传后学。《汉书・地理志》云:"本秦京师为内史。"②

①以其所为谥象其事行。

②颜师古云:"京师,天子所居畿内也。秦并天下,改立郡县,而京畿所统时号内史,言其在内,以别于诸郡守也。"《百官表》云:"内史,周官,秦因之,掌治京师。景帝二年,分置左内史,右内史。武帝太初元年,更名京兆尹。左内史名冯翊。主爵中尉,秦官,掌列侯。景帝六年,更名都尉。武帝太初元年,更名右扶风,治内史,与左冯翊、京兆尹,是为三辅也。"

秦地于天官东井、舆鬼之分野。其界自弘农故关以西,京兆、扶风、冯翊、北地、上郡、西河、安定、天水、陇西;南有巴、蜀、广汉、犍

为、武都；西有金城、武威、张掖、酒泉、敦煌；又西南有牂柯、越巂、益州。魏地觜觿、参之分野。其界自高陵以东，尽河东、河内；南有陈留及汝南之召陵、濦强、新汲、西华、长平，颍川之舞阳、郾陵，河南之开封、中牟、阳武、酸枣、卷。①

①卷，去权反。

周地柳、七星、张之分野。今之河南洛阳、谷城、平阴、偃师、巩、缑氏。

韩地角、亢、氐之分野。韩分晋，得南阳郡及颍川之父城、定陵、襄城、颍阳、颍阴、长社、阳翟、郏；东接汝南，西接弘农，得新安、宜阳、郑，今河南之新郑及成皋、荥阳，颍川之崇高、城阳。

赵地昴、毕之分野。赵分晋得赵国，北有信都、真定、常山，又得涿郡之高阳莫州乡；东有广平、钜鹿、清河、河间，又得勃海郡之东平舒、中邑、文安、东州、成平、章武，河以北也；南至浮水、繁阳、内黄、斥丘；西有太原、定襄、云中、五原、上党。

燕地尾、箕之分野。召公封于燕，后三十六世与六国俱称王。东有渔阳、右北平、辽西、辽东；西有上谷、代郡、雁门；南有涿郡之易、容城、范阳；北有新成、故安、涿县、良乡、新昌及渤海之安次，乐浪、玄菟亦宜属焉。

齐地虚、危之分野。东有菑川东莱、琅邪、高密、胶东；南有泰山、城阳；北有千乘、清河以南，渤海之高乐、高城、重合、阳信；西有济南、平原。

鲁地奎、娄之分野。东至东海；南有泗水，至淮得临淮之下相、睢陵、僮、取虑。

宋地房、心之分野。今之沛、梁、楚、山阳、济阴、东平及东郡之须昌、寿张，今之睢阳。

卫地营室、东壁之分野。今之东郡及魏郡之黎阳，河内之野王、朝歌。

楚地翼、轸之分野。今之南郡、江夏、零陵、桂阳、武陵、长沙及汉中、汝南郡，后陈、鲁属焉。

　　吴地斗、牛之分野。今之会稽、九江、丹阳、豫章、庐江、广陵、六安、临淮郡。

　　粤地牵牛、婺女之分野。今苍梧、郁林、合浦、交址、九真、南海、日南。①

　　①以前是战国时诸国界域。及相侵伐，犬牙深入，然亦不能委细，故略记之，用知大略。

# 跋

　　迁史旧注今存者三家。曰宋裴骃集解,曰唐司马贞索隐,曰唐张守节正义。

　　其始皆别自单行,与史记卷数不相合。隋、唐志集解八十卷,新唐志索隐、正义各三十卷。今集解有单刻本,然已散入,与正文相附。王鸣盛谓以一篇为一卷,疑始于宋人。正义旧本失传,卷帙次第亦无可考。独索隐存毛氏覆本,卷数如旧。《四库总目》谓三家合为一编,始于北宋。天禄琳琅三家注合刻者,凡四种。其一,嘉祐二年建邑王氏世翰堂镂版;其二,嘉定六年万卷楼刊,然实以明慎独斋本秦藩本伪冒,近人已有定评;其三,目录后有校对,宣德郎秘书省正字张耒八分书条记号为元祐椠本,今其书不存,真伪难定,独所载索隐后序,有绍兴三年四月十二日右修职郎充提举茶盐司干办公事石公宪发刊,至四年十月十二日毕工印记者,参以钱泰吉甘泉乡人稿柯本索隐序后亦有此语云云,当可征信。北宋本有无不可知,要必以此为第一刻,今其本亦不存。存者,独黄善夫本。黄氏刊版年月不详,以避光宗嫌讳推之,又后绍兴五六十年矣。明代覆黄氏本者,有震泽王延喆及秦藩鉴抑道人二本,同时尚有莆田柯维熊本,行款相同,或谓其亦出黄氏。然何以有绍兴石公宪发刊印记?余颇疑。黄氏亦祖石刻,故与柯本行款一贯,特绍兴原刻今已不传。迁史三家注本自当以此为最古耳。集解索隐传本尚夥,独正义唯见此刻。明代监本于原文多所删节。《四库总目》谓非震泽王氏,刊本具存,无由知其妄删。因撮举所遗者六十五条,且云其一两字之出入者不可毛举,然震泽王本亦不尽与黄本同,其所遗佚不少。概见《周本纪》“虏褒姒尽取周赂而去”句,下有正义曰:“按《汲冢书》,晋咸

和五年汲郡汲县发魏襄王冢得古书册七十五卷"二十六字。《孝武本纪》"其北治大池渐台"句,下有"颜师古云:'渐,浸也。台在池中为水所浸故曰渐。按王莽死此台也。'"二十五字。《律书》:"律中仲吕"句,下有"中音仲白虎通云言阳气将极中充大也,故复中言之也"二十二字。"北至于参"句,下有"音所林反"四字。"即天地二十八宿句",下有"宿音息袖反,又音肃。谓东方角亢氐房心尾箕,南方井鬼柳星张翼轸,西方奎娄胃昴毕觜参,北方斗牛女虚危室壁,凡二十八宿、一百二十八宿星也"五十八字。"十母"句,下有"甲乙丙丁戊己庚辛壬癸"十字。"十二子"句,下有"子丑寅卯辰巳午未申酉戌亥"十二字。《甘茂列传》自"殽塞"及至"鬼谷"句,下有"三殽在洛州永宁县西北"十字。《信陵君列传》"赵王田猎耳非为寇也"句,下有"为于伪反"四字。《范睢列传》"譬如木之有蠹也"句,下有"音妒石桂虫"五字。此皆建安黄本之所有,而震泽王本之所无。王士禛池北偶谈云:"延喆性豪侈。一日,有持宋椠《史记》求鬻者,索价三百金。延喆绐其人曰:'姑留此一月后来取直。'乃鸠工就宋本摹刻,甫一月而毕。"此实谰言。今王本索隐后序末木记七行明明有工,始嘉靖乙酉腊月,迄丁亥之三月,及重加校雠之语。为时十有四月,且财力充牣,剞劂之事,宁不精审,而顾有此阙憾者?必其所得黄本中有残佚,不得已以他本足之,故有如干叶行数、字数不能与黄本密合。

上文所举已佚之一百七十六字,即缘于此。明人刊书,武断最甚。余尝以是刻与监本对勘,集解全删者四百九十九条,节删者三十五条;索隐全删者六百一十三条,节删者一百二十二条;而以正义为尤多,全删八百三十七条,节删一百五十七条。四库馆臣既知监本之不可信,据王本补辑,乃殿本所脱者即以王本考之,仍有集解三十五条,不全者七条;索隐二十五条,不全者十九条;正义五十二条,不全者四十八条。裴、马二注犹有他本,正义则独赖此本之存。馆臣非不自知,而何以犹任其阙略乎?使是书长留海外,不复归于中土,抑或简断编残,不获通假,俾完原璧,则此百条之正义,

岂终不长此沈薶乎？是不能不为是书庆已。

海盐张元济

# 汉　　书

　　景祐元年九月，秘书丞余靖上言：国子监所印两汉书文字舛讹，恐误后学。臣谨参括众本，旁据它书，列而辨之，望行刊正。

　　诏送翰林学士张观等详定闻奏，又命国子监直讲王洙与靖偕赴崇文院雠对。

　　二年三月，靖又上言：案颜师古叙例云班固《汉书》旧无注解，唯服虔、应劭等各著音义，自名其家。至西晋晋灼集为一部，凡十四卷，又颇以意增益，时辨二学当否，号曰《汉书集注》。永嘉之乱，此书不至江左。有臣瓒者，莫知氏族，考其时代，亦在晋初；又总集诸家音义，稍以己见续厕其末；揹撅前说，多引《汲冢竹书》，凡二十四卷，分为两帙，凡称集解音义即其书也。蔡谟全取此书散入众篇。自是以来，始有注本。至唐太宗时，皇太子承乾命颜师古更加刊整，删繁补略，裁以己说。儒者伏其详博，遂成一家。总先儒注解名姓可见者二十有五人，而爵里、年代史阙载者殆半。考其附著及旧说，所承注释、源流、名爵、年次，谨条件以闻望德，刻于本书之末，庶令学者启卷具知。奏可，今列之如左。

　　苟悦，字豫，颖川人，后汉秘书监。撰《汉纪》三十卷，其事皆出《汉书》，后人取悦所书，入于注本。

　　服虔，字子慎，荣阳人。后汉尚书侍郎、高平令、九江太守。初名重，改名抵，后定名虔。

应劭,字仲瑗,一作仲援,又作仲远。汝南南顿人。后汉萧令、御史营令、泰山太守。

伏俨,字景宏,琅邪人。

刘德,北海人。郑氏,旧传晋灼集注云北海人,不知其名。而臣瓒以为郑德,今书但称郑氏。

李斐,不详所居郡县。

李奇,南阳人。

邓展,南阳人,魏建安中为奋威将军,封高乐乡侯。

文颖,字叔良,南阳人。后汉末荆州从事,魏建安中为甘陵府丞。

张揖,字稚让,清河人。一云河间人。魏太和中为博士。止解《司马相如传》一卷。

苏林,字孝友,一云彦友。陈留外黄人。魏给事中,领秘书监,散骑常侍,永安卫尉,太中大夫;黄初中迁博士,封安成侯。

张晏,字子博,中山人。

如淳,冯翊人,魏陈郡丞。

孟康,字公休,安平广宗人。魏散骑侍郎、兵农太守,领典农校尉、勃海太守、给事中、散骑常侍、中书令,后转为监,封广陵亭侯。

瓒昭,不详何郡县人。

韦昭,字洪嗣,吴郡云阳人。为吴尚书郎、太史令、中书郎、博士祭酒、中书仆射,封高陵亭侯。

晋灼,河南人,晋尚书郎。

刘宝,字道宇,高平人,晋吏部侍郎。

臣瓒,不知何姓。案裴骃《史记序》云:莫知氏姓;韦稜续训又言未详;而刘孝摽《类苑》以为干瓒;郑元注《水经》以为薛瓒;姚察训纂云:案庾翼集干瓒为翼主簿、兵曹参军,后为建威将军。晋中兴书云:翼病卒而大将干瓒等作乱,翼长史江彪诛之。干瓒乃是翼将,不载有注解《汉书》。然瓒所采众家音义,目服虔、孟康以外,并因晋乱湮灭,不传江左。而高纪中瓒案,茂陵书文纪中案汉禄秩令,此二书

亦复亡失,不得过江。明此瓒是晋中朝人,未丧乱之前,故得具其先辈音义及茂陵书汉令等耳。蔡谟之江左,以瓒二十四卷散入《汉书》之注也。若谓为干瓒乃是东晋人,年代前后了不相会,此瓒非干足可知矣! 又案《穆天子传》目录亡,秘书校书郎中傅瓒校古文《穆天子传》已记。《穆天子传》者,汲县人不准盗发古塚所得书,今《汉书》音义臣瓒所案,多引汲书以驳众家训义,此瓒疑是傅瓒。瓒时职典校书,故称"臣"也。颜师古曰:"后人斟酌瓒姓,附之傅族耳。"既无明文足取信。

郭璞,字景纯,河东人。晋赠洪农太守。止注相如传。

蔡谟,字道明,陈留考城人。东晋侍中、五兵尚书、太常、领秘书监、都督徐兖青三州诸军事、领徐州刺史、左光禄大夫、开府仪同三司、领杨州牧、侍中、司徒、不拜,赠侍中、司空,谥文穆公。

崔浩,字伯渊,清河人。后魏侍中、特进抚军大将军、左光禄大夫、司徒、东郡公。撰荀悦《汉纪音义》。颜籀,字师古,雍州万年人。唐中书侍郎兼通直散骑常侍、秘书监、洪文馆学士,封琅邪县子。

二年九月校书毕,凡增七百四十一字,损二百一十二字,改正一千三百三字。

# 跋

　　此为百宋一廛中史部之冠,今藏瞿氏铁琴铜剑楼。钱晓徵、黄荛圃、顾千里均定为北宋景祐刊本。原阙《沟洫》、《艺文》二志,配以大德覆本,又残损漫漶者十余叶,亦以元刻补配。是本之胜,瞿氏《藏书目录》纪述綦详,兹可不赘。卷中原有明人周迁叟朱墨校语,蝇头细楷,不可缩印,且所录为宋刘之问刊本(王鸣盛《十七史商榷》、吴骞《愚谷文存》、杨绍和《楹书隅录》均作之同,瞿氏《书目》作之问,惟王先谦《汉书补注》作之问,嘉靖南监本同,但字稍模胡。余见初印宋本,实作之间。)宋祁校语,今武英殿本悉已采入,人尽获见,故悉芟削。者全谢山、钱警石均于宋祁校语有所不满,谢山至斥为南渡末年,麻沙坊中不学之徒依托为之,所举五疑,言之成理。后人依托,事或可信,然竟谓所引南本、浙本、越本、邵本信口捏造,则未免过甚其词。按武英殿本齐召南跋,凡监本脱漏,并据庆元旧本补阙订讹。又卷一上考证谓监本脱宋祁一段,今从宋本凡三,刘刊误。宋祁、朱子文诸说,别以一圈脱者俱补,是则殿本所采悉出之问刊本无疑。综计所引有淳化本、景德本、景本、监本、学官本、学本、史馆本、江南本、江本、南本、南浙本、江浙本、两浙本、浙本、吴越旧本、越本、建本、邵本、唐本、韦本、赵本、晏本、王本、杨本、谢本、郭本、姚本、李本、别本、旧本、古本、新本并景祐本,或同名异称,或浑言泛指,实亦不过二十余种。景祐元年,余靖上言已有参括众本之语,《崇文总目》亦云宋祁、余靖等雠对三史,悉取三馆诸本以相参校,此二十余种者,安知不即在?所谓众本,诸本之中即有非宋祁及见之本,而景祐刊成至之问刻跋之庆元嗣岁中,更百六十载,当时

剞劂盛行,班史人所必读,公私各家安知无好事之徒私淑宋说,参以己见,竞为流通?灾及梨枣,遂致精粗美恶并行于一时也。是本为宋祁、余靖诸人校定,增损改正凡若干字,俱有纪录,至极精审。核之宋祁校语,与相印合者凡四百九十余条,则其所引之本亦必各有由来,慎选精择,而非无知妄作者之所能为。高邮王念孙精于雠勘之学,其校《汉书》,往往引宋祁校语以纠正时本。瞿氏《目录》所举二条外,如《武纪》"征和三年,丞相屈牦下狱要斩,妻子枭首",是本无子字,与所谓旧本合。《元纪》"永光元年,赐吏六百石以上爵五大夫,勤事吏二级,为父后者、民一级",是本无为父后者四字,与所谓越本合。《礼乐志》"四时舞者,孝文所作,以明示天下之安和也",是本无明字,与所谓邵本合。《郊祀志》上"以牡荆画幡日月北斗登龙,以象太一三星,为泰一锋旗",是本无旗字,与所谓越本、新本合;又"作二十五弦及空侯瑟自此起",是本空作坎,与所谓邵本合;又"遂至东莱,东莱宿留之",是本不叠东莱二字,与所谓淳化本合。《地理志》上"桂阳郡,桂阳,汇水南至四会入郁林",是本无林字,与所谓景本合。《王陵传》"平日'各有主者'",是本无各字。《郦商传》"得丞相、守相、大将军各一人,小将军二人",是本无二军字。《周昌传》"于是苟、昌自卒史从沛公",是本自作以,皆与所谓越本合。《任敖传》苍尤好书,无所不观,无所不通,而尤邃律历",是本尤好作凡好,与所谓学官本合。《申屠嘉传》"其见宠如是",是本无见字,与所谓越本合。《晁错传》"前击后解,与金鼓之音相失",是本音作指,与所谓学官本、越本合。《郑当时传》"客至,亡贵贱亡留门下者",是本无下字,与所谓邵本合。《枚乘传》"此愚臣之所以为大王惑也",是本无以为王三字,与所谓景德本合。又"上书北阙,自陈枚乘之子,上得之大喜",是本无之字。《霍去病传》元狩三年春,为票骑将军",是本三年作二年,皆与所谓越本合。《公孙敖附传》,以将军出北地,后票骑,失期",是本无失字,与所谓景德本合。《司马相如传》《子虚赋》"其山则盘纡岪郁,隆崇律崒",是本无隆崇律崒四字。又《谕告巴蜀民檄》"今奉币使至南夷",是本使作役。《司马迁

传》"及如左邱明无目,孙子断足",是本无明字。《武五子·燕剌王旦传》"是时天雨,虹下属宫中饮井水,井水泉竭",是本无泉字。《严助传》"留军屯守空地,旷日持久",是本持作引,皆与所谓越本合。《匡衡传》"贤者在位,能者在职",是本在职作布职,与所谓越本、别本合。《孔光传》"故霸还长安子福名数于鲁,奉夫子祀",是本无安字,与所谓浙本合。《南粤传》"太后怒,欲嘉以矛",是本欲上有欲字,与所谓别本合。《叙传》下"后昆承平,亦有绍土",是本作亦犹有绍,与所谓监本、浙本、越本合。此皆时本误而景祐本不误。宋祁所举各本亦不误者,其他讹文、脱字、衍文、俗字为景祐本所不免,且赖所举各本以是正者,亦尚不鲜。经王氏之甄录,而原有之价值益明。平心论之,之问镂刻之时既见景祐本,而又见同时通行之本,意在集取众长,袭谬沿讹遂亦并至,所举各本,今无一存,而犹得考见一二,为读班史者之助,且以补景祐本之不及,不可谓非之问功也。余夙为之问不平,因校是本,而为之辨护如右。

海盐张元济

# 后　汉　书

## 《后汉书注补志》序

　　臣昭曰：昔司马迁作《史记》，爰建八书，班固因广，是曰十志。天人经纬，帝政纮维，区分源奥，开廓著述，创藏山之秘宝，肇刊石之遐贯，诚有繁於《春秋》，亦自敏于改作。至乎永平，执简东观，纪传虽显，书志未闻。推检旧记，先有地理，张衡欲存炳发，未有成功；灵宪精远，天文已焕。自蔡邕大弘鸣条，实多绍宣，协妙元卓，律历以详，承洽伯始，礼仪克举，郊庙社稷，祭祀该明，轮鞶冠章，车服赡列，于是应谯缵其业，董巴袭其轨，司马《续书》，总为八志。律历之篇，仍乎洪邕所构；车服之本，即依董、蔡所立，仪祀得于往制，百官就乎故簿，并籍据前修，以济一家者也。王教之要，国典之源，粲然略备，可得而知矣。既接继班书，通其流贯，体裁渊深，虽难逾等。序致肤约，有伤悬越，后之名史，弗能罢意。叔骏之书，是谓十典，孙缓杀青，竟亦不成。二子平业，俱称丽富，华辙乱亡，典则偕泯。雅言邃义。于是俱绝。沈松因循，尤解功创，时改见句，非更搜求，加艺文以矫前弃流，书品采自近录。初平永嘉，图籍焚丧，尘消烟灭，焉识其限。借南晋之新虚，为东汉之故实，是以学者亦无取焉。范晔

《后汉》，良诚跨众氏。序或未周，志遂全阙。国史鸿旷，须寄勤闲；天才富博，犹俟改具。若草昧厥始，无相凭据，穷其身世，少能已毕。迁有承考之言，固深资父之力。太初以前，班用马史，十志所因，实多往制。升入校部，出二十载，续志昭表，以助其闲。成父述者，夫何易哉？况晔思杂风尘，心桡成毁，弗克员就，岂以兹乎！夫辞润婉赡，可得起改，核求见事，必应写袭。故序例所论，备精与夺。及语八志，颇褒其美。虽出拔前群，归相沿也。又寻本书当作《礼乐志》，其《天文》、《五行》、《百官》、《车服》，为名则同，此外诸篇不著纪传。《律历》、《郡国》必依往式，晔遗书《自序》，应编作诸志，前汉有者，悉欲备制。卷中发论，以正得失，书虽未明，其大旨也。曾台云构，所阙过乎榱桷。为山霞高，不终逾乎一篑，郁绝斯作，吁可痛哉！徒怀缵缉，理惭钩远，乃借旧志，注以补之。狭见寡陋，匪同博远，及其所值，微得论列，分为三十卷，以合范史。求于齐工，孰曰文类，比兹阙恨，庶贤乎已。昔褚生补子长之削少，马氏接孟坚之不毕，相成之义，古有之矣。引彼先志，又何猜焉？而岁代逾貌立言湮散义存广求一隅未觌兼钟律之妙。素揖校仇，参历算之微，有惭证辨星候，秘阻图纬，藏严是须甄明。每用疑略，时或有见，颇邀傍遇，非览正部，事乖详密，今令行禁止。此书外绝，其有疏漏，谅不足诮。

　　　　　　　　　　　　　　　　刘昭注补

# 补志牒文

中书门下

牒国子监

翰林侍讲学士、尚书工部侍郎、知审官院事兼判国子监孙奭奏：臣忝膺朝命，获厕近班，思有补于化文，辄干尘于睿览。窃以先王典训在述作，以惟明历代宪章，微简策而何见？铺观载籍，博考前闻，制礼作乐之功，世存沿袭天文地理之说，率有异同，马迁八书于焉咸在，班固十志得以备详。光武嗣西汉而兴，范晔继东观之作，成当世之茂典，列三史以并行。克由圣朝刊布天下，虽纪传之类，与迁、固以皆同书志之间，在简编而或阙。臣窃见刘昭《注补后汉志》三十卷，盖范晔作之于前，刘昭述之于后，始因亡逸，终遂补全。缀其遗文，申之奥义。至于舆服之品，具载规程；职官之宜，各存制度；倘加铅椠，仍俾雕镂。庶成一家之书，以备前史之阙。伏况晋宋书等例，各有志，独兹后汉有所未全。其《后汉志》三十卷，欲望圣慈许令校勘雕印。如允臣所奏，乞差臣与学官同共校勘，兼乞差刘崇超都大管句。伏候敕旨。牒奉，敕宜令国子监依孙奭所奏施行，牒至准敕故牒。

乾兴元年十一月十四日牒

右谏议大夫参知政事鲁

给事中参知政事吕

中书侍郎兼礼部尚书平章事王

守司徒兼侍中

# 跋

　　《班书》既成，欲觅一同式之《范书》不可得。先是涵芬楼收得此本，因取以为配。书中避宋讳者，有玄、玹、绚、县、县、悬、悬、朗、朗、眺、敬、儆、惊、警、竟、镜、境、殷、弘、匡、匡、筐、恇、恇、恇、恇、恇、胤、胤、胤、靷、颍、颍、恒、祯、祯、桢、桢、侦、侦、浈、贞、贞、征、惩、让、襄、穰、署、署、曙、树、澍、竖、竖、竖、竖、竖、裋、项、项、勖、旭、畜、戍、戍、佣、佣、佣、煦、杼、桓、垣、昔、完、丸、纨、浣、莞、管、构、构、构、搆、搆、搆、购、购、购、购、遘、遘、遘、谷、姤、雏、雏、雏、鸲、垢、诟、瑗、瑗、玮、慎、慎、斩、辕等字。桓、构二字时作①及②其为字不成者，迹多剜改，且有已剜未补，遂留空格者；瑗、玮、慎三字亦阙笔，是盖刊于高宗南渡以还，而成于孝宗受禅之后。至避轩辕二字，则以真宗大中祥符七年禁文字，斥用黄帝名号，故视同庙讳。是则他书所罕遘也。

　　①渊圣御名。

　　②今上御名；

　　钱泰吉校是书时，所见有义门校本纪第三至第九卷之残宋本，校《律历志》至《礼仪志》之北宋小字残本，校《郡国志》第十九至二十二卷之宋一经堂本，小山校《蔡邕传》之钞补北宋本，又校第九十卷之淳化校定本，又麻沙刘仲立本。近人常熟瞿氏，聊城杨氏、德化李氏、乌程刘氏亦均藏有宋刻，然无一与此合者。

　　昔人校勘《范书》莫详于宋之刘敞，《宋史》言敞邃史学，作《东汉刊误》，为人所称颂。刘氏钻研至深，所据之本必多。然吾颇疑其未及兹所从出之本。是本帝纪第一下《光武帝纪》建武九年初置青巾左校尉官，十五年复置屯骑、长水、射声三校尉官，十九年复置函谷关都尉，又列传卷第九《耿国传》遂置度辽将军，四"置"字均不误

"致"而刘氏则均谓,"致"宜作"置",并于初见注下谓"致",字训"送诣",上文光武为司棣致僚属,招致之义可。作"致"字,盖缘前文遂误此字。卷二《明帝纪》"亦复是岁更赋",注:"当行者不可往即还,因住一岁","住"不误"任",而刘氏则谓"因任一岁",案"任"当作"住"。卷三《章帝纪》建初四年"教学为本",注:"夏日校","校"不误"教",而刘氏则谓"夏日教","教"当作"校"。卷八《灵帝纪》熹平四年"为民兴利",注:《前汉・地理志》及《续汉・郡国志》并无监,今蒲州安邑县西南有盐池","无监"不误"无盐",盐池不误"盐城"。而刘氏则谓注"盐城"当作"盐池"耳,及"无盐"字下当有一"监"字。又中平六年,"上军校尉蹇硕下狱死","狱"下不脱"死"字,而刘氏则谓正文"蹇硕下狱",案硕以此时诛,明少一"死"字。列传卷四《齐武王传》,"引精兵十万南渡黄淳水","黄"不误"潢",而刘氏则谓"潢"字据注唯当作"黄"。又子炀王石嗣"炀"不误"殇",而刘氏则谓王石立二十四年,不可以"殇"谥,盖是"炀"字。卷十三《窦宪传》"发北军五校",注:"汉有南北军,中候一人,六百石,掌临五营。""五"不误"立",而刘氏则谓"掌临立营","临"当作"监","立"当作"五"。卷十八下《冯衍传》"陂山谷而间处兮,守寂寞而存神",注:"陂音兵义反","兵"不误"丘"二十二而刘氏则谓"注:'陂,丘义反',切不得","丘"当作"兵"。卷二十二,《樊倏传》"倏字长鱼",下文全作"倏",不误"倏",而刘氏则谓"按倏非鱼类,与名不合,疑本是'倏'字,又按倏弟名鲔,知作'勖'无疑,又"如今陛下子臣等专诛而已","如令"不误"如今",而刘氏则谓按文"今"当作"令"。卷二十五《郑玄传》"其勖求君子之道,研钻勿替。""钻"不误"讃",而刘氏则谓案文"讃"当作"钻"。卷二十八《度尚传》,"夫事有虚实,法有是非","夫事"不误"大事",而刘氏则谓案文"大"当作"夫"。卷二十九《刘恺传》"如今使臧吏禁锢子孙","今"不作"令",今义亦较令字为长。而刘氏则谓"如令使臧吏"案文多一"如"字。卷三十三《朱晖传》"数年坐法免",注:"坐考长吏囚死狱中。""吏"不误"史",而刘氏则谓案临淮郡无长史,既言"囚死狱中",当是"吏"字。又"惟今所言适我愿

也"。"今"不误"令",而刘氏则谓惟令所言",案时晖未为尚书令,明此"令"字是"今"字。卷三十八《应劭传》"夫国之大事,莫尚载籍","籍"下无"也"字,而刘氏则谓案文多一"也"字。卷四十七《李云传》:"帝者,谛也。"注:"帝之言谛也"。"言谛"不误"谛言",而刘氏则谓"注:'帝之谛言也'"。案文:"言"当在"谛"字上。卷四十九《张衡传》:"曾何贪于支离,而习其孤技耶?"注:"学屠龙于支离益","益"不误"盖"。而刘氏则谓:"注,'支离盖'",案《庄子》'盖'当作'益',支离其名益耳。后人不读《庄子》,妄改为'盖'。又:"羁要袅以服箱""袅"不误"裛",而刘氏则谓:"案要袅,古良马,当作'裛',从马。"又:"炊神化而蝉蜕兮,朋精粹而为徒。"注:"蝉蛇蜕所解皮也。""蝉"下有"蛇"字,考《说文·虫部》:"蜕,蛇蝉所解皮也。"知此本不误,特文字颠倒耳。而刘氏则谓:"当云蜕蝉所解皮",不言阙一"蛇"字。卷五十四《赵岐传》"著《孟子章句》,"孟"不误"要",而刘氏则谓正文"著《要子章句》",案"要"当作"孟"。卷五十六《陈蕃传》:"震受考掠,誓死不言。""受"不误"授"。而刘氏则谓:"案文'授'当作'受'。"卷六十三《公孙瓒传》"每闻有警,瓒辄厉色愤怒""警"不误"惊",而刘氏则谓'惊'当作'警'。卷七十八《西域·沙车国传》"不复置王,但遣将镇守其国","王"不误"正",而刘氏则谓:"案文'正'当作'王'。"卷八十《鲜卑传》"将帅良猛,财赋充实",'赋'不误"富"而刘氏则谓"富"字当作"赋"。是刘氏所见与此不同。综计刊误,存者凡六百数十条,而此之未误或未全误者,犹有三十余条。与刘氏所刊正者合,则是所从出之本较刘氏所见之本,不可谓非彼善于此矣!尤有异者,卷五十下《蔡邕传》:"邕乃自书册于碑,使工镌刻,立于太学门外。"注,刘氏谓:"《论语》,'二碑毁'案文当是,'一碑毁',若二碑毁者,当云皆毁而已。"是本乃作"《论语》三碑,二碑毁。"按:原注上文:"碑凡四十六枚,西行,《尚书》、《周易》、《公羊传》十六碑存,十二碑毁,南行,《礼记》十五碑悉崩坏。合之《论语》三碑,正得四十六枚。知此作三碑为不误。刘氏所见不同,故为是反覆辨正之词。是此非特无误,且可刊刘氏刊误之误矣。

　　洪迈《容斋四笔》："淳化五年，监中所刊《后汉书》凡九十卷，惟帝后纪十卷，列传八十卷。"又云："刘昭《注补志》三十卷，至本朝乾兴元年，判国子监孙奭始奏以备前史之阙。"是当时各自为书，读者亦不与《范书》等视，故刘氏刊误仅限纪传，而不及于志。按《崇文总目》、《郡斋读书志》所载，均作《后汉书》九十卷，志三十卷。《直斋书录解题》亦曰："《后汉书》九十卷，《后汉志》三十卷。"是本小名在上，大名在下，列传第一下题《汉书》第十一，直接《后纪》第十，《续志》别为三十卷，各不相涉，犹存旧式。然《目录》则以志羼入纪传之间，殊不可解。《直斋书录》又谓："《馆阁书目》乃直以百二十卷并称，蔚宗撰，益非是。"《馆阁书目》，淳熙元年陈叔进等所撰，进见马氏《经籍考》，此书同时刊成，意者校刻之时，偶用此紊合之本，参观互证，率尔沿用，致成歧异耶？何义门谓："初读是书，嫌其讹谬颇多。及观刘氏《刊误》，乃知在北宋即罕善本。"是本为南宋覆刻，且有元代补版，纰缪更所难免。然以校后刻诸本，文字异同不可胜数，且有足资是正者。使何氏见之，当必有慰情卿胜之感矣！黄荛圃百宋一廛赋注："予所藏班书，前互入乾兴元年中书门下牒国子监文一通，即孙奭以刘昭注《司马彪志》补章怀注《范书》故事云云。前印班书，获见此文，今以移置志前，用存掌故。"原书略有阙佚，各就北京图书馆东京静嘉堂文库所藏残册，借影补配，幸成完璧。然多为补刊之叶，其衔接处每有重文。世间祗此数本，亦无可如何者也。

　　　　　　　　　　　　　　　　海盐张元济

# 三　国　志

中书门下　牒

蜀志

牒奉

敕书契已来，简编咸备，每详观于淑慝，实昭示于劝惩。矧三国肇分，一时所纪，史笔颇彰于遗直，策书用著于不刊。谅载籍之前言，助人文之至化。年祀浸远，讹谬居多。爰命学徒，俾其校正，宜从模印，式广颁行。牒至准。

敕故牒

咸平六年十月二十三日

左谏议大夫参知政事王

工部侍郎参知政事王

兵部侍郎同中书门下平章事

门下侍郎同中书门下平章事

左仆射同中书门下平章事

# 跋

    余欲辑印旧本正史，谋之者有年。涵芬楼旧藏宋衢州本魏志极精美，然蜀吴二志全佚。其他公私弆藏均非宋刻，有之，惟聊城杨氏、松江韩氏。韩氏书闻仅存数卷，且秘不示人。杨氏自凤阿舍人逝世，亦无缘通假。故人张石铭以所储元本借余，已摄影矣。以校衢本，讹误滋甚。卷末配宋刻数册，且极漫漶，意殊歉然。

    戊辰秋余为中华学艺社赴日本访书，获见帝室图书寮旧藏宋本，借影携归检阅。宋讳避至"廓"、"郭"等字，知为宁宗时刊本。又与杨绍和跋勘对所举殿本，考证疑字，一一吻合，乃知二本实同。因复取殿本雠勘考证所疑，如《魏书》第十四《蒋济传》"弊缺之民"，考证谓应作"刬"，此正作"刬"。第三十"故但举汉末魏初以来以备四夷之变云"注："悉秃头以为轻便"。考证谓一本作"髡"，何焯引《说文》"鬎"字注，以证"髡"字之合，此正作"髡"。《蜀书》第十一《向朗传》"历射声校尉尚书"注："镇南将军卫瓘"。考证引《卫觊传》"瓘"为镇西将军，谓作"镇南"字误，此正作"西"。又《杨洪传》"能尽时人之器用也"注："初往郡后为督军从事"。考证谓"往郡"疑作"仕郡"此正作"仕"。《吴志》第二《孙权传》"屈身于陛下是其略也。"注：《吴书》考证疑脱"曰"字，此正有"曰"字。第四《刘繇传》"繇伯父宠为汉太尉"。注："山阴县民去治数十里。"考证谓"民"各本俱讹作"氏"，今改正，此正作"民"。又《士燮传》"壹亡归乡里"。注"会卓入阙壹乃亡归"。考证疑"阙"作"关"，此正作"关"。第十三《周鲂传》"推当陈愚重自披尽。"考证"推"疑作"惟"，此正作"惟"。凡此皆杨氏所未及者。又有改正明监本之误字，而此原不讹。引据《太平御览》、《册府元龟》、《资治通鉴》互异之字，而此适相合。杨氏疑馆臣据校之南

北宋本，不及是本，此更可证。更以南北监本、毛氏汲古阁本校之，而知诸本之不逮尤甚。

一曰论文。《魏书》十六《杜畿传》"然亦怪陛下不治其本而忧其末也"，诸本"治"均误"知"。又十七《张郃传》"从讨柳城与张辽俱为军锋"，诸本"从"均误"后"。又十八《庞惪传》"惟侯戎昭杲颜"，诸本"戎"均误"式"。又二十七《王昶传》"若范匄对秦客而武子击之"，诸本"而"均误"至"。《蜀书》二《先主传》"群儒英俊并起河洛"，诸本"起"均误"进"。又八《秦宓传》"宓称疾卧在第舍"，诸本"第"均误"茅"。又十《刘封传》"先主因令达并领其众"，诸本"其"均误"兵"。又十五《杨戏传》"维外宽内忌意不能堪"，诸本"意"均误"竟"。《吴书》十二《骆统传》"其姊仁爱有行寡归无子"，诸本"归"均误"居"。此以文义核之，而知是本之较为优长也。

一曰衍文。《魏书》十四《刘晔传》子"寓嗣"注"晔之情必无所逃矣"，诸本"所"下均衍"复"字。又《蒋济传》"今其所急"，诸本"急"下均衍"务"字。又十五《张既传》"斩首获生以万数"注："假使英本主人在实不来此也"，诸本"来"下均衍"在"字。又二十《邓哀王冲传》："世俗以为鼠啮衣者其主不吉"，诸本"主"下均衍"者"字。《蜀书》九《马良传》"及先主入蜀诸葛亮亦从往"，诸本"从"下均衍"后"字。又十二《郤正传》"薛烛察宝以飞誉"注："乃取豪曹巨阙"，诸本"取"下均衍"其"字。又十三《黄权传》"待之如初"注："其刘主之谓也"，诸本"之"下均衍"所"字。《吴书》十六《陆凯传》"吴郡吴人"，诸本"人"下均衍"也"字。此又以文义核之，而知是本之较为简当也。

一曰夺字。《魏书》十五《张既传》"封妻向为安城乡君"，诸本均夺"封"字。又十六《苏则传》"帝大怒踞胡床拔刀"，诸本"踞"下均夺"胡"字。又《杜畿传》"若使善策必出于亲贵，亲贵固不犯四难以求忠爱"，诸本均夺下"亲贵"二字。《蜀书》一《刘璋传》"无恩德以加百姓，百姓攻战三年肌膏草野者"，诸本均夺下"百姓"二字。又五《诸葛亮传》"因结和亲，遂为与国注据正道，而临有罪，"诸本均夺"正"字。又七《庞统传》"先主大笑宴乐如初"注："若惜其小失而废其大

益",诸本均夺下"其"字。又八《秦宓传》"鹤鸣于九皋",诸本均夺"于"字。《吴书》七《步骘传》"于是条于时事业在荆州界者",诸本均夺"业"字。此亦足见是书写刻去古未远,而不至多所遗佚也。

一曰俗字。《魏书》四《齐王纪》"西域重译献火浣布诏大将军、太尉临试以示百寮"注:"斯调国有火州",诸本"州"均作"洲"。又十九《陈思王植传》"诚以天罔不可重离",诸本"罔"均作"网"。又二十一《卫觊传》"茵蓐不缘饰",诸本"蓐"均作"褥"。又二十七《徐邈传》"徐公志高行絜又絜而不介",诸本"絜"均作"潔"。又《胡质传》"官至徐州刺史"注:"家贫无车马童仆",诸本"童"均作"僮"。又二十八《邓艾传》"封子二人亭侯各食邑千户"注:"百姓贫而仓廪虚",诸本"稟"均作"廪"。又二十九《管辂传》末注:"生惊举刀斫正断要",诸本"要"均作"腰"。《蜀书》五《诸葛亮传》"卒于军时年五十四"注:"忧恚欧血","欧血"字凡四见,诸本"欧"均作"呕"。又十三《黄权传》"瞻犹与未纳",诸本"与"均作"豫"。此更足见是本刊刻较前多存古文,不至如后出诸本之渐趋流俗也。类此胜处不能尽举。

杨氏谓宋椠著录极尟,此本较他本尤多所是正,弥足珍贵,洵非虚语。因向中华学艺社借印,以继班、范二书之后。原阙《魏书》三卷,以涵芬楼衢本补配。衢本宋讳避至"桓"字,镌刻在前。《武帝纪》建安十五年"作铜爵台"注:"以及子桓兄弟",桓不误"植"。十六年"遂与韩遂、杨秋、李堪、成宜等叛","堪"不误"墈"。《文帝纪》"延康元年以肃承天命"注:"代赤者魏公子","赤"下不衍"眉"字。《明帝纪》"太和二年分新城之上庸武陵巫县为上庸郡","陵"不误"灵"。又十二月"诸葛亮围陈仓,曹真遣将军费曜等拒之",注:"以土丸填堑","丸"不误"瓦"。其胜于众本之处,洵堪伯仲,以冠简端,亦殊不弱。然终有牉合之迹,不能谓非一缺憾也。

海盐张元济

# 晋　书

　　余先世所藏明人翻宋大字本《晋书》，闾里人有宋小字本，思借以校对，秘不肯出。今乃得见寅昉所藏本，邵蕙西先生亦叹为精美绝伦。阙龙乞水归洗眼，欲看细字消残年，不知寅昉许我否？咸丰二年东坡生日，甘泉乡人钱泰吉识。于蒋氏五砚写。

　　世所传《晋书》，自殿板、监板、毛板外，惟明翻宋宝祐本九行，每行十四字，明藩府刊本十行每行十九字为佳。皆大字本也。而西爽堂吴仲虚刊本、方从哲校本、钟人杰本亦其次者。此本小字，十四行行二十六字、或二十七八字，确是宋刻。旧为华亭朱尚书及季沧苇所藏，今藏蒋寅昉兄处。与警石钱先生获观于双清草堂（思不群斋）。嗟赏爱玩，不忍释手。昔正友金翰皋编修尝在京师，手校《晋书》，成《校勘记》若干卷。其时汇集各本，未及见此本也。咸丰五年十二月十九日邵懿辰谨记。

　　小字本《晋书》一百卷，每页十四行，行二十七字，麻沙刻划，精审无比。后补钞十九卷，仿宋精楷，与刻本相类，几不可辨，惟首阙序文，似为可惜。向惟上海郁氏所藏《晋书》，世称善本。而苕溪书贾曾以一部携示南浔蒋氏，议价未成，亦系麻沙小字，似不能如此本之精。同里马氏亦藏一部，生沐从兄曾从马君假阅，兄尚记其行款、字样，略与此本相埒。然每卷卷末皆有割补痕迹，不无可疑。此本虽无年代可稽，然行款、卷次及梓人姓氏皆与宋椠诸书无异。吾

兄爱玩不释,且深赏其钞补之精,命余收藏。其爱而教之之意深矣。兄处尚有十行本《晋书》,亦古本之善者。他日能汇集各本,校对一过,以无负兄勖励读书之旨。正未知有此闲暇光阴否?时世路艰难,愆尤丛集,而菭贾邱云山兄弟方自吴门载书而至,因以□□千得之。他书如《孝经目纲图证》、《春秋四传》、李香子先生批本《左氏条贯》、王板《史记》、汲古阁《十七史》、元板虞道园《学古录》、《李二曲先生文集》皆善本也。计值□□千。箧中金尽,买书不辍。犹得展观玩味于患难之中,倘亦古人之所许也。咸丰四年十二月海昌蒋光焴跋。

光绪戊申五月孙男述彭谨录

# 跋

涵芬楼旧藏《晋书》，有宋刊元、明递修本，有元大德本，原本均漫漶不宜影印。又有明覆宋大字本，版印俱佳，以与他本不相合，故舍去，今均毁于兵火。

先是，江南第一图书馆，有宋刊小字本，已遣工就照矣，校阅至《列传》某卷，乃多所脱漏，思觅更胜者以为之代。甘泉乡人稿称海昌蒋氏有宋刊小字本，因浼友人蒋慰堂商之，藻新姻丈慨焉许诺，且以其书送沪。开缄展读，觉雕印精绝，心目为爽。惜阙《载记》三十卷。行款与江南馆本同，用以补配，可为两美之合。是真可继马、班、范、陈之后矣。

武英殿本，是史考证多引宋本参订，故讹夺视他史为少。卢抱经尝以《帝纪》、《天文》、《礼志》与明南、北监本、汲古阁本及他书参考异同，今略取其所校《帝纪》与是本相勘，虽讹文夺字，为卢氏所指者不能尽免，而以校殿本，则仍有轩轾之别。

如《帝纪》一："楚汉间司马卬为赵将"。"卬"下注："'邛'，非"；今殿本正作"邛"。又"权果遣将吕蒙西袭公安"。"袭"下注："'羽'，衍"；今殿本正有"羽"字。又"太和元年"下，"达与魏兴太守申仪有隙"。"魏兴"下注："二字今脱"；今殿本正脱此二字。又"凡攻敌必（宋本误"必"作"二"）扼其喉而捣其心"。"捣"下注："从木者讹"；今殿本正从木。"青龙元年"下，"国以充实焉"。"焉"下注："今脱"；今殿本仅有"国以充实"四字，犹脱"焉"字。"青龙二年"下，"关中多蒺藜"。"藜"下注："《毛》及《音义》俱不作'藜'。下同"；今殿本正俱作"藜"。"青龙三年"下，"帝运长安粟五百万斛输于京师"。"输"下注："脱。《通志》有音义，音戍"；今殿本正脱"输"字。"景初二年"下，

"帝固让子弟官，不受"。"帝"下注："今脱"；今殿本正脱"帝"字。"嘉平三年"下，"依汉霍光故事"。"汉"下注："今脱"；今殿本正脱"汉"字。

《帝纪》二，"嘉平五年"下，"帝乃敕钦督锐卒趣合榆"。"帝"下注："今脱"；今殿本正脱"帝"字。"正元元年"下，"臣请依汉（宋本脱"汉"字）霍光故事"。"依"下注："'昔'，衍"；今殿本正有"昔"字。"景元四年"下，"居守成都及备他境"。"境"下注："'郡'，非"；今殿本正作"郡"。又"金城太守杨欣趣甘松"。"欣"下注："'顾'，非"；今殿本正作"顾"。又"仍断大政"。"仍"下注："'乃'，非"；今殿本正作"乃"。又"犯命陵正"。卢本"陵"作"凌"，注："当作'陵'"；今殿仍作"凌"。

《帝纪》三"泰始元年"下，"罢部曲将、长吏以下质任"。"吏"下注："今误倒"；今殿本正作"吏长"。又"麒麟各一"。"麒"下注："'骐'讹。下同"；今殿本正俱作"骐"。"泰始六年，赐大常博士、学生帛牛酒各有差"。"学生"下注："二字脱，《通志》及毛本有"；今殿本正脱此二字。"泰始九年，鲜卑寇广宁"下注："'宁'，讹"；今殿本正作"宁"。"咸宁三年"下，"平卢护军文淑讨叛虏树机能等，并破之"。"并"下注："今脱"；今殿本正脱"并"字。"太康元年"下，"斩吴江陵督五延"。"五"下注："'王'非'五'，盖子胥之后"；今殿本正作"王延"。又"克州四"。"克"下注："《毛》'克'，此从《通志》，今作'得'讹"；今殿本正作"得"。"太康四年"下，"牂柯獠二千余落内属"。"柯"下注："'牁'讹。下同"；今殿本正俱作"牁"。"太康六年"下，"尚书褚𥤝"下注："'契'讹，《音义》：'𥤝'力灼反"；今殿本正作"契"。"太熙元年春正月辛酉朔，改元己巳"。"己"下注："今讹'乙'"；今殿本正作"乙"。又"承魏氏奢侈刻弊之后"。"刻"下注："'革'讹"；今殿本正作"革"。"太宗赞骄泰之心，因斯以起"下注："'因而斯起'讹"；今殿本正作"因而斯起"。

《帝纪》四，"永平元年，得以眇身托于群后之上"。"眇"下注："从耳非"；今殿本正从耳。"光熙元年"下，"九月，顿丘太守冯嵩"。

"顿"下注："今讹'颖'"；今殿本正作"颖"。

《帝纪》五，"永嘉五年"下，"勒寇豫州诸郡"下注："'军'，非"；今殿本作"军"。"永嘉六年"下，"猗卢自将六万骑次于盂城"。"盂"下注："'盆'，讹"。"城"下注："盂城即今山西之盂县"；今殿本正作"盆"。《史臣赞》，"尔乃取邓艾于农璅（宋本作"璅"）"下注："'隙'，《毛》作'璅'，与'璅'同。璅，小人也。案艾为典农，纲纪上计吏，司马懿奇之，辟为掾故云"；今殿本乃作"隙"。

《帝纪》七，"咸和三年"下，"舟军四万，次于蔡州"下注："'洲'，案《宋志》蒲洲、郁洲之类，皆作'州'"；今殿本乃作"洲"。"咸和四年"下，"李阳与苏逸战于柤浦"。"柤"下注："侧孤、侧加二反，作'祖'讹"；今殿本正作"祖"。

《帝纪》九，"咸安二年"下，"若涉泉水"下注："即渊水，作'水'，讹"；今殿本正作"水"。"太元十八年"下，"二月乙未，又地震"（宋本作"地又震"）。"乙"下注："'己'讹"；今殿本正作"己"。

《帝纪》十，"隆安元年"下，"散骑常侍郭䴥"下注："从麻，讹"，今殿本正从"麻"。

其尤著者，则《帝纪》五"永嘉二年"下，"刘元海寇平阳，河东太守路述力战，死之"。卢氏谓："太守失名"，是所见之本已佚"路述"二字矣。凡此，皆是本胜于殿本之处。余如《天文志》、《礼志》亦大率类是。推之全书，可以概见。独惜卢氏所校仅限此十六卷，不然者，宋刻之贵，得卢氏而益彰。且有时可以卢氏所校，正宋本之失焉，岂不懿欤！

　　　　　　　　　　　　　　　　　　海盐张元济

# 宋　书

## 跋

　　右《宋书》为宋眉山刊本,初借北平图书馆所藏六十七卷,其后假得南浔嘉业堂刘氏残本,补入二十三卷。其《志》第四,《列传》第四十四、五、六,第四十八、九,第五十一、二,第五十九,第六十,以常熟瞿氏铁琴铜剑楼暨涵芬楼藏元明递修本合配。是本刊于蜀中。陵存斋谓:"明洪武中,取天下书版实京师,其版遂归南京国子监。"然是本《列传》第三十四版心有署"至元十八年杭州钱弼刊"者,第五十八有署"至元十八年杭州刘仁刊"者。是在元时,此版已离蜀矣。余尝见宋庆元沈中宾在浙左所刊《春秋左传正义》,其刻工姓名与是本同者,有张坚、刘昭、史伯恭、李忠、李允、金滋、刘仁、张亨、张斌、周明、宋琚、何昇、何澄、朱玩、方坚、方至、蒋容、方中、王明、王信、余敏、张升、王寿三、王寿、严智、王定、李师正、张明、徐大中、杨昌、吴志、沈文、孙日新等,其余六史,同者亦伙。其镌工亦极相肖。是又宋时此版先已入浙之证。卷中字休遒敛,与世间所传蜀本,同出一派。其版心画分五格者,可定为蜀中绍兴原刊,余则入浙以后由宋而元递有补刻。陆存斋又言:"周季贶有一部,为季沧苇旧

藏。"今嘉业残本均有季氏印记,盖即延令故物而由周氏散出者。陆氏谓"为无一修版",亦未确也。钱氏《廿二史考异》谓:"《少帝纪》卷末无史臣论,非休文书"。不知宋本固有之,是本卷末一行,确为史臣论断之词,前有阙叶,故全文不可得见。其后,并此仅存之一行亦复湮灭。按前一叶,皇太后废少帝令末行,"今废为荥阳王,一依汉昌邑、晋海西故事"二语下,有一"镇"字,审其语气,必为镇西将军某某入纂皇统云云,惜已亡逸,无可徵信。弘治修版取《南史》补之,一字不易,而文义不相联属,乃削"镇"字以泯其迹,不知《南史》为记事之文,而本书为记言之文,牉合之迹,显然可见。其后,北监、汲古阁、武英殿递相传刻,悉沿其误。使无兹本,恐无以证钱氏之说矣。王氏《十七史商榷》又谓"《武帝记》书檄诏策,皆称'刘讳',其间亦多有直称'裕'者,则是后人校者所改,改之未净,故往往数行之中,忽'讳'忽'裕',牵率已甚"云云。此必指《本纪》第三首叶而言。然是本悉作"讳"字,并无忽"讳"忽"裕"之异。钱、王二氏,精研史籍,均不获睹是本。吾辈生古人后,何幸而得见此未见之书耶! 卷中空格及注"阙"字者,凡数十见。讹舛之字,亦殊不鲜。然以视后出之本,则此为犹胜。异日当别印校记,以俟读者之谠正焉。

海盐张元济

# 南 齐 书

《南齐书》,八《纪》,十一《志》四十《列传》,合五十九篇,梁萧子显撰。始江淹已为十《志》,沈约又为《齐纪》,而子显自表武帝,别为此书。臣等因校正其讹谬,而叙其篇目,曰:

将以是非得失兴坏理乱之故而为法戒,则必得其所托,而后能传于久,此史之所以作也。然而所托不得其人,则或失其意,或乱其实,或析理之不通,或设辞之不善,故虽有殊功韪德非常之迹,将暗而不章,郁而不发,而梼杌搜琐奸回凶慝之形,可幸而掩也。

尝试论之,古之所谓良史者,其明必足以周万事之理,其道必足以适天下之用,其智必足以通难知之意,其文必足以发难显之情,然后其任可得而称也。何以知其然邪?昔者,唐、虞有神明之性,有微妙之德,使由之者不能知,知之者不能名,以为治天下之本,号令之所布,法度之所设,其言至约,其体至备,以为治天下之具。而为二《典》者,推而明之,所记者,岂独其迹邪。并与其深微□□□□□□□□□无不尽也,本末先后,无不白也,使诵其说者,如出乎其时,求其指者,如即乎其人。是可不谓明足以周万事之理,道足以适天下之用,智足以通难知之意,文足以发难显之情者乎?则方是之时,岂特任政者皆天下之士哉,盖执简操笔而随者,亦皆圣人之徒也。两汉以来为史者,去之远矣,司马迁从五帝三王既殁数千载之后,秦火之余,因散绝残脱之经,以及传记百家之说,区区

掇拾，以集著其善恶之迹，兴废之端，又创己意，以为《本纪》、《世家》、八《书》、《列传》之文，斯亦可谓奇矣。然而蔽害天下之圣法，是非颠倒而采摭谬乱者，亦岂少哉！是岂可不谓明不足以周万事之理，道不足以适天下之用，智不足以通难知之意，文不足以发难显之情者乎？夫自三代以后，为史者如迁之文，亦不可不谓俊伟拔出之材、非常之士也，然顾以谓不足以发难显之情者，何哉？盖圣贤之高致，迁固有不能达其情而见之于后者矣。故不得而与之也。迁之得失如此，况其他邪。至于宋、齐、梁、陈、后魏、后周之书，盖无以议为也。

　　子显之于斯文，喜自驰聘，其更改破析刻雕藻缋之变尤多，而其文益下，岂夫材固不可以强而有邪？数世之史既然，故其辞迹暧昧，虽有随世以就功名之君，相与合谋之臣，未有赫然得倾动天下之耳目，播天下之口者也。而一时偷夺倾危悖理反义之人，亦幸而不暴著于世，岂非所托不得其人故邪？可不惜哉！盖史者所以明夫治天下之道也，故为之者亦必天下之材，然后其任可得而称也。岂可忽哉！岂可忽哉！

　　臣恂、臣宝臣、臣穆、臣藻、臣洙、臣觉、臣彦若、臣巩谨叙目录昧死上。

# 跋

　　右宋刊《南齐书》，江安傅沅叔同年所藏。卷末有崇文院治平二年六月牒，文中称《宋书》、《齐书》、《梁书》、《陈书》、《后魏书》、《北齐书》、《后周书》，国子监未有印本，宜精加校勘，书写板样，送杭州开板。晁公武《郡斋读书志》又称：治平中，巩校定《南齐》、《梁》、《陈》三书上之，刘恕等上《后魏书》，王安国上《周书》。政和中，始皆毕，颁之学官，民间传者尚少。未几遭靖康丙午之乱，中原沦陷，此书几亡。绍兴十四年，井宪孟为四川漕，始檄诸州学官，求当日所颁本。时四川五十余州皆不被兵，书颇有在者，然往往亡阙不全，收合补缀，因命眉山刊行。是刻宋讳避至"构"、"慎"二字，当是绍兴蜀中重刊之本。通体仅有元补，而无一明刻。《志》第七之第三页，《列传》第十六之第十页、第二十五之第六页、第三十九之第五页，明南北监本、汲古阁本、武英殿本皆阙，而前之二页，是本犹岿然独存，真海内秘笈矣。卷末校语凡十则，北监本、殿本各存其二，南监本、汲古阁本亦仅存其六，其余四则，则唯是本独有之。《本纪》第一之"难灭星谋"句，殿本作"日蚀星陨。"《列传》第二十之"或有徐令上文长者"句，殿本作"或有身病而求归者"。《列传》第三十之"虏并兵攻司州除青右出军"句，殿本"除"作"徐"，"右"作"诏"，不知宋本固有校语，指为疑义。南监本校语已失其二，而正文犹存。至万历重刻北监本时，此三则已全佚。疑为刊本讹误，遂如改窜。武英殿校刊诸臣，仅见监本，无怪其沿讹袭谬也。不宁惟是，《本纪》第一"秉弟遐坐通嫡母殷氏养女，殷舌中血出，众疑行毒害"，南监本、汲古阁本均作"殷言中血出"，不可通，然仅仅舌中血出，亦何足以云毒害？不知宋本原作"殷亡口中血出"。证以《宋书·长沙景王道怜

传》"义宗子退，字彦道，与嫡母殷养女云敷私通，殷每禁之。殷暴病卒，未大殓，口鼻流血"之语，宋本当不误，北监本以南监"言"字为不可解，臆改"舌"字，殿本仍之。两者互较，其情节之轻重，相去不可以道里计矣。殿本《志》第六越州齐隆郡注："先属交州，中改为关。永泰元年，改为齐隆，还属关州。"按是本并无两"关"字，原文漫漶不可辨。南监本同。汲古阁本各空一格，北监本则各注"阙"字。殿本遂误"阙"为"关"。郡名岂有改称为"关"之理？而当时更无所谓关州。又《列传》第二十七"州西曹苟平遗秀之交知书"，殿本、北监本、汲古阁本均作"苟平"，而是本则作"苟丕"，南监本同。按下文"丕"字凡六见，两字形极相近，印墨稍审，笔画易致合并，然细认均可辨别，且第二笔形势亦显有殊异。《南史·列传》第三十二《豫章文献王传》，有颍川苟丕献王书，又与长史王秀、尚书令王俭书，与本传所载辞意悉合。"苟"、"苟"传写偶讹，"丕"、"丕"音义无别，必为一人无疑，而殿本考证绝未之及。又《州郡志》上南徐州南平昌郡安丘下，是本有新乐、东武、高密三县；越州齐宁郡开城下，是本有延海、新邑、建初三县。南北监本、汲古阁本均有之，而殿本独佚。是则校勘诸臣难辞疏忽之咎也。校印既竟，因述其大要如右。

　　　　　　　　　　　　海盐张元济

# 梁 书

## 跋

北平图书馆藏《梁书》宋刊元补本凡四十卷，亦眉山七史之一。此已全数影印。原阙《列传》第一之四，第十六之十九，第三十六之三十九，第四十三、四，第四十九，第五十。又各卷间有阙页，均以涵芬楼藏元明递修本补配。曾巩《序》言"臣等校正其文字"，是本书必有校语，今行世各本皆无之，独是本《本纪》第五、《列传》第七、第十五、第三十三尚各存一条。此皆在宋刊卷内，其元明递修各卷即原有之，亦已亡佚，无可考矣。史有阙文，孔子所称。是本前后有墨丁三十六，空格九，凡阙七十六字。后出诸本补完无阙，大都采自《南史》。然亦有不尽合者，如《列传》第四十二《司马筠传》"二王在远，诸子宜摄祭事"句，是本"诸"字墨丁，而《南史》则作"世"字；第四十七《良吏传》篇首"故长吏之职，号为亲民"句，是本"为"字墨丁，而《南史》则作"曰"字。尽治平原刻绍兴时已亡阙不全，其后收合补缀，文字庸有损蚀。眉山刊行，主其事者度必于《南史》之外见有别本，如上文"诸"之与"世"、"为"之与"曰"之异同，不能决为何字，故宁从盖阙。其有合于《春秋》传疑之义，可取也。

　　思廉论撰是书成于贞观之世,因避唐讳,故改"丙"为"景",改"虎"为"兽"与"武",改"渊"为"深",书中各数十见。明代重刻,乃复其初。钱竹汀以明人擅改本文,斥为不学,一若明以前本尽避唐讳者。然以宋刊各卷考之,则《本纪》第二天监四年下"丙午,省《凤皇衔书伎》",又"十月丙午,北伐",五年下"夏四月丙申,卢陵高昌之仁山获铜剑二",六年下"十二月丙辰,尚书左仆射夏侯详卒",《列传》第十一《王珍国传》"十二月丙寅旦,珍国引稷于卫尉府","丙"字均不作"景";又《本纪》第五大宝三年下"何必西瞻虎据,乃建王宫",《列传》第五《张弘策传》"虎据两州,参分天下",第八《任昉传》"媲人伦于豺虎",第十一《张齐传》"天监二年,还为虎贲中郎将",第十四《陈伯之传》伯之子"虎牙封示伯之",又"遣信还都报虎牙兄弟,虎牙等走盱眙",又"与子虎牙及褚緭俱入魏",又"虎牙为魏人所杀",第二十《萧琛传》"琛乃著虎皮靴,策桃枝杖,直造俭坐",第三十一《谢举传》"征士何胤自虎丘山赴之",第三十四《许懋传》"依《白虎通》云,封者,言附广也",第四十七《孙谦传》"先是,郡多虎暴,谦至绝迹。及去官之夜,虎即害居民","虎"字均不作"兽"与"武";又《列传》第十四《刘季连传》"太宰褚渊素善之",又"新城人帛养逐遂宁太守谯希渊",又"子仲渊字钦回",又"送季连弟通直郎子渊及季连二子使蜀",第十五《王志传》"褚渊为司徒,引志为主簿。渊谓僧虔曰",第二十二《夏侯夔传》"刺史萧渊明引为府长史。渊明彭城战殁",又"渊明在州有四妾,章、于、王、阮,并有国色。渊明没魏,其妾并还京第","渊"字均不作"深"。此必非思廉原文。宋元刊本即已如是,其窜易不知始于何时,固不能专责明人也。王鸣盛曰:"《宋》、《齐》各书,唐人、宋人皆未细校。"然则是书也,其亦未能免于是欤。武英殿本卷首有曾巩《序》,诸本均不载,疑录自《元丰类稿》。是本原阙,故不补。

海盐张元济

# 陈　　书

## 张元济百纳本
## 《二十四史》前序

　　昔司马温公尝言：少时惟得高氏《小史》读之，自宋讫隋正史并《南北史》，或未尝得见，或读之不熟。今因修南北朝《通鉴》，方得细观。章实斋又言：《通鉴》为史节之最粗，而纪事本末又为《通鉴》之纲纪奴仆。尝以此不足为史学，而止可为史纂、史钞。由是言之，为学不可不读史，尤不可不读正史。

　　正史汇刻之存于今者，有汲古阁之《十七史》，有南北监之《二十一史》，有武英殿之《二十四史》。南监本多出宋、元旧椠。汲古开雕，亦称随遇宋版，精本考校。然今皆不易致。两监覆刻，校勘未精，讹舛弥甚；且多不知妄改，昔人久有定评。今世之最通行者，莫如武英殿本。数十年来重梓者，有新会陈氏本，有金陵、淮南、江苏、浙江、湖北五局傔配汲古合刻本。活版者，有图书集成局本。石印者，有同文书局本，有竹简斋本，有五洲同文局本。先后继起，流行尤广。

惟是殿本校刻虽号精审,而《天禄琳琅》之珍秘,内阁大库之从残,史部美不胜收,当日均未及搜讨。仅仅两《汉》、《三国》、《晋》、《隋》五史,依据宋、元旧刻,余则惟有明两监之是赖。迁史《集解》、《正义》多所芟节,《四库提要》罗列数十条,谓皆殿本所逸,若非震泽王本具存,无由知其妄删。然何以不加辑补!琅邪、章怀两《汉》旧注,殿本脱漏数字乃至数百字不等。宋嘉祐时校刊七史,奉命诸臣刘、范、曾、王皆缋学之士,篇末所疏疑义,备极审慎,殿本留贻不逮其半。实则淳化、景祐之古本,绍兴、眉山之覆刻,尚存天壤,何以不亟探求,任其散佚。是则检稽之略也。《后汉·续志》别于范书,殿本既信为司马彪所撰,而卷首又称刘昭补志,且并为百二十卷,厕八志于纪、传之间。《国志》鼎立,分卷各殊。殿本既综为六十五卷,而三志卷数又仍各为起讫。其他大题、小题之尽废旧式者,更无论矣。是则修订之歧也。薛氏《五代史》辑自《永乐大典》及其他各书,卷数具载原稿,乃锓版之时悉予刊落,后人欲考其由来,辄苦无从循溯。又,诸史均附考证,而明史独否。虽乾隆四十二年有"考核添修"之诏,而进呈正本迄未刊布,且纪、志、表之百十六卷犹从盖阙。是则纂辑之疏也。蜀臣积年累月,均得有较胜之本,虽舛错疏遗,仍所难免,而书贵初刻,洵足以补殿本之鳞漏。诵校粗毕,因付商务印书馆,用摄影法覆印行世,缩损版式,冀便巾箱,真面未失,无虑尘叶,或为有志乙部者之一助欤!

　　　　　　　　　　　　　　　　　　　海盐张元济

# 张元济百纳本《二十四史》后序

逊清文治，盛称乾隆。高宗初立，成《明史》，命武英殿开雕，至四年竣工。继之者《二十一史》，其后又诏增刘昫《唐书》与欧宋新书并行。越七年，遂成武英殿《二十三史》。四库馆开，诸臣复据《永乐大典》及《太平御鉴》、《册府元龟》等书裒辑薛居正《旧五代史》，请旨刊布，以四十九年奏进，于是《二十四史》之名以立。

按，乾隆元年，诏颁《二十一史》于各省会及府、州、县学，综计当需千数百部。监本刓敝，不堪摹印。度共事必未能行，故有四年重刻之举。高宗制序，亦有监本残阙，并敕校雠以广刊布之言。是始意未尝不思成一善本也。迁史、欧书，人争诵习，天水旧椠，讵乏贻留。且宋、辽、金、元，相去未远，至正、洪武初印原本，尤不至糜有孑遗，乃悉舍置不问，而惟跼蹐于监本之下，因陋就简，能无遗憾！在事诸臣，既未能广事搜求，复不知慎加校勘。佚者未补，讹者未正，甚或弥缝阙失，以赝乱真，改善无闻，作伪滋甚。余已一一指陈，疏诸卷末，非敢翘前哲之过，实不欲重误来学也。刘、薛二史，沉就消正，并予阐扬，堪称盛举。余于闻人旧刻，更得其绍兴祖本，虽仅三分有一，要亦人间未见之书。所惜者薛史散亡，难窥真相。囊闻赣南故家尚存残帙，赤眚遍地，早成劫灰。而南京路转运司之锓本，流转于岭南江左之间，若存若亡，莫可踪迹。不得已而思其次，乃以《大典》注本承之，抑亦艺林所同憾矣。

景印之始，海宇清宁。未及两年，战氛弥布。中更闸北之乱，抱书而走。乱定掇拾，昕夕无间。先后七载，卒底于成。世之读者，犹得于国学衰微之日，获见数百年久经沉霾之典籍；相与探本而寻源，不至为俗本所眩瞀，讵不幸欤！

国立中央研究院、北平图书馆、江苏省立国学图书馆，网罗珍籍，不吝通假；常熟瞿君良士、江安傅君沅叔、南海潘君明训、吴潘君博山、海宁蒋君藻新、吴兴刘君翰怡，复各出所储，以相匡助；亦有海外儒林，素富藏弆，同时发箧，还道置邮，使此九仞之山未亏一篑。诗曰：中心藏之，何日忘之。抚兹编者幸同鉴焉。

海盐张元济

# 曾巩《陈书》目录序

《陈书》六《本纪》，三十《列传》，凡三十六篇。唐散骑常侍姚思廉撰。始，思廉父察，梁、陈之史官也，录二代之事，未就而陈亡。隋文帝见察，甚重之，每就察访梁、陈故事。察因以所论载，每一篇成辄奏之，而文帝亦遣虞世基就察求其书又未就而察死。察之将死，属思廉以继其业。唐兴武德五年，高祖以自魏以来二百余世，统统数更，史事放逸，乃诏撰次，而思廉遂受诏为《陈书》。久之犹不就。贞观三年，遂诏论撰于秘书内省。十年正月壬子，始上之观察等之为此书，历三世，传父子，更数十岁而后乃成，盖其难如此。然及其既成，与宋魏梁齐等书，世亦传之者少，故学者于其行事之迹，亦罕得而详也。而其书亦以罕传，则自秘府所藏，往往脱误。嘉祐六年八月，始诏校雠，使可镂板，行之天下。而臣等言："梁陈等书阙，独馆阁所藏恐不足以定箸。愿诏京师及州县藏书之家，使悉上之。"

先皇帝为下其事，至七年冬，稍稍始集。臣等以相校，至八年七月，《陈书》三十六篇者始校定，可传之学者。其疑者亦不敢损益，特各疏于篇末。其书旧无目，列传名氏多阙谬，因别为目录一篇，使览者得详焉。夫陈之为陈，盖偷为一切之计，非有先王经纪礼义、风化之美、制治之法可章示后世。然而兼权尚计，明于任使，恭俭爱人，则其始之所以兴；惑于邪臣，溺于嬖妾，忘患纵欲，则其终之所以亡。兴亡之端，莫非自己致者。至于有所因造，以为号令、威刑、职官、州郡之制，虽其事已浅，然亦各施于一时，皆学者之所不可不考也。而当时之士，自争夺诈伪、苟得偷合之徒，尚不得不列以为世戒，而况于坏乱之中，苍皇之际，士之安贫乐义，取舍去就不为患祸势利动其心者，亦不绝于其间，若此人者，可谓笃于善矣。盖古人之

所思见而不可得,风雨之诗所为作者也。安可使之泯泯不少概见于天下哉!则陈之史其可废乎?盖此书成之既难,其后又久不显,及宋兴已百年,古文遗事靡不毕讲,而始得盛行于天下,列于学者,其传之之难又如此,岂非遭遇固自有时也哉!

　　臣恂、臣穆、臣藻、臣觉、臣彦若、臣洙、臣巩谨叙目录昧死上。

# 跋

右《陈书》，为宋眉山刊本七史之一，旧藏北平图书馆，存者仅二十一卷。嗣中华学艺社由日本东京静嘉堂文库影得同式印本，因乞补配于是。

全书无一明修版。静嘉藏本，吴兴陆氏丽宋楼旧物也。武英殿本孙人龙跋"古本既不可见，国子监所存旧板，舛讹殊甚，巩等篇末所疏疑义，亦无一存"云云，按汲古阁初印本，《列传》第二十八、第三十，尚存二条。陆氏跋谓"汲古削其校语"，恐所见者为后印之本。又云"卷一、卷三、卷九、卷十六、卷二十八，后皆有校语"。此卷数，陆氏皆指大题，卷二十八当为《列传》第二十二。然宋刻是卷实无校语，疑陆氏误认小题为大题，实即《列传》第二十八也。是本于毛、陆二氏所见六条外，又增《列传》第二十九一条，洵为无上秘笈矣。陆氏指汲古本讹字三则，又卷二十二《钱道戢传》脱二十五字，所藏宋本，足证其误，是本均同。

余请更举数事以为之佐：是本《本纪》第四光大二年"章昭达进号征南大将军"下，不脱"中抚大将军新除征南大将军"十二字；《列传》第二十四《顾野王传》"野王又好丹青"下，不脱"善图写"三字；第二十八《陆瑜传》"丁母忧"下，不脱"去职"二字；又《本纪》第五太建五年五月己巳"瓦梁城降"，"瓦梁"不误"石梁"；又十一年十二月己巳诏所称"大予秘戏"，"大予"不误"太子"；《列传》第十五史臣论"蔬非禅悦"，"禅悦"不误"蝉蜕"。

以上所举均非寻常讹夺，不独汲古，即北监、殿本，无不如是。彼此互证，宋本之胜，实非诸本所能望其项背。惜陆氏全书流出海外，国内仅一残帙。然则余之获印是本，既窥全豹，且驾陆本而上

之,非犹不幸之幸欤?

海盐张元济

# 魏　　书

# 目录序

　　《魏书》十二纪、九十二列传、十志，凡一百一十四篇。旧分为一百三十卷。北齐尚书、右仆射魏收撰。

　　初，魏史官邓渊、崔浩、高允皆作编年书，遗落时事，三不存一。太和中，李彪、崔光始分纪、传、表、志之目。宣武时，邢峦撰《高祖起居注》，崔鸿、王遵业补续，下逮明帝。其后，温子升作《庄帝纪》三卷，济阴王晖业撰《辨宗室录》三十卷。魏末山伟以代人诏附元天穆、尔朱世隆，与綦隽更主国书，二十余年，事迹荡然，万不记一。

　　北齐文宣天保二年，诏魏收修魏史。博访百家谱状，搜采遗轶，包举一代始终，颇为详悉。收所取史官，本欲才不逮己，故房延祐、辛元植、睦仲、刀柔、裴昂之、高孝干皆不工纂述。其三十五例、二十五序、九十四论、前后二表、一启，咸出于收。五年，表上之，悉焚崔、李旧书。收党齐毁魏，褒贬肆情，时论以为不平。文宣命收于尚书省，与诸家子孙诉讼者百余人评论。收始亦辨答，后不能抗。范阳卢斐、顿丘李庶、太原王松年并坐谤史，受鞭配甲坊，有致死者。众口沸腾，号为"秽史"。时仆射杨愔、高正德用事，收皆为其家作传，

二人深党助之,抑塞诉辞,不复重论,亦未颁行。孝昭皇建中,命收更加审核。收请写二本,一送并省,一付邺下。欲传录者,听之。群臣竞攻其失,武成复敕收更易刊正。收既以魏史招众怨咎,齐亡之岁,盗发其冢,弃骨于外。

隋文帝以收书不实,平绘《中兴书》叙事不伦,命魏澹、颜之推、辛德源更撰《魏书》九十二卷,以西魏为正,东魏为伪,义例简要,大矫收、绘之失。文帝善之。炀帝以澹书犹未尽善,更敕杨素及潘徽、褚亮、欧阳询别修《魏书》,未成而素卒。

唐高祖武德五年,诏侍中陈叔达等十七人,分撰后魏、北齐、周、隋、梁、陈六代史,历年不成。太宗初,从秘书奏,罢修《魏书》,止撰五代史。高宗时,魏澹孙同州刺史克己续十志十五卷。魏之本系附焉。《唐书·艺文志》又有张大素《后魏书》一百卷、裴安时《元魏书》三十卷,今皆不传。称魏史者,惟以魏收书为主焉。

孔子称“质胜文则野,文胜质则史。”三代文章,莫盛于周。东周、秦、汉虽战争丧乱,前古遗风余烈,流而未绝;贤君忠臣蹈道之徒,功业行谊,彰灼显布。高才秀士,词章论议,谏诤辩说,嘉谋奇策,皆可以惊听动俗,为后世轨范。而左丘明、司马迁、班固,以良史之才,博学善叙事,不虚美隐恶,故传之简牍,千余年而不磨灭。东汉、魏、晋,去圣人稍远,史官才益浅薄。永兴失政,戎锹乱华,先王之泽扫地尽矣。

拓跋氏乘后燕之衰,蚕食并、冀,暴师喋血三十余年,而中国略定。其始也,公卿方镇,皆故部东酋大,虽参用赵魏旧族,往往以猜忌夷灭。爵而无禄,故吏多贪墨;刑法峻急,故人相残贼;不贵礼义,故士无风节;货赂大行,故俗尚倾夺。迁洛之后,稍用夏礼。宣武柔弱,孝明冲幼,政刑驰缓,风俗媮恶,上下相蒙,纪纲大坏。母后乱于内,群盗挠其外;祸始于六镇,衅成于尔朱,国分为二而亡矣。虽享国百余年,典章制度,内外风俗,大抵与刘石、慕容、苻、姚略同。道武、太武暴戾甚于聪、虎,孝文之强,不及苻坚。其文章儒学之流,既无足纪述;谋臣辩士将帅功名,又不可希望前世。而修史者言词质

俚，取舍失衷，其文不直，其事不核，终篇累卷，皆官爵州郡名号，杂以冗委琐曲之事，览之厌而遗忘。学者陋而不习，故数百年间，其书亡逸不完者，无虑三十卷。今各疏于逐篇之末。然上继魏、晋，下传周、齐、隋、唐，六十年废兴大略，不可阙也。

臣攽、臣恕、臣焘、臣祖禹，谨叙目录，昧死上。

# 北　齐　书

# 跋

是亦眉山七史之一。帝纪及列传一至二十六,涵芬楼旧藏皆宋刊元明递修本。列传二十七至四十二,借自北平图书馆。其书为元明之际所印,远胜于前三十四卷。在今日诚仅见矣。汲古阁本《文宣纪》"朝夕临幸时"下脱三百二十四字。《李绘传》"而辄窃用末"下脱三百二十一序,且傥入《高隆之传》。盖原书适阙二叶,毛氏刊板粗率,未及校订,误相联缀,而文义遂不可通。是本二叶具存,与明监本、武英殿本合。然以是本与殿本对校,乃时有异同。《祖珽传》"仓曹虽云州局乃受山东课输"下接"大文绫并连珠孔雀罗等百余疋,令诸妪掷樗蒲调新曲,招城市年少歌舞为娱,游诸倡家,与陈元康、穆子容、任胄、元士亮等为声色之游"五十三字,又"文宣作相,珽拟补令史十余人,皆有受纳"下接"据法处绞上寻舍之,又盗官《遍略》一部,事发"十七字,与殿本多不相合。然以文义核之,亦未尝不言之成理。又列传第二十《元晖业传》,是本在元弼前,殿本反之,以常例言,子不当先父,而晖业与其祖孝友同时被害,《孝友传》后继以晖业,史以纪事,连类而及,例亦恒有。按殿本是史考证多引

《北史》、《通鉴》及魏周诸书,馆臣校刊时,或未获见是本,颇疑彼此未必同出一源,故异辞如此其多也。眉山七史,此为最逊,讹文脱句,不一而足。然亦殊有胜于殿本之处:《文宣纪》"天保九年十一月丁酉,大赦,内外文武普泛一大阶。"按《废帝纪》"天保十年十一月,太子即位。"《武成纪》"河清元年正月,立纬为太子。"其下均有"内外百官普加泛级"之文,盖"普泛"为当时法令习语,殿本易为"并进",殊嫌臆造。列传第九《斛律金传》"女若有宠,诸贵妒人;女若无宠,天子嫌人。"措词何等隽永。殿本乃易"妒人"为"人妒","嫌人"为"嫌之",辞气鄙倍,不可方矣。列传第十二《慕容绍宗传》谓"可尔不此。"尔朱荣称兵入洛,欲诛百官,私告绍宗之言,意谓"可否如是"也。殿本乃作"尔"谓"可不",亦失语趣。列传第二十二《崔暹传》"暹喜跃,奏为司徒中郎。时暹欲夸耀其子达挐,令升座讲《周易》屈服朝贵,宠之以官。""喜跃"者,极言其喜之甚也。殿本乃易"跃"为"擢",形容既未曲尽,即"擢"字无差,而"擢奏"亦嫌倒置。列传第二十六《杨愔传》"其开府封王诸叨窃恩荣者",殿本作"开封王"无"府"字,一似上文常山王、长广王之外,又增一王矣。列传第三十《元文遥传》"诏特赐姓高氏,籍隶宗正第,依例岁时入朝。"殿本易"第"为"子弟"二字,以"宗正子弟"为句,语已不文,且文遥为孝昭顾命之臣,武成即位,任遇益隆,赐姓高氏,正所以优礼老臣,岂有视如子弟之理。又"文遥自邺迁洛,惟有地十顷,家贫,所资衣食而已"。殿本无"而已"二字,语意亦欠完足。列传第三十一《崔季舒传》"庶子长君,尚书右丞兵部郎中。次镜玄,著作佐郎。并流于远恶。"盖兄弟二人同时流放远方恶地也。殿本乃作"并流于长城",是反令其兄弟同居一地,非窜逐之意矣。列传第三十四《卢潜传》"特赦潜以为岳行台郎中"。时潜方坐讥议《魏书》与王松年、李庶等俱被禁止。今将起用,故先赦之。殿本乃易"赦"为"敕",与上文文义不贯。《阳休之传》"齐受禅,除散骑常侍,修起居注。顷之,坐诏书脱误,左迁骁骑将军。"按《魏书·官氏志》散骑常侍从第三品,骁骑将军第四品,故云左迁。殿本乃易"骁骑"为"骠骑",骠骑将军第

二品，与事实全反矣。列传第三十八《孟业传》刘仁之谓吏部崔暹曰："贵州人士，唯有孟业，宜铨举之，他人不可信也。"殿本后二句作"铨举之次，不可忘也。"仁之于业，推举甚殷，故语暹亦极专挚。若如殿本所言，乖其旨矣。列传第三十九《宋游道传》"临丧必哀，躬亲襄事，"殿本"襄"作"丧"上文即言"临丧"矣，又何必重言躬亲丧事乎？以上诸条，不过摘其大要，其他类似者，尚不胜举，则信乎披沙之犹可拣金也。余闻人言旧本诸史，讹字较殿本为多。按殿本从监本出，明人刻书每喜窜易，遇旧本不可解者，即臆改之，使其文从字顺。然以言行文，则可以言读，书则不可。即以是书言之，如列传第二十四《王琳传》"兵士透水死十二三"，"透水"殿本作"投水"。"透"、"投"二字，南北诸史往往通用，王西庄备举其例，不知者必以"透"为非矣。又列传第二十五《萧放传》"慈乌来集，各据一树为巢。每临时，舒翅悲鸣，全似哀泣。家人则之。""则"字不可解，殿本易之以"伺"，意自了然。然乌知"则"非"测"之讹乎？又《徐之才传》"郡廨遭火，之才起望，夜中不著衣，被红服帕出戾，映光为昂所见。""戾"字殿本作"户"，诚极明了。然余窃疑上句断自"出"字。戾或原作"户火"，误并为"戾"，解为户外之火，其光反映，似亦可通。又列传第二十九《魏收传》"文襄曰：'魏收恃才无宜适，须出其短。'"殿本作"魏收恃才使气，卿须出其短。"语意固较明显，然"无适"云云，亦何尝不可索解？特措词稍隐峭耳。又列传第三十五《李稚廉传》"并州王者之基，须好长史，各举所知。时互有所称。"三朝本"互"已讹"牙"。余校诸史，凡遇互字，误者什九。明监刊版时，疑"牙"误脱半字，遂改"雅"。殿本乃之。庸知实非半字之夺，而仅为一笔之讹。又列传第三十七《樊逊传》"秦穆有道，勾甚锡手"，殿本作"勾芒锡祥。""甚""芒"形近，"锡祥"与下文"降祸"对举，义亦允洽，纠正诚当然。"手"字究从何来，盖"羊"古通"祥"，因"羊"而转为"手"，则何如易"手"为"羊"之得反其原乎？又《颜之推传》"牵痀痀而就路"，自注"时患脚气"。殿本作"痾痕"。"痾痾"二字，诚鲜叠用，然"痀痀瘦瘦"，见于《尔雅》，安知彼时无此二字叠用之古语乎？又"款一相之

故人”，自注：“故人祖仆射掌玑（玑当作机）密，土纳帝令也。”“土纳”殿本作“吐纳”，似矣。然《尚书舜典》，龙作纳言，“夙夜出纳朕命”。“土”“出”形似，故知“土”实“出”讹，而非“吐”讹。又列传第三十九《宋游道传》“游道从至晋阳，以为大行台吏部，又以为太原公开府谘议。及平阳公为中尉，游道以议领书侍御史。”此“以议领书”四字，必有脱误。殿本作“游道以为太原侍御史”，骤读之似甚顺，不知侍御史非外职，不当冠以地名。改者见上文有太原公之称，以为其官必隶公府。但前后不接，更增一为字以联之。于是遂似游道别举一人以充斯职，是则文义更不可通矣。《魏官氏志》有开府谘议参军，有治书侍御史，品秩相等。时游道正官太原公开府谘议，窃谓原文“议”上夺“谘”字，“领”下夺“治”字，当作“游道以谘议领治书侍御史”，似较殿本所改为适。又列传第四十二《高阿那肱传》“安吐根曰：‘一把子贼，刺取郎者汾河中。’”“郎者”二字，殿本作“掷取”，汲古本作“一掷”。“郎”“掷”形似，故易推测。“者”字无可比拟，毛氏去之，代以“一”字，殿本且并删之。然“郎”可改“掷”者，何不可改“诸”？且“掷诸汾河”，语意更为完满。此不过就文字言之，而原文究为何语，则不可知矣。尤有证者，列传第三十七有《睦豫传》，钱氏《廿二史改异》曰：“《广韵》睦字下不云又姓，它书亦未见睦姓者，然诸本皆从目旁。”按本传睦豫，赵郡高邑人。本书《崔逻传》“赵郡睦仲让阳屈之。”《魏收传》“房延祐、辛元植、睦仲让，虽夙涉朝位，并非史才”，《北史》此二传皆作“眭仲让”。又《魏书逸士传》有“眭夸”者，亦赵郡高邑人。又《慕容宝传》有中书令眭邃，汲古本亦误作“睦”，而监本则作“眭”。由此推之，眭氏必为赵郡钜族，且当时人物必甚盛。窃疑“睦豫”当为“眭豫”之讹，犹幸尚从目旁，未改为陆。使非然者，恐钱氏亦无从致疑矣。

古之良史，纪其所闻所见，每用其当日之语言，千百年来必有变迁。且书成而后，几经写刻，鲁鱼帝虎，更所难免。赖有廑存之本，去古未远，踪迹易寻，审慎追求，或犹可稍得其事实。则即此讹误之字，抑亦古人遗迹之可宝者也。使徒就吾辈口耳所习读，其书遇有

疑义,辄参己见以删订之,未有不失其真者。不然,孔子修《春秋》,何不取郭公夏五之文,而竟加以笔削乎?窃愿读是书者一思之也。

海盐张元济

# 周　书

## 跋

　　眉山七史,唯《周书》最罕见,函芬楼独有其二,且宋刊之页,尚存什之七八。壬申初春,正在摄影,将付印矣,战事遽作,毁于火残,余才百数十页,悬格访补,应者凡六七部,多刓敝不可用。余友吴县潘博山,以所藏三朝本相假,元明补版多于函芬藏本版心虽已剜去,一望可识。然以余所见,此亦其亚已。列传第十二《贺兰祥传》'宣阳县公'下有'建德五年,从高祖于并州,战殁,赠上大将军,追封清都郡公。师尚世宗女,位至上仪同大将军、幽州刺史、博陵郡公。宽开府仪同大将军、武始郡。公祥弟隆,大将军、襄乐县公'六十六字,为武英殿本及明监本、汲古阁本所阙,尚不止此。纪第四史臣赞'享年不永'下有"呜呼"二字。列传第十《王杲传》有"客与杲食瓜"下有"客削瓜"三字。列传第二十六《元定传》"遂为度等所执"下有所部二字。列传第二十八《裴果传》幽州总管府下有"司马、朔州总管府"七字。列传第三十一《杜杲传》"后四年,迁"下有"温州诸军事"五字。殿本及他本亦无之(唯汲古本有"客削瓜"三字)。其他讹字,不胜枚举。举其甚者,纪第七"大象二年"下"立天元皇后杨氏为

天元大皇后,天皇后朱氏为天大皇后,天右皇后元氏为天右大皇后,"三"大"字殿本均作"太"。按宣帝即位,即立妃杨氏为皇后。大象元年四月,又立妃朱氏为天元帝后。七月,又改天元帝后朱氏为天皇后。立妃元氏为天右皇后。又列传宣帝杨皇后,隋文帝长女;朱皇后,静帝之母;元皇后,开府晟之第二女。是可知三氏皆皇后。殿本称"太皇后"实误。列传第七《于谨传》"太师、晋国公护升阶设几于席"承上文"有司设三老席于中楹"而言殿本乃云设几施席一似原未有席者,岂非自相牴牾。列传第十二《尉迟纲传》"太祖西讨关陇,迥纲与母昌乐大长公主留于晋阳。"殿本乃曰"留守晋阳"。是纲与其兄、母同为守土之官矣。安得有此事乎?列传第十五《苏绰传》"以供养老之具,"殿本"养老"作"养生"上文已言"以备生生之资"矣此又何必复述,故知"养生"二字实非。列传第二十二《于翼传》"数日间至",殿本"间"作"问、间者,独言间谍。时土谷浑入寇,河右凉、鄯、河三州咸被攻围,军事方急,遣使侦探,事所当有。若通音问恐有未能。列传第三十八《皇甫遐传》"遭母丧,乃庐于墓侧,负土为坟。后于墓南作一褝窟。"又云:"褝窟重台两匝总成十有二室。"按"褝"字当从衣旁,训附训小,盖遐于其母墓侧穿一窟室,取土培墓已。即处于窟中,冀朝夕不离其母。而殿本乃改为"禅"窟。"按之本传,绝无于彼习佛参禅之意,盖"禅""褝"形近遂因而致误耳。列传第四十二《突厥传》"父兄伯叔死者",殿本无"兄"字。按此对下文子弟及侄等与后母世叔母及嫂言,若无"兄"字,则文义为不完矣。先是,函芬藏本未毁时,余尝用校诸本,其校记尚存。纪第七"大象二年"下"每召侍臣谕议,"是本"谕议"作"论议。"列传第七《李檦传》"增恒、朔等五州刺史,是本无"赠"字。列第十《王罴传》"讨平诸贼,是本讨平"作"许平。"列传第十六《卢辩传》"强记默识",是本"默识"作"默契。"列传第二十《史宁传》"梁武帝引宁至香磴前,"是本"磴"作"蹬"。列传第二十二《窦炽传》"政号清净,"是本"净"作"静。"列传第二十四《陆通传》战于邙山,是本邙作芒,列传第二十六《元定传》,先时,生羌据险不宾者,是本'生羌'作'主

羌'列传第二十八《司马裔传》"信州蛮酋冉令贤等，"是本"冉"作
"舟。《裴果传》司右中士帅、都督凉州别驾"是本无"士"字。列传第
三十一《辛庆之族子昂传》"遂募开、通二州，得三千人，"是本"开
通"作"通开。"列传第三十三《庾信传》"才子并命俱非百年"，是本
"非"作"飞"又"硎阱摺拉，"是本"硎"作"州。"列传第三十六《扶猛
传》"时遣使微通饷馈而已，"是本"微。"作"征"凡此诸字，均似旧
本，胜于今兹所用之本，而灰烬销沈，永不复见于人世，良可惜已。

　　　　　　　　　　　　　　　海盐张元济

# 隋　书

　　《隋书》自开皇、仁寿时，王劭为书八十卷，以数相从，定为篇目。至于编年纪传并阙其体。唐武德五年，起居舍人令狐德棻奏请修《五代史》。五代，谓梁、陈、齐、周、隋也。十二月，诏中书令封德彝、舍人颜师古修《隋史》，绵历数载，不就而罢。正观二年，续诏秘书监魏徵修《隋史》，左仆射房乔总监。徵又奏于中书省置秘书内省，令前中书侍郎颜师古、给事中孔颖达、著作郎许恭宗撰《隋史》。徵总知其务，多所损益，务存简正。序、论皆徵所作。凡成帝纪五，列传五十。十年正月壬子，徵等诣阙上之。十五年，又诏左仆射于志宁，太史令李淳风，著作郎韦安仁，符玺郎李延寿，同修《五代史志》。凡勒成十志三十卷。显庆元年五月己卯，太尉长孙无忌等诣明堂左进，诏藏秘阁。后又编第入《隋书》，其实别行，亦呼为《五代史志》。案魏徵本传，正观七年为侍中，十年，《五代史》成，加光禄大夫，进封郑国公。俄请逊位，拜特进。今诸本并云特进。又《经籍志》四卷，独云侍中、郑国公魏徵撰。《无忌传》又云，永徽三年，始受诏监修，疑当时先已刊修，无忌因成书而进。今纪传题以徵，志以无忌，以众本所载也。纪传亦有题太子少师许恭宗撰。案《恭宗传》，正观八年，除著作郎，修国史，迁中书舍人。十年，左授洪州司马。龙朔三年，始拜太子少师。与今录年月官位不同，疑后人所益。房乔、志宁初并受诏。又《李延寿传》云，被诏与著作佐郎恭播同修《五代史志》。按延，今诸本并不载乔等名位。《天文》、《律历》、《五行》三志，皆淳风独作。《五行

志序》,诸本云褚遂良作。案本传未尝受诏撰述,疑祇为一序,今故略其各氏。

天圣二年五月十一日上。御药供奉蓝元用奉传圣旨,赍禁《隋书》部,付崇文院。至六月五,敕差官校勘,时命臣绶、臣烨提点,左正言、直史馆张观等校勘。观寻为度支判官,续命黄鉴代之。

仍内出版式雕造。

# 跋

　　此元大德九路刊本也。明黄佐《南廱志》:元江东建康道肃政廉
访使,以十七史艰得善本,从太平路学官之请,遍牒九路,令本路以
两汉书率先,诸路咸取而式之。按《元史》建康道所辖九路:一宁国,
二徽州,三饶州,四集庆,五太平,六池州,七信州,八广德,其九为
铅山州,不称路。然直隶行省与路同。是本版心有尧学、路学、番泮、
浮学、乐平、锦江、初庵等字。尧为饶之省文,尧学路学即饶州路学;
番泮即鄱阳县学;浮学、乐平即浮梁、乐平二州学。盖某路承刊某
史,又与其所属州县分任之。至锦江、初庵,皆书院名。锦江在安仁
县,为宋倪玠讲学之所。初庵在德兴县,为邑人傅立,号初庵者所
设。元制,书院设山长,亦为朝廷命官,故与州县学同任刊刻之役
也。

　　殿本,是书据宋刻校勘,故讹脱视他史为少,然校刊官张映斗
识语谓宋本残缺,乃以监本为底本,故有时不免为监本所误。即以
地名、人名、官名、物名言之,如《高祖纪下》,开皇十年六月癸亥,以
浙州刺史元胄为灵州总管。监本浙州乃作浙江,本书《地理志下》,
余杭郡,注:平陈,置杭州。当时并无浙州之名。至浙江,则至明洪
武时始有之,而《地理志中》有浙阳郡,注:西魏置浙州。隋初未改
郡,当仍其称,此浙字必浙字之讹。殿本不知改浙为浙,而反沿监本
浙江之名,误一。又《地理志上》西城郡统县黄土,注:西魏置洵阳
郡。后周改郡置县,曰黄土。监本洵阳乃作洄阳,本书《地理志中》
洵阳郡,注:西魏置蒙州,仁寿中,改曰洵州。《寰宇记》:洵水在废洵
阳县西一百步,自商州上津县来,东流注于汉。是洵阳实以洵水得
名。殿本沿监本作洄,误二。又《张照传》:河间郑人也。监本郑乃

作郑,本书《地理志中》:河间郡统县十三,有鄚县,隋有郑州,属荥阳郡;有郑县,属京兆郡,去河间均甚远。《旧唐书·地理志》:河北道莫州,本瀛州之鄚县,开元十三年以鄚字类郑字,改为莫是鄚之讹郑,由来已久,监本然,殿本亦然,误三。又《李密传》:王世充引兵来与密决战,密留王伯当守金墉,自引精兵就偃师,北阻邙山,以待之。《旧唐书》纪此事亦作邙山。监本邙山乃作邛山,《元和郡县志》:北邙山在偃师县北二里,此云就偃师,必为邙山无疑。监本作邛者,误于形似也,殿本仍之,误四。又《律历志中》张宾改历,刘孝孙等驳言其失,谓《汉书》武帝太初元年丁丑岁,落下闳等考定太初历。又《天文志》、《浑天仪》篇:落下闳为汉孝武帝于地中转浑天,定时节。监本落下乃均作洛下。《汉书·律历志》:武帝元封七年,议造汉历,募治历者方士唐都、巴郡落下闳与焉。落下不作洛下,监本妄改,殿本从之,误五。又《王充传》:有道士桓法嗣者,自言解图谶。监本“桓”乃作“相”,《北史》两《唐书》世充传纪,此事均作“桓”法嗣,不作“相”法嗣,盖“桓”为宋讳,避阙末笔,元本亦往往沿之。监本不察,误认为相,殿本循之,误六。又《礼仪志六》纪文武冠服,尚书都令史,节谒、都水令史,监本乃作谒都令史,按谒为谒者台,都水为都水台,令史为二台属官,且上文有尚书都令史,谒者位卑,不当有都令史,必为都水无疑,监本既脱,殿本不予补正,误七。又《史祥传》:进位上开府,寻拜蕲州总管,未几,征拜左领左右将军。监本乃作左领军、右将军。本书《百官志》:左右领、左右府,各大将军一人,将军二人。曰各一人、二人者,必有左领或右领左右大将军、将军矣。且《独孤陁传》亦有拜上开府右领左右将军之语,此可证左领左右将军实有其官,监本疑叠见,左字有讹,故改其一,殿本因之,误八。又《裴矩传》:祖他,魏都官尚书,监本乃作郡官尚书,《魏书·官氏志》有列曹尚书,都官为列曹之一。《魏书》、《北史》本传,虽不言其曾官此职,然若以郡上属魏字,官下属尚书字为句,则更不成词。且魏官名无独用尚书二字者,监本失于前,殿本踵于后,误九。又《李崇传》:突厥欲降,崇遣使谓之曰:“若来降者,封为特勤”。《西

突厥传》：其国立鞅素特勤之子。监本二特勤字，乃均作特勒。耶律铸《双溪醉隐集》自注：和林城东北有唐明皇开元壬申御制御书《阙特勤碑》，其碑额及碑文皆是殷之勤字。唐新旧史凡书特勤，皆作衔勒之勒字，误也。诸突厥部之遗俗，犹呼可汗之子为特勤、特谨字也。近人在三音诺颜之哲里梦，获睹是碑，拓以示人。释之者谓今蒙古呼王之子弟皆为台吉，即特勤、特谨之转音。且据此以驳顾亭林、毕秋帆之言，而伸钱竹汀之说。又《突厥传》：都蓝可汗遣其母弟褥但特勒，献于阗玉杖，是本亦已误勤为勒，监、殿二本且更误为持勒矣。是特勤二字之见于是本者，岂非硕果之遗？殿本袭监本之谬误，十尚有一字，其异同仅在点画之微，亦正惟其微，而愈征旧本之足贵。《礼仪志六》：皇后衣十二等节，其翟衣有六，采桑则服鹠衣，注黄色，其下诸公夫人、诸伯夫人、诸子夫人、三妃三公夫人，均服此衣，故鹠字凡七见是本，惟诸公夫人节误作忄旁，监本则全作愲。《尔雅》释鸟鹠雉。郭璞注：黄色鸣自呼，与本书注正同。鹠衣外尚有翚衣、褕衣、鷩衣、鹇衣、翵衣、衣五者皆以雉文为色，故称翟衣，亦正与《尔雅》鷩雉、秩秩、海雉鹇雉、翚鷂，各注色泽相合，是鹠之当从卜旁，毫无疑义。是本误者一，而未误者六。校刊监本者见旧本互有异同，以卜旁之字罕见，遂不问上下文之意义，及其字之有无，而昧然尽改为忄旁。武英殿校刊诸臣一仍旧贯，更无所容，心于其间，而鹠字遂从此湮灭。刊书之人愈多而误字之人愈少，岂非事之可哀者乎！仪顾堂题跋谓，是本《百官志上》、《董纯传》各有阙文。证之是本所脱正同。古籍日稀，奚能姑舍美犹有憾，吾无讳焉。

海盐张元济

# 南　史

## 序

　　《南史》所载宋、齐、梁、陈《本纪》十卷,《列传》七十卷,李延寿撰述之笔详矣,仆请縻而言之。宋高祖讨桓玄,除晋孽,自尔骨肉相残,七传为齐太祖所灭。齐兴仅二十四年,东昏、和帝废弑之祸酷烈。梁武受禅,轻纳侯景,结怨东魏,疆埸沦亡,子孙被其弑逆,国祚易而为陈。传四帝而后主无道,纳隋叛降,竟为隋俘。天下混一,归于隋。吁!四朝代谢,不过一百七十三年。彼享国修短废兴治乱之迹,史臣述之。垂世鉴戒,一开卷间,了然在目,览之者鲜不惕然于心。较之唐尧在位七十载,周家传祚八百六十有七,天壤差殊。静言思之,固原阙郡侯吕公师皋提纲于先,继蒙郡同知张公云翼偕僚属振领于后,遂成此书。江左后学,感廉使幸惠之德不浅也。蜀人蒯东寅忝郡文学,黾勉与力,因喜书成,传之永久,与天下览者共之,故僭为引笔,序其颠末云。大德丙午立夏拜手谨书。

# 跋

　　眉山七史既印行,《隋书》选用元大德本,亦已竣工,当续出《南、北史》。

　　《北史》宋刻廑有残本,而《南史》则几绝迹于天壤间。不得已而思其次,北平图书馆藏元大德本既借影如千卷,不足补以涵芬楼藏本。顾版多漫漶,不可读。余友常熟瞿良士、江安傅沅叔各出所藏,以弥其憾,虽间有补版,然皆清朗悦目。是亦为建康道属九路刻本。卷首有大德丙午刊书序,惜阙一叶,诸家藏本均同,无自访补。版心不记刊版地名,惟《梁本纪》八第一叶鱼尾下有"古杭占闰",《列传》第三十一第十八叶有"古杭良卿刊"等字。又《列传》第七十末叶版心下题"桐学儒生赵良粲谨书。自起手至阁笔,凡十月。"小字二行。县名首冠桐字者不一。以上文刻工推之,当为桐庐。按元太平路刻《汉书》儒学教授孔文声《跋》有"致工于武林"之语。宋南渡后,杭州刻书甚盛,即遭鼎革,良工犹存。以意度之,是占闰、良卿二人,必至自武林之匠役,写官赵氏,或同时与之俱来。至为何路所刻,则不能确定矣。

　　《铁琴铜剑楼藏书目》称:"是本《谢瀹传》'流湎'不误'沈湎'。《王俭传》'长兼侍中'不误'长史兼侍中'。《双鉴楼藏书续记》亦历举是本卷一胜于殿本者有二十余字。然尚有出于所述外者。

　　殿本及明监本、汲古阁本《齐本纪》上宋帝九锡文:"乃者袁、刘搆祸,实繁有徒。"袁、刘何人?王鸣盛举袁标、刘延熙以当之。是本"袁、刘"作"袁、邓"。按本史《宋本纪》下:"泰始元年十二月,江州刺史晋安王子勋举兵反,镇军长史袁颛赴之,邓琬为其谋主。"(宋本《宋书》作"刘琬",实误。殿本考证谓"无其人"。)若袁标、刘延熙者,

不过后来响应之辈,且与袁、刘同时举兵者,尚有顾深、王昙生、程天祚诸人。九锡文赞扬齐帝功业,必以戡除祸首为言,断无遗首举从之理。是知"袁、刘"误,而"袁、邓"实不误也。

《江祏传》:"祏等既诛,帝恣意游走,单骑奔驰,谓左右曰:'祏常禁吾骑马,小子若在,吾岂能得此。'因问祏亲亲余谁,答曰:'江祥今犹在也。'乃于马上作敕,赐祥死。"是本作"今犹在冶",不作"在也"。按本史《梁武帝纪》:"东昏闻郢城没,乃为城守计,简二尚方、二冶囚徒以配军。"《始安王遥光传》:"遥光欲以讨刘暄为名,夜遣数百人破东冶出囚。"《晋安王子懋传》:"子懋既被害,其故人董僧慧为王玄邈所执。僧慧请俟主人大敛毕,退就汤镬。玄邈义之,具白明帝,乃配东冶。"《文学卞彬传》:"永明中,琅邪诸葛勖为国子生,坐事系东冶,作《东冶徒赋》。"是冶者,实为当时絷系囚徒之所。江祏既诛,其弟祥必以亲属系狱,左右答明帝问,谓"今犹在冶"者,犹言今尚在狱中也。若仅言其人犹在,则必先事追捕,又安能即于马上作敕赐死乎?是知"在也"误,而"在冶"实不误也。

《兰钦传》:"钦授都督、衡州刺史。未及赴职。"下文"诏加散骑常侍,仍令赴职。"是本均作"述职",不作"赴职"(此惟汲古阁本未改)。 按本史《张缵传》:"改为湘州刺史,述职。经涂作《南征赋》。"《孙谦传》:"宋明帝以为巴东、建平二郡太守。谦将述职,敕募千人自随。"虽与《孟子》"诸侯朝于天子"之义有所不合,然此自是当时通行之语。且张缵、孙廉二传,亦均仍其原文,则《兰钦传》必为后人窜改。是可知"赴职"误,而"述职"实不误也。

《昭明太子传》:"始兴王憺薨。旧事以东宫礼绝傍亲,书翰并依常仪。太子以为疑,命仆射刘孝绰议其事。"是本作"仆刘孝绰",无"射"字。按下文太子令亦言"刘仆议云:傍绝之义,义在去服"云云,并不称刘仆射。孝绰本传:"为太子仆,掌东宫管记。"《梁书》本传亦言先后为太子仆。改其历官,未至仆射。是可知"仆射"误,而无"射"字实不误也。

《孝义江泌传》:"牵车至染乌头,见一老公步行,下车载之,躬

自步去。梁武帝以为南康王子琳侍读。"是本"躬自步去"下,"武帝"上作"染",不作"梁"。按本史《梁武帝诸子传》有南康简王绩,而无子琳其人。子琳实为齐武帝第十九子,见《齐武帝诸子传》。《齐书·江泌传》亦言"世祖以为南康王子琳侍读"。且"染"为上文"染乌头"之省文,"步去"下缀此一字,于文义亦较完足。是知"梁"误,而"染"实不误也。

　　其他讹舛,不可偻指,余别有《札记》,今不悉举矣。

　　　　　　　　　　　　　　　　　　　海盐张元济

# 北　史

## 跋

　　《北史》宋椠世间尚有存者,然皆不全。且《南史》已采元大德本,故亦取同时刊本,以为之配。校读既竣,其较胜于时本者,《魏孝庄帝纪》"永安二年秋七月,以柱国大将军、太原王尔朱荣为天柱大将军"下,多"癸酉,临颍县卒江丰斩元颢,传首京师。甲戌,以大将军"二十一字(见本纪第五第四页)。《魏宗室元丕传》"燕州刺史穆罴论移都事臣闻黄帝"下,多"都涿鹿,古莫圣王不必悉居中原。帝曰:黄帝"十七字(见列传第三第十一页)。《儒林·刘献之传》"献子语诸从学者倘不能然虽复不句复不作复下"以下,多"帷针股蹑屩从师正可博闻多识不过为土龙乞雨眩惑其于"二十四字(见列传第六十九第十一二页)。《恩幸·和士开传》"士开说武成以国事分付大臣,于是委赵彦深"下,多"掌官爵元文遥、掌财用唐邕、掌外兵白建、掌骑兵冯子琮、胡长粲"二十五字(见列传第八十第二十七页)。《韩凤传》"纪段孝言监造晋阳宫事,见孝言役官夫匠",自下多"营宅即语云,仆射为至尊起台,殿□未讫,何用先自营造凤及穆提婆"二十六字(见列传第八十第三十六页)。

　　明监本、武英殿本固均阙如，即校勘较慎之汲古阁本，亦仅存《魏孝庄帝纪》一则，余四则皆佚。其他单词只字之较胜者，尤不可指屈。然则此本虽非最上，抑犹不失为次也。原本板心卷第多附上字，然有上无下，求其故不可得，存之转滋眩瞀，因悉芟削。附识于此。

　　　　　　　　　　　　　　　　　　　　海盐张元济

# 旧　唐　书

## 刻《旧唐书》叙

　　书以纪事，谀闻为聩；事以著代，间逸则遗。是故史氏之书，与天地相为始终，《六经》相为表里，疑信并传，阙文不饰，以纪事实，以昭世代，故《六经》道明，万世宗仰，非徒文艺夸之诞而已也！《尚书》壁存，典训不致；《鲁史》麟绝，杞宋失征。继而有作，其惟司马氏及小司马，以追班、范诸家。八书十志，经纬天人；八志十典，纭维政事，藏山刊石，繁绍圣经；历汉跻隋，炳发灵宪。是故王教之要，国典之源，代有征考，若睹蓍蔡。

　　李唐嗣兴，万目毕举。其经画之精详，维持之慎密，虽未上蹑周轨，亦足并骤汉疆。晋史臣刘昫氏者，爰集馆寮，博稽载典。纂修二十一本纪，首高祖，以迄哀帝，而汶哲具昭。旁修十一志，始《礼仪》，以终《刑法》，而巨细毕举。列传一千一百八十有奇，内以纪后妃之淑慝，外以悉文武之臧否。《宗室》族属，互以时叙；《外戚》、《宦官》，各以类别。《良吏》、《酷吏》，鉴戒具昭；《忠义》、《孝友》，褒论悉当；《儒学》、《文苑》，表以著达；《方伎》、《隐逸》，兼以察微。详传《列女》以彰妇顺，分传蛮狄以立大防。卷凡二百一十有四，统名之曰

《唐书》。识博学宏，才优义正，真有唐一代之良史。秦、隋以下，罕有其俪，固后世之刑鉴具在也。有宋迭兴，分职书局，载辑《唐鉴》于祖禹，继纂《唐书》于昌朝。王宋诸贤，相继汇辑、复成一代之新书，遂亡刘氏之旧帙。

诠谬司文学，遍历辅畿，爰校《六经》，兼雠诸史，始知汉、晋以迄宋、元，皆有监本。司成甫川张公，尝奉旨校勘，总为《二十一史》。刊证谬讹，粲然明备。惟刘氏《唐书》，郁绝不传，无所考觅。积集再期，酷志刊复，苦无善本，莫可继志。窃惟古人有云：“层台云构，所阙过乎橡桷；为山霞高，不终逾乎一篑。”悯哉斯言，益用惶怵。乃帝谋学属，博访诸司，间礼儒贤，以探往籍，更历三载，竟莫有成。末复弭节姑苏，穷搜力索，吴令朱子遂得列传于光禄张氏，长洲贺子随得纪志于守溪公，遗籍俱出宋时模板。旬月之间，二美璧合。古训有获，私喜无涯。乃督同苏庠，严为校刻，司训沈子，独肩斯任，效勤四载，书幸成编。枉直千金，刻未竟业。石江欧阳公闻而助以厚镪，午山冯子、西郭陈子以迨郡邑诸长贰，咸力辅以终事。数百年之阙典，于是乎始有可稽矣！物之成毁，信各有数。是书之成，夫岂偶哉！肇工于嘉靖乙未，卒刻于嘉靖戊戌。珠玑璀璨，亥豕尽刊；玉薤精严，尘叶罔翳。焕新一代之旧文，遐续百王之训典，追配诸史，允备全书。因布多方，以惠多士。余姚闻人诠叙。

# 《旧唐书》重镂纪勋序

　　李唐氏有天下三百年。三代而降，英君明辟，若唐文皇功德固在首列，厥后子孙迭兴，虽中更丧乱，犹不失为盛朝，而玄宪二宗，至配贞观，与汉七庙同称。何也？其典章法度，贻谋之善，不可及已。盖作唐史者有三人焉，吴竞、韦述、令狐垣。此皆金闺上彦，操笔后渠，而未竟一代。至石晋朝，始敕中书刘昫等因垣旧文，增为百九十卷。然后有唐事迹悉载无遗，而撰述详赡，妙极模写，足以上追《史》、《汉》，下包《魏》、《陈》。信乎！史之良者，无以加于是矣！奈何宋之庆历又出新编，大有增损，至使读者不复得睹唐朝一诏令。历年五百，旧书湮薆，君子不能无病诸。皇上右文弘道，化被四远，由是缙绅士夫咸以修缉典坟为己任。此书故有刻本在吴中，惜亦未全。先任提学侍御北江闻人公闻之慨然，欲寿诸梓，与菁莪共择可托者，得苏学司训沈君，有问学干局良儒师也，因授之，俾董厥事，且命广搜残逸，足其卷数。及募士出资佐经费，君鸠工堂西大舍中无斋三十手朱墨雠校，不舍昼夜，成未及半，而北江公以忧去，以资不绍白之巡抚大中丞石江欧阳公。公命掌郡事别驾钟侯助其役。未几，府主王侯至任，许相以完。大巡侍御西郭陈公尤加赞相，乐书之成。而其事则总于今任提学侍御午山冯公焉。盖学政之台书之所由起也。工将毕，士子袁贞辈相率扣予，请先序诸后。予惟三古圣人作为经书，人极立矣！十九朝史官述为史书，往事鉴矣！去圣既远，后儒蠹经，经不可蠹，犹云翳白日，日行空自如也！史又可以新掩旧哉！且文章之作，率视其区宇之全阙。巨唐疆域幅员万里，其广大与轩后等，是以词华蔚茂，有至光熠万丈者。郎舍相踵，既出螭坳，亲见又遇刘司徒之博洽，乃克成书，其难如此。忽有改图，殆不

其然。今日群公云萃，留神盛举，盖匪创则无以始，弗继将莫能终。至于中间经画，尤艰其任。此殆至宝将出之幸会，其数天也。伟矣哉！惜予耄矣，而不能卒业，抑不知青云士能观以否，所谓前朝国势先贤行事，故黎命脉，班班具存，推之于政，古今一也。有能舍其新而旧是图将来挟以为国家用。吾知事业发挥，必当炜烨峥嵘胜常而不凡也，讵止以资见闻谈说而已哉！沈君，名桐，字大材，号春波。嘉禾望族。学通壁经，累试，坊屋知名，以超贡入胄监，屈就今官。其于斯绩甚勤，且出私帑不之校。斯文不坠，系其承理之功多也。因并及云。时在嘉靖十七年秋种，东吴耄生杨循吉谨序。

# 重刊《唐书》叙

　　嘉靖己亥，吴郡重刊《唐书》，成书凡二百卷。本纪卷二十，志三十，列传百有五十。后晋宰相涿人刘昫撰。初御史绍兴闻人公诠视学南畿，以是书世无梓本，他日按吴，遂命郡学训导 沈桐刊置学宫。工未竟，而公以忧去。及是书成，以书来属征明为叙。按：唐兴，令狐德棻等始撰武德、贞观两朝国史八十卷，至吴兢合前后为书百卷，而柳芳、韦述嗣缉之，起义宁，讫开元，仅仅百余年。而于休烈、令狐垣以次增缉，讫于建中而止，而大历、元和以后则成于崔龟徒，厥后韦澳诸人又增缉之，凡为书百四十有六卷。而芳等又有《唐历》四十卷，《续历》二十二篇，皆当时纪载之言，非成书也。晋革唐命，昫等始因旧史绪成此书。然《五代史》昫传不载此事，岂其书出一时史馆而昫特以宰相领其事邪！然不可考已。或谓五代抢攘，文气卑弱，而是书纪次无法，详略失中，不足传远。宋庆历中，诏翰林儒臣刊修之。自庆历甲申至嘉祐庚子，历十有七年，成新书二百二十五卷。视旧史削六十一传，增传三百三十有一，续撰《仪卫》、《选举》、及《兵》及《艺文》四志，别撰《宰相》、《方镇》及《宗室世系》、《宰相世系》四表。所谓"其事则增于前，其文则省于旧。"实当时表奏之语，而弟赏制词厽谓闳博精核。度越诸子，良以宋景文、欧阳文忠皆当时大手笔，而是书实更二公之手，故朝野尊信，而旧书遂废不行。然议者则以用字奇涩为失体，刊削诏令为太略，固不若旧书之为愈也。司马氏修《通鉴》，悉据旧史，而于新书无取焉。惟周益公称其删繁为简，变今以古，有合于所谓文省于旧之论。而刘元城顾谓事增文省。正新书之失。唐庚氏尤深斥之，乃极言旧书之佳，其所引决海救焚、引鸩止渴之语，岂直工僩而已，自是一代名言也。然则是

书也，其可以无传乎？虽然不能无可议者，段秀实请辞，郭晞有吾戴吾头之语。新书省一吾字，议者以为失实，是矣！而旧史秀实传乃都不书。夫秀实大节固不以此，而此事厽卓诡可喜。柳宗元叙事尤号奇警，且郑重致词，上于史馆，若是而不得登载，则其所遗多矣！甚者诋韩愈文章为纰谬，谓《顺宗实录》繁简不当，拙于取舍，异哉！岂晁氏所谓多所阙漏，是非失实者邪！甚矣！作史之难也，心术有邪正，词理有工拙，识见有浅深，而史随以异，要在传信，传著不失其实而已。今二书具在，其工拙繁简，是非得失，莫之有揜焉。彼斥新旧为乱道，诚为过论，而或缘此。遂废旧史，又岂可哉！此闻人公所为梓行之意也。是书尝刻于越州，卷后有教授朱倬名。倬仵秦桧，出为越州教授，当是绍兴初年，今四百年矣。其旧复行，而公又出于越，其事岂偶然哉！先是书久不行世，无善本，沈君仅得旧刻数册，较全书才十之六七，于是遍访藏书之家，残章断简，悉取以促事校阅，惟审一字，或数易，历三暑寒，乃克就绪。其勤诚有弖嘉者，因附著之。是岁三月望前翰林待诏长洲文征明叙

　　桐空空鄙夫，缪承校史之役，实维台宪群公而下后先协谟，功乃成。其详已载诸序，序所未及者，弗敢略也，爰备录之。

### 惠借藏书

陈沂应天府人，太仆寺卿
王延哲吴县人，中书舍人
王谷祥长洲县人，吏部员外郎
张汴长洲县人，光禄署丞

### 捐俸助膳

万爕江西南昌人，长洲知县
冯汝弼浙江平湖人，常熟知县
汪旦福建泉州人，吴县知县
郭恺江西泰和县人，苏州府学教授

萧文佐<sub>江西万安人,长洲学教谕</sub>

邓璇<sub>江西人,吴县学训导</sub>

何仲秀<sub>福建人,吴县学训导</sub>

## 分番校对

许祺

陈栋

时兆文

王谟

俞文聚

陈模

灵恩

袁贞

龚雷

金用

周雅

姚圭

蒋球玉

陈国祥

金表

宋纯仁

李尧臣、陆应泽,<sub>以上俱苏州府学生</sub>

钱江<sub>余姚县学生</sub>

吴岫<sub>太学生</sub>

## 出资经费

曾子修

严汝贤

陈让

陆一阳，以上俱国子生

许道，苏州府学生

高本文，华亭县人。

嘉靖十八年四月既望苏州府儒学训导沈桐识。

# 跋

　　石晋时，刘昫等奉敕撰，原称《唐书》目欧、宋重修本出，始以旧别之。全书二百卷。是本存宋刻志卷第十一至十四、卷第二十一至二十五、卷第二十八至三十，列传卷第十五至二十八、卷第三十八至四十七、卷第五十至六十、卷第七十八至八十三、卷第一百十五至一百十九、卷第一百二十九至一百三十四、卷第一百四十下至一百四十四上，凡六十七卷。又子卷二卷。余均以有明嘉靖闻人诠、沈桐校刻本配。闻人自叙谓"穷搜力索，得宋遗籍。"文征明叙谓是书刻于越州，卷后有教授朱倬名。倬忤秦桧出为越州教授，当是绍兴初年。是本宋刻卷末有"左奉议郎、充绍兴府府学教授朱倬校正"一行者，凡十五卷，与闻、沈所据本正同。顾绍兴原刻，每半叶十四行，行二十五字，嘉靖覆刻行数犹同，而字数增一，为微异耳。文叙又言"世无善本，沈君仅得旧刻数册，较全书才十之六七。遍访藏书之家，残章断简悉取，以从事校阅，惟审一字，或数易"云云。夫字为数易，则必无原书可据，而出于臆改可知。沈氏记借书得陈沂、王延哲、王谷祥、张汴四人，皆吴中藏书家。是本钤有绍兴府镇越堂官书印者苦干卷，疑彼时必犹庋越中，未为沈氏所见，故其中如志卷十四历三第二十页"求九服所在每气蚀差"节"并二率半之，六而一，为夏率，二率相减，六一为差。置总差，六而一，为气。半气差，以加夏率，又以总差减之，为冬率。冬率即是冬至之率也。每以气差加之，各为每气定率"，明本竟误为"并二率半之，六而一，为夏，总差减之为冬率。冬率即是冬至之率也。每以气差加之，各差以加夏率，又以率二率相减六一为差，置总差，六而一，为气、半气，为每气定率"；又卷二十一地理四第二十四页"广州中都督府"节"其年，又"

以下，明本又夺"义宁、新会二县立冈州。今督广、韶、端、康、封、冈、杂、药、陇、窦、义、雷、循、潮十四州。永徽后，以广、桂、容、邕、安南府，皆隶广府都督统摄，谓之五府节度使，名岭南五管。天宝元年，改为南海郡。乾元元年，复为广州。州内"七十八字，列传卷一百四十下第四页《李白传》隐于剡中"下，明本又夺"既而玄宗诏筠赴京师，筠荐之于朝，遣使召之，与筠俱待诏翰林。白"二十六字。武英殿本虽未明言其所自出，然实以闻、沈刻本为主。上列三条，明本已佚，而殿本无之犹可言也，乃何以明本具存而殿本亦阙如。志卷九音乐二第十二页"制氏在太乐，能记铿锵鼓舞。河间"下夺"王著《乐记》，八佾之舞与制氏不甚相远，又舞八佾之明文也。《汉仪》云"二十六字；又同叶"充庭七十二架"下夺"武后迁都，乃省之。皇后庙及郊祭并二十架"十七字；又卷十七五行第七页"溺死者数千人。三年"下夺"夏，山东、河北二十余州大旱、饥馑，死者二千余人。景龙二年正月"二十五字；又卷二十一地理四第十五页"戎州中都督府"节"以处生獠也"下夺"戎州都督府羁縻州十六，武德、贞观后招慰羌、戎开置也"二十二字；又卷二十四职官三第十一页"卫尉寺"节"卿一员，从三品"下夺"古曰卫尉，梁加卿字，隋品第二，龙朔改为司卫正卿，咸亨复卫尉卿也"二十七字；又同卷第十三页"鸿胪寺"节"卿一员，从三品"下夺"周曰大行人、中大夫，秦曰典客，汉曰大鸿胪，梁加卿字。后周曰宾部中大夫。隋官从三品，龙朔为同文正卿，光宅曰司宾"四十六字；又第十四页"司农寺"节"景帝改为大农，武帝加"下夺"司字。梁置十二卿，以署为寺，以官为卿。十五字；又第十五页"太府寺"节"梁置，后周曰"下夺"太府中大夫，隋为太府卿，品第三。龙朔改为外府正卿，光宅为司府卿，神龙复也"三十一字；列传卷一百三十五下第十四页《袁滋传》"拜检校吏部尚书、平章事、剑南西川节度使"下夺"贼兵方炽，滋惧而不进，贬吉州刺史。俄拜义成军节度使"二十二字；又卷一百四十九上《高丽传》第四页"因下马再拜，以谢天。延寿"下夺"惠真率十五万六千八百人请降，太宗引入辕门。延寿"二十一字。他类是者，不胜枚举。此则

馆臣校勘之疏,实不能自辞其咎矣。或有为之解者,曰"信如是说,何以又有宋明二本,俱无其文,而独见于殿本,且文义确似较胜者?"曰:"宋明二本,固不能一无讹脱,然吾敢言,殿本所独有者,必非刘氏原书,何以言之?闻、沈二氏所得宋本,因有残缺,以意修订,故与宋本时有异同。"沈德潜等殿本校勘跋语明言"合之新书,以核其异同;征之《通鉴纲目》,以审其裁制;博求之《通典》、《通志》、《通考》与夫《英华》、《文粹》等书,以广其参订。参错者更之,谬误者正之。"然则殿本之异于宋明二本者,必出于采用以上之书,是祇可谓为清代重修之本,而不得视为刘氏原撰之本也。清道光时,扬州罗士琳、刘文淇辈尝校是史,以宋人所引书为之考证,其异于今之殿本者,往往转与《太平御览》、《册府元龟》、《元和郡县志》、《太平寰宇记》、《唐会要》诸书相合,然则清代重修之本,抑犹有未可尽信者欤!尤有证者,诸突厥部呼可汗之子为特勤,余于《隋书》后跋已详言之,是本列传卷七第十页《张长逊传》"遂附于突厥,号长逊为割利特勤,"又卷十第五页《襄武王琛传》"遣骨咄禄特勤随琛贡方物",又卷十二第九页《李大亮传》北荒诸部相率内属,有大度设拓设泥熟特勤及七姓种落等,尚散在伊吾",殿本均误为"特勒"。请更举数字,宋本吾勿言,即在明本已误者,亦勿论,其未误者,如列传卷十六《房玄龄传》第四页"高昌叛换于流沙,吐浑首鼠于积石",又卷三十四《裴行俭传》第九页"吐蕃叛换,干戈未息",又卷九十九《归崇敬传》第八页"以两河叛换之徒,初禀翰命",此"叛换"二字,殿本均改为"叛涣"。又本纪卷十一《代宗纪》第十六页"其天下见禁囚,死罪降从流,流已下释放,左降、流人、移隶等,委司奏听进旨",又列传卷一百十五《温造传》第十二页"即合待罪朝堂,候取进旨",又卷一百四十下第六页《吴通玄传》"天子召集贤学士于禁中草书诏,因在翰林院待进旨,遂以为名",此"进旨"二字,殿本均改为"进止"。又列传卷一百二十九《张浚传》第八页"张浚所陈,万代之利也。陛下所惜,即目之利也",又列传卷一百三十二《高骈传》第十一页"逆党人数不多,即目驰于防禁",此"即目"二字,殿本均改为"即

日"。又列传卷二十七第十二页《崔义玄传》"兼采众家，皆为解释；
傍引证据，各有条流"，又卷一百十五《柳公绰传》第四页"乃下中书
条流人数，自是吏不告劳"，又《柳仲郢传》第六页"武宗有诏减冗
官，吏部条流，欲牒天下州府取户额。官员"，此"条流"二字，殿本均
改为"条疏"。是不过以其罕用，而易以习见之词，然不知已蹈窜乱
古书之弊矣！钱大昕精于史学，其所撰《廿二史考异》论本书地理
者，"关内道凤翔府"下"改雍州为凤翔县"句，谓州字衍，而明本实
作雍县，不作雍州。见志卷十八第十页前九行。又"河南道河南府"下
"领洛、郑、熊、谷、嵩、管、伊、汝、管"句，谓两管字必有一误，而明本
实作"伊、汝、鲁"，不作"伊、汝、管"。见同卷第二十页前六行。又"郓
州"下"天宝元年，改为河阳郡"句，谓"河阳"当为"济阳"之讹，而明
本实作"济阳"，不作"河阳"。见同卷第三十一页前九行。又"棣州"下，
"猒次汉当平县"句，谓当平盖富平之讹，而明本实作富平，不作当
平。见同卷第三十六页后十四行。又"山南道利州"下"汉葭萌县地属为
汉寿县"句，谓属当作蜀，而明本实作蜀不作属。见志卷十九第三十二
页后三行。钱氏多读异书，断无不见闻、沈刻本之理，而兹数卷者，以
上文所言证之，则确为其所未睹。明本罕秘，在钱氏时已然，况绍兴
原刻更在其前四百年者乎！闻人叙曰"古训有获，私喜无涯"，校阅
既竟，吾于是书亦云。

　　　　　　　　　　　　　　　　　　海盐张元济

# 新 唐 书

## 表奏

　　臣公亮言：窃惟唐有天下几三百年，其君臣行事之始终，所以治乱兴衰之迹，与其典章制度之英，宜其粲然著在简册，而纪次无法，详略失中，文采不明，事实零落。盖又百有五十年，然后得以发挥幽沫，补缉阙亡，黜正伪缪，克备一家之史，以为万世之传。成之至难，理若有待。臣公亮诚惶诚恐，顿首顿首。

　　伏惟体天法道钦文聪武圣神孝德皇帝陛下有虞、舜之智而好问，躬大禹之圣而克勤。天下和平，民物安乐，而犹垂心积精，以求治要。日与鸿生旧学讲诵六经，考览前古，以谓商、周以来，为国长久，惟汉与唐而不幸接乎五代，衰世之士气力卑弱，言浅意陋，不足以起其文，而使明君贤臣俊功伟烈，与夫昏虐贼乱，祸根罪首，皆不得暴其善恶，以动人耳目。诚不可以垂劝戒、示久远，甚可叹也！乃因迩臣之有言，适契上心之所闵，于是刊修官翰林学士兼龙图阁学士、给事中、知制诰臣欧阳修，端明殿学士兼翰林侍读学士、龙图阁学士、尚书吏部侍郎臣宋祁，与编修官礼部郎中、知制诰臣范镇，刑部郎中、知制诰臣王畴，太常博士、集贤校理臣宋敏求，秘书丞臣吕

夏卿,著作佐郎臣刘羲叟等,并膺儒学之选,悉发秘府之藏,俾之讨论,共加删定。凡十有七年,成二百二十五卷。其事则增于前,其文则省于旧。至于名篇著目,有革有因;立传纪实,或增或损;义类凡例,皆有据依;纤悉网条,具载别录。臣公亮典司事领,徒费日月,诚不足以成大典。称明诏无任惭惧,战汗屏营之至。臣公亮诚惶诚惧,顿首顿首,谨言。

　　嘉祐五年六月日,提举编修推忠佐理功臣正奉大夫、尚书礼部侍郎、参知政事臣曾公亮上表。

# 跋

　　缪艺风前辈得南宋建安魏仲立所刊《新唐书》其后归于余友刘翰怡，版印极精。余既假得摄影。凡阙四十余卷，求之数年，卒无所遇。岁戊辰东渡，观书于静嘉堂文库。睹丽宋楼陆氏旧藏小字本，半页十四行、行二十五字，堪与《旧唐书》相耦，亟思印行。顾有残阙，然以天禄琳琅藏本，亦云行密字整。且诸家藏印，如李安诗、如钱唐梁氏、如梅谷款识，皆同私意，必可牉合，乃乞影携归。而故宫之书又已无存，复匄北平图书馆残帙补之，犹不足。适书肆以别一残宋本至，为商邱宋氏故物。视陆本每半页仅赢二行，行增四五字。喜其相近，亟留之。凡陆本所无及漫漶过甚者，均可搀配，然犹阙表之第八九卷。又原目亦仅存王页，不得已更缩刘本以足之。于是此书全为宋刻矣。陆氏本避讳及英宗止仪顾堂题跋，定为嘉祐进书时所刻，并北平配本存本纪十卷、志五十卷、表十三卷、列传一百十四卷。又子卷六其足以纠正殿本者，地理志第二十八，陕州陕郡夏县注下多"芮城"二字；又注"望武德二年以芮城河北永乐置芮州贞观元年州废以永乐隶鼎州芮城河北来属"三十三字；《艺文志》第五十，"卢受采集二十卷"句下，多"王适集二十卷乔知之集二十卷"十三字；又"崔液集十卷、张说集"下，多"二十卷苏颋集"六字。《宰相表》上第一，贞观四年二月甲寅珪为侍中节下，多"七月癸酉瑀罢为太子少傅"一行；又表下第三，"乾符元年十一月彦昭为门下侍郎节畋为中书侍"下，多"郎兼礼部尚书携为中书侍郎"十二字。列传第一，《则天顺圣皇后武氏传》凡言"变吏不得何诘"句，又《上官昭容传》"是时左右内职皆听出外不何止"句，"何"均不作"呵"。按《史记·秦本纪》太史公引贾生之言："陈利兵而谁何？"如淳注："何"犹

"问"也。是"何"字不误也。又第二十六《萧复传》"自杨炎卢杞放命"句，又第二十八《韦云起传》"御史大夫裴蕴怙宠放命"句，"放"均不作"妨"。按《尚书·尧典》："方命圮族。"孔疏：郑、王以"方"为"放"。谓放弃教命，是"放"字不误也。又第一百一十七《张巡传》"士日赋米一勺龁木皮齧纸而食"句，"齧"不作"齧"。按"齧"即"煮"字，见《周礼》。此正与上文"龁木皮"相应，是"齧"字不误也。又第一百四十六《下康传》"在那密水之阳东距何二百里"句，"何"不作"河"，与上文曰安、曰曹、曰石、曰米、曰何、曰火寻、曰戊地、曰史合，是"何"字不误也。至配入之宋氏本，凡三十有二卷。又子卷四，宋讳避至高宗止。其列传第二十三《马周传》"往贞观初率土霜俭"句，"霜"不作"荒"。按本纪，贞观元年八月，河南陇右边州霜。又旧书同年月亦云关东及河南、陇右、沿边诸州霜害秋稼，是"霜"字实不误。又第二十五《封伦传》"初窦建德援洛王将趣虎牢"句，"王"不作"阳王"，谓秦王与窦建德传合，是"王"字亦不误。又第七十六《关播传》"观察使皇甫政表其至以发帝怒"句，"表其至"不作"杀其侄"。按旧书亦言皇甫政表其到以发上怒，全无杀侄之事，是"表至"二字亦不误。又第一百四十五《新罗传》"且言往岁册故主俊邕为王母申太妃妻叔妃"句，"叔"不作"淑"。按"叔"为王妃之氏，与旧书合，是"叔"字亦不误。又第一百二十五《卢履冰传》"罔极者春秋祭祀以时思之君子有终身之忧之谓"句，不脱"之谓"二字，庶合诠解上文语意。又第一百四十六上《吐谷浑传》"帝欲徙其部于凉州之南山群臣议不同帝难之"句，不脱"不同帝"三字按徙诺曷钵之议本发自帝，群臣集议，各有所见，故帝难决，若无"不同帝"三字，则是建议在帝，决议在群臣，非当时之政体也。即此数则已远出殿本之上，又所补刘本方镇表书仅二卷，而殿本亦有甚大之疵缪见于其间。按福建漳、潮二州，于天宝十载改隶岭南经略使，殿本于乾元二年后忽增一页，由三年至十四年与本卷第四页全同，但改"载"字为"年"字。按本纪肃宗乾元二年后即为上元元年，又上元元年闰月己卯，大赦改元，旧书亦云乾元三年闰四月己卯改乾元为上元，是乾

元祇有二年,殿本不知何以衍此一页？年岁既差,事实亦复。即是以观,而殿本之不可尽信,可断言矣!

海盐张元济

# 旧 五 代 史

　　徐无党曰：凡诸国名号，《梁本纪》自封梁王，以后始称梁。《唐本纪》自封晋王，以后始称晋。自建国号唐以后始称唐，各从其实也。自传而下，于未封王建国之前，或称梁、称晋、称唐者，史官从后而追书也。唐尝称晋，而石敬瑭又称晋，李昪又称唐。刘龑已称汉，而刘旻又称汉。王建已称蜀，而孟知祥又称蜀。石晋自为一代，不待别而可知。唐、汉、蜀则加东南前后以别其世家梁初尝封沛东平南唐初尝称齐三号当时已不显著故皆略而不道五代乱世名号交杂而不常史家撰述随事为文要于理通事见而已览者得以详焉。

多罗质郡王臣永瑢等谨奏，为《旧五代史》编次成书，恭呈御览事。

臣等伏案薛居正等所修《五代史》，原由官撰，成自宋初，以一百五十卷之书，括八姓十三主之事，具有本末，可为鉴观。虽值一时风会之衰，体格尚沿于冗弱，而垂千古废兴之迹，异同足备夫参稽。故以杨大年之淹通，司马光之精确，无不资其赅贯，据以编摩，求诸列朝正史之间，实亦刘昫《旧书》之比。乃征唐事者并传天福之本，而考五代者惟行欧阳之书，致此逸文，浸成坠简。阅沉沦之已久，信显晦之有时。

钦惟我皇上绍绎前闻，网罗群典，发秘书而雠校，广四库之储藏。欣觏遗篇，因哀散帙，首尾略备，篇目可寻。经呵护以偶存，知表章之有待，非当圣世，曷阐成编。臣等谨率同总纂官右春坊右庶子臣陆锡熊、翰林院侍读臣纪昀，纂修官编修臣邵晋涵等，按代分排，随文勘订，汇诸家以搜其放失，胪众说以补其阙残，复为完书，可以缮写。

窃惟五季虽属闰朝，文献足征，治忽宜监。有《薛史》以综事迹之备，有《欧史》以昭笔削之严，相辅而行，偏废不可。幸遭逢乎盛际，得焕发其幽光，所裨实多，先睹为快。臣等已将《永乐大典》所录《旧五代史》，依目编辑，勒一百五十卷，谨分装五十八册，各加考证，粘签进呈，敬请刊诸秘殿，颁在学官。搜散佚于七百余年，广体裁于二十三史。著名山之录，允宜传播于人间；储乙夜之观，冀禀折衷于睿鉴。惟惭疏陋，伏候指挥，谨奏。

乾隆四十年七月

多罗质郡王臣永瑢

经筵日讲起居注官武英殿大学士臣舍赫德

经筵日讲起居注官文华殿大学士臣于敏中

工部尚书和硕额驸一等忠勇公臣福隆安

经筵讲官协办大学士吏部尚书臣程景伊

经筵讲官户部尚书臣王际华

经筵讲官礼部尚书臣蔡新

经筵讲官兵部尚书臣嵇璜

经筵讲官刑部尚书仍兼户部侍郎臣英廉

都察院左都御史臣张若溎

经筵讲官吏部左侍郎臣曹秀先

户部右侍郎臣金简

# 提　要

　　《旧五代史》一百五十卷，目录二卷。

　　臣等谨按：《旧五代史》一百五十卷并目录二卷，宋司空、同中书门下平章事薛居正等撰。考晁公武《读书志》云：开宝中，诏修梁、唐、晋、汉、周书，卢多逊、扈蒙、张澹、李昉、刘兼、李穆、李九龄同修，宰相薛居正等监修。《玉海》引《中兴书目》云：开宝六年四月戊申，诏修五代史。七年闰十月甲子，书成，凡百五十卷，目录二卷，为纪六十一，志十二，传七十七，多据累朝实录及范质《五代通录》为稿本。其后，欧阳修别撰《五代史记》七十五卷，藏于家，修殁，后官为刊印，学者始不专习《薛史》，然二书犹并行于世，至金章宗泰和七年，诏学官止用《欧阳史》，于是《薛史》遂微。元、明以来，罕有援引其书者，传本亦渐就湮没。惟明内府有之，见于《文渊阁书目》，故《永乐大典》多载其文，然割裂淆乱，已非居正等篇第之旧。恭逢圣朝，右文稽古，网罗放佚，零缣断简，皆次第编摩。臣等谨就《永乐大典》各韵中所引《薛史》，甄录条系排纂，先后检其篇第，尚得十之八九。又考宋人书之征引《薛史》者，每条采录，以补其阙，遂得依原书卷数，勒成一编，晦而复彰，散而复聚，殆实有神物呵护，以待时而出者。遭逢之幸，洵非偶然也。欧阳修文章远出居正等上，其笔削体例亦特谨严，然自宋时，论二史者即互有所主。司马光作《通鉴》，胡三省作《通鉴注》皆专据《薛史》而不取《欧史》。沈括、洪迈、王应麟辈，为一代博洽之士，其所著述，于薛欧二史亦多兼采而未尝有所轩轾。盖修所作，皆刊削旧史之文，意主断制，不肯以纪载丛碎自贬其体，故其词极工而于情事或不能详备，至居正等奉诏撰述，本在宋初，其时秉笔之臣尚多，逮事五代见闻较近，纪、传皆首尾完

具,可以征信,故异同所在,较核事迹,往往以此书为长,虽其文体平弱,不免叙次烦冗之病,而遗文琐事,反藉以获传,实足为考古者参稽之助。又,欧史止述司天、职方二考,而诸志俱阙,凡礼、乐、职官之制度,选举、刑法之沿革,上承唐典,下开宋制者,一概无征,亦不及《薛史》诸志为有裨于文献。盖二书繁简各有体裁,学识兼资,难于偏废。昔修与宋郊所撰《新唐书》,事增文省,足以括刘昫《旧书》,而昫书仰荷

皇上表章,今仍得列于正史,况是书文虽不及《欧史》,而事迹较备,又何可使隐没不彰哉?谨考次旧文,厘为《梁书》二十四卷,《唐书》五十卷,《晋书》二十四卷,《汉书》十一卷,《周书》二十二卷,《世袭列传》二卷,《僭伪列传》三卷,《外国列传》二卷,《志》十二卷,共一百五十卷,别为目录二卷。而搜罗排纂之意,则著于凡例,具列如左。乾隆四十年七月恭校上。

总纂官庶子臣陆锡熊
侍读臣纪昫
纂修官编修臣邵晋涵

# 编定旧五代史凡例

一、《薛史》原书体例不可得见，今考其诸臣列传，多云事见某书，或云某书有传，知其于梁、唐、晋、汉、周断代为书，如陈寿《三国志》之体，故晁公武《读书志》直称为诏修梁、唐、晋、汉、周书。今仍按代分编，以还其旧。

一、《薛史》本纪沿《旧唐书》帝纪之体，除授沿革，巨纤毕书。惟分卷限制为《永乐大典》所割裂，已不可考。详核原文，有一年再纪元者，如上有同光元年春正月，下复书同光元年秋七月，知当于七月以后别为一卷。盖其体亦仿《旧唐书》、《通鉴》尚沿其例也。今厘定编次为纪六十一卷，与《玉海》所载卷数符合。

一、《薛史》本纪俱全，惟《梁太祖纪》原帙已阙，其散见各韵者，仅得六十八条。今据《册府元龟》诸书征引《薛史》者，按条采掇，尚可荟萃。谨仿前人取《魏澹书》、《高氏小史》补《北魏书》之例，按其年月，条系件附，厘为七卷。

一、五代诸臣，类多历事数朝，首尾牵连，难于分析。欧阳修《新史》以始终从一者入梁、唐、晋、汉、周臣传，其兼涉数代者，则创立杂传归之，褒贬谨严，于史法最合。《薛史》仅分代立传，而以专事一朝及更事数姓者参差错列，贤否混淆，殊乖史体，此即其不及《欧史》之一端。因篇有论赞，总叙诸人，难以割裂更易，姑仍其旧，以备参考。得失所在，读史者自能辨之。

一、《后妃列传》，《永乐大典》中惟《周后妃传》全帙具存，余多残缺。今采《五代会要》、《通鉴》、《契丹国志》、《北梦琐言》诸书以补其阙，用双行分注，不使与本文相混也。

一、《宗室列传》，《永乐大典》所载颇多阙脱。今并据《册府元

龟》、《通鉴注》诸书采补，其诸臣列传中偶有阙文亦仿此例。

一、诸臣列传，其有史臣原论者，俱依论中次第排比，若原论已佚，则考其人之事迹，以类分编。

一、《薛史》标目，如李茂贞等称《世袭传》，见于《永乐大典》原文，其杨行密等称《僭伪传》，则见于《通鉴考异》。今悉依仿编类，以不其旧。

一、薛史诸志，《永乐大典》内偶有残缺。今俱采《太平御览》所引《薛史》增补，仍节录《五代会要》诸书分注于下，用备参考。

一、凡纪传中所载辽代人名、官名，今悉从《辽史索伦语解》改正。

一、《永乐大典》所载《薛史》原文，多有字句脱落，音义舛错者。今据前代征引《薛史》之书，如《通鉴考异》、《通鉴注》、《太平御览》、《太平广记》、《册府元龟》、《玉海》、《笔谈》、《容斋五笔》、《青缃杂记》、《职官分纪》、《锦绣万化谷》、《艺文类聚》、《记纂渊海》之类，皆为参互校订，庶臻详备。

一、史家所纪事迹，流传互异，彼此各有舛互。今据新、旧《唐书》、《东都事略》、《宋史》、《辽史》、《续通鉴长编》、《五代春秋》、《九国志》、《十国春秋》及宋人说部、文集与五代碑碣尚存者，详为考核，各加案语，以资辨证。

一、陶岳《五代史补》、王禹称《五代史阙文》，本以补《薛史》之阙，虽事多琐碎，要为有裨史学，故《通鉴》、《欧阳史》亦多所取。今并仿裴松之《三国志注》体例，附见于后。

一、《薛史》与《欧史》时有不合，如《唐闵帝纪》、《薛史》作明宗第三子，而《欧史》作第五子，考《五代会要》、《通鉴》并同《薛史》。又，《欧史·唐家人传》云：太祖有弟四人，曰克让、克修、克恭、克宁，皆不知其父母名号。据《薛史·宗室传》，则克让为仲弟，克宁为季弟，克修为从父弟、父曰德成，克恭为诸弟，非皆不知其父母名号。又，《晋家人传》止书出帝立皇后冯氏，考《薛史》纪传，冯氏未立之先，追册张氏为皇后，而《欧史》不载。又，张万进赐名守进，故《薛

史》本纪先书万进,后书守进,《欧史》删去赐名一事,故前后遂如两人。其余年月之先后,官爵之迁授,每多互异。今悉为辨证,详加案语,以示折衷。

一、《欧史》改修,原据《薛史》为本,其间有改易《薛史》之文而涉笔偶误者,如章如愚《山堂考索》论《欧史》载梁遣人至京师,纪以为朱友谦,传以为朱友谅;杨涉相梁,三仕三已,而岁月所具,纪载实异,至末年为相,但书其罢,而了不知其所入岁月;唐明宗在位七年余,而论赞以为十年类是也。有尚沿《薛史》之旧而未及刊改者。如吴缜《五代史纂误》讥《欧史·杜晓传》幅巾自废不当云十余年;《罗绍威传》牙军相继不当云二百年之类是也。今并各加辨订于本文之下,庶二史异同得失之故,读者皆得以考见焉。

# 跋

　　《宋史·太祖纪》：开宝六年四月戊申，诏修五代史。《玉海》：是年四月二十五日，诏：梁、后唐、晋、汉、周五代史，宜令参政薛居正监修，卢多逊、扈蒙、张澹、李穆、李昉等同修。至七年闰十月甲子，书成，凡百五十卷，目录二卷。其事凡记十四帝五十三年，为纪六十一，志十二，传七十七。《居正本传》则以监修《五代史》在开宝五年，王鸣盛已辨其误。晁氏《读书志》，同修者尚有刘兼、李九龄二人，或刊本结衔如是也。

　　其后，欧阳修以《薛史》繁猥失实，重加修定，藏于家。修殁后，朝廷闻之，取以付国子监刊行。按《宋史·选举志》：朱子议设诸经、子、史、时务各科，试士诸史，以《左传》、《国语》、《史记》、两汉为一科；三国、《晋书》、《南北史》为一科；新、旧《唐书》、《五代史》为一科。《唐书》兼举新、旧，而《五代史》仅举其一，维时《欧史》盛行，所指必非《薛史》。又，《金史·选举志》：学校以经、史、子课士，均指定当用之书，诸史则《史记》用裴骃注，《前汉书》用颜师古注，《后汉书》用李贤注，《三国志》用裴松之注。及唐太宗《晋书》、沈约《宋书》、萧子显《齐书》、姚思廉《梁书》、《陈书》、魏收《后魏书》、李百药《北齐书》、令狐德棻《周书》、魏徵《隋书》、新、旧《唐书》、新、旧《五代史》，皆国子监印之授诸学校。至章宗泰和七年十一月癸酉，诏新定学令内削去薛居正《五代史》，止用欧阳修所撰。按：金泰和七年，当宋宁宗开禧三年，为朱子殁后七年。窃意是时南朝先已摈废《薛史》，北朝文化自知不逮，故起而从其后，自是其书遂微。元九路分刊十七史，明南北监两刊二十一史，均不之及。《四库总目》谓：惟明内府有之，见于《文渊阁书目》。按：《阁目》字字号第三橱存《五代

史》十部，有册数，无卷数，不注新、旧。使悉为《薛史》，不应通行之《欧史》反无一存。且《薛史》刊本绝少，亦不应流传如是之夥；如谓兼而有之，更不应一无区别，颇疑《总目》所言误也。以余所知，明万历间，连江陈一斋有是书，所记卷数与《玉海》合，见《世善堂书目》。清初，黄太冲亦有之，见《南雷文定附录》，吴任臣书全谢山，谓其已毁于火。陈氏所藏，陆存斋谓嘉庆时散出，赵谷林以兼金求之，不可得，则亦必化为劫灰矣。然余微闻有人曾见金承安四年，南京路转运司刊本，故辑印之。始虽选用嘉业堂刘氏所刻，《大典》有注本，仍刊报搜访，冀有所获，未几，果有来告者，谓昔为歙人汪允宗所藏，民国四年三月售于某书估，且出其货。书记相视允宗，余故人也，方其在日，绝未道及，然余读其所记，谓所藏为大定刊本。<small>与上文所云承安微有不合，然相距不远，或一为鸠工之始，一为蒇事之期。</small>题《五代书》，不作《五代史》，较今本不特篇第异同甚多，即文字亦什增三四，且同时记所沾书凡七种，书名、版本均甚详，知其言为不虚。乃展转追寻，历有年所，迷离惝恍，莫可究诘。今诸史均将竣，事不得已，惟有仍用刘氏《大典》本，以观厥成。《大典》本者，余姚邵晋涵取《永乐大典》所引《薛史》，掇拾成文，不足，以《册府元龟》所引补之，均各记其所从出卷数。又不足，则取宋人所著如《太平御览》、《五代会要》、《通鉴考异》等书，凡数十种，或入正文，或作附注，亦一一载其来历。四库馆臣复加参订，书成，奏进，敕许颁行。最先刊者，为武英殿本，主其事者，尽削其所注，原辑卷数。彭元瑞力争，不从，而《薛史》真面不可复见。且原文凡涉契丹之戎夷、蕃胡、寇贼、虏敌、伪僭、酋首、凶丑及犬羊异类、腥膻膻幕、编发左衽、犯阙、盗据、猾夏、乱华等字，无一不改，一再失真，尤涉诬罾，久已为世诟病矣。同时有《四库全书》写本，近岁南昌熊氏，据以景印，稍免于已上诸弊。然仍有所芟削，刘本得诸甬东抱经楼，卢氏疑亦当时传录之本。所列附注，凡一千三百七十条；彼此对校，殿本少于刘本者，凡五百三十八条；库本少于刘本者，凡四百七十一条。虽殿本增于刘本者，有三十九条；库本亦三条，而以此方彼总不能不以刘本为较备。且刘本

卷七十一有《郑元素传》,库本阙;卷九十六有《淳于晏传》,殿本又阙;卷九十八《张砺传》,文字亦视殿、库二本为详;凡此皆足证刘本之彼善于此也。曩闻长洲章式之同年尝迻录孔荭谷校邵氏稿本,驰书乞假留案头者数月,悉心雠校,亦有异同。刘本有而孔本无者,三百八十一条;有而不全者二十三条;孔本有而刘本无者,六十五条。式之谓邵氏所辑不免偶误,馆臣有所增补改正。然亦未必能出于刘本之上,所惜者,刘氏校勘稍疏,间有讹夺。全书既成,当续辑校记,并取各本所增注文,别为补编,以臻完美。然余终望金南京路转运司刊本尚在人间,有出而与愿读者相见之一日也。

　　　　　　　　　　　　　　海盐张元济

# 新 五 代 史

## 新五代史记序

　　孟子曰："三代之得天下也以仁，其失天下也以不仁。"自生民已来，一治一乱，旋相消长，未有去仁而兴，积仁而亡者。甚哉，五代不仁之极也。其祸败之复殄灭剥丧之威，亦其效耳。夫国之所以存者，以有民，民之所以生者，以有君。方是时，上之人以惨烈自任，刑戮相高，兵革不休，夷灭构祸，置君犹易吏，变国若传舍。生民膏血涂草野，骸骼暴原隰。君民相视如髦蛮草木几何，其不胥为夷也。逮皇天悔祸，真人出宁，易暴以仁，转祸以德，民咸保其首领，收其族属，各正性命，岂非天邪。方夷夏相蹂，兵连乱结，非无忠良豪杰之士，竭谋单智以缓民之死，乃埋没而无闻矣。否闭极而泰道升，圣人作而万物睹。指挥中原，兵不顿刃。向之，滔天巨猾摇毒煽祸以害斯人者，蹈鼎镬斧锧之不暇，岂非人邪。天与人相为表里，和同于无间。圣人知天之所助，人之所归，国之所恃以为固者，仁而已。非特三代然也。尧舜之盛，唐汉之兴，秦隋之暴，魏晋之亡，南北之乱，莫不由此也。五代钜今百有余年，故老遗俗，往往垂绝，无能道说者。史官秉笔之士，或文采不足以耀无穷，道学不足以继述作，使五十

有余年间废兴存亡之迹。奸臣贼子之罪、忠臣义士之节不传于后世,来者无所改焉。惟庐陵欧阳公慨然以此自任,盖潜心累年,而后成书。其事迹实录详于旧记,而褒贬义例仰师春秋,由迁固而来,未之有也。至于论朋党宦女、忠孝两全、义子降服、岂小补哉,岂小补哉。

# 跋

　　此宋刊《五代史记》，朗、匡、贞、征、戌、让、煦慎、敦，皆阙末笔。卷十八《汉家人传》后有"庆元五年，鲁曾三异校定"一行，当为宁宗时刊本。此为建阳坊刻，书中时有讹夺，然佳处正复不少。宋吴缜《五代史纂误》于是书纠摘甚详。如《唐明宗纪・赞》"其即位时，春秋已高，不迩声色，不乐游畋。在位十年"，谓"明宗在位止七年七月，可强名八年，以为十年则误。"此本固作七年。《唐家人・皇后刘氏传》：同光二年四月己卯，皇帝御文明殿，遣使册刘氏为皇后。"谓按："《庄宗纪》乃是同光二年二月癸未立皇后刘氏，与此不同，未知孰是。"此本固作同光二年癸未，但脱去二月二字。《周臣传・赞》治君之用能，置贤知于近。"谓按："上下文意，此治君之用，当是治国之君，传写之误尔。"此本固作治国之君。义儿《李存孝传》："求救于幽州李斥威。斥威兵至。"谓按："《王熔传》乃是李匡威，作斥则非。"此本固作匡威。是可见此所从出之，本胜于吴氏所见。如谓曾氏据《纂误》改正，则吴氏所举甚多，何仅取此数条耶！他如《唐庄宗纪下》"降于李嗣源，嗣源入于汴州。"不脱下"嗣源"二字。《晋出帝纪》："如京使李仁廓，使于契丹。"如京下无"师"字。梁《家人・皇后张氏传》："天祐元年，后以疾卒。"天祐不误天福。晋《家人・高祖诸子传》："重胤郑王。"不误郑王。《宦者传》："汉琼西迎废帝于路，"路不误潞。《职方考》"秦、成、阶、凤四州，均蜀有。"不误汉有。南汉《刘铢世家》：铢喜曰："昭、桂、连、贺，本属湖南"。昭、桂不误韶、桂。皆与吴兰庭《五代史记纂误补》所订正者合。又《周太祖纪》"请立武宁军节度使赟为嗣。"武宁，不误泰宁。《唐家人・皇后刘氏传》"后嫁契丹突欲李赞华。"突欲，不误突厥。《康福传》："乃拜福凉州刺

史、朔方河西军节度使。"刺史下不脱朔方二字。《张彦泽传》:"败契丹于泰州",不误秦州。《司天考·二》:"天福五年十一月丁丑,月有食之。开运元年三月戊子,月有食之。显德三年十二月癸酉,月有食之。"均不误日食。《职方考》"衍州,周废。"不误周有。定州,梁有义武。不误义成。南唐《李景世家》"始改名景,"不误璟。闽《王审知世家》"唐以福州为威武军"。不误武威。皆与钱大昕《廿二史考异》所订正者合。又《梁太祖纪·一》"天子复位。"不误复立。《纪二》"赦流罪以下囚。"不误以下因。《梁末帝纪》"刘郭为兖州安抚制置使,以讨之。"制置下不脱使字。《唐家人·太祖诸子传》"以兵围其第,而诛之。"不误族之。《郭崇韬传》"彦章围之。"不误图之。《苏逢吉传》"狱上中书。"不误狱中上书。楚《马希范世家》"开府承制,"不误开封。皆与王鸣盛《十七史商榷》所订正者合。

　　此外尚有武英殿本及各本之讹误,前人皆未觉察,亦赖有此本,始得考见者。如《梁太祖纪·二》注:"克丹州,无主将姓名"。不脱克字。按若无克字,则似谓丹州无主将姓名,而正文之首恶王行思,为不可通矣。《周世宗纪》"杀左羽林大将军孟汉卿。"不误汉琼。按《旧五代史·本纪》亦作汉卿。又武英殿本考证:"监本脱琼字,今增。"正是则此。琼字,为馆臣所增。又及见淤口关止置寨,不误上置。按世宗下三关,瓦桥、益津二关皆建为州,惟淤口关则但置寨,故以作止为是。《郭崇韬传》"梁兵日掠澶相,取黎阳、卫州。"不脱取字。按本书《梁末帝纪》"龙德二年八月,段凝攻卫州,执其刺史李存儒。"《旧五代史·梁末帝纪下》"龙德二年八月,段凝、张朗攻卫州,下之。"盖卫州本属唐,此时为梁所夺。故当有取字。《周德威传》"以功迁衙内指挥使。"《袁建丰传》"明宗为衙内指挥使。"《义儿·李嗣昭传》"为衙内指挥使。"均不误内衙。按唐末至宋初,各镇将多以亲子弟为衙内官,宋代尚有某衙内之称,其明证也。《张延朗传》"以租庸吏为郓州粮料使。"不作租庸使。按下文"梁兴,始置租庸使,领天下钱谷。"是租庸使为掌度支最高之职,似无降为郓州粮料使之理,则当以租庸吏为是。《张敬达传》"自雁门入,旌旗相属五十

余里"。五十不误五千。按：此为契丹救太原之师，由雁门至太原，安得有五千里之遥？又按《四夷附录一》："九月契丹出雁门，车骑连亘数十里，将至太原。"知不当作五千矣。《李罕之传》："遣子颢送于梁，以乞兵。"不作遣子颀。按：下文"罕之子名颢者，早留于晋。罕之背晋归梁，晋王几欲杀颢。"则是往梁乞兵者，必是颢非颀无疑。《袁象先传》："末帝即遣人之魏州，以谋告杨师厚。师厚遣裨将王舜贤至洛阳叠见。"师厚二字，按：如不叠见，则似末帝径自遣王舜贤至洛阳矣。《高行周传》："契丹灭晋，留萧翰守汴，翰又弃去。"不脱下翰字。按：如无下翰字，则似契丹将汴弃去矣。《史圭传》："为宁晋、乐寿县令。"宁晋不误晋宁。按：宁晋与乐寿在唐时同属河北，道地望相近，《新唐书》昆州有县四：晋宁居其一。然昆州在蛮州之列，隶戎州都督府。且《旧唐书》又作普宁，则作晋宁者非矣。南平《高季兴世家》：季兴因请夔、忠等州为属郡。"属不误蜀。按：属郡谓以夔、忠等州为己所属之郡也，作蜀者非。《南汉世家》篇末注："皇朝开宝四年。"不误"宋开宝。东汉《刘承钧世家》："太祖皇帝尝因界上谍者。"《继元世家》："太祖皇帝以诏书招继元出降"。又"太祖皇帝命引汾水浸其城。"又"太宗皇帝御城北高台受降。"均不脱皇帝二字。此盖未经后人删改，犹足考见。欧徐原文以上诸条，仅及一、二，其他疵类，殆不胜举，他日当别为详录以资考证。卷首序目原有，阙页改用北宋残本。卷三十五第九页、卷五十九第九页、卷六十第三四页、卷六十二第四页、卷七十四第六至十七页，均写补，附识于此。

海盐张元济

# 宋　史

## 进宋史表

　　开府仪同三司、上柱国、录军国重事、中书右丞相、监修国史、领经筵事、提调宣政院大医院广惠司事<sub>臣阿鲁图</sub>等言：窃惟周公念先业之艰难，《七月》之诗是作；孔子论前王之文献，二代之礼可言。故观赵氏隆替之由，足见皇元混一之绩。钦惟世祖圣德神功文武皇帝，初由宗邸，亲总大军，龙旗出指于离方，羽葆归登于乾御。栉风沐雨，讵辞跋履之劳；略地攻城，咸遵禀授之算。扬舲而平江、汉，卷甲而克襄、樊粪行吊伐之师，昭受宠绥之寄。及夫收图书于胜国，辑 齚 嘊于神京，拔宋臣而列政涂，载宋史而归秘府。然后告成郊庙，锡庆臣民，推大赍以惟均，示一统之无外。枢庭偃武，既编戡定之勋，翰苑摛文，寻奉纂修之旨。事机有待，岁月易迁，累朝每切于继承，多务未遑于制作。

　　臣阿鲁图等诚惶诚惧顿首顿首，钦惟皇帝陛下恢弘至道，绍述丕谟。性行前言，乐讨论于古训。祖功宗德，思扬厉于耿光。惟我朝大启基图，彼吴会后归版籍，视金源其未远，轴石室以具存，及兹累洽之时，成此弥文之典。命臣阿鲁图、左丞相<sub>臣别儿怯不花</sub>领史事，

前右丞相臣脱脱为都总裁，平章政事臣帖睦尔达世、御史大夫臣惟一、翰林学士承旨臣起岩、臣玄、治书侍御史臣好文、礼部尚书臣沂、崇文太监臣宗瑞为总裁官，平章政事臣纳麟、臣伯颜、前中书右丞臣达世贴睦迩、左丞臣守简、参议臣岳柱、臣拜住、臣陈思谦、郎中臣斡栾、臣孔思立等协恭董治，史官工部侍郎臣斡玉伦徒、秘书卿臣泰不华、太常金院臣杜秉彝、翰林直学士臣宋褧、国子司业臣王思诚、臣汪泽民、集贤待制臣干文传、翰林待制臣张瑾、臣贡师道、宣文阁鉴书博士臣麦文贵、监察御史臣余阙、太常博士臣李齐、翰林修撰臣刘闻、太医院都事臣贾鲁、国子助教臣冯福可、太庙署令臣陈祖仁、西台御史臣赵中、翰林应奉臣王仪、臣余贞、秘书著作佐郎臣谭慥、翰林编修臣张翥、国子助教臣吴当、经筵检讨臣危素编劘分局，汇粹为书。起自东都，迄于南渡，纪载余三百载，始终才一再期。

考夫建隆、淳化之经营，景定、咸平之润色，庆历、皇祐以忠厚美风化，元丰、熙宁以聪明紊宪章，驯致绍圣纷纭，崇宁荒乱，治忽昭陈于方山，操存实本于宫庭。若乃建炎、绍兴之图回，乾道、淳熙之保乂。正直用则人存政举，邪佞进则臣辱主忧。光、宁之朝，仅守宗社，理、度之世，日蹙封疆。顾乃拘信使以渝盟，纳叛臣而侵境，由奸权之擅命，启事衅以召兵。厥后瀛国归朝，吉王航海，齐亡而访王蠋，乃存秉节之臣，楚灭而谕鲁公，堪矜守礼之国。

载惟真元之会合，属当泰道之熙明，众言肴乱于当时，大谊昭宣于今日。矧先儒性命之说，资圣代表章之功，先理致而后文辞，崇道德而黜功利，书法以之而矜式，彝伦赖是而匡扶。虽微董狐直笔之可称，庶逃司马寡识而轻信。至若论其有弊，亦惟断以至分。大概声容盛而武备衰，论建多而成效少。且辞之烦简以事，而文之今古以时，旧史之传述既多，杂记之搜罗又广，于是参是非而去取，权丰约以损增，事严敢计于疾徐，日积亦虞于玩愒。

臣阿鲁图等忝司当揆，实预提纲，周询在局之言，靡不究心乃职，第述作之才有限，而报效之志无穷。傥垂清熙之观，尚助缉熙之益。曰若帝尧，曰若帝舜，惟圣心稽古之功，监于有夏，监于有殷，乃

臣子告君之道。谨撰述本纪四十七卷、志一百六十二卷、表三十二卷,列传世家二百五十五卷,装潢四百九十二帙,随表尘献以闻。下情无任惭惧战汗、屏营之至。臣阿鲁图等诚惶诚惧顿首顿首谨言。至正五年十月二十一日开府仪同三司、上柱国、录军国重事、中书右丞相、监修国史、领经筵事、提调宣政院太医院广惠司事臣阿鲁图等上表。

# 修史官员

### 领三史

开府仪同三司、上柱国、录军国重事、中书右丞相、监修国史领经筵事、提调宣政院太医院广惠司事臣阿鲁图。开府仪同三司、上柱国、录军国重事、中书左丞相领经筵事、提调宁徽寺事臣别儿怯不花

### 都总裁

开府仪同三司、上柱国、录军国重事、前中书右丞相、监修国史领经筵事都总裁臣脱脱

总裁：银青荣禄大夫、中书平章政事、知经筵事臣帖睦尔达世

银青荣禄大夫御史大夫知经筵事臣贺惟一

翰林学士承旨荣禄大夫知制诰兼修国史臣张起岩

翰林学士承旨荣禄大夫知制诰兼修国史臣欧阳玄

嘉议大夫治书侍御史臣李好文

中大夫礼部尚书臣王沂

正议大夫崇文太监检校书籍事臣杨宗瑞史官：

嘉议大夫工部侍郎臣斡玉伦徒

太中大夫秘书卿臣恭不华

通议大夫金太常礼仪院事臣杜秉彝

翰林直学士亚中大夫知制诰同修国史兼经筵事臣宋褧

朝请大夫国子司业臣王思诚

集贤待制朝请大夫臣干文传

朝列大夫国子司业臣汪泽民

翰林待制奉议大夫兼国史院编修官臣张瑾

宣文阁鉴书博士奉训大夫臣麦文贵

翰林待制奉训大夫兼国史院编修官臣贡师道

奉训大夫太常博士臣李齐

承德郎监察御史臣余阙

翰林修撰儒林郎同知制诰兼国史院编修官臣刘闻

承务郎太医院都事臣贾鲁

承直郎国子助教臣冯福可

儒林郎陕西诸道行御史台监察御史臣赵中

承德郎太庙署令臣陈祖仁

应奉翰林文字文林郎同知制诰兼国史院编修官臣王仪

应奉翰林文字文林郎同知制诰兼国史院编修官臣余贞

登仕郎秘书监著作佐郎臣谭慥

翰林国史院编修官臣张翥

国子助教臣吴当

经筵检讨臣危素


**提调官**

光禄大夫中书平章政事臣纲麟

荣禄大夫中书平章政事知经筵事

翰林学士承旨光禄大夫知制诰兼修国史知经筵事前中书右丞
臣达世贴睦迩

资德大夫中书左丞臣董守简

资德大夫参议中书省事臣岳柱

朝请大夫参议中书省事臣拜住

奉议大夫参议中书省事臣陈思谦

通议大夫兵部尚书臣李献

通议大夫工部尚书臣路希贤

太中大夫吏部尚书臣何执礼

朝列大夫户部尚书臣赛因不花

嘉议大夫中书左司郎中臣韩栾

亚中大夫中书左司郎中臣孔思立

承德郎刑部侍郎臣全普俺撒里

朝列大夫中书右司员外郎臣不颜不花

左司员外郎臣实礼门

奉议大夫中书左司员外郎臣白浚

奉直大夫礼部郎中臣逯鲁曾

奉训大夫中书右司都事臣野仙

朝请大夫中书右司都事臣郑衍

奉政大夫中书左司都事臣毕珵

中议大夫中书左司都事臣陈仲端

奉直大夫中书左司都事臣许从宣

皇帝圣旨重表。中书省据辽金宋三史总裁官呈：照得近奉都堂钧旨，委自提调缮写宋史刻板正本今已毕功，理合比依辽、金二史，从都省闻奏定夺，指定行省去处，刊刻印造，传之方来。窃照元修史官翰林编修张翥，国子助教吴当二人。深知宋书事理，如蒙差委赍书前往所指去处，监临刊刻，至于锓梓之际，倘或工匠笔画差讹，就便正是，似为便宜。具呈照详。得此，都省除已差史官翰林应奉张翥驰驿赍《宋史》净藁前去，委自本省文资正官、首领官、儒学提举各一员，不妨本职提调，与差去官精选高手人匠，就用赍去净藁，依式镂板，不致差讹，所用工物本省贡士庄钱内应付，如果不敷，不以是何钱内放支，年终照算仍禁约合属，毋得因而一概动扰违错，工毕，用上色高纸印造一百部，装潢完备，差官赴都解纳外，合行移咨，请照验，依上施行，先具依准咨来，须至咨者，右咨浙江等处行中书省至正六年月日。

## 行省提调官

光禄大夫江浙等处行中书省平章政事臣达世贴睦迩

江浙等处行中书省平章政事臣忽都不花

资善大夫江浙等处行中书省左丞臣韩涣

江浙等处行中书省参知政事臣撒马笃

江浙等处行中书省参知政事臣杨惟恭

朝列大夫江浙等处行中书省左右司郎中臣岛剌沙

奉直大夫江浙等处行中书省左右司郎中臣崔敬

奉训大夫江浙等处行中书省左右司员外郎臣赫德尒

奉政大夫江浙等处行中书省左右司员外郎臣郑璠

承德郎江浙等处行中书省左右司都事臣徐盎

承务郎江浙等处行中书省左右司都事臣马黑麻

承务郎江浙等处行中书省左右司都事臣李琰

掾史臣赵谦许恒敬宣使臣堵简

## 杭州路提调官
中议大夫杭州路总管兼管内劝农事知渠堰事臣赵琏

## 儒司提调官
承务郎江浙等处儒学副提举臣李祁

## 监督儒官
温州路永嘉书院山长臣钱惟演

嘉兴路儒学正臣应才

杭州路仁和县儒学教谕臣刘元

杭州路儒学训导臣黄常臣姚安道

# 跋

　　《宋史》为全史中之最巨者,目录三卷,正书四百九十六卷。成于元世祖至正五年,翌岁下杭州路雕板陆存斋仪顾堂。题跋称其所藏元本每页二十行,每行二十字,版心中间。纪、志、表、传各为卷第。鱼尾上左宋史几,右字数。鱼尾下左写人姓名,右刻工姓名。至正中,杭州刻本是书初刊祖本。也不知元刊祖本每叶二十行,而字数则每行各二十,有二版心。鱼尾上有纪、志、表、传等字及字数,其下刻工姓名。均或记或不记,无宋史几及写人姓名。旧藏内阁大库,今归北平图书馆。当未出时,世无知者,故每以明成化本当之。桂阳朱英总督两广军务时,得漳浦陈布政家抄本,复于浙中得善本以补其阙,成化十六年刊成,有英自序。市估辄去之以冒元刻,不知者每为所绐。嘉靖六年,锦衣卫间住沈麟奏准校勘史书、礼部行文、南京国子监以祭酒张邦奇、司业江汝璧任校修之役,同时差取广东原刻宋史付监。按《南雍志·经籍考》:宋史好板七千七百零四面,裂破模糊板二千零四十三面,失者一百二十七面。今明监本间有板心无小字或小字黑质白章者,皆监中补刻之板。仪顾堂题跋谓:成化本以元本翻雕者,盖误以初刻为元板,补刻为本板也。大库元板存者仅四之一余,初意诸家藏目多收元本,必可补完,迨往踪迹所误,悉如陆氏。无已,乃以成化初刻本充之,虽逊一筹而佳处亦非他板所可几及。本纪卷三十三,孝宗纪不脱,第八页亦不复出卷三十三之第九页,钱晓征、陆存齐均详言之,无待覆述其他足以纠订殿本及他本之讹夺者,尤指不胜屈也,进而言,元本则列传第五十一《田况传》"保州云翼军杀州吏据城叛,诏况处置之句,"处"字下比殿本多四百字,而成化本适满一页完善无阙;又第一百八十八《张栻传》

"卒时年四十有"八句"有"字下比殿本多四百有四字,成化本亦无之,然"有"字下全为墨板,实预留访得补刻之地,殿本则增入八字改作完语以自掩其不全之迹。是更可见至正、成化二本之胜,而殿本尽沿监本之讹,不加审慎,亦可征矣。昔人讥宋史最为芜冗,余谓其宗室世系表泛抄玉牒尤属无用,然覆刻与重修不同,既为原书本文只可悉仍旧贯表第三十二,此所影者为成化本,以依元抄本校之,增得一页今附卷末,以留真面。表中人名半属奇字有不可以常理度者,殿本每加改窜,期于易识,殊韦名从主人之例印板漫漶点画致,多不全此。亦悉存原迹,不敢稍有变易阙疑之,慎窃愿勉焉。

　　　　　　　　　　　　　海盐张元济

# 辽　　史

## 圣　旨

　　至正三年三月十四日，笃怜帖木儿怯薛第三日，咸宁殿里有时分，速古儿赤江家奴、云都赤蛮子、殿中俺都剌哈蛮、给事中孛罗帖木儿等有来，脱脱右丞相、也先帖木儿平章、铁睦尔达世平章、太平右丞长仙参议、孛里不花郎中、老老员外郎、孛里不花都事等奏：辽金宋三国史书不曾纂修来，历代行来的事迹合纂修成书有俺商量来。如今选人将这三国行来的事迹交纂修成史，不交迟滞。但凡合举行事理，俺定拟了呵。怎生奏呵，奏圣旨那般者。

　　三月二十八日，别儿怯不花怯薛第二日，咸宁殿里有时分，速古儿赤不颜帖木儿、云都赤蛮子、殿中俺都剌哈蛮、给事中孛罗帖木儿等有来，脱脱右丞相、也先帖木儿平章、铁睦尔达世平章、太平右丞、吴参政、贾术丁参议、长仙参议、韩参议、别里不花郎中、王郎中、老老员外郎、孔员外郎、观音奴都事、孛里不花都事、杜都事、直省舍人仓赤也先、蒙古必阇赤锁住、都马等奏：昨前辽金宋三国行来的事迹，选人交纂修成史书者麽道奏了来。这三国为圣朝所取制度、典章、治乱兴亡之由，恐因岁久散失，合遴选文臣，分史置局，纂

修成书，以见祖宗盛德得天下辽金宋三国之由，垂鉴后世，做一代盛兴。交翰林国史院分局纂修，职专其事。集贤、秘书、崇文并内外诸衙门里，著文学博雅、才德修洁，堪充的人每斟酌区用。纂修其间，予夺议论，不无公私偏正，必须交总裁官质正是非，裁决是否。遴选位望老成，长于史才，为众所推服的人交做总裁官。这三国实录、野史、传记、碑文、行实，多散在四方，交行省及各处正官提调，多方购求，许诸人呈献，量给价直，咨达省部，送付史馆，以备采择。合用纸札、笔墨，一切供需物色，于江西、湖广、江浙、河南省所辖各学院并贡士庄钱粮，除祭祀、廪膳、科举、修理存留外，都交起解将来，以备史馆用度。如今省里脱脱右丞相监修国史做都总裁。交铁睦尔达世平章、太平右丞、张中丞、欧阳学士、吕侍御、揭学士做总裁官。提调官，省里交也先帖木儿平章、吴参政，枢密院里塔失帖木儿同知、姚副枢，台里狗儿侍御、张治书、贾木丁参议、长仙参议、韩参议、右司王郎中、左司王郎中、老老员外郎、孔员外郎、观音奴都事、杜都事，六部各委正官并首领官提调。其余修史的凡例、合行事理，交总裁官、修史官集议举行呵。怎生奏呵，奉圣旨那般者。

# 进辽史表

　　开府仪同三司、上柱国、录军国重事、中书右丞相、监修国史、领经筵事臣脱脱言：窃惟天文莫验于玑衡，人文莫证于简策。人主监天象之休咎，则必察乎玑衡之精；监人事之得失，则必考乎简策之信。是以二者所掌，俱有太史之称。然天道幽而难知，人情显而易见。动静者吉凶之兆，敬怠者兴亡之机。史臣虽述前代之设施，大意有助人君之鉴戒。

　　辽自唐季，基于朔方。造邦本席于干戈，致治能资于黼黻。敬天尊祖，而出入必祭；亲仁善邻，而和战以宜。南府治民，北府治兵。春狩省耕，秋狩省敛。吏课每严于刍牧，岁饥屡赐乎田租。至若观市赦罪，则吻合六典之规；临轩策士，则恪遵三岁之制。享国二百一十九载，政刑日举，品式备具，盖有足尚者焉。迨夫子孙失御，上下离心。骄盈盛而衅隙生，谗贼兴而根本蹷。变强为弱，易于反掌。呼！可畏哉！

　　天祚自绝，大石苟延。国既丘墟，史亦芜弗。耶律俨语多避忌，陈大任辞乏精详。《五代史》系之终篇，宋旧史牏诸载记。予夺各徇其主，传闻况失其真。我世祖皇帝一视同仁，深加愍恻。尝敕词臣撰次三史，首及于辽。六十余年，岁月因循，造物有待。

　　臣脱脱诚惶诚恐顿首，钦惟皇帝陛下，如尧稽古而简宽容众，若舜好问而浚哲冠伦。讲经兼诵乎祖谟，访治旁求乎往牒。兹修史事，断自宸衷。睿旨下而征聘行，朝士贺而遗逸起。于是命臣脱脱以中书右丞相领都总裁，中书平章政事臣或陆尔达世、中书右丞今平章政事臣贺惟一、御史中丞今翰林学士承旨臣张起岩、翰林学士臣欧阳玄、侍御史今集贤侍讲学士兼国子祭酒臣吕思诚、翰林侍讲学士臣揭

偰斯奉命为总裁官。中书遴选儒臣宗文太监今兵部尚书臣廉惠山海牙、翰林直学士臣王沂、秘书著作佐郎臣徐昺、国史院编修官臣陈绎曾分撰《辽史》。起至正三年四月，迄四年三月。发故府之楗藏，集遐方之瓯献，搜罗剔抉，删润研劘。纪志表传，备成一代之书；臧否是非，不迷千载之实。臣脱脱叨承隆寄，幸睹成功。载宣日月之光华，愿效涓埃之补报。我朝之论议归正，气之直则辞之昌；辽国之君臣有知，善者喜而恶者惧。所撰本纪三十卷、志三十一卷、表八卷、列传四十六卷，各著论赞，具存体裁，随表以闻。上尘天览，下情无任惭惧战汗屏营之至。臣脱脱诚惶诚惧顿首顿首谨言。

至正四年三月日，开府仪同三司、上柱国、录军国重事、中书右丞相、监修国史、领经筵事臣脱脱上表。

# 三史凡例

一、帝纪

三国各史书法，准《史记》、《西汉书》、《新唐书》。各国称号等事，准《南》、《北史》。

一、志

各史所载，取其重者作志。

一、表

表与志同。

一、列传

后妃、宗室、外戚、群臣、杂传。

人臣有大功者，虽父子各传。余以类相从，或数人共一传。

三国所书事有与本朝相关涉者，当禀。金宋死节之臣，皆合立传，不须避忌。其余该载不尽，从总裁官与修史官临文详议。

一、疑事传疑，信事传信，准《春秋》。

# 修史官员

### 都总裁
开府仪同三司、上柱国、录军国重事、中书右丞相、监修国史、领经筵事臣脱脱。

### 总裁官
光禄大夫、中书平章政事、知经筵事、提调都水监臣睦尔达世。
荣禄大夫、中书平章政事、知经筵事臣贺惟一。
翰林学士承旨、荣禄大夫、知制诰兼修国史臣张起岩。
翰林学士、资善大夫、知制诰、同修国史臣欧阳玄。
集贤侍讲学士、通奉大夫兼国子祭酒臣吕思诚。
翰林侍讲学士、中奉大夫、知制诰、同修国史、同知经筵事臣揭傒斯

### 纂修官
正议大夫、兵部尚书臣廉惠山海牙。
翰林直学士、朝请大夫、知制诰、同修国史兼经筵官臣王沂。
文林郎、秘书监著作佐郎臣徐昺。
将仕佐郎、翰林、国史院编修官臣陈绎曾。

### 提调官
资德大夫、中书右丞臣伯彦。
荣禄大夫、中书左丞臣姚庸。
奉议大夫、参议中书省事臣长仙。

通议大夫、参议中书省事臣吕彬。

朝散大夫、中书右司郎中臣悟良哈台。

嘉议大夫、中书左司郎中臣赵守礼。

亚中大夫、中书左司员外郎臣契哲笃。

亚中大夫、中书省左司员外郎臣何执礼。

儒林郎、右司都事臣观音奴。

奉议大夫、左司都事臣乌古孙良桢。

嘉议大夫、礼部尚书臣王守诚。

中宪大夫、工部尚书臣丁元。

奉议大夫、礼部侍郎臣老老。

嘉议大夫、礼部侍郎臣杜秉彝。

# 跋

　　《辽史进史表》，是史成于至正四年三月，先于《金史》者八月。按元刻《金史》卷首有江浙等处行中书省准中书省至正五年四月十三日咨文：去年教纂修辽、金、宋三代史书，即目辽金史书纂修了，有"如今将这史书令江浙、江西二省开板"等语，是辽金二史必同时镌刻。然以此刊本与北平图书馆所藏初刻《金史》相较，字体绝异，刻工姓名亦无一相合，而与涵芬楼所补之五十五卷较，则字体相类，刻工姓名同者亦有四十六人，是此决非初刻无疑。然偏观海内外所存《辽史》，只有此本，是否别有初刻，殊难言也。

　　是本刊版粗率，讹字亦多。如"廷"之误"延"，"宫"之误"官"，"徙"之误"徒"，"萧"之误"箫"及"肃"，几成通病。其他讹舛，亦指不胜屈。然究是最古之本，足以校正后出诸本者，犹自不少。

　　《本纪》第十八，重熙二年，"即遣兴圣宫使耶律寿宁、给事中知制诰李奎充祭奠使"句，诸本均作"辽遣延昌宫使"；又"以耶律实、高升、耶律迪、王惟允充两宫贺宋生辰使副"句，诸本于第一人均作"耶律楚"。余所见数本，是叶均极漫漶，疑明代重刻所据之本，此数字亦不可辨，故辄取他宫以实耶律寿宁所居之职，同时改"即"字为"辽"字，然《辽史》自称为辽，语气亦殊不合。至"实"字则匡廓微存，故揣为形似之"楚"字，而不知亦非其人。

　　又志第十六《百官志》二"五国部"后有"以上四十九节度为小部族"一行。南监本行格犹存，文字已佚；而北监及武英殿本则并此空行去之。按上文"大部族"、"小部族"两者并举，"四大王府"后有"已上四大王府为大部族"一语总结上文，使"四十九节度"后无此一语，则文理为不完矣。

又志第三十一《刑法志》下，"伶人张隋本宋所遣汋者"。按《周礼·秋官》"掌士之八成，一日邦汋"。郑氏注：斟酌，盗取国家密事，若今时刺探。尚书事张隋为宋遣至辽之间谍，"汋者"取义盖本于此。明人覆刻，不加深究，竟认为残缺之"的"字，妄补数笔，而文义遂不可通。犹不止此。

本纪第八保宁三年，"又以潜邸给使者为挞马部，置官堂之"。"堂"必"掌"字之误，而诸本竟改为"主"字矣。志第三十一，"辽二百余年，骨肉屡相残灭"。"屡"字仅存半形，然细辨实非他字，而诸本又改为"自"字矣。

本纪第十九，重熙十三年"诏富者遣行，余留屯疑天德军"，诸本"疑"作"田"。又第二十，重熙十九年"敌鲁疑遣六院军将海里击败之"，诸本"疑"作"古"。又第二十一，重熙二十四年，"百僚上表固疑，许之"，诸本"疑"作"请"。又第二十四，大安元年，"以枢密直学士杜公疑参知政事"，诸本"疑"作"谓"。志第二《行营》，"长城以南多疑多暑"，诸本"疑"作"雨"；"隋契丹十部：元魏疑，莫勿贺勿于畏高丽、蠕蠕侵逼"，诸本"疑"作"末"。又第四《兵卫志》上四年，"疑亲征渤海"，诸本"疑"作"又"。以上七"疑"字，殆锓板之时，原书本文俱已损佚，究为何字，不敢臆断，故著一"疑"字以代之。此在宋刊南北诸史多有其例，但彼则旁注小字，此则列入正文，后人疏忽，断为讹字，任意改窜，不知妄作，殊失阙疑之意矣。

此在元刊诚非精本，然求较胜者竟不可得，瑕不掩瑜，故犹取焉。

海盐张元济

# 金　史

## 进金史卷表

　　开府仪同三司、上柱国、录军国重事、中书右丞相、监修国史、领经筵事、提调太医院广惠司事臣阿鲁图言：

　　窃惟汉高帝入关，任萧何而收秦籍；唐太宗即祚，命魏徵以作隋书。盖历数归真主之朝，而简编载前代之事，国可灭史不可灭，善吾师恶亦吾师。矧夫典故之源流，章程之沿革，不披往牒，曷蓄前闻。

　　维此金源，起于海裔，以满万之众，横行天下；不十年之久，专制域中。其用兵也如纵燎而乘风，其得国也若置邮而传令。及熸兴于礼乐，乃焕有乎声明。尝循初而讫终，因考功而论德。非武元之英略，不足以开九帝之业、非大定之仁政，不足以固百年之基。天会有吞四海之势，而未有壹四海之规；明昌能成一代之制，而亦能坏一代之法。海陵无道，自取覆败；宣宗轻动，曷济中兴。迨未浚郊多垒之秋，汝水飞烟之日，天人属望，久有在矣；君臣守义，盖足取焉。

　　我太祖法天启运圣武皇帝，以有名之师，而释奕世之忿；以无敌之仁，而收兆民之心。劲卒捣居庸关，北扼其背；大军出紫荆口，

南扼其吭。指顾可成于俊功，操纵莫窥于庙算，惩彼取辽之暴，容其涉河以迁。太宗英文皇帝席卷云、朔，而徇地并、营，囊括赵、代，而传檄齐、鲁，灭夏国以蹴秦、巩，通宋人以逼河、淮。睿宗仁圣景襄皇帝冒万险，出饶风，长驱平陆；战三峰，乘大雪，遂定中原。

太阳出而爝火熄正音作而众乐废。爰及世祖圣德神功文武皇帝，恢弘至化，劳来遗黎。燕地定都，撤武灵之旧址；辽阳建省，抚肃慎之故墟。于时张柔归金史卷于其先，王鹗辑金事于其后。是以纂修之命，见诸敷遗之谋，延祐申举而未遑，天历推行而弗竟。

臣阿鲁图诚惶诚惧，顿首顿首，钦惟皇帝陛下缉熙圣学，绍述先猷，当邦家间暇之时，治经史讨论之务。念彼泰和以来之事迹，涉我圣代初兴之岁年。太祖受帝号于丙寅，先五载而朱凤应；世皇毓圣质于乙亥，蚤一岁而黄河清。若此贞符，昭然成命。第以变故多而旧史阙，耆艾没而新说讹，弗折衷于大朝，恐失真于他日。于是圣心独断，盛事力行，申命臣阿鲁图以中书右丞相、臣别儿怯不花以中书左丞相领三史事，臣脱脱以前中书右丞相仍都总裁，臣御史大夫帖睦尔达世、臣中书平章政事贺惟一、臣翰林学士承旨张起岩、臣翰林学士欧阳玄、臣治书侍御史李好文、臣礼部尚书王沂、臣崇文太监杨宗瑞为总裁官，臣江西湖东道肃政廉访使沙剌班、臣江西湖东道肃政廉访副使王理、臣翰林待制伯颜、臣国子博士费著、臣秘书监著作郎赵时敏、臣太常博士商企翁为史官，集众技以责成书，停奏篇以览近监。臣阿鲁图仰承隆委，俯竭微劳。绸石室之文，诚乏司马迁之作；献金镜之录，愿据张相国之忠。谨撰述本纪十九卷、志三十九卷、表四卷、列传七十三卷、目录二卷，装潢成一百三十七帙，随表以闻，上尘天览，无任惭愧战汗屏营之至。

臣阿鲁图诚惶诚惧，顿首顿首谨言。

至正四年十一月日开府仪同三司、上柱国、录军国重事、中书右丞相、监修国史、领经筵事、提调太医院广惠司事臣阿鲁图上表

# 修史官员

### 领三史事

开府仪同三司、上柱国、录军国重事、中书右丞相、监修国史、领经筵事<sub>臣阿鲁图</sub>

开府仪同三司、上柱国、录军国重事、中书左丞相、领经筵事<sub>臣别儿怯不花</sub>

### 都总裁

开府仪同三司、上柱国、录军国重事、前中书右丞相、监修国史、领经筵事<sub>臣脱脱</sub>

### 总裁官

银青荣禄大夫、御史大夫、知经筵事<sub>臣帖睦尔达世</sub>

光禄大夫、中书平章政事、知经筵事<sub>臣贺惟一</sub>

翰林学士承旨、荣禄大夫、知制诰、兼修国史<sub>臣张起岩</sub>

翰林学士、资善大夫、知制诰、同修国史<sub>臣欧阳玄</sub>

翰林侍讲学士、中奉大夫、知制诰、同修国史、同知经筵事<sub>臣揭傒斯</sub>

嘉议大夫、治书侍御史<sub>臣李好文</sub>

正议大夫、崇文太监、检校书籍事<sub>臣杨宗瑞</sub>

中大夫、礼部尚书<sub>臣王沂</sub>

### 纂修官

江西湖东道肃政廉访使<sub>臣沙剌班</sub>

江西湖东道肃政廉访副使臣王理

翰林待制、奉议大夫、兼国史院编修官臣伯颜

奉训大夫、监察御史臣赵时敏

奉训大夫、国子博士臣费著

承务郎、太常博士臣商企翁

## 提调官

荣禄大夫、中书平章政事、知经筵事臣伯颜

荣禄大夫、中书右丞、知经筵事臣达世帖睦尔

资德大夫、中书左丞臣董守简

中奉大夫、参议中书省事臣锁南班

嘉议大夫、参议中书省事臣蛮子

亚中大夫、参议中书省事臣丁元

奉议大夫、右司郎中臣老老

承德郎、右司郎中臣陈思谦

中顺大夫、左司郎中臣蛮子

亚中大夫、左司郎中臣何礼

奉训大夫、左司员外郎臣仓赤

奉训大夫、左司都事臣赵公谅

朝请大夫、吏部尚书臣拜住

通议大夫、兵部尚书臣李献

正议大夫、户部尚书臣秦从龙

正议大夫、工部尚书臣路希贤

朝散大夫、礼部侍郎臣靳义

亚中大夫、刑部郎中臣顾恕

通议大夫、金太常礼仪院事臣杜秉彝

文林郎、翰林国史院都事臣赵中

# 公　文

　　皇帝圣旨里。江浙等处行中书省至正五年六月二十六日准中书省咨："至正五年四月十三日,笃怜帖木儿怯薛第二日,沙岭纳钵斡脱里有时分,速古儿赤雅普化、云都赤撒迪里迷失、殿中撒马、给事中也先不先等有来,阿鲁秃右丞相、帖木儿塔失大夫、太平院使、伯颜平章、达世帖木儿右丞等奏:"去岁教纂修辽、金、宋三代史书,即目辽、金史卷书纂修了有,如今将这史书令江浙、江西二省开板,就彼有的学校钱内就用,疾早教各印造一百部来呵。"怎生奏呵,奉圣旨那般者。钦此,咨请钦依施行,仍令行省委自文资正官、首领官各一员,钦依提调,疾早印造完备起解。"准此,本省咨委参知政事秦中奉、左右司都事徐盘承德,钦依提调,及下江浙儒司委自提举班惟志奉政校正字画,杭州路委文资正官、首领官提调锓梓印造装褙。

　　　　　　　　　　　　　　至正五年九月　　　日

**都事**

　承务郎、江浙等处行中书省左右司都事臣马黑麻

　承德郎、江浙等处行中书省左右司都事臣徐盘

　奉政大夫、江浙等处行中书省左右司员外郎臣郑番

　奉训大夫、江浙等处行中书省左右司员外郎臣赫德尔

　奉直大夫、江浙等处行中书省左右司郎中臣崔敬

　朝列大夫、江浙等处行中书省左右司郎中臣岛剌沙

　中奉大夫、江浙等处行中书省参知政事臣秦从德

资德大夫、江浙等处行中书省参知政事臣沙班

资善大夫、江浙等处行中书省左丞臣李家奴

资政大夫、江浙等处行中书省右丞臣忽都不花

平章政事

荣禄大夫、江浙等处行中书省平章政事臣卜只儿

金紫光禄大夫、江浙等处行中书省左丞相、领行宣政院事、提
调江浙财赋、都总管府事臣朵儿只

# 跋

此金史一百三十五卷，皆元刊本。其书法圆润者，为元代初刻，凡八十卷。其余字较瘦弱暨摹刻拙劣者，又黑阔口者，皆元覆本，凡五十五卷，用以补配。按武英殿本卷三十三，暨初版卷七十六，各阙一页，卷五十六末阙五行，又卷十四第十七页，卷六十二第十九页，卷六十六第七页，卷一百一第六页，卷一百二十五第四页，各有阙文。此均完好无损。乌程施国祁，金史详校素号精审。上列各条，悉据元本订补。独卷一百一第六页一条漏，未之及，偶尔遗脱，亦未可知。然吾以为，施氏所见元本似犹在此数本之后。何以证之？施氏例言："余先读南本，次校北本，及诸本，又从吴门蒋槐堂借校元本，其间各本皆讹者，则曰某字当作某，然卷二'遣宗斡止'之句，'斡'当作'干'，此正作'干'。卷五'持环校'句，当作'持杯珓'，此正作'杯惟校字'仍误。卷七'付乌古里石垒部蓄收'句，'收'当作'牧'，此正作'牧'。卷九'王尉为尚书右丞'句，'尉'当作'蔚'，此正作'蔚'。卷十二'丙午诏策论进士'句，'丙'当作'戊'，此正作'戊'。卷十三'清仓被兵民户'句，'仓'当作'沧'，此正作'沧'。'流华满野'句，'华'当作'莩'，此正作'莩'。'余辖石古乃子'句，'馀'当作'钤'，此正作'钤'。'张承旨家于本'句，'于'当作'手'，此正作'手'。卷十五'败夏人于质孤保'句，'保'当作'堡'，此正作'堡'。卷二十一'益二百二十二'句，'二十'当作'三十'，此正作'三十'。卷二十五'县一百八'句，'八'当作'五'，此正作'五'。'斗山天齐渊'句，'斗'当作'牛'，此正作'牛'。'颜袖店'句，'袖'当作'神'，此正作'神'。卷二十六'浜德乌偷安边'句，'浜'当作'滨'，此乃作'洪'。卷二十七'于被灾路分推排河耶'句，'河'当作'何'，此正作'何'。

‘水势之溢’句，‘之’当作‘泛’，此正作‘泛’。卷二十八‘第一等内官’句，‘一’当作‘二’，此正作‘二’。卷三十一‘皇帝洗手讫’句，‘洗’当作‘帨’，此正作‘帨’。卷三十二‘各奉册宝降币’句，‘币’当作‘辂’，此正作‘辂’。‘各就西北褥位’句，‘西’当作‘面’，此正作‘面’。卷三十四‘少稷于故处’句，‘稷’当作‘移’，此正作‘移’。卷三十七‘舁册宝床臣以出’句，‘臣’当作‘匣’，此正作‘匣’。卷三十九‘太吕宫昌宁之曲’句，‘太’当作‘大’，此正作‘大’。‘太簇角再奏’句，‘簇’当作‘蔟’，此正作‘蔟’。卷四十二‘夹一人’句，‘一’当作‘二’，此正作‘二’。卷四十三‘驾赤驱六’句，‘驱’当作‘骊’，此正作‘骊’。卷四十五‘其六赏主’句，‘赏’当作‘偿’，此正作‘偿’。卷四十九‘北京宗锦之未盐’句，‘未’当作‘末’，此正作‘末’。‘岁获银三十六万一千五百贯’句，‘银’当作‘钱’，此正作‘钱’。卷五十七‘毁旧主簿历’句，‘主’当作‘注’，此正作‘注’。卷五十八‘诏随朝官承应人奉’句，‘奉’当作‘俸’，此正作‘俸’。‘减修内司所后军夫之半’句，‘后’当作‘役’，此正作‘役’。卷六十‘宿直将军温敦干喝’句，‘干’当作‘斡’，此正作‘斡’。卷六十一‘并以兄觊丧求封’句，‘丧’当作‘病’，此乃作‘请’。卷六十六‘父胡八曾’句，‘曾’当作‘鲁’，此正作‘鲁’，‘以族改充司属司将军’句，‘改’当作‘次’，此正作‘次’。‘其宽明大体’句，‘大’当作‘有’，此正作‘有’。‘三国潘辅’句，‘三’当作‘王’，‘潘’当作‘藩’，此正作‘王藩’。卷六十九‘留守师’句，‘守’当作‘京’，此正作‘京’。‘将兵往东京’句，‘东’当作‘南’，此正作‘南’。卷七十‘破辽师千万于鸭子河’句，‘千’当作‘十’，此正作‘十’。‘从都统杲取中原’句，‘原’当作‘京’，此正作‘京’。‘各随所受地主’句，‘主’当作‘土’，此正作‘土’。卷七十一‘斡鲁征攻之’句，‘征’当作‘往’，此正作‘往’。卷七十三‘卿等尚未信也’句，‘信’当作‘仕’，此正作‘仕’。‘后张汝弼妻高陀韩狱起’句，‘韩’当作‘斡’，此正作‘斡’。卷七十四‘其四月七日两书’句，‘日’当作‘月’，此正作‘月’。‘奔时那野赛剌台实连破宋援兵’句，‘时’当作‘睹’，此正作‘睹’。卷七十五‘遣谋克辛斡持剌’句，‘持’

当作'特'，此正作'特'。卷七十六'宗磐与斡鲁宗翰宗干鲁为之副'句，下'鲁'字当作'皆'，此正作'皆'，'本名干本'句，'干'当作'斡'，此正作'斡'。卷七十七'诏宗弼为太子'句，'子'当作'保'，此正作'保'。卷八十九'祈州刺史斜哥'句，'祈'当作'祁'，此正作'祁'。'移剌因修辽史'句，'因'当作'固'，此正作'固'。卷九十'十年改中都路都转运使'句，'十'当作'七'，此正作'七'。卷九十六'坐致宋敝'句，'敝'当作'币'，此正作'币'字。'叔和'句，当作'和叔'，此正作'和叔'。卷九十八'乌古孙乃屯'句，'乃'当作'兀'，此正作'兀'。卷一百一'当不衍于旌赏'句，'衍'当作'愆'，此正作'愆'。卷一百三'进攻西和洲'句，'洲'当作'州'，此正作'州'。卷一百四'遥授彰德军节度使'句，'德'当作'国'，此正作'国'。卷一百八十二'年十一月出为彰化军节度使'句，'二'当作'三'，此正作'三'。'以遗众托安石'句，'众'当作'表'，此正作'表'。卷一百十三'合喜及杨干烈等'句，'干'当作'斡'，此正作'斡'。卷一百十四'华附奏人耕稼已废'句，'人'当作'今'，此正作'今'。卷一百十九'因出入长大主家'句，'长大'当作'大长'，此正作'大长'。卷一百二十一'使省檄'句，'使'当作'被'，此正作'被'。卷一百二十三'本属唐和迪剌部族'句，'和'当作'括'，此正作'括'。'兰州极陈僧等'句，'极'当作'程'，此正作'程'。卷一百二十六'召为官教'句，'官'当作'宫'，此正作'宫'。'大定三年'句，'定'当作'安'，此正作'安'。'及知尝师九畴'句，'及'当作'乃'，此正作'乃'。卷一百二十九'以手剑厘其口'句，'厘'当作'劙'，此正作'劙'。卷一百三十二'世家声其罪'句，'家'当作'宗'，此正作'宗'。卷一百三十四'暴洧以环州降暴洧'，当作'慕洧'，此正作'慕洧'。'遣人伐将'句，'伐'当作'代'，此正作'代'。卷一百三十五'此与先文国王之书'句，'文'当作'父'，此正作'父'。又例言各本互讹者，以南本为主则曰某字元作'某'，是北作'某'，是或云某字，元作某，非北作某，非然。卷十六'西面节度使把古咬住'句，元作'西'，'西'亦讹，此乃作'平西'。卷三十一'后恐大丰'句，元作'复恐大丰'，是此乃作'复恐

太丰'。卷四十三'大圭长以尺壹寸'句，元作'长尺一寸'无'以'字，
是此乃作'长尺二寸'。卷四十四'彼方之人'句，'彼'元作'被'，非
此却作'彼'，不作'被'。卷五十一'遂加以五品以上官'句，'五'元
作'王'，非此并不作'王'，乃作'王板木微损'而五字笔势尚存。卷
六十五'获甲矢万余'句，'矢'元作'午'，非此并不作'午'乃作
'二'。卷七十'习室攉锋力战'句，'攉'元作'惟'，非此并不作'惟'，
乃作'攉'。卷七十四'文召敲仙诘问'句，'召'元作'名'，非此却作
'召'不作'名'。又'文'当作'闻'，'闻'下当加'之'字，此却作'闻'，
惟无'之'字。卷七十五'进官汝州防御使'句，'汝'元作'女'，非此
并不作'女'，乃作'安'。卷八十二'本欲杀汝'句，'杀'元作'授'，非
此却作'杀'不作'授'。卷八十八'顷之世宗曰'句，'顷'元作'须'，
非此却作'顷'，不作'须'。'上曰箠楚之下'句，'上'元作'二'，非此
却作'上'不作'二'。卷九十'拟彦潜大荣皆进士第一'句，'大'元作
'天'，非此却作'大'不作'天'。卷九十七'有治剧材'句，'材'元作
'林'，非此却作'材'不作'林'。卷一百一'足以取给'句，'给'元作
'络'，非此却作'给'不作'络'。'顷之完颜匡军次白虎粒'句，'顷'
元作'须'非此却作'顷'不作'须'。又例言各本俱脱者，则曰当加某
字，然卷五十六'率捧案擎'句，此下当加'执此原有'，'执'字。又例
言各本俱衍者，则曰某字当削。然卷七十'札八诈称降'句，'称'字
当削，此原无'称'字。卷八十四'与习泥烈僧行'句，'僧'字当削，此
原不作'僧'乃作'偕'。"由此观之，是施氏所见，吴门蒋氏元本，微
特非原刊原印，抑亦非初覆本矣。书经翻刻，必多错误。卷一百三
十二乌带传诸本，皆以'言本名'三字缀于上，唐括辩传尾，而以'乌
带'二字提行。钱大昕《廿二史考异》讥为可笑之甚。然若不见元刊
初印本，实不知其致误之由。元本每行二十二字，乌带传第一行，乃
二十六字第二行，乃二十五字，均显有剜改痕迹，是必刊刻之时，误
以此传与上唐括辩传连缀为一嗣，觉其误，乃剜改提行，而剜改之
时，又误将'言本名'三字留于上行，其下适空七字，与本传第一二
行所增字数相合。覆本已无剜改之迹。然行字独增，亦尚可追其致

误之由。若南北监本及殿本则行字均已改成一律，遂泯然缝矣。虽元本讹字，经后来诸本校正者不少，然新旧相较，诸本与元本终不可以同日语，而元初刻本又远胜于覆本。初覆本又远胜于他覆本。诸本之误，除上文所指外，可据是本以订正，而为施氏所未见者，尚复盈千累百，殆难枚举。昔人言书贵，初刻岂不信欤。

　　　　　　　　　　　　　　　　　　　　海盐张元济

# 元 史

## 进元史表

银青荣禄大夫、上柱国、录军国重事、中书左丞相兼太子少师、宣国公臣李善长等言：

伏以纪一代以为书，史法相沿于迁、固；考前王之成宪，周家有监于夏、殷。盖因已往之废兴，用作将来之法戒。惟元氏之有国，本朔漠以造家。事兵戈而争强，并部落者十世；逐水草而为食，擅雄长于一隅。逮至成吉思之时，聚会斡难河之上，方尊位号，始定教条。既近取于乃蛮，复远攻于回纥。渡黄河以蹴西夏，逾居庸以瞰中原。太宗继之，而金源为墟。世祖承之，而宋箓遂讫。立经陈纪，用夏变夷。肆宏远之规模，成混一之基业。爰及成、仁之主，见称愿治之君。唯祖训之式遵，思孙谋之是遗。自兹以降，亦号隆平。丰占亨豫大之言，壹倡于天历之世；离析涣奔之祸，驯致于至正之朝。徒玩细娱，浸忘远虑。摧奸蒙蔽于外，嬖伟蛊惑于中。周网遽致于陵迟，汉网实因于疏阔。由是群雄角逐，九域瓜分。风波徒沸于重溟，海岳竟归于真主。臣善长等诚惶诚恐，顿首顿首。钦惟皇帝陛下奉天承运，济世安民。建万世之丕图，绍百王之正统。大明出而爝火息，率

土生辉;迅雷鸣而众飨销,鸿音斯播。载念盛衰之故,乃推忠厚之仁。金言实既亡而名亦随亡,独谓国可灭而史不当灭。特诏遗逸之士,欲求论议之公。文辞勿致于艰深,事迹务令于明白。苟善恶瞭然在目,庶劝惩有益于人。此皆天语之丁宁,足见圣心之广大。于是命翰林学士臣宋濂、待制臣王祎协恭刊裁,儒士臣汪克宽、臣胡翰、臣宋僖、臣陶凯、臣陈基、臣赵壎、臣曾鲁、臣赵汸、臣张文海、臣徐尊生、臣黄篪、臣傅恕、臣王锜、臣傅著、臣谢徽、臣高启分科修纂。上自太祖,下迄宁宗,据《十三朝实录》之文,成百余卷粗完之史。若自元统以后,则其载籍靡存。已遣使而旁求,俟续编而上送。愧其才识之有限,弗称三长;兼以纪述之未周,殊无寸补。臣善长忝司钧轴,幸睹成书。信传信,而疑传,仅克编摩于岁月;笔则笔,而削则削,敢言褒贬于《春秋》仰尘乙夜之观,期作千秋之鉴。所撰《元史》,本纪三十七卷,志五十三卷,表六卷,传六十三卷,目录二卷,通计一百六十一卷,凡一百三十万六千余字,谨缮写装潢成一百二十册,随表上进以闻。臣善长下情无任激切屏营之至。臣善长等诚惶诚恐,顿首顿首,谨言。

　　洪武二年八月十一日,银青荣禄大夫、上柱国、录军国重事、中书左丞相兼太子少师、宣国公臣李善长上表。

# 纂修元史凡例

一，本纪

按：两汉本纪，事实与言辞并载，兼有《书》、《春秋》之义。及唐本纪，则书法严谨，全仿乎《春秋》。今修《元史》，本纪准两汉史。

一，志

按：历代史志，为法间有不同。至唐志，则悉以事实组织成篇，考核之际，学者惮之。惟近代《宋史》所志，条分件列，览者易见。今修《元史》，志准《宋史》。

一，表

按：汉、唐史表所载为详，而《三国志》、《五代史》则无之。唯辽、金史据所可考者作表，不计详略。今修《元史》，表准辽、金史。

一，列传

按史传之目，冠以后妃，尊也，次以宗室诸王，亲也；次以一代诸臣，善恶之总也；次以叛逆，成败之归也；次以四夷，王化之及也。然诸臣之传，历代名目又自增减不同。今修《元史》，传准历代史而参酌之。

一，历代史书，纪、志、表、传之末，各有论赞之辞。今修《元史》，不作论赞，但据事直书，具文见意，使其善恶自见，准《春秋》及钦奉圣旨事意。

# 跋

宋濂后记：洪武元年十二月，诏修《元史》。明年春二月丙寅开局，至秋八月癸酉成纪三十有七卷，志五十有三卷，表六卷，传六十有三卷。顺帝无实录，遣使行天下，涉于史事者，令郡县上之。又明年春二月乙丑开局，至秋七月丁亥又成纪十，志五，表二，传三十有六。

钱大昕谓综前后凡三百三十一日，古今史成之速未有如《元史》者，而文之陋劣亦无有如《元史》者，非虚言也。其重复脱漏讹舛不可胜计。钱氏而外，顾亭林、朱竹垞、赵瓯北、汪龙庄、魏默深诸人均各有所指摘。然使旧本尚存，读者可以就其疵颣所在，加以探索，犹不至迷于所向，不谓覆刻通行之本愈趋愈下。今武英殿本《文宗纪》上谥祔庙后诏："除其庙主放燕"句，下复出。《顺帝纪》后至元六月放逐燕帖古思诏书中语"遐之后祖母太皇太后"至"揆之大义"，削去凡四百字。又《历志》错简三页。纪三国以来日食，其文未毕，忽杂入前代月食之文。南朝刘宋元嘉十一年后继以赵宋嘉泰二年，元至元十四年后继以梁中大通元年，庆元元年下叠见授时历一行，刘宋元嘉十三年十二月己巳望食一更，三唱食既，下因有所阙，于是加"授时历"三字以弥之。而下行又接大明历亏初午初二刻云云，并日月食为一事。如此乖谬，何以绝未发觉？又《祭祀志》摄祀仪四曰："迎香献官司徒大礼使助奠官"句，下脱"从于舆后"至"庙入自南门至神门外百官仪卫皆止太常卿博士御史导舆三献司徒大礼使助奠尊官"四十字。又《兵志》镇戍类，"泰定四年十二月河南行省议设万户府摘军五千名"句，下脱"设万户府随省镇曷枢密院议自至元十九年"十八字。又《达识帖睦迩传》"张士信逼取江浙行省左丞

相符印徙达识帖睦迩”句，下脱“居嘉兴事闻朝廷即就以士信以为
江浙行省左丞相达识帖睦迩”二十五字。其他一二字之讹夺尤难悉
举。岂非于原有重复脱漏讹舛之外，更重其弊而使读者愈益眩瞀
乎？不宁惟是乾隆四年武英殿版既已刊行，至四十六年高宗以原书
译名舛误，复命馆臣详加厘定，取原用之人名、地名、官名、物名一
一改正，此于书后附一对表，自可了然乃不此之务而就原书剜刻
有时所改之名不能适如原用字数，于是取上下文而损益之。灭裂支
离，全失本相。余尝得一部坊肆以原改两本配合者，新旧杂糅，几于
不可卒读。乾隆之世号称太平，物力丰盛，何以不重刊新版，而为此
苟且塞责之为？甚矣，其不可解也。

　　《元史》列传复出为前人所纠者，凡十有八篇。或为本人，或为
其附见之父若祖、子若孙。乾隆剜改之版，去其一而留其一者，凡
五。去“雪不台”（见列传卷第九）留“速不台”（见列传卷第八），改曰
苏布特。去“忽剌出”（见列传第二十）留“直脱儿”（见列传第十），改
曰“齐都尔”。去“重喜”（见列传第二十）留“塔不已儿”（见列传第
十），改曰“塔本哲尔”。去“完者拔都”（见列传第二十）留“完者都”
（见列传第十八），改曰“谔勒哲图”。去“阿答赤”（见列传第二十
二）留“杭忽思”（见列传第十九），改曰“哈噶斯”。而任其重出者，凡
八。曰“阿朮鲁”（见列传第十），改曰“额斯伦”。又其子曰“怀都”
（见列传第十八），改曰“辉图”。曰“也蒲甘卜”（见列传第十），改曰
“额卜甘布”。又其子曰“昂吉儿”（见列传第十九），改曰“昂吉尔”。
曰“石抹也先”（见列传第三十七），改曰“舍穆噜额森”。又同为一人
曰“石抹阿辛”（见列传第三十九），改曰“舒穆噜爱新”。曰“谭资
荣”（见列传第五十四），又其子曰“谭澄”（见列传第七十八）。

　　昔人著书，后人取而删订之，原无不可。乃同一重见之文，而或
弃或取，漫无意识，秉笔者其将何以自解乎？然此犹可诿曰“偶疏”。
觉察洪武书成，明明分为两期，乃削去宋濂后记，而又臆改李善长
进书表，取纪、志、表、传前后所成卷数，并而为一，一若同时修成也
者。又泰定帝即位诏书原为译文口语，而修正之本尽易为文言，是

诚不得不谓为好自用自专矣。吾敢为读者告曰：此洪武本复出，而乾隆修正之本可废，即武英殿初刊之本亦可废。

　　　　　　　　　　　　　　　　　　海盐张元济

# 新 元 史

## 大总统令

教育部呈:"柯劭忞所著《新元史》,精审完善,请特颁明令,列入正史,以广流传"等语。《元史》原书,由宋濂、王祎仓卒蒇事,疆域、姓氏舛漏滋多。前代通儒,屡纠其失,间有述作,均未成书。柯劭忞博极群言,搜采金石,旁译外史,远补遗文,罗一代之旧闻,萃毕生之精力,询属诠采宏富、体大思精,应准仿照《新唐书》、《新五代史》前例,一并列入正史,以饷士林。此令。

呈为奉谕交部阅看之《新元史》,精审完善,拟请仿新旧《唐书》、《五代史》之例,与《元史》一并列入正史,以广流传,而光册府,恭呈仰祈钧鉴事。本年十一月七日,准公府秘书厅函开柯劭忞所著《新元史》一部,奉谕交部阅看等因。

查《元史》原书,成于明初,距元之亡不过二、三年。元人之说部、文集,足供史料者,当时或有未著,或著而未成,或成而未出。虽凭采访以修订,未合众说以参稽《四库全书总目》论之详矣。宋濂、王祎诸儒,固皆一时博之彦,而两次开局,仅及年余。始事既骤,蒇事又速,仓猝失检,舛漏实多。顾炎武《日知录》指其沿用志铭,直引案牍,犹止失于检裁。朱彝尊《曝书亭集》列举其一人两传,则尤属纰缪之大者。厥后中外大通,译籍丛出,于成吉思汗之伟迹、伊兰四汗之雄图,堪以参证发明者,不一而足。

柯劭忞所著《新元史》广搜群籍,旁及金石遗文,复远译东西学者撰述,参互考正,力求精当,订误补遗删复之外,于正是非、审虚妄两端,尤为加意。用力既勤,阅时又久,覃思竭虑者凡十有余年,始克成书,故其精审完善,实远出《元史》原书之上。查清乾隆年间颁行二十四史,《唐书》及《五代史》,均新、旧并存,《新元史》足以订正旧史,馈饷士林,非仅如新、旧《唐书》,新、旧《五代史》,文字有繁简,体例有异同已也。

拟请特颁明令,将柯劭忞所著《新元史》仿照前例,与《元史》一并列入正史,用广流传,以光册府。是否有当,理合具文呈请鉴核施行。谨呈大总统。

　　　　　　　　　　　　　　　署教育次长、代理部务傅岳棻

# 新元史序

　　明人修《元史》，仓卒成书，缠复挂漏，读者病之。乾隆中，钱竹汀少詹思别为一书成，补志、补表及列传百余篇，然迄未卒业，今《艺文志》、《氏族表》俱刊行于世，列传则佚而不传。自少詹以后，改订旧史者虽有成书，仍不餍读者之意。

　　胶西柯凤孙学士，为余丙戌同年，既入翰林，假馆中所贮《永乐大典》读之，择裨于《元史》者，钞为巨帙，固知其有著书之志矣。已而从元和陆文端公家得洪文卿侍郎缮译西书稿本，始知刊行之《元史译文证补》漏遗尚多。而东西学者之撰述，洪氏所未及见者，学士亦获而译之。又博访通人，假其藏书，多四库未收之秘笈，旁及元碑拓本，又得三千余事。于是参互考订，殚十余年之精力，撰《新元史》二百五十有七卷，近世治史学者，未有及学士之博笃者也。余尝质于学士曰："侏僬之文，缠翻叠译，往往彼此抵梧，私家之状志，又恐虚罔不实，可据为信史乎？"学士曰："其抵梧者，必博求证据，不敢逞胸臆以决之。其虚罔者，核诸事实，不难知也。"盖其用意矜慎如此。

　　元之太祖，力征经营，武功焯赫，旧史所谓奇勋伟绩，史官失于记载者，今之新史具详其事。世祖以来，纪纲法度，粲然毕举，凡丁赋、税则、钞法、海运、河防、刑制，与夫服制之图、郊祀之议、君臣之谥法，旧史所略而未备者，今则缀述遗闻，悉著于篇。至于宗藩懿戚，下逮当时之士以功名文学节义显者，补为列传，皆学者所不可不知者也。昔新、旧《唐书》，论者互有短长。学士此书，赡而不芜，义例尤严，视旧史殆倍蓰过之，其列于正史宜矣。

　　余既为付梓，又序其简端以谂承学之士，庶几谓余言为不谬

乎。

天津徐世昌

# 明　　史

## 张延玉上明史表

　　经筵日讲官太保兼太子太保保和殿大学士兼管吏部尚书翰林院掌院学士事世袭三等伯臣张廷玉等上言：

　　臣等奉敕纂修《明史》告竣，恭呈睿鉴，臣等谨奉表恭进者。伏以瑶图应运，丹纶翻竹素之遣；洛鼎凝麻，玉局理汗青之业。集百年之定论，衷一代之旧闻，历纂辑于兴朝，毕校绸于兹日。垂光册府，焕采书林。窃惟论道首在尊经，纪事必归揽史。兴衰有自，七十二君之迹何称；法戒攸关，二十一史之编具在。继咸五登三之治，心源不隔于邃初；开万方一统之模，典制必参诸近世。况乎岁时绵历，载籍丛残。执简相先合众长而始定；含毫能断，昭公道以无私。考献征文，用备酉山之秘；属辞比事，上尘乙夜之观。钦惟皇帝陛下，乘六御天，奉三出治。绍庭建极，绥荡平正直之猷；典学传心，综忠敬质文之统。观人文以化天下，鉴物惟公；考礼乐以等百王，折衷必当。

　　惟兹《明史》，职在儒臣。纪统二百余年，传世十有六帝。创业守成之略，卓乎可观；典章文物之规，烂然大备。迨乎继世，法弗饬

于庙堂；降及末流，权或移于阉寺。无治人以行治法，既外衅而内
讧；因灾氛以启寇氛，亦文衰而武弊。朝纲不振，天眷既有所归；贼
焰方张，明祚遂终其运。我国家丕承景命，肇建隆基，天戈指而扫欃
枪，《王会》图而陈玉币。涤中原寇盗之孽，奠我民生；慰前朝诸帝之
心，雪其国耻。迄今通侯备恪，俎豆相承；依然守户卫陵，松楸勿剪。
是则扩隆恩于覆载，既极优崇；因之征故籍于《春秋》，绝无忌讳。

　　第以长编汗漫，抑且杂记舛讹。靖难从亡，传闻互异，追尊议
礼，聚讼纷挐。降及国本之危疑，酿为要典之决裂。兵符四出，功罪
难明；党论相寻，贞邪易贸，稗官野录，大都荒诞无稽；家传碑铭，亦
复浮夸失实。欲以信今而传后，允资博考而旁参。仰惟圣祖仁皇帝
搜图书于金石，罗耆俊于山林，创事编摩，宽其岁月。我世宗宪皇帝
重申公慎之旨，载详讨论之功。

　　臣等于时奉敕充总裁官，率同纂修诸臣开馆排缉。聚官私之纪
载，核新旧之见闻。签帙虽多，抵牾互见。惟旧臣王鸿绪之史稿，经
名人三十载之用心。进在彤闱，颁来秘阁。首尾略具，事实颇详。在
昔《汉书》取裁于马迁，《唐书》起本于刘昫。苟是非之不谬，讵因袭
之为嫌。爰即成编，用为初稿。发凡起例，首尚谨严；据事直书，要
归忠厚。曰纪，曰志，曰表，曰传，悉仍前史之体裁；或详，或略，或
合，或分，务核当时之心迹。文期共喻，扫艰深鄙秽之言，事必可稽，
黜荒诞奇邪之说。十有五年之内，几经同事迁流；三百余卷之书，以
次随时告竣。胜国君臣之灵爽，实式凭之；累朝兴替之事端，庶几备
矣。

　　臣等才谢宏通，学惭淹贯。幸际右文之代，获尚论于先民；敢云
稽古之勤，还希风于作者。恭蒙睿鉴，俾授梓人。伏愿金镜高悬，璇
枢广运。参观往迹，考证得失之源；懋建鸿猷，昭示张弛之度。无怠
无荒而熙庶绩，化阜虞弦；克宽克仁而信兆民，时存殷鉴。则冠百王
而首出，因革可征百世之常；迈千祀以前驱，政教远追千古而上矣。
谨将纂成本纪二十四卷，志七十五卷，表十三卷，列传二百二十卷，
目录四卷，共三百三十六卷，刊刻告成，装成一十二函，谨奉表随进

以闻。

　　乾隆四年七月二十五日经筵日讲官太保兼太子太保保和殿大学士兼管吏部尚书翰林院掌院学士事世袭三等伯臣张廷玉太子少保食尚书俸臣徐元梦户部右侍郎加五级臣留保乾隆四年七月二十五日奉旨开列在事诸臣职名

## 监理

议政大臣办理理藩院尚书事务兼总管内务府和硕庄亲王臣允禄

## 总裁

经筵日讲官太保兼太子太保保和殿大学士兼管吏部尚书翰林院掌院学士事世袭三等伯臣张廷玉

原任太子太傅文华殿大学士兼吏部尚书加五级臣朱轼

原任经筵讲官太子太傅文华殿大学士兼理户部尚书事务加七级臣蒋廷锡

太子少保食尚书俸臣徐元梦

原任议政大臣户部尚书管理三库兼步军统领教习庶吉士臣鄂尔奇

原任经筵讲官礼部尚书臣吴襄

户部右侍郎加五级臣留保

原任兵部左侍郎教习庶吉士臣胡煦

原任经筵讲官通政使司通政使臣觉罗逢泰

## 纂修

太子少保兵部尚书兼都察院右副都御史总督直隶等处地方紫荆密云等关隘提督军务兼理粮饷加一级臣孙嘉淦

原任刑部右侍郎臣乔世臣

翰林院侍读学士臣汪由敦

原任翰林院侍讲学士臣杨椿

翰林院侍读臣郑江

原任右春坊右赞善兼翰林院检讨臣彭廷训

原任国子监司业臣胡宗绪

原任翰林院编修臣陶贞一

原任翰林院编修臣蒋继轼

原任翰林院编修臣陆奎勋

光禄寺少卿臣梅珏成

原会吏科都给事中臣杨尔德

原任给事中臣闫圻

原任监察御史臣姚之骃

原任监察御史臣吴启昆

原任翰林院庶吉士改授内阁中书臣韩孝基

原任翰林院庶吉士改授内阁中书臣冯妆轼

内阁中书舍人臣吴麟

原任盛京户部员外郎臣蓝千秋

原任湖北按察使司按察使臣唐继祖

湖北分守武昌道按察使司副使臣吴龙应

原任湖南粮储道布政使司参议臣王叶滋

山东兖州府宁阳县知县臣姚焜

原任翰林院庶吉士改授知县臣金门诏

候选知县臣万邦荣

## 提调

盛京刑部侍郎加三级纪录二次臣觉罗吴拜

内阁学士兼礼部侍郎加一级纪录一次臣伊尔敦

内阁学士兼礼部侍郎佐领加三级纪录三次臣春山

日讲官起居注翰林院侍读学士加四级纪录三次臣春台

原任内阁侍读学士臣汪国弼

原任翰林院侍讲学士臣世禄

原任四川布政使司布政使候补京堂臣窦启瑛

原任四川永宁道布政使司议加一级纪录一次臣刘嵩龄

署理日讲官起居注翰林院编修兼武英殿校对臣朱良裘

## 收掌

内阁侍读学士加三级纪录二次臣佟世德

户部员外郎加一级纪录二次臣石海

工部员外郎加一级纪录三次臣觉罗彰古礼

盛京兵部郎中纪录二次臣鄂礼善

户部主事加二级纪录三次臣佟镛

内阁中书加一级纪录二次臣伊希德

内阁中书加二级纪录二次臣图敏

翰林院待诏加一级随带又加一级纪录二次臣朝奇

翰林院七品笔帖式在起居注行走加二级纪录一次臣觉罗怀玉

翰林院八品笔帖式加一级纪录二次臣六格

翰林院八品笔帖式在起居注行走加二级纪录二次臣七十六

翰林院八品笔帖式加三级纪录一次臣索铭

九门提督衙门八品笔帖式加三级纪录三次臣多绅


## 缮写

翰林院检讨臣韩彦曾

户部司务留翰林院待诏任臣吴自高

福建永春州知州臣杜昌丁

候补知县臣姚士埰

直隶永平府迁安县知县臣李廷益

候选知县臣朱瑄

候选知县臣杨述曾

候选州判臣戴大钦

候选州判拣选直隶试用臣焦作新

候选州判臣叶光华

候选州判臣曹江

候选县丞拣选福建盐场大使臣方南潘

福建建宁府浦城县县丞臣吕万年

江西瑞州府上高县县丞臣黄镛

江西广信府兴安县县丞臣罗德龄

江南松江府金山县县丞臣张曰谟

福建邵武府邵武县县丞臣朱淮臣

候补县丞臣金带

山西朔平府经历臣罗溶

山西汾州府经历臣王是荷

江西九江府经历臣钱毓嵩

候选经历臣何津

候选经历臣谢沛生

候选经历臣金元霖

候选经历臣葛舜有

候选主簿臣马士宪

候选主簿臣汪连芳

候选主簿臣陈墀

云南禄劝州吏目臣吕春

云南新兴州吏目臣毕大书

河南光州吏目臣冯大绩

广西柳城县东泉镇巡检臣王绍曾

广西宣化县金城寨巡检臣范尚仁

江南奉贤县南桥镇巡检臣童秉德

广东西宁县夜护司巡检臣宁玠

广东万州龙滚司巡检臣沈彝

贵州平越府湄潭县典史臣金鼎

河南怀庆府河内县典史臣张沅

广西思恩府武缘县典史臣张景琦

四川重庆府垫江县典史臣陈书

候补典史臣于世宁

候选典史臣徐璋

## 校对

经筵讲官吏部右侍郎加二级臣陈大受
日讲官起居注詹事府詹事兼翰林院侍读学士加一级臣陈浩
日讲官起居注詹事府少詹事兼翰林院侍讲学士臣吕炽
署理日讲官起居注翰林院编修兼明史馆提调臣朱良裘
翰林院编修加一级臣熊晖吉
翰林院编修臣吴兆雯
原任翰林院编修臣于枋
翰林院编修加三级臣田志勤
翰林院编修加一级臣夏廷芝
翰林院检讨臣唐进贤
翰林院编修臣董邦达
翰林院编修臣张映斗
翰林院编修臣陆嘉颖
原任翰林院编修臣张兰清
翰林院编修臣曹秀先
翰林院检讨臣吴泰
翰林院编修臣李清芳
翰林院编修臣潘乙震
翰林院编修臣沈廷芳
翰林院编修臣冯祁
翰林院编修臣吴绂
翰林院检讨臣万松龄
巡察台湾御史臣杨二酉
协理陕西道事福建道监察御史臣陈仁
原任监察御史臣邱玖华
翰林院庶吉士今改补户部主事臣帅家相

优贡生臣费应泰
拔贡生臣叶环
拔贡生臣卢明楷
拔贡生臣廖名扬
拔贡生臣徐显烈
拔贡生臣王男
拔贡生臣薛世楫
副榜贡生臣陈俊乂
拔贡生臣王积光
拔贡生臣李谦
恩贡生臣曾尚渭

## 监造

内务府南苑郎中兼佐领加六级纪录八次臣雅尔岱
内务府钱粮衙门郎中兼佐领加五级纪录四次臣永保
内务府广储司员外郎加二级臣双玉
内务府都虞司主事加二级纪录一次臣西宁
内务府广储司司库加二级臣胡三格
监造臣恩克
监造加一级臣永忠
库掌臣于保柱
库掌臣郑桑格

# 跋

　　是史经始于康熙十八年,成于雍正末年。高宗继位之后,武英殿刊刻,至乾隆四年竣工。此为第一官板,今即据以影印,亦世间通行本也。乾隆四十年,高宗以元时人、地名对音讹舛,译字鄙俚,谕令改订,并就原板扣算字数刊正。越二年,馆臣籤改进呈高宗。又以本纪所载事实,每涉疏略,特派大臣考核添修,并有亲阅鉴定重刊颁行之语,其后刊成本纪二十四卷。坊肆从未之见闻。

　　故宫博物院检获刊本,亟思假印,维时掌院事者凤未相识,勾人往请,坚不之许。其后院自印行,取校初板,其蒙古人地名、汗号、官职均已改译,增补字句每卷溢出数行,乃至数十行。然多有仅涉文辞而于史事全无出入者,此不过受命诸臣奉有事实疏略之谕,勉为敷饰,藉塞其责。余特不解高宗之意,何以拳拳于本纪而志、表、列传绝不之及? 滋可异也。

　　余所见者,皆乾隆四年刊本。询之友人,凡四十年后就原板刊正者,亦未寓目。本纪既已重刊,何以未见颁行? 志、表、列传既已剜改,何以亦未摹印? 余颇疑。本纪改刊,其他亦待覆刻,嗣以高宗倦勤,境过情迁,不加督责,事遂中废。按仁和邵懿辰《四库简明目录》标注《明史》下注亦言在方略馆见乾隆末年改定之本,惜已不全,仅列传百数十卷中,多签改繙译人名、地名,亦间引他书签改。本文似乎未曾改刊云云。是志、表、列传固未重刊,而亦未尝剜改也。殿本诸史均有考证,《明史》系出钦定,臣下不敢有所评隲,故独阙如。逮高宗一再指摘,而受命考核诸臣,乃敢为之。长洲王芾卿丈光绪中入值军机处,于方略馆获见进呈本、初刊样本、正本,暨当日总裁阅定纂修稿本,均有残缺。辑成四十二卷,然又只有列传而

无纪、志、表。哲嗣君九克成先志，复就文津阁四库写本校对，证为完书，且增辑三十余条，以补其尊人所据原本之阙，付嘉业堂刘氏刊行。今以附印殿本之后。读是史者，当有取也。

　　曩闻友人预修清史者，言属稿之始，检核明史，其事其文不少讹误。今明代实录具存，嘉、隆以后被禁之书先后复出，安得尽取诸书及明人著述之有涉史事者，一一参校而勘正之？其成绩必有出重刊本纪之上者，兹事体大，匪余迟暮所可企及，不能不有望于后贤已。

　　　　　　　　　　　　　　海盐张元济

# 清　史　稿

## 清史稿发刊缀言

　　尔巽承修《清史》十四年矣。任事以来，栗栗危惧，盖既非史学之专长，复值时局之多故。任大责重，辞谢不获，蚊负贻讥，勉为担荷。开馆之初，经费尚充。自民国六年，政府以财政艰难，锐减额算。近年益复枯竭，支绌情状，不堪缕述。将伯呼助，垫借俱穷，日暮途远，几无成书之一日。窃以清史关系一代典章文献，失今不修，后来益难著手。则尔巽之罪戾滋重，瞻前顾后，寝馈不安。事本万难，不敢诿卸，乃竭力呼吁。幸诸帅维持，并敦促修书同人，黾勉从事，获共谅苦衷，各尽义务，竭蹶之余，大致就绪。本应详审修正，以冀减少疵类，奈以时事之艰虞，学说之厖杂，尔巽年齿之迟暮，再多慎重，恐不及待。于是于万不获已之时，乃有发刊《清史稿》之举。委托袁君金铠经办，数月后，当克竣事。诚以史事繁钜，前史每有新编，互证得失。《明史》之修，值国家承平时，历数十年而始成，亦不无可议之处，诚戛戛乎其难矣。今兹《史稿》之刊，未臻完整，夫何待言？然此急就之章，较诸《元史》之成，已多时日。所有疏略纰缪处，敬乞海内诸君子切实纠正，以匡不逮，用为后来修正之根据。盖此

稿乃大辂椎轮之先导，并非视为成书也。除查出疏漏，另刊修正表外，其他均公诸海内，与天下人以共见，绳愆纠谬，世多通人。尔巽心力已竭老，病危笃行，与诸君子别矣。言尽于此。以上所述，即作为《史稿》披露后，向海内诸君，竭诚就正之语，幸共鉴之。中华民国十六年丁卯八月二日。赵尔巽，时年八十四岁。

# 清史馆职名

馆长赵尔巽

兼代馆长总纂柯劭忞

总阅于式枚

总纂王树楠、郭曾炘、李家驹、缪荃孙、吴士监、吴廷燮、马其昶、夏孙桐、秦树声、金兆蕃

纂修邓邦述、章钰、王大钧、袁励准、万本端、陶荷廉、王氏通、顾瑗、杨钟羲、简朝亮、张采田、何葆麟、陈曾则、姚永朴、夏曾祐、唐恩溥、袁克文、金兆丰

协修俞陛云、罗惇曧、吴广霈、吴怀清、张书云、张启后、韩朴存、李岳瑞、骆成昌、胡嗣芬、吴昌绶、朱孔彰、李景濂、姚永概、黄翼曾、檀玑、戴锡章、陈曾矩、李哲明、吕钰、余嘉锡、邵瑞彭、奭良、瑞洵、陈田、叶尔恺、徐鸿宝、王崇烈、方履中、商衍瀛、陈能怡、王以敏、刘树屏、朱师辙、史思培、赵文蔚、刘焜、陈敬第、蓝钰、陈毅、李葆恂、张仲炘、陈延铧、宋伯鲁、李焜瀛、喻长霖、田应璜、赵世骏、杨晋、齐忠甲、朱希祖、吴璆、秦望澜、李汝谦、罗裕樟、傅增淯、朱方饴

提调李经畬、陈汉第、金还、周肇祥、邵章、文牍科长伍元芝、图书科长尹良、会计科长刘济、庶务科长锡荫、收发处长张玉藻

校勘孟昭墉、诸以仁、奎善、刘景福、赵伯屏

收掌董清峻、胡庆松、秦化田、史锡华、惠澄

总理史稿发刊事宜总阅袁金铠

办理史稿校刻事宜总阅金梁

# 清史稿校刻记

甲寅年，始设清史馆。以赵公尔巽为馆长，修史者有总阅、总纂、纂修、协修，及征访等职。先后延聘百数十人，别有名誉职约三百人。馆中执事有提调、收掌科长，及校勘等职，亦逾二百人，可谓盛矣。开馆之初，首商义例，馆内外同人，如于君式枚、梁君启超、吴君士鉴、吴君廷燮、姚君永朴、缪君荃孙、陶君葆廉、金君兆蕃、朱君希祖、袁君励准、王君桐龄等，皆多建议。参酌众见后，乃议定用《明史》体裁，略加通变。先排史目，凡本纪十二，曰太祖、太宗、世祖、圣祖、世宗、高宗、仁宗、宣宗、文宗、穆宗、德宗，而宣统《纪》，初拟为今上本纪，后改定。志十六，曰天文、灾异、时宪、地理、礼、乐、舆服、附卤簿、选举、职官、食货、河渠、兵、交通、刑法、艺文、邦交，初拟有国语、氏族、外教三志，皆删。表十，曰皇子、公主、外戚、诸臣、封爵、藩部、大学士、军机大臣、部院大臣、疆臣、交聘，初以大学士与军机合称宰辅，后改。列传十五，曰后妃、诸王、诸臣、循吏、儒林、文苑、畴人、忠义、孝义、遗逸、艺术、列女、土司、藩部、属国，初拟有明遗臣、卓行、货殖、客卿、叛臣诸目，皆删并。其取材则以《实录》为主，兼采《国史》旧志，及本传，而参以各种记载，与天征访所得。务求传信，不尚文饰焉。庚申，初稿略备，始排比复辑。丙寅秋，重加修正。自开馆至是，已岁纪一周。其难其慎，盖犹未敢为定稿也。丁卯夏，袁君金铠创刊稿待正之议，赵公韪之。即请袁君总理发刊事宜，而以梁任校刻，期一年竣事。梁拟总阅全稿，行画一而后付刊。乃稿实未齐，且待修正，只可随修随刻，不复有整理之暇矣。是时留馆者仅十余人，于是公推以柯君劭忞总《纪》稿，王君树楠总《志》稿，吴君廷燮总《表》稿，夏君孙桐、金君兆番分总《传》稿。而由袁君与梁

校阅付刊。《本纪》自太祖至世宗五朝，为邓君邦述、金君兆番原稿，高宗至穆宗五朝，为吴君廷燮原稿；德宗及宣统二朝，为瑞君洵原稿。而太祖、圣祖、世宗、仁宗、文宗，与宣统六纪，为奭君良复辑；穆、德二纪，为李君哲明复辑；柯君皆多删正。《志》则天文、时宪、灾异、为柯君稿；地理为秦君树声原稿，王君树楠复辑；礼为张君书云、王君大钧、万君本端等分稿；职官为金君兆丰、骆君成昌、李君景濂、徐君鸿宝等分稿，皆金君复辑；乐为张君采田稿；舆服为何君葆麟稿；选举为张君启后、朱君希祖、袁君励准等分稿，张君书云复辑；食货为姚君永朴、李君岳瑞、李君哲明、吴君怀清发稿；河渠为何君葆麟等原稿；交通为罗君惇君等分稿，皆吴君复辑；兵为俞君陛云、秦君望澜、田君应璜、袁君克文等分稿，俞君复辑；刑法为王君式通等分辑，后用许君受衡稿；艺文为章君钰、吴君士鉴原稿，朱君师辙复辑；邦交为李君家驹、吴君广霈、刘君树屏等分稿，戴君锡章复辑。《表》则诸王、公主、外戚为吴君士鉴原稿；诸臣、封爵为刘君师增原稿；军机大臣为唐君邦治原稿，余皆吴君廷燮稿。《列传》则后妃、诸王为邓君奭君，及金君兆番原稿，皆金君复辑。诸臣原稿，凡在馆诸君多有分纂。自开国至乾隆，为金君兆番复辑；嘉、道、咸、同为夏君孙桐复辑；光、宣为马君其昶、金君兆丰复辑，而梁又重补辑之；循吏及艺术皆夏君复辑；儒林为缪君荃孙稿；文苑为马君稿，梁皆补之；畴人为陈君年原稿，柯君复辑；忠义为章君复辑；孝义及列女为金君兆番复辑；遗逸为王君树楠，及缪君原稿，梁复辑之；土司为缪君稿；藩部蒙古为吴君廷燮稿；西藏为吴君燕绍稿；属国为韩君朴存稿。凡诸稿梁皆校阅，并有参订，惜仓卒付刊，不及从容讨论耳。昔万季野参修《明史》，总阅全书，事必核之《实录》，误者正之，漏者补之，此修史公例，不敢忽也。是秋，赵公去世，柯君兼代馆长，一仍旧贯。岁暮校印过半，乃先发行。至今夏，全书告成，幸未逾预定之期。袁君创议于先，经营筹画，力任其难，庶几无负赵公之托。其间数经艰乱，皆幸无阻，良非初料所及。一代国史，所关甚大，其成否亦系乎天焉。初有议《宣统纪》从阙者，梁以春秋不讳

定、哀,力争存。又议断代为史,凡殁于辛亥以后者,皆不入传。梁以明末遗臣史皆并著,且清史实为旧史,结束后,将别创新史体例,各异诸人,与清室相终始,岂容泯没?故所补独多。校刻既竣,略记始末,以备参考。《史稿》本非定本,望海内通人,不吝指教,当别撰校勘记,为将来修正之资,幸甚,幸甚。戊辰端节金梁。

**图书在版编目（CIP）数据**

二十六史 / 戴逸主编 . — 长春：吉林人民出版社，1998.1(2011.1 重印 )

ISBN 978-7-206-02356-9

Ⅰ . ①二… Ⅱ . ①戴… Ⅲ . ①中国历名：古代史——纪传体

Ⅳ . K204.1

中国版本图书馆 CIP 数据核字（2011）第 035237 号

## 二十六史（珍藏版）

主　　编：戴　逸

责任编辑：刘　野　　　　封面设计：尹怀远

吉林人民出版社出版 发行（长春市人民大街 7548 号　邮政编码：130022）

网　址：www.jlpph.com　　　电　话：0431-85395845　85395846

全国新华书店经销

印　刷：河北省三河市华东印刷有限公司

开　本：850mm × 1168mm　1/32

印　张：2111.375　　　　　字　数：57 500 千字

标准书号：ISBN　978 — 7 — 206 — 02356 — 9

珍藏版　　　　　　　　　印　次：2012 年 11 月装订

印　数：200 套　　　　　定　价：19800.00 元（全 100 册）

如发现印装质量问题，影响阅读，请与印刷厂联系调换。

ISBN 978-7-206-02356-9

9 787206 023569